李明善 全集 ④

김준형 편

보고사

이명선 선생 근영

이명선 선생 생가

경성제대 예과시절의 이명선 선생(오른쪽 두 번째)

휘문중학교 교사시절의 이명선 선생

휘문중학교를 떠나며

경성대학시절 총석정에서 (왼쪽에서 첫 번째)

서울대학교 조교수 시절의 이명선 선생 (왼쪽에서 다섯 번째)

경성제대 예과시절의 이명선 선생

결혼사진 (1942년 김금자 여사와)

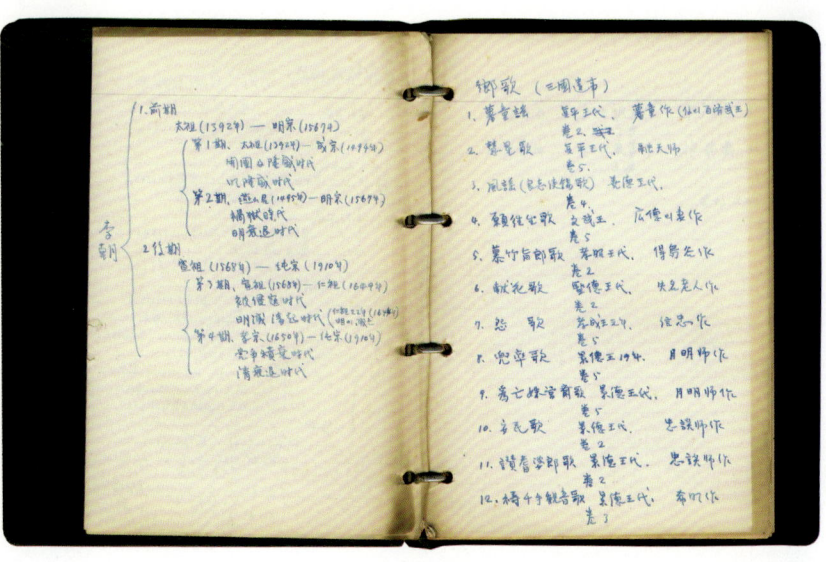

이명선 선생이 쓰던 노트

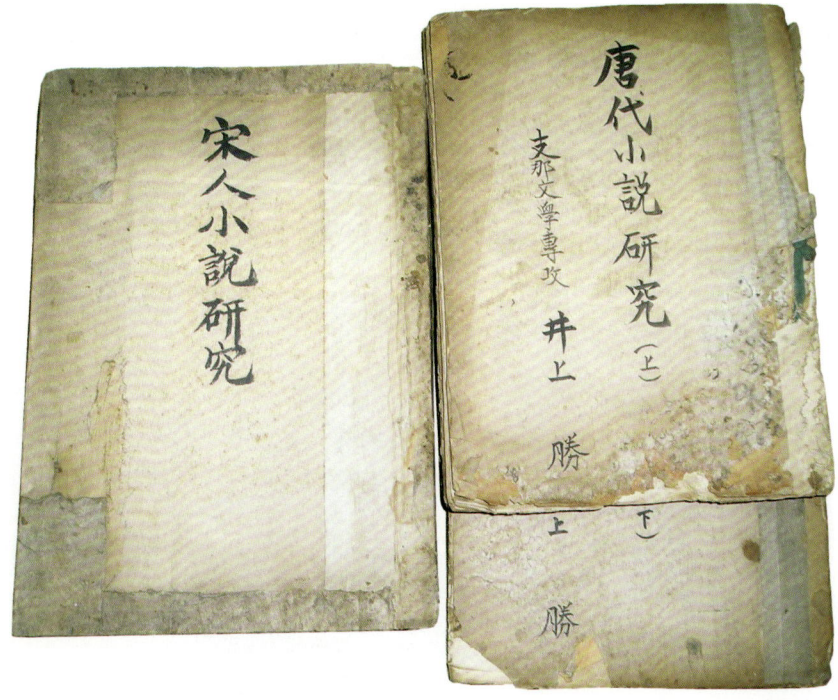

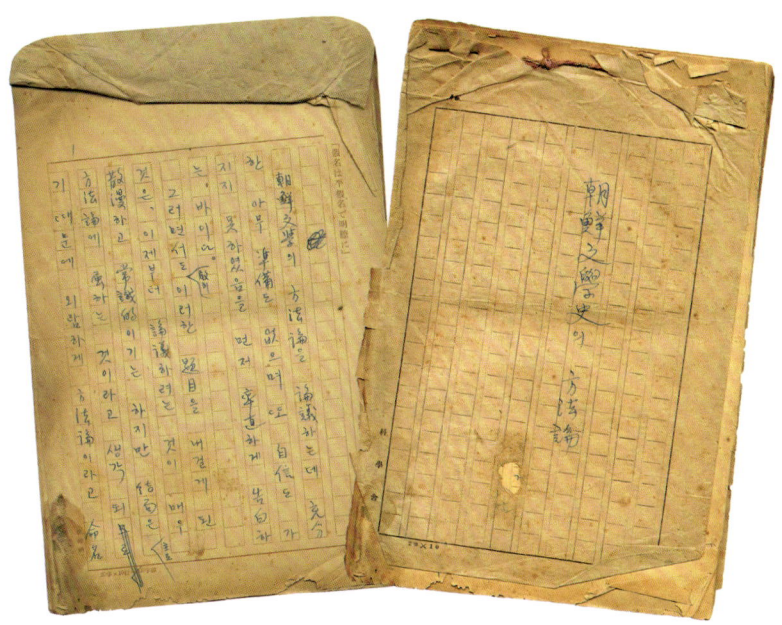

이명선 선생 친필 원고

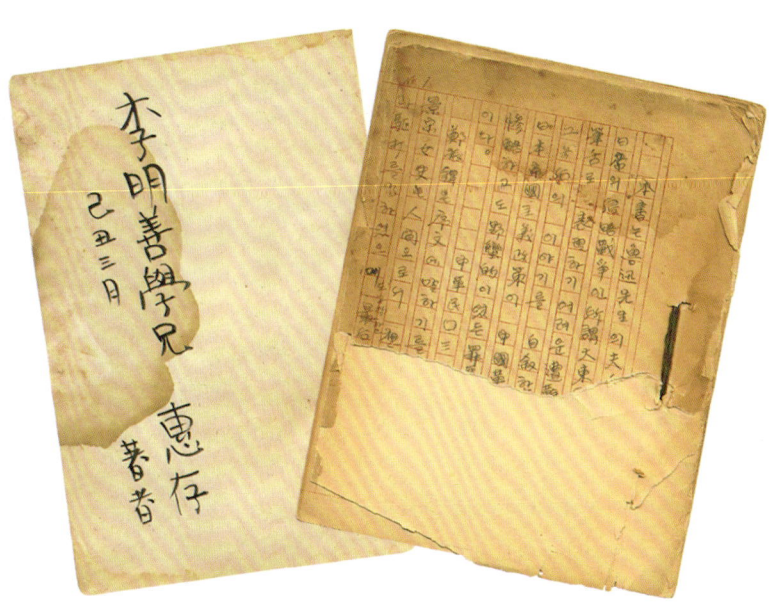

고정옥 선생의 친필로 추정되는 원고와
고정옥 선생이 이명선 선생에게 직접 써서 준 『조선민요연구』

이명선(李明善)

○ 약력
  1914년   忠淸北道 槐山郡에서 출생
            淸州高普 졸업
  1934년   京城帝大 입학(11회)
  1937년   『每日申報』에서 현상한 史話野談에서 〈讓寧大君의 宗孫〉으로 3등에 입상
  1940년   京城帝大 中文學科 졸업(12회. 학사논문 〈魯迅硏究〉)
  1940~1941년   휘문중학교 교사 역임
  1942년   金金子 여사와 결혼(주례: 李熙昇, 사회: 金壽卿)
  1942년~1945년 京城帝大에서 강의
  1945년   朝鮮文學同盟 古典文學會 書記長 역임
  1945년   專門大敎育應急對策協議會 書記 兼 大學 法文學部 委員 역임
  1945년   京城帝大 法文學部 自治委員會 委員長 역임
  1946년~1949년   서울대학교 중어중문학과 조교수 역임
  1948년   唯物史觀에 입각한 『朝鮮文學史』 저술
  1949년   9월 30일 좌파교수로 낙인찍혀 서울대학교에서 퇴직
  1950년 7월   서울대학교 대학총책임자 역임
  1950년   서울 수복 이후 월북 도정에서 사망

○ 저서
『맨발(중국현대단편소설선집)』(선문사, 1946)
『조선고전문학독본』(선문사, 1947)
『홍경래전』(조선금융조합연합회, 1947)
『조선문학사』(조선문학사, 1948)
『교정·번역 임진록』(국제문화관, 1948)
『수험용·자습용 국문해석법연구』(선문사, 1948)

희망 —

실상은 땅 위에 본래부터 길이 있던 것이 아니라,
다니는 사람이 많으면 자연히 길이 되는 것이다.

목차

李明善 全集

제1부

中國現代短篇小說選集 …………………………………… 17
　鴨綠江上(蔣光慈) ……………………………………… 25
　牧羊哀歌(郭沫若 作) ………………………………… 51
　닭(郭沫若) ……………………………………………… 64
　故鄕(魯迅) ……………………………………………… 77
　開市大吉(老舍) ………………………………………… 90
　復讎(巴金) ……………………………………………… 101
　맨발(葉紹鈞) …………………………………………… 114

제2부

知識 ………………………………………………………… 119
鐘路 네 거리 ……………………………………………… 121
讓寧大君의 宗孫 ………………………………………… 123
洪景來傳 …………………………………………………… 134
壬辰錄 ……………………………………………………… 227

제3부

戱曲 鄭夢周 最後의 日 ································· 323
小說 빵떡 ·································· 406

부록

光武十年度皇室歲入歲出決書 ························· 455
길과 희망 : 李明善의 삶과 학문세계 ····················· 473
이명선 논저 목록 ····························· 557

❖ 편자 후기 / 561

제1부

❖ 中國現代短篇小說選集

中國現代短篇小說選集

서울大學校 助敎授 李明善 譯

序言

  이 조고마한 『中國短篇小說選集』을 꾸미는 데 있어 이것을 다시 二部로 나우어 第一部에는 中國 作家로서 朝鮮을 主題로 한 小說로 比較的 有名한 것 三篇을 選擇하여 넣고 第二部에는 그 以外의 中國 文壇을 代表할 만한 네 作家의 作品을 適當히 配置하였다.

  第一部에 屬하는 蔣光慈의 「鴨綠江上」과 郭沫若의 「牧羊哀話」는 中國 新文學의 初期의 作品으로 發表된 지가 임이 二十年이 훨신 넘는 極히 浪漫的인 作品이다. 그 內容이 朝鮮을 主題로 하였으니만큼 또 둘 다 作家들이 有名한 이만큼 朝鮮에는 벌서 前에 紹介되었어야 할 것임에 不拘하고 現在까지 알려지지 못한 것은 그 思想이 보다 反日的이었기 때문이다. 勿論 現在의 朝鮮의 現實은 임이 이들이 글인 二十年前의 朝鮮과는 매우 달으며 「鴨綠江上」의 李孟漢이나 「牧羊哀話」의 尹子英의 行蹟이 全的으로 是認될 것인지 어쩐지는 疑問이다. 譯者는 三一運動을 記念하는 것과 마찬가지 意味에서 이 두 篇을 飜譯하여 朝鮮의 解放을 記念하고저 한다.

  또 한 篇 郭沫若의 「닭」은 우의 둘과는 全然 作風이 닯고 製作年代도 훨신 새로워 中國 作家의 朝鮮을 보는 눈이 얼마나 進步하고 適確하여졌나를 表示하여준다. 더구나 여기에 나타나는 在日朝鮮勞働者

의 問題는 이번 戰爭을 通하여 더욱 激化하였든만치 解放의 좋은 記念이 되리라 믿는다.

　第二部에는 魯迅과 老舍 巴金 葉紹鈞의 作品을 한 篇식 收錄하였는데 多少나마 다 傾向이 닮고 作風이 닮다. 이 中에서 魯迅은 中日戰爭 勃發 直前에 죽고 葉紹鈞은 임이 老衰하고 老舍와 巴金은 현재 한참 作品活動을 하는 中堅作家다. 그러나 생각하여보면 그들은 다같이 中國의 新文學을 길러오고 북돋어온 代表的 作家들이다. 그리고 그들은 이번의 苛酷한 長期抗戰의 試鍊에도 능히 견데어 한 사람도 落伍하지 않었다. 魯迅이도 살었으면 반드시 이들의 先頭에 섰을 것이다.

　이번 戰爭中에 作品이 하나도 없어 섭섭하나 그것은 後日을 기달이는 수밖에 없다.

　　　　　　　　　　　　　　　　　　一九四六年 五月 五日
　　　　　　　　　　　　　　　　　　於서울大學校硏究室 譯者

中國現代短篇小說選集

目次

第一部
    鴨綠江上（蔣光慈）
    牧羊哀話（郭沫若）
    닭（郭沫若）

第二部
    故鄉（魯迅）
    開市大吉（老舍）
    復讐（巴金）
    맨발（葉紹鈞）

― 희망 ―

실상은 땅 우에 볼래부터 길이 있는 것이 아니라 단기는 사람이 많으면 자연 길이 되는 것이다.

― 魯迅이 「故鄕」 末節에서

解說

(一)「鴨綠江上」(蔣光慈)

일즉이 로서아에 留學하야 詩集『新夢』을 著作하고 歸國後에는 연하여 詩集『哀中國』『鄕情』을 發表하였으며 다시 小說에 進出하야「少年飄泊者」「短褲黨」「野祭」「菊分」「衝出雲圍的月亮」 等을 發表하였다. 一九二八年에 太陽社를 結成하고 創造社의 郭沫若들과 左翼文學運動을 領導하였으나 蔣介石의 文化彈壓으로 太陽社도 解散하고 一九三一年 上海서 쓸쓸이 病死하였다.

「鴨綠江上」은 그의 初期의 作品으로 로서아 留學時代의 懷古談인데 이 主人公인 朝鮮의 亡命客 李孟漢의 實在如何는 알 수 없으나 그때에는 있음직도 한 일이다. 우리는 너무나 浪漫的인 이 作品을 批評의 對象으로 하기 前에 二十年前 것이라는 年代를 考慮하여 따뜻한 손으로 어루만지는 雅量을 가져야 할 것이다.

(二)「牧羊哀話」(郭沫若)

作者 郭沫若은 四川省 藥山縣人으로 日本 九州帝大 醫學部를 卒業하고 一九二0年에 歸國하였는데 같이 日本에 留學하였는 몇몇 同志들과 上海에 創造社를 結成하야 北方의 文學硏究會의 '人生을 爲한 文學'에 反對하야 '藝術을 爲한 藝術'의 浪漫主義의 文學運動을 活潑히 展開하얐다. 以來 作家로 詩人으로 文學批評家로 政治家로 中國中代史硏究家로 多方面에 그 天才와 情熱을 기울이어 왔다. 著作에는「中國古代社會硏究」「三個叛逆의 女性」「漂流三部曲」「女神」「豫言者之詩」「橄欖」「水平線下」「我的幼年」「反正前後」「創造十年」等〃이 있다.

「牧羊哀話」는 그의 留學時代에 作品으로 北京서 渡日하는 途中에

鐵道로 朝鮮을 겪인 經驗을 土台로 하야 創作한 初期의 作品으로 勿論 金剛山에는 들린 일이 없었다. 朝鮮의 實情과 多少 어그러지는 點도 나타나나 그의 浪漫的 詩情과 正義를 사랑하는 純情만은 充分히 엿볼 수 있다.

(三)「닭」(郭沫若)

郭沫若은 一九二三年 以來 急角度로 左傾하여 蔣介石의 北伐에도 參加하여 政治的 實踐運動에도 들어갔었으나 一九二七年의 淸黨運動으로 因하야 日本에 亡命하얏다. 後에 다시 歸國하야 左翼文藝運動에 盡瘁하다가 一九三0年에 또 蔣介石의 大彈壓을 받어 다시 또 日本에 亡命하였다. 千葉縣 市川에 살면 日本人 婦人과 아이들 넷을 거느리고 中國古代社會硏究에 沒頭하였다. 「닭」은 實로 이 時代의 身邊에 이러난 小事件을 그린 것으로 「牧羊哀話」에 比하면 같은 朝鮮인에 對한 同情이면서도 觀念的인 浪漫主義에서 適確히 現實을 把握한 眞摯한 現實主義로 發展한 것을 알 수 있다.

一九三七年 日本의 中國侵略戰이 터지자 妻子를 내어버리고 재빠르게 脫出하야 祖國의 抗戰陣營에 率先 參加하였다. '祖國의 同胞의 危機에 臨하야 누가 自己의 一身一家의 安全을 생각할가보냐' — 이것이 그의 脫出記의 一節이다.

(四)「故鄕」(魯迅)

너무나 有名한 中國 最大의 作家로 그야말로 中國 新文學의 아버지라고 불를 수 있을 것이다. 民族改良主義者로서 出發하야 一九二七年에 創造社와의 大論爭을 겪이고 左傾하고 以來 國民黨의 野蠻的 彈壓 속에 毅然히 뻗이어 中日戰爭 勃發 直前에 죽을 때까지 그는 中國文壇의 良心을 혼자서 代表하다싶이 하였다. 朝鮮의 李光洙와 對照

하야 感慨無量한 바가 있다.

「故鄕」은 有名한 「阿Q正傳」과 아울러 그의 代表作으로, 冷徹한 諷刺로 一貫한 그에게 이러한 抒情的인 一面이 있다는 것은 그의 人間性을 理解한 데 한 重要한 文獻이 될 것이다. 이 속에 描寫된 故鄕은 곧 魯迅의 故鄕이며 '나'는 곧 魯迅의 自身으로 一種의 身邊小說이라 하겠는데 魯迅의 여러 作品中에서 이 「故鄕」을 特히 愛讀하는 것은 譯者 혼자만이 안일 것이다.

(五) 「開市大吉」(老舍)

老舍는 「老張的哲學」 「趙子曰」 「蛤藻集」 等 많은 作品을 發表한 中堅作家다. 그의 유-모라스한 作風은 각금 魯迅이나 或은 林語堂과 比較되나 이들과도 勿論 닮고 他人이 模倣할래야 할 수 없는 特異한 것이 있다. 뿐만이 아니라 그는 本是 北京出身으로 純粹한 北京의 白話體를 그대로 作品에 使用하야 참된 大衆文學의 建設을 爲하야 한 개의 좋은 標本을 보여주었으며 참된 白話小說은 그로부터 始作되었다고 極言할 수도 있을 것이다. 何如間 魯迅의 死後 中國文壇에서 가장 注目받는 作家다.

「開市大吉」은 흔이 商家에서 「開市大吉 萬事亨通」이라고 써붙이는 데서 떼어온 것으로 엉터리 醫師의 營業繁昌記다. 一種의 暴露小說이면서도 조곰도 意識的으로 暴露한다는 感을 주지 안는 데서 이 作家의 非凡한 手腕이 있을 것이다.

(六) 「復讐」(巴金)

巴金은 四川省 成都의 出身으로 佛蘭西에 留學한 일도 있다. 處女作 「滅亡」을 가지고 文壇에 登場한 以來 三部作 「家」 「春」 「秋」를 爲始하야 數많은 作品을 發表하여 왔다.

「復讐」는 暗殺者의 心理를 그린 作品으로 場所도 人物도 外國에 取하였으면서도 조곰도 궁색한 데가 없이 流暢하게 事件을 展開식힌 手法은 如前히 그가 꽤 여러 해 동안 佛蘭西에 留學한 德澤일 것이다. 그리고 로서아의 猶太人의 壓迫은 帝政時代의 일로 革命 以後의 로서아의 民族政策이 世界에서 가장 進步的인 것은 自他가 共認하는 바며 區〃한 辨明이 必要치 않을 것이다.

最近에 新聞의 報道에 依하면 巴金은 重慶서 「불」이라는 小說을 썼는데 그 속에는 朝鮮의 革命家들을 主人公으로 하였다 한다. 있음직한 일이다.

(七) 「맨발」 (葉紹鈞)

葉紹鈞은 新文學 初期부터 '文學硏究會'에 參加하야 꾸준이 作家生活을 繼續하여 왔다. 그는 以前에 小學校 敎員이였었음으로 그 方面에 取材한 것이 많고 動搖彷徨하는 小市民들의 時代的 苦惱를 着實한 筆致로 그리어왔다. 「膈膜」「火災」「線下」「城中」「未壓集」은 모다 短篇集이고 長篇으로는 「倪煥之」가 唯一한 것이다. 이 以外에 童話도 많이 썼다.

「맨발」은 農民大會에 臨席한 晚年의 孫文과 農民들과의 親近感을 强調한 作品인데 作者의 말대로 孫文은 故鄕에서 십오세가 될 때까지 맨발로 나단기는 貧困한 生活을 하였든 것이다. 이것을 그저 平凡하게 英雄의 出世譚으로 만들지 않은 데에 이 作品의 生命이 있을 것이다.

第二次 國共合作이 더욱 前進하는 요지음에 第一次 國共合作 當時의 이 作品을 懷古하여 記念으로 하고저 한다.   끝.

鴨綠江上(蔣光慈)

　　어느 해 하학기(下學期) 우리 기숙사는 학교로부터 어느 수도원(修道院)으로 옮겼다. 모스크바(莫斯科)에는 교회가 매우 많았고 나는 일일히 그 수를 조사해보지는 않았으나 듣끼에는 일천이 넘는다고 했다. 혁명이 이러나기 전에는 하나님께서 교회는 신성하고 불가침의 곳이라 하야, 말하자면 중국에 공화제가 성립되기 전의 절과 같었다. 그러나 혁명이 이러난 후에 무신론자(無神論者)가 나서서 정권을 잡게 되고서는 이 교회도 또 체면을 유지하지 못하얐다. 월래 이교도(異敎徒)에는 교회 출입을 금하고 있었으나 우리들 무신론자는 이렇게 현재 수도원의 일부를 차지하야 기숙사로 쓰고, 또 늘 수도원에 있는 수녀들이나 성상(聖像)을 보고 너니 나니 하며 웃기도 하고 조곰도 존경하는 태도를 보이지 않었다. 이러한 것은 교도들이 말하는 소위 하나님으로서는 도저히 참을 수 없는 일이었다.
　　우리가 거처하든 수도원은 터이루쓰야(特威爾斯牙) 대가(大街)에 있었는데 방이 대단히 많고 뜰도 넓고 또 나무도 많이 각궈 있어서 제법 조고마한 공원을 이루었었다. 매일 아침마다 혹은 일이 없을 때 나는 반드시 이 수도원 안을 쪽- 한 바퀴 돌았다. 수녀들의 수는 사십 명이 좀 넘으며 다 똑같이 왼몸에는 검정 옷(黑衣)을 걸치고 머리에는 검은 수건을 쓰고 다만 얼골만 빼꼼이 내놓고 있었다. 그 중에 대부분은 얼골이 햇쓱하고 또 추레하였다. 수녀들을 볼 때마다 나는 언제나 일종의 비애를 느꼈다. 그러나 역시 그 중에 몇은 나이도 젊고 얼골도 어여뼈서 동무들 중에는 희롱하랴는 자까지 있어 통틀어 밉다고만 할 수도 없었다. 어느 날 저녁에 내가 밖에 나갔다 수도원 안으로 들어왔을 때 마침 동무 하나가 스무살 남짓해 보이는 수녀와 함께 큰 나무 밑에 마주 서서 즐겁게 이야기하다가, 나를 보자마자 바로 사라지고 말았다. 나는 그 때 그들의 행복을 방해한 것을 후회하였으며 또 한 편 "우리는 너무나 겁이 많다. 무어 그까짓 것을…"하는 생각도 났다. 이런 일이 있은 후에는 나는 특별히 조심하야 남의 일에는 상관하지 않고 더구나 남의 좋와하는 일을 방해하지 않토록 노력했다. 하믈며 수녀들은 얼마나 부자유하고 적적하고 서러울 것이냐…….

마침 이 날은 저녁 여덜시쯤부터 눈이 펄펄 날리며 매우 치웠다. 나와 한방에 있는 세 사람들은 하나는 펠샤인(波斯人) 하나는 조선인 또 하나는 중국인 C군이였다. 우리 방에는 소사가 없어서 소제나 불 피우는 것이나 모다 우리들 자신이 하얏고 그야말로 노동실행주의(勞動實行主義)였다. 이 날 밤에도 몹시 치워서 우리들은 다같이 협력하야 화로에 불을 피웠다. 열료는 로서아에 특유한 일종의 백양수(白楊樹)였고 그 나무는 매우 잘 타고 불심도 시였다. 불을 피워놓고 우리는 쑥— 둘러앉어서 잡담을 시작하였다. 우리도 역시 다른 젊으니들과 같이 몇 사람만 모이면 여자의 이야기를 하지 안을 수 없었다.

"삐터(比得) 자네는 안나(安娜)가 어떤가?"

"내가 오늘 거리에서 만난 처녀는 여간 어여뿌지 않테. 아! 그 처녀의 진주같은 눈동자!"

"자네 장가 아즉 안 갓나?"

"나는 장가를 가면 좋기도 하고 또 나뿌기도 하지."

"……."

이렇게 우리는 이 쪽에서 한 마디 저 쪽에서 한 마디 대개는 모다 여자에 관한 이야기였다. 그 중에서도 펠샤인 동무는 제일 신이 나서 혼자말로 중얼거리기도 하고, 또 손짓 발짓을 하여가며 그야말로 무슨 보물이나 손에 들고 있는 상 싶었다. 그러나 또 하나 조선인 동무는 전연 침묵을 지키어 별로 떠들랴고 하지 않고 또 다른 동무들의 로만

쓰를 들을 때마다 눈에 일종의 슯은 표정이 나타나며 눈물이 어릴 때도 있었다. 나는 늘 그 동무에게 물었다.
 "동무는 무슨 슯은 일이 있지 안나?"
 그러나 그 동무는 억지로 우슴을 띄우고 대답을 하지 않거나 그렇지 않으면 그저 한 마디,
 "아모 것도 슯은 일은 없네."
하고 간단히 잘러서 말할 뿐이였다. 그는 툭 터놓고 이야기하지는 않었으나 나로서는 그의 슯음을 깨닷지 않을 수 없었다. 그의 마음에는 잊으랴야 잊을 수 없는 마음의 상처가 있는 것 같었다. 이 조선인 동무의 이름은 이맹한(李孟漢)이라 하는데 나이는 이십이 조곰 넘은 미소년이었다. 그는 사실 어느 정도 여성적이었다. 다른 사람하고 말할 때도 언제나 얼굴을 붉혀서 나는 늘 즉접 그와 농담도 하고 다른 동무들 앞에서 나의 시악씨라고 놀리었다. 내가 그를 시악씨라고 불러도 그는 언제나 미소를 띄우고 얼굴을 좀 붉일 뿐으로 조곰치도 성낸 적도 욕하는 적도 없었다. 나는 때로 그를 좀 업수이 여긴 적도 있었다. 그러나 나는 그와 마음이 맞었고 퍽 친했었다. ― 그의 여성적인 데가 나의 마음을 좀 껄었든 듯하다. 이와 동시에 나는 또 그를 마음껏 존경하였다. 그것은 그가 대단히 열심히 공부하고 퍽 도량도 크고 또 언제나 침묵을 지켜, 이러한 여러 가지 점으로 보아 나로서는 도저히 따를 수 없는 좋은 점이 있었기 때문이다. 그는 조곰도 나를 시러하지 않었다. 때로는 그가 나에게 대한 태도로 말미아마 나의 마음은 은연중에 위로되였다.
 우리들의 화로ㅅ가의 잡담이 한참 벌어젔을 때 펠샤인 동무 ― 그의 이름은 스딴싸더(蘇丹撒得) ― 는 모다 제각기 조곰도 숨김없이 툭 터러놓고 자기 연애사(戀愛史)를 이야기하자고 제안하였다. 이 때 마침 C군은 동무를 맞나러 나갔다. 여러시들 나를 보고 먼저 이야기하라고

족쳤다. 그러나 나는 연애하야본 경험이 없으므로 이야기를 꺼낼 건지가 없다고 대답하였다. 그러나 스딴싸더 동무는

"안돼 안돼! 웨이쟈(維嘉) 자네 거짓말할텐가! 자네같은 멋쟁이가 중국 있을 때에 자네가 사랑하는 여자나 혹은 자네를 그리워하든 여자가 하나도 없었때서야 말이 되나? 게다가 동무는 시인(詩人)이 아닌가. 시인이 가장 사랑하는 것은 여자고 또 여자는 시인을 가장 좋아하지 안나. 이맹한 그렇지 않은가?"

하고 그는 이맹한을 보고 말을 붙이었다. 맹한은 이에 대하야 다만 우슬 뿐이고 아무 대답도 없다. 그러니까 또 나를 보고 족치는 것이다.

"자네 어서 말하게! 꼭 좀 말하게! 감춰서는 않되네!"

나는 엇지할 수 없었다. 만일 억지로라도 이야기하지 않으면 그들은 나를 신용해 주지 않을 테고 또 이야기를 하자니 나한테는 이야기할 만한 자미있는 연애사가 도무지 없으니 이 일을 어떻게 하면 좋을가? 할 수 없이 나는 입에서 나오는 대로 꾸며서 거짓말을 시작했다.

"동무들! 내가 학생회장(學生會長)을 하고 있을 때 여러 학생이 나한테 편지를 보내여 나의 어떤 점이 좋으며 또 내가 쓴 글 중 어떤 데가 맘에 든다는 따우의 말을 하였었네. 그 중에도 여학생장(女學生長)이 참으로 어여뿌고 여러 차례 나한테 사랑을 거렀는데 나는 당시 바보가 돼서 전혀 그 여자의 구애를 거절해 버렸네. 동무들! 나는 또 언젠가 기선우에서 선녀같이 아름다운 한 처녀를 만났었네. 그 여자의 미모는 실로 무엇이라 말할 수 없이 아름다웠네. 나는 가진 수단을 다 불이어 그 여자한테 가까이 가서 말을 거렀는에 그는 그처럼 아름다운 동시에 대단히 인테리(知識的)였네. 그리고 서로 말을 주고 받는 동안에 그가 나에게 따뜻한 동정의 맘을 갖이고 있는 것을 알게까지 되었네."

내가 여기까지 이야기를 하였을 때 스딴싸더 동무는 흥분한 어조로 우스면서 말했다.

"그 아름다운 여자가 동무를 사랑하였구려! 동무는 참 행복이야! 그래 그 다음은 어떻게 되었나?"
"그리구? 응… 그리구는 결국… 무어 그다지 좋은 일도 없었네. …."
"그건 또 웬말인가?"
스딴싸더 동무는 깜짝 놀라며 말하였다.
"설마 그 여자가 자네를 사랑하지 않을 이는 없겠는데…."
"아니어. 아냐 참 내가 숭맥바보였었네."
"웨이쟈 동무! 자네가 제 자신을 숭맥바보라고 하는 것은 전연 신용 못하겠네."
"스딴싸더 동무! 가만 있게. 내 말을 다 들으면 내가 얼마나 숭맥바보이였었든가를 저절로 잘 알 것일세. 우리들 둘이 기선우 난간(欄杆)에 몸을 의지하야 서로 이야기할 때는 참으로 둘의 맘이 꼭 맞았네. 나는 지금 감히 한마디 하겠네만 그 여자는 틀림없이 내게 대하야 사랑의 싹이 움트고 있었네. 그리고 내야 말할 것도 없지. 그러나 누가 꿈에나 생각했겠나? 그 여자는 배가 부두에 닫자마자 그의 오빠에게 껄려서 그만 분주하게 육지로 올라가고 마렀네. 나는 전연 그 여자의 주소 성명을 묻는 것도 잊고 — 우리들은 이렇게 꿈같은 이별을 하고 말었네. 동무들은 내가 얼마나 바보짓을 했는지 가히 알 수 있겠지. 나는 얼마동안 상사병(相思病)에 걸리어 아모 것도 손에 잡히지 않았지만 그러나 어찌할 도리가 없었네."
"아! 분하다! 분해! 그것은 참 분한데!"
스딴싸더 동무는 이렇게 외치며 동시에 한숨을 쉬여 나한테 대한 침통(沈痛)한 동정의 뜻을 표시하였다. 그러나 이 때 이맹한 동무는 무었인지 따로 느끼는 바가 있는지 아모 말도 없이 우리 둘의 이야기에도 주이를 하지 않았다.
"자네는 한마디도 하지 않고 또 무었을 그리 잔득 생각하고 있나?"

나는 이맹한 동무를 보고 말하였다.
"나는 벌서 나의 연애사를 이야기하였으니 이번에는 당연히 자네 차렐세. 나는 암만해도 자네 가슴 속에 깊이 드러있는 큰 비애가 어떠한 것인지 알고 싶네. 그런데 왜 자네는 한 마디도 하지 않는 건가. 지금 이 자리에서 우리한테 그 이야기를 들려주게. 야! 시악씨 이맹한! (나는 늘 그를 이렇게 불렀다.) 만약 이야기하지 안는다면 그냥 노아두지 않겠네."
그는 다만 두 눈으로 나를 바라보고 있을 뿐이지 단 한 마디도 대답이 없었다. 나는 겊어 또 한 번 재촉하였다.
"나는 벌서 할 말을 다 했네. 인제 자네 차렐세. 자 시악씨! 남의 맘도 좀 알아주게."
이맹한은 한 번 크게 한숨을 내쉬고 머리를 푹 숙이면서 일종 슲은 어조로 이야기하기 시작하였다.
"자네들이 그만치 권하니 말하겠네. 나의 생각으로는 나만치 비극인 연애사를 갖인 사람도 없을 겔세."
"그러면 오늘 밤에 자네의 그 슲은 이야기를 우리들한테 들려주게."
하고 스딴싸더 동무가 말을 받었다.
"금년 삼월 믿을만한 — 서울(漢城)서 로서아로 도망해 온 어느 조선인의 알려준 소식에 의하면 나의 가장 사랑하고 또 가장 불상히 여기든 그 여자가 조선 서울서 일본놈들 손에 가엽슨 옥사(獄死)를 했다네."
이맹한은 말하면서 눈물이 눈에 글성글성하여 거의 울 지경이였다.
"으-ㅁ! 그것 참 너머나 가엽쓴 일일세."
하고 스딴싸더 동무는 대단히 놀란 빛을 보였다. 그러나 나는 무었이라고 한 마디 위로해 줄 용기조차 없었다.
"그래 무슨 죄로 인해선가. 이동무?"
"무슨 죄? 스딴싸더는 조곰도 우리 조선의 사정을 몰을 것일세. 우리 조선은 일본이 침략한 후 조선 인민이야말로 아! 참 불상하지! 종일 깊은 물 뜨거운 불 속에서 일본인의 천만근이 넘는 무거운 압박 밑에서 살고 있네. 죄를 짓거나 않거나 조곰이라도 복종치 않으면, 또 일본인에게 공손치 않으면 그만 큰 죄가 돼버리네. 그래서 체포하야 죽이거나 감옥에 너커나 하는 것일세. 일본인은 조선인의 생명을 닭의 목숨만치도 알지 않네. 죽이랴고 하면 마음대로 죽이고 죄의 유무야 묻지도 말라는 말일세. 불상하게도 나의 애인 운고(雲姑)도 뜻밖에 몹쓸 일본놈한테 맞어 죽었다네! …."

이맹한은 말하면서도 슲음을 이기지 못한다. 이 때 내 가슴에도 설음이 복바처 올러와 어찌할 줄을 몰랐다. 모다 잠시 침묵해진 뒤에 이맹한은 다시 말을 이었다.

"나는 지금 한 망명객(亡命客)일세. 고국에는 도라갈 수가 없네. — 만약 고국으로 도라간다면 나는 단번에 일본놈에게 잪이여 생명을 보존하기 어려울 것일세. 아! 친애하는 동무들이여! 조선이 만약 독립 않 된다면 만일 일본 제국주의자(日本帝國主義者)의 압박 밑에서 해방되지 몯한다면 나는 영원히 고국인 조선 땅에 도라갈 히망이 없을 것일세. 나는 참으로 한 번 도라가서 그리든 '운고'의 무덤 우에 난 풀이라도 보고, 뫼 앞에 업데여 마음껏 울어나 보았으면 하네. 또 고국의 가련하고 고생하며 있는 동포들을 삿삿치 찾어보고— 그 아름답든 옛날의 우리 집 정원도 보고 싶어 죽겠네. 그러나 나는 아무리 하야도 나의 뜻을 이루지 몯할 것일세. 나의 뜻을 이루지 몯할 것일세. …."

이맹한은 울었다. 스딴싸더는 언제나 활발한 사람이였으나 이번만은 넋을 잃은 듯이 말이 없었다. 나는 점점 이맹한의 설음과 그 곳 감옥 속에 갖여있는 조선 인민들을 생각할 때 소름이 쪽〃 찢이지 않을 수 없었다. 이맹한은 손등으로 눈물을 씻고 나를 바라보며 말을 이었다.

"웨이쟈! 자네 말은 꼭 맞었네. 자네가 나를 보고 늘 무슨 슲은 일이 있느냐고 물었었지만 꼭 맞었네. 조국의 멸망, 동포들의 수난, 애인의 옥사, 이런 것이 어찌 이 세상에서 가장 슲은 일이 안일 수 있겠나. 웨이쟈! 내가 만약 조국해방(祖國解放)의 희망과, 언제나 한 번 꼭 사랑하는 '운고' 무덤에 난 풀이나마 찾어보랴는 희망을 갓지 않었다면 나는 벌서 자살했을 것일세. 나는 내 자신의 이지가 대단히 굳은 것을 믿고 있네. 나는 설영 무한한 슮음을 가지고 있지만 또 한 편 열열한 희망을 가지고 있네. 나는 '운고'가 조선을 위하야 죽은 것을 잘 알고 있네. 그러므로 내가 조선의 해방(解放)을 위하야 힘쓰는 것은 그것이 곧 죽은 '운고'의 영혼을 위로해 주는 것이 될 뿐만 아니라, 나가서는 그의 원수를 갚는 것도 될 것일세. 웨이쟈! 자네는 이제 내 이야기를 알었나?"

"자네 말은 잘 알었네. 이맹한 자네가 그러한 소원을 가지고 있는 것은 맛당한 일이겠지. 그러나 그런 슮은 이야기는 그만두고 이제 우리에게 자네와 '운고'양 사이에 연애 한 경과나 한 번 들려주게. 내일 오전 중은 라지예후(拉季也夫) 교수인데 몸이 불편하다니 우리는 좀 늦잠을 자도 괜찮을 것일세. 스딴싸더! 무었을 그리 생각하고 있나? 왜 아무 소리도 않고 있나?"

"나는 동무 말을 듣고 넋을 이렀네. 자 그러면 이맹한 이제 자네의 연애사를 말해주게."

이맹한은 그와 '운고'양과의 역사를 말하기 시작하였다.

"아! 동무들! 나는 참으로 나와 '운고'와의 연애의 역사를 이야기하기 시려. 아니 내가 이야기하기 싫은 것이 아니라 참아 이야기할 수가 없네. 말을 내놓는다면 나는 슮어서 고만 우러버릴 것일세. 나는 이 때까지 이 세상에서 '운고'만치 아름답고 성실(誠實)하고 사람을 경복싫기는 여자는 다시 둘도 업다고 생각하네. 만일 그런 여자가 있다면 나에게 있어서는 그 여자가 바로 '운고'이겠네. 아! 그저 오로지 '운고'뿐일세! 동무들이 늘 이 여자가 어여뿌니 저 여자가 스마-트하니 하지만 내게는 조곰도 흥미를 느끼게 하지 안네. 왜냐하면 '운고'를 제해놓고는 나의 애정(愛情)을 점령하고 나를 꿈속으로 인도하는 여자는 다시는 없기 때문일세. 내 사랑은 벌서 파-란 풀이 되어 '운고' 무덤 우에 나고, 피를 토하며 우는 두견새(杜鵑)가 되어 '운고' 무덤 옆에 슨 백양수(白楊樹) 가지에서 느껴 울고, 금강석이 되어 '운고' 백골(白骨) 옆에 파무쳐 영원히 사라지지 않도록 장예(葬禮) 지내어 '운고'가 천년만년 되어도 썩지 않게 하고, 또 꽁은 연기가 되어 '운고'의 향혼(香魂)과 함께 둥둥 떠다닐 것일세. 동무들 내가 이와 같은 맘을 가지고 어떻게 또 다른 여자의 이야기를 하며 또 연애를 생각할 여지가 있겠나? 조선이 바다로 둘러싸인 반도임은 동무들도 지리를 배웠으니 대개 알고들 있겠지. 말하자면 우리 조선은 참으로 기후가 온화하고 산천초목이 모다 아름다운 곳일세. 삼면(三面)이 바다로 둘러싸이고 게다가 온대지방(溫帶地方)에 있어 건조(乾燥)하지도 않고 또 춥지도 않고 물론 산천이나 초목이나 바다에서 부러오는 바람의 혜택으로 극히 아름답고 깨끗한 곳일세. 여기 사는 조선 국민은 이런 지리적 환경 속에 살고 있기 때문에 그 성정(性情)은 당연히 월래부터 평화하고 온순(溫順)하야 소위 문아(文雅)한 국민일세. 앗갑게도 조선은 일본 제국주이의 침략을 받쟈 문아한 조선 국민은 무한한 고통 속에 빳어 다시는 아름다운 산천을 즐기고 따뜻한 바다ㅅ바람을 드려마시는 일조차 못하게 되였단 말일세. 일본놈들은 조선을 비애(悲哀) 속에 잠기게 하고 고통(苦痛) 잔인(殘忍) 암흑(暗黑) 학대(虐待) 통곡(痛哭) 등등으로 ……. 일월이 무광하고 산천초목이 무색하게까지 되어버렸네. 수천년 내의 주인이 일조에 큰 재난 속에 빳었으니 산천인들 영혼이 있다면 어찌 통분하지 않겠나.

아! 우리 가련한 조선!

웨이쟈! 자네는 압록강(鴨綠江)이 조선과 중국의 천년적 경계(境界)

를 짓고 있는 것을 알겠지. 압록강의 어구— 바로 강물과 바다ㅅ물이 서로 연접하는 곳에 조고마하지만 극히 아름다운 C성(城)이 있네. C성은 압록강 어구에 있어 교통이 펼리한 관게로 꽤 번화한 곳이며, 또 한편은 강을 의지하고 다른 한편은 바다를 의지해서 수목이 무성하고 산과 언덕이 적당히 배치된 확실히 경치 좋은 곳일세. 아! 생각해보니 나는 벌서 육년 전에 아름다운 C성의 품속에서 떠났네! 나는 조선을 사랑하고 그 중에서도 가장 C성을 사랑하네. 그것은 그 곳이 내가 난 땅이고 또 나와 '운고'의 보금자리로 둘이 같이 자라난 고향이기 때문일세. 동무들 내 머리에 C성을 그려볼 때 나와 '운고'가 어릴 적에 놀든 데가 지금은 어찌 되었을가 궁굼해지네만 그러나 지금 이 이맹한에게는 다만 한낫 꿈에 지나지 못하는 것일세. C성 밖으로 버들과 소나무가 드러슨 숲이 하나 한 십리 떠러진 곳에 있네. 그 숲은 바로 바다ㅅ가에 있어서 혹시 우리가 배를 타고 C성을 지날 때면 색깜안 숲을 뚜렷하게 볼 수 있으며 또 그 그림자가 바다ㅅ물에 빛여있는 것도 볼 수 있네. 숲 속에는 파–란 잔디밭이 있고 어데서 굴러왔는지도 모르는 커드란 바우가 여기저기 흐터저 있네. 이 숲은 겨울이 돼도 버들은 잎이 지나 소나무는 언제나 푸르러 그렇게 살풍경하지는 안네. 그리고 봄철과 여름철이 도라오면 척척 늘어진 버들가지들이 푸른 물결 우에 춤추고 또 가지각색의 새들은 천연(天然)의 미묘한 음악을 부르며, 매암이는 목이 메도록 울고 바다에서 솔솔 부러오는 안윽한 바람은 사람의 정신을 상쾌하게 씨서 쥬네. 이 숲이야말로 천연의 묘취(妙趣)를 다한 곳이였네!

벌서 그것은 십년 전 일일세. 날만 좋기만 하면 한 쌍의 어린아이 — 머슴애 하나 게집애 하나가 하로종일 이 숲 속에서 놀고 있었네. 두 아이들의 나이는 다 여닐곱살(六七才)쯤 되여보이고 그들의 노는 모양은 꼭 한 쌍의 조고마한 천사(天使)같았네! 그 머슴애에 대한 이야기는 잠간 그만두고 그 천사같은 게집애의 이야기를 하겠네. 그 게집애는 장미화같이 고흔 얼골에 가을 물처럼 맑은 눈동자, 앵도같은 입술, 옥순(玉筍)같은 손, 까-만 구름같이 납풀거리는 머리, 게다가 온순하고 얌전함을 느끼게 하는 양쪽 뺨에 귀여운 볼조개(笑窩) 아! 나는 참 무 었이라 형용할 수 없네. 그야말로 하늘에서 나려온 천사겠지! 동무들은 나의 형용이 너무나 지나치다고 하겠지만 사실에 있어서는 어찌 만 부지일인들 형용할 수 있겠냐? 나는 다만 그를 상상할 수는 있지만 절대로 그를 형용할 수는 없네.

　이 한 쌍의 어린아이들은 날마다 이 숲 속에서 놀고 있었는데 그들은 때로는 풀밭 우에서 다름질도 치고, 때로는 나뭇가지를 모아 집도 짓고, 이 방은 내 방 저 방은 네 방 또 저 방은 어머니 방 하고 재재거렸으며 때로는 바닷가에 뛰여가 서로 돌팔매질도 하고 또 풀밭 우에 둘이 나란이 들어누어 하늘에 오락가락하는 흰 구름을 쳐다보고 때로는 과자나 술을 준비해서 손님을 청하고 또 둘이서 나란이 바우에 기대여 어머니 아버지를 서로 자랑도 하고 다른 사람들한테서 들은 이야기도 하고 이튼날 놀 일에 대한 의논도 하고 손목을 마주 잡고 바닷가에 서서 오락가락하는 배며 파도를 바라보기도 하고……. 설혹 둘이 다투기는 하나 그런 일은 퍽 드문 일이고 다툰 뒤라도 불과 얼마 안돼 시 씨슨 듯이 홱 푸러지고 말었네. 두 어린이는 근심도 없고 두려움도 없이 하로종일을 자연 속에서 자라났으니 그 얼마나 행복이였겠나?

　동무들 이 두 어린 아이가 바로 십여년 전의 나와 '운고'였었네. 아! 이미 벌서 십여년 전 일이 되었네! 지나간 일은 이미 지나갔고 이를 어찌 또 도릉길 수가 있겠나? 나와 '운고'를 또 다시 옛날같이 행복스럽게 살게 할 무슨 방법이 있겠나? 지난날의 행복을 생각하면 그저 가슴이 앞을 뿐일세!

　나와 '운고'는 모다 귀족(貴族)의 후예(後裔)로 나의 성은 이(李)고 '운고'의 성은 김(金)일세. 김과 이는 조선에서 유명한 귀족인 줄은 웨이쟈도 잘 알 것일세. 일본놈이 조선을 합병해 버린 후에 나의 아버지와 '운고'의 아버지는 벼슬을 그만두고 시골로 은퇴하여 버렸네. 그의 아버지와 나의 아버지는 무척 친한 친구여서 친척으로 따진다면 사촌형제간이나 지지 않었네. 우리들 집은 둘 다 옆에 있고 서로 한 열 발자옥밖에는 떠저저 있지 않었네. 그 두 노인은 나라가 망한 수치와 동포들의 고생을 대단히 근심하였으나 한두 사람의 힘으로는 이미 척 기우러진 집을 이르켜 세울 도리가 없어 시골로 은퇴하야 산수(山水) 속에서 소일하게 되었든 것일세. 그 분들은 어느 때는 화로를 끼고 술을 디여 마시며 이야기가 슾으고 쓰라린 상처를 건디리이 서로 커다란 소리를 내여 우는 때도 있었네. 그 때 나와 '운고'는 너무나 어려서 두 노인의 이러한 모양을 보고 그 까닭을 몰랐으나 다만 어린 맘에도 일종의 자극을 받어 파동(波動)을 이르켰든 것일세. 그 후 나와 '운고'는 점점 자랐네. 그리하야 비로소 두 노인의 이야기의 뜻을 차차 알만치 되었는데 그 노인들은 각금 이야기하다가 우리가 곁에 있으면 말을 끝이고 우리들을 도라보며 뜸벅뜸벅 눈물만 떨어틀인 적도 있었네. ― 이것은 아즉 나이 어린 우리들 마음속에 잊을래야 잊을 수 없는 인상(印象)을 주었네.

  두 노인 이야기는 그만 두겠네. 나와 '운고'는 났을 때부터 동무였고 어릴 때부터 서로 친하고 사랑해서 그림자가 그 임자를 따러단이는 것처럼 같이 지냈네. 우리는 집도 서로 구별하지 않고 '운고'가 우리 집에 와서 같이 먹거나 내가 그 집에 가서 꼭 그와 함께 한 상에 먹었는데 만일 그렇지 않으면 서로 다 밥이 많기지 않었네. 우리의 어머니들 사이도 역시 아버지들 사이와 같이 매우 친하고 우리들을 똑같이 여겨서 조끔도 등분이 없었네. 나와 '운고'는 이와 같은 가정적 환경에서 참으로 너무나 행복스러웠었네! 우리는 점점 자라서 책읽기를 시작하였는데 '운고'의 아버지가 선생이 되여 우리들이 배우는 책도 같았었네. 선생한테 배우는 것은 다름없었으나 '운고'의 재조는 도저히 나의 따를 배가 안이었으며 내가 그에게 배운 적도 한두 번이 아니였네. 매일 불과 서너 너덧 시간만 책읽기를 맞이면 우리는 손을 마주 잡고 숲 속이나 또는 바다ㅅ가로 놀러가는 것이 일이었네.

아 참! 아주 자미 있는 이야기가 생각났으니 소개하겠네. 우리 둘 집에서 멀지 않은 곳에 친척집이 있었는데 그 집 사촌형의 혼인날 우리는 두 어머니를 따라갔었네. 이튼날 우리는 숲에 가서 바로 그 흉내를 내는데— 그는 신부가 되고 나는 실랑이 되였네. 때는 마침 바람이 산들산들 불고 새싹이 푸릇푸릇 터올러 꽃과 새가 모다 사람을 즐겁게 하는 봄날이었네. 놀기에 실증이 나면 곧 실랑 신부가 되는데 내가 그의 머리에 많은 꽃을 꽂어주면 그는 머리를 숙이고 신부의 흉내를 내며 나와 손을 잡고 한 거름 두 거름 걷기도 했네. 그러나 조곰도 이상한 생각이 안 들었고 또 신부 실랑이 되기는 했으나 그 관계란 어떠한 것인 줄은 몰랐었네. 두 어린 내외가 막 한참 발을 맞우어 걷고 있을 때 급작이 숲 오른 편에서 그의 아버지와 우리 아버지가 나타나 우리 앞에까지 와서 매우 이상한 빛으로 '느덜 무었하고 있니?'하고 물었었네. 우리는 이러한 유희(遊戲)를 하고 놀았으나 두 노인이 나타났을 때 어쩐지 부끄러워서 '저들 잔치 노름을 하고 있었어요. 제가 실랑이 되고 '운고'가 신부가 되여 — 우리는 이따금 이런 작난을 해요.' 내가 부끄러운 듯이 이렇게 한 마디 대답하니까 두 노인은 껄껄 웃어버렸네. 나의 아버지가 '운고' 아버지를 보고 '노형! 한 쌍의 어린 내외를 보니 참 재미있지 않은가?' 말하니까 '운고' 아버지는 긴 수염을 써-ㄱ 한 번 쓰다듬으며 우리를 자세히 바라보다가 무었인지 생각난 듯이 두서너 번 고개를 끄덕이면서 '참 기특한 일인데! 이런 노리를 할 줄은 몰랐네. 응 노형 잘 됐네. 우리는 이 아이들의 앞날의 행복을 축하하세.

….' 그 때 나는 '운고' 아버지의 말뜻을 잘 몰랐지만 — 사실은 이미 '운고'를 암암리에 내게 주겠다는 말이였는데. …. 세월은 화살같이 참 빨라서 나와 '운고'는 그러는 사이에 어느듯 열한두살(十一二歲)이 되였네. 우리는 점점 커갔으나 조곰치도 서로 멀어지지 않고 또 우리 부모들도 구태여 우리들 일을 간섭하지 않었네. 여전히 날마다 같이 공부하고 같이 놀았네. 운고 아버지는 매우 점잖은 분이 돼서 혼내는 일도 없고 때로는 노래까지 가르켜 주었네. 봄이 되면 숲속에서 새들이 곻은 목소리로 울었고 그러면 우리도 흥이 나서 새들과 함께 곡조를 맞우어 노래 불렀네. 올치! 새 말이 나왔으니 거기에 대하야 한 가지 이야기꺼리가 생각나네. 어느 날 저녁 때 큰아버지가 나가지고 놀라고 꾀꼬리 한 마리를 대ㅅ가치로 만든 새 두통지에 넣어가지고 왔었네. 나는 그 때 여간 기뻐하지 않었네. 그 꾀꼬리는 무척 아름다웠네. 빨-간 주둥이 파-란 날개 노-란 발톱 — 참 좋은 노리개였네! 자네들 나라에도 이런 새가 있는지는 모르겠으나 우리 조선에서는 제일 어여뿐 새로 치는 것일세. 그 때는 이미 날이 점으러 '운고'도 잠이 들었을 것 같애서 나는 이 새로 얻은 보배를 알리지 못했네. 그래서 나는 자기 전에 새 두통지를 집 처마에 달어매여 고양이가 물어가지 못하게 잘 주이했으며 내일 '운고'가 이 새를 보면 얼마나 기뻐할가 생각하고 또 한편 큰아버지가 아주 한 쌍을 갖이고 와서 한 마리를 '운고'에게 주면 얼마나 좋왔을까? ……. 나는 한 마리의 꾀꼬리 때문에 하로ㅅ밤을 꼼박 새워버렸네 그려.

이튿날 채 날이 새기도 전에 나는 이러나서 어머니가 외 그리 일즉 이러나느냐고 묻는 말에도 그저 신둥만둥 대답해 버리고 세수도 않고 '운고'네 집에 쫓아갓네. 그 때 운고는 아직 곤히 자고 있는 것을 나는 '운고' 옆에 가서 흔드러 깨우며 '이러나! 이러나! 운고야! 난 꾀꼬리 한 마리 얻었단다! 참 어여뿌다! 어서 빨리 이러나서 봐라…' 운고는 무슨 영문인지 모르고 고 작은 손으로 양쪽 눈을 비비며 나를 보더니 급하게 옷을 줏어입고 나를 따라 우리 집으로 달려왔네. 새 두룽지를 나려 걸상 우에 놓고 자세히 가리켜 주었더니 '운고'도 대단히 기뻐하며 '잘 키워서 죽지 않도록 하고 또 날라보내지 않도록 주이하자' 이렇게 말하였네. 누가 알았을까. '운고'는 그 새 두룽지를 놓지 않고 작고만 가지고 놀다가 그만 잘못해서 그 문이 열리여 — 꾀 많은 꾀꼬리는 이 틈을 타서 휑- 하고 하늘 높이 날러가 버렸네. 나는 보배를 잊고 분해서 막 엉엉 울며 '운고'를 족처댔네. '내가 일부러 너를 데려다 보였는데 왜 날려 보냈니? 꼭 내 꾀꼬리를 무러내야만 한다. 만일 안 무러내면 가만 안 둘테다. 느 어머니한테 일를테야…. 엉…. 엉….' '운고'는 새가 날러가는 것을 보자 단번에 얼골이 뺡애지고 또 내가 울며 무러내라고 족처대는 바람에 그도 딸어 엉엉 울면서 그는 일부러 날려보낸 것이 아니니까 무러내지 못하겠다고까지 말하였네. …. 그러나 나는 울면 울수록 더 분해서 꼭 새를 무러내라고 족첬네. 우리가 한테 어울어저 우는 바람에 어머니와 아버지가 놀래여 방에서 쫓어나와 왜 아침 일즉부터 이렇게 울어대느냐? 무슨 큰일이 났느냐고 물었을 때 나는 울면서 '운고'가 내 꾀꼬리를 날려보냈어요 꼭 무러내랄 테야요. …. 하니까 '운고'도 연달어 '아니예요 아니예요! 내가 일부러 꾀꼬리를 날려보낸 것이 아니예요. 나를 보고 무러내라면 나는 도대체 어데 가서 잡어오란 말예요? ….'

'응! 그런 사소한 일이냐! 아 고까진 새 한 마리 날려보낸 것 가지고 통곡을 할 것이 무었이란 말이냐? '운고'야! 참 착하지. 인제 울지 말고 무러내지 않어도 좋으니 집으로 그만 도라가거라.' — 운고는 울면서 집으로 도라갔네. 어머니가 나의 머리를 쓰다듬어주면서 달래는 바람에 나도 겨우 울음을 끊었네.

이 날은 글방에도 안 가고 왼종일 몸부림처 울며 집에 있었는데 무슨 대단한 것이나 잊어버린 듯이 작고만 숨어져서 평소처럼 유쾌하고 평정(平靜)하게는 도모지 되지 못하였네. 이것은 꾀꼬리를 잊어버려서 그런 것이 아니라 '운고'가 내 눈 앞에 없는 까닭이었네. 나는 처음으로 고적의 쓰라림을 맛보고 외로운 생각이 나면 날수록 '운고'가 그리워저서 그에게 죄를 잊여 괴롭힌 것이 깊이 후회되었었네. '아! 모다 내가 잘못이다. 그까진 꾀꼬리 한 마리가 무었이니? 하물며 '운고'가 고의로 그런 것도 안인데…. 그도 역시 꾀꼬리를 사랑하지 안었든가! …. 왜 그렇게도 그를 족쳐댔을가? …. 모다 내가 잘못이다. 나는 당연히 그에게 사죄하여야 한다. 그러나 '운고'는 내가 이렇게 후회하고 있다는 것은 모를 것이다. 필연코 그는 내 맘을 몰라 줄 것이다. 만일 내가 가서 비러도 나를 몰라준다면 나는 어찌할가? ….' 나는 이런 생각 저런 생각에 어떻게 하면 좋을 지 몰라 그여히 우러버렸는데 울면 울수록 더 슳어지고 이번에는 꾀꼬리 때문에 우는 것이 아니라 오로지 '운고' 때문이였네. 꾀꼬리 한 마리로 인해서 부당하게 '운고'에게 죄를 지운 까닭이였네. …….

    동무들 이것이 내가 이 세상에서 처음 맛본 서름이였네! 나는 이미 '운고'한테 사죄하기로 정했지만 참말로 골을 내버린 '운고'가 과연 맘이 풀릴까 나는 의문이였었네. 그러는 중 마침 저녁 먹을 무렵에 '운고'네 집에서 일하는 할멈이 편지 한 장을 가지고 왔는데 나는 그 겉봉 글씨를 보고 '운고'가 나에게 한 것을 알고 무척 부끄러워서저서 그 할멈에게 물었네. "운고'는 오늘 잘 놀았오?' "운고' 아가씨 말이요? 그 아가씨는 오늘 외종일 울고 있었는데 아마 도련님하고 싸운 게지. 아! 잘 놀게지 왜 또 그렇게 싸웠오? 자 받어보슈 이것은 '운고' 아가씨가 준 편지요.' 할멈은 매우 언짠은 빛으로 말을 맞이고 가버렸네. 나는 '운고'가 왼종일 울었다는 말을 듣고 나의 조고만 불찰로 그처럼 그를 괴롭게 한 것을 알었으며 나는 어찌하야 이러한 큰 죄를 저질렀나 해서 깊이 제 자신을 저주하였네. 나는 손에 든 편지가 서로 사과하자는 것인지 절교하자는 것인지 몰라서 감히 뜯어보지 못하다가 겨우 벌벌 떨면서 뜯어보았네. ….”

스딴싸더는 이맹한의 말이 끝나기도 전에,

“그래 그 편지에는 무어라고 써 있든가? 히소식이든가 어떻든가? 이맹한! 나까지 은근히 걱정이 되네.”

그는 부쩍 대들며 물었다. 이맹한은 슬슬 웃으며 화로의 불덩어리를 독구며 또 이야기를 이었다.

“물론 좋은 소식이지! ‘운고’가 어찌 내 맘을 몰라줄 리가 있겠나. 그 편지에 말하기를 — ‘사랑하는 맹한씨! 저는 제 잘못을 알고 있읍니다. 당신이 사랑하는 새를 날려 보낸 것은 잘못입니다. 그러나 맹한씨! 제가 일부러 한 것이 안이라 실수였다는 것을 알아주시기 바랍니다! 용서해 주시겠지요? 저는 꼭 용서해 주실 것을 믿습니다! 저는 오늘 당신 없이 혼자 있기가 여간 맘이 괴롭지가 안었읍니다! 맹한씨! 제 두 눈은 너머 울어서 빨개졌읍니다. 저를 불상히 여겨주십시요! 조곰이라도 저를 불상히 여겨주신다면 내일 아침 우리가 늘 노는 그 바위 앞으로 와 주십시요. 저는 거기 가서 사과하겠읍니다.’ 동무들 이 편지를 읽고 내가 얼마나 기뻤을가 좀 생각해 보게. 그러나 그 때 또 나는 부끄러운 생각을 어찌할 수 없었네. 나는 맛당히 그에게 사과해야 할 것인데 도리혀 그가 내게 사과한다 하며 또 나보고 불상히 여거달라 하니 아! 이것이 어찌 부끄럽지 안을 것인가!

이튿날 해도 뜨기 전에 나는 일어나서 ‘운고’의 약속 대로 바다ㅅ가 큰 바우 있는 데로 갔드니 뜻밖에도 ‘운고’가 웨쳤네. 그도 ‘맹한 옵빠!’ 하고 부르짖고 — 우리는 마조 바라보았으나 다른 아무 말도 나오지 안었네. 그의 두 눈은 빨갰으며 내 품에 않기여 우리는 한참동안 서로 안고 울었네. 왜 울었는지? 기쁜 눈물인지? 슾은 눈물인지? 울 때 우리는 그 까닭을 몰랐고 또 지금도 역시 대답 못하겠네. 이 때 파란 풀 우에는 이슬이 구슬같이 반짝이고— 숲 속의 새들은 새벽 노래를 부르고, 평온한 바다에는 순한 물결만 각금 일고……. 신선하고도 한없이 빨간 아츰해는 차츰차츰 떠올라 서로 안고 우는 한 쌍의 어린이를 빛의었네."

이맹한은 여기까지 말하고 끊이었다. 이 때 그의 얼골에는 점점 뚜렷하게 슲은 표정이 보였고 유쾌히 웃든 빛은 차차로 사라저버렸다. 양쪽 팔로 잔득 팔장을 끼고 두 눈은 화로 안의 숫불만 드려다 보고 있었다. 심리학을 연구하지 않은 나로서도 이 때의 그의 슲음을 능히 깨달을 수 있었다. 잠간 침묵이 게속되자 성미 급한 스딴싸더는 물론 그 이야기를 뿌리째 캐려하고 또 이러한 침묵이 게속되는 것을 원하지 않었음으로 이맹한을 보고 말했다.

"자네 이야기는 아즉 끝나지도 않었는데 왜 그만 두나? 인제 막 자미나는 판인데 급작이 딱 끊어버린다니 어데 말이 되나! 이맹한! 어서 끝까지 이야기해 주게. 그렇지 않으면 오늘 밤 잠은 다 잔 잠일세. 웨 이쟈 동무 말맞다나 내일 오전에는 강의도 없으니까 좀 늦잠 자도 괜찮을께야. 자네는 무엇을 그리 근심하고 있나? 어서 빨리 빨리 해. 이맹한!"

나는 물론 스딴싸더 말에 동의해서 이맹한에게 그 이야기를 끝맞이도록 권하였다. 나는 보통 때는 초저녁 잠이 많은데 이 날 밤만은 예외로 잠이 오지 않고 또 조곰도 몸이 피로해지는 것을 느끼지 않었다.

이맹한은 그래도 아모 말이 없다. 나는 급히 이러났다. 스딴싸더가 그만 화가 났는지 양손으로 이맹한의 왼손을 움켜쥐고 꼭 그 이야기를 끝맞워야 된다고 서둘렀다. 이맹한은 슲은 표정으로 우리를 쳐다보았는데 그것은 우리의 동정을 구하는 듯했다. 그는 할 수 없이 또 이야기를 게속했다.

"아! 나로서는 이야기는 이만하여 두는 것이 맛당하고, 또 더 이야기 할 피료가 없을 것 같애. 더 이야기한다면 나도 괴로울 뿐 안이라 동무들도 재미 없을 것일세. 그렇지 안나 스딴싸더! 내 손을 놓게 이야기하겠네. 아! 이야기…. 내가 어떻게 이야기를 참아 잊겠나? …. 자네들은 작난이 너무나 심하네! ….

이런 일이 있은 후 나와 '운고'와의 사랑은 한층 더 깊어저 우리들의 사랑은 해마다 더 깊어갈 뿐이였네. — 나와 '운고'는 한 동갑이였으며 다만 내가 몇 달 먼저 났을 따름이었는데 — 둘의 사이는 자랄수록 차차 달라저서 이 때까지의 사랑은 그야말로 천진란만한 것으로 어린이의 아무 자각이 없는 사랑이었으나 그러나 후에 이러한 사랑이 차차로 어린이의 사랑에서 버서나 그것을 깨닷는 시기에 도달하였네. 은연중에 우리는 서로 사랑하지 않으면 안되고 그는 나의 것 나는 그의 것이며 장래 살아나가는 데도 영원히 떠러질 수 없는 한 짝인 것을 깨닷게 되었네. 동무들 나는 참으로 그 때의 내 심경을 어떻다고 그러낼 수가 없네. 더구나 나의 노어(露語)는 아직도 서투르고 게다가 문학적 소질도 없어 안타깝기 짝이 없네!

세월은 빠르고 사람은 해마다 장성할 뿐이라 나와 '운고'는 어느듯 열네 살이 되였네. 아! 그 열네 살 때 동무들 그 해부터 나의 슯으고 불행한 생활이 시작되였네. 속담에 '하늘에도 불측(不測)의 풍운(風雲)이 있고 사람에도 잠시(暫時)의 화복(禍福)이 있다' — 하지만 동무들 우리 조선에는 잠시의 복이라는 것은 없고 잠시의 화는 있는데 이것은 아마 자네들이 바로 이해하기는 어려울 것일세. 어떠한 사람이고 제 집에서 아모 짓도 하지 않고 있어도 그의 생명은 결코 안전치는 못한 것일세. 일본놈의 경찰, 제국주의자의 개놈들은 번뜻하면 조선 사람을 잡어다가 제멋대로 모반(謀叛)의 죄명을 잎여 바로 그 자리에서 목을 비거나 총살을 한단 말일세. 아! 일본놈들이 와서 한 흉악한 행동을 자네들은 꿈에도 생각 몯하리? 자네들 상상력이 아모리 풍족하다할지라도 조선 사람이 일본 제국주의자들한테서 받는 학대가 얼마만한 것인가 도저히 상상할 수 없을 걸세!

우리 아버지는 열심히 조선 독립을 회복하려고 한 사람이였든 것은 나도 잘 알고 있네. 그 해에 조선인 하나가 일본 경관을 암살했는데 일본놈들 당국에서는 이것은 필경 우리 아버지가 주모(主謀)라는 혐의를 씨워서 — 그 자세한 것은 나는 잘 몰랐었네만 그여히 아버지는 잡혀가서 그만 총…살…되었네….”

스딴싸더는 놀래여 펄적 뛰면서 연겁허 외쳤다.

“그럴 도리가 있나! 그럴 도리가 있나! 아! 나는 일본놈이 조선서 그런 악착한 행동을 하고 있는 줄은 몰랐네!….”

나도 이맹한의 말을 듣고 크게 놀라 스딴싸더의 이러한 태도는 나를 더 한층 놀라게 했다. 이맹한은 뚝! 뚝 눈물을 떨어틀이었다. 울며 목메이는 소리로 뛰염 뛰염이 말을 이었다.

“아버지가 일본놈에게 총살을 당한 후… 나의 어머니는… 아… 아… 아! 불상하게도… 어머니는… 물에 빠저 죽고 말었네.”

스딴싸더는 눈이 휘둥그래지며 말을 몯하고 허수아비처럼 돼버렸다. 나 역시 눈시울이 뜨거워저 눈물이 솟아올으는 것을 어찌할 수 없었다. 모다 또 아무 말 없이 잠잠해젓다. 창 밖에 바람은 더 한층 사나워지고 급작이 수 많은 말이 뛰어닷는 듯— 별안간 큰 물결이 몰아닥치는 듯— 수 많은 군사가 아우성 치는 듯— 졸지에 하늘이 문어지고 땅이 깨지는 듯… 이것은 바로 조선의 운명을 슲어하는 것이며 이맹한의 불평을 같이 울어주는 것이 아닐가? 이맹한은 우름을 끝이어 수건으로 눈물을 씻고 또 슲은 이야기를 게속했다.

“만일 '운고'가 없었드면— '운고'의 권고가 없었드면 — 동무들 나는 벌써 부모를 딸어 죽었을 것이지. 이 이맹한이가 어찌 지금 이렇게 여기 있을 것이며 내가 어찌 자네들과 모스크바에서 맛났겠으며 오늘 밤 이 자리에서 이렇게 이야기를 할 수 있겠나? …. 아! '운고'는 내 은인(恩人)일세! 아! '운고'는 내 목숨을 살린 은인일세!

　나의 아버지 어머니가 다 참사한 후 남은 것은 다만 외로운 나 하나 뿐이었네. '운고'의 아버지는 (그도 경찰에 잪여 갔었는데 여러 사람들이 그렇지 않다고 잘 말해서 간신히 나왔네.) 나를 집으로 다려다가 자기 아들과 똑 같이 걸우었네. 그러나 나는 왼종일 울기만 하고 자살까지 하랴 했네. 부모가 참혹하게 죽은 것을 생각하면 이미 고아 된 이 몸이 살어서 무슨 재미가 있겠느냐는 것일세. '운고'도 나를 보고 몹시 슳어했으며 거이 밥도 잘 먹지 않었네. 그는 총명한 여자이였기 때문에 내 태도가 수상함을 아러채고 욱하는 마음에 큰일을 저질르지나 않을가 해서 내 행동을 특별히 보살폈네. 언젠가 그에게 나는 자살할 생각이라고 했드니 그 말을 듣고 그는 냇다 울어대며 백반(百般)으로 애원하야 나의 장래 갈 길을 가르처 주었네. 아! '운고'는 참으로 경복할 만한 여자였으며 그의 식견은 나보다 몇 배나 낳었었네. 부데부데 장래를 위해서 몸조심을 하며 나종에 원수를 갚을 날이 꼭 있으리라는 것 또 죽어버리면 아모 일도 안되고 사내 대장부가 그런 옹색한 생각을 해서는 안되며 만일 내가 죽으면 자기도 꼭 죽겠으니 그래도 좋겠느냐고까지 말하였네…. 운고의 말은 한 마디 한 마디가 모다 옳고 그의 지혜에는 참으로 나는 딸을 수 없었네. 그래서 나는 자살할 생각을 버렸네. 또 그 때 나는 암만 자살하랴 해도 도모지 머리에서 떼어버릴 수 없는 일이 하나 있었네. 그것이 무엇이였느냐 하면 바로 '운고'였네. 내 생명의 '운고'! 동무들! 생각해 보게. 만일에 '운고'의 격려가 없었드라면 지금 자네들이 어찌 이맹한과 같이 있을 기회가 있겠나?

　이 때부터 '운고'는 나의 가장 인자한 어머니가 되였네. 그는 나를 위안해주고 보호해주고 내 맘을 잘 알어주어 무었 하나 부족한 점이 없었네. 내가 성을 내는 때라도 그는 그것을 잘 참어서 조곰도 나를 의심치 않었네. 아! 내 '운고' 나의 사랑하는 '운고'! 나는 또다시 그의 따뜻한 애호를 받을 수 없게 되었네! ….

이러는 동안에 또 이태가 지나 '운고'는 클수록 더 어여뻐지고 전보다 더 똑똑해졌네! 아! 그의 아름다운 것을 내가 어찌 형용할 수 있겠나! 나같은 뚝눈을 가지고 어찌 선녀같이 아름다운 그를 형용할 수 있겠나! 아마 이 세상에서 나의 '운고'같이 아름다운 여자는 또 없을 것일세. 내 눈에는 자네들이 어여뿌다고 하는 여자에게는 나는 조곰도 맘이 쏠리지 안네. 자네들은 평소에 나를 공부만 알고 여자라면 이야기만 하여도 싫여하는 사람이라고 웃었지만 아! 자네들은 어찌 내 사랑이 무덤과 같이 싸느라케 식어버리고 고시란이 '운고'와 함께 사라져버려 다른 여자와는 다시 용납 몯한다는 것을 알 수 있겠나? 나는 '운고'를 위해서 수절하는 것이 아니라 이 세상에는 '운고'만치 어여뿐 여자가 다시는 없기 때문일세. 나는 '운고'의 사랑을 받어 이렇게 행복스러웠으니 무었을 또 바랄 것이 있었겠나. 자네들도 이제 나를 좀 이해하겠나? 아직도 이해 몯하는 사람이 있을 것일세! ….

나는 벌서 열여섯 살이 되었네. 일본놈 아! 그 흉악한 일본놈이 나를 편안히 살게 놔뒀겠나? 아버지도 죽이고 어머니도 도라가시게 하고 그래도 또 무었이 부족했든 모양이었네. 아! 내 이 목숨을 뺏을랴고 하지 안나! 조선 사람이 조곰이라도 그 일본놈한테 나뿌게 하면 그 놈들은 아주 그 씨를 멸하여 조선 사람은 하나도 남기지 않을 것일세. ….
나는 점점 커갈수록 일본 경찰의 나에 대한 주이와 감시(監視)도 점점 더 심하여졌네. 경찰이 나를 잡으러 온다는 소문이 돌자 '운고' 아버지는 이런 소문을 듣고 몹시 근심하여 일본놈의 독수(毒手)가 어느 때 또 나를 잡어다 죽일지 몰라서 밤낮으로 잠도 편안이 몯 자고 입맛까지 잃고서 뇌심해 주셨지만 나는 도리혀 아모 걱정도 없는 듯이 지냈네.

하루는 그 노인이 나를 불러 앞에 앉지고 사람이 없을 때 뚝-뚝 눈물만 흘렸는데 나는 그 때 웬 영문인지를 몰랐네.

그는 목메인 소리로 — '맹한아 너의 양친이 작고하신 후에 나는 너를 내 친아들과 진배없이 키워왔고 이것은 너도 대강 이해하겠지. 내가 너를 내 앞에서 키워온 것은 한 가지는 황천에 게신 너의 부모들이 죽어서도 눈을 감게 하기 위한 것이요 또 한 가지는 죽은 동무에 대한 나의 의무를 다하고저 함이었다. 더구나 또 이미 '운고'를 네게 허락하지 않았었드냐? 그러나 지금 와서는 맹한아 너는 이 조선에 있을 처지가 못된다. ……. 일본 경찰은 너를 노리고 있다. 아! 그 놈들이 어떠한 흉악한 짓을 할는지 누가 그것을 예측하겠느냐! 만일 네가 불행히도 또 그 놈들 독수에 걸린다면 나는 어떻게 너나 혹은 저 세상에 게신 너의 부모들을 대할 낯이 있겠느냐? 아! 맹한아! 일이 이렇게 되었으니 너는 어서 바삐 도망하지 않으면 안된다. 벌서 내가 준비는 다 해놓았으니까 오늘 밤에라도… 떠나야만 한다. 애야… 애야… 너는 반듯이 이 슬은 조선 땅을… 어느 때나… 아! 어느 때나 또 혹시 서로 맞날 수 있을지! …' '운고' 아버지는 그만 소리를 내여 울고 말었네. 나는 청천에 벽력을 맞난 것처럼 어떻게 해야 좋을지 무었이라 말해야 좋을지 몰랐네. 동무들 자네들도 나의 그 때 심경이 어떠했을가 쥼 생각해보게! 아! 나이 어린 내가 급작히 이런 큰일을 당했으니 동무들 자네들은 그것을 어떻게 하면 좋을 줄로 생각하나? 나는 이 때 별로 이야기도 하지 않고 다만 울고만 있다가 그 노인이 하라는 대로 그 지시에 따르는 수밖에 없었네. ….

그러나 나의 '운고'는? 그는 그 때 그의 아버지가 내게 말하는 데 반대하였을가? 아! 현숙한 '운고'! 대의(大義)를 깨달은 '운고'! 그는 벌서 다 알고 있었으며 또 나의 도망할 방법까지도… 모다 그의 아버지와 상의해 노았었네. 근들 어찌 이렇게 하는 것을 원하였겠나? 어찌 내가 그에게서 떠나 홀홀단신(單身)으로 정처없이 타국으로 방낭의 길을 떠나는 것을 원하였겠나 그는 원치 않았을 것일세. 절대로 원치 않았을 것일세. 아! 그러나 나의 안전과 나의 장래를 위해서 그는 억지로 참고서 나와 애처러운 생이별을 하게 되었네! 아! 그의 가슴은 얼마나 앞었겠나! 그의 아버지가 나에게 이런 이야기를 할 때 그는 자기 방에서 너무나 설게 울었으며 오곡간장이 다 끊어지도록 몸부림쳤다네….

그 날 밤 열시 쯤 해서 한 노인이 어선(漁船) 한 척을 몰고 조용조용히 압록강을 건너서 사람 기척도 없고 갈대만 수굿하게 난 강가로 노를 저어 왔을 때 컴컴한 어둠 속에서 한 쌍의 어린이가 잿빨리 걸어서 어선이 닫는 강가로 달려갔네. 이것이 이제 막 생이별하려는 한 쌍의 원앙(鴛鴦)일세. 아! 누가 능히 그네들의 쓰라린 심정을 형용할 수 있겠나! 둘이 막 강가에 닫자 손에 든 보재기에 싼 것을 땅에 놓고 서로 부뜰고 흑흑 느껴우는 소리만 한참동안 들리다가 우는 음성이 한층 높아저서 '맹한 옵바! 이번에 떠나가서… 부데 몸조심하십시요. …. 나는 영원히… 당신의 것입니다. …. 이 세상에는 정의(正義)가 있어야 합니다. …. 우리는 결국… 끝에는 서로 맞날 날이 있겠지요! ….'

"운고'씨! 아! 내 마음은 부서… 지는 것… 같소. …. 나는 당신의 뜻을 이루도록 노력하겠오. … 당신을 제하고는 이 세상에 또 누가 있겠오. … 아! 당신은 내 마음의 광명… 광명…' 그들의 말소리는 울음에 가루맥히여서 잘 나오지 않았는데 아! 이것이 어찌 애끗는 비극의 일막이 아니겠나! 배ㅅ사공 노인은 배에서 나려 언덕 우에 올라와 그들을 갈라놓고 무뚝뚝하게 타일렀네. '울지 말게! 도련님! 조선에도 자유의 날이 돌아와 두 분이 화촉(華燭)을 밝힐 날도 있겠지! 이제 울면 무엇하나! 아가씨! 어서 도러가오. 다른 사람 눈에 띠이지 않게! 사람이 보면 재미 없어!' 말이 맞이자 노인은 바로 그 소년을 어선에 실고 뒤도 도라보지 않고 떠나가 버렸네. 아마 '운고'는 언덕 우에 서서 배가 보이지 않을 때까지 울었을 걸세. 아! 동무들! 여러 동무들! 이 압록강 언덕 우에서 한 작별이 그대로 영원의 작별이 될 줄이야 누가 알았겠나. … 조선에 자유의 날이 오드래도 나의 '운고' 나의 '운고'는 영원히 또 다시 맛나보지는 못할 것일세! 언제 화촉을 밝힐 날이 있겠나! …. 압록강변은 영원히 나의 몬 잊을 곳일세! 압록강물은 해마다 다름없이 서러운 조선의 운명과 가련한 '운고'를 위하야 나를 대신하여 울면서 흐를 것일세! ….

나는 그 날 밤에 도망해서 중국(中國)에서 이년 거기서 다시 해방된 로서아로 와서 이년 동안을 붉은 군대의 병사(兵士)로 있다가 어느듯 오늘에 이르렀네. 조선을 떠난 지가 벌서 육칠 년이나 되었네. 그러나 나의 일편단심은 한결같고 조선과 '운고'를 잊을 날이 없네! 내가 떠난 후 '운고'의 편지를 단 한 장도 받은 일이 없고… 사실상 우리는 통신을 할래야 할 수가 없었네. 나는 다만 그와 결혼할 날만 기다리고 있었는데. '운고'가 금년 정월 초승에 일본놈에게 죽을 줄이야! 강물은 끝이 있을지언정 내 원한은 풀릴 날이 없을 것일세!"

"그래 '운고'씨는 무슨 죄로 죽었단 말인가?" ― 하고 내가 물으니 이맹한은 상을 찡그리며 조고만 소리로 말했다.

"무슨 죄로 죽어? 들리는 말에는 그는 조선 사회주의 청년동맹 부녀부 서기(朝鮮社會主義靑年同盟婦女部書記)로서 한 번 노동자 집회에 참가했다가 일본 경찰에 잪이여 파업 선동(罷業煽動)이란 죄명으로 수감되여서 거기서 옥사(獄死)했다네. 그는 재판소 법정(裁判所法廷)에서 일본놈의 폭행을 욕하고 또 조선인 노동자가 전부 죽기 전에 자유로운 조선이 실현될 날이 꼭 있다고 웨쳤다데. 아! 이것이 얼마나 장열(壯烈)한 일인가! 이런 장열한 여자를 나는 무슨 신성(神聖)한 것과도 비하고 싶네. 동무들 이런 신성한 여자를 두고 자네들은 어떤 여자를 사랑하란 말인가? …."

이맹한이 여기까지 이야기했을 때 밖으로 동무를 찾으러 갔든 C군이 돌아왔다. C군은 웬몸에 하야케 눈을 맞어 마치 백로(白鷺)같어서 우리는 급작이 모다 그리로 정신이 쏠려버렸다. ― 우리의 이야기도 그만 끝처지고 마렀다.

시간은 벌서 열두 시가 지나고 화로의 불은 다 꺼지고 우리는 제각기 이불 속으로 드러갔다. 그러나 이맹한은 이불 속에 들어가서도 좀체로 잠이 안 오는지 이따금 도라누면서 긴 한숨을 쉬는 것이었다. 끝

牧羊哀歌(郭沫若 作)

牧羊哀歌(金剛山의 悲歌) (郭沫若)

一.

　금강산(金剛山) 일만이천봉 산실영(山神靈)이 벌서부터 내 혼백을 해천말리(海天萬里) 밖에서 조선으로 꺼더디렸다. 나는 조선에 도착한 후 이 금강산 아래 일본해(日本海)에 면한 한 조고만 마을에 살었다. 마을 이름은 선창리(先蒼里)라 부르며 호ㅅ수는 겨우 십여 호에 지나지 않고 모다 바다를 바라보고 산을 등지고 있으며 반은 새집이었다. 집집마다 앞에는 울타리를 했고 또 꽃나무 소나무가 때때로 울 넘어로 보였다. 왼 마을과 바다ㅅ가 전부가 모다 솔바이고 다만 마을 근방에 몇 섬지기의 농토가 있고 뽕나무가 몇 줄 있을 뿐이다. 배추꽃 메물꽃으로 그 몇 정보(町步)ㄴ가 되는 농토는 금벽색(金碧色)으로 □이어 있다. 그 동남편 소나무 숲 속에 적벽강(赤壁江)이라는 적은 내가 흐르고 있는데 일만이천봉의 산골물을 모아서 아침이나 저녁이나 구슯은 소리를 내며 사나운 일본해 바다ㅅ물 속에 삼기여내리 남쪽으로 가고만다. 내가 처음에 이 마을에 도착했을 때 마을 사람들은 나를 가ㅅ자 중국인(中國人)이라 의심하고 어느 집에서나 다 재워주지 않었다. 다행히 마을 남쪽 끝에 윤씨(尹氏)라는 나이가 오십이 너머보이는 할멈이 하나 있었다. 단 혼자 외로이 살며 부첫님을 모시고 있었다. 내가 찾어온 뜻을 잘 듣고 내가 멀고 먼 데서 와서 아는 사람 하나 없는 것을 불상히 여기어 그 집에 머므르게 해주었다. 윤씨네 집 대문에는 백지의 문연(門聯)이 붙었는데 조선 풍속으로는 아즉도 대문에 춘연(春聯)을 붙이어 또 백지를 쓰는 것이 똑 그 나라 장사 집과 마찬가지다.

거기에 씨어 있는 것은 시(詩)로 된 글이었다. 대문을 들어스면 중원(中園)이 있어 여기에는 많은 꽃나무가 심어 있었다. 정면의 기으는 한 줄로 세 칸이 늘어 있어, 가운데가 대청이고 양편이 방이었다. 대청 뒤로 또 벽이 하나 있어 이 벽을 격하여 앞뒤로 나누어져서 그 사이는 문으로 서로 통케 되었는데 앞 칸 가운데다가 부처님을 모시는 제ㅅ상을 하나 놓고 거기에 왼손에 염주(念珠)를 가진 옥자관음(玉磁觀音)이 모셔 있었다. 문을 열고 내다보니 집 뒤 배추밭이 바로 금강산 골작이에 연해 있다. 윤할멈은 나더러 바른 손 편 방에 있으라고 했다. 방에는 별다른 물건은 아무 것도 없고 다만 촉대(燭台)가 하나 있을 뿐으로 양쪽 문을 열고 잘 살펴본즉 오랫동안 사람이 거처하지 않었었는지 몬지가 보-야케 앉어 있었다.

윤할멈네 집에 있게 된 후 어느덧 일주일이 눈 깜짝할 새 지나가 버렸다. 나는 매일 날세가 좋고 흐리고 간에 아츰 일즉이 이러나 곳 산으로 구경 나가서 날이 저무러서야 겨우 도라왔다. 일주일도 몯되여서 나는 마을 뒤에 있는 구선봉(九仙峯)을 빼놓고는 이 큰 금강산을 거이 다 도라단였다. 비로(毘盧) 미륵(彌勒) 백마(白馬) 영낭(永郎) 등 일만이천봉의 아침 저녁의 곻은 모양과 비 올 때 날개일 때의 풍취가 이미 내 머리ㅅ속에 깊이깊이 백히어 있어 한 번 눈을 딱 감고 앞을 바라보면 곳 활동사진과 같이 그 인상의 하나하나가 환-하게 눈앞에 나타난다. 다만 가석하게도 내가 문인도 아니요 화가도 몯되여서 똑 그대로 그것을 글로 쓰지도 몯하며 그림으로 그리지도 몯한다. 그래서 형제들 동무들한테도 즉접 와서 보라는 수밖에 없다.

二.

홀로 구선봉(九仙峯) 꼭대기 선인정(仙人井) 옆에 서서 서쪽으로 석양에 빛의인 금강의 장엄(莊嚴)한 모양과 떠도는 구름을 바라보니 내

영혼은 그만 경치에 취해서 꿈속에 있는 듯하였는데 그 때 벼란간 산 밑으로부터 부러오는 바람은 한 가닥의 노래ㅅ소리에 실어왔다. 노래ㅅ소리는 구슲으고 처량한 게집아이 소리가 분명하다. 귀를 기우려 들은 즉

    해ㅅ님을 마지하야 산에 오르고
    해ㅅ님을 보내면서 산을 나리네
    해ㅅ님은 한 번 가도 또 오건만
    양모리(牧羊郞)는 한 번 가고 오지를 안네.
    양의 우는
    그 소리 애처럽고나.
    양은 그대를 그리것만 그대는 이것을 알어주느냐?

노래 소리는 중단되었다. 새끼양 소리가 처량하게 들려온다. 은은한 방울소리가 들리다 안들리다―

    양 목에 달은 방울
    하나 하나 그대의 솜씨
    그대는 한 번 가고 오지를 않고
    방울 끈이 다― 달어서 끊어질가 염여다.
    양의 우는
    그 소리 애처럽고나.
    양은 그대를 그리건만 그대는 이것을 알어주느냐?

노래 소리는 점점 머러저 청양한 저녁 공기 속에 흘러 한 마디 한 마디 가슴속에 사무처서 사람의 눈물을 짜낸다.

    나에게 가위가 없었드라면

양의 털을 깎지를 안었을 것을.
남어 있는 영(英)님의 가위ㅅ자리가
살어질 때 내 맘도 사러지노라.

나에게 풀은 끈 없었드라면
방울을 달어매지 않었을 것을.
방울 끈 하나라도 끊어질 때는
내 마음 영님 옆에 가까이 가네.

여기까지 들었을 때 나는 저도 몰르게 눈물이 흘러나렸다. 나는 불이낳게 이러나서 산 꼭대기 서북쪽에 서있는 소나무 밑으로 달려갔다. 거기서 아래를 나려다보니 다만 높은 성(城) 길 우에 여나무 마리나 되는 양떼가 어슬푼한 저녁 해ㅅ빛 속에 게집아이 하나를 둘러싸고 천천히 몰려가는 것이 보인다. 그 게집아이는 우에는 파-란 적삼을 입고 밑에는 회색 치마를 입고 맨발로 노래를 부르면서 거러가고 있는데 노래ㅅ소리는 점점 머러저 아러 듣기 어려워졌다.

양아! 양아!
너 서러마라.
나 여기 있으니
늑대도 못 덤빌게다.
늑대가 함부로 덤벼들거던
너와 나와 목숨을 내어걸고서
기를 쓰고 한사코 싸워보자!
양아! 양아!
너 서러마라!

게집아이의 노래ㅅ소리는 서산으로 넘어가는 저녁해와 같이 사라저

버리고 게집아이의 그림자도 앞산 모통이로 숨어버렸다. 나의 마음은 마치 맑고 찬 샘 속에서 세례(洗禮)를 받은 것 같었다. 나는 소나무 밑에 멍-하니 서서 어느 결에 벌서 몇 시간이나 지났는지 산은 모다 잠들고 별들만 빤짝이며 먼 동해ㅅ물 끝에서 반달이 떠올랐다.

三.

― 손님 그이는 우리 민(閔)씨 집 패이(佩羙) 큰애기올시다!

나와 윤할멈은 둘이 대청마루 끝에 앉어서 낮에 본 이야기를 하였는데 윤할멈이 그 양모리하는 게집아이의 일홈을 알려주었다.

― 그런 명문(名門)의 큰애기가 왜 그처럼 손수 양모리를 한답디까?

이 묻는 말에 그는 무한한 감동을 이르킨 것 같다. 그는 잔뜩 공중의 밝은 달만 바라보고 한참 동안이나 아무 대답도 없다. 달빛 알에 홀긋 그의 눈을 살펴보니 벌서 두 눈에는 눈물이 가득 차 있다. 나는 그 일을 너머 캐물어 그를 괴롭게 한 것을 후회하였다. 내가 숨을 죽이고 그저 묵묵히 있으랴니까 할멈은 눈물을 씿고 나 있는 쪽으로 돌아 앉었다.

― 애통한 지난 일을 이야기해 본데야 무었합니까. 그러나 손님이 그만치 친절히 무르시니 그 친절한 말슴이 고마워서도 어찌 그냥 거절할 수 있겠읍니까. 그러치만 그 많은 이야기를 어데서부터 꺼내야 옳을지?

잠간 말을 멈추었다가 다시 또 이야기를 게속하였다.

― 패이 큰애기는 본래는 여기ㅅ사람이 안이고 십년 전에는 서울 대한문(大漢門) 밖에 살었읍니다. 큰애기 아버님 되시는 민숭화(閔崇華) 대감은 본시 이조(李朝)의 자작(子爵)이였는데 그 때 조정에는 간신(奸臣)의 일파가 나서 외국인과 내통하야 무슨 합병조약(合倂條約)인가를 맺었읍니다. 민자작 일파는 몇 차례나 주상(奏上)하시여 조정에서 간신

을 물리쳐 나라를 편케 하기를 청하시었지만 한 번도 도라보시지도 않었답니다. 자작께써는 대세(大勢)가 이미 기우러저 회복하기 어려운 것을 깨달으시쟈 관직(官職)을 버리시고 일문(一門)을 거나리고 서울서 이 곳으로 이사해 오셨답니다.

　자작의 전부인(前夫人) 김씨(金氏)는 십육년 전에 별세하시고 후처 이씨(李氏)한테선 자손이 없었읍니다. 김씨부인이 도러가실 때 패이 큰애기는 겨우 다섯 살이였는데 자작께서는 대단히 불상히 여기시어 저더러 큰애기를 잘 돌보아 디리라고 하시었읍니다. 우리 윤씨 문중은 선조 때부터 모다 민씨ㅅ댁 하인이였으며 내 남편 윤석호(尹石虎)도 역시 민씨 댁 집사(執事)였읍니다. 나는 본시 아들이 하나 있었읍니다. ….

　말 마디마디가 울음 소리로 변했다.

　― 내 아들 윤자영(尹子英)이는 민자작께서 당신의 이름자를 따다가 지으신 것으로 자작께서는 퍽 귀여워하시여 늘 "영아! 영아!" 불르셨읍니다. 자영이는 패이 큰애기보다 한 살 우였고 큰애기는 늘 자영을 영이 오빠라고 불르며 자영이는 덩다라 외람하게도 큰애기를 패이 누이라고 불렀읍니다. 그들 둘은 서로 사랑해서 마치 친형제와 진배 없었읍니다.

　이씨 부인도 역시 명문의 귀하신 따님으로 어릴 쩍부터 일본(日本)에 유학하시고 졸업하신 후에 또 런던(倫敦) 파리(巴里) 윈나(維也納)를 유람하셨읍니다. 국내서보다도 국외에 더 많이 게셨읍니다. 귀국하실 때 나이가 겨우 스물 둘이시고 그 때 김씨 부인이 도라가신 후 막 삼년이 지났는데 이씨 댁에서 중매인이 나서서 혼인 말이 있자 얼마 안되여 자작의 후실이 되였읍니다. 자작께서 퇴관하시기 전에는 이씨 부인은 서울 사교계(社交界)에서 첫재 둘재 가는 신식부인(新式婦人)이였읍니다. 손님 생각해 보십시오. 이런 총명 영니(聰明伶俐)하고 학문 있고 재간 있는 신식부인이 어떻게 평범한 생활을 즐길 수 있으며 산촌 생활의 고생사리를 참어나갈 수 있겠읍니까?

민자작께서 이 곳으로 오신 후 저 고성(高城) 정안사(靜安寺)에 게시면서 일절 영화를 버리시고 세무에는 간섭하지 않으셨읍니다.

절 안에서 거처하는 사람은 많지 않고 큰애기는 점〃 커갔읍니다. 우리 부부를 이 선창리(先蒼里)에 살도록 주선하여 주시고 자영이만 절에 남어 이삼십 마리의 양을 사시어 그 아이한테 괄리하게 하셨읍니다. 그 때 우리 자영이는 벌서 열두 살이 되어 날 좋은 날이면 늘 양을 몰고 산 앞 산 뒤로 돌아단였읍니다. 때로는 패이 큰애기도 같이 따라갔읍니다. 그들들은 몇 번이나 길을 잊어버려서 그 때마다 얼마나 우리를 놀라게 했는지요!

내가 지금도 생각나는 것은 그들이 어느 때 한 번 밤중이 되도록 돌아오지 않어서 자작께서는 우리 집에서 놀고 있는 줄만 아시고, 중 몇 사람을 시켜 데리러 왔섰읍니다. 그러나 그들은 둘이 다 우리 집에는 없었음을 알고 그제서야 우리 집 사람들도 놀래여 분주히 사방으로 찾기 시작하야 해금강까지 갔더니 멀-리 바다ㅅ가에서 양 한 떼가 졸고 있는 것이 보였읍니다. 자영이는 큰 바우에 의지하고 패이 큰애기는 자영이의 억개에 의지해서 둘이 다 벌서 잠이 들었었읍니다. 그 날 밤도 역시 오늘밤처럼 달이 밝었는데 환-한 달빛 아래 바다ㅅ물이 흔들리여 그들은 꼭 큰 요람(搖籃) 속에서 자고 있는 것 같었읍니다. 그들의 그 때 광경이 나는 지금도 잊어지지 안는구먼요!

비가 와서 양을 못 데리고 갈 때는 그 때마다 자영이는 절에서 중들과 주먹질하는 무도(武道)를 배웠고 밤에는 큰애기와 같이 자작 게신 앞에서 글 읽기와 글씨 쓰기를 배웠읍니다. 아모 연고 없이 이렇게 사년이 지나 우리 자영이는 열여섯 살이 되고 패이 큰애기는 열다섯 살이 되였을 때 자작께서 늘 말슴하시기를 머지 않어 그들을 데리고 대국(大國=中國)에 가서 그들의 식견을 넓이게 하겠다는 것이었지요. 아! 누가 사람의 일을 알었겠읍니까? 우리 자영이는 바로 그 해에….

윤할멈은 가슴의 상처를 닺인 듯이 느껴 울기 시작했다. 나도 일종의 큰 불행이 닥처올 불길한 증조를 깨닷고 나는 몸에 소름이 쪽- 끼었다. 때마침 하늘 높이 돋은 달이 검은 구름 속에 싸여버려 더욱 처참한 기분을 돋아주었다. 나는 감이 또 그 뒤를 묻지 못하고 윤할멈이 울음을 끝치기만 기달리었드니 그는 눈물겨운 목소리로 겨우 말을 이었다.

― 그는 ― 그 해에 ― 그의 애비한테 ― 애비한테 ― 죽었답니다!
말하며 또 느껴 울기 시작했다. 나 역시 눈물이 쏘다저서 그를 위로하는 말을 하랴 하얐으나 한 마디도 말이 나오지 않었다. 나는 다만 차를 한 잔 따러 마시라고 권했더니 할멈은 그것을 몇 모금 마시고 또 말을 이었다.

― 이제부터 이야기가 좀 길어질 것 같으니 내가 자영이의 유서(遺書)를 가지고 와서 이야기를 계속합시다.

四.

밤이 깊어가고 한데ㅅ바람이 제법 차서 윤할멈은 나를 방안으로 불러디렸다. 나는 그와 같이 내가 거처하는 방으로 드르가서 자리 바닥에 앉었다. ― 조선 사람의 습관은 자리에 앉고 자리에 자서 아직도 우리나라 고대 풍속을 그대로 보존하고 있다. 윤할멈은 봉투를 가지고 왔는데 내가 등불 밑에서 받어 읽어보니

어머님! 저는 지금 막- 양을 몰고 나갔다가 집에 도라온 길인데 양 우리 옆에서 봉투 한 장을 주섰읍니다.
분명히 아버지가 떨어트리신 것일 겜니다. 그런데 것봉이 벌서 떨

어저 있기에 그 내용을 읽어보니 아! 어머님! 몬 볼 것을 보았읍니다. 보고 나서 저는 그만 혼비백산하였읍니다!

어머님! 저는 지금 자작을 구하기로 맹세했읍니다. ― 패이 누이의 ― 아버지를. 나는 아버지가 이러한 엄청난 불의의 죄명을 입는 것을 참아 그대로 볼 수 없읍니다. 아버지가 벌서 절에 와 게실 줄 알고 사방으로 찾었으나 몯 맛났읍니다. 어머님! 제 생각으로는 여기서 이 일이 탈로되어버리면 아버지 혼자만 관게되는 것이 안입니다. 제가 오늘 밤 절에서 찾아 돌아단이다가 어떻게든지 해서 아버님을 그대로 물러가시게만 하면 이것이 제일 상책입니다.

어머님! 제가 만일 죽는 한이 있드라도 어머님! 너머 설어 마십시요! 생각하면 살어서 망국지민(亡國之民)이 되는 것보다는 차라리 빨리 □버리는 것이 상쾌한 것도 같읍니다.

어머님 시간이 닥처와 길게 몯 쓰겠읍니다. 밀서(密書)는 보신 후 불에 살러 버리십시요! 빼다지 속에 있는 일기 두 권은 패이 누이를 주어 주십시요.

아들 자영 올림.

이외에 또 편지 한 장이 있다.

석호(石虎) 전

십일 몯 맛났오. 당신이 오늘 저녁에 절로 오시요. 내가 방안에서 열락하면 한 그물에 모조리 다 잡을 수 있을게요. 동봉한 시(詩) 한 수는 분명히 모반(謀反)의 시며 일을 이룬 후에 곳 장안사(長安寺)에 있는 헌병대(憲兵隊)로 쫓아가서 자수(自首)하는 데 이 시만 내보이면 반다시 모면할 것이니 속히 틀림없이 해주오!

민이씨(閔李氏) 유월 십일일

해는 왜 이리 쨍쨍하게 나서
우리 산 우의 싹을 쪼여대느뇨.

산이 문허져 싹이 이미 죽으니
해의 기세 더욱 높도다.
이군(羿君)의 활을 얻어
바다 우에 너를 쏘으리라.
노양(魯陽)의 창을 얻어
산 우에 네 목을 베이리라.
이궁노괘(羿弓魯戈) 구할 바이 없어
눈물 속에 피가 되여 산에다 뿌리는도다.
길고 긴 이 날은 언제나 밤이 되고
길고 긴 이 원한은 언제나 풀리리요.
원망의 날의 글 대한유민 민숭화(大韓遺民閔崇華) 땀을 씨으며 씀.
(原文)
炎陽何杲杲, 晒我山頂苗.
土崩苗已死, 炎陽心正驕.
安得后羿弓, 射汝落海濤.
羿弓魯戈不可求, 淚流成血洒山丘.
長晝漫漫何時夜, 長恨漫漫何時休.
怨白行 大韓遺民 閔崇華 揮汗書

  윤할멈은 내가 일일히 다 보기를 기다려 나직한 목소리로 말했다.
  — 그 속에 사연을 손님! 잘 아셨겠지요.
  우리 자영이는 그 해 유월 열하로ㅅ날 죽었읍니다.(조선 사람은 지금도 대개 음역을 쓴다.) 그 날 점심 후 정안사에서 상자 아이가 와서 석호에게 편지 한 장을 주었읍니다. 석호가 곧 나가기에 나는 자작께서 무슨 일이 있으시여 불르신 줄 알었는데 밤중이 지나서 급하게 허둥지둥 뛰어 드러왔어요. 얼마 안 있다가 또 사람이 찾는 소리가 나기에 내가 나가서 문을 열고 내다보니 중이 둘이 나를 보고 외치기를
  — 아주머님! 큰일났읍니다! 당신 아들이 누구한텐지 맞어 죽었어요!

나는 그 끝말 한 마디를 듣자 그야말로 청천에 벽력이지요. 석호도 안에서 들었는지 방안에서 화다닥 뛰어나와 '잘못 죽였구나! 잘못 죽였구나!' 소리 질르며 총알같이 문 밖으로 뛰여나갔읍니다. 나도 역시 정안사로 쫓아가서 먼저 자영이 방에 드러가 보았더니 책상 우에 편지 한 장이 놓여 있는데 그 겉봉에는 '모친친계(母親親啓) — 자영'이라는 여섯 자가 써있어 나는 그것을 품속에 감추어버리고 사람들이 야단스럽게 떠들면서 왔다갔다하는 데로 들어갔읍니다. 내가 자영이를 봤을 때는 그의 얼골은 피투성이였고 가슴은 벌서 싸느렇게 식었읍니다. 나는 그 자리에 업들어저서 그대로 인사불성이 되고 말았읍니다.

내가 깨났을 때에는 이미 환-하게 밝은 대낮이라 나는 이것이 무슨 나뿐 꿈이나 안인가 의심했지요. 잘 살펴보니 나는 패이 큰애기 방에 누어 있었든 것입니다. 큰애기가 내 옆에 앉어있었는데 벌서 너머 울어서 두 눈이 빨갛고, 이것을 보니 나도 새삼스럽게 또 서러워저서 통곡했읍니다. 몸을 움지겨 이러나려고 해봤으나 네 수족이 똑 중풍 걸린 사람처럼 뻣뻣해저서 다시는 움지기지 못할 것 같었읍니다. 큰애기는 내가 깬 것을 보고 나를 드려다보며 여러 가지로 위로해 주었는데 나는 더욱 더욱 설어만젔고 큰애기도 느껴 울면서 내 옆에 업드러저 버렸읍니다.

얼만 안되여 자작의 내외분이 방으로 드러오시어 자작께서 말슴하기를

— 자영이의 염(殮)을 하여야 할텐데 석호는 도모지 그림자도 보이지 않으니….

나는 그제서 겨우 석호가 그 때까지도 절에 오지 않은 것을 알았고 또 급작이 자영이의 유서가 생각나서 큰애기더러 내 주머니에서 끄내여 자작께 올리게 했읍니다. 자작께서 그것을 펼쳐보실 적에 또 편지 한 장이 뚝 떨어졌읍니다. — 즉 이씨 부인의 밀서(密書) 말입니다. 그

러자 이씨 부인은 밖으로 뛰어나가 버렸읍니다. 자작께서 자영이의 유서를 다 읽으시기를 기달리어 패이 큰애기도 밖으로 나가시었어요. 아마 일기를 가질러 가는 줄 알았더니 과연 그랬었읍니다. 이씨 부인의 밀서는 큰 불을 이르켜 자작께서는 그것을 보시고 너무나 화가 나시여 말슴도 못하시고 한 반나절이나 몸부림치시며 큰 소리로 몇 마디 자영이를 부르시고 통곡하시었읍니다. ― '나는 네가 빨리 장성해서 나라를 위하야 힘쓰기만 바랬더니 우리 이― 애비와 딸을 위하야 죽을 줄을 누가 알았겠니. 아! 내 무슨 맘으로 또 다시…?'
 자작께서 말심이 채 끝나지도 않아서 패이 큰애기가 밖에서 뛰여들어와 이씨 부인이 자영이 방에서 자살했다고 알리었읍니다!

五.

 등잔불이 거이 꺼지게 되고 불빛이 흐미했다. 윤할멈은 심지를 돋구고 잠시 숨을 돌러가지고 다시 이야기를 게속했다.
 ― 이씨 부인은 자영이와 같이 묻었는데 모다 정안사 안에 있읍니다. 나는 절에서 이레 동안이나 누어 있다가 겨우 일어났읍니다. 석호는 그 날 밤에 나간 후 영영 소식이 없어 결국 맞었는지 죽었는지 알지도 못합니다. 내가 몸이 좀 난 후에 절에 남어서 자작과 큰애기 시중을 들겠다고 했드니 자작께서 절대로 들어주시지 않으시고 자작께서는 머리를 깎으시고 중이 되시었읍니다. 또 패이 큰애기는 그대로 절에 남어서 한편 조석으로 봉사(奉侍)하시고 한편 자영이가 생전에 괄리하던 양을 혼자 도맡어 보게 되였읍니다. 손님! 이것이 바로 패이 큰애기가 손수 양모리를 하게 된 연고올시다. 참 불상하지 않습니까? 큰애기는 늘 내게 말하기를 자영이 오빠가 도러가신 후로는 큰 양이고 적은 양이고 모다 잘 먹지를 않어서 몇 해도 못되여 벌서 거이 반이나 죽었다는 것입니다. 양이 한 마리 죽으면 그 때마다 큰애기는 몹시 슲어하

시어 꼭 자영이의 무덤 옆에다가 양의 무덤을 써주었읍니다. 나는 자영이를 생각만 하면 그는 황천(黃泉)에 가서도 필경 그렇게 쓸쓸하지는 않은 것 같습니다.

六.

윤할멈의 이야기를 듣고나니 이 생각 저 생각이 오락가락해서 도모지 곤히 잠이 들지 않았다. 겨우 잠간 잠이 드니 정신이 황홀하야며 홀연이 내 몸은 정안사에 있었다. 절 안에는 과연 윤자영의 무덤이 있고 무덤 앞에 세운 비석에는 '자비원 동남 윤자영지묘(慈悲院童男尹子英之墓)'라는 열 자가 뚜렸이 써 있었다. 그 은저리에는 양의 무덤이 무수히 있고 또 내가 낮에 본 패이 큰애기가 마침 무덤 앞에 꿀어 앉아서 기도하고 있었다.

무덤 전경(全景)이 돌연 무도장(舞蹈場)으로 변했다! 한복판에 홀연히 묘령의 젊은 남녀가 벌거버슨 채 춤을 추고 있다. 이 두 사람의 은저리에는 수많은 양들이 사람처럼 일어서서 춤을 춘다. 또 홀연이 수많은 사자 표범 호랑이들도 역시 그 속에 있다.

이러한 황홀한 무대에 돌연히 키가 짝달막한 흉한(兇漢)이 나와서 내 머리를 향하야 번쩍 칼을 빼어 나려치다! 나는 '아'하며 깜작 놀래 깨니 왼몸에 싸느란 구슬땀이 흘렀다. 맞어보니 다행히 피는 아니었다. 등잔불은 벌서 꺾었고 날은 아직 밝지 않았다. 나는 날이 채 밝이도 전에 윤할멈에게 인사하고 떠나왔다. 이처럼 구곡간장이 다 끊어지는 듯한 슯은 나라에 철석(鐵石)같은 심장(心腸)이 아니고서는 누가 잠시라도 머울러 있을 수 있겠느냐? 끝.

닭(郭沫若)

一.

내가 지금 살고 있는 데는 동경(東京)시에서 얼마 떨어져 있지 안은 강호천(江戶川)이라고 하는 내 건너에 있다. 십여분간 전차를 타고 다시 한 반시간쯤 걸리면 동경 도심지대에 다달은다. 그러나 여기는 아주 완전히 시골이다.

살고 있는 집은 기리가 사장(四丈), 넓이가 일장 반(一丈半)쯤 되는 장방형(長方形)의 집으로, 구격이 똑 바른 한일자 집이다. 그 속을 오륙간으로 칸을 막어서 서제, 객실, 자노마(茶室), 부엌, 어린아이들 공부하는 방까지 있어 소위 '참새가 작기는 하야도 오장육부가 다 있다'는 격이다.

집 앞에는 시렁을 매어 등(藤)나무를 올리고 그 앞에는 채마밭과 화단을 겸한 공기가 건평보다 좀 넓은 면적을 차지하고 있다. 이 공지에는 흑인들의 쨔스 음악식으로 각종 화초가 잔득 심어 있다. 장미화 옆에 자소(紫蘇)가 훨신 자라 있으며, 목연화 밑에 조천숙(朝天椒)이 짝 부터있고 한복판에는 모란을 중심으로 하야 그 은저리에 우방(牛蒡)이 있고, 양하(蘘荷)와 도마도가 한데 이웃하야 있다. 이처럼 아주 무질서한 상태라, 전문적인 원예가나 혹은 가축을 길르고 원정(園丁)을 둔 사람들이 본다면 물론 웃을 것이다. 그러나 이 우슴거리밖에 안되는 성적에 대하야서도 나는 성명하여야 하겠다. 이것이 모두 안해와 어린아이들의 노력의 소산이지 나라는 이 '게름뱅이'는 여기에 조곰도 공헌하지 않은 것이다.

뜰 주이에는 엉성한 대나무 울타리가 둘러 있고 서쪽과 남쪽 울타리 밖은 모두 논이 되어서, 어린아이들이 이 논둑에 나단일 수 있도록 서

남방 구역지를 티어 놓았다. 동편에는 S라는 성(性)을 가진 일본인이 살고 있는데 그 남편(男便)은 동경 모회사에 단이고, 그 분인이 우리 집과 퍽 친하게 진내어 두 집 사이의 울타리를 한 중간쯤에서 티어놨다. 게화(桂花)나무와 매화나무가 그 곳을 푹 덮어서 언듯 봐서는 알지 못하얐다. 그러나 두어 달 전에 형사가 하나 왔다가 단번에 이것을 간파하얐다. "흥, 이웃집과 통합니다 그려!" 그는 별로 염두에도 두지 안은 듯이 말하얐다. 나는 속으로 깜작 놀랫다. 그네들처럼 특별한 훌련을 받은 사람은 암만해도 닮다. 잠간 남의 집에 들어와도 단번에 그 집 주인의 도망갈 구멍을 알어채는 것이다.

집 뒤로는 딱 붙어서 송판대기로 둘러 막고, 대문은 그 동북 모통이로 났다. 대문 밖은 지주의 채마전이고, 이 채마전 건너편 큰길로 통하는 좁다란 길이 한 가닥 나 있다. 그 큰길은 자동차가 단기고 부근에 철관공장(鐵管工場)이 하나 있기 때문에 늘 철판이니 철재를 싫은 자동차가 왕내하고 있다. 이것이 이 동리의 평화한 공기를 요랗게 하는 유일한 큰길이다. 큰길 건너편으로 소나무가 울창하게 들어슨 나지막한 산이 있어 거기가 동리 사람들의 공동묘지로 되어 있다.

나의 안해 양계벽(養鷄癖)은 예나 다름없이 지금도 몇 마리 치고 있다. 뜰 동남 편 구역지에다가 철사로 닭ㅅ장을 만들고 그 속에는 지상에서 서너치 높이가 되는 닭ㅅ집을 지었는데 이것이 닭의 침실이다. 닭ㅅ장과 대문이 서로 맛대있고 그 사이에 나무가 들어서서 겨울이 아니면 대문 밖에서는 그렇게 용이하게 보이지도 안는다.

칠월 말에 레구홍 한 마리가 알을 안으랴고 할 때 뒤ㅅ산에 사는 H 라는 대목의 여펜네가 앉기겠다고 빌리어 가버렸다.

얼마 안 있다가 중학과 소학에 단기는 어린아이들이 여름 방학으로 돌아와서 즈 어머니는 이 아이들을 다리고 근처 해안에 해수욕을 하러 갔다. 이것은 아이들의 몸을 달련하야 겨울에 툭허면 감기가 들어 딴

병이 생기지 않도록 하기 위해서 간 것이다. 아이 어머니는 사실에 있어선 더 편벽한 데로 가서 여전히 살림일을 하여야 하니까 다른 사람들 피서와는 물론 의미가 다르다. 나도 같이 갈여면 갈 수 있는 것이다. 이 길기만 한 집은 잔득 직히고 있을 값어치가 있을 리 없고, 오즉 길으는 닭 몇 마리가 맘에 걸리기는 하겠으나, 갖다 팔든지 잡어먹든지 하면 문제도 되지 않을 것이다. 그러나 다만 나에게 문제가 될 만한 사정이 있다. 내가 어데고 새로 이동하야 가면 새 형사의 보호를 — 일본 형사는 사양해서 감시라는 두 글자 대신에 보호라는 말을 쓴다 — 받지 않으면 안되는데 이것이 처자들을 도모지 부자유하게 만들 것 같다. 그래서 나만 집에 머믈러 자취 생활을 하야 잠시동안 그들과 떨어저서 그들로 하야금 정신적으로 유쾌하게 하고, 나도 이 시기를 이용하야 얼마간의 돈버리 일을 해 보자는 것이다.

그들은 해안에 갔다가 한 달도 채 못돼서 팔월 말경에 돌아왔다. 구월 일일부터 중학 소학이 일제히 개학하야 아이들은 또 그전처럼 통학 생활을 시작하얐다. 큰 아이들 둘이 단기는 중학교는 동경에 있기 때문에 아침과 점심 변도를 준비하여야 하며 또 전차를 타고 가서 지각하지 않도록 하랴면 아이 어머넌 아모래도 다섯 시 전후해서는 일어나야 한다.

구얼 십일 날 아침 나절 H의 여펜네는 빌려갔든 레구홍을 도로 가지고 왔다. 그 여펜네는 벌서 그 산에 살지 않었다. 소문에 듯쟈니까 다달이 내는 오원식의 집세가 아홉 달이나 밀리어, 집 주인한테 쪼껴나서 지금은 동리 동쪽에 살고 있다는 것이다.

닭은 빌려간지 오주일 동안에 좀 적어진 것 같었다. 날개와 다리를 묶어서 시렁을 맨 기둥 밑에 부뜰어매어 엎울어저 있었다.

그래서 나는 그 '레구홍'을 부뜰어맨 것을 풀러서 닭ㅅ장 속에 노아 주었다.

닭끼리는 서로 떨어진지 오주일만에 벌서 전연 알어보지 몯하는 모양이다. 그 전부터 있든 암닭 세 마리와 숫ㅅ닭 한 마리가 모다 쪼랴 뎀비고 불과 몇 일 전에 사다 넌 암ㅅ닭 두 마리까지 저들도 그전부터 있는 닭한테 혼이 나고 있으면서도 덩다러 뎀벼드는 것이다. 이리하야 이치로 딿이면 제 고향에 돌아온 이 암ㅅ닭이 도리혀 자유를 잃고 그 속에 굴러 있는 간장통 속에 몸을 피하는 수밖에 없었다.

이튿날 오후에 나는 우연히 닭ㅅ장 옆에 갔을 때 그 암ㅅ닭이 눈이 띠이지 않었다. 그러나 그 집속에 숨어 있으려니 하고 별로 주의하야 보지도 않었다. 내가 안나(安那[作者의 婦人])한테 말하니까 그도 필시 그 집속에 숨었을 것이라고 대답하얏다. 이런 것이야 물론 닭ㅅ장 속에 들어가서 그 집속을 조사하야 보면 단번에 명확할 것이다. 그 놈의 수ㅅ닭 한 마리가 아주 싸홈 대장이라, 닭장을 무슨 난공불낙(難攻不落)의 성인 것처럼 직혀 닭ㅅ장 속에 드르갈려고만 하면 맹렬히 뎀벼들어 쪼는 것이다. 그래서 닭ㅅ알을 가저올 때도 밤에 몰래 끄집어 내오는 수밖에 없었다.

그 이튿날 오후가 되어도 그 암ㅅ닭은 보이지 않었다. 우리는 혹 다른 닭한테 쪼여서 그 집속에서 죽지나 않었나 하고 안나가 그 숫ㅅ닭을 닭ㅅ장 밖으로 꾀어낸 뒤 그 속에 들어가 조사해 보았으나 그 암ㅅ닭은 그림자도 볼 수 없었다.

이 닭이 없어진 데 대해서 언제 어떻게 없어젔나가 당연히 문제가 되었다. 내 생각같애선 그 닭이 돌아온 십일 날 밤에, 그 집에서 쪼껴 나왔다가 그 은저리에 숨어 있든 쪽제비한테 물려간 것 같었다. 안나와 아이들은 그렇지 않을 것이라고 말했다. 쪽제비는 피만 빨아먹지 닭은 물어가는 법이 없고, 또 물어갔다 치드라도 닭ㅅ장 안에서 그 은저리에 피 흔적이라도 있을 것이라는 것이다. 안나는 여성의 독특한 제 육감을 가지고 누가 훔처갔다고 단정하얏다. 한 번 왔으면 또 한 번 올 것이고 닭을 훔쳐갔으면 다른 것도 훔쳐갈 것이라고 그는 붙어 말했다. 닭이 없어진 십이일부터 그는 특별히 조심하야 밤에는 문을 꽉 잠그고 닭ㅅ장도 닭이 잠든 뒤에 가서 제 손으로 채웠다.

二.
오늘은 십사일이다.

새벽 다섯 시 반씀해서 서남편 들창문을 여니까 양화 꽃 향기를 먹음은 새벽 바람이 정신이 번쩍나게 얼굴에 확 불어왔다. 서남 편에 있는 옹이가 많어 뒤틀린 늙은 매화나무, 그 밑에 무성한 푸른 입사구와 흰 꽃을 단 양화, 그리고 꽃봉오리가 금시에 필랴고 하는 부용(芙蓉) 이 밖에 뜰 우에 있는 왼갓 것이 아즉 잠을 깨지 않고 있다.

그 때 돌연 흰 닭 한 마리가 눈에 띠였다. 그 동남 편 철망 속 누런 꽃이 핀 쑤셈이 넝쿨이 엉키어 있는 곳에—.

(없어졌든 닭이 돌어온 것이 안일까?)

이러한 생각이 뇌신경 중추에 떠오르자마자 벌서 소리가 먼저 나왔다.

— 파오(博[作者의 아들의 일홈])! 너 좀 가봐라. 닭이 돌아왔나보다.

나는 옆방에서 들창문을 열고 있는 둘재 아이한테 일렀다.

— 그럴 리 없어요. 그 전부터 한 마리 있어요.

아파오(阿博)는 주저하지 않고 대답하얏다. 그 애는 벌서 그 닭을 보고 있었던 모양이다.

— 그 전부터 있는 것은 좀 누리께 하고 털도 저렇게 반지르하지 않을 게다.

나는 여전히 나의 생각을 주장하얏다.

연다러 넷째 게집아이 슈쓰(淑子)도 모기장 속에서 기어나와 나 있는 데로 쫓어왔다.

— 어듸요? 흰 닭이요?

일변 두 손으로 눈을 비비며 일번 물었다. 그리하야 그 닭을 보드니 아파오와 마찬가지 소리를 한다. 그럴 리가 없고 흰 닭은 그 전부터 있는 것이라 한다.

— 아이들은 나와 의견에는 모두 반대하며 하나도 가 볼려고 하지 안는다. 내 자신도 그냥 들창문을 열고 있었다.

얼굴에다가 거멍 칠을 한 안나가 머리도 푼 채 맨발로 후면 서북 편 부엌에서 앞뜰로 돌아나왔다. 그는 바로 닭ㅅ장 앞에 머춤하니 슨 채 좀 머리를 기웃둥거린다.

— 그렇지?

나는 마루에 멀지간이 서서 물었다.

그는 대답을 하지 않은 것 같다. 혹은 대답한 소리가 적어서 반 귀먹어리인[作者는 가는 귀가 먹었다.] 내 귀에 들어오지 않았는 지도 모른다. 그러나 그는 돌아서서 우리 있는 데로 와서 몹시 이상하다는 듯이 말하얐다. "아이 참말로 그 닭이오!"

이 놀라온 소식은 곧 쫙 퍼저서 아이들은 모다 헐러벨덕 하고 닭을 보러 몰려갔다.

닭을 만약 누가 훔처갔다가 돌려보냈으면 그 통로는 물론 그 울타리의 누 군데 티워진 곧밖에 없을 것이다. 그러나 처자들이 뜰이 조사한 결과 새로운 발자옥은 도모지 없었다.

집안 식구가 부엌 마루 창 우에 둘러앉어서 아침을 먹을 때에도 화제의 중심은 역시 이 닭이 돌아왔다는 데 있었다. 닭을 훔처갔다가 돌려보냈다는 것도 물론 놀랠 일이다. 그러나 이러이러한 사람이 이러이러한 놀라운 일을 하얐다는 것은 더구나 한 개의 기적과도 같다. 이것이 누굴가? 누가 왜 이러한 기적을 행하얐을가? ….

— 암만해도 H라는 일본인 대목의 짓 같다.

나는 말하였다. 그 여펜네가 닭을 빌려간 지가 꽤 오래 되었었고 아마 이것은 H가 돌려보낼려고 하지 않았기 때문일 것이다. 그래서 여펜네가 도로 가지고 온 그 날 밤에 훔쳐가버린 것이다. 닭ㅅ장도 그 자가 만들지 않았는가? 통로에 대해서 그 자는 횅할 것이다. 아마 훔쳐갔다가 부부 사이에 싸홈이 버러저서 어제밤에 또 몰래 갖다 논 것이다.

안나는 극단으로 나의 의견에 반대하얐다. 그는 H의 여펜네는 의리를 직히는 사람이라고 말하얐다.

— 옳구먼 그래. 의리를 직히는 사람이니까 돌려보냈지.

— 분명히 우리 집 닭인 줄 알면서 훔치러 오다니 그들은 절대로 그럴 리가 없을 게요.

— 그 여펜네야 안하겠지만 내 생각으로는 그 목수는 능히 할 것이어. 그 자는 지금 한참 몰리는 판이라구 하잔어?

안나는 종시 그들을 변호하얐다. 그들은 지금은 궁하게 지내지만 전에는 잘 살었었다. 그들은 화태(樺太) 사람으로 동경 대지진 후 일년 지나서 왔는데 무슨 큰 공사를 떠맡아서 큰 돈을 남길야다가 그만 게산이 틀려서 실패하얐다는 것이다.

아침을 먹고나서 큰아이들 넷은 모두 각각 학교로 갔다. 안나는 그릇을 치우면서 나한테 말하는 것이었다. "당신이 한 번 그 닭을 가 보시요. 그것은 어째 우리 닭이 안인 것 같읍니다. 닭 벼슬이 좀 더 컸었든 것 같어요."

내가 난 지 반년밖에 안된 홍얼(鴻兒)을 안고 나스니까 그는 말을 이었다.

"닭ㅅ집을 열어놓지 마세요. 닭이 나오지 못하게. 좀 있다가 H의 여펜네를 불러다 그 닭인가 안인가를 보여 보겠어요."

그가 H의 여펜네를 불러온다는 데에는 나도 매우 찬성이다. 그는 그 여펜네한테 닭을 봐 달라지만 나는 그의 얼굴빛으로 나의 문제의 답안을 얻을 수 있기 때문이다.

나는 뜰을 대각선(對角線)으로 걸으면서 지면의 발자옥을 주의하야 보았으나 정확하게 그 전 발자옥과 새 발자옥을 구별할 수 없었다.

얄구진 암ㅅ닭은 닭ㅅ장 속에서 유연히 모이를 주어먹고 있다. 털은 백학처럼 하얗게 간초롱하고 벼슬은 맨두람이 꽃처럼 밝앟고 귀 밑으로 일부분이 유달리 히어서 레구홍의 특증을 표시하고 있다. 다만 머리 맨 꼭댁이의 일부분이 색이 좀 흐리고 또 한쪽으로 몰려 있지 않다. 이 닭은 대개 순종(純種)이 안일 것이다. 그러나 결국은 이것이 그 전부터 있든 닭인지 안인지는 나로서 단정할 수 없었다. 그 전부터 있든 닭은 자세히 보아둔 일이 없었고 H의 여펜네가 가지고온 닭도 인상이 도모지 모하하얐기 때문이다.

얼마 안있다가 안나도 닭ㅅ장 옆에 왔는데 그는 아모리 하야도 이것은 그 전부터 있든 것이 아니고 어쨌든 H의 여펜네를 불러다 보여야 겠다고 주창하얐으나, 근심이 되어서 몹시 맘에 걸린다고 말하얐다.

나는 그의 이러한 심정을 일종 이상한 심리라고 생각하얐다. 돌아왔다든가 이 닭을 누가 갖어왔다든가는 그에게 그리 큰 문제가 아니다. 그의 생각의 초점은 외인이 밤에 두 차레나 우리 뜰에 침입하얐다는 이 일점에 있다. 그는 이 닭의 배후에 무슨 좋지 못한 증조가 숨어 있다고 생각하는 모양이다. 그는 일종 막연한 공포를 느끼어 앞으로도 또 외인이 밤에 침입할 것이라고 근심하얐다.

닭ㅅ장 앞에서 홍얼을 그에게 맞기고 나는 동편 낭하를 지나 나의 서제로 향하얐다.

三.

언제 나갔나 모르게 나갔든 안나가 홍얼을 업고 돌아와서 동편 유리

창 밖을 지나갔다. 뒤에는 그 키 짝달막한 H의 여펜네가 딸아왔다. 여펜네는 나를 보고 그 적은 키를 두어 자밖에 안되게 꾸불이어 인사를 하얐다. 영양부족으로 파리한 그 세모진 얼굴에다가 창백한 우슴을 띠우니까, 그 앞니도 송곳니도 다 빳인 빈 입몸만이 입술 사이로 내다 보였다. 나는 그의 웃는 얼굴을 보고 바로 내가 의심한 것이 잘못인 것을 깨달았다. 그의 태도는 평소와 조곰도 달름이 없는 것이다. 만약 닭을 참말로 그의 남편이 훔처갔다가 그가 도로 갖다 놓았다면 그의 웃는 얼굴이 결단코 그처럼 천진란만할 수 없을 것이고 그의 태도도 그처럼 침착할 수 없을 것이다. 문제는 또 알 수 없게 되었다.

그들 둘은 곳장 닭ㅅ장으로 가서 거기서 한참 조사하고서 돌아왔는데 그들 말에 의하면 이 닭ㅅ은 그 전부터 있든 닭과 조곰도 다름이 없다는 것이다.

그들은 등을 올린 시렁 밑으로 해서 서편 남향으로 된 마루로 차를 마시러 갔다. 얼마 안 있다 S부인도 계화나무 밑 울타리 터진 데로 해서 우리 집으로 왔다. 이 여자는 부신(副腎)에 병이 있는지 언제나 얼굴에 검은 빛이 나고, 몹시 파레하였다.

세 여자들의 말소리로 그들이 거기서 토론되는 것은 물론 닭의 문제를 벗어나지 몯했는데 다만 내 귀가 시원칠 않아서 그들이 무슨 소리를 하는지 분별할 수 없었다. S부인의 말소리는 코ㅅ소린가 닭에 무슨 먹을 것을 입에 물고 떠드는 것 같아서 제일 알아듣기 어려웠다. 그러나 이 말소리 속에서 의외에도 조선인(朝鮮人)의 세 글자를 들었다.

— 아아 조선인! 나는 마음속으로 이렇게 부르짖으며 어두운 길에서 돌연 광명을 발견한 것 같았다.

일천 구백 이십 삼년(一九二三年)의 대지진으로 폐허가 되었든 동경은 십년 동안 경영하고 글래(近來)는 다시 범위를 확대하야 일약 일본인들이 자랑하는 세게 제이(世界第二)의 대도시로 되었다. 피상적(皮相

的) 관찰자는 혀가 닳토록 일본인의 건설 능력을 칭찬하야 그들의 동경이 불 속에는 재생한 봉황같이도 형용할 수 있을 것이다. 그러나 이처럼 봉황을 불 속에서 재생케 한 것은 도리혀 대지진 당시에 일본인에게 대살육을 당한 조선인이 아닐가. 이것은 뜻밧게도 일종의 반어(反語)가 되는 것이다. 팔구만의 조선 노동자가 비바람도 피할 수 없는 벌판에다가 동경을 회복해 놓았다. 아니 '대동경'을 맨들어 놓은 것이다. 그러나 그들이 얻은 보수는 무엇이었을까? 치사의 뜻을 표하는 두 글자 — 그것은 곧 '실업'이다.

 그들은 대개 삼십 전후의 장성으로 조선의 소농(小農)이다. 혹은 소지주의 아들들이다. 그들이 지어먹든 전지는 외인에게 약탈 당하고 살어 갈 길이 없어서 동경으로 온 것이다. 다시 동경서 실업하면 방낭하는 노예가 되는 수밖에 없다. 어데고 일터를 찾어서 사방의 시골로 이동한다. 내가 살고 있는 이 지방만 해도 확대된 동경과는 불과 내 하나를 격하였을 뿐, 현(縣)이 다른 시골이지만 실상은 이미 동경의 교외가 된 것이다. 대동경 꼬랭이라도 되어 보겠다고 근처의 소도시는 무수한 주택을 새로 지어 나가고 있다. 이리하야 적지않은 조선인이 여기까지 밀려온 것이다.

 조선인이 하는 노동은 죄다 땅 파는 막일이며, 부근의 흙산을 파다가 장터 부근의 전지와 소(沼)를 메우는 것인데 이것은 일거양득의 공사다. 얕은 데는 메우고 흙산은 깎어내어 두 군데나 다 집 짓는 기지가 되는 것이다. 흙을 운반할 때는 네 박쿠 구루마를 쓰는데 이것은 차대(車台)를 네 박쿠 우에 놓고 차대 우에다가 네모진 나무통을 올려 놓았다. 나무통을 차대 우에 올려놓면 곧 흙을 담게 되나 한 번 차대를 옆으로 떼밀면 담았든 흙이 일제히 쏟아지는 것이다. 구루마가 단기는 데는 경편한 철로가 깔리어 있고, 대개 한 구루마에 노동자 둘이 부터 뒤에서 밀고 간다. 우리 집 뒤 얼마 떨어지지 않은 곳에서 흙을 파가는

데 공사가 있을 때는 날 좋은 날 새벽 일즉이 우리가 아즉 이러나기도 전에, 벌서 흙 파 날르는 구루마를 궤도 우로 더르를 굴리는 소리가 들려온다. 이 더르를 소리는 날이 아주 깜깜해져야 끝인다. 나는 각금 어린아이들을 다리고 공사장에 가서 그들의 노동하는 것을 보았다. 흙 산을 우에서 열자 이상이나 판 뒤 그 깍까질린 단면(斷面) 밑에 두어 사람이 서서 속으로 파 들어가면 그 우에 열자 이상이나 되는 흙이 제 힘에 몰 이기어 헐어지는 것이다. 십여 대의 빈 구루마를 더르를 하고 밀고 올라와서 이삼십 명의 구루마ㅅ군이 일제히 삽으로 흙을 파 실는다. 구루마로 하나 잔득 되면 다시 구루마 뒤에서 두 팔과, 다리에 힘을 주어 일제히 밀고 나간다. 이것이 왼종일 게속된다. 구식 문ㅅ자를 써서 형용한다면 소나 말같이 일한다 하겠는데 기실은 소나 말도 그들만은 못할 것이다.

그들에게는 십장이 있는데 대개 밥장사를 겸하고 있는 조선인으로, 노동자들은 거기 기식하고 있다. 그들이 동경서 노동할 때는 하루 칠십전의 임금을 받으나 십장한테 이십전 떼고, 또 매일 식비로 이십전을 떼여 남는 것은 불과 삼십전이다. 그러나 이것이 일거리가 있을 때 이야기지 일거리가 없을 때는 식비는 무러야 하고 할 수 없이 십장한테 돈을 꾸든가 외상밥을 먹든가 해서, 결과는 대다수의 노동자가 모다 몸을 판 노예로 떠러지는 것이다. 시골로 밀리어오면 임금은 더 싸고 노동할 기회는 더 적어서 노예가 될 기회는 더욱 많아진다.

그들이 주인 집에서 먹는 것이란 참으로 가련하다. 매일 세 끼 죽뿐인데 속에는 욱어지민 든 것을 그들은 상식(常食)으로 한다. 그들은 결코 식욕이 부족한 병자가 아니다. 아니 도리혀 아즉 젊고 힘이 풀풀 나는 극열한 노동을 하는 장정이다. 그러나 그들은 매일 죽을 먹고 때로는 그 죽이나마도 못 먹는다. 그리고서도 만족할 수가 있을 것인가?

— (그렇다 조선인이다!)

내가 S부인의 조선인이라는 소리를 들었을 때 내 심중에는 이러한 광경이 떠올랐다. 근자에 이 시골로 밀려온 조선인이 주인집에서 동무들이 충동거리는 바람에 또 제 자신의 식욕에 껄리어 십일 날 밤에 닭을 훔치러 나왔다가 마침 우리 집 뜰에 들어와서 꼼작달삭 못하는 닭ㅅ장에서 그 암ㅅ닭을 훔쳐간 것이다. 주인집에 도라가서 동무들한테 훔쳐온 곳을 말하다가 동무 중에 이 곳에서 좀 오래된 사람이 그것이 우리 집 뜰인 줄 알고, 훔쳐온 동무한테 타일렀을 것이다. "여기 자네가 들어갔든 데는 중국인이 사는 집일세. 그도 우리와 마찬가지로 일본 경찰한테 욕을 당하고 있는 사람일세." 이러한 이야기로 말미아마 그 닭은 바로 잡어먹지 않고 훔쳐갔든 사람이 나홀재 되는 날 밤에 도로 갖다가 놓은 것이다. 어찌하야 또 이처럼 도로 갖다가 놓은 데 몇 일식이나 걸리었는가는 아주 쉽게 설명할 수 있다. 아마 요 몇 일동안 너무나 피곤해서 잠을 안 자고 나올 여력이 없었거나, 그렇지 않으면 식욕과 의리가 서로 다투어 몇 일을 두고 다투다가 그여히 의리가 승리를 얻은 것이다.

그 닭이 도라왔음에는 이 이외의 가능한 다른 해석은 없다.

四.

두 연인네들과 한 반시간이나 쑥떡어린 후에 안나는 어린아이를 안고 나 있는 데로 왔다. 공론이 어떻드냐고 물으니까 나의 추측에 억으러지지 않게 그는 대답하였다. "S부인은 '조선 노가다'가 훔쳐갔든 것 같답니다. 여기 조선 노가다들은 닭이나 개 훔쳐다 잡아먹는 것은 아주 상습이 되어 있다고 합듸다."

동시에 그는 또 조선인이 사람을 잡아먹는다는 풍설을 알려 주었다. 이것도 S부인이 금방 안나한테 전하고 간 것이다.

이것은 동경시 한 귀퉁이 M라는 곳에서 이러났다 한다. 시골서 나물을 뜯어서 시내로 팔러온 행상하는 여자 하나가 조선인의 합숙소에 팔러 갔었다. 그랫드니 '조선 노가다'들이 그 여자를 꾀여가서 강제로 윤간을 하고 그리고 죽여가지고 아주 버젓하게 가진 양념을 다하야 국을 끌이었다. 마침 이 합숙소 주인이 그들의 십장인데 여기 왔다가 그들이 권하는 대로 같치 앉어 먹었다. 먹다가 그 십장은 변소에 가서 돌연 똥통 속에 여자의 머리와 손발을 발견하고 그제서 지가 먹은 것이 사람고기인 줄을 알었다. 그는 곧 경찰에 밀고하야 사건이 탈로난 것이다.

이러한 풍설은 물론 동경 대지진 때 조선인이 살인 방화를 한다는 풍설과 마찬가지로 전혀 터무니 없는 이야기다. 그러나 이러한 것이 풍설이 되고 또 사람들이 서로 믿게 하는 충분한 이유가 있다. 조선인은 전지도 가옥도 외인에게 빼았기고 고향에서 떠나와서 약탈자들 밑에 노예가 되어, 하루 이삼십전 될가말가 한 피땀어린 돈으로 집안 식구를 멕여 살리기는 불가능한 일이다. 그들은 교육 받을 기회를 자연 빼았기어 그들에는 소위 고등 정도의 교양은 없다. 그러나 그들이나, 무슨 대학 교수니 덕행이 높은 교육가니 종교가니 하는 약탈자들이나, 다 같이 사람이고, 다 같이 동물이고, 다 같은 식욕과 성욕을 가지고 있는 것이다. 이 식욕과 성욕의 요구는 압박자와 피압자 사이에 보편적이어서 이것이 곧 그러한 풍설을 돌게 하는 주요한 이유다.

석가무니도 음식을 먹어야 하고 공자님도 아들을 나어야 한다. 일본서 방낭하는 여러 만명의 조선인 노예가 닭을 훔칠 뿐만 아니라 풍설의 종자를 뿔이게 하는 것도 다 이해할 수 있는 것이다.

故鄕(魯迅)

　나는 지독한 추위를 무릅쓰고 이철리나 떠러진 곳에서 이십여년 만에 고향에 돌아왔다.
　때는 이미 엄동이다. 고향에 점점 가까워올 때 날새는 음울하게 흐려지고 찬 바람이 선실(船室)에까지 불어와서 쐐- 쐐- 소리가 요란하다. 선창으로 밖을 내다보니 히미ㅅ구리한 하늘 밑에 여기 저기 보이는 것은 쓸쓸하고 초라한 마을이다. 활기라고는 전혀 있을 것 같도 않다. 나의 가슴속에는 금할래야 금할 수 없는 슬픔이 소사올랐다.
　아아! 이것이 내가 이십년 동안 때로는 생각해 나려오든 고향이었든가?
　내가 기억하고 있든 고향은 이것과는 아주 전혀 딴판이다. 나의 고향은 훨신 더 좋왔다. 나는 고향의 아름다움을 생각해내고 그 좋은 점을 말하고 싶으나 도리혀 내가 머리 속에 그리고 있든 영상(影像)은 살어저 버리여 말문이 맿기고 만다. 그리곤 눈앞에 보이는 것과 같은 것으로 변해 버렸다. 그래서 나는 나 혼자 멋대로 해석하야 고향은 월래 이랬든 것이다. 전보다 나아진 것도 없지만 그렇다고 해서 또 슬픔을 느낄 정도의 것도 아니다. 이것은 다만 나의 마음이 변해진 탓이다. 왜냐하면 나는 이번에 그다지 즐거운 마음으로 돌아온 것은 아니기 때문이다.
　나는 이번에 그저 다만 고향과 이별을 하러 온 것이다. 우리 여러 일가들이 오래동안 모혀 살어온 묵은 집은 이미 상의해서 남한테 팔어버리고 집을 비워주어야 할 기한도 금년 년말까지라 정월 초하로가 되기 전에 낯익은 묵은 집과도 영원히 이별하고 정든 고향에서도 멀-리 떠나 내가 밥버리하고 있는 타향으로 이사를 하지 않으면 안되는 것이다.

이튿날 새벽에 나는 우리 집 문 앞에 다달았다. 기와 틈에 난 수많은 마른 풀들이 꺾어진 대공을 바람에 벌벌 떨고 서있는 품이 마치 이 묵은 집의 주인이 밝겨지지 않으면 안될 이유를 설명해 주는 것 같았다. 한 집에 살든 일가들은 이미 대개 이사를 하얐는지 집안이 퍽 쓸쓸하다. 내가 있든 방 밖에까지 이르니까 어머니가 쫓어나와 맞아주었다. 어머니를 따라서 여덜 살 먹은 족하 홍얼(宏兒)도 뛰여 나왔다.

어머니는 대단히 반가워하였으나 어쩐지 그 안색에는 처량한 심정을 금할 수 없는 빛이 떠돌았다. 어머니는 나를 보고 앉어 쉬어서 차를 마시게 하고 이사하는 이야기는 입 밖에 내지 않었다. 홍얼은 전에 나를 본 일이 없었음으로 좀 떨어저 앉어서 나의 얼골만 처다보고 있었다.

그러나 우리는 그여히 이사에 대한 이야기를 끄집어냈다. 나는 이사갈 데다가 벌서 집을 빌렸고 또 세간도 좀 장만하얐으나 그 외의 것은 이 집에 있는 세간을 팔어가지고 그 돈으로 더 장만하자고 말했다. 어머니도 그것이 좋다 하얐다. 짐도 대강 싸 노았고 목기(木器)같이 운반하기 어려운 것은 거진 다 팔아버렸으나 아즉 돈은 몯 받었다는 것이다.

"너는 하루 이틀 더 쉬어서 일가친척에 인사나 한 다음에 떠나도록 하자."

연다러 어머니는 이렇게 말하얐다.

"네."

"그리고 룬투(閏土) 말이다. 그 사람은 우리 집에 올 때마다 네 이야기를 하는데 매우 네가 보고싶은 모양이더라. 벌서 너 오는 날자를 알으켜 주었으니까 아마 쉬 올 것이다."

이 때 내 머리 속에는 한 폭의 그림이 번쩍 눈 앞에 떠올랐다. 파란 하늘에는 금빛 나는 둥근 달이 솟아 있고 그 아래 해변 모래 땅에는 왼통 끝도 보이지 않을만치 파랗게 수박이 덩굴저 있다. 그 가운데 열두어살 되는 어린아이가 목에는 은으로 맨든 목거리를 걸고 손에는 긴 쇠창을 들어 차아(猹=수박을 먹으로 온다는 공상의 짐생. 作者의 造字)를 향하야 힘껏 찔렀으나 이 짐생은 돌아서서 그 어린아이 가랭이 밑으로 도망해 버린다.

이 어린아이가 곧 룬투다. 내가 그를 알게 된 것은 열한두 살 때 즉 지금으로부터 삼십년 전 일이다. 그 때는 나의 아버지도 살아 있었고 형세도 넉넉해서 나도 도련님이였다. 그 해 우리 집에는 큰 제사가 드렸었다. 이 제사는 말인즉 삼십년만에 한 번 있는 것이기 때문에 대단히 정성을 드리는 것이다. 정월에 조상 화상(畵像)에 제사를 지내는 데 제물도 퍽 많고 제기도 잘 가추며 참례하는 사람도 무척 많아서 제기(祭器)를 누가 집어가지 않도록 경계할 필요가 있었다. 우리 집에는 망윈(忙月)라는 일 거드는 사람이 마침 하나 있었다. (우리 고향에서는 남의 일을 해주는 데 세 가지 종류가 있었다. 원이로 일년동안 한 집에 나무 집 사는 것을 장년(長年)이라 하고 그저 그 날 그 날 일을 해주는 품파리를 뙁공(短工)이라 하고 또 하나는 자기 집에서 농사를 지면서 과세할 때 단오 때 도조 받어 디릴 때만 와서 일하는 것을 망윈(忙月)라고 하얐다.) 그는 너머도 바쁜 탓으로 자기 아들 룬투에게 제기를 지키게 하는 것이 좋겠다고 말했다.

나의 아버지는 그것을 허락했다. 나는 무척 기뻤었다. 벌서 ㄱ 전부터 룬투라는 일흠을 들었었고 또 나와는 나이가 비등비등한 것을 알었기 때문이다. 그는 윤달에 나서 오향(五行)에 흙이 빻었기 때문에 그의 아버지가 그를 룬투(閏土)라고 한 것이다. 그는 새를 대단히 잘 잡었었다.

나는 날마다 설이 오기를 기달렸다. 설이 오면 룬투도 온다. 그여히 그믐이 되였다. 어느 날 어머니가 룬투가 왔다고 일러주어서 나는 바로 뛰어나가 보았다. 그는 부엌에 있었다. 얼골은 붉고 둥굴게 생겼으며 머리에는 털모자를 쓰고 목에는 번쩍번쩍하는 은 목거리를 둘렀다.

이것으로도 그의 아버지가 그를 퍽 사랑하고 있다는 것을 알 수 있었다. 그가 죽을까바서 부처님 앞에 기도하야 목거리로 그를 보호한 것이다. 그는 사람을 보면 퍽 부끄러워했으나 나만은 무서워하지 않고 곁에 사람이 없을 때에 나에게 말을 거러서 한나절도 못되여 우리들은 친해저버렸다.

우리들이 그 때 무슨 이야기를 했었는지 몰으겠으나 다만 기억하고 있는 것은 룬투가 매우 기뻐하며 읍에 와서 이 때까지 못 보는 것을 많이 보았다고 말한 것뿐이다.

그 이튿날 내가 새를 잡아달랬드니 그는 이렇게 말하얏다.

"그것은 안돼. 눈이 많이 와야지 머! 모래밭에 눈이 오면 한 군데를 쓸고 커다란 대삼태미를 짧은 작댁이로 고요놓고 그 밑에다가 겨를 뿔여 놓는다. 그러면 새들이 와서 겨 파먹는 것을 좀 먼 발치로 보고 있다가 작댁이 비뜨러맨 끈을 톡 잡아채면 새들은 그만 삼태미 밑에 잽히는 거다. 무슨 새든지 다 있다. 팟새 뽀쪽새 비들기 파랑새…."

나는 그래서 또 눈 오기를 퍽 기다렸다. 룬투는 나보고 또 이야기 했다.

"지금은 퍽 춥지만 여름에 우리 동내 와 봐라. 우리들은 낮에는 바다ㅅ가에 가서 조개껍질을 줍는단다. 붉은 것 파란 것 별 것이 다 있다. (귀신 쫓기)도 있고 (관음(觀音) 손)도 있단다. 그리고 밤이면 나는 아버지하고 수박 밭을 지키러 가는데 너도 같이 가자."

"도적을 지키니?"

"아니야. 길 가는 사람이 목이 말라서 한두 개 따먹는 것은 우리게서는 도적으로 치지 않는단다. 지켜야 되는 것은 들도야지니 고순도치니 '차아'니 하는 것이란다. 달이 밝을 때에 바삭바삭 소리가 나면 그것은 '차아'가 수박을 갈가먹는 것인데 그러면 바로 쇠창을 들고 가만가만히 가서…."

나는 그 때까지 이 '차아'라는 것이 도대체 어떻게 생긴 동물인지 몰랐다. 지금도 모르지만! 다만 어심푸리하게 강아지같이 생기고 매우 흉악한 것으로만 생각했다.

"그 놈이 사람들 물지는 않니?"

"쇠창을 갖이고 있는데 뭐! 가까이 가서 '차아'인 줄만 알면 콱 찔르는데 그렇지만 그 놈의 김생이 여간 꾀가 있어야지. 도리혀 사람한테로 달려들어서 가랭이 밑으로 쑥 빳어 달어난단 말이야. 그 놈의 털은 아주 미끄러워서 똑 기름 발러논 것 같이…."

나는 이 세상에 이처럼 이상스러운 일이 많이 있을 줄은 꿈에도 몰랐다. 바다ㅅ가에는 각종 조개껍질이 있고 수박에도 이러한 위험한 경력이 있을 줄이야…. 나는 그 때까지는 수박은 다만 과물전에서 파는 것으로만 알았었다.

"우리 모래밭에 조수물이 밀려들어오면 수많은 날고기가 펄펄 뛰고 논단다. 모다 청개고리처럼 두 다리가 달렸지…."

아아! 룬투의 가슴 속에는 무궁무진한 이상한 이야기가 들어 있는 것이다. 나의 이제까지의 동무들은 도모지 조곰도 모르는 일이다. 나의 동무들은 대단치 않은 일밖에는 모른다. 룬투가 바다ㅅ가에 있을 때 우리 동무들은 나와 같이 다만 집 속에서 높은 담으로 둘러싸인 네모진 하늘을 쳐다볼 뿐이었다.

섭섭하게도 설은 지나가고 룬투는 집으로 돌아가지 않으면 않되었다. 나는 슬퍼서 벼란간에 엉엉 울어버렸다. 그도 부엌에 숨어서 울면서 나올랴고 하지 않았다. 그러나 그여히 그의 아버지에게 끌려가 버렸다. 그는 후에 그의 아버지에게 부탁해서 조개껍질을 싼 것하고 보기 좋은 새털 몇 개를 나한테 보냈다. 나도 그에게 두어 번 선물을 보내주었다. 그러나 그 후로는 다시는 만나지 못하였다.

지금 어머니가 그의 이야기를 꺼냈으므로 나는 이러한 어릴 쩍의 기억이 홀연 번개같이 한거번에 머리 속에 떠올라 예전의 아름다운 고향에 다시 도라온 것 같았다. 그래서 나는 대답하였다.
"그것은 귀가 번쩍 띠이는 이야깁니다. 그는 — 그래 어떻게 되었읍니까? …"
"그 사람? …. 그 사람 형편도 말 않이지…."
어머니는 대답하며 밖을 내다보면서
"누가 또 왔나보다. 물건을 산다는 것은 말뿐이고 얼정얼정하고 슬적 제 맘대로 집어가 버리니까. 내가 잠간 가 보고 오마."
어머니는 이러나 나갔다. 문 밖에는 여인네들의 떠드는 소리가 들렸다. 나는 심심푸리로 홍얼을 가까이 오게하고 이야기를 걸었다. 글씨를 쓸 줄 아냐고 또 이사가는 것이 좋으냐고 물어보았다.
"기차 타고 가나요?"
"그럼 기차 타고 가고 말구."
"배는요?"
"처음에는 배를 타고."
"아이구! 이렇게도 변하셨어요! 수염이 이렇게 나고!"
날카롭게 괴팍스러운 소리가 요란히 들려왔다.
나는 깜작 놀라서 얼른 머리를 들어 은저리를 둘러보았다. 광대뼤가 뿔쑥 나오고 입술이 엷은 한 오십쯤 되여보이는 여인네가 내 앞에 서 있다. 두 손으로 허리를 집고 치마도 안 입고 두 다리를 벌리고 슨 모양이 천연 똥그랭이를 그릴려고 벌려는 콤파쓰의 가느다란 다리 같았다.
나는 깜작 놀랐다.
"나를 몰라 보겠우? 그래도 어릴 때에는 많이 없어주었는데!"
나는 더욱 놀랐다. 다행히 어머니가 드러와서 옆에서 말을 거드러 주었다.
"재가 오랫동안 고향을 떠나 객지로 돌아다니느라구 잊었나 보우.

너도 알지 왜…."
 나를 향하여 말하얏다.
 "이 아이가 바로 길 건너 저 쪽에 사는 양얼사오(楊二嫂) 아주머니다. 두부ㅅ집 하든…."
 아 알었다. 내가 어렸을 때 길 건너 저 쪽 두부ㅅ집에 하로 종일 전을 보든 양얼사오라는 여자가 분명히 있었다. 모두들 두부미인(豆腐西施)이라고 불렀다. 그러나 그 때에는 분을 발르고 광대뼈도 이처럼 나오지 않고 입술도 이처럼 엷지 않고 또 왼종일 앉아 있었기 때문에 다리가 이처럼 콤파쓰 모양인 줄은 몰랐다. 그 때에 여러 사람들이 말하기를 이 두부ㅅ집의 장사 잘 되는 것은 그 여자 때문이라는 것이었다. 그러나 아마 년령이 관계였는지 나는 조곰도 감화를 받지 않어 까맣게 잊여버렸든 것이다. 그러나 콤파쓰는 대단히 불만인 듯 비웃는 기색으로 불란서 사람으로서 나포레옹을 모르고 미국 사람으로서 워싱톤을 모른다는 듯이 비꼬아 말했다.
 "잊었우? 귀인(貴人)은 눈이 높으시니까…."
 "그럴 리가 있겠오…. 나는…."
 나는 당황하야 이러나며 대답하였다.
 "그렇면 할 이야기가 있오. 도련님 당신은 훌륭하게 되었다면서요. 가지고 단기기도 불편할텐데 이런 다 부서진 나부랭이 가구는 무었에 쓸 데가 있겠오. 나를 주고 가요. 우리 가치(價値) 없는 사람은 그래도 쓸 데가 있으니까."
 "나는 조곰도 훌륭하게는 못 되였오. 나는 이런 것이라도 팔아야만 다시…."
 "아이구 여보 도대(道臺(도장관))님이 되었다면서도 훌륭하게 안 되였다고요? 첩을 셋이나 두고 출입할 때에는 팔인교를 타고 단기면서 훌륭하게 못 되었다고요? 홍 어떻게든지 해서 나를 속여보려고."

나는 더 말할 것도 없겠기에 그대로 입을 다문 채 묵묵히 서 있었다.
"아이구 참 돈이 많으면 많을수록 일전 한 푼 내버리지 않고 그러니까 돈이 또 더 많아지구…."
콤파쓰는 성이 벗쩍 나서 도라서며 야불야불 중얼거리다가 살금살금 거러나갔다. 나가면서 아무 말 없이 어머니의 장갑을 허리춤에다 슬쩍 찜구고 나가버렸다.
그 후에도 또 근처의 일가 친척들이 찾아왔다. 나는 그들을 접대하면서 틈틈이 짐을 쌌다. 그렇게 하여 삼사일 지났다.
어느 날 몹시 치운 오후에 나는 점심을 먹고 앉어 차를 마시고 있으랴니까 밖에 사람이 온 상 싶어 고개를 돌려 바라보았다. 보자마다 나는 깜작 놀라 당황히 이러나 맞이러 나갔다.
이 때에 온 것이 곧 룬투이였다. 나는 첫눈에 그가 룬투인 줄을 알기는 하얐으나 그러나 내가 기억하고 있든 룬투는 않이었다. 붉고 둥글든 얼골은 이미 누렇게 변하고 그 우에 매우 깊숙한 주름살이 잪이어 있다. 눈은 그의 아버지와 비슷하얐으나 눈 은저리가 짓물러서 부숙부숙하고 뻙알다. 바다ㅅ가에 사는 사람은 왼종일 바다ㅅ바람을 쏘이어 대개 이렇게 되는 줄은 나도 알고 있지만-. 머리에는 떠러진 털모자를 쓰고 몸에는 아주 얇은 솜옷을 걸치어 전신을 움크리고 있고 손에는 무었인가 조이로 싼 것과 긴 담배ㅅ대를 들었는데 그 손도 내가 기억하고 있든 붉고 살이 통통하게 찐 손은 아니였다. 도리혀 거칠고 험하고 쫙쫙 금이 가서 똑 소나무 껍질같았다.
나는 이 때 대단히 흥분되여 무어라고 말할 지를 몰라 그저 겨우
"야 룬투-. 왔네 그려! …."
나는 연다러 할 이야기가 많이 있고 여러 생각이 염주처럼 줄다러 나왔다. 팟새니 날고기니 조개껍질이니…. 그러나 어쩐지 무었인가가 꽉 막는 상 싶어 머리 속에서만 뱅뱅 돌면서 입 밖으로는 나오지 않었다.

그는 그저 머춤하니 서 있었다. 얼골에는 기쁨과 함께 처량한 빛이 나타나고 입술만 벌룸거리며 말을 못하였다. 그는 그여히 공경하는 태도로 아조 똑똑하게 불렀다.

"나아리! ⋯."

나는 몸소리가 치는 것 같았다. 우리들 사이에는 이미 슬프게도 커다란 벽이 가로 맥ㅎ겨 있는 것을 나는 깨달았다. 그리하야 더 말을 잇지 않았다.

그는 머리를 돌려

"쉬이셩(水生)! 나아리한테 절 해라."

하고 뒤에 숨어있는 어린아이를 내세웠다. 그야말로 이십년 전의 룬투와 똑 같았다. 다만 혈색이 좋지 못해 파레하고 목에는 은목거리를 걸지 않은 것만이 틀리었다.

"이 놈이 다섯째 놈이올시다. 깨이지 못하고 어리석어 빳어서⋯."

어머니와 홍얼이 이층에서 나려왔다. 아마 우리들 말소리를 들었든 모양이다.

"마나님 편지는 곧 받었읍니다. 나는 어찌나 반가운지 나아리가 돌아오신다고 해서⋯."

룬투가 말했다.

"아 왜 그렇게 아주 딴 남처럼 하나. 전에는 서로 형제처럼 지내지 않었었나? 그 전과 같이 쉰(迅)이라고 불르지⋯."

어머니는 반갑게 대답하얐다.

"온 마나님도 참⋯. 천만에 말슴을 하십니다. 그 때는 철부지로 그저 아무 것도 몰르고⋯."

룬투는 이렇게 말하면서 쉬이셩에게 절을 시키려고 하얐으나 그 아이는 더 부끄러워서 룬투의 꽁문이만 잔득 부뜰었다.

"재가 쉬이셩인가? 다섯재지? 모다 낯선 사람들이니까 그야 서마서

마하겠지. 그러면 홍얼하고 나가서 같이 놀려무나."
　어머니가 이렇게 꼬이었다.
　홍얼은 이 말을 듣고 바로 쉬이셩한테 손짓을 하니까 쉬이셩도 선뜻 이러나 그와 함께 나가버렸다. 어머니가 룬투보고 앉이라고 하니까 그는 사양하다가 겨우 앉으며 긴 담배대를 탁자에 기대 세우고 종이로 싼 것을 내노며 말했다.
　"겨울이 돼서 아무 것도 없읍니다. 이것은 풋콩을 제 집에서 말린 것인데 나아리한테…."
　나는 그에게 지내는 형편을 물어보았다. 그는 다만 머리를 혼들 뿐이다.
　"말할 수 없이 골란합니다. 여서ㅅ째 놈까지 일을 거들고 있어도 그래도 먹고 살어갈 수가 없읍니다…. 또 세상이 시끄럽고…. 돈 떼이는 데가 하도 많고 법도 없고…. 농사는 낭패만 합니다. 무었이고 심어서 팔랴고 내놓면 작고만 몇 번식 세만 떼이여 본전까지 짤러먹게 되고, 그렇다고 팔지 않으면 또 그대로 썩을 뿐이라…."
　그는 그저 머리만 혼들었다. 얼골에는 수많은 주름살이 잪이었으나 그것이 조곰도 움지기지 않어 똑 석상(石像)같았다. 그는 필경 쓰라림을 느끼기는 해도 형용하지 못하겠는지 잠간 말을 멈췄다가 담배ㅅ대를 들고 묵묵히 담배만 피웠다.
　어머니가 무른 즉 그는 집에 일이 바뻐서 내일 곧 가봐야 한다는 것이다. 또 아즉 점심을 안 먹었으므로 부엌에 가서 제 손으로 지여먹게 하얏다.
　그는 나갔다. 어머니와 나는 그의 평편이 말 안임을 한탄하얏다. 아이들은 많고 흉년은 들고 세금은 가혹하고 병정 도적 괄리 세력가…. 이러한 모든 것이 목석같은 사나이를 못 살게 구는 것이다. 어머니는 말하얏다. 가지고 갈 수 없는 물건은 그대로 그를 주어 갖고싶은 것을 골르도록 하자고. ―.

오후에 그는 몇 가지 물건을 골라냈다. 긴 탁자가 두 개 의자가 네 개 향노와 촉대가 한 쌍 미는 저울 하나. 그는 또 거기에 있는 모든 재가 소용된다 하며 (우리 고향에서는 밥을 짓는 데 짚을 때며 그 재는 모래ㅅ 땅에 비료가 되는 것이다.) 우리가 떠나가는 것을 기다리어 배로 가지고 간다는 것이다.

밤에 우리는 이런 이야기 저런 이야기했으나 그다지 중요한 이야기는 없었다. 이튿날 아침 일즉이 그는 쉬이셩을 다리고 가 버렸다.

또 아흐래가 지냈다. 이 날이 우리가 떠나가는 날이다. 룬투는 아침 일즉이 왔다. 이번에는 쉬이셩을 데리고 오지 않고 다섯 살 먹은 게집 아이를 데리고 와서 배를 지키게 하였다. 우리들은 하로 종일 대단히 바뻐서 이야기할 여가도 없었다. 손님도 적지 않았다. 작별하러 온 사람 물건 집어가려고 온 사람 또 작별과 도적질을 겸해서 온 사람―. 저녁 때 우리들이 배에 오를 지음에는 이 묵은 집에 있든 크고 적은 모-든 헌 물건들이 이미 하낱도 남지 않고 갈 데로 다 가버렸다.

우리들 태운 배는 떠났다. 양쪽 강ㅅ가에 있는 푸른 산들은 황혼 속에 잠기어 그 검푸른 얼골을 변하야 연실 배 뒤로 사라졌다.

홍얼은 나와 함께 선창에 의지하야 밖의 어두어가는 풍경을 바라보고 있다가 급작이 그는 나한테 묻는 것이었다.

"큰아버지! 우리는 언제나 돌아오게 됩니까?"

"도라오다니? 너는 왜 아즉 가지도 않아서 도라올 생각부터 하니."

"그렇지만 쉬어셩이 제 집에 놀러오라고 그랬는데요 머⋯."

그는 크고 검은 눈동자를 깜작도 하지 않고 잔득 생각 속에 잠기어 있다.

나도·어머니도 기운이 없어 멀거니 있든 차에 홍얼의 말을 듣고 룬투의 생각이 났다. 어머니는 말하얐다. 그 두부미인이라는 양얼사오가

짐 싸기 시작한 때부터 안 오는 날이 없드니 그저께는 재를 끌어몽은 속에서 사발이니 대접을 십여 개나 꺼냈는데 이러구 저러구 말다틈 끝에 이것은 룬투의 소행인데 재를 실어 갈 때 함께 가지고 가랴든 것이 틀림 없다고 하며 양얼사오가 이것을 발견했으니까 그 공으로 닭ㅅ장(이것은 우리 시골의 닭 치는 도구로 넓판 우에다가 목책(木柵)을 둘러서 속에 모이를 느어주면 닭은 목을 내밀어 쪼아 먹을 수가 있어도 개는 먹을 수 없어서 바라만 보다가 죽는다는 것이다.)을 가지고 번개같이 다러났는데 그 조고만 발에다가 뒷독한 신을 신고 그저 비호처럼 내뺐다는 것이다.

 옛집은 나와 점점 멀어저 간다. 고향의 산도 물도 모다 점점 멀어저 간다. 그러나 나는 이러한 것에는 아무런 미련도 남지 않았다. 나는 다만 내 주위를 눈에 보이지 않는 높은 담이 둘러싸서 나를 고독하게 만드는 것을 느끼고 몹시 슬폈다. 저 수박밭 속에 은목거리를 둘르고 슨 소영웅(小英雄)의 그림자가 그전에는 아주 똑똑하게 눈 앞에 그릴 수 있더니 지금은 도리혀 급작이 흐려저서 이것이 또 나를 매우 슬프게 한다.

 어머니와 홍얼은 다 잠이 들었다.

 나는 드러누어서 배 밑으로부터 울려오는 철석철석하는 물소리를 들으면서 내가 나의 갈 길을 가고 있다는 것을 깨달았다. 나는 생각하였다. 나와 룬투와는 필경은 이처럼 거리가 떠러저 버렸으나 우리의 후배들도 또 이와 같이 ― 그 전의 나처럼 홍얼은 지금 쉬이셩을 그리워하고 있지 않은가? 나는 그들이 우리와 같이 되지 말며 또 모-든 사람이 서로 사이가 떠러지지 말기를 바란다. …. 그러나 나는 또 그들이 한 마음이 되여야 한다고 해도 나와 같은 쓰라리고 마비된 생활을 하는 것을 원하지 않는다. 그리고 또 다른 사람들과 같은 괴로운 방종(放縱)한 생활을 하는 것도 원치 않는다. 그들에게는 새로운 생활이 있어야 하며 우리들이 이 때까지 경험해 보지 못한 생활을 하여야 할 것이다.

생각이 히망이라는 말에 밎어졌을 때 급작이 나는 무서워졌다. 룬투가 향노와 촉대를 달라고 할 때 나는 그가 우상(偶像)을 숭배하고 어느 때나 잊어버리지 못하는 것을 마음속으로 비우섰다. 그러나 지금 나의 히망이라고 하는 것도 지가 제 손으로 맨든 우상이 않일까? 다만 그의 소원은 눈 앞에 가까운 데 있고 나의 소원은 망막한 먼 데 있는 것이 다를 뿐인 것 같다.

내가 어슬프시 졸고 있을 때 눈 앞에는 한 쪼각 풀은 모래사장이 나타났으며 그 우에 진한 남색 하늘에는 황금같은 둥근 달이 솟아 있었다. 나는 생각하였다. ― 히망이라는 것은 볼래부터 사람들이 말하듯이 있는 것도 아니고 또 없는 것도 아니다. 그것은 똑 땅 우에 길과 같은 것이다. 실상은 땅 우에 볼래부터 길이 있는 것이 아니라 단기는 사람이 많으면 자연 길이 되는 것이다.

開市大吉(老舍)

　　나와 라오왕(老王)과 라오주(老邱)와 셋이서 얼마간의 돈을 모아 가지고 조고마한 병원을 하나 열었다. 라오왕(老王)의 부인이 간호부 주임이 되었는데 그는 본시 간호부에서 의사 부인으로 뛰어올른 것이다. 그리고 라오주(老邱)의 장인이 서무와 회계를 겸하야 보았는데 만약 그 장인 되는 자가 엉터리 장부를 꾸미거나 혹은 돈을 가지고 달어나 버리거나 하면 나와 라오왕(老王)은 마치 라오주(老邱)가 그 장인의 보증인이나 되는 것처럼 라오주(老邱)와 주먹으로 셈을 따질 작정이었다. 나와 라오왕(老王)은 아주 단짝이고 라오주(老邱)는 좀 뒤에 들어왔으므로 우리는 어쨌든지 그를 좀 경게하지 않으면 안되었다. 무슨 일을 하든지 사람이 많으나 적으나 꼭 당파라는 것은 생기는 것이고 어느 정도의 비밀은 없을 수 없으니까. 또 그렇지 않고서는 봄에도 그럴 듯 하지 않다. 게다가 왕부인도 우리들과 한편이다. 그래서 만약 정말로 라오주(老邱)와 주먹으로 셈을 닺이지 않으면 안될 경우에는 그 장인은 물론 라오주(老邱)의 편을 들 것이나 월래 나이를 많이 먹었으므로 왕부인 혼자서 그의 수염을 끄들러도 될 것이다. 그래도 라오주(老邱)는 매우 솜씨는 있어서 톡 까놓고 이야기한다면 그의 전문인 치질의 수술은 대단히 능난한 것이어서 이 때문에 그를 불러 같이 합작한 것이다. 그러나 그와 주먹으로 셈을 맞어야만 할 경우에는 우리들은 그렇게 사양할 것도 없었다.

　　나는 내과를 보고 라오왕(老王)은 화류(花柳) 전문이고 라오주(老邱)는 치질에다가 외과를 겸하고 왕부인은 간호부 주임에다가 산과를 겸하야 우리들은 모두 합하야 네 과(科)를 가졌다. 나의 내과는 숨김없이 이야기한다면 아무 별다른 수단도 없이 그저 한 푼 한 푼 줏어 모는 것으로 내과의 수입은 불과 얼마 되지 않았다. 엉터리 없이 많이 받는 것은 화류병과 치질로 라오왕(老王)과 라오주(老邱)에다가 우리들은 히망을 붙이었다. 나와 왕부인은 그저 부축하는 데 지난지 못하였다. 왕부인은 본시 의사가 아니고 아이를 낳은 경험이 좀 있을 뿐이다. 그는 제 자신이 아이를 둘이나 낳은 것이다. 접생(接生)의 수술에 이르러서는 내가 만약 안해가 있다면 결코 왕부인한테 접생을 시키지 않을 것이나, 그러면서도 우리는 산과를 냈다. 산과는 가장 유리하기 때문이다. 무사히 아이를 낳기만 하면 적어도 열흘이나 보름동안 미음이나 힌죽으로 얼렁얼렁하고 하루 있으면 하루치의 돈을 받는다. 만약 무사히 아이를 낳지 못하면 그 때에는 임시변통으로 다시 또 생각하야 볼 작정이다. 산 사람이 설마 오줌 못 싸고 죽는 수야 있을까 보냐?

우리는 병원을 열었다. '대중의원'(大衆醫院)의 네 글자는 이미 큰 신문, 작은 신문에 달반 동안이나 났다. 이름이 좋다. — 어떻게 하야서 돈을 버느냐 할 때 이러한 시절에는 '대중'이라는 것을 잊어서는 않된다. 대중의 돈을 먹지 않고 누구의 돈을 먹겠느냐? 이것은 욱일래야 욱일 수 없는 일이다. 그러니까 자연 광고에는 우리는 이렇게 말하지 않았다. 왜냐하면 대중이라는 것은 참된 이야기를 듣기 좋와하지 않기 때문이다. 우리는 도리혀 이렇게 광고하얐다. '대중을 위하야 희생하고 동포를 위하야 행복을 도모한다. 일절을 과학화하고, 일절을 평민화하고, 동서의 의술을 관통하고, 차별 대우의 사상을 타파한다.' 참말로 광고비가 적잔이 들어서 기본금에서도 좀 떠어썼다. 대중을 모은 후에 천천히 그 돈을 수습하기로 하였다. 광고만 보고서는 우리들의 병원이 얼마나 큰가를 아무도 알지 못하얐다. 병원의 도면은 삼층으로 된 빌딩이나, 그것은 이웃에 있는 운송점의 사진까지 빌린 것으로, 실상 우리는 모두 합하야 여섯 칸되는 단층집이 있을 뿐이다.

우리는 병원을 열었다. 왕진(往診)도 가고 병원에 앉어서 진찰도 하고 해서 일주일 동안에 얼켜든 사람은 적지 않었는데 그것은 참말로 '대중'이었다. 나는 그래도 다소라도 사람 꼴을 하고서 온 자들한테는 모두 각색의 소다수를 조곰식 멕였다. 어떠한 병을 물론하고 이렇게 해서 한 일주일 동안 잡어 껄은 후에 정식으로 비용을 받었다. 그 참말로 본격적인 대중에게는 그 멀건 소다수도 주지 않고 집에 돌아가서 세수를 하고서 다시 오라고 그들에게 권하얐다. 얼굴이 흙 투셍이면 약을 먹어도 아무 소용이 없을 것이기 때문이다.

바뿐 하루를 보내고 저녁에 우리는 긴급회의를 열었다. 순전히 대중만을 위해서 한다는 것이 틀린 수작이니까, 무슨 새로운 방법을 베풀어 제 이의 대중을 찾지 않으면 않되었다. 우리는 모두 후회하얐다. '대중의원'이라고 한 것부터가 몬 쓴다. 대중이 있으면 귀족이 오지 않을 것이니 어데서 돈 구경을 할 수 있겠느냐? 의원은 석유(石油) 회사가 아니다. 진작 알었으면 서슴지 않고 '귀족의원'이라고 하얐을 것을—. 라오주는 메쓰를 몇 번인가 소독수에 담구어 보았지만 똥구멍을 쌜어 오는 놈은 단 한 놈도 없는 것이다! 치질을 알는 부자 영감이 누가 '대중' 의원으로 똥구멍을 쌜어 올가부냐?

라오왕이 꾀를 내었다. 내일 고장이 안난 자동차를 한 대 빌리어 가지고 우리가 몇 차례고 타고 돌아단기며 외조모를 불러와도 좋고, 고모를 태워와도 좋다. 문에 도작만 되면 간호부들이 빨리 안으로 모시어 드린다. 계속해서 이렇게 삼사십번만 하면 이웃 사람들은 당연히 우리에게 감복할 것이다.

우리는 매우 라오왕의 의견에 감복하얐다.

"그리고 또 고장 난 차를 몇 대 빌려야 한다."

라오왕은 말을 이었다.

"무엇하게?"

내가 반문하얐다.

"자동차 회사와 상의해서 아즉 수리 중에 있는 차를 몇 대고 빌리어다가 병원 문 앞에 하루 왼종일 놓아두고 조곰식 있다간 뿌빠뿌빠 소리를 낸다. 병원 안에서 병을 보고 있는 사람들은 늘 밖에서 뿌빠뿌빠 하는 소리를 듣기는 하나 자동차가 몇 대가 왔는지는 모르게 된다. 또 밖의 사람들은 언제나 우리 병원 앞에 자동차가 몇 대식 놓여 있으니 어찌 감복하지 않겠느냐?"

우리는 그 계획대로 하얐다. 이튿날은 친척들이 모두 연달어 왔다. 그들에게는 차를 한 잔식 대접하고는 돌려보냈다. 두 간호부는 손님이 오기만 하면 하나식 끄들어 들어갔다 나왔다 하야 왼종일 앉어볼 사이도 없었다. 그 운전은 않되나 뿌빠 소리만은 낼 수 있는 몇 대인가의 자동차는 날이 새자 바로 운반해다 놓고 오분만에 한 번식 뿌빠거리었다. 해가 돋으니까 어린아이들이 한 패 몰려와서 자동차를 둘러쌌다. 우리는 그 자동차의 사진을 찍어 사람을 싫겨 석간에 내게 하얐다. 라오주의 장인이 팔고문(八股文[科擧볼 때 쓰는 文體])을 지어서 자동차의 왕래가 빈번함을 형용하였다. 그 날 밤에는 우리는 모두 밥을 잘 먹지 못하얐다. 자동차의 뿌빠 소리가 너무나 요란해서 모두 머리가 띵하얐다.

라오왕에는 감복하지 않을 수 없었다. 사흘째 되는 날 병원 문을 열자마자 자동차가 군관(軍官)을 하나 싣고 들어왔다. 라오왕은 급히 나와 맞어 딜어었다. 군관은 방문이 그렇게 얕은 줄을 몰르고 머리를 부디처 큰 혹만치 툭 불어났다. 화류병이다. 라오왕은 머리 우에 혹은 돌아다보도 않고, 마치 또 부디처 혹이 일고여덟 개 된대도 관게 없다는 듯이 얼굴은 우슴으로 한 떨기 장미화와 같었다. 두세 마듸 말을 건네고 육공육호(六0六號)를 한 대 주었다. 두 간호부가 덤비어 군관의 제복을 뺏기고 네 개의 힌 팔이 그의 팔을 부뜨렀다. 왕부인이 와서 먼저 통통한 둘째 손구락으로 침 줄 데를 가볍게 두어 번 짚은 후에 비로소

라오왕이 침을 주었다. 군관은 왼 영문도 잘 몰르고 간호부만 바라보며 그저 "옳지! 옳지! 옳지!" 하였다. 나는 옆에서 한 대 더 주라고 말하얐다. 라오주는 이심전심(以心傳心)으로 아주 환이통해서 주사침을 준비하얐다. 향편(香片[茶名])을 한 대 주었다. 우리 병원에서 쓰는 차는 좋은 것뿐으로 언제나 향편과 용정이다. 차침 두 대와 육공육호 한 대로 우리는 이십오원을 받았다. 월래는 한 대에 십원식으로 세 대를 노았으니까 오원 감하야 준 셈이다. 우리는 그가 계속하야 오면 열 번이면 근치할 것을 보증하였다. 그러나 아무리 하야도 우리가 가진 것은 차뿐이라고 나는 속으로 웃었다.

 돈을 칠우고서도 군관은 바로 가지 못하였다. 라오왕과 나는 그와 잡담을 시작하였다. 나는 그가 병을 숨기지 안는 것을 칭찬하였다. ― 화류병은 빨리 곤쳐야 하는데 우리한테 와서 곤치면 결단코 위험이 없다. 화류병은 위인병(偉人病)으로 공명정대한 것이며 바로 낫는 병으로 육공육호 몇 대만 맞이면 아무 일도 없는 것이다. 상점의 점원 나부랭이나 중학생 같으면 병을 감추고서 몰래 몰래 엉터리 의사한테 보이거나 혹은 소매자락에서 소매자락으로 비밀리에 거래되는 사약(私藥) ― 그 광고를 공동변소 속에다가 붙인다. ―을 찾어서 우물주물하다가 일을 그릇쳐 버린다. 군관은 나의 의견에 찬동하며 자기는 이미 한 이십 번이나 병원을 단기었으나 이 때까지 이번처럼 유쾌한 적은 없었다고 말하였다. 나는 연달어 그의 말을 받어주지 못하였다.

 그래 라오왕이 말을 이었다. ― 화류병은 근본적으로 병으로 칠 것이 아니고 가끔 육공육호를 맞으면 된다. 군관은 대단히 라오왕의 의견에 찬동하며 게다가 사실로써 그것을 증명까지 하였다. 그는 언제나 완전히 나키를 기달리지 않고 연하야 나단기는데 그런데도 몇 대 맞으면 고만이다. 라오왕은 대단히 군관의 말에 찬동하며 그 우에 늘 오는 손이 되어달라고 원하였다. 군관은 장기(長期)로 맞는 이야기를 하며 약값을 반으로 감하야 한 대에 오원식 하여 달라고 청하였다. 아주 달게 계산으로 해서 몇 대를 맞든지 한 달에 백원식으로 하면ㅡ. 군관은 대단히 이 생각에 찬동하며 그러나 언제든지 오늘처럼 접대하여 달라고 말하얏다. 우리는 아무 말도 않고 그저 웃으며 머리만 끄떡이었다.

군관의 자동차가 떠나자마자 또 자동차 한 대 맞어드렀다. 네 몸종에게 부축되어 늙은 마님이 하나 나리었다. 나리자마자 다섯 주둥이가 일제히 물었다. ㅡ 특별실이 있읍니까. 나는 몸종 하나를 떼밀고 은근히 늙은 마님의 팔을 부뜰어 병원 안으로 인도하고 운송점의 삘딍을 가르치며 말하였다. ㅡ 저기 있는 특별실은 모두 찼읍니다. 그래도 잘 오신 셈입니다. 여기는 ㅡ 나는 우리의 몇 간의 방을 가르치며 말하였다. ㅡ 그래도 일등실이 두 칸이 있으니 잠시 동안만 참어 게십시오. 사실은 이 두 칸이 이칭보다도 더 맘이 편합니다. 오르내리는 수고가 없는 것만 하여도 안 그렇겠읍니까 마님?

늙은 마님의 첫 번 말 한 마듸로 나의 마음속은 꽃처럼 환히 피었다. ㅡ "아이구 여기도 또 똑같은 의사겠지. ㅡ 병자의 맘을 불편케 하는데 병원엔 와서 무었하겠오? 동생의원(東生醫院)의 의사라는 것들은 도통 사람같은 것은 하나도 없었으니까!"

"마님 마님께서는 동생의원에 입원하셨던가요?"

나는 적잔이 놀래서 물었다.

"막 거기서 나오는 길이오. 그런 우라질 녀석들!"

그 늙은 마님이 동생의원을 욕하는 틈에 ㅡ 양심적으로 말하면 그 병원이 이 근처에서는 제일 크고 또 좋은 병원이다. ㅡ 나는 그를 조그마한 방 안으로 인도하얏는데 만약 동생의원을 욕하게 만들지 아니하면 그는 결단코 이 조고마한 방에 머물러 있지 않을 것 같다.

"마님께서는 거기 몇일이나 게셨읍니까?"

나는 물어보았다.

"아틀이요. 이틀 동안에 자칫하면 목숨 달어날 번했오."
늙은 마님은 침대 우에 앉었다.
나는 다리로 침대를 떠 밫이었다. 우리 병원의 침대는 모다 좋기는 하나 오래되어서 잘 잡버지기 때문이다.
"어째서 거기로 가셨든가요!"
나의 입은 쉴 새가 없다. 늙은 마님은 잔득 나의 다리를 주의하고 있는 것이다.
"말할 것도 없겠지! 하지만 기가 막히지요. 여보 의사 양반! 내가 알른 것은 위병인데 그 녀석들은 나한테 도모지 먹을 것을 주어야지요!"
나의 눈은 뚱그래졌다.
"위병인데 먹을 것을 안 주어요? 엉터리 의사 같으니! 마님이 이렇게 연만하신데도! 마님께서는 한 팔십은 되시었지요?"
늙은 마님은 금시에 눈물을 걷우며 빙그레 웃었다.
"아즉 젊지. 쉬인여덜이지요."
"저의 어머니와 동갑이십니다. 제 어머니도 각금 위병을 알치요!"
나는 눈을 비비었다.
"마님께서 여기 입원만 하십쇼. 지가 그 병은 꼭 잘 곤쳐 디릴 테니까. 이런 병은 잘 보양하는 게 제일인데 그저 잡숫구 싶은 것은 무었이든지 잡수십쇼. 잡술 것을 잡수서야 맘도 편하고 병도 딸아서 좀 낫지요. 안 그렀읍니까 마님?"
늙은 마님은 또 눈물을 흘리었다. 이번에는 나의 말에 감격하야서다.
"의사 양반 여보! 나는 도모지 좀 딱딱한 것이 먹고 싶은데 그 녀석들은 죽만 메이러 드니 이것이 일부러 내가 골을 내도록 만드는 것이 아니요?"
"마님은 이가 좋으시니까 응당 딱딱한 것을 줍수서야지요!"
나는 공손히 말하얐다.

"나는 조곰만 있으면 배가 곺은데도 그 녀석들은 시간이 되기 전에는 한사코 멕이지를 안는구료!"

"몯난 자식들 같으니!"

"밤중에 내가 막 잠이 들만하면 그 녀석들이 유리 말둑을 가지고 와서 내 입 속에다가 넣고 몇 도ㄴ가 도수를 본다나요."

"무식한 놈들!"

"내가 뒤를 보겠다고 말하면 그 놈의 간호부ㄴ가 무었인가가 — 기달려주셔요. 의사 선생님이 오십니다. 선생님이 병을 보시거던 말슴하셔요!"

"뻔을어지고 말 잡것들 같으니!"

"내가 겨우겨우 참구서 일어나 앉어있으면 그 놈의 간호부가 누어 있으라나."

"아이 귀찮은 것들!"

나와 늙은 마님은 말을 하면 할수록 서로 맞어 들어가서 만약 우리 병원이 좀더 좁더라도 대개 나가지는 않을 것 같았다. 분명히 나는 떠는 다리로 침대를 떠밭일 필요가 없었다. 잘못해서 침대가 쓸어진다 하여도 그는 능히 이해할 것이다.

"당신들한테도 간호부가 있오?"

늙은 마님은 물었다.

"있지요. 아무 관게 없읍니다."

나는 웃으며 말하얏다.

"마님께서 몸종을 넷이다 다리고 오시지 않으셨읍니까. 그네들이 모두 병원에 머물러도 좋읍니다. 마님이 다리고 온 사람들이 더 일을 잘 보아드릴 것이니까요. 나는 간호부는 애당초 불르지 않을텐데 그것이 좋으시겠죠?"

"그것이 참 좋지요. 머므를 데는 있오?"

늙은 마님은 어쩐지 미안한 모양이다.
"네 있습니다. 마님께서 아주 여기를 통으로 빌리십쇼. 몸종 넷하구 게다가 요리 만드는 아범을 불러도 좋습니다. 잡숫구 싶은 것은 무엇이든지 맘대로 잡수십쇼. 나는 마님 한 분치만 게산하겠어요. 몸종과 요리 만드는 아범 여럿이 머물러도 마님치 하루 오십원만 게산할 뿐입니다."
늙은 마님은 한탄하는 말소리로
"돈이 얼마나 들든 그것은 관게치 않지요. 그대로 칠우지요. 춘샹(春香)! 너는 집에 가서 요리 만드는 아범을 불러오너라. 올 때에 오리를 두어 마리 잡어가지고 오라고 일러라."
나는 후회하얐다. ― 왜 겨우 오십원이란 말이냐? 참으로 제 주둥이를 비벼놓고 싶다! 다행히 나는 약값을 그 속에 말하지 않았음으로 좋왔다. 약값에다가 잘 찍어매어 놓으면 된다. 암만해도 이렇게 하는 것을 보면 이 늙은 마님은 적어도 아들 하나쯤은 사단장(師團長)이 되었을 것 같다. 하물며 게다가 매일같이 불에 끄슬린 오리 고기를 먹으면 대개는 삼사 일로는 퇴원 못할 것이라, 일이 길어질 것 같다.
병원이 제법 병원다워졌다. 네 몸종이 베 짜는 북처럼 나왔다 들어 갔다 하고 요리 만드는 아범이 병원 담 밑에다가 콕크탁을 쌓고 마치 무슨 혼인 잔치라도 벌린 것 같다. 우리도 사양하지 않고 늙은 마님의 과일을 임의로 집어먹었다. 오리 요리도 마님은 몇 점밖에 먹지 않았다. 언제나 누구 하나 마님의 병은 생각지도 않았다. 관심이란 관심은 오로지 그가 또 어떠한 맛있는 음식을 사가지고 왔나에만 쏠렸기 때문이다.
라오왕과 나는 어쨌든 그래도 개업한 셈이다. 그러나 라오주는 좀체면상으로도 재미가 적은 모양이다. 그는 언제나 손에 메쓰를 움켜쥐고 앉었다. 나는 그가 나한테 시험하러 덤빌가 봐서 늘 피하였다. 라오왕은 그에게 조급하게 서들 것이 없다고 권하였다. 그러나 그의 승벽이 대단해서 병원을 위하야 몇 십원 벌지 않고서는 만족 몯하았다. 나는 그의 이러한 정신에 감복하였다.

점심을 먹고나서 그여히 왔다! 치질 병자다! 사십 세가 넘은 뚱뚱하게 살이 찐 배ㅅ대기가 불룩한 자다. 왕부인은 그가 애를 나러 온 줄 알었다가 후에 그가 남자인 것을 발견하고 겨우 라오주한테로 돌려보냈다. 두세 마듸 말을 건네자 라오주의 메쓰는 서슴지 않고 비어드러 갔다. 사십 세가 넘은 아래ㅅ배 알는 사나이는 단번에 소리를 질르며 라오주에게 마수약(麻睡藥)을 붗여달라고 애원하였다. 라오주는 대답하였다.

"우리는 마수약을 쓴다는 이야기는 않했지요! 써도 좋지만 십원은 더 치러야겠오. 쓰겠오 않 쓰겟오? 빨리 정하슈!"

아래ㅅ배 알는 사나이는 머리조차 흔들지 몯하였다. 라오주는 그에게 마수약을 질르고 한 차례 메쓰를 휘둘렀다. 그리다가 메쓰를 멈추고

"당신은 여기 구멍이 났는데 우리는 구멍을 쌘다는 이야기는 하지 않었오. 그래로 연하야 쌔겠오? 안 쌔겠오? 쌔겠다면 삼십 원을 더 치러야겠오. 안 쌔겠다면 그만 다 됏오."

나는 옆에서 가만이 대강을 짐작하고 — 참으로 라오주다운 짓이다! 차츰차츰 껄고 나가서 돈을 짜내는 것이 방법이다.

사십 세가 넘은 아래ㅅ배 알는 사나이는 대답이 없다. 나는 그가 대답을 몯하는 것으로 인정하였다. 라오주의 수술은 능난하고 이야기도 효과적이어서 일변 구멍을 쌔면서 일변 선전한다.

"당신한테 말아지 이렇게 하면 당신한테는 이백원 가치는 있을 것이오. 그러나 우리는 남의 돈을 짜내자는 것이 아니니 병이 낳거던 이름이나 전해주기를 바라오. 내일 틈나는 대로 와서 보이면 됩니다. 나는 이 기게에 사만오천 배나 되는 현미경을 사용했는데 아무리 적은

미생물일지라도 비쳐지지오!"
 아래ㅅ배 앓는 사나이는 말 한 마디 못하고 그저 멍멍―하니 있다. 라오주가 또 오십원을 벌었다. 그 날 밤에 주석을 베풀었다. 늙은 마님의 요리 만드는 아범을 식혀서 채소 요리를 몇 가지 만들게 하였는데 요리의 재료는 태반 늙은 마님의 것을 이용하였다. 일변 먹으며 일변 우리의 사업을 토론하였다. 우리는 타태(墮胎)와 계연(戒烟[阿片을 끊게 하는 方法])을 설치할 것을 결정하였다. 라오왕은 몰래 신체검사도 선전 하자고 주창하였다. 대개 상급학교 시험에나 보험에 필요한 것이다. 그러니 이미 송장의 옷을 만들고 미리 관을 준비하는 셈이니까 우리는 신체검사표는 덮어놓고 좋도록만 써주고 그저 오원이란 검사료만 받으면 된다. 이 안도 어이없이 통과되었다. 라오주의 장인이 최후로 제의하였다. 우리는 몫몫이 돈을 몇 원식 내어 자기 편액(扁額)을 걸자는 것이다. 노인이 돼서 퀘퀘 묵은 방법을 생각해 냈다. 그러나 요컨대는 우리 병원을 애호하는 것이라 우리도 반대하지 않았다. 늙은 장인은 이미 편액의 글을 인심인술(仁心仁術)이라고 하려 하였다. 좀 구식이기는 하나 그래도 합당하기는 하다. 우리는 이튿날 새벽에 늙은 장인이 시장에 나가서 흰 편액을 구해오도록 결의하였다. 왕부인이 보태어 말하였다. ― 편액에다가 옷칠을 하면 좋다. 그리고 문 앞에서 혼인 잔치가 있기를 기달리든지 혹은 남의 악대(樂隊)를 슬적 빌리어 그들이 뚱땅거릴 때에 우리는 그 편액을 내걸자는 것이다. 참으로 여자의 생각이란 세밀하다. 라오왕이 특별히 억개가 으쓱하여지는 것 같다. 끝

復讐(巴金)

一.

 이 해 여름 나는 친우 피예시(比約席)와의 약속에 응하야 그의 별장에서 여름을 나게 되었다.

 내가 갔을 때 거기에는 이미 손이 몇 사람 와 있었다. 하나는 의사 러사로스(勒沙洛斯) 하나는 신문기자 후리멍(□拉孟) 그리고 또 하나는 중학교원이라는 피예·모퉁(比葉·莫東)이라는 사람이였는데 나는 초면이었다. 이상하게도 우리들 몇 사람이 모다 독신자였든 것이다. 피예시의 별장은 F라는 데 있어 거기는 경치 좋고 조용한 시골이였다. 시내ㅅ물이 마음을 둘러쌋다. 내ㅅ가에는 벗나무(樺) 숲이 있고 그 사이사이에 집이 여러 채 드문드문 있는데 어느 것은 중세기식(中世紀式)의 높은 집이고, 어느 것은 새 양식(洋式)이였다. 파랏코 누르고 붉고 회색이고 여러 가지 빛깔의 지붕이 여름 날 해볓 알에 기이한 광채를 방사(放射)하며, 때로는 물속에 뷔긴 격구로 슨 그림자가 또 신기한 경치를 이루고 있었다. 물은 영원히 쉬지 않고 느릇느릇 흘러나려 주야를 가리지 않었다. 나는 몇일 밤을 책읽기에 바뻐서 좀 늦게 잤었다. 그 때는 왼 마을 사람들이 모다 잠이 든 뒤라 나는 연연히 흘으는 물의 미묘한 속삭임을 들었다. 나는 보통 때 이런 소리를 들어보지 못했다. 폭풍우(暴風雨)가 이러나랴면 물가에 반드시 미묘한 음악이 연주되리라고 생각하였는데 거기 두 달 있는 동안에 한 번도 폭풍우는 이러나지 않었다. 그 곳에 있는 예배당은 결코 제법 이렇다 할 대건축은 아니고 다만 그저 오래되였다는 것뿐이였다. 그것은 그 퇴색한 담벽과 종누(鐘樓)의 모양으로 보아서 알 수 있었다. 나는 한 번도 거기 가지 않었다. 예배보는 날만 아츰 일즉이 미사(彌撒) 디리는 종소리가 울리기 시작하였으나 나는 한 번도 그 종소리를 익히어 듣지 않은 적이 없었다. 그 엄숙하고 구슬픈 소리가 멀지 않은 곳으로부터 물 우에까지 은은히 울려와서 부디처 부서지는 듯하며, 물 우에 흩어저서는 다시 엄숙하고 구슬픈 소리를 이루지 몯한 채, 나직하고 가늘고 급한 곡조로 변하였다. 이 곡조가 어언간 나의 귀속에서 사라질 지음에 그 구슬픈 방울 소리가 또 말한테서 들려왔다. 이 방울 소리는 말을 빨리 다름질 치게 만드는 것이다. 그러나 이 방울 소리도 말 그지신과 같이 물가에 당도하면 가느다란 곡조로 변하였다. 이러한 음악을 나는 무척 즐겼든 것이다.

그러나 나의 동무 몇 사람들의 취미는 결코 같지 않았다. 의사와 신문기자는 사냥을 좋와하였고 피예시는 배노리를 좋와하였고 모통 선생은 아무 취미도 없어 그저 시 짓기만 좋와하는 것 같았다. 나는 그의 시를 좋와하지 않었는데 그 이유는 그의 시를 한 번도 읽어보지 않었으나 그의 시가 결코 좋을 수 없다는 것을 단정하였기 때문이다. 그의 용모는 대단히 속되게 생겼다. 몸집이 크고 게다가 살이 쪘으며, 얼골이 험상스럽게 생기고 자본가(資本家)나 백정의 특유한 커다란 배ㅅ대기가 쑥 내밀어 있었다. 두 다리는 길고 짧아서 갖워지지 않고 길을 걸을 때에는 절룸거리며 한 팔로 아모리 뻗어 본댓자 그 무거운 궁뎅이를 우로 솟아올릴 수는 없었다. 나로서는 이렇게 생긴 사람은 시를 쓸 수 없다고 생각하였다. 다만 그 자신은 도리혀 이러한 견해를 갖지 않었기 때문에 그는 여전히 집에서 취흥이 도도하여 시를 읊는 것이였다.

이러한 곳에서 우리의 일상생활은 책을 읽고, 사냥 가고, 배를 타고, 헤염 치고, 산에 오르고, 산보하는 외에 또 한 가지 말하지 않을 수 없는 큰일이 있으니 그것은 잡담이다. 거의 매일 저녁을 먹은 후에 우리들은 모다 모여앉어서 커-피-를 마시며 여러 가지 제목의 이야기를 끄집어내여 여름밤을 새우는 것이였다.

저녁 나절이면 바람은 매우 서늘하였다. 우리들의 저녁상은 뜰로 내왔다. 눈 앞에는 풀이 욱어지고 은저리에는 실록(新綠)이 향기로웠다. 저녁 바람이 우리들 사쓰에 부러오게 되면 황혼의 향기로운 공기가 우리를 둘러쌌다. 햇숙해진 해가 황혼 속에 너울너울 넘어가버리고 그 대신 별들이 빤짝빤짝 그 빛을 방사하였다. 우의(友誼) 있는 토론 속에 평화로운 환경 속에 우리들의 나날은 이처럼 행복스럽게 지내갔다.

어느 때인가 우리들은 부지 중 이야기가 행복이라는 문제에 맞인 일이 있었다. 평시에는 늘 일에 몰리였든 나에게는 이러한 생활이 곧 행복이었다. 나는 의당히 이러한 나의 의견을 발표하였다. 신문기자도 나와 동감이었다.

그러나 모퉁 선생은 도리혀 이의(異議)를 제창하였다. 그는 영국의 푸라우닝(布郞寧) 시를 인용하야 인생의 행복은 소녀와의 한 번의 키쓰에 있다고 말하였다. 시인은 결코 우리들과 농담을 할려고 한 것이 않이다. 우리들은 이것을 말할 때 그의 꿈꾸는 듯한 모양으로 보아서 그가 아주 꿈속에서 소녀의 입술을 찾고 있는 것을 알 수 있었다. 우리는 나오는 우슴을 어찌할 수 없었다.

"인생의 최대 행복은 정의의 승리를 볼 때에 있다."

고피예시는 이렇게 숨김없이 자기의 의견을 발표하였다. 그는 법률을 공부하는 사람이니까 그러한 말을 하는 것도 이유가 없는 것은 아니다.

맛당히 의사가 의견을 발표할 차례가 되였다. 의사 노릇을 하는 사람은 모다 다른 사람을 구하는 것으로써 행복을 삼을 것이라고 나는 속마음으로 생각하고 있었다.

"복수—."

의사는 살며니 뽑내며 이 한 마디를 내놓았다.

"그렇소. 나는 최대 행복이 복수라고 말하겠오."

그는 조용히 말하였다. 그리고 다시 또 입을 다무리고 마치 우리들이 묻기를 가마니 기다리는 것 같았다.

우리들은 모다 말을 하지 않고 다만 묵묵히 의문을 띤 눈으로 그를 바라보았다. 그는 생각 속에 잠간동안 잠긴 듯하드니 조곰 지나서 그 여히 입을 열어 자기의 생각을 설명하였다. 그의 말소리는 매우 조용스러워 그 이면에는 여전히 무슨 고통이 포함되어 있는 듯하였다. 그것은 그의 끄집어낸 이야기가 일즉이 그에게 대단히 심각한 인상을 주었든 것이라는 것을 표시하였다.

二.

복수— 그렇다. 복수는 최대의 행복이다. 나는 이렇게 믿는다. 다만 이 교훈 역시 한 개 경험에서 체득한 것이다.

잇해 전에 나는 이태리에 있었다. P라는 조고마한 읍 호텔에 나는 한 달동안 머물러 있었다. 어느 날 밤 나는 이미 잠이 들었었는데 홀연 한 마디 총소리에 놀래 깨였다. 조곰 있다가 주인이 급하게 달려와서 나의 방문을 두다리었다. 문을 열고 보니 거기에는 놀란 얼골로 주인이 서 있었다. 주인은 놀라고 급해서 거이 말을 몯하다가 일층의 손님 하나가 자살을 하였다고 말하였다.

나는 급하게 가방을 들고 그의 뒤를 딸아 그 방에 갔으나 때는 이미 늦었었다.

땅바닥에는 말러빠진 청년이 하나 쓰러저 있는데 가슴은 드러나고 그 왼편 한 군데에 커드란 피 흔적이 있으며, 얼골빛은 조이장같이 하아야코 숨통은 쉬지 않고 놀았다. 나는 꾸부리여 그의 맥을 보았으나 이미 절망인 것을 알었다. 벌서 죽은 것이다. 그래서 내가 막 이러나랴고 할 때 그는 홀연 그 충혈한 두 눈을 부르뜨고 입속말로 "나는 홀쿵씨타인(福爾恭席太因)이다." 한 마디 말하고 숨통이 다시 몇 번인가 울렁거리다가 그대로 죽어버렸다.

나는 이 사람을 전에 몇 번인가 맛났었다. 우리들은 한 호텔 속에 살면서 층게에서 우연히 맛났을 때에도 아침 인사 저녁 인사도 한 마디 걸지 않었다. 그의 면모는 비상히 음울하야 마치 이 때까지 우서본 적이 없는 얼골 같었다. 나는 늘 그에게 말을 거러보랴고 했으나 그여히 할 용기가 나지 않었었다. 이렇게 하여 이 날 밤에 나는 비로소 그가 훌쿵씨타인인 줄을 알었다.

훌쿵씨타인이라는 이 성(姓)은 누구나 다 기억하고 있을 것이다. 그는 일즉이 전 파리를 뒤흔들든 미하이노후(米海諾夫) 장군 암살 사건의 하수인이다. 그가 미하이노후를 죽인 후에 어데로 도망하였는지 알 수 없었다. 아마도 그의 종적을 알지 못하였다. 그가 참말로 이러한 데 있었을까? 그렇다면 그는 어찌하여 자살을 하였을가?

나는 주인으로부터 다만 그가 이한·호헤이노우(伊凡·賀黑諾夫)라는 일흠을 가진 로서아 사람인 줄을 알었다. 이 곳에 한 반년 살며 철공장에서 노동 일을 하였었다. 그는 친구도 없고 가족도 없었다. 또 아무 취미도 없고 방안은 아주 깨끗이 하고 있었으며 방세는 기일 안에 꼭꼭 치루고 해서 빚을 지지 않어 도리혀 대단히 좋은 손님이였다.

주인의 말을 들으면 나는 감히 이 자살한 청년이 미하이노후를 찔러 죽인 하수인이라고는 믿어지지 않었다. 나는 따루 또 한 사람의 훌쿵씨타인이 있어 호헤이노후라는 가ㅅ자 성을 쓴 것이라고 생각하였다. 그러나 이 때에 나는 도리혀 무이식 중에 한 개의 증거물을 발견하였다. 나는 그의 옷장 속에 조이 뭉치가 하나 내밀어 있는 것을 보고 그것을 끄집어냈다. 월래 그것은 한 뭉텡이의 글 쓴 원고였다. 나는 다만 언듯 '훌쿵씨타인의 자백'이라는 몇 자의 글자를 보았는데 잠옷을 넛는 옷장에 가려서 주인이 이 때까지 주이하여 보지 않었든 듯하다.

경관도 왔다. 그러나 나는 으레히 묻는 몇 마디의 질문에 대답한 이외에는 아무 할 일도 없었다. 경관들은 시체를 처치하느라고 분주했고 나는 바로 내 방으로 돌아왔다.

밤은 임이 깊어서 모두가 고요하고 둥근 달은 남빛 하늘에 높이 돋아서 그 맑은 빛을 열어논 창으로 빛외어 주었다. 그러나 방안에서는 전등 불빛 때문에 달빛은 묲이어버렸다. 남빛 하늘의 이태리는 모조리 잠들었으나 나같은 일개의 이방인은 이 때에 도리혀 격동하는 심정으로 전 구라파 사람들이 알랴고 하면서도 알지 몯하는 비밀을 읽고 있었다.

홀쿵씨타인의 유서는 대단히 길고 또 현재 완전히 기억하지도 몯함으로 대강만 말하겠다. 그의 자백은 대략 다음과 같은 것인데 아래 이야기 중에 내 자신의 말을 붙애는 것은 면할 수 없으나 그래도 대강은 틀림없을 것이며 나는 현재 오히려 그의 말솜씨를 다시 그대로 옴기어 보려 한다.

"나는 지금 나의 생명을 끝맺고저 한다. 나는 이것이 단 하나의 나갈 길이라고 믿는다. 왜냐하면 참어나갈 수 없는 생활은 맛당히 없애 버려야 하기 때문이다. 다만 나는 이후에 나를 불상이 여기는 사람이 있어 내가 생활할 용기가 없어서 할 수 없이 죽엄의 길을 취하였다고 말할가 두려워하여 죽기 전에 나의 자백을 써놓기로 결정한 것이다.

홀쿵씨타인이라는 이 성은 일년 전에는 전 구라파를 뒤흔들어 각국 신문은 '가장 무서운 암살자'라 불렀으며 불란서 경찰은 그의 뒤를 쫓고 일반 사람들은 모두 그의 행적을 궁굼이 여기었었는데 그러한 사람이 지금 도리혀 아무 일홈도 없이 여기서 죽으랴고 한다.

혹 어떤 사람은 나의 죽엄에 대하야 제 죄악을 참회하여서라고 할른지도 몰른다. 그러나 사실은 나는 미하이노후를 죽인 일에 대하야 아무 후회도 없다. 내가 죽인 사람은 미하이노후 외에 또 마이퇴이쩐크

(麥退陳科) 군조(軍曹)가 있다. 나는 이 일도 후회하지 않는다. 내가 그들을 죽인 것은 정당한 일이다.

지금부터 오년 전에 나는 남부 로서아 어느 조고마한 읍에 살었었다. 그 곳이 나의 고향이다. 그 때에 나는 튜페이자(呂貝加)와 결혼하야 몇 달 않되였었다. 우리들은 잡화점을 하나 내고 오히려 행복스럽게 지내였다.

그러나 '포거룽'이 왔다. 누구나 다 알 듯이 이 '포거룽'은 우리들 유태인(猶太人) 죽이는 것을 전문으로 하는 조직이다. 광열적 애국심이 로서아 사람들 속에 들끄러 우리 아무 무기도 없는 사람들을 위협하였다. 평화를 지극히 사랑하는 유태인의 피는 우리들 살 속에 사무처 있었다. 우리들 중의 남자는 아무 죄도 없이 참살 당하고 여자는 욕을 당하고 재산은 모다 파괴 당하고 하였는데 이것은 다만 우리들이 이스라엘의 자손인 때문이었다.

나는 어느 로서아의 군인이 어느 날 십여인의 유태인을 죽이고 유태인 여자 몇 사람을 욕 보인 것을 알었다. 또 나는 남부 로서아의 어느 촌락에서 촌회(村會)가 열렸었는데 촌민은 각기 유태인의 해골을 내놓고 살인한 수의 다소를 비교하였다는 것을 알었다.

이러한 모-든 일을 나는 참었다. 나의 가슴은 쓰리고 찢어지는 것 같으나 그저 모-든 것을 참었다. 나에게는 류페이자가 있었고 또 나 일개인으로서는 아무 일도 할 수 없었기 때문이다.

어느 날 나는 일이 있어 나가고 류페이자가 상점에 남어 있었다. 집에 돌아올 때에 먼 데서 한 사람의 군인이 총망히 우리 상점에서 나오는 것을 보았다. 그 군인은 나의 옆을 지날 때에 경멸하는 눈초리로 나를 바라보고 바로 지나가 버렸다. 그 모양이 매우 수상하고 군복도 살란하였다. 나는 홀연히 은연 중에 일종의 재난이 닥처왔음을 느끼어 거름을 빨리하야 상점 안으로 들어갔다. 문을 열고보니 류페이자가 보이지 안는다. 나는 미칠 듯이 그를 불렀으나 아무 대답도 없다. 나는 이층으로 뛰여올러갔다.

아아! 그는 벌거숭이가 되여 땅 우에 쓸어졌으며 왼 몸둥이가 피투성이다. 나는 미칠 듯이 그의 얼골에 키쓰하였다. 그의 얼골 손 모두가 차다. 눈은 딱 감긴 채 최후로 나를 볼려고도 하지 않었다. 나는 울었다. 오래도록 통곡하였다.

나는 홀연히 한 가지 생각이 머리에 빛였다. 나는 그 군인이 마이톄이쩐크 군조인 것을 알었다. 나는 말을 달려 총사령부(總司令部)에 가서 미하이노후 장군께 면회를 요구하였다. 미하이노후 장군은 나를 접견하여 나의 청원을 들은 후 아모 말도 하지 않고 다만 미소를 띠우며 병정을 불러 나로 끌어내게 하였다.

내가 그들에게 이틀 동안 가쳤다가 상점에 돌아왔을 때 거기에는 아무 것도 남지 않고 물건이란 물건은 모두 그들이 아주 산산히 부셔버렸었다. 나는 이러한 폐허 속에서 한바탕 울었는데 나종에는 도리혀 눈물도 나지 않었다.

나에게는 집도 없고 친구도 없고 직업도 없고 사랑하는 안해의 시체조차 없어저버렸다. 이 망망한 넓은 세상에 나는 또 어데로 갈 것인가? 생활에는 조곰도 미련이 남지 않었다. 나의 안에는 한 줄의 죽엄의 길이 놓였을 뿐이다. 나는 많은 실망한 사람들이 그러하듯이 죽엄의 길에서 위안을 찾으랴고 생각하였다.

홀연 광명같은 한 생각이 머리속에 빛외었다. 복수 복수! 나는 또 한 개의 생활의 목표를 발견한 것 같었다. 나는 아즉도 더 살어야 한다. 이 세상에 나는 한 사람의 친구도 없지만 도리혀 원수가 있다! 나는 복수하기 위하야 살어야 한다. 열열한 불길이 나의 마음을 태워 나는 최대의 결심을 가지고 마이톄이쩐크와 미하이노후 두 사람에 대하야 복수할 것을 맹세하였다. 나는 결단코 그 두 놈의 목을 비여 그저는 놓아두지 않을 것이다.

　나는 류페이자를 잃었으나 다만 복수심만이 나를 살게 하였다. 참는다는 것은 또 고통이기도 하나 다만 복수를 생각하면 나는 용기가 났다. 나는 반듯이 모-든 것을 참어서 목적을 달성하여야만 한다.

　나는 이러한 결심을 품고 페허로 되여버린 집을 떠났다. 나에게는 무엇 하나 마음에 걸리는 것도 없이 모두 다 살아저 버렸다. 다만 한 가지가 나의 전 사상을 점령하고 있었다. 즉 복수다.

　짧은 방낭 생활을 하고서 나는 감짝같이 로서아 사람의 성명으로 변하여 이 읍에서 마부가 되였다. 나는 왼종일 힘써 일하고 지극히 괴로운 생활을 해갔다. 이 때문에 나의 몸은 달련되고 그 위대한 공작은 진행되였다.

　남부 로서아의 기후는 매우 좋다. 도처에 실록이 욱어저 있고 초원의 바람은 향기를 실어디렸다. 달 밝은 밤 별 반짝이는 밤 — 왼읍은 로서아의 청춘 남녀의 사랑의 노래 속에 있었으나 우리 이스라엘의 자손들은 가련하게도 도리혀 제 집 속에 숨어서 가만히 울고 있었다. 이러한 일을 생각하고 나는 언제나 편안히 잠자지 몯하였다. 나의 머리 속은 불 타는 것 같고 가슴은 잔뜩 졸라맨 듯이 앞었다. 나는 늘 찬물로 확근거리는 얼골을 씻고 심한 때에는 입술이나 손구락을 깨물었다. 이 때문에 나는 다시 '아즉도 더 약간의 시간을 기다리자' 하는 문제를 제 자신에게 물어볼 필요가 없었든 것이다. 나는 참어야 한다. 모-든 고통을 참어야 한다. 살이 문허지고 뼈가 부서저도 나의 목적을 달성하여야 한다.

　천행으로 기회는 그여히 왔다. 어느 비바람이 몹시 심한 날 밤 나는 마차를 어느 큰 카페— 옆에 멈추고 마차 우에서 꾸벅꾸벅 졸고 있었다. 밤도 이미 이식했을 때 나는 홀연히 한 마디 외치는 말 소리에 깨였다. 술 취한 군인 하나를 눈 앞에 보았는데 나는 그 때 몸이 선듯하야지는 것을 금할 수 없었다. 흐미한 마차 등불 밑에서 나는 이것이야 말로 나의 원수 마이퉤이쩐크인 것을 발견하였다. 원수의 면모는 나의 가슴 속에 심각히 색여저 있었든 것이다.

나는 그를 마차에 태우고 병영(兵營)으로 안 가고 강변으로 달렸다. 나의 가슴은 기쁨에 가득 찼으며 도중에서 어떻게 그에게 복수할가를 생각하였다.

강변에 다다르니 비는 좀 개였다. 나는 마차를 세우고 나려서 문을 여러주면서 말하였다. "다 왔읍니다. 나리십시요." 그는 건드렁거리며 나려와 주이를 삷이더니 깜짝 놀라며 물었다. "여기가 어디냐? ㅡ." 나의 손은 이미 그의 멱살을 움켜 잡았다. 나는 벼락같이 외쳤다. "마이퉤이쩐크 이 놈 이 개자식아! 날 알아보겠니?" ㅡ "너를?" 그는 잠시 생각하드니 급작이 눈에 공포의 표정이 나타나며 부르짖었다. "너는? ㅡ 훌궁씨타인이냐?" 그는 놀랜 낯으로 수상하다는 듯이 서 있었다. 그러나 나는 그의 멱살을 더 한층 졸라쥐고 한 손으로 그의 외투를 벌려잭히며 또 주머니에서 칼을 끄내여 그의 얼골 앞에 내밀었다.

"나를 놓아주십시요. 용서해 주십시요. 아아! 하나님!" 그는 조금도 사나히다운 기색은 없이 나종에는 나의 앞에 꿀어앉었다. 그러나 나의 안해의 피는 나로 하야금 모-든 것을 잊어버리게 하였다. "개자식 지금 나는 네 피로써 나의 안해의 피를 씿으려 한다." 나는 이렇게 외치고서 그의 가슴을 노리고 힘껏 칼로 찔르며 덤벼들었다. 그는 한 마디 비성을 짜냈다. 흐미한 마차 등불 밑에서 나는 그가 고통을 참으랴는 것과 그 애처러운 표정을 보고서 큰 만족감을 느끼었으며 일평생 이때까지 맛보지 못한 행복을 느끼였다. 비ㅅ방울은 나의 몸을 적시였으나 나의 가슴은 오히려 불탔다. 칼을 빼니 피가 막 쏘다저 나왔다. 나는 칼을 입에 대여 혀ㅅ바닥으로 칼날을 할텄다. 피를 모조리 다 할터 버렸는데 맛은 아모 것도 몰르고 다만 뜨거움을 느꼇을 뿐이다. 나는 칼을 지버넣고 시체를 강기슬로 껄고가서 강물에 던저버렸다.

비는 또 더 퍼부어 캄캄한 하늘에는 아무 것도 보이지 않었다. 그의 시체는 벌서 물 속에 쓸려버려 아무 흔적도 남지 않었고, 신음 소리도 없고 강기슭은 전과 마찬가지였다. 그것은 마치 꿈같었다. 그러나 나의 몸은 불타고 입술 은저리에는 피가 잔득 무덨었다.

나는 마차를 빨리 모라 그 곳을 떠났다. 그 길로 나는 노래도 불르고 마음에 대단히 기뻐저서 내가 이 세상에서 제일 행복스러운 사람인 것을 느꼇다. 나의 원수는 이미 나의 손에 단번에 죽어버린 것이다.

마이톼이쩐크는 실종(失踪)하였다. 그러나 나한테 죽은 줄은 아무도 몰랐다. 나는 얼마 안해서 이 읍을 떠났다. 미하이노후가 이미 여기를 떠났기 때문이다.

거이 이 오년 동안 나는 그의 뒤를 밟었다. 그의 가는 곳에는 나도 반듯이 갔다. 물론 그로서는 여행은 용이한 것이였으나 나로서는 지극히 곤란하였으며, 각금 여비를 준비하느라고 시간이 늦어서 내가 그의 뒤를 밟어갔을 때는 그는 이미 딴 데로 갔었다. 나는 키예후 오대싸 선피떠푸 모스코바 이네이와 —로 그의 뒤를 밟어 최후로 파리-에 이르렀다. 오년래 나는 천신만고(千辛萬苦)를 다 겪으며 여러 가지 공작을 하였다. 나는 매일 한 빵만 먹고 찬물만 마시었다. 하루라도 건강과 용기를 잃지 않을야 하였기 때문이다. 한 개의 위대한 이상(理想)이 나를 북돋아 주었다. — 복수다. 남부 로서아의 '포거룽'의 조직을 그의 임무로 하며 동시에 나의 원수인 미하이노후의 암살을 생각할 때 나는 참으로 막대한 행복을 느꼈다. 이 미래의 행복을 위하여 나는 모-든 쓰라림과 귀찮음을 잊었다.

파리-에 온 후에 나는 피스톨을 하나 사 가지고 도처로 그의 종적을 탐문하였다. 후에 유태인 동무로부터 그가 늘 이꽝(日光) 카페에 가는 것을 알었다.

나는 매일 집을 나슬 때에는 언제나 탄환을 재논 피시톨에 오래동안 키쓰하였다. 하루는 과연 그를 발견하였는데 그는 혼자 그 카페-에 앉어 있는 것이다.

나는 뛰여들어가 그에게 외쳤다. "지금서야 훌쿵씨타인은 너를 찾었다." 연속하야 세 방을 쏘았다. 나는 내 눈으로 세 알의 탄자가 그의 몸둥이로 튀여들어간 것을 보았다. 그는 입도 못 벌리고 다만 신음하였다. 나는 홀란 중에 도망해 버렸다. 이것이 나의 일생 중에 가장 즐거운 순간이였다.

아무도 나를 잡지 못하였다. 벨기-를 겆이고 스이스를 겆어 이태리에 다달었다. 나의 일홈은 전 구라파를 뒤흔들었다. 그러나 내 자신은 도리혀 여전히 곤궁하고 아무 일홈도 없이 한 마리의 개처럼 사람들에게 쪽기며 살고 있었다.

나의 힘은 점점 쇠약해젓다. 전에는 원수가 있었기 때문에, 복수한다는 일이 기다리고 있었기 때문에 능히 천신만고를 겪으면서도 살았었다. 그러나 현재는? 생활의 목표가 없고 복수의 행복은 이미 지나갔다. 나는 집도 없고 친구도 없다. 눈앞에는 알지 못할 곤궁의 장내가 있을 뿐이다. 현재 나는 무슨 복수할 일이 있어야만 더 살 수 있는 것이다. 그러나 아무 것도 없다. 공장의 무시무시한 일과 노예와 같은 생활에 나는 참으로 실증이 난다. 나는 이러한 생활에 끝을 맺고저 결심하였다. 왜냐하면 나의 일생에 다시는 그러한 행복이 있을 수 없기 때문이다.

三.

의사는 여기에 이르러 잠간 이야기를 멈추고 탁자 우의 커피-를 한 잔 마시고 또 천천히 말을 이었다.

"훌쿵씨타인의 유서는 대개 이렇게 끝났다. 나는 그에게 대단히 미안하다고 생각하야 그의 유서를 발표하지 않었다. 그의 이야기는 참말이며 나도 그와 같이 복수가 최대의 행복이라는 것을 믿는다. 그러나 사람들이 서로 원수라고 찔러죽이는 것은 결국은 무서운 일 같다. 복수 이외에 우리들은 다른 길을 찾을 수는 없을가? ……. 가령 용서한다는 것이 더 나ㅅ지는 않을가? ….”

"나는 오히려 그의 유서를 발표하는 것이 좋다고 생각한다. 왜냐하면 이것은 필경은 참된 사실이고 또 미하이노후 사건의 현안(懸案)을 해결할 것이기 때문이다. 자네가 훌쿵씨타인의 비밀을 자네 가슴 속에 영원히 감추어둔들 또 무슨 좋은 일이 있겠나?”

신문기자는 대단히 열심히 권하였다.

의사는 잔득 생각 속에 잠기여 도리여 대답하지 않었다. 피예시가 입을 열었다. 그의 태도는 매우 진실하고 또 매우 결단적(決斷的)이였다. "현재는 눈에는 눈으로 어금니에는 어금니로서 대하는 이외에는 다른 길은 없는 것이다.”

길—. 나도 이것을 생각한 일이 있었으나 누구나 그저 생각해 보는데 불과하다. 길이란 무었이냐? 나에게는 다만 모호한 개념에 지나지 안는다.

기괴한 일은 의사가 이미 복수가 최대의 행복이라고 믿으면서 도리혀 용서하는 일을 말한 것이다. 이것이 모순 안이구 무었이냐?

우리들은 모두 생각 속에 잠기여 다시 입을 열지 않었다. 나는 묵묵히 머리를 드러 수많은 별들이 남색 하늘에서 춤 추고 있는 것을 바라보았다. 끝.

맨발(葉紹鈞)

중산선생(中山先生[孫文의 字])은 단 우에 서서 침착하게 빛나는 눈으로 잔득 앞을 바라다 보았다. 육십이 가까운 나이나 그의 몸은 기둥같이 정정하게 서 있었다. 그의 부인 성칭링 여사(宋慶齡女士)가 그의 옆에 서 있다. 몸에 걸친 펄펄 날리는 엷은 옷이 그의 아름다운 자태에 꼭 맞으며 그도 역시 앞을 바라보고 있었다. 엄숙하고 감동적인 모양이 무슨 신성한 것에나 대한 듯하다.

앞 넓은 마당에는 이미 사람들이 거이 가득 찼다. 벌집 속의 벌과도 같이 바글바글 들끓는 사람들의 머리가 잠시를 가만히 있지 않았다. 대개는 머리에다 밀짚모자를 쓰고 그것도 몯 쓴 사람은 그대로 머리를 햇빛에 쪼여, 젖었든 머리털이 번들번들 빛난다. 마당 주이에는 꽤 많이 푸른 나무가 들어서 있으나 나무가지나 잎사구까지 깟댁도 하지 않어 마치 일부러 이 회장을 엄숙히 장식하려는 듯하다.

제일차 꽝뚱전성 농민대회(第一次廣東全省農民大會)가 거행되는 날이였다. 모인 군중은 꽝뚱(廣東)의 각 현(各縣)에서 모였으며 멀고 먼 길을 걸어서들 왔다. 그들 손에는 바구니 혹은 병을 드렀고 그 속에는 제각기 소용되는 너절한 물건들을 너가지고 왔었다. 그들의 입은 옷은 오래된 데다가 취락해서 월래 흰 옷은 거이 분별치 몯하겠으며 검은 옷은 때기름으로 번들번들했다. 이런 사람들이 수많이 모여서 회를 여는 것은 유달리 선선하고 또 기괴한 듯했다.

다만 그들의 얼골에 나타난 것은 오히려 지극히 열열하고 정성스러운 빛이였다. 꽝뚱형(廣東型)의 쑥 드러간 눈들이 단 우의 중산선생을 잔득 바라보았다. 그의 넓드란 이마 듬쑥한 눈섭 점점 히끗히끗 시여가는 수염을—. 또 동시에 정신이 황홀해저서 중산선생이 점점 그들과

가차워저 거이 코가 서로 맞닻게 되였다. 그들의 얼골에는 우슴보다도 더 심각한 표정이 나타나며 두틈한 입술은 저도 모르는 사이에 조곰 버러저 있었다.

그들은 같이 온 사람과 서로 불으고 이야기하고 가라치고 했다. 사람들이 많이 모였음으로 자연 조용하지는 않었으나 다만 거기서 뚜렷이 볼 수 있는 것은 그들은 결코 건성으로만 벅석대는 것이 아니라 그들의 마음은 대단히 침착했다는 것이다.

사람들은 점점 더 많이 모여들었다. 사람들의 머리로 넓은 마당이 가득 차서 빈 틈 하나 없었으며 도리혀 먼저처럼 심하게 움지기도 않었다.

이상(理想)이 실현(實現)된 것과도 같은 일종의 기쁜 감각(感覺)이 중산선생의 머리에 떠올라 그는 저도 몰으는 사이에 눈을 감었다.

이번에는 그의 시선(視線)이 아랫 편으로 향했다. 그리고 앞에 슨 농민들의 발을 잔득 보았다. 그 발은 맨발이며 어제 오후 비올 때 튀여올은 진흙이 그대로 묻었으며 정맥관(靜脈管)이 지렁이처럼 꿈틀거려있고 발바당은 똑 땅 우에 드러부튼 것 같었다.

기적(奇蹟)이라도 본 듯이 그 맨발을 보자마자 그는 그만 멍-하니 생각 속에 잠겨버리어 잠간 동안이였으나 생각은 아득한 수십년 전으로 놀아갔다.

그는 그의 고향 또산(多山)을 생각했다. 산길은 단기기 대단히 어려웠으며 그가 열다섯 살이 되기 전에도 지금 눈앞에 서 있는 사람들과 똑같이 모다 맨발들이었다. 그 때 자기 가족의 형편도 지금 눈앞에 서 있는 사람들과 똑같았으며 오로지 두 팔만 가지고 벌어서 연명하였고 쌀값이 비싸서 쌀밥은 못 먹고 근근히 감자만을 먹었었든 일을 생각했다. 그리고 그는 자기가 이런 것을 보고 맨처음에 혁명사상(革命思想)을 가지기 시작했든 일을 생각했다. 즉 중국 농민은 또 다시 이러한 곤궁(困窮) 속에 빳이지 않어야 되며, 중국의 어린이는 반드시 신을 신어야만 하며, 쌀밥을 먹어야만 한다는—. 그는 사회(社會)에 대하야 경제(經濟)에 대하야 꾸준히 고찰(考察)해 오고 연구해 왔으며 이것으로부터 혁명 사업에는 농민이 참가해야만 되며 혁명의 결과 농민의 생활이 개선(改善)되여야만 한다는 일을 생각했다. 그는 이러한 뜻으로 글을 쓰고 연설을 하고 책을 구하고 사람들을 방문하고 이렇게 하는 동안에 어느 결엔가 삼사십년이 지난 것을 생각했다.

그러나 눈앞에— 그는 생각했다— 마당 가득이 서 있는 사람들은 삼사십년 전에 비해서 더 곤궁한 농민이며 그들에게는 유형무형(有形無形)의 압박이 전일대(前一代)보다도 더 심하다. 그러나 그들은 오늘 이 대회에 달려왔으며 혁명의 기ㅅ빨 밑에 모여들었다. 이것은 중국의 한 새로운 혁명이며 혁명의 전진이다.

이런 생각이 거이 한꺼번에 솟아올랏다. 그래서 그는 다시 또 그 맨발을 바라보았다. 한 줄기 쓰라린 감동의 불길이 가슴속에 치밀어 침착하면서도 빛나는 눈을 적시였으며 마음속은 그 맨발에 더 한층 가까이할여는 열망에 불타고 있었다.

그는 머리를 돌리어 그의 부인을 보니 부인은 마침 수건을 들었다.

```
一九四六年 六月 二十日 印刷
一九四六年 六月 三十日 發行

中國現代短篇小說選集 [定價 50圓]

譯 者  李明善
發行人  서울市 鐘路區 鐘路 一丁目 六二番地 宣文社出版部 尹景燮
印刷人  서울市 西大門區 義州通 一丁木 二一番地 吳昌根
印刷所  서울市 西大門區 義州通 一丁木 二一番地 朝鮮單式印刷社
發行所  서울市 鐘路區 鐘路 一丁目 六二番地 宣文社出版部 電話
        光化門③三四七二番
```

제2부

* 知識
* 鐘路 네거리
* 讓寧大君의 宗孫
* 壬辰錄
* 홍경래전

知識※

李明善

知識!
너는 煙氣다
너는 안개다
저절로 눈이 감겨지는 봄날의 햇볕이다.

煙氣는 불이 아니다
활〃 타는 불꽃은 아니다.
안개는 비가 아니다
天地를 뒤흔드는 소나기는 아니다.
知識?
너는 물과 불에서 멀리 떨어저 있다.

煙氣—
너는 퍼렇게 방안 가득히 서리어 있다
그러나 너는 나를 냅게 할 뿐이다.
안개—
너는 森羅萬象을 덮었다 뽐낸다

※ 편자 주 : 이 글은 『金星』 1호(1937년 2월)에 수록되어 있다.

그러나 너는 한개비의 나뭇가지조차
흔들지 못한다.
知識—
너는 하늘 저멀리 海王星까지 뻗쳤다
그러나 너는 한줌의 흙조차 保全하지 못한다.

知識!
너를 힘이라 외친 者가 있었다.
나는 기가 막혀 하품을 하였다.
너를 德이라 부른 者가 있었다.
나는 열었던 입을 닫질 못하였다.
知識!
아아 허풍의 고함이여!

힘은 피다
너는 피에서 달음질친다.
德은 感情의 熱이다
너는 熱에서 도망질간다.
知識!
진실로 너는 말이다 말의 그림자다.
知識!
너는 말의 煙氣다.
너는 말의 안개다
너는 이 以上 아무 것도 아니다.

鐘路 네 거리

東大門의 電車 自動車와
東大門의 電車 自動車가
냅다 서로 들여받는 곳
그 곳이 鐘路 네 거리다.

南쪽 빌딩과 北쪽 빌딩이
아야하며 이마받이하는 곳
그 곳이 鐘路 네 거리다.

한복판에 「고」와 「스톱」이 있고
서로 멱살을 치켜들고 동댕이질 치는 곳
그 곳이 鐘路 네 거리다.

「같이 夜市場에 散步해 주셔요」 하는
보드레한 소리를 움켜잡으려 하는 紳士의 팔을
「握手 좀 해 줍시다」 하고
거지의 앙크런 팔뼈다귀가 잡아 비트는 곳

❖ 편자 주 : 이 글은 『金星』 1호(1937년 2월)에 수록되어 있다.

그 곳이 鐘路 네 거리다.

먼지 속에 呻吟하는 인경을 들여다보는
갓 망한 흡쑤룩한 歷史의 머리를
날카로운 警笛의 쇠소리가 잡아 흔드는 곳
그 곳이 鐘路 네 거리다.

銀行所 테불에서 쓰레기통에 쓸어 내던진
꼬깃〃〃해진 大學卒業證書가
漢江鐵道行 電車에 몸을 던지는 곳
그 곳이 鐘路 네 거리다.

한 자만 사면 두 자씩 주는 商人들이
軍鑑票 大砲票로
무쏘로니와 히트라를
둘〃 말아 묶어버리는 곳
그 곳이 鐘路 네 거리다.

讓寧大君의 宗孫

李明善

한양서 서선으로 통하는

큰 길이 송도에 한 십리쯤 채 못간 곳에 불과 십여 호박에 안되는 조고마한 동리가 길에서 맛 근너 보이엿다. 이 동리에서 조곰 떨어저 산 속으로 무성한 소나무 숩에 싸이여 아담하게 지은 기와집 한 채와 사당 한 채가 덩금하게 잇섯다.

어느 여름날 무더운 저녁에 이 집 주인이 부채를 들고 마당 우를 어정어정하고 잇느란이 늙은 중 하나가 이 기와집 잇는 데로 집팽이에 몸을 의지하여 터벅터벅 걸어 들어왓다.

"지나가는 중이온데 날이 저물어 하로밤 자고 갈가 하고 차저 들어 왓읍니다."

하고 주인한테 공손히 절을 하엿다.

"이러한 산골을 차저주시니 고맙습니다. 저 사랑으로 들어가십시다."

주인은 조금도 거릿김업시 늙은 중을 인도하여 사랑으로 들어갓다.

"아― 참 아즉 저녁을 안 자섯게구먼요."

주인은 늙은 중과 인사를 맛치고 저녁을 차려내 올여고 안으로 들어 갓다.

❖ 편자 주 : 이 글은 『每日申報』1937년 11월 7일에 수록되어 있다. 또한 이 글은 懸賞史話野談 三等當選作이라고 쓰여 있는데, 이를 통해 이 글은 『매일신보』에 3등으로 당선한 작품이라 하겠다.

"사랑에 손이 하나 왓스니 저녁 한 상만 차려 보내시요."
부인은 방문을 열고
"쏘 어쩐 손님이 게시우—."
가만히 그러나 반갑지 안흔 목소리로 대답하엿다.
"지나가는 중이라우. 날이 저물어 하로밤만 자고 간다오."
주인이 이러케 대답하고 사랑으로 가랴 하니 부인이 방안에서 쓸로 쒸여나오며
"여보시요, 글세 당신도 아다십히 어쩐 저녁이 잇겟소. 집안 식구끼리도 굼지 안헛수."
그러나 주인은
"앗다 집안 식구끼리야 굴멋드래드 엇더케 제 집에 손이야 굼길 수 잇수. 밋테 동리에 가서 어더다가라두 한술만 차려 내오시요."
하고 부인의 곤액(困厄)함도 관심에 두지 안코 이러케 풍신〃〃하게 대답하고는 그대로 사랑으로 □□갓다.
이튼날 아츰이 되엿다. 어제 저녁에 쑤어온
한 되박의 보리가 반 되박
박게 남지 안헛다. 이 반 되박의 보리로 손에게 밥을 한 사발 차려내고 주인과 부인은 쏘 그대로 굴멋다. 물론 손에게는 자기는 안에서 먹겟다 하고 안에 들어가서는 맥물만 한 사발 벌덕〃〃 마시고 나왓다. 사랑에서 남어 나온 밥으로 배 곱허 우는 어린것들의 입을 틀어막엇다.
그러나 여기 쏘 난처한 일이 하나 생겻다. 식전부터 한 방울 두 방울 떨어지든 비방울이 중이 아츰밥을 먹고 길을 쩌날여고 할 째에는 하눌 우에서 천둥 번개를 하여 가며 나리두리로 쏘다저서 이러케 사뭇 오면 혹은 점심 한 째를 더 차려내지 안흐면 안되지나 안홀가 하는 걱정이다. 그러나 하누님은 이러한 걱정을 아시는지 몰으시는지 점심 째까지 좍〃 쏘다젓다. 아니 점심 째가지나 저녁 째가 되여도 비는 조곰도 끗

침업시 게속하여 퍼부엇다.

아모리 손을 사랑하고 손을 잘 대접하는 주인도 손에 차려낼 아무 것도 업는지라. 점심을 한 째 굼기는 수박게 업섯다. 그러나 아모리 생각하여 보아도 제 집에 온 손에게 저녁까지 굼길 수는 업섯다. 할 수 업시 쏘 밋테 동리에 가서 한 되박의 버리를 쑤어오라고 부인을 우장도 업시 우중에 내보내는 수박게 업섯다.

×

해마다 줄어들어가는 살님이다. 요 몇 해는 더구나 말 못되엿다. 비록 기와집에는 살고 잇스나 하로 죽 한 끼 쓸이기가 어려워것다. 그러나 이러한 일도 주인은 할 수 업는 일이라구만 생각하고 잇섯다. 팔어 버린 논과 밧츨 도로 사 디리도록 빗으로 쌔앗긴 산을 도로 찻도록 기우러진 살림을 도로 이루구워 세우도록 아모런 수단도 방법도 취하지 안헛다.

"이것은 모-두가 할 수 업는 일이다."

부인이 돈을 쓰지 안토록 손을 청하지 안토록 상인들에게 너머 후하게 하지 안토록 몇 번이나 몇 번이나 진정을 다하여 충고도 하여보고 눈물을 흘이며 애걸도 하여 보앗스나 주인의 대답은 언제나 이러하엿다.

"어디 친한 동미끼리 모엿다가 그저 헤지는 수야 잇수. 쏘 제 집에 차저온 손을 아조 업스면 몰너도 잇스면서야 박대할 수 잇소. 이러한 것이 다- 사람이 살어가는 길이 아니요. 그러하니 이러한 일을 하다가 혹 좀 가난해지기로서니 그것이 근심될 것이 무엇이 잇소. 밥 대신에 죽을 먹으면 되고 두 째 먹을 것을 한 째만 먹으면 되지 안호오."

이러케 하여 지금에 일으러서는 남운 것이라고는 이 집과 사당과 사당을 둘러싼 쐐 큰 숩뿐이다. 그리고 이나마도 여러 군데 빗으로 어

느 째
누구의 손으로 너머갈지
몰으는 것이다.

×

이 지경에 일으러 주인도 생각하엿다.
"집까지는 혹 몰나도 조상을 모신 사당이 남의 손에 넘어간대서야―."
이것을 생각할 째에는 아모리 물욕이 업는 주인도 머리를 쑤푸리고 집안 일을 걱정하고 살님을 걱정 안홀 수 업섯다.
그 사당에는 그의 조상인 양녕대군(讓寧大君)이 모시여 잇는 것이다. 당연히 임군이 되실 아니 세자까지 되시엿다가 세종께 양녕하신 거륵하신 대군의 령혼이 모시여 잇는 것이다.
"집이나 은저리에 숨픈 혹 남의 손에 넘어갈지라도 저 사당만은 영원히 내 손으로 보전하자."
주인은 몃 번이나 맘속으로 맹세하엿다.
주인은 진심으로 양녕대군을 공경하고 잇섯다. 그것은 비단 자기의 조상이기 째문만도 아니엿다. 대군의 성격 대군의 인생관 인간으로써의 양녕대군을 진심으로 공경하고 잇는 것이다.
"양녕대군은 멍텅구리다."
"양녕대군은 미치광이다."
"양녕대군은 술타령꾼이다."
남들이야 아모리 이러케 평안하여도 이 주인만은 한번도 대군의 진정을 의심하여 본 적은 업섯다. 대군이 남기여 노와준 여러 가지 일화를 생각할 째 그 호탕하고 덤담한 기상이 역역히 눈 압페 나타나여 한업는 위안을 주고 큰 암시를 주는 것이다.

×

 대군은 세자로 게실 째도 뜰에다가 새 치구를 해노코 글 배우라면 그저 허둥지둥 한눈만 파다가 덜크덕하고 새 치이는 소리가 나면 새 치구 논 데로 쏘처 달어나고 쏘 대군이 혼저 매소리를 흉내내며 노시다가는 글 알으켜주시는 게성군(雞城君)에게 들켜 혼구녁이 나시고 금중(禁中)의 감나무에 열인 감을 쏘아먹는 새를 돌로 쏘아 맞추어서 대군의 하시는 짓이라면 무엇이든지 야단만 치시든 부왕을 처음 한 번 웃기게 하시고…….

 쏘 부왕이 평강에 무를 강하실 째

 길에서 마지하야 전하라

하니 거짓병이라 꾀하고 금천(衿川)에 숨어서 사흘 동안이나 사냥을 단이다가 오시고 달 밝은 밤에는 담을 타 넘어가서 상쓰러운 것들과 비파를 친다 술을 마신다 게집을 끼안는다 흥이 다할 째까지 노시다가 돌어오시고 쏘 자조〃〃 이오방(李五方)이니 이법화(李法華)니 하는 노래 잘하고 잡담 잘하고 연극 잘하는 작난군들을 불너 궁정에서 멋대로 만판 놀게 하시고 당신 자신도 그 속에 쒸여들어가 밤이 깁도록 즐겨 노시고…….

 부자간에 형제간에 서로 썰느고 서로 속이며 서로 죽이며 세려 다툼 왕위 다툼으로 피비린내가 잔득 배여잇는 그 째의 그 궁중에 이러한 순진하고 자유롭고 감정적이고 인간적인 양녕대군이 태여나신 것은 ― 더군다나 가장 살인을 만히 하신 태종대왕의 맛아들님으로 태여나서 세자로 되시엿든 것은 크나큰 인간 비극이며 악착한 운명의 작난이 엿다.

 사람을 속이고 사람을 죽임에는 너무나 순진한 대군이시엿다.
 가면을 쓰고 싸흠을 함에는 너무나 솔직한 대군이시엿다.
 구속을 밧고 의식 만들음에는 너무나 자유분주한 대군이시엿다.

×

　양녕대군의 종손이 되는 이 기와집 주인은 대군을 생각할 때에는 홀 너넘치는 눈물을 금치 못하는 것이엿다. 그러나 이것도 주인 자신 속에 대군의 령혼이 가장 힘 잇게 숨쉬고 잇기 때문이다. 자기 자신이 대군처럼 자유분주하고 감정적이고 인간적인 연고다. 그러함으로 대군이 세자의 자리에서 쫏기고 왕위를 일흐시듯이 자기 자신은 전하여 나려오든 적지 안은 재산을 소비하여 버리고 지금에는 때를 굼지 안흐면 안될 곤경에 빠진 것이다. 만약 이대로 나가다가는 대군이 수십년간 귀양사리로 산간 벽지를 이리저리 헤매시든 듯이 자기 자신도 남부여대하고 바가지를 차고 문전걸식의 길을 써나지 안흐면 안될 것 갓다.

지리하고 지리한 비엿다

　지긋〃〃하게 쏘다지는 비엿다. 늙은 중이 이 산 속 기와집에 차저 들어온 날부터 사흘 동안이나 비는 게속되엿든 것이다.

　"하로밤만 자도 그 은혜가 적지 안커늘 이처럼 쯧지 안흔 지리한 비를 만나 사흘 밤이나 잣스니 재워주신 주인 양반의 큰 은혜를 엇지 입으로 다 말할 수 잇겟습니까."

　늙은 중은 사흘만에 처음 볼 수 잇는 풀은 하늘 한 편을 발아보며 주인에게 감사의 말을 드렷다.

　"천만의 말슴을 하십니다. 근년에는 살님이 여의치 못하여 아모 대접도 못하고 — 아니 대접은커녕 제때〃〃 보리밥이나 마도 못 차려드려 주인의 몸으로 미안함을 금할 수 업습니다. 여러 가지 고생되신 것을 널리 용서하시고 평안히 단겨서 절로 돌아가시요."

　주인은 참으로 미안스러웟다. 자기 집을 차저온 손에게 점심을 굼기기는 이번이 처음이엿다. 손 하나 대접하느라고 부인과 함께 사흘 동안 거의 굼다십히 한 일도 이번이 처음이엿다.

　늙은 중이 바랑을 지고 일어스며

"소승은 이처럼 늙도록 배운 것이라고는 아모 것도 업습니다. 그저 다만 지술(地術)을 조금 짐작합니다. 그런데 지금 잠간 이 집과 사당을 살펴보니 사당을 꽉 둘너싼 큰 소나무를 하나도 남기지 안코 모조리 비여버리시요. 사당 속으로 드려올여고 애쓰는 복을 저 소나무 숩히 막아내고 잇습니다. 저 숩만 업스면 운수가 틔이겟습니다."

"숩만 비여젝키면 운수가 정말 틔이겟습니까."

주인은 너무나 의외의 말에 반문하엿다.

"틀임업습니다. 큰 은혜의 천만분지 일이라도 갑고저 소승이 드느는 말슴이오니 부대 꼭 저 숩을 비여내십시요."

이러케 말하고 늙은 중은 사흘 동안 묵은 이 기와집을 하직하고 숩 속으로 사라저 버렷다.

그 해 일은 가을에 왕이 송도에 거둥하시게 되엿다. 송도에 한 십리쯤 채 못가서 왕이 타고 가시는 덩의 문을 통하여 박글 내다 보시다가

그 전에 못 보시든 큰 사당

하나가 산 속에 덩금하게 서 잇는 것이 눈에 씌이시엿다.

"네 저것이 무엇이냐—."

신하를 불너 물으시엿다.

"사당가튼데 누구의 사당이냐."

소나무 숩에 가려젓기 때문에 신하도 오래동안 못 보든 사당이다. 그러나 한참동안 머리를 기우리고 생각하다가

"그 전에 소신이 절머서 이 곳을 지날 때 양녕대군의 종손이 저 곳에 산다고 들은 일이 잇사오니 양녕대군의 사당인가 하옵니다."

대답하엿다.

"양녕대군의 종손이 저 곳에 산다? 처음 듯는 소리다. 네 바로 가서 잘 아러보고 내일에라고 바로 입시 식켜다."

이러케 하여 신하 하나가 이 기와집 주인을 찻게 되엿다.

×
"네가 양녕대군의 종손이냐."
왕명을 밧고 신하를 쌀어 어전에 나온 그 기와집 십인을 향하여 왕은 물으시엿다.
"녜 소신이 양녕대군의 종손이올시다."
"헤 그런가? 만약 양녕대군이 세자로 잇슬 째 못된 작난을 자조 하고 난잡한 상것들과 너머 그러케 못되게 안 노럿든들 한 번 세자로 세우시엿다가 다시 세자를 폐하게까지에는 안 일으럿겟지. 대군의 위인이 우연만하여 양녕하지 안코 왕위에 올넛든들 지금쯤의 안즌 자리는 필연코 경이 차지하고 잇지 안헛슬가."
이러한 왕의 말슴이다.
그러나 한 대군이 이러케 말하는 것이 맛당한 일일가. 그 기와집 주인은 한번도 이러케 생각해 본 적도 업고 이러케 말을 대군의 종손으로써 그대로 듯고 잇서본 적도 업섯다. 그러함으로 이 말이 비록 임군의 입에서 나온 말일지라도 그대로 네″ 하고 듯고 잇지는 못하엿다.
"양녕대군은 소신의 조상이라. 양녕하신 쯧은 소신이 잘 아옵니다. 공부 잘 안흐시고 행실 잘 안 가즈섯다는 전하의 말슴이오나 소신은 대군은 대군으로써의 길이 잇다고 생각하옵니다."
너무나 당돌한 말이다. 왕의 안전에서 왕의 말을 시인 못하겟다는 말이다. 엽헤 늘어섯든 신하들은 이 시골찌기의 너무나 대담한 말에 놀내엿다.
"그러면 대군이 양녕하신 것은 대군이 글공부를 힘쓰지 안코 행실을 잘 안 가즌 탓이라는 짐의 말에 그대는 반대라는 말인가? 그대가 대군의 듯을 잘 안다니 그러면 대군은 엇재서 양녕하신 것인가? 대군 자신의 죄가 아니고 짠 누구의 죄라는 말인가."
순간에 살기가 가득 찻다.

왕의 말슴 속에는 십퍼런 비수가 쌔여잇는 것이다. 대답 여하로 언제 이 비수가 내달을는지 몰은다. 엽헤 늘어슨 신하들은 이 시골찌기의 꼴이야말로 가관이라고 겻눈질하여 보앗다. 그러나 놀날 일이다. 그 기와집 주인은 조곰도 두려워하는 빗치 업시 그대로 멍〃하니 서 잇는 것이다.

"대군은 엇재서 양녕하엿단 말인가? 세종께서 엇재섯단 말인가. 세종께서 엇재섯단 말인가?"

왕은 대답을 재촉하시엿다.

"대군님께서 양녕하신 것은—."

그 기와집 주인은 아모 표정도 나타내지 안코

"그것은 세종대왕의 탓도 아닙니다. 태종대왕 탓도 아닙니다. 다만 몃 백년을 지난 후세에 소신과 가튼 불초의 자식이 태여나 나라의 일을 그르트리면 안된다 하는 깁푸신 심지에서 나온 듯합니다."

절묘한 대답이다. 십퍼런 비수는 어느 결에 사라지고 따듯한 봄바람이 불어온 것이다. 왕은 자신도 몰으게 미소하시엿다. 늘어슨 신하들도 딸어서 미소하엿다.

×

그 기와집 주인이 어전에서 물너 나와 제 집으로 들어가랴 하니 신하 하나가 쫏처나와서 불넛다. 신하를 딸어 다시 어전에 나가니 왕은 여전히 그 자리에 게시엿다.

"짐은 늣긴 바 잇서 경을 우리 조정에 불느고저 하는데 경의 의향은 어쩐지—?"

그 기와집 주인은 별로 생각도 안코 그 자리에서 바로 대답하엿다.

"대군께서는 몃 백년 후에 날 불초의 자식을 염려하여 당연히 올느실 왕위를 사양하시엿슴니다. 그러한 대군의 깁프신 뜻을 거역하고 이 불초의 자식이 엇지 감히 벼슬을 할 수 잇겟습니까. 전하께서 대군의 사당을 보시고 소신을 불느섯다면 다시 한 번 대군의 양녕하신 깁흐신 뜻을 생각하시고 소신을 저 산 속으로 돌여보내 주십시요."

물 샐 틈 업는 교묘한 언변이다. 왕은 다시 한 번 이 말에 감극하시엿다. 엇전지는 몰으나 양녕대군의 순결한 령혼이 피와 땀으로 잔득 더럽피여 산 자신의 몸을 시언하게 씨서주는 것 갓텃다. 매일 가티 예의만 찻고 당파싸홈만 하는 ― 그 썩고 썩은 냄새나는 유신들만 보시는 왕의 눈에 그 무슨 신선하고 청양한 빗치 새로 나타난 것 갓텃다.

그러타.

대군이 세자로 게실 때에

세간에 전하듯이 작난만 하고 글공부를 하지 안헛든들 엇지하여 후에 그러한 문장이 되고 명필이 될 수 잇섯슬가. 정말 미치광이엿든들 여러 아우들과 족하들이 단종 선위 바람에 모다 마저 죽엇는데 대군 혼저 몸을 보전하여 천명을 다할 수 잇섯슬가. 그러한 쟁투의 살인과 술책의 시대에는 남이야 욕을 하거나 손구락질을 하거나 대군처럼 승맥 비슷하게 하고 잇는 것이 가장 현명한 길이 아니엿슬가?―

이러케 생각해볼 때 양녕대군에는 양녕대군으로써의 길이 엄연하게 서 잇는 듯하다. 타인이 일보도 범하지 못할 엄연한 길이다. 그리고 이 길을 그의 종손이 말하여 준 것이다.

×

왕은 그 기와집 주인이 조정에 나와 벼슬하지 안홀 것을 알엇다. 그의 조상인 대군처럼 그짓과 싸홈과 살인에서 멀이 시골로 도피할 것을 알엇다.

왕은 그 종손으로 하여금 송도를 다스리게 하시엿다. 그러나 그 기와집 주인은 그것조차 밧지 안헛다. 송도에는 짠 원을 내지 안홀 터이니 그 곳 백성은 무슨 일이 잇스면 그 기와집 주인한테 가서 처리해 달나라고 엄영을 나리시엿다. 이리하야 그 째짜지 조용하든 그 기와집은 그 날부터 이 일을 처결하여 달나고 차저드는 백성들이 연낙부절하게 되엿다. 대군의 종손도 이처럼 여러 백성들이 차저오는 것을 거절할 수는 업섯다. 원내 물욕이 업는 사람이라 한 사람도 불평을 품지 안토록 여러 가지 일을 잘 처결하여 주엇다. 이리하여 양녕대군의 종손은 원 아닌 원 노릇을 하여 전에 엇더한 원보다도 잘 그 골을 다시리엿다 한다. (作者 住所 京城 道林町 一番地)

洪景來傳

一. 歸鄕

순조 십일년 구월(純祖 十一年 九月)의 일이다.

홍경내(洪景來)는 아무런 예고도 없이 돌연 자기 고향인 평안도 용강군 다미면 세동 화장곡(平安道 龍岡郡 多美面 細洞 花庄谷)에 나타났다. 늙은 어머니를 버리고, 처자를 버리고, 산 속의 절에 가서 공부하겠다고 뚝 떠나가고서는, 십년 이상이나 종무소식이든 그가, 제법 서늘해진 가을바람을 안고 표연히 나타났다.

"그래, 그렇게 오랫동안 자네는 도대체 어디를 가 있었나?"

"산 속에 들어가서, 몇 해가 걸리든지 성공할 때까지 공부를 계속하겠다고 하드니 이 때까지 산 속에 있었나?"

"아마 공부가 어지간히 다 된 게지. 십년이나 했으면 문장 다 됐지 못되겠나?"

— 이렇게 옛 친구들은 물어 보았으나, 경내는 그렇다고도 하지 않고, 그렇지 않다고도 하지 않고, 그저 우물우물해버렸다. 그리고서는

"어데 사람의 하는 일이 그렇게 쉬운가? 공부만 하더라도 그렇지, 파고들어가면 도모지 한이 있어야지. 그러나 사내로 태여나서 기왕 한번 발을 디려놓은 이상에야 끝장을 보고서 말어야지. 그대로야 도중에서 물러슬 수 있나? 그래서 이번에 다시 결심을 굳게 하여 가지고, 앞으로 십년이 걸리든 이십년이 걸리든 공부를 계속해 나가서, 철저히

한번 그 끝장을 보아볼 작정일세"
하고, 굳은 결심을 표명하였다.
"아니, 그러면 또 공부하러 떠나겠다는 말인가?"
옛 친구들은 깜짝 놀라서 이처럼 반문하였으나, 그는 서슴치 않고 대답하였다.
"수삼일 내로 곧 떠나야 되겠네. 사실은 가족들을 다리러 왔네. 어머니도 너머 고생이시겠고, 처자들도 떼어놔 둘 수만도 없어서, 이번에는 아주 이사를 해버릴가 하네."
"흠, 이사를? ― 그 동안에 어데 가서 자리를 잘 잡아서 매우 자미를 보는 모양일세 그려."
"무어, 별 자미 있겠나만, 어떻게 어떻게 해서 집안 식구들은 꾸려나갈 수 있게 되였네."
"암만 그렇다 할지라도, 그렇게 수삼일 내로야 떠날 수 있겠나? 인제 몇 일 안 있으면 신곡을 먹게 되겠는데, 추수나 해 가지고 이사를 하여도 해야지, 일련 내내 피땀을 흘려서 농사를 지어 가지고, 그냥 어떻게 떠난단 말인가? 하기사 가물에 다 타서 소출인들 변변할가마는―."
사실, 그 해 신미년(辛未年)의 가물은 퍽 심하였으며, 예년 같으면 베가 누―렇게 익어, 들이 환―할 터인데, 올해는 베가 처음부터 몇 치 자라지 못하였고, 돼지 꼬랑이만한 이삭이 가물에 타서 배배 꼬여 있었다. 작년에도 가물로 소출이 적었으나 올해는 작년보다도 훨신 심하여, 농민들은 가을이 되어도 들에 나가서 논밭을 돌아볼 아모런 자미도 없었다.
"자네 이사 간다는 데는 농형이 어떤가? 풍년이겠지―."
"풍년? 천만에―. 풍년 든 곳은 조선 팔도를 다 돌아단겨 봐도 아마 없을 것일세. 풍년 든 곳을 찾아가는 것이 아니라, 이제부터는 농사하고 인연을 딱 끊어보자는 것일세. 농사를 안 지면 풍년도 흉년도 없지 안나."

"농사를 안 짓고 어떻게 산단 말인가? 평안감사라도 한 자리 땄단 말인가?"

"평안감사? 우리 평안도 개ㅅ똥 불상놈들한테 그런 것을 누가 시켜 준다나? 시켜주지 않으니까 이렇게 이사를 하겠다는 것이지."

"안 시켜주는데 어떻게 이사를 하여?"

"안 시켜주니까 이사를 하겠다는 거여. 왜 우수워? 허허허."

경내는 같은 소리를 되푸리하며, 자못 유쾌한 듯이 거리낌없이 우서 버렸다. 그의 친구들은, 그가 십년 전에 집을 떠나가기 전에도, 하는 것이 매우 달러서 자기들과는 서로 딱 들어맞지 않었으나, 지금 와서는 완전히 떨어저서 아주 딴세상 사람이라는 것을 느꼈다. 그리고 사람이란 집을 떠나서 오래 돌아댕기면 저렇게 되는것인가— 막연히 판단하였다.

경내는 이사를 떠나는 전날, 제법 큰 잔치를 베풀었다. 술도 빚고, 떡도 하고, 농사짓는 데 쓰는 소까지 잡었다. 동리 사람들은 물론 많이 몰어들었고, 굶는 집이 많은 판이라, 근동에서 몰려온 청하지 않은 객손도 적지 않었다.

그러나 이 여러 손중에서 경내가 유달리 관심을 갖고, 또 대접도 특별나게 한 것은, 유학권(柳學權)이라 하는 그의 외숙이다. 유학권은 거기서 육십리나 떨어진 중화군(中和郡)에 사는 것을 사람을 시키어 일부러 불러온 것인데, 경내는 어려서 그에게 글을 배웠든 것이다.

"그래, 그 동안 공부는 많이 진보되었느냐?"

유학권은 술을 몇 잔 마시고서 넌즛이 경내에게 이렇게 무렀다.

"글세요. 많이는 못되었읍니다만, 어지간이는 되었읍니다."

"그려? 허허허. 네 공부는 어릴 때부터 좀 다른 공부었으니까—."

"무어 다를 것도 없읍니다. 다 그 공부가 그 공부지요."
"그 공부가 그 공부라니? 그럴 수가 있나?"
"아니, 그 공부가 그 공붑니다."
"글세, 그럴 수가 있나? 그래, 추풍역수장사권(秋風易水壯士拳)으로 백일함양천자두(白日咸陽天子頭)를- 하는 공부가 어째 보통 공부란 말이냐?"
"네, 그 공부도 보통 공부와 결국은 같습니다."
경내는 여전히 고집을 세웠다.
여기서 문제되는 시는, 경내가 열두살 때에 '송형가(送荊軻)'라는 제목으로 글을 지었을 때, 경내가 지은 시다. 경내가 이 글을 짓고서 참말로 천자의 대가리를 때릴 듯이 주먹을 불군 쥐어 둘러메는 것을 보고서, 선생인 유학권은 이 아이가 장내 큰일 저즐를 것을 짐작하고, 그만 겁이 덜컥 나서 집으로 돌려보내 버렸든 것이다. 그 이후에는 경내는 제 집에서 대개 자습으로 경사(經史) 일반을 공부하고, 과거를 보러 평양에도 가고 서울에도 갔었으나, 한 번도 급제하지 못하고, 이십세가 되었을 때 아버지가 죽고 세상일이 도모지 맘에 맞지 않어, 산 속에 들어가서 공부하겠다고 핑게하고 집을 떠나, 이래 십여년 동안 한 번도 고향에 돌아오지 않었든 것이다.

이 십년 동안에 경내는 그저 막연히 한문 책권이나 들추고 있든 것이 아니라, 자세한 것은 알 수 없으나 반다시 천자의 대가리를 때릴 공부를 하였을 것이라고- 유학권은 믿어 의심하지 않었다.

"그러면 그것은 그렇다고 치자. 그러나 암만해도 너는 보통 사람 같지는 않다. 네가 여덜쌀 때에 지은 거좌해압산(踞坐海鴨山)하야, 세족요포강(洗足腰浦江)을- 하는 시를, 나는 지금도 잊지 않고 있는데, 암만 생각해 봐도 보통 시가 아니어."
"그것을 무어 그렇게까지 생각하실 것이 있읍니까? 또 그렇게 친다 할지라도, 천자의 대가리를 때리랴면 다 그만한 때를 맛나야지, 그저야 됩니까? 용이 하날에 올려가려면 비와 구름을 맛나야 하는 것처럼—."

"그야 물론 그렇지. 용이 하날에 올려가려면 비와 구름을 만나야지. 네가 난 데가 용강이니까, 용이 될른지 뱀이 될른지. 되어보아야 알겠지요. 되다 못되면 이심이라도 되겠지요. 용강 이시미는 자고로 유명하니까—."

"이시미? 허허허, 박첨지에 나오는 이시미 말이지. 그도 그려. 허허허."

술이 얼근이 취한 유학권은 우숨으로 돌리며, 또 술을 한 잔 쭉 드리켰다. 퍽이나 소심한 이 글방 선생님이 이처럼 대담하게 문답을 하고 웃고 하는 것은, 아마 술의 조화인 것 같다. 그러나 소심할 글방 선생님이, 이 근방에서는 경내가 앞으로 어떠한 일을 하리라는 것을 아는 단 한 사람이었다.

이튿날 아침 일즉이 경내는 어머니와 처자를 거느리고, 북쪽을 향하야 먼-길을 떠났다. 이 때까지 살든 집과, 얼마 되지 않으나 미구에 신곡을 먹게 된 전지를, 사촌과 육촌들에게 나누어주고, 모든 걸 다 깨끗하게 청산하여버리고 총총하게 떠났다.

"별사람 다 있구먼."

"다시는 고향에 돌아오지 않을 작정인 모양이로구먼."

"어릴 때부터 호탕하여 엉뚱한 짓만 하드니, 서른두 살이나 먹은 오늘에 와서도 여전하구먼 그래."

동리 사람들은 이렇게 수군거리었다.

경내가 고개 우에 서서 다시 한 번 화장곡 동리를 돌아다보았을 때에, 양지 바른 산비탈에서 나무하는 머슴아이의 노랫소리가 들려왔다.

또 왔다네
또 왔다네
김경서(金景瑞)가
또 왔다네.

디려치자
디려치자
평양성(平壤城)을
디려치자.

"저 노래가 무슨 의민지 아시겠읍니까?"
경내는 다리를 쉬고있는 어머니한테 무렀다.
"모르겠다 무슨 소린지ㅡ. 예전에는 못 듣든 노랜데, 요새 새로 떠돌아 댕기는 노랜가부더라."
"우리 평안도에 김경서가 또 새로 나타났다는 노랩니다. 김경서 말여요."
"임진왜난(壬辰倭亂)에 큰 공을 세웠다는 장수 말이지?"
"네, 그런 장수가 또 나타났다는 말여요. 우리 평안도에ㅡ."
"그렇게 되면 오작이나 좋겠니. 해마다 심해저가고 나뻐만기는 세상을, 그런 장수가 나서 빨리 바로 잡아주어야지. 그대로야 어데 살어갈 수가 있니?"
"어머니는 제의 일흠이 무었인지 아시지요?"
"웬 일흠은 새삼스럽게ㅡ."
"경내의 경은 김경서의 경짜고, 내짜는 올내짭니다. 그러니 김경서가 또 왔다는 것은, 저를 두고 하는 말입니다."
"호호호. 너는 이제 농담도 곳잘하는구나. 호호호."
"허허허."

경내도 어머니의 우숨 소리에 마추어 그대로 웃어버렸다.

二. 多福洞

경내가 식구를 거느리고 이사한 곳은 다복동(多福洞)이라는 곳이다. 다복동은 가산(嘉山)과 박천(博川) 양군 사이에 있는 동리의 일홈인데, 그리 크고 널지는 못하나, 상당한 요지(要地)다. 동리 좌우에는 그리 험하지는 않으나 나무가 잔득 들어슨 산이 삑 둘러있고, 산 넘어 한옆으로는 서울서 의주(義州)로 통하는 큰 길이 있고, 앞으로는 대령강(大寧江)이라는 강이 흘러있어, 수륙(水陸)의 편리가 매우 좋다. 뿐만이 아니라, 여차즉하면 강과 좌우의 산에 의지하야 진을 치고 딱 버틸 수도 있고, 산 숲 속에는 몰래 들어백이어 무슨 비밀의 일을 꿈이기에도 똑 들어맞었다.

아니, 경내가 여기로 옴겨왔을 때에는 이미 심상치 않은 무시무시한 기분이 전동리를 휩쓸고 있었다. 대장ㅅ간이 여기저기 있는데, 볼을 벌겋게 피워서 쇠를 닭워 칼 만드느라고 야단이고, 곡식과 필목을 실은 솟바리가 길에 연하다 싶이 연락부절이다. 그리고 산 숲 속에서는 여기저기서 몸이 큼직큼직한 장정들이 서로 편을 짜 가지고 칼싸흠을 하며, 떼를 지어서 와르를 몰려갔다 몰려왔다 하고, 각금 산이 찌르를 울리는 고함소리가 들려왔다.

"어데 무슨 난리라도 이러났다니?"

늙은 어머니가 근심스러운 빛으로 이렇게 물었을 때, 경내는 서슴지 않고 대답하였다.

"난리가 일어난 것이 아니라, 이제부터 일으키려고 저렇게 야단들입니다."

"난리를 일으키다니? 되놈들이라도 처들어와야지 난리가 일어나지, 무슨 놈의 난리가ㅡ."

"용강 이시미가 용이 될려고, 비와 구름을 만들어 내는 것입니다."
"웬 또 비와 구름은?"
"난리가 제게는 비나 구름과 마찬가지랍니다."
"그게 무슨 소리냐?"
"그렇게 한거번에 모르셔도 좋습니다. 여기 게시면서 차차 두고 보십시요. 머지 않아서 난리는 일어나고야 말 테니까요. 이번의 이사도 난리가 날 테니까 한 것이 아닙니까?"
"여기서 난리가 난다면 용강이 좋치, 일부러 난리가 나는 데로 올 것이 무었 있니? 나는 무슨 속인지 도모지 알 수 없다."
"아즉 모르셔도 괜찮습니다. 일은 저 혼자 할 테니까, 어머니는 그저 꾹 앉어만 계셔요."

그 날부터 어머니는 며누리와 손자를 거느리고, 아들 말대로 꾹 앉어만 있었다. 경내는 아침에 나가서 왼종일 어데서 무엇을 하는지 자최를 감추어버리고, 밤에도 돌아오지 않는 때가 많았다.

사실, 사태는 이미 급박하야저서, 경내는 몹시 바빴다. 십년 동안을 두고 궁리하여, 일시도 잊지 않고 계획하여 나려오든 일이, 이제 그 최후의 단계가 하루하루 다가오는 것이다.

어려서부터 천자의 대가리를 때릴 것 이상으로 하였든 경내라, 녹녹한 시골 선비로 꼬브러질 이가 없다. 그러나 그가 사회에 대하여, 나라에 대하여 뚜렷이 불평을 품게 된 것은, 이십 전후에 과거를 치루어 실패한 때부터다. 과거란 원래 경향을 통하여 숨은 인재를 찾아내어 등용하자는 것이 목적인데, 이조 말엽에 이르런 아주 물러저서, 문벌 높고, 권세 있는 몇몇 대신들의 자제들이, 뒷꽁무니로 얼렁얼렁하여 장원급제를 독점해버려서, 그 이외의 사람들은 어떻게 붙이볼 도리가 없었다. 문벌이 높고, 권세가 있는 집 자식들은, 젖내가 몰칵몰칵 나는 못나고 변변치 못한 것들도, 제 집에 앉어서 사람을 시켜 씨만 바치면

진사니, 대과니, 할림이니- 말대로 골러 잡고, 시골서 올려온 뒤에 아무 연줄도 없는 자는, 아모리 글이 놀납고, 글씨를 잘 쓰고, 정론이 당당하여도, 급제할 도리가 전혀 없었다. 공연히 헷 봇다리만 걸러메고 헷 노자만 써서 왔다갓다 해본대야, 출세할 기회를 잡을 수는 없었다. 더구나 평안도 사람은 천대가 막심하여 도모지 기회를 주지 않엇다. 이태조(李太祖)가 서북 사람은 외이불용(畏而不用)이라고 해서, 되도록 주요한 자리에는 쓰지 않도록 했는데, 이것이 이조 역대의 임군들에게 충실하게 전해나려와서, 나종에는 아주 으레히 그런 것으로 정해지다 싶이 되었다. 그리하여 서북사람이면 제가 아모리 출중한 인물이라도, 문관이면 지평(持平) 이상에 오르지 못하고, 무관이면 첨사(僉使) 이상에 오르지 못하였다. 평안도 놈! 서한(西漢)!편치!- 서북 사람들은 이렇게 불리어 나려왔다.

그러므로 경내가 과거에 실패한 것은, 아주 처음부터 확정된, 거의 숙명적인 일이었다. 만약 경내가 제의 운명에 순종한다면, 과거는 몇 번 시험해보다가 걷어치우고, 시골서 콧물 흘리는 아이들에게 천자ㅅ권이나 가르처주는- 글방 선생님이 되어 늙어 꼬부러저야 하겠는데, 그렇게 되기에는 경내는 너무나 대담하고 야심만만하였다. 아니, 야심이라기에는 너무나 순진한 정의감이었다. 나라에서 하는 일일지라도 그것이 옳지 못한 일이라면, 도저히 그대로 용서할 수 없다. 경내의 의협에 불타는 젊은 피가 그것을 용서하지 못하엿든 것이다.

이래 십여년을 두고, 경내는 오로지 이 일에 종사하여 왔다. 어떻게 하면 궁중에 우물우물한 썩은 선비들을 내몰고, 서북 사람도 똑 같이 등용하야 나라를 바로잡을 수 있을가?— 이것이 그의 유일한 목적이었다.

그러면 그 수단방법은?— 그는 타협의 길은 처음부터 생각해보지 않었다. 문벌이 높고 권세가 당당한 대신들한테 몰래 뇌물을 바치어,

서북 사람도 똑같이 등용하여 주십시요- 하고 진정하는 일 같은 것은
생각만 하여도 게욱질이 날 지경이다. 그러기에는 그의 정의감은 너무
나 날카럽고 철저하였다. 평안도를 중심으로 하여, 일대 반란을 일으
키어, 당당히 서울까지 처들어가서, 나라를 새로 세워보자는 것이, 이것
이 그가 생각하고 또 생각하여 얻은, 최후의 결론이었다. 천자의 대가
리를 주먹으로 때리자든, 그의 어릴 때부터의 이상이 구체화한 것이다.

그러나 이처럼 나라를 뒤집어엎는 큰 일을 계획하려면, 먼저 각처로
돌아댕기며 많은 동지를 획득하여야 한다. 꾀가 많은 모사(謀士)도 필
요하고, 기운이 센 역사(力士)도 필요하다. 재물을 많이 가진 부호(富豪)
도 필요하고, 명망이 높은 명사(名士)도 필요하다. 그리고 각 골의 좌수
(座首)니, 이방(吏房)이니 하는 관속들과도, 긴밀한 열낙을 취하지 않으
면 안된다. 원이라는 것은 겉으로는 제가 젠체하지만, 결국은 이러한
관속들 손에 놀고있기 때문이다.

과거 십년간의 경내의 노력은, 실로 이러한 동지의 획목에 있었든
것이다.

三. 同志들

경내의 동지로서 먼저 우군측(禹君則)을 들지 않을 수 없다.

우군측은 경내가 제일 먼저 사괴인 동지다. 그는, 태천(泰川)에서 내
가 내다 하고 뽑내는 우가네 집의 첩의 소생으로, 어려서부터 총명하
여 사서삼경은 물론이고 천문지리에 이르기까지 무불통지하였는데,
서류(庶流)인 고로 처음부터 과거를 볼 자격이 없고, 집 안에 드나 집
밖에 나나 경멸과 확대가 자심하여, 억울한 자기의 심정을 하소할 곳
조차 없었다. 그리하여 그는 집을 버리고 각처로 떠돌아다니며, 지사
(地師)로 자처하였다. 간혹 부잣집 모잇자리나 정해주고 돈푼이나 받으
면, 바로 주막으로 달려가서 인사불성이 되도록 술을 들이키어 평소의

불평불만을 술로 마비시켜 버렸다.
 경내는 경신(庚申)년간에 가산군 청용사(嘉山郡 淸龍寺)에서 군측을 만났다. 그 때 경내는 스물한 살이고 군측은 스물일곱 살이었다. 둘은 초면인사를 하고서 두세마디 말을 건네는 동안에 바로 의기가 상통하여, 평소에 품었든 불평불만이 제절로 쏘다저 나왔다. 그 해 경신년에는 유월에 정조(正祖)가 죽고 순조(純祖)가 새로 들어슨 때라, 둘의 이야기는 자연 이것이 중심이 되었다.
 "이번에 돌아가신 임군께서는 정사도 잘 보시고 문필에도 대단히 능하시어서 참말로 성군(聖君) 이시었다고들 하지 않소?"
 "읍에서는 선비들이 모이어, 채일을 치고 서울을 향하여 젯상을 차려놓고, 절을 하고 곡을 하고 야단들이었다고 합디다."
 "내가 연전에 과거 보러 서울 갔을 때에도 병환이 위중하시었었는데, 그 때 서울 양반들 평판으로도, 이러한 성군은 개국 이래에 아마 다시는 없었으리라고들 합디다."
 "그렇게들 떠바치고 야단들을 치는 것을 보면 분명 성군은 성군이겠는데, 그러나 우리 평안도 놈들한테야 성군이고 성군 아니고가 어데 있겠오?"
 "우리 평안도 놈들에는 그저 그 놈이 그 놈이지요. 성군보다 더한 것이 나슨대도, 우리 평안도 놈들에게는 공중에 떠있는 구름이지, 무슨 소용이 있겠오? 우리가 어데 가서 벼슬 하나 얻어 해보겠오?"
 "그야 그렇지요."
 "어데 벼슬을 못할 뿐이요. 서울 양반이 평안감사니 무엇이니 하고 뽐내고 나려와서는, 죄가 있건 없건 공연히 생트집을 잡어 가지고, 평안도 놈의 재산은 하나 남기지 않고 닥닥 고무래질을 해가니, 이거 어데 건데어내는 수가 있소?"
 "그러니까 서울 양반이면 누구나 한 번은 평안감사를 해보고 싶어

하는 게지요."

"그러니, 내 생각 같어서는 성군이 나지 말고 차라리 지지리 못난 임군이 나서 나라가 한 번 횡닥 뒤집어저 버리는 것만 같지 못할 것 같소."

"쉬, 말씀이 너무 지나치오. 관청 놈들이 드르면 큰일 날 소리를 하오 그려."

"아니, 그러니까 우리끼리 이야기요. 우리 평안도 사람들 위해서는, 나라가 한 번 뒤집어저야만 할 것이오."

"그야 그렇겠지만. 우리 그 이야기는 이제 그만 해둡시다."

하고, 군측은 말을 딴 데로 돌리었다. 그리고 이 때는 이 이상 아무런 진전도 없었다.

그 이듬해 신유(辛酉)년에 청용사에서 둘이 다시 만났는데, 이 때에 둘의 이야기는 훨신 구체화하였다. 그리고 경내는 지난 일년 동안 강게(江界), 연여(延閭) 등의 압녹강 상류 지방을 돌아댕기다가 정시수(鄭始守)라는 만주 마적단의 두목을 만나 은근히 열락해 놓은 것까지 이야기하였다. 그리고 군측에게 모사(謀士)로서 출마해주기를 간청하였다.

"사내대장부가 세상에 났다가, 어찌 남의 압제만 받고서 살겠오? 내가 비록 유현덕(劉玄德)은 못될망정, 노형께서는 제갈공명(諸葛孔.明)이 되어 대사를 도모해주시요."

군측은 그 자리에서 이것을 허락하고, 앞으로 더욱 많은 동지를 획득하여 연락할 것을 굳게 약속하였다.

다음에 중요한 동지로 이히저(李禧著)가 있다.

이히저는 가산 역속(嘉山驛屬)으로, 도내에서 유명한 부호다. 일즉이 무과(武科)에 급제하고 향안(鄕案)에도 들었는데 이것은 물논 뒷꽁무니로 돈을 멕여서 성공한 것이다. 몸집이 크고, 더구나 배가 쑥 나와서 거름을 거르면 뒤룩뒤룩 흔들리었다. 뱃심이 세고 우악스러워서 한번 무슨 말을 내놓으면 아무가 머래도 그대로 내밀고 나갔다. 그가 이처럼 부자로 사는 것은 물논 대대로 물려나려온 유산도 적지 않았으나, 그것보다도 사신(使臣)의 뒤를 따라 거의 해마다 중국에 출입하는 역관(譯官)들과 잘 열락해서 중국의 비단을 싸게 사 가지고 비싸게 팔어서 큰 이를 남기었기 때문이다. 게다가 그의 인아연척간에는 각 골에서 누구누구라고 치는 큰 부자와 큰 장사군이 많아서 그의 세력은 곽산골에서는 따를 사람이 없었다.

경내와 군측은 히저를 자기들 편으로 끓어넣는 데 매우 고심하였다. 원래 위인이 우왁스러운지라, 처음에 잘못 건디리다가는 영영 퉁겨지고 말 것이기 때문에, 처음부터 아주 신중히 일을 시작하였다.

군측의 부인 정씨(鄭氏)를 점쟁이 모양으로 차려서, 히저의 집에 가서 히저의 부인을 위하여 점을 치게 하였는데, 구 점쾌에 이르기를

"십년 이내로 대운이 터질 터인데, 수승(水姓) 가진 사람을 만나면 길(吉)하다."

하였다. 그리고 군측 자신은 아주 이력이 난 지사(地師)로서 나타나, 히저의 아버지를 위하여 모잇자리를 정하여주고 이르기를, 역시 마찬가지로

"당대 발복의 대진데 수승 가진 사람을 만나면 길하다."

하였다. 이처럼 안팎으로 잔득 예비공작을 해놓고, 군측은 자기가 늘 찾아가서 배우고 있는 묘향산(妙香山)의 이인(異人)을 소개하겠다고 하고, 경내를 안내하여 히저와 면회시켰다. 히저가 보니 키가 작달만한 게, 나이는 아즉 새파랗게 젊었고 눈에 열기가 뚝뚝 떨었다. 서로 맛대앉어서 초면인사를 하는데, 히저는 속으로

"이인이니, 무엇이니 하드니, 한주먹거리밖에는 되지 안는구나."

— 은근히 업수히 여겼다. 경내는 재발이 이 눈치를 채고

"초면에 미안하지만, 어데 팔씨름을 한번 해봅시다."

하고, 조고마한 팔을 거침없이 쑥 내밀었다. 히저는 하도 같잖아서, 허허허- 너털우슴을 내놓으며
"해볼 것은 무엇 있오."
하며, 바로 응해주지를 않았다. 그러자 경내는 닷자곳자로 히저의 바른 팔목을 꽉 움켜쥐고
"자, 뺄 재조 있거든 빼보시요."
하는데, 단번에 손목이 끊어지는 것 같고, 심ㅅ줄이 팽팽해져서 찌르를 하고 저려 올라왔다. 처음부터 요동해볼 여유가 없고, 또 요동해본댔자 될 것 같지를 않았다. 인력으로는 어찌할 수 없는 무슨 초자연적인 힘이 작용하고 있는 것 같았다.
"그렇오. 해볼 것은 무어 있오."
경내는 히저의 말을 도로 갚으며, 손목을 놓았다. 그리고
"나는 갈 길이 바빠서, 이만 일어나겠오."
하고, 벌떡 일어나서 문을 열고 신을 신고 대문 밖으로 걸어나가는데, 히저와 군측이 전송하러 나왔을 때에는, 이미 어데로 사라졌는지 온데 간데 없었다.
이것이 거의 일순간의 일이다. 더구나 히저로서는 대낮에 무슨 꿈이라도 꾼 것 같았다.
"사람은 아니로구먼. 사람은 아니어—."
"그러기에 이인이라지, 달래 이인이라오? 어떻소, 팔목은 앞우지 않소?"
히저가 부끄러운 줄도 모르고 팔목을 드려다 보니, 벍엏게 손구락 자욱이 들어있다. 마치 어린아이가 어른들한테 손목을 잡힌 셈이다.
"그 이인의 성명이 무엇인지 아시오? 상면한 사람 이외에는 절대로 알리지 말라고 하기 때문에 노형한테도 알리지 않었는데, 홍경내라고 하오."

"홍경내?— 별로 듣지 못하든 일흠인대—."

"이인의 성명을 그렇게 아무나 아러서 쓰겠오. 넓을 홍짜 홍씨요, 수승 가진 사람을 만나면 길하다고 하지 않었었오? 아마 이 어른을 두고 이른 것 같소."

"그러나 그 분은 오늘 같어서는 길하기는커냥 도리혀 불쾌하신 것 같지 않었오?"

"그것은 염여하실 것 없오. 이인의 히노애락(喜怒哀樂)은 속세상 사람들과 달러서 겉에 나타나는 것 가지고는 알 수 없는 것이오."

이 일이 있은 후에 또 일년이 지나서, 돌연 군측의 안내로 경내는 히저의 집에 다시 나타났다. 그리고 이 때에 비로소 자기들의 천하를 도모하는 큰 계획을 말하고, 히저의 가입을 간청하였다. 히저는 그 자리에서 쾌락하고, 또 자기 인아연척간에 비밀리에 열락하여 이들을 위하여 돈을 대게 되었다.

다음에 또 중요한 종지로 김창시(金昌始)가 있다.

김창시는 여기서는 좀 떨어저있는 곽산(郭山) 사람이다. 일즉이 진사(進士)에 급제하여 곽산 김진사로 통하여, 문장재예(文章才藝)로 그 때 평안도에서는 선비들 사이에 제일 명망이 높었다. 말 잘하고, 친구 좋와하고, 술 좋와하고, 하는 짓이 모다 풍성풍성하여서, 꽤 많든 재산을 다 없애고 지금은 도리혀 빚이 적지 않었으나, 그런 것은 근심하는 빛조차 없었다. 평안도의 이태백(李太白)이로 자임하고, 술만 얼근이 취하면 소동파(蘇東坡)의 적벽부(赤壁賦)를 읊는 것이 제일 상쾌한 일이었다.

어느 해 여름 일이다. 김창시가 서울 갔다가 돌아오는 길에, 황해도 봉산군 동성영(黃海道 鳳山郡 洞仙嶺) 고개를 접어들어 얼마를 올러가니까, 별안간 웬 청의동자(青衣童子)가 눈 앞에 나타나서 길을 딱 막으며 창시한테 공손히 절하고

"평안도 곽산 게시는 김진사가 아니십니까?"
하고 물었다.
"그래, 내가 곽산 있는 김진산데—."
하고, 창시는 웬인 영문을 몰라서 멀끄럼이 그 동자를 쳐다봤다.
"다름이 아니오라 오늘 우리 선생님께서 말슴하시기를 오시(午時)에 진사님이 여기를 지나실 테니 가서 모시고 오라시어, 여기서 기다리고 있든 것입니다."
창시는 이야기가 너무나 허황하여
"너의 선생이 누구시냐? 그리고 어데 게시냐?"
하고, 물으니까, 동자는
"그것은 가서 만나시면 자연 아십니다. 그리고 게시는 곳도 제가 인도해 드릴 터이니, 저만 딸아와 주십시오."
하고, 대답하였다.
창시는 원래 호탕하고, 이태백이 모양으로 신선의 도를 좋와하였었음으로, 한번 딸아가 볼 것이 라— 하고 선선이 동자의 뒤를 딸아나섰다. 그리고 타고 오든 말은 마부를 시켜서 고개 넘어 주막에 가서 기다리라 하였다.
차차로 길이 험해지며, 산이 높고 골이 깊어서 인적이 전혀 끊어지고, 곳곳이 머루와 다래의 덤풀이 척척 엉켜있어서 자칫하면 길을 잃을 지경이었다. 이렇게 한 삼십리는 들어가서, 앞이 턱 티이며 맑은 시냇물이 졸졸 흘러나리는 낭떨어지 우에 남향으로 조고마한 삼간 초당(三間草堂)이 날신하게 지어있고, 그 뒤로는 몇 길식 되는 큰 바우가 삑 둘러 있었다.
창시는 무슨 귀신에나 홀린 것 같아서, 제가 제 자신을 의심하며, 동자의 뒤를 따라 그 초당 앞에 이르니, 동자는 그 앞에 가서 공손히 절하고

"진사님을 모시고 왔읍니다."
하고 고하였다. 그러니까 문이 열리며, 삐죽하게 생긴 관을 쓰고 넓은 띠를 띠고 누-런 도포를 입은 아즉 새파랗게 젊어 보이는 청년 하나이 나타나, 당황하게 게하로 나려와

"이러한 벽지에 오시느라고 얼마나 고생하시었읍니까?"
하고, 공손히 인사를 하며, 손을 이끄러 실내로 안내하였다. 좌정한 후에 동자가 가져온 차를 마시며, 신선과 같이 생긴 이 청년은 서서히 이야기를 끄냈다.

"나는 산간에 묻혀서 약이나 캐고, 심심하면 책권이나 읽고 하는- 일개 우물(迂物)에 지나지 못하는데, 그래도 아즉도 세상과 인연이 아주 끊어지지는 않었나 봅니다. 일전에 작난 삼아서 점을 처보니까, 장차 세상이 또 난이 이러나서, 생민이 또 다시 도탄에 빠질 것이 분명하여, 은근히 근심하여 나려오든 중이었읍니다. 그리다가 어제ㅅ밤에, 그 전에 묘향산(妙香山) 산 속에서 얻어 둔 서산대사(西山大師)의 비결(秘訣)을 끄내어 읽어보니, 거기도 분명히 난이 일어날 것이 적혀 있고, 그것을 구제할 인물은 우리 서토(西土)에서 나겠다고 하였읍니다. 그래서 서토면 어데 사는 누굴가 하고- 이리 궁리 저리 궁리 해보았으나 도모지 알 길이 없고, 그리다가 홀연 잠이 들어 잠간 서안에 의자하여 졸었는데, 비몽사몽간에 서산대사께서 나타나시어 '그 사람은 아주 가깝게 있다. 내일 오시에 동선영을 지나는, 곽산 김진사가 바로 그 사람이니, 때를 놓지지 말어라'— 이렇게 현몽하시고, 바로 사라져버리셨읍니다. 그래서 오늘 이처럼 이런 벽지로 모시게 된 것입니다."

창시는 이야기가 너무나 허황하나, 임진왜난(壬辰倭亂) 때에 일본이 또 처들어 올 것을 미리 짐작하고, 자기 제자인 사명당(泗溟堂)을 시켜서 왜놈들을 단단이 욕을 보이고 항복을 받어가지고 오게 한 서산대사가 자기를 인정하야, 장차 일어나는 난을 평정하고 생민을 구할 인물

이라고 한 데 대해서는 참으로 충심으로 감격하지 않을 수 없었다.
"어데 저와 같은 시골의 일개 서생이 그러한 대임(大任)을 당할 수 있겠읍니까" 하고, 사양하면서도, 창시는 억개가 으쓱해지는 것을 금할 수 없었다. 그리고 더욱 고금동서의 학문과 인물을 논의해보니 무불통지라, 이 젊은 청년이 신선이지 이 세상 사람이 아니라는 것을 확신하게 되었다.
해가 서산에 기울도록 이야기를 하다가, 다시 후일을 기약하고 헤저 왔는데, 이미 창시의 혼은 빼앗긴 바 되었음으로, 다시 만났을 때에는 아주 완전히 이 청년에게 맘을 허락하게 되었다. 그리고 이 청년이 경내라는 것은 더 말할 것도 없다.

四. 장수들

반란을 일으키어 나라를 뒤집어 엎으랴면, 모사(謀士)니, 부호(富豪)니, 명사(名士)니 하는 사람도 필요하지만, 즉접 병대를 이끌고 싸흠터로 나가서 지휘하는 장수가 필요하다. 경내도 이러한 장수를 얻느라고도 각처로 돌아댕기며 별별 수단을 다 썼다.
경내가 제 편으로 끓어넣은 장수 중에 먼저 홍총각(洪總角)을 들지 않흘 수 없다.
홍총각은 곽산(郭山) 사람으로, 남의 집 머슴사리를 하고 있었다. 원 일홈은 이팔(二八)이나 삼십이 되도록 장가를 들지 못하여, 홍총각으로 통하였다. 기운이 장사라, 먹기도 남의 세 몫 먹고, 일도 남의 세 몫 하고, 자기도 남의 세 몫 잤다. 산에 발매를 가면 우연만한 나무는 손으로 쑥쑥 뽑아버리고, 좀 큰 나무는 도끼질을 하는데, 그 도끼가 보통 도끼는 휘휘 날린다고 해서, 대장ㅅ간에 가서 특별히 큼직하게 벼려서 보통 장정은 잘 들지도 못할 만한 것을 가지고, 한 번이나 두 번만 찍으면 턱턱 쓸어지고, 아모리 큰 나물지라도 세 번을 버서나지 못하였다. 그리고 이것을 저나르는 데도 보통 지게는 약해서 쓰지 못하고, 특별히 굵은 나무로 커다랗게 만들어서 산떼미처럼 추켜싣고 단숨에 저 날렀다.
  이러한 힘드는 일은 남의 열 배도 하고 스므 배도 하는데, 논에 모를 심는다든가 밭은 맨다든가 하는- 손 끝으로 깐직깐직하는 곰상마진 일은 도모지 성미에 맞지 않아서, 이런 때가 되면 들어누어서 낮잠만 식식 잤다. 그렇다고 주인이 무어라고 꾸중을 하면 영영 틀어져서 가래를 가지고 가서 논둑을 푹푹 파 재켜 버리든지, 밭 한 가운데다가 커다란 바위를 굴려다 놓음으로 이런 때는 그저 내버려두는 수밖에는 없었다.
  홍총각은 제 자신이 본시 힘이 세지만, 또 그와 의형제를 맺고 지내는 패가 사십여 명이나 있어, 이 중에 누구고 한 사람을 잘못 건데렸다가는 사십여 명의 와르를 하고 몰려들므로, 곽산 골에서는 관속들도 달리 취급하였다. 그런데 이 사십여 명의 패는, 모다 남의 집 머슴을 사는, 집 없이 떠돌아다니는 자들로만 조직되어서 이렇게 싸훔할 때뿐 만이 아니고, 그 중에서 누가 알는다든가 죽는다든가 할 때에도, 모다 추렴을 내어 형편 닿는 데까지 서로 도아주었다. 그리고 홍총각은 특별히 기운이 세니까, 아즉 총각이지만 맏형으로 모시고, 그 이외는 나이로 따저서 형제를 정해서 형제간의 우애가 극진하였다.
  경내는 곽산 어느 술집에서 홍총각을 만났다. 경내가 들어갔을 때에는 홍총각은 방안에서 벌써 상을 차려다 놓고 주인댁을 옆에 앉히고서 한참 먹는 판이었다.
  "주인댁! 여기도 술 한상 차려주오."
하고, 술을 청하였다.
  "네, 잠간만 기다리세요."
  주인댁은 이렇게 대답은 하면서도, 바로 일어스지 않았다.

"여기도 빨리 좀 갖다주. 왜 사람이 사람 같지 않은가?"
"네, 곧 갑니다."
그러나 주인댁은 여전히 바로 일어스지 않았다.
"이거, 술을 안 팔고 말을 파는 거요? 어서 가저오지 못하오?"
경내의 언성이 제법 높아졌다. 주인댁이 마지못하여 일어스려 하니까, 홍총각이 꽉 부잡고, 흘끔 경내를 쳐다보며
"여기 다 먹을 때까지 기다려오. 못 기다리겠거든 다른 주막에 가보."
하고서는, 여전히 술을 먹고 있다.
"여기 바로 썩 술 좀 못 가저오?"
경내는 홍총각의 소리는 들은 체도 하지 않고 외쳤다.
"아니, 썩 물러가지 못하겠느냐?"
홍총각이 화가 버럭 나서 경내를 노리고 본다. 불과 한주먹거리도 되지 못해보인다.
"주인댁! 술 좀 못 가저오겠오?"
경내는 여전히 홍총각의 소리는 들은 체도 하지 않고 외첫다. 이 말이 채 끝나기 전에, 방에서 비호 같이 뛰어나온 홍총각의 주먹이, 번개같이 경내의 머리를 후리첫다. 일순간의 일이다.
그러나 경내는 감쪽같이 싹 피해 스고, 주먹은 경내가 기대고 있든 뒷벽에 맞어서, 벽이 와르를 허러젔다.
"누가 술 달랬지 주먹 달랬나? 주먹 맛은 술맛만 못한걸—."
경내의 말이 채 끝나기 전에 홍총각의 주먹은 또 번개같이 경내의 머리를 후리쳤다. 그러나 이번에도 경내는 감쪽같이 피하고, 뒷벽만 와르를 허러젔다.
"그 집에는 술은 없고 주먹만 있는가 보군—."
경내는 입맛을 쩍쩍 다시며 마당으로 나려서서 휘저휘적 걸어나갔다. 홍총각은 아주 화가 날대로 나 가지고 그 뒤를 따라나섰는데, 곧

붓잡을 것 같으면서 붓잡히지 않았다. 두 주먹을 발러쥐고 쫓아갔으나 영영 붓잡히지 않았다. 뒷산 등갱이에 이르자

"우리 농담은 그만 하고 인사합시다."

하고, 경내는 뒤로 홱 돌아서서 홍총각의 손을 꽉 쥐는데, 손구락이 아스러지는 것처럼 앞었다.

"네, 네."

홍총각은 저도 모르게 네 소리가 연거퍼 나왔다.

"댁이 유명한 홍총각이지. 나는 홍경내라는 사람이오. 우리 다시 나려가서 술이라도 나누며 이야기합시다."

그리곤 오든 길을 도로 거러서 술집으로 들어갔다. 홍총각도 그 뒤를 따르지 않을 수 없었다.

"내가 키는 적으나 성취하였고, 또 나이도 한두 살 더 먹은 것 같으니 호형하오. 더구나 같은 홍가끼리니까, 아주 잘 되었오. 그리고 기왕 형제가 될 바에야, 동생이 그저 총각이래서야 되겠오. 우리 돌림짜가 내(來)짜니, 새로 봉내(奉來)라고 일흠을 짓겠는데, 의향이 어떻소?"

"형님 의향이 그렇다면야—."

이리하여 둘은 의형제가 되었다. 이 때부터 홍총각은 경내의 가장 신임하는 장수가 되고, 또 따라서 의형제 맺인 다른 사십여 명의 동생들도 모다 한거번에 여기에 참녜하게 되었다.

다음에 중요한 장수로서 이제초(李濟初)를 들지 않을 수 없다.

이제초는 개천(价川) 사람으로, 어려서 산에 들어가서 상자 노릇을 하였는데, 그 때 장수물을 먹고서부터 힘이 세졌다는 것이다. 장수물이라는 것은, 그 절에서 십리는 더 산 속으로 들어가서 큰 바위 틈에서 한 방울 두 방울 뚝뚝 떨어지는 물인데 처음에는 아무도 모르든 것을, 그 절 중 하나가 이것을 발견하고, 여러 해 두고서 밤중에 남 몰래 받어 먹어서 기운이 아주 장수가 되었다. 그리든 중에, 그 중이 밤마다

어데로 나가는 것이 하도 수상해서, 제초가 몰래 그 뒤를 밟어갔드니, 깊은 산 속으로 들어가서 물을 한 박아지 받어먹고서 돌아오는 것이었다. 도대체 저 물이 무슨 물인가 하고, 그 후부터 제초도 몰래 그 물을 훔쳐먹었다. 그리하여 그 중에 다음가게 힘이 세어졌다. 그러나 이 소문이 퍼저 그 근처 사람들이 다 알게 되어, 모다 몰려가서 장수물을 받어 먹었드니, 여러 사람이 알고부터는 물 효과가 없어저 버렸다고 한다.

하여간 제초는 이렇게 하여 힘이 세어졌다는 것이다. 그의 힘이 어찌나 세든지 정월에 여러 동리가 편을 갈러서 줄을 다리는데, 제초가 이 편에 가서 다리면 이 편이 이기고, 저 편에 가서 다리면 저 편이 이기고 하였다. 그래서 정월이 되면 서로 제초를 자기 편에 끄러넣으랴고 술대접을 하느라고 야단들이다.

이러한 줄다리는 이야기가 한참 벌어진 정월 어느 날, 경내는 술집에서 제초를 만났다.

"이장군이 아니십니까?"

경내는 술좌석에서 넌즈시 말을 걸었다. 제초는 힘이 세다고, 이 근동에서는 이장군이라고들 불렀다.

"네, 이장군인데, 댁은 누구시요?"

"성함은 익히 들었읍니다. 저는 조처사(趙處士)라고 합니다. 장군을 뵈이려고 먼 데서 일부러 왔읍니다."

"저를 보려고 말이지요?"

"네, 꼭 좀 뵈옵고 여쭐 말씀이 있어서요—."

"무슨 말씀이십니까? 해보시요."

"다름이 아니라, 제가 거주하는 다복동(多福洞)이라는 데서 굉장히 큰 줄을 다리게 되는데, 장군의 각별한 후원을 입고저 해서 찾어온 것입니다."

"다복동이라는 데가 있든가요?"
"녜, 가산(嘉山)과 박천(博川)과 두 골 사이에 있는데, 근자에 새로 금점을 하게 되어, 그 피로를 겸하여 큰 줄을 다리게 되었읍니다."
"그러면 사람이 상당히 많이 꽁이겠구려."
"벌써부터 야단들입니다. 힘꼴이나 쓴다는 이는 죄다 몰였읍니다. 장군을 제가 모셔오기로 되어서 아주 노자까지 준비해 가지고 왔읍니다. 떠나실 수만 있다면 오늘이라도 곧 떠나주셨으면 합니다."
"그렇소? 그러면 어데 구경 삼어 한번 가볼가요?"
이리하여 제초를 다복동으로 인도하였다. 경내는 자기의 커다란 게획이 탈로날가 봐서 각금 성명을 바꾸었으며, 변장을 자주 하였슴으로, 자기가 절대로 신임하는 몇몇 사람 이외에는 그 정체가 퍽이나 신비하고 모호하였다.

다복동에서 다리려고 계획하는 줄이야, 하기사 굉장히 큰 줄이다. 나라를 하나 뒤집어서 새로 세우느냐, 못 세우느냐 하는 줄이니, 이보다 더 큰 줄이 어디 있으랴? 개천(价川) 골작이에서 힘이 뻐쳐서 못 견데는 제초로서도 한번 나서 봄직한 줄이다.

중요한 장수로서 다음에 김사용(金士用)을 들지 않을 수 없다. 태천(泰川) 사람으로 우군측과 동향이라, 군측의 추천으로 참가하게 되었다. 그 용맹에 있어서 홍총각이나 이제초에 지지 않고, 또 그 우에 지략(智略)이 출중하여 문무가 겸비한 대장깜이다. 경내가 처음 그를 만나 시험해보고, 홍총각과 우군측을 한데 합해놓은 셈이라고, 감탄하여 마지 않었다.

이 이외에도 당당한 장수를 적지 아니 모았다. 그 방법으로는 먼저 이제초를 끄러넣을 때에도 쓴 방법이지만, 다복동에서 금점을 한다는 소문을 널리 퍼쳐서 대량으로 장정을 모집하였다.

그 때 농촌에서는 삼년을 나려서 가물이 들고, 더구나 그 해 신미년

(辛未年)에는 팔십 먹은 노인도 처음 본다는 큰 가물이라, 처음부터 모라고는 꽂아보도 못한 논들이 많아서, 가을부터 일반 농가에서는 벌서 먹을 것이 없어서, 도조니 빚에 쫄리다 못하여, 야반도주하는 집이 적지 않았다. 이런 때에 다복동에서 금점을 한다는 소문이 들리니, 그들에게는 이보다 더 반가운 소식이 없었다. 너 나 할 것 없이 힘꼴이나 쓴다는 사람은 우- 하고 다복동으로 몰려들었다.

다복동에서는 홍총각과 이제초가 중심이 되어, 각처에서 모여든 장정들을 힘과 재조를 시험하여 장교(將校)와 병졸로 나누고, 미리 예비하여 두었든 집에 각각 배치하여, 삼시를 배불리 멕이고, 매일 맹렬하게 싸홈 연습을 시켰다. 돌 들기, 줄 타넘기, 칼 쓰기- 이러한 것이 그 중요한 것이다. 말 잘 타는 사람은 특별히 취급하여 말 달리기에 주력을 두었다.

이리하여 이 때에 다복동에 모여든 장정의 수효는 천 명을 넘었다.

五. 薪島會議

경내가 고향에 가서 가족을 다리고 다복동에 돌아온 몇일 후에, 경내는 몰래 각처로 사람을 보내어, 그 때까지 연락하여 두었든 각처의 거두(巨頭)들을 신도(薪島)로 소집하여 긴급히 비밀회의를 개최하였다. 신도(薪島)는 다복동 바로 앞을 흐르는 대영강(大寧江) 한가운데 있는 섬으로, 경내는 여러 사람의 이목을 피하여 대개 이 섬 속에 거처하였든 것이다.

이 때에 모여든 거두는 가산(嘉山), 박천(博川), 태천(泰川), 곽산(郭山), 정주(定州), 선천(宣川), 철산(鐵山), 영변(寧邊), 안주(安州)와 같은 가까운 데는 물론이고, 구성(龜城), 용천(龍川), 삭주(朔州), 강계(江界)같은 먼 데까지- 거의 평안도 전체를 통하여, 현재의 왕조에 불평을 품은 유력자는 거의 전부가 포함되어 있어, 예상 이상으로 수가 많었다.

그 곳에서 가장 유력한 수교(首校)니, 수리(首吏)니, 좌수(座首)니 하는 사람들도 적지 않았고, 여러 시장을 독점하다시피 하고 있는 큰 장사꾼도 적지 않았다. 이들은 이 때까지, 혹은 즉접 경내를 통하여 혹은 군측이나, 히저나, 창시를 통하여 긴밀히 열락은 하여왔었으나, 여전히 이야기가 좀 막연한 것 같고, 허황한 것도 같어서, 은근히 불안을 느끼었는데, 이처럼 여러 수십 명이- 더구나 이러한 유력한 사람들이 일당에 모이고 보니, 이 때까지의 불안이 일소되고 반다시 성공하리라는 것을 확신하게 되었다.

먼저 하날 앞에 제사지내어 꼭 성사하게 하여달라고 빌고, 다음에 경내 이하 차례차례로 피를 마시어 서로 배반하지 않기를 굳게 맹세하였다.

그리고 회의로 들어가, 여러 가지 의논이 나왔는데, 결국 위선 긴급한 세 가지 일을 결정하였다.

  첫째로, 오는 임신(壬申)년 정월에 기병(起兵)할 것.
  둘째로, 그 때까지 군량(軍糧)과 군기(軍器)를 충분히 준비해놓고, 군병(軍兵)을 더 많이 모집하여 훈련시키며, 각처의 내응동지(內應同志)들 간의 연락을 굳게 해 놓을 것.
  셋째로, 비밀을 엄수하여 누설되지 않도록 주의하고, 동지들 사이의 단결을 더욱 굳게 할 것.

그런데 이 결정에 대하여, 홍총각과 이제초로부터 반대 의견이 나왔다. 이들의 의견으로는 내년 정월에 기병한다면, 앞으로 두 달 이상이 남었는데, 그 때까지 아모리 비밀을 지키려고 애써도 도저히 지킬 수 없을 것이니, 되도록 빨리 그 이전에 기병하자는 것이다. 다복동에는 약 일천 명의 장정을 훈련시키고 있는데, 자기 가족들과의 왕내를 금하고는 있지만, 관혼상제(冠婚喪祭)의 대사가 있다고 해서 찾어오는 것을 그대로 거절할 수도 없어, 더러 면회를 시키고 있으며, 개중에는 밤에 몰래 도망하는 자도 있고 해서, 앞으로 너머 질질 끌고 나가면 세상에 널리 소문이 퍼져서, 일도 해보지 못하고, 도리혀 탄압을 당할 염려가 있다는 것이다.

"그야 일즉 서들어서 하는 것이 좋은 줄은 누가 모를가만, 준비가 다 돼야지. 덮어놓고 서들기만 해서야―. 그렇지 않소?"

홍총각과 제초의 말을 듣고서, 군측은 이렇게 반문하며 좌우를 돌아보았다.

"그렇지요. 이것이 무슨 시골 농군들이 몇십 명 모여서 편싸홈 하는 것도 아니고 적어도 나라를 뒤집어서 새로 세우자는 일인데, 그렇게 경거맹동(輕擧盲動)해서야 되나? 준비를 다 해가지고 일어나야지."

"암, 그렇구말구. 앞으로 한 두어 달은 시간의 여유가 있어야, 내응할 준비도 하고 연락할 동지들도 더 연락을 하지. 그 동안만 어떻게든지 여기서 참어야지요."

이렇게 응하는 소리가 여기 저기서 나왔다.

"아니, 시골 농군들의 편싸홈은 그렇게 쉬운 줄 아오? 이 쪽에서 준비하면 저 쪽에서도 준비하고, 이 쪽에서 사람을 모으면 저 쪽에서도 사람을 모는데, 이기기가 그렇게 쉽겠오? 저 쪽에서 어리둥절할 때에, 이 쪽에서 먼저 서들어서 디리처야 이기는 게지, 다 같이 준비하고, 다 같이 사람을 모아서 한다면야, 승부가 그리 빨리 나겠오? 그러니 길게 이야기할 것 없이, 다복동의 소문이 퍼지기 전에 기병하도록 하자는 말이오."

홍총각은 좀 홍분해서 언성을 높이며 주장하였다.

"쇠뿔도 단결에 빼랬다고, 이렇게 여러시 모인 김에 더 자세한 것을 확정하여 가지고, 적어도 올 안으로 안주(安州) 평양(平壤)을 아서서 평안도만이라도 손아귀 속에 넣도록 합시다."

제초도 강경히 주장하였다.

"그거 안될 말이오. 준비가 다 되고, 계획이 다 서야만 일이 되는 법이지, 그렇게 서두르기만 하면 되겠오?"

"그런 용기를 폭호빙하(暴虎憑河)의 용기라고 해서 공자(孔子)님께서도 극히 경계하시었소. 한낱 혈기(血氣)만으로 이러한 큰 일이 일우어지겠오?"

이러한 반대하는 소리가 여전히 지배적이다.

"공자왈 맹자왈만 찾는 책상물림들과는 도모지 이야기를 하여도 가깝하여 못 견데겠네. 그래 그렇게들 준비하지만, 우리 준비가 다 되도록 저 쪽에서는 가만히 있겠다고 누가 약속이라도 햇단 말이오? 이번 우리의 하는 일이 위험한 것은 처음부터 빠안한 일이지, 위험한 것이 무서워서야 어떻게 이런 큰 일을 같이 도모하겠오? 죽을 작정하고 덤벼야 살 길이 나오지, 온전하게 안전한 길만 찾다가는 그야말로 큰코다칠 테니까―."

홍총각은 조곰도 구피지 않고 반박하였다. 그리고 두 눈을 부르뜨고 좌우를 노리고 보며

"위태로운 일이 무섭고 겁이 나는 이는 사양할 것 없이 다들 썩썩 물러가오. 어서 물러가요."

하고, 호령하였다.

"자―, 의논은 그만 합시다."

이 때까지 양편 말을 묵묵히 듣고만 있든 경내가, 비로소 입을 열었다. 모두들 고개를 들어 상좌에 앉은 경내를 우러러봤다. 오늘 이 회의를 소집한 원 주인이 경내였음을, 모두들 새삼스러히 느꼈다.

"내년 정월에 기병하자는 것은 이미 결정된 것이고, 각자 돌아가서 그 때까지 충분히 준비하여 일에 상치가 없도록 할 것은 물논인데, 만약 그 이전에 우리들의 일이 탈토나는 경우에는 그대로 앉어서 기다릴

수 없는 일이니까, 그 때는 여기서 적당히 새로 시일을 정하여 통지할 것이니까, 그런 때에도 바로 내응할 수 있도록 만단의 준비를 가추어 달라는 것입니다. 이렇게 되면 양편에서 길게 언쟁할 것이 없지 않소? 의논은 이만 하고 술이 준비된 모양이니, 이제부터는 목을 좀 취기기로 합시다."

경내는 이처럼 최후의 결론을 나리고, 술상을 가져오라고 손짓을 하였다. 양편에서는 모다 말이 없었으나, 대개 찬성하는 표정이였다. 홍총각과 제초 편에서는, 결국은 머지 않어 일이 탈로나서 바로 기병하지 않으면 안되리라고- 생각하고, 군측을 위시한 대부분은, 결국은 처음 결정한대로 내년 정월에 기병할 것이니까, 우리의 주장이 그대로 통과된 셈이라고- 생각하였다.

술상이 드러와서 술잔이 몇 차렌가 돌아가니, 이 때까지 긴장하였든 분위기가 겨우 완화되고, 술이 빨리 오르는 패들은 벌서 앞가슴을 풀어헤치고 수심가를 울버르리 넘겼다. 경내와 군측과 사용은 셋이서 각 처의 동지들과의 연락을 조용조용이 의논하고있고, 히저와 시창은 좌중에서 친한 사람들도 제일 많고 술도 제일 좋와하는 편이라, 여러 사람들 사이에 둘려싸여서 그저 닷는대로 쭉쭉 디리키고 있었다.

"평안도에서 누구누구 하고 칠만한 사람은 오늘 죄-다 이 자리에 모인 셈인데 어째 술맛이 안 나겠오? 자, 김진사도 한잔 하오."

히저가 시창에게 한 잔 딸으며, 이렇게 권하니

"아무렴, 원래부터 서북에서 큰 인물이 많이 났지요. 을지문덕(乙支文德)이니, 양만춘(楊萬春)이니, 서산대사(西山大師)니, 김경서(金景瑞)니, 정봉수(鄭鳳壽)니- 이것이 모다 서북에서 나지 않었오? 임진왜난(壬辰倭亂)만 하더래도 그렇지, 우리 평안도 빼놓고는 조선 팔도가 거의 다 왜놈들한테 점령당하였든 것을, 우리 서북 사람들이 중국에서 나온 명(明)나라 구원병과 협력하여 겨우 왜병을 물리치고, 나라를 회복해놓지 않었오? 그런데도 불구하고 서북 사람이 그 후 어떠한 대우를 받고 있오? 제법 똑똑한 벼슬 하나 얻어하지 못하고, 큰 벼슬은 서울서 세도하는 양반놈들이 서로 꼭 짜고서 독차지하고있지 않소? 생각하면 복통을 할 노릇이지요."

창시는 받은 술잔을 한거번에 쭉 디리키며, 말을 이었다.

"이 때까지 서북 사람이 가만이 있었다는 것이 도리혀 이상하지요. 이번에 서울로 처울러가서 어데 세도하든 놈들이 얼마나 잘난 놈들인가 단단이 좀 따저보자지."

"가서 따저보나 마나 하지. 김진사야 그까지 세도하는 서울 양반들에게 대겠오. 이번에 우리 일이 성사만 하면 김진사야 영의정(領議政) 하나야 따놓은 거나 진배없지. 문장으로나 재능으로나, 김진사 덮을 사람이 누가 있드란 말이오? 영의정 되거든 우리 장사하는 사람들 돈 좀 잘 벌도록 해주. 지금처럼 중국에 가는 사신(使臣) 뒤에 따라다니는 역관(譯官)들을 통해서 물건을 넘겨 맡어서야, 어데 이가 박하고 자따라서 되오? 아주 중국과 좀 더 터놓고 거래를 하도록 하여야 할 것이요. 김진사야 술도 잘 먹고, 언변도 좋으니까 이런 교섭쯤은 문제없겠지, 머. 허허허!"

히저는 앞으로 쑥 나온 뱃다지를 뒤흔들며 웃어댄다.

"하기사 장삿속도 그렇지, 서북 사람이 힘드려 벌어놓으면 평안감사니 무어니 하고 서울 양반이 나려와서는 별별 조건을 다 붙여 가지고 닥닥 글거가고 마니까—."

"그러니까, 우리 장삿군들이 이번 일에 이처럼 이를 악물고 덤벼드는 게 아니요."

히저와 창시를 둘러싼 이판이, 이야기가 제일 활발하다.

홍총각과 제초는 좀 떨어저 앉어서 묵묵히 이들의 떠드는 소리만 들으면서 술을 마시고 있다가, 술맛도 별로 나지 않어, 다른 사람들보다 먼저 일어나서 밖으로 빠저 나와서 다복동으로 향하였다.
　홍총각은 돌을 하나 주어서 냇다 팔매질을 하면서
　"벼슬하고 싶어 하는 놈들은 웨 그리 벼슬 욕심이 많고, 장삿군놈들은 또 웨 그리 돈 벌 욕심만 그렇게 많을가? 기막힌 노릇이로구먼—."
하고, 제초를 돌아보았다.
　"우리 일이 성공한대도, 잘못하면 남의 좋은 일을 해주게 될가 보. 우리 둘이야 또 참아 괄세 못하여 훈련대장(訓練大將)이니 무어니 차지가 올른지 모르지만, 우리가 거느리고 갈 저 농군들이야 무엇이 되겠오? 큰 벼슬을 바라겠오? 큰 부자가 되기를 바라겠오? 결국은 도로 땅 파는 농군이 될 터인데, 그들에게 무슨 이익이 돌아가겠오?"
　제초는 오늘 저녁에 이 때까지 생각하였든 것을 한탄하는 어조로 말하였다.
　"그들은 삼년이나 가물이 나려드는 바람에, 먹고 살 수가 없어서 다복동으로 모여왔는데, 어떻게든지 그들이 먹고 살 도리를 생각해 주어야지, 싫건 부려만 먹고, 이익은 딴 놈이 앗는대서야 될 말이오. 그렇게 된다면, 나라를 뒤집어엎으나 마나 하지, 결국은 그 놈이 그 놈일 것이 아니요? 왜 글깨나 배웠다는 놈들하고, 돈푼이나 갖었다는 놈들은 모다 생각하는 것이 그 지경일가?"
　"집은 지독하게 많으면서 입으로 둘러마추기는 용하게들 둘러마추거든—. 실지로 싸흠이 버러저야, 그 자들도 좀 정신을 차리겠지."
　"그 자들 없이는 아무 일도 되지 않고, 같이 일을 하자니 일이 잘 되어나갈 것 같지 않고- 하여간 고질이어."
　"그 자들 없이야 당장 천여 명이 넘는 사람들을 어떻게 멕여나가겠오. 그자들이 모다 장삿속으로 덤벼든 줄을 번연히 알지만, 그것을 안 받어 가지고는 애당초에 일을 해나갈 수가 없는 것을 어찌겠오?"
　"우리 일이 성공하는 날에는 어떻게든지 그 자들을 꾹 눌러 가지고,

농민들이 좀 잘 살아나갈 연구를 따로 해야지, 그대로 내버려두든 못할게요."

"그러니 우리의 책임이 여간하오?"

둘은 서로 믿고 일할 사람은 자기들 둘뿐이라는 것을 새삼스러이 느끼어, 고개를 들어 멀끄럼이 서로 쳐다보았다.

六. 十二月 十八日

신도회의가 끝나자, 각처의 거두들은 모다 바로 제 근거로 돌아가고, 다복동의 군졸의 훈련도 더 한층 격렬해졌다.

창시는 원래 정감녹(鄭鑑錄)을 절대로 신임하고 있었음으로, 내년에 기병할 것을 미리 일반에게 암시하기 위하여, 임신 기병(壬申起兵)의 넉짜를 열여덜짜로 파작(破作)하여

　　일사횡관하니, 귀신탈의하고, 십필가일척하니, 소구유양족이라
　　(一士橫冠, 鬼神脫衣, 十疋加一尺, 小丘有兩足)

— 이러한 괴상한 문구를 만들어 민간에 유포시키었다. 그리고 또 칠월 달부터 건방(乾方)에 혜성(彗星)이 나타나, 민간에서는 무슨 큰 변고가 있을 것이라고 수군거리는 판이라, 창시는 이것을 이용하여, 건방은 서북방(西北方)을 가르치는 것이니까, 서북방에서 큰 난이 일어나겠다는데, 그 난을 타서 서북 지방에서 일대 영웅이 출현하여 나라를 새로 세울 증조라고 해석해서 유포시켰다. 그리고 연이어서 이것을 구체화(具體化)한 이야기를 하나 꿈여서 유포시켰다.

선천군(宣川郡) 검산(劍山) 속 일월봉(日月峰) 밑에 군왕포(君王浦)라는 데가 있어, 그 물을 끼고 가야동(伽倻洞)이라는 집숙한 골이 있고, 그 물 속에 홍의도(紅衣島)라는 섬이 하나 있는데, 이 섬에서 삼십년

전에 이인이 하나 나왔다. 어머니 뱃속에서 나올 때에 벌서 이가 다 나고, 말을 하며, 아장아장 거러댕겼다. 다섯 살 먹든 해에 이상스러운 중이 하나 찾어와서 이 아이를 다려가 버렸다. 그리고서는 그 후에 일절 소식이 없었다. 그리다가 얼마 전에 비로소 그 아이가 그 동안 중국 곤윤산(崑崙山)에 들어가서 도승(道僧)한테서 도술을 배워 가지고 도로 조선으로 나와 강게(江界) 땅에 숨어서 있었든 것이 판명되었다. 그런데 어느결에 벌서 십만 대병을 모아가지고 때만 노리고있어, 북으로 만주 쪽을 디려처서 청(淸)나라를, 무찌를 것은 물논이고, 남으로 평양, 한양을 디려처서 청나라에 복종하고 있는 이조(李朝)를 뒤집어 엎어버릴 것이다. 건방에 나타난 혜성은, 곧 이인이 때를 만난 것을 하날이 지시한 것으로, 미구에 나라가 뒤집히는 큰 난리가 날 것이라는 것이다.

이것은 몇 해 전에 경내가 압녹강 상류 지방을 갔을 때에 만난, 만주의 마적단 두목 정시수(鄭始守)의 이야기를 신비화한 것이다.

이 이외에도 별별 유언비어가 제조되어, 읍내 장터로, 시골 사랑방으로 순식간에 좍- 퍼저나갔다.

한편 각지에서 군기와 군량이 더욱 활발하게 다복동으로 모여들었다. 선천(宣川) 사는 유문제(劉文濟)와 최봉관(崔鳳寬)이는 총하고 캄하고 창을 소에 한 바리 잔득 실어보내고, 정주(定州)에 사는 정진교(鄭振喬)는 탄환과 촛대를 실어보내고, 철산(鐵山)에 사는 정복일(鄭復一)은 여러 가지 깃발을 만들어서 배에 실어 보내고, 용만(龍灣)에 사는 여러 동지들은 군졸의 옷과 화려한 주단을 여러 바리 말에 실어보내고, 선천(宣川) 사는 계형대(桂亨大)는 군량 백여 석을 배로 실어보내고, 곽산(郭山) 사는 박성간(朴聖幹)은 돈 오백량과 쌀 열닷섬을 실어보내고, 영변(寧邊) 사는 남명강(南明剛)과 김우학(金遇鶴)은 돈 이천량과 말안장 열여섯을 실어보내고, 이 이외에도 여러 가지 물자가 다복동으로 모여

들었다. 그리고 이들이 모다 각지에 흩어져 있는 내응동지(內應同志)인 것은 부언할 것도 없다.

이리하여 다복동에 사람이 들끓고 인마의 왕내가 더욱 빈번하게 되니, 자연 소문이 널리 퍼져서 관청에까지 차차 알리게 되었다. 처음에는 그전처럼 금점을 한다고 속였으나, 그것이 거짓말이라는 것도 바로 알려져서, 뭐라고 변명할 여지가 없이 되었다. 더구나 홍총각이니, 이장군이니 하는- 농민들 사이에 평판이 자자한 장수들이 다복동에 모였다는 소문은 그들에게 은근히 큰 기대를 갖게 하고 제 일인 것처럼 홍분케 하였다.

이렇게 되고 보니, 경내도 신도회의에서 결정한- 내년 정월에 기병하겠다는 계획을 변경하지 않을 수 없었다. 군측, 히저, 창시, 사용, 홍총각, 제초와 긴급회의를 여러서, 금년 십이월 이십 일에 기병하기로 결정하였다. 홍총각과 제초는 더 일즉이 기병하자고 주장하였으나, 각지에 있는 동지들과의 연락도 있고 해서 결국 십이월 이십 일에 낙착한 것이다.

그리고 경내는 그 자리에서 부서(部署)와 작전 계획을 확정하였다. 부서는—

    홍경내- 평서대원수(平西大元帥)
    우군측- 총참모(總參謀)
    김창시- 참모(參謀)
    홍총각- 선봉장(先鋒將)
    이제초- 선봉장(先鋒將)
    윤후험- 후군장(後軍將)
    이히저- 도총(都總) (군량과 군수품을 관할하는 책임이다)
    김사용- 부원수(副元帥)

이처럼 정하였다.

이 부서에 있어, 모다 타당하여 별의견이 없었으나, 다만 홍총각이 선봉장인데 대하여, 군측, 창시, 히저가 모다 반대하였다. 너머 경솔하게 나대기 때문에 그러한 중요한 책임을 지우는 것은 위태롭다는 것이다. 그러나 경내는 절대로 홍총각을 신임하였고, 제초도 만약 홍총각의 부서를 갈면 자기도 고만두겠다고 주장하여 결국 원안대로 결정되었다. 하지만 홍총각과 제초를 중심으로 하는 패와, 군측, 창시, 히저를 중심으로 하는 패와 완연히 두 패로 갈리어, 경내로서도 이 두 패 사이를 원만히 묻어나가기가 그리 쉽지 않으리라는 것이 예상되었다.

작전은, 평양, 서울을 향하여 남진하는 남군(南軍)과 의주(義州)를 향하여 북행하는 북군(北軍)과 둘로 나누어, 남군의 근거지는 다목동으로 하고, 북군의 근거지는 곽산(郭山)으로 정하였다. 다목동은 벌서 몇 해 전부터 근거지로 되어있었으나, 곽산은 홍총각과 창시의 고향이고, 또 그 곳에 제일 가는 부자 박성간(朴聖幹)과 첨지(僉知) 박성신(朴星信)이 이 편이었음으로, 북군의 근거지로 된 것이다.

물논 주력은 남군에 두고, 경내가 즉접 지휘하며, 군측, 창시, 홍총각, 제초, 후험, 히저가 모다 여기에 참가하여 돕게 하고, 북군은 사용이 지휘하는데, 김희련(金禧鍊), 김국범(金國範), 이성항(李成沆), 한처곤(韓處坤) 등의 제장을 거느리게 하였다. 그리고 안주(安州), 평양(平壤), 정주(定州), 영변(寧邊) 등- 중요한 곳에는, 여러 장졸 중에서 아주 심복이 될 만한 자만 수십 명 뽑아서, 혹은 걸인 행색을 하고, 혹은 붓장사의 행색을 하고, 몰래 각골에 숨어 들어가서, 거기서 내응동지들과 잘 연락하여, 이십 일에 일제히 봉기하도록 정하였다. 그리고 동지들 사이에는 병부(兵符) 대신에 암호를 박은 은패(銀牌)와, 공(空)짜, 배(背)짜를 쓴 기를 주기로 하였다.

그러나 십이월 이십 일에 기병하자는 이 결정도, 일에 착오가 생기어 또 한 번 닥이는 수밖에 없었다.

 그것은 평양으로 보낸 십여 명의 장졸들이 그 곳 내응동지들과 연락하여 폭동을 일으키자는 계획이 실패에 돌아간 것이다. 관변의, 다복동에 대한 관심을 돌리고, 그들이 갈피를 잡지 못하게 만들기 위하여, 십이월 십오 일 밤에 객사(客舍) 대동관(大同館)을 불지르고, 감사(監司)를 위시한 고관들을 닫는 대로 암살하여 버리자는 계획이었는데, 호사다마(好事多魔)라, 춥든 날이 갑자기 풀리는 바람에 대동관 밑에 묻었든 화약통과 그 끈에, 어름물이 녹어 적시어서, 그 날 밤중에 터지지 않고, 그 이튿날 점심때가 지나서 터졌다. 이러한 대낮에 터지고 보니, 아모리 대기하고있든 장졸들도 폭동을 이르킬 도리가 없고 신변이 위험하여저서, 각기 도망하여 다복동으로 돌아왔다. 그런데 이 중의 한 사람이 관원에게 부뚤리어, 다복동의 일이 전부 탈로되고, 여기서 바로 가산(嘉山)군수한테 통첩을 보내어, 십구 일에는 다복동을 습격하리라는 정보가 들어왔다.

 또 선천(宣川)에서 십칠 일에 피난 가는 사람들을 잡어다가 족치는 바람에, 내응동지로 있는 별장(別將) 최봉관(崔鳳寬)이가 잡히어, 이 입에서 철산(鐵山)의 정복일(鄭復一), 곽산의 김창시(金昌始) 박성신(朴星信)의 일홈이 나왔다. 선천부사 김익순(金益淳)은 이것을 곧 곽산군수한테 통지하며, 한편 포교(捕校)를 보내어 김창시와 박성신을 잡게 하였다. 이 때에 김창시는 없었음으로 그 아버지와 박성신이 잡히었고, 이 소식이 바로 다복동에 전하여졌다.

 또 십칠 일 밤에 박천(博川)에서, 경내의 파견한 군졸이 하나 부뜰리어, 경내와 히저의 일홈이 나와, 십팔 일에는 벌서 가산군수는 이 통지를 받아서, 히저의 집을 몰래 둘러싸고 취조를 시작하였으며, 히저의 식구들은 용하게 여기서 빠저나와 다복동에 이 위급한 사태를 알리었다.

이처럼 사방에서 속속 비밀이 탈로되고, 관원의 추급이 급하게 되어, 이 이상 더 지체할 수 없이 되었음으로, 경내는 이십 일 예정이든 것을 이틀 닥어서, 십팔 일 밤에 즉시로 기병하기로 결정한 것이다.

이 결정에는 홍총각, 제초 편이나, 군측, 창시, 히저 편이나, 쌍방이 모다 찬성하였다. 홍총각 편으로서는 예정보다 하루라도 빠르니 좋왔고, 군측 편으로서도 모다 자기의 가족들, 친척들이 위태롭고, 집을 습격 당하여 가산이 탕진하게 되었기 때문에, 이제는 더 주저할 여지가 없었다. 그저 다만 홍총각이나, 제초는 원래부터 가족도 없고, 가진 재물도 없고 해서, 오로지 눈 앞에 닥처올, 나라를 다투는 큰 승부에 피가 뛰고, 주먹이 부들부들 떨리는데 대하여, 군측, 창시, 히저는 전혀 예측하지 않은 바는 아니나, 막상 딱 당하고 보니 가슴이 뜨끔하며 일종의 불안을 느끼지 않을 수 없었다. 앞으로 고관대작을 할 히망도 허망이려니와, 그보다도 당장 가지고 있든 것을 잃어버리는 것이 더욱 섭섭하고 무섭기 때문이다.

이리하여 가진 사람도 안 가진 사람도 모다 합심하여, 그여히 난리는 터지게 되었다.

七. 嘉山의 蓮紅

신미년(辛未年) 십이월 십팔 일 날이 저무러 어둑어둑할 무렵에, 경내는 장병들에게 일제히 무장을 시키어 다복동 넓은 마당에 집결시키고, 스사로 대원수의 복장을 하고 단 우에 올라 공순히 하날에 제사를 올리고, 참모 김창시를 시켜서 격서(檄書)를 낭독케 하였다. 격서의 문구는 물론 한문으로 된 것이나, 그 내용은 대개 서북 사람의 억울한 사정을 누누히 말하여 도저히 그대로 참고 있지 못할 것을 강조한 것이다. 즉 서북은 기자(箕子) 때부터, 고구려(高句麗) 때부터 천하에 그 일홈을 휘날리든 구역(舊域)으로, 을지문덕(乙支文德), 양만춘(楊萬春),

서산대사(西山大師), 김경서(金景瑞), 정봉수(鄭鳳壽)같은 영특한 인물들이 많이 나왔고, 임진왜난 때에는 평안도 사람 힘으로 나라를 회복하고, 사직을 지탱하였음에도 불구하고 조정에서는 서북 사람을 극도로 천대하여 벼슬 하나 변변한 것 시켜주지 않고, 해마다 연하는 천재(天災)로 인민이 굶어죽을 지경에 이르렀어도 이것을 구제할 방책은 조곰도 강구하야 주지 안는다. 더구나 지금 김조순(金祖淳)이니, 박종경(朴宗慶)이니 하는 무리가 조정에서 정권을 농단하여 인민을 도탄에 빠지게 하고 있다.

이 때에 선천군 검산 일월봉(劍山 日月峰) 밑에서 이인이 하나 나서, 일즉이 중국에 들어가 도술을 배워 가지고 다시 조선에 돌아왔는데, 지금 강계(江界)에서 십만 대병을 거느리고 북으로 청나라를 치고, 남으로 서울을 디려치려 하고 있다. 그러나 서북은 구익이라, 참아 병마(兵馬)를 함부로 움직이어 짓밟게 할 수 없어, 서복의 영웅호걸들을 시켜 제세구민(濟世救民)의 의군(義軍)을 일으키게 하시니, 모다 순종하여 거역하지 말라.

이러한 격문을 낭독하고, 경내는 부하의 장졸들과 군법을 써서 행주(行酒)하고 천여 명의 장졸들의 하래하는 고함 소리에 째이어, 강산을 삼킬 듯한 기세로, 바로 가산(嘉山)을 향하여 행동을 개시하였다.

이 때에 홍총각은 선봉장이 되어, 정병(精兵) 백여 명을 거느리고, 경내의 대군에 앞서서 가산읍으로 처들어갔다. 홍총각으로서는 오래간만에 활약할 때를 만나, 가산 이십 리를 단숨에 말을 달리어, 그대로 쫙- 동헌(東軒)까지 밀고 들어갔다.

당시의 가산군수는 정시(鄭耆)라는 자로 전형적인 관료였다. 어떻게든지 구실을 붙이어 인민의 돈을 박박 긁어디리어, 그야말로 관 쓴 도적놈이었다. 히저는 이 가산에서는 제일가는 부자로, 신분은 역속(驛屬)에 불과하였으나, 먼저 군수한테 돈을 바치어 향안(鄕案)에 들게 되었었는데, 정시는 히저가 돈이 많은 줄을 알고, 또 한번 빨아먹으려고 향안에서 히저의 일홈을 빼어버렸다. 히저가 또 돈을 갖다가 바치면 다시 향안에 자기의 일홈을 올여줄 것은 빤-한 일이었으나, 원이 갈리는 대로 돈을 바치기로 하면 한이 없겠고, 또 히저라는 위인이 워낙이 뱃장이 세어서, 한 번 제 비위에 맞지 않으면 영영 틀어저버리는 성격이라, 홧김에 그대로 내버려두었다. 그리하였드니 얼마 후에 불효(不孝)라는 얼토당토않은 죄명을 씨워서 잡어드리어 그여히 돈을 받어먹고서야 내놓아주었다.

이뿐이 아니었다. 그 때 가산에서 제일 가는 미인은 관거 연홍(蓮紅)이었는데 히저는 먼저 군수한테 천량이라는 대금을 바치고 기적(妓籍)에서 빼다가 자기의 첩을 삼었었다. 그런데 정시가 도임하여 오자마자 이것을 알어내어 가지고, 바로 연홍이를 잡어드려 버렸다. 이것도 물논 히저의 돈을 빨아먹자는 수단이었으며, 몇일 후에는 비밀리에 아전을 보내어 돈 오백 양만 바치면 다시 연홍을 내놓아주겠다고 일러보냈다. 그러나 히저로서는 또 다시 돈을 빼았기기도 억울하였지만, 사람을 사이에 놓고 내탐하여 보니, 연홍이가 잡혀가서는 바로 정시와 정을 통하여 히히낙낙하고 있다는 것이라, 여기에 더욱 화가 나서, 연홍을 그대로 내던저 버렸다.

히저가 경내의 당에 가입한 것은, 군측의 교묘한 수단도 있었지만, 사실은 그것보다도 히저의 정시에 대한 이러한 여러 가지 원한이 즉접으로 그 동기가 되든 것이다.

정시는 십팔 일 아침에 박천군수로부터 히저가 경내의 당에 가입하였다는 정보를 받고, 너무나 의외고, 또 너무나 무서워서 부르를 떨리었으나, 한편으로는, 이것 참 잘 되었다는 고소한 마음도 들었다. 바로 관노 사령들을 총동원하여 히저의 집을 둘러싸고, 가족들을 모조리 잡어드리라고 명령하였다. 관노 사령들은 명령대로 죽-들 물려갔는데,

어쩐 일인지 아모리 기다려도 종무소식이다. 기다리다 못하여 다시 사람을 시켜야겠는데, 사람이라곤 구경할 수가 없다. 마침 연흥의 오래 비되는, 순교(巡校) 최윤적(崔允迪)이가 사환 갔다가 돌아왔다. 바로 이 윤적이를 시켜 아러보니, 그들은 원의 명령에 마지못하여 히저의 집을 둘러싸기는 하였으나, 그 집 식구들이 빠저나와 도망질 치는 것은 본체만체하고, 저의들끼리 수군수군하니, 라각(鑼角), 기고(旗鼓), 군복(軍服), 기계(器械)를 물래 창고에서 훔처내 가, 제 맘대로 나누어 가지고 어데론지 뿔뿔이 헤어저갔다는 것이다.

"에이, 겁쟁이 놈들! 남의 밑에서 종노릇을 하는 놈들은 천생 할 수가 없구나."

정시는 그 때까지도 그저 그들이 겁을 집어먹고 도망간 것으로만 알었다.

"도망간 놈들은 추후로 처벌하기로 하고, 위선 먼저 히저의 일을 귀정을 내어야지. 무어 여러시 떠들 것도 없이 네가 혼자 가서, 그 놈의 창고 문을 열고 어떻게든지 거기 두어둔 돈을 몇 만 양이 되든 이리로 나르도록 하여라. 그런 대역무도한 놈은 삼족까지 멸할 판이니까, 재산 물수야 당연한 일이다. 어서 가봐라!"

정시은 이처럼 다시 윤적에게 명령하였다. 이런 판에 아주 단단이 횡재를 해보자는 것이다. 그러나 이 때 연흥이가 쫓아 나와서

"그것을 가지고 오는 것은 좋은데, 지금 관노 사령도 아무도 없고 인심이 흉흉한데, 그런 대금을 관청으로 가지고 오는 것은 좀 위험한 것 같습니다."

하고 조용이 의견을 말하였다.

"그러면 어데다 옴겨놓을가? 이 틈에 옴기는 놔야지ㅡ."

"즈이 오래비의 집에다가 위선 옴겨두었다가, 좀 안정이 되는 것을 보아 가지고, 다시 이리로 가저오는 것이 좋을 것 같습니다. 급작이 지

금 어데 믿을만한 자리가 있겠읍니까?"

"그도 그래. 그럼 오래 지체할 수 없으니까, 그리로 옮겨다 놓아라!"

이리하여 히저의 창고에서 몇 만 양의 대금이 고시라니 윤적의 집으로 죄다 운반되었다.

그러는 동안에 날이 저무러 어두어졌다. 윤적을 시켜서 동헌이 환하게 불을 켜놓았으나, 인적이 끊어지고 모진 바람에 창문 덜컹거리는 소리만 들리니, 정시는 새삼스러이 무서운 생각이 꽉 치밀었다.

이 때 서리(胥吏)의 하나인 김응석(金應錫)이라는 자가 밖에서 쫓아 들어와서

"이거 큰일났읍니다. 다복동에서 홍경내라는 대장이 나서서 수천 명 군사를 거느리고 이리로 처들어온답니다. 그리고 이 고을에 사는 이히저도 그 중에 대장으로 뽑히어서 이번에 앞장을 서서 온답니다. 말을 타고 나팔을 불고 굉장하게 차려 가지고 들어들 오는데, 명령을 거역하는 자는 용서 없이 죽여버린답니다. 그러니 사또께서는 어떻게 하시겠읍니까?"

이처럼 천연덕스럽게 정보를 알리며 물었다. 응석이는 내응동지의 한 사람으로 정시의 혼을 미리 빼놓자는 것이다.

"이 놈! 네가 허무맹낭한 소리를 해서 나를 놀래키려 드느냐? 이히서 같은 놈이 대장이 되었다면 알쪼지, 그런 불한당 놈들은 그저 오는 대로 잡아서 삼족을 멸할 것이다. 너도 이 놈 요망한 말 작작 하고 빨리 물러가거라!"

정시는 속으로 켕기어 벌벌 떨면서도, 외양으로는 괴세가 등등하게 여전히 호령하였다.

"호령하시는 것도 좋지만, 지금 형세가 대단히 급합니다. 그래도 목숨이 아까우시다면 항서(降書)라도 준비해 놓고, 관인(官印), 병부(兵符)라도 다 찾아놓았다가 두말 없이 바치는 것이 좋을 것 같습니다."

"이 놈! 천하의 무도한 놈! 빨리 물러가지 못하느냐?"
"네, 소인이야 곧 물러가겠으니, 준비해 놓을 것이나 착착 해놓시오. 아마 미구에들 올 겝니다."
응석이는 손을 툭툭 털고 이러서서 그대로 나가버렸다.
응석이가 나가자, 연홍이가 당황하게 쫓아 들어와서 묻는다.
"참말로 어떻게 하시겠읍니까? 그 놈들이 처들어오는 것은 사실인 것 같지 않습니까! 사또는 어떻게 하시겠서요?"
"그 놈들이 처들어오면 그 수대로 다 잡아서 나라에 바쳐야 하는데, 지금 사실은 위선 제 몸 하나 피할 도리가 없으니……."
정시는 평생에 한 번도 격거 보지 못한 이 돌발지변을 당하여, 전혀 어떻게 하여야 좋을지 알지 못하여, 도리혀 연홍에게 무렀다.
"모다 변복을 하고 미리 도망질합시다. 도적놈들이 오기 전에─."
"그것이 안전은 하지만, 나라의 녹을 먹는 몸으로, 도적을 보기도 전에 도망했대서야 어데 체면이 됐어야지."
"그렇다고 여기 어물어물하고 있다가는 목숨이 달아날 터인데, 어떻게 하시겠서요?"
둘은 곰곰이 의논한 결과, 도적이 처들어올 때까지 여기서 버티고 있다가, 도적이 항복하라고 위협하면 바로는 굴복하지 말고 버틸 수 있는 데까지 버티다가, 나중에 도적의 두목 앞에 끌려가서 비로소 항복하자는 것이다. 이렇게 하여야 후에 조정에 알려저도 다소나마 면목이 서고, 벌을 받아도 가벼울 것이기 때문이다.
"이히저가 앞장을 서서 온다면, 제가 참아 사또를 어쩌지는 못하겠지요."
"그야 그렇지. 그까지 이가 놈이 설마 나를 함부로 하지는 못하겠지."
둘은 이렇게 말하고, 안팎으로 드나들며 치울 것은 치우고 감출 것은 감추며, 한참 분주하였다.

밤이 꽤 깊어서 고함 소리와 함께 선봉장 홍총각이 거느리는 군사들이 와— 하고 관문을 깨치고 처들어오며
"원놈을 잡어라!"
"정가를 노치지 말어라!"
— 이런 소리가 요란하다.
이 때 정시는, 이미 때가 늦어서 전할 도리가 없을 것은 뻔—하면서도 책상 앞에 꿀어앉어서 안주 병영(安州兵營)에 이 변을 알리는 영보(營報)를 쓰고 있었다.
"이 놈! 네가 원놈이지? 이 아래로 썩 나려오지 못하겠느냐!"
홍총각은 문 안으로 들어스며 재빨리 정시를 발견하고, 두 눈을 부루뜨고 처다보며 호령하였다. 그의 손에는 시퍼런 칼이 번적이였다.
"이 무도한 도적놈들아! 여기가 어데라고 함부로 들어오느냐?"
정시는 맨주먹을 불군 쥐어 가지고 책상을 치며 나려다보고 호령하였다.
"썩 나려와서 항복하지 못하겠느냐? 평서대원수(平西大元帥)의 명령을 거역할 작정이냐?"
"도적놈들한테 누가 항복을 한단 말이냐? 이 배우지 못한 무지막지한 놈들!"
"우리를 보고 도적놈들이라고— 이 놈! 우리는 맹자왈 공자왈 모른다마는, 느이 관 쓴 놈들처럼 멀정한 대낮에 살인 강도한 일은 없다. 바로 썩 항복하지 못하겠느냐?"
홍총각은 성큼 뛰어 울라서, 정시의 상투를 건째 잡어쥐고
"관인을 내놓아라!"
호령하였다.
"못 내놓겠다. 느의 대장을 불러라!"
"무엇이 어째여? 길게 떠들 것 없다. 당장 이 자리에서 항복할 테냐,

안할 테냐."
"느의 대장을 불러라!"
정시의 이 말이 채 떨어지기 전에, 홍총각은 시퍼런 칼을 우로부터 나려쳐서, 한번에 죽여 어퍼버렸다. 시뻘건 피가 은저리에 쫙- 퍼졌다.
"이 무도한 놈들아!"
고함을 지르며 정시의 애비 정노(鄭魯)가 안으로부터 내다렸다.
"네 놈은 웬 놈이냐?"
"대장을 불르라는데 죽이는 놈이 어데 있단 말이냐? 이 무지막지한 놈들아!"
"이 놈이 원의 애빈 모양이로구나?"
"그렇다! 도적놈들아!"
"네 놈도 당장 이 자리에서 항복하겠느냐, 못하겠느냐!"
"대장과 상면을 시켜라!"
"무엇이? 또 그 따위 아가리를!"
홍총각은 또 한 번 칼을 나려쳐서 죽여 어폈다.
이 때 다른 군졸들도 이 방 저 방을 뒤어서 정시의 동생 정질(鄭耋)과, 연홍이도 잡어내왔는데, 정질는 벌서 창에 찔리어 까무러쳐 쓰러저 있었다.
"저 게집은 웬 년이냐?"
홍총각이 무르니까, 먼저 원을 혼을 내키고 나갔든 김웅석이가
"그 년이 바로 연홍이라는 관기입니다."
하고 일러바쳤다. 그가 오늘밤에 안내역이였든 것이다.
"네 년은 항복하겠느냐?"
홍총각이 피 묻은 칼을 들고 이렇게 얼러대일 때, 이 때서야 히저는 겨우 동헌에 들어왔다. 그도 말은 탔었으나, 워낙이 몸집이 크고 무거워서 나스기는 같이 나서가지고 뒤떨어졌든 것이다.

"네, 저는 항복하겠읍니다. 저는 처음부터 원의 편은 들지 않았읍니다."
 연홍은 공손히 꿀어앉아서 대답하였다. 그리곤 재빨리 히저가 나타난 것을 보고, 말을 이었다.
 "이것은 이장군한테 여쭈어보면 분명하겠읍니다."
 모두들 히저를 처다보았다.
 "네 이 년! 죽일 년 같으니―. 이제 와서 다급하니까, 정가 편이 아니라고? 저런 능청 마진 년의 아가리를 그대로 둘 수가 있나? 당장에 그 년의 아가리를 찢어버려라."
 히저는 노기가 등등하여 호령하였다.
 "그것은 이장군이 모르시는 말씀입니다. 댁의 창고의 그 많은 돈을 원이 겁탈해 온 것을, 제가 원을 속여서 지금 잘 보관하고 있읍니다."
 연홍이 돈 말을 하는데 귀가 번쩍 띠이어, 히저는
 "어데다 보관하였단 말이냐?"
 하고, 바로 족쳤다.
 "제 오래비 되는 윤적의 집에 잘 보관해 있으니, 조사해 보시면 아실 것입니다."
 히저는 바로 부하를 시켜서 아러오라고 명령하였다.
 "이 게집 일은 이장군한테 맛기겠으니, 좋도록 하시오."
 홍충각은 연홍과 히저의 사이가 그렇게 단순하지 않은 것을 아러채고, 밖으로 힝하니 나가버렸다.
 윤적의 집에 가서 조사해온 부하의 보고에 의하면, 그 많은 돈을 다 착착 시어서 놓고, 이것은 이히저씨 댁 소유니, 타일은 절대로 범하지 말라고 써 붙이고, 문에는 잠울쇠를 꼭 잠궈놔서, 보관이 잘 되어있드라는 것이다.
 "분명히 네가 그렇게 한 것이냐?"
 "네, 이 때까지도 소첩이 권세에 눌리어 할 수 없이 여기 머물러 있었지, 본심이야 변하였겠읍니까?"
 "그러면 네 집에 나가서 기다려라!"
 이렇게 하여 연홍은 목숨을 보전하고 히저의 대금을 보관하였을 뿐이 아니라, 그 날 밤에 히저를 농락해서, 죽은 사람이 무슨 죄가 있으며, 원의 동생이야 무슨 죄가 있느냐고 애소하여 정시와 그의 애비 정노의 시체를 걷우어 염을 하고 입관시켰으며, 창에 찔리어 다 죽게 된 정질도 간호하여 목숨을 건지게 하였다. 그리고
 "항복하려고 대장을 불러달라는 사람을 죽이는— 그런 무지막지한 법이 세상에 어데 있읍니까?"
하고, 홍총각에 대한 원한까지 토로하였다.
 "이장군이 선봉으로 오시었다면, 그 후하신 마음으로 조곰도 살생을 하지 않고, 다 항복 받었을 것을 유감 천만이었읍니다."
 이처럼 히저를 올려세우기도 하였다.
 (후의 일이지만 홍경내의 계획이 실패로 돌아가, 가산도 회복되고, 조정에서 그 전 원들의 공죄를 논정하였을 때에, 정시 부자는 순절(殉節)하였다고 하여, 정시는 병조판서를, 정노는 이조참판을 추증(追贈)하고, 연홍은 이러한 돌발지변에도 몸을 피하지 않고 뒷수습을 잘 하였다 하여, 표창을 받고, 임진왜난의 계월향(桂月香), 논개(論介)와 병충되었으며, 평양의 의열사(義烈祠)는 원래 계월향을 제사지내었었는데, 후에 논개와 아울러 연홍이도 제사지내게 되었다. 이리하여 정시와 연홍은 충신 열녀의 한 개의 표본이 된 것이다.)

八. 岐路

 경내가 가산읍에 도착하였을 때에는 밤도 너무나 깊었고, 또 선봉대가 벌서 점령할 것은 다 점령하여버렸음으로, 그대로 쉬고, 이튿날 일즉이 수뇌부만 모이어 긴급회의를 열었다.

여기서 제일 먼저, 가산군수를 죽인 것이 옳으냐, 그르냐를 가지고 홍총각과 히저와 정면 충돌을 하고 말았다. 히저는 어제 밤에 연홍의 집에서 자면서, 홍총각의 행동은 정의를 위하여 이러슨 혁명군으로서는 절대로 용납되지 못한다는 것을 누누이 듣고 왔었음으로, 이것을 제 주장인 것처럼 내세웠다.

"항복하려고 대장을 불러달라는 것을 죽이는 것은 항복한 것을 죽이는 것과 마찬가지가 아니오? 항복하는 자도 죽인대서야, 누가 항복을 하겠오? 우리는 사람을 죽이기 위해서 이러슨 것이 아니라는 것을 명심하여야 할 것이오."

"그 말은 부당하오. 우리가 나라를 뒤집어엎자고 나선 이 마당에 긴 이야기가 무슨 소용이요. 항복하겠느냐, 못하겠느냐 무러서, 바로 항복하면 살려주고, 그래도 군소리를 하면 죽이고―. 이밖에 무슨 도리가 있겠오? 지금은 전쟁이오, 전쟁―."

하며, 홍총각은 두 눈을 부르떠서 히저를 보았다.

"전쟁일수록 야만적 행동을 삼가고, 덕으로서 인민을 교화하여야지, 그렇게 사람을 함부로 죽여서야 되겠오? 인의예지를 지켜서 성현의 도에 어그러지지 말어야지. 홍장군의 처사는 너무나 과격한 것 같소."

히저 대신 이번에는 창시가 나섰다.

"그렇소. 과격하여서야 되겠오. 우리가 대사를 도모하느니 만치 행동을 삼가서 중용의 덕을 지켜야지―."

군측도 서슴지 않고 여기에 찬성하였다. 그리고 항상 홍총각의 편을 들든 제초는 이러한 문제가 논의될 줄은 전혀 예기하지 못하였었음으로, 전적으로 홍총각 편을 들지 못하고, 겨우

"진심으로 항복만 한다면 죽일 것이 없겠지만, 그 놈들이 진심인지 아닌지가 문제지요."

하고, 그저 어리벙벙하게 반문하였을 뿐이다. 홍총각은 자기가 완전히

고립하여 있음을 새삼스러히 깨다렀다.
 "지금 원 노릇을 하고있는 놈 중에 진심으로 항복하는 놈이 어데 있 겠단 말이오. 그렇게 쉽게 맘을 고칠 놈들이, 그처럼 백성을 못 살게 들볶아서 멀정한 강도질을 한단 말이오? 그런 놈들을 어떻게 믿겠오? 다른 이는 몰라도 나는 절대로 믿을 수 없오."
 홍총각이 끝까지 굽히지 않고 버티니
 "아니 그러면 원이란 원은 죄다 잡어 죽여야 된단 말이오? 그런 무지막지한 놈의 일이 어데 있단 말이오?"
 모다 제 편을 드는 바람에 히저는 신이 나서 비웃는 어조로 반문하였다.
 "그야 물논 죄다 죽일 작정으로 덤벼야지. 더 말할 것 있오? 우리의 적이 누구요? 우리의 원수가 누구요? 원수를 살려라, 원수를 용서하라 하여 가지고 무슨 전쟁이 된단 말이오. 그처럼 원 놈들의 편을 들 테면, 애당초 이런 일에 왜 참가하였오? 나는 그런 이들과 도저히 같이 일할 수 없으니, 맘대로들 해 보."
 홍총각은 좌중을 잔득 노리고 보다가, 그대로 횡하고 나가버렸다.
 이 동안 경내는 한 마디도 말을 하지 않았다. 홍총각의 불과 같은 혁명 정신에 근본적으로는 공명하면서도, 자리를 박차고 나가는 그를 부뜰 수는 없었다. 그처럼 대담하게, 그처럼 철저하게 덤벼들어야만 한다는 것을 느끼면서도, 바로 그의 편을 들 수는 없었다.
 "원수께서는 어떻게 하시겠읍니까?"
 이윽고 군측이 여럿을 대표하여 물었을 때, 경내는 여전히 전체의 의견에 따라
 "항복하는 자는 죽여서는 안될 것이오. 다만 항복하기를 끄려하는 자나, 혹은 다시 우리를 배반할 염녀가 있는 자는 용서 못할 것이오."
 하고, 한번 좌우를 돌아보고, 다시 말을 이었다.

"그러나 홍장군은 이번에 선봉장으로서 공이 제일 컸었고, 정시라는 자가 바로 항복하지 않고 우물주물한 모양이니, 이번 일은 일절 불문에 붙이겠오. 앞으로도 물논 선봉장으로 내세울 것으로, 이것은 내게 일임하여 주."

이리하여 이 문제는 낙착하고, 다음에는, 앞으로의 작전을 의논하였다. 홍총각과 제초로 북행하여 북군과 협력하여 정주(定州)를 치게 하고, 경내 자신은 대군을 거느리고 동행(東行)하여 박천(博川)읍을 치기로 하였다.

"그렇게 되면 남쪽 안주(安州), 평양(平壤)을 치는 것이 너무나 늦어지지 않겠읍니까?"

제초가 이처럼 반문하자 이 때까지 말석에 묵묵히 앉아있든 김대린(金大麟)이가 썩 나서서

"정주는 북군에게 일임하고, 박천에는 일부대만 보내어 항복 받고, 대원수께서는 전력을 기우리어 여기서 바로 안주로 향하는 것이 상책일 것 같습니다"

하고, 주장하였다. 김대린은 안주에서 온 유력한 내응동지로, 신도회의 때부터 참가하였든 것이다.

"안주병사도 이미 대개 연락이 되었고, 이인배(李仁配)니, 이무경(李茂京) 형세니, 모다 안주에서 머물러서 공작 중이니까, 여기서 바로 디려치기만 하면 될 것입니다. 안주만 함락하면 평양도 제절로 함락할 것이고, 이렇게 되면 평안도는 순식간에 모다 우리의 손아귀 속에 들어올 것이 아닙니까? 그러니 대원수께서는 이 자리에서 바로 이렇게 결정하여 주시기 바랍니다."

대린은 계속해서 자신만만하게 주장하였다.

그러나 먼저 박천을 점령하고 북군이 의주까지 점령하는 것을 기다리어, 뒷근심이 없이 하여 가지고 당당하게 남쪽으로 나려밀자는 것이

원래부터의 작전 계획이었다. 그리고 모두들 이 계획을 변경시킬 생각은 조곰도 없었음으로, 대린의 자신만만한 주장도 하등의 반응을 이르키지 못하고 그대로 묵살당하였다.

다음의 군복제도(軍服制度)를 정하였다.

　　1. 복색은 푸른 빛으로 하고, 붉은 천을 베어서 등과 가슴에다가 부치어, 호의(號衣)를 구별할 것.
　　2. 관은 장교는 전립(戰笠)과 호피관(虎皮冠)을 쓰고, 일반 병졸은 붉은 수건을 쓸 것.

이 군복제도는 주로 창시의 의견에 의한 것이다.

다음에 가산의 주관장(主管將)을 윤원섭(尹元燮)으로 정하기로 하였다. 윤원섭은 가산서 히저의 다음가는 부자로, 한문도 유식하고, 신도회의 때부터 참가한 내응동지였다. 윤섭은 위선 급한 일로 병졸들이 규율(規律)을 엄격하게 지키도록 전령할 것을 제의하였다. 그리고 그의 보고에 의하면, 어제 밤중에 약탈당한 데가 세 군데나 있었고, 그 중에 한 군데서는 들켜서 도망가랴 하는 것을 잡어 바치었는데, 이것을 어떻게 처결하면 좋겠느냐는 것이다.

"그런 놈들은 단번에 목을 베어서 극형에 처하여야지. 멀정한 살인강도가 아니오? 그런 놈들을 그대로 내버려두어서야 돈푼이나 가진 사람이 마음을 놓을 수가 있겠오."

히저는 서슴지 않고 이렇게 주장하였다. 가산이 자기가 살고있는 곳이니 만큼, 이해 관계가 제일 즉접적이었다.

"우리 혁명군은 추호도 범하지 않고 안민청경(安民淸境)하자고 나스니 만큼, 그런 놈들은 목을 베어서 네 거리에다가 내거러서, 이후에 다시는 그런 일이 없도록 하여야 할 것이오. 백성을 범하게 되면, 차차로 질서가 물난하여 상하의 구별도 없어지고, 우리의 목도 언제 어떻게 달어날는지 알겠오? 참으로 중대한 문제니, 극행에 처해야 할 것이오. 그리고 이것은 북군에도 전령하여 규율을 엄수하도록 합시다."

창시가 더 한층 열렬하게 주장하였다. 창시로서는 질서가 물난하고 상하의 구별이 없어저서는 큰 일이라고 생각한 것이다. 그 자리에 앉은 다른 이들도 모다 그것이 좋다고 찬성하였다.

그리고 또 창고문을 열어서 단 몇 되박식이라도 곡식을 백성들에게 분배해 주기로 하였다.

이리하여 회는 끝나고, 각자 제 부서로 돌아갔다. 다만 홍총각만은 다시 불러디리도록, 경내가 명령하였다.

"원수께서는 도대체 어떻게 하시렵니까?―"

홍총각은 경내와 맛대 앉자마자, 먼저 족처 무릎다.

"제가 먼저 말슴 디리겠읍니다. 도대체 대원수께서는, 돈푼이나 갖고, 벼슬 낱이나 하고, 더 큰 것을 못해먹어서 게걸거리는 놈들의 편을 들 터입니까, 참으로 살래야 살 길이 없고, 올데갈데가 없어서 목숨 내걸고 덤벼드는 백성의 편을 들 터입니까? 앞으로 어떻게 하실 예정입니까? 가진 놈들 편을 들 터입니까, 안 가진 놈들 편을 들 터입니까? 이대로 질질 끌려가다가는 큰 벼슬 못하여 안달하는 그 놈들한테 이용만 당하고, 일반 백성들은 애무하게 죽기만 할 것이니, 원수께서 오늘은 좀 뚜렷이 귀정을 내주시요. 이도 저도 못 믿는다면, 나는 차라리 다 집어치우고 고향에 돌아가서 또 머슴사리나 하겠읍니다."

홍총각은 굳은 결의를 표명하였다.

"잘 알겠오. 잘 알겠는데, 조곰만 더 참고있으란 말이오. 지금 만약 양편이 서로 충돌하면, 그야말로 죽도 밥도 안될 모양이니, 좀 더 참으란 말이오."

경내는 가장 침착한 어조로 대답하고, 이어서 곧 복행하여 정주를 함낙시킬 것을 요청하였다.

"나는 정주는 안 가겠읍니다. 다른 사람을 누구 골르십시요. 좀 더 백성들이 살기 좋은 세상을 만들어 볼가 하고 하는 일이, 조곰도 그렇게 되지 않고 그 놈이 또 그 놈으로, 그 장단이 또 그 장단일 모양이니, 무슨 신이 나서 정주까지 꺼버거리고 가겠읍니까? 백성의 껍데기까지 베껴먹겠다고 나대는 원 놈들을 하나 둘 죽였다고, 그처럼 의논이 분분한 위인들이, 어찌하여 우리 군졸 중에서 약탈하다가 부뚤린 것은, 단번에 목을 베어 네 거리에다가 내걸겠다고 서듭니까? 만일 약탈한 군졸을 목을 베어 거리에다가 내걸려면, 원 놈들은 항복하건 말건 모조리 목 베는 것은 고사하고, 죽은 송장이라도 끄내다가 매질하여야 할 것입니다. 군졸들의 억울한 처지를 원수께서도 못 알아주신다면, 그들은 총칼 다 집어던지고 헤어저버릴 것입니다."

"그야 나도 모를 이 없지만, 요 얼마 동안만 더 참어야지, 그 이외에는 별도리가 없는 것 같소."

"좀 더 참으라고 작구만 하시지만, 참으면 앞으로 어떠한 뽀죽한 일이 있겠읍니까? 그리고 또 참으면 얼마나 참으란 말씀입니까?"

"적어도 안주, 평양이나 함낙시켜 놓아야지, 그 이전에는 서로 충돌하여서는 아무 일도 안될 터이니까—."

"그러면 그것은 그렇다고 합시다. 그러나 내 생각 같어서는 정주니 박천이니, 이런 데서 주제주제할 것이 아니라, 바로 안주를 디리처야지 성공하지, 그렇지 못하면 그네들과 아모리 협력하여도 때를 노쳐서 틀려 돌아갈 것 같습니다. 그러니 이러니저러니 할 것이 없이, 나를 정주로 보내지 말고, 바로 안주를 디려치게만 해주십시요. 군사가 많이도 필요치 않습니다. 이번 가산 처들어올 때에 거느리고 온 백 명만 거느리면, 안주를 단숨에 아서바리겠읍니다. 만약 이것에 실패하면 제 목을 베어 바치겠읍니다."

"안주를 먼저 치자는 것은 김대린이도 주장하였지만, 모두들 반대해서, 처음 계획 대로 북쪽을 다 평정한 뒤에 남군 북군이 협력하여 안주를 치기로 되었으니— 하여간 모든 문제를 뒤로 미루고 위선은 여기서 결정된 대로 바로 정주로 가달란 말이오."
"글세, 그것이 나로서는 대단히 난처합니다."
"난처해도 당분간 참고 나가야지."
"글세, 그거야.—"
홍총각은 팔장을 끼고 바로는 대답을 잇지 못하였다. 경내도 더 어떻게 달낼 말이 없어, 그대로 입을 다무리고 말었다. 둘 사이에는 서로 가슴이 답답해지는 무서운 침묵의 순간이었다.
얼마 후에 홍총각은 그래도 매우 희망에 넘치는 얼골빛으로 물러왔다. 그리고 하루를 묵어서 이십 일 날 제초와 함께 군졸 백여 명을 거느리고 정주를 향하여 떠났다.

九. 北軍

북군의 근거지는 곽산(郭山)으로, 부원수(副元帥) 김사용(金士用)은, 아장(亞將) 김히련(金禧鍊)과, 김국범(金國範), 이성항(李成沆), 한처건(韓處坤)을 거느리고 십팔 일 점심 나절에 곽산에 도착하였다. 모다 사람들의 눈을 피하기 위하여, 혹은 걸인의 행색을 하고, 혹은 붓 장사 행색을 하여 가지고, 하나ㅅ식 몰래 숨어 들어왔다.
그러나 그들은 곽산에 도착하자마자, 숨 두를 사이도 없이 중대한 난문제에 봉착하였다. 그것은 선천부사(宣川府使) 김익순(金盆淳)이 별장(別將) 최봉관(崔鳳寬)을 잡어 족치다가, 의외의 큰 사건이 탈로되어, 곽산의 김창시(金昌始), 박성신(朴星信)이 모다 여기 참가하였다는 것을 알자, 곧 포교(捕校)를 곽산으로 파송하여, 창시의 아버지와(창시가 없었음으로), 성신을 결박 지워 가지고, 막 떠나갔기 때문이다. 창시의 아버지야 즉접 관계가 없음으로 그렇게 큰 문제가 아니지만 성신은 곽산서 가장 유력한 내응동지고, 그의 형 박성간(朴聖幹)은 곽산서 제일가는 부자로, 곽산이 북군의 근거지가 된 것도 그의 재력에 기대하는 바가 컸었다.

사용은 이 정보를 받자, 곧 부하들을 다리고, 곽산서 선천으로 가는, 도중에 있는 신현(薪峴)이라는 고개로 달려가서 길 옆에 가만이 숨어 있다가, 거기를 지나가는 포교의 일행을 습격하여, 포교들을 죄다 죽여버리고, 결박지었든 창시의 아버지와 성신을 구해냈다. 이것이 북군으로서는 최초의 행동인데, 무난이 성공하였다.

사용은 부하들과, 구해낸 창시의 아버지와 성신을 다리고, 곽산 북쪽에 있는 연무장(演武場)에 이르러 몸을 감추고, 성신의 형, 성간을 읍으로부터 불러내어, 장차 어떻게 할 것인가 — 계책을 세우기로 하였다.

"원래는 이십 일이 기병하는 날이지만, 이처럼 우리의 일이 탈로되어, 내응동지들이 속속 체포된다면, 일 하나 해보지 못하고 자멸할 것이니, 그 이전에 일즉 서드러서, 관청 놈들이 미처 손을 대기 전에 이쪽에서 먼저 들고 이러나는 것이 좋을 것 같은데, 어떻게들 생각하오?"

사용이 이처럼 묻자,

"우리도 긔일까지 기다리고 있을 수는 없을 것 같습니다. 다만 난처한 것은 대원수의 명령을 어기는 셈이 되겠으니, 그 일을 어떻게 하겠읍니까?"

하고, 성신은 사용을 처다보았다.

"그것은 다 양해가 되어있으니 염려 마오. 긔일은 이십 일이되, 사세가 곱할 때에는 이 긔일에 구속되지 말고, 비상수단을 써도 무관하다는— 그런 명령을 받고 왔으니까, 우리는 지금 비상수단을 쓰기로 합시다. 그러나 비상수단을 쓸래야 준비가 되어있지 않으면 쓸 도리가 없으니, 곽산의 형편이 지금 바로 들고 이러날 수가 있겠오, 없겠오?—

문제는 오로지 여기에 있는 것 같소."

"그것은 문제없읍니다. 오늘밤에라도 곧 됩니다."

성간이가 자신 있게 대답하였다. 그리고 사실은, 포교들이 왔을 때에도 곧 들고 이러날가 하다가, 이십 일이 긔일이라 꾹 참았었다고, 실정을 보고하였다.

이리하여 그 날 밤으로 곧 긔병하기로 결정하고, 하낫식, 둘식 헤저서 다시 곽산읍으로 숨어 들어갔다.

이 때에 곽산군의 원은 이영식(李永植)이라는 자로, 제법 말도 달릴 줄 알고, 활도 잘 쏘아서 그 시절의 양반으로는 드물게 보는 위인이었다. 다만 술이 너무나 과하여, 하루도 술이 안 취하는 날이 없었고, 관청 송사도 대개는 어느 편이 술을 많이 멕이나, 그 분량에 따라 지고 이기는 것이 결정된다고— 소문이 자자하였다.

그 날 밤에도 영식은 술이 취해서 내아에서 정신 없이 자고 있었다. 징 치는 소리 북 치는 소리, 와— 하는 군중의 고함 소리에 벌덕 이러나서 동편으로 쪼차 나가기는 나갔으나, 그것을 막어낼 아무런 준비도 되어 있지 않았다.

"거기 누가 없느냐?"

하고, 큰 소리로 불러보았으나,

"예—."

하고, 긴 대답할 놈은, 한 놈도 남어있지 않었다.

그 대신 문이 확 열리고, 홰ㅅ불을 내뚤르며 군중이 와— 몰려들었다. 영식은

"이 놈들!"

하고, 한 번 호령을 하여 보았으나, 급작이 정신이 번적 들며, 술이 한 번에 깨었다. 그리고 제 편을 들어, 저를 후원할 사람이 하나도 없다는 것을 새삼스러히 깨닫고, 무서운 생각이 냇다 치미러서, 화닥닥 벽장

속으로 뛰어들어가 버렸다.
 군중은 거침없이 몰려 들어와서
 "원놈을 잡어라!"
 "주정뱅이를 놓지지 말어라!"
 소리 소리 지르며, 사방으로 허터저서 찾기 시작하였다.
 그런데 영식의 아우가 마침 다니러 와서 옆의 방에 머물러 있다가, 군중의 고함 소리에 잠을 깨어 벌떡 이러나 분을 박차고 뛰어나오며
 "이 놈들! 여기가 어데라고 소란하게 구느냐?"
하고, 큰 소리로 호령하였다. 사세 여하를 불문하고 호령한다는 것이 양반 정신의 발로로, 영식의 아우는 이 양반 정신을 발휘한 것이다.
 "저 놈을 잡어라!"
 "저 놈의 아가리를 째놔라!"
 군중은 이리로 쫙 쏠리어, 냇다 잡어 낚우니
 "이 놈들이 어데를 함부로!"
하고, 영식의 아우는 여전히 호령이다.
 "저 놈을 죽여라!"
 "죽여라!"
 "죽여라!"
 ― 소리와 함께, 어둑컴컴한 속에서 미처 자세히 알아볼 사이도 없이, 칼로 찌르고 몽둥이로 패서 죽여버렸다.
 벽장 속에서 숨어있든 영식은 너무나 일이 다급하여 화닥닥 다시 뛰어나오며
 "그것은 애무한 사람이다!"
 소리를 질렀다.
 금방 원을 죽였는데 난데없는 데서 또 원의 소리가 들리니, 군중은 모다 의아하여 다시 동헌으로 몰려왔다. 몰려와서 횃불 밑에 자세히

보니, 진짜 원은 여기 살어있다. 군중은 좀 어리둥절하여 옆 방 문 앞에서 죽어 엎우러진 자를 끄러 다가보니, 웨인 낯선 사나히다.
 이렇게 하는 동안에 성신이 사용을 안내하여 들어왔다. 영식은 잔뜩 결박을 지워서 앞마당에 꿀렸다.
 "저놈을 어떻게 할가요?"
 성신이 눈짓으로 영식을 가르치며 무렀다.
 "항복을 하겠다는 것인지?"
 사용은 꿀어앉은 원은 나려가보며, 성신에게 도로 무렀다.
 "이 놈! 우리 혁명군에게 항복을 하겠느냐, 못하겠느냐?"
 성신은 바로 말을 받어서, 나려다보고 호령하였다.
 "예, 항복하겠읍니다. 무엇이든지 하라는 대로 하겠습니다."
 영식은 이 쪽이 놀랄만치 간단히 항복하였다. 항상 호령만 해버릇한 양반도, 의외로 간단하게 호령에 복종하고 항복할 수도 있는 모양이다.
 "항복한다니 위선 오늘밤은 가둬두고, 내일 밝은 날 다시 처결하기로 합시다. 밤도 너머 깊었고 하니—."
 사용이 이처럼 말하니
 "아니, 저런 술타령만 하는 원은, 아주 이 자리에서 처단해버리는 것이 좋을 것 같습니다."
 "이 놈 마자 죽여버리는 것이 시원하겠읍니다. 그렇게 쉽게 항복할 놈이 아닙니다."
 여기저기서 의견이 나왔다.
 "내일로 미루자는 것은, 무슨 관대한 처분을 해주겠다는 것이 아니고, 다만 오늘은 이미 밤도 깊었고, 인심이 너머 동요되어도 재미없으니, 잘 가뒀다가 내일 처단하자는 말이오."
 사용은 이처럼 결론을 짓고, 영식을 끄러다가 가두게 하였다.
 그러나 이것은 사용의 실수였다. 무교(武校) 장재흥(張再興)이라는 자가 옥문을 지키고 있었는데, 이 자도 매우 술을 좋와하는 자였다. 영식은, 이 추운 밤중에 수고한다고 재홍을 위로하며, 내아의 술 둔 곳을 가르쳐주어, 그것이라도 끄내다가 마시어, 몸을 좀 후끈후끈하게 하여 보라고 권하였다. 어리석은 재홍은 그도 그렇겠다고, 술을 끄내다가 먹기 시작을 하였다. 술이 어지간이 돌게 되자, 영식은 내아의 마루 속에 돈을 삼천양 감추어 둔 데가 있는데, 자기만 내놓아주면, 그것을 파다가 고시란이 주겠다고 달랬다. 재홍은 술기에 그렇게 하라고 응낙하고, 옥문을 열고 묶은 것을 푸러주었드니, 영식은 닷자곳자로 옆에 있는 몽둥이로 후려처서, 단매에 재홍이를 죽이고, 거름아 날 살려라 하고— 도망해 버렸다.

(이영식은 새이길로 숨어서 정주를 거처 남행하여, 이십이 일에 안주 병영에 다다랐다. 그는 월래는 주정뱅이나 이 통에 가족을 전부 잃고, 더구나 아우 하나는 마저 죽은 현장을 즉접 보니만치, 이후부터는 술도 딱- 끊고, 복수하겠다는- 오로지 이 한 마음으로, 관군(官軍)의 일 부대장이 되어, 가장 용감한 장수가 되었다. 그 전부터 말 타고 활 쏘기를 잘 하였었음으로, 한번 이처럼 굳게 결심하고 나스니, 제일 용감하고 씩씩하였다.

쉽게 항복하는 자는 쉽게 배반하는- 한 개의 실례다.)

한편 가산과 곽산의 중간에 있는 정주는 양편에서 불의의 돌발지변이 터져서 모다 순식간에 함락하여 버리니, 정주의 운명도 이미 결정된 셈이다.

정주목사 이근주(李近冑)는 십구 일 아침에 곽산의 변보(變報)를 듣고, 점심나절 연겊어 가산의 변보를 듣게 되니, 당황하여 무엇을 어떻게 하여야 좋을 것인지, 전혀 생각이 돌지 않아 좌불안석으로 있었다. 이 때 마침 곽산군수 이영식이가 소를 타고 숨을 헐덕어리며 찾어 들어와서, 어떠한 대책을 세우고 있느냐고 무렀다. 근주가 아무 대책도 없노라고 솔직하게 고백하니, 그러면 위선 성문을 꼭꼭 닫고 수성(守城)의 준비라도 하라고 권고하였다. 그리곤 나는 앞 길이 바뻐서 곧 가노라고, 다시 소를 타고 가버렸다.

근주는 영식의 말대로 수성의 준비를 하려고 좌수(座首) 김이대(金履大)와 중군(中軍) 이정환(李廷桓)을 불렀다가 무르니, 둘이 다 내응동지라, 수성이 불가능하다는 것을 누누이 주장하였다. 가산, 곽산이 모다 함락한 이상 정주는 도저히 지탕할 수가 없고 빨리 항복할 준비를 하는 것이 좋다는 것이다. 항복을 주저하고, 그들의 명령을 거역하면, 가산군수 정시처럼 한 칼에 목이 다러날 것이니, 애당초 서뿔리 서들지 말자는 것이다.

근주는 이 말을 듣고 더욱 겁이 나서 앉았다 젔다 하면서 정신을 못 차리는데, 밖은 더욱 요란하였다. 정주의 제일 유력한 내응동지 최이윤(崔爾崙)이 대낮에 수십 명의 부하를 거느리고 옥문을 깨트리어, 음모의 혐의로 몇일 전에 가친 동지들을 끄내가고, 가산에서 온 격서가 장터에 쫙- 퍼저서 피란 가는 사람들로 읍안이 물 끓듯 야단들이다.

그리고 관문이 열리며 수십 명의 무장한 군졸을 따라 수많은 군중이 와- 하고 동헌으로 밀려들어왔다. 근주는 황겁하여 뒷문으로 튀어서 말ㅅ간의 말을 끄내 타고, 안주를 향하여 그대로 도망하여 버렸다.

이십이 일에 가산서 북행하든 홍총각, 이제초의 부대와, 곽산서 남행하든 김사용의 북군이 정주에 한거번에 도착하였다. 동헌에 좌정하고, 홍총각은 대본영(大本營)의 영을 전하여 최이윤으로 수성장(守成將)을 삼고(후에 김이대로 변하였다), 소를 잡고 술을 걸러 군졸을 위로하고, 창고를 열어 쌀과 필목을 일반 시민에게 분배하였다.

물론 이러한 일은 골이 하나 함락하면 어데서고 으례히 있는 일이었다. 이 일은 최이윤에게 맛겨버리고, 홍총각은 사용, 제초, 히련과 더부러 넷이서만 비밀회의를 열어서, 작전의 일부 변경을 이야기하였다.

원래는 홍총각과 제초는 정주서 사용을 만나서 북군의 선봉으로 편입되어, 그대로 북행하기로 되어있는데, 홍총각의 강경한 주장으로 이 일부분을 수정하여 제초만 북군의 선봉으로 되고, 홍총각은 백여 명의 정예부대를 거느리고 몰래 남행하여 단숨에 안주를 친다는 것이다. 홍총각 생각으로는 가산서 바로 남행하여 안주를 치고 싶었으나, 그것은 군측, 창시, 히저 등이 절대로 용인하지 않을 것이라, 위선 정주까지라도 북행하여 그들의 눈을 속여놓고 비밀리에 정주서 곧 남행하여 안주를 쳐 성공한 후에, 비로소 일반에게 발표하자는 것이다.

"이제 곧 출발해서 단숨에 안주를 아서버릴 터이니, 북쪽을 단단이 부탁합니다. 만약 이 일에 실패하면 나는 목을 베어 바치기로 대원수한테 맹세하였으니, 안주의 함락은 나의 생명입니다. 자 그러면 북군에서는 어떻게든지 해서 의주(義州)까지 함락시키어 주시오. 부탁합니다." 하고, 홍총각은 총총이 이러서서, 안주를 향하여 쏜살같이 말을 달리었다. 이미 홍총각의 백여 명의 정예부대는 가산서 정주로 향하는 도중에서 새이길로 몰래 남행하여, 청천강(淸川江)을 격하여 안주를 건너다보는 속림(松林)이라는 곳에서 홍총각의 오기를 일각이 여삼추(一刻如三秋)로 기다리고 있는 것이다.

十. 運命의 瞬間

십구 일 저녁에 가산을 출발하여 동행한 경내의 대부대는, 이십 일 새벽에 목적지 박천(博川)읍을 정면으로 디리쳐서 단번에 함락시켰다. 박천군수 임성고(任聖皐)는 약졸(弱卒) 수십 명을 거느리고 도망하다가 중도에서 뿔뿔이 헤어저버리고, 성고는 서운사(棲雲寺)라는 절에 숨었다. 그러나 그의 노모(老母)가 경내의 군졸에게 잡히어 옥중에서 신음한다는 소식을 듣고, 성고는 할 수 없이 절에서 나려와서 경내의 진에 이르러, 나를 대신 죽여달라고 자원하였다. 죽여주시오 하니, 이것은 항복 이상이다.

군측, 창시는 성고의 효성이 지극한 것을 칭찬하며, 죽이기는커녕 특히 후대하는 것이 좋겠다고 말하였다. 효는 백행지본(孝百行之本)이니, 이보다 더 중대한 일은 없고, 이러한 효자를 학대하는 것은 우리 혁명군이 이번에 기병한 취지와도 어그러지는 것이라고 주장하였다. 그들은 평소에 예의만 찾고 형식만 내세우는 썩은 선비들과 양반들을 욕하여왔지만, 사실은 그들 자신도 그러한 예의와 형식에 잔득 젖어있는 것이었다.

성고는 효자의 가면을 쓰고 옥중에 가치어 있으면서, 문직이들이 안심하고 있는 것을 기화로 하여, 심복의 통인을 하나 연락하여, 박천읍이 불이의 변을 당하여 순식간에 함락한 연유를 자세히 써서, 안주 병영으로 급히 전하도록 하였다. 이것이 태평의 꿈속에서 꾸벅꾸벅 졸고 있든 안주읍에 얼마나 큰 충격을 주었으며, 따라서 또 앞으로의 작전에 얼마나 불행한 조건을 이루었느냐 하는 것은 후에 차차 명백하여진다.

그러나 이것이야 여하튼 이십 일 저녁나절 대변영에 큰 변이 폭발하였다.

경내가 동헌 상좌에 앉아, 한일항(韓日恒)을 주관장으로 정하고, 창고를 열어, 일반 시민들에게 쌀을 분배케 한 후, 동으로 영변(寧邊)과 북으로 태천(泰川)을 어떻게 습격할 것인가- 의논을 시작하랴할 때에, 김대린(金大麟)이

"지금 우리는 영변이니, 태천이니 하는 소읍을 가지고 논할 때가 아닙니다. 지금 안주를 치지 않고 언제 치려고 합니까?"

하고, 강경하게 안주 공격을 주장하였다. 가산에서도 이미 논의되었었으나, 대다수의 절대반로 완전히 묵살 당하였든 난문제다.

"우리의 지령의 목표가 무엇입니까? 안주, 평양을 거처 서울로 처올러가서 썩어 문드러진 서울 양반 놈들을 죄다 무찌르고 새로운 나라를

세우자는 것이 아닙니까. 그런데 기병한 지 이미 수삼 일이 지났는데도 불구하고, 청북(淸北) (청천강-淸川江-이북)산ㅅ골 속에서만 왔다 갔다 하며, 좋은 시기를 죄다 노쳐버리니, 이래 가지고서야 어떻게 대사를 성취하겠읍니까? 더구나 이십 일 기병 예정을 십팔 일로 닥인 것은, 각처에서 우리의 게획이 탈로되어, 저 편에서 공세로 나오기 전에 이 쪽에서 먼저 공세를 취하자는 것이 아니었읍니까? 적이 미처 칼을 갈고 신들메를 매기 전에 그의 목아지를 정통으로 찔러서 한번에 승부를 결정하자는 것이 아닙니까? 안주는 적의 목아집니다. 이 목아지를 내버려두고 궁뎅이를 아모리 주먹으로 때려본대야 무슨 소용이 있겠읍니까? 하루를 지체하면 그만치 적은 우리의 몇 수십 갑절 강하게 됩니다. 결전(決戰)을 하루하루 느추면 그만치 전국은 우리에게 불리할 것이니, 우리는 지금 곧 결전을 하여야 합니다. 그리고 그 결전의 장소는 안주입니다. 지금 곧 안주를 공격하지 않고, 이 좋은 시기를 노치면 서울은커녕, 평양도 못 가보고 패해버릴 것입니다. 대원수께서는 만사를 제페하고 즉시 안주를 공격하도록 결정하여 주시기 바랍니다."

"그것은 안될 말이오…."

경내가 입을 열기 전에, 옆에 앉은 군측이 정면으로 반대하였다.

"근본 이 작전은, 총참모와 참모가 대원수와 상의하여 결정한 것으로, 그렇게 중구난방으로 아무나 함부로 입을 벌리어 고집을 세울 문제가 아니오. 서울로 처올려가는 데 있어 안주가 얼마나 중요한 곳이라는 것을 누가 모르겠오? 적인들 모르겠오? 그러기 때문에 안주는 병영 소재지(兵營所在地)로, 성곽이 견고하고, 출반군졸(出番軍卒)이 우물우물하지 않소? 더구나 바로 그 앞에는 청천강(淸川江)이라는 큰 강이 끼어있어, 공격하기는 어렵고, 막기는 쉬워서 평안도에서 제일가는 요지인 것이 아니오. 이러한 요지가 당신의 말처럼 그렇게 유낙낙하게 함낙할 줄 아오? 경적(輕敵)은 병가의 소기(所忌)라 하오. 적을 업수히 여기다가는 후회막급이오. 당신은 적에게 준비할 여유를 주지 말자고 주장하지만, 적은 처음부터 상당한 준비가 이미 되어 있는 것이오. 안주는 더군다나 그렇소. 그러니까 결국은 우리는 조급하게 서들 것이 아니라, 남군이 영변, 태천, 개천 등을 함락시키고, 북군이 정주, 곽산, 구성, 선천, 철산, 용천, 의주를 함락시키어, 뒤에 아무 근심도 없이 만드러 가지고, 남군과 북군의 전 병력을 기우리어 정정당당하게 안주를 치는— - 이 밖에 무슨 좋은 방법이 있단 말이오? 참모는 어떻게 생각하오?"

군측은 자신만만하게 대린의 소론을 하나하나 논박하고서, 동의를 청하는 듯이 창시를 돌아보았다.

"전혀 동감이오. 총참모와 대원수가 십여 년을 두고 연구하고 또 연구해서 꾸미어낸 작전인데, 범연하겠오?— — 그러니 그것은 그만두고 이제부터 영변 공격이나 상의하는 것이 좋을 것 같이 생각하오."

평소에는 창시가 앞에 나서서 논쟁하고 군측은 뒤에서 관망하는 때가 많았는데, 오늘은 군측이 처음부터 흥분해서 서드는 바람에, 창시는 더 길게 느러놓을 말이 없었다.

"다른 분들은 어떠십니까?"

군측은 다시 좌우를 돌아보았다.

"총참모의 말슴이 지당하오."

모두 찬의를 표하였다.

가산 회의 때와 똑 같은 순서, 똑 같은 수단으로 대린의 주장은 완전히 묵살 당하고 말었다. 다만 가산 회의 때보다도 더 분명하게, 더 결정적으로, 다시는 더 어떻게 말을 내지 못하도록 면박 당한 것이다.

그러나 대린은 굴복지 않고, 다시 더 열열하게 주장하였다.

"백보를 양보하여 근본적 작전으로서 총참모 말슴이 옳다고 합시다. 그러나 그렇다면 안주병사(安州兵使) 이해우(李海愚)의 입장은 어떻게 됩니까? 신도 회의 때에 나를 보고 극력 노력하여 그를 우리편으로 끄러 넣으라고 하지 않었읍니까? 그만 끄러 넣으면 안주는 단번에 함락할 것이라고 하지 않었읍니까? 그리하여 그 동안 가진 수단을 다 써서 그를 우리편으로 끄러 넣어, 여기서 처들어자기만 하면 곧 내응하여 줄 것을 승낙하게까지 일을 만들어 놓은 것이 아닙니까? 그런 것을 이제 와서 여기서 우물쭈물하고 지체하게 된다면 그의 입장은 어떻게 됩니까? 우리는 신의를 지켜야 합니다. 비밀리에 결행하는 일일수록 신의를 지켜야 합니다. 신의 없이 무슨 일이 되겠읍니까?"

"신의를 주장하지만 이해우라는 사람이 그렇게 신용할 수 있는 인물이란 말이오? 만일에 그가 겉으로 내응하는 체하고, 실제에 있어서 이 쪽을 배반한다면, 한 번에 이 쪽은 전멸하고 말 것이 아니오?"

창시가 대린의 말을 중도에서 꺽으러 든다. 그러나 대린은 최후의 힘을 다하여 싸웠다.

"그것은 염려할 것이 없읍니다. 내가 즉접 교섭한 일도 있고, 그 동안 안주서 연락하고 있던 내응동지 이인배(李仁培), 이무경(李茂京), 이무실(李茂實) 등이 어제 밤에 여기 왔는데, 안주서는 별별 유언비어가 돌어 인심이 동요되고, 목사(牧使) 조종영(趙鍾永)이는 어서 서들어서 방비하자고 야단을 침에도 불구하고, 병사는 그저 쓸데없는 풍설이라고 쓸어 묻어 넘기고, 모르는 체하고 있답니다. 그리고 이인배를 보고 왜 빨리 처들어오지 안느냐고 무르며, 대본영에 연락할 수만 있거든, 곧 처들어오도록 전해달라고 하더랍니다. 지금 그를 의심할 여지는 조꼼도 없읍니다. 이제는 대원수의 일대 용단(一大勇斷)을 바랄 뿐입니다."

경내는 이 때까지 한 마디도 말을 하지 않었다. 대린과 군측이 서로 핏대를 세우며 격론을 하여도, 경내는 냉정한 태도로 묵묵히 앉어서 방관하였다. 경내는 원래 이런 회의에서 자청해서 부하들과 언쟁하는 일이 없으며, 먼저 부하들의 의견을 들어가지고, 결논만 딱 나리는 것이, 그의 습관이었다. 그러나 오늘은 그것뿐만도 아니었다. 경내에게는 군측도, 대린도, 여기 있는 아무도 모르는 극비밀의 대책을 강구하고 있기 때문이다. 가산서 홍총각을 타이르다 못하여, 그여히 그의 말대로 아무에게도 알리지 않고, 홍총각 단독으로 백여 명의 정예부대를 거느리고 불일중에 안주를 공격할 것을 용인하였기 때문이다. 그 때는 마지못하여 그저 묵허(默許)하는 형식을 취하였으나, 이제 와서는 그 때 그렇게 한 것이 참 잘 하였다고…… 속으로 오히려 기뻐하였다.

"너머 흥분을 말고 냉정히 합시다. 서로 토론하는 것도 좋지만, 세상 일이란 토론만으로는 해결 안될 것이오. 그러니 그 문제는 모두를 내게다 일임해 주. 내게는 확고부동한 성산(成算)이 있으니, 나를 믿어 주. 내가 전 책임을 지고 그 일에 당할 터이니, 너머 염려들 마오."

그의 어조는 다시없이 침착하였으며, 듣는 사람들에게 무슨 신비한 기분까지 주었다.

"그러면 결국 대원수께서도 안주 공격을 찬성 못하신다는 말씀입니까?"

대린은 이제는 최후의 유일한 희망까지도 허사로 돌아가는 것을 깨닫고, 비통한 소리로 반문하였다.

"대원수께서 일임하라면 그만이지, 무슨 또 군소리요?"

고측은 서슴시 않고 이것마자 물리쳤다.

대린이 동헌에서 나오자, 기다리고 있든 인배, 무경 형제가 일제히, 결과가 어떻게 되었느냐고 무렀다. 대린은 머리를 옆으로 흔들어 다 틀렸다는 것을 표시하며, 분을 못 참아서 주먹이 부르를 떨리었다.

"혼자 이 때까지 고군분투해 보았으나, 완전히 거부당해 버렸오. 맹자왈 공재왈만 찾는 놈들과는 이런 일이 처음부터 이야기가 되지 않소. 대원수까지도 그저 나에게 일임하라는 것뿐이오."

"그러면 우리들은 장차 어떻게 하여야 하겠오? 결국 남은 길이라고는……."
 인배는 낙심천만한 어조로 이처럼 말을 끄내다가 딱 끊었다. 그리고 모두들 한데 몰리어 그들의 숙소로 돌아갔다.
 그날 밤중이다.
 경내는 별실에서 잠을 이루어, 은저리는 쥐 죽은듯이 고요하다. 그 문 밖에는 위병(衛兵)둘이 모진 찬바람에 견데다 못하여 문간방에 들어앉어서 다 꺼저가는 화로의 모닥불을 끼고있어, 사람의 그림자 하나 볼 수 없다. 땅 우의 만물이 모다 숨을 죽이어 깊이 잠들고, 하날의 별까지도 찬바람에 얼어붙은 듯이 꼼작 안는다.
 이 때에 담 모퉁이에서 별안간 사람 그림자가 넷이 나타나, 허리를 굽히고 발자욱 소리 하나 내지 않고 살곰살곰 발을 미러 디디어, 쏜살같이 별실로 들어갔다.
 네 그림자는 모다 손에 칼을 빼들고 어둠 속에서 경내를 노리고 몰려 들어갔다.
 "웬 놈이냐!"
 경내가 이불을 박차고 이러스는 것과, 네 그림자의 칼이 나려지는 것이, 거의 동시였다. 경내는 잠결이었으나, 원래 체수가 적고 몸이 날래어, 일시에 머리 우에 나려지는 칼들을 손으로 막으며, 벽을 끼고 몸을 피해 가지고, 재빠르게 네 그림자의 틈을 타서 비호같이 도망하였다. 네 그림자도 발을 돌리어 바로 그 뒤를 쫓았다.
 그러나 이 때에는 문간방의 위병들이 뛰어나와
 "도적이여!"
 "반역자여!"
 소리소리 지르며 달려오고, 그 근방 여기저기서 군졸들이 잠을 깨가지고 몰려들어 왔음으로, 경내는 요행히 모면하고, 네 그림자는 금시에 수십 명 군졸들에게 포위 당하여 그 자리에서 모다 칼을 맞고 넘어졌다. 다소 저항도 하였으나, 중과부적이었다. 위병이 갖다가 밝힌 홰ㅅ불 밑에, 피투성이가 되어 죽어 넘어진 네 그림자의 정체가 비로소 분명하게 나타났다. 대린, 인배, 무경, 무실의 네 사람이다.

경내는 위기일발에서 모면은 하였으나, 칼을 막은 손은 세 군데나 베어져서 피가 뚝뚝 듣고, 이마로부터 상투 있는 데로 걸쳐서 꽤 깊게 칼을 맞아, 피가 콸콸 쏟아져나와, 얼굴이 피투성이가 되어 있었다.

군측, 창시, 히저 등의 수뇌부가 급보를 듣고 쫓아왔을 때에는, 경내는 너무나 출혈이 심하고 상처가 깊어서 완전히 혼수상태에 빠졌다. 생명에는 대개 이상이 없을 것 같았으나, 당분간 절대로 안정을 요할 것은 분명하였다.

"대린이라는 놈, 그 놈이 그렇게 안주 공격을 주장하드니 속으로는 전혀 딴 생각을 하고 있든 것이 완연하지 않소. 이런 음흉한 놈의 말대로 안주 공격을 하였든들, 큰일날 번하였오. 대원수께서 불의의 화를 당하시었으나, 위선 천만다행한 일이니, 우리는 이 자리에서 여기에 대하여 긴급하게 대책을 강구하는 것이 좋을 것 같소."

군측은, 경내가 이러나지 못하는 동안의 제 자신의 지위를 자각하여, 무거운 침묵을 깨트리고 이처럼 제의하였다.

"이번 일에는 총참모가 과연 선견지명(先見之明)이 있었다고 하지 않을 수 없오. 대린을 위시한 그 네 놈들이 우리한테는 내응동지의 탈을 쓰고 나났으나, 사실은 안주병사 이해우의 심복이었든 것이 분명하오. 그러니 이해우야말로 이번 이 일의 괴수며, 북군과 합세하여 안주를 공격할 때에는 제일 먼저 이해우라는 놈의 목을 베어야 할 것이오. 그리고 위선 급한 문제로, 대원수께서 완쾌하시기까지는 임시로 총참모께서 만사를 대행하여 처리하는 것이 좋을 줄 생각하오."

이처럼 창시가 먼저 군측 지지를 표명하였다. 그리자 모다 이에 호응하여 찬의를 표하였다.

그리고 그 자리에서, 사기(士氣)에도 관계할 것이라, 경내의 부상은 일반에게는 절대로 비밀에 부칠 것, 경내가 이러나기까지는 되도록 작전은 기정방침대로 진행시킬 것 등을 결의하였다.

十一. 安州

안주(安州)는 평안도에서 제일 가는 요지다. 바로 북에 청천강(淸川江)을 끼고 있고, 의주로 통하는 대로의 길목이라, 사십이 주의 병마(兵馬)에 대하여 명령권을 가진 평안병사(平安兵使)의 본영(本營)이 있다. 따라서 성곽이 견고하고, 출반군졸이 늘 주둔하고 있어, 시골 보통 소읍과는 그 형편이 매우 다르다.

안주가 이러한 요지니만큼, 경내도 여기를 함락시키기가 그리 쉽지 않으리라는 것을 짐작하였었다. 그리하여 관군(官軍)의 병력이 이리 집중되지 않도록 하기 위하여, 먼저 평양에서 대동관을 폭발시켜 폭동을 일으키게 하였든 것이다. 물논 이것은 실패로 돌아가고 도리혀 이 쪽의 비밀만 탈로시킨 결과로 되었으나, 경내의 안주 공격의 용의가 상당히 신중하였든 것만은 사실이다.

안주에 있는 내응동지로는, 김명의(金銘意), 김대린(金大麟), 이인배(李仁配), 이무경(李茂京) 형제 등이 있었는데, 이 중에서 김명의는 김진사라고 하여 제일 유력하였으나, 시골 샌님이라 그 태도가 극히 소극적이고, 김대린 이하는 모다 안주 병영의 비장(裨將), 혹은 교속(校屬)으로, 적극적이고 활동력은 있었으나, 믿음성이 부족하였다. 그러므로 모다 신도회의 이래의 동지들이나, 경내를 중심으로 한 수뇌부 측의 실뢰는 그다지 두텁지 못하였다.

그러나 안주에는 이러한 내응동지 이외에 훨신 큰 존재로, 미모한 입장에 서있는 안주병사 이해우(李海愚)가 있다. 그는 죽- 무관으로 지내왔으나, 글도 제법 잘 하였고, 더구나 병서(兵書)에는 깊은 연구를 쌓어서 지략이 비범하였다. 다만 현재 조정에서 정권을 잡고 세도를 부리는 김조순(金祖淳)의 무리들과는 파가 달라서, 안주병사의 자리도 언제까지 계속될 것인지 매우 불안하였다. 그러므로 무슨 기회만 있으면 김조순의 무리를 모라내고 중앙에서 당당하게 입신양명할 기회를 엿보고 있었다. 다만 원래 위인이 극히 침착하고 지략이 과인하여, 조곰도 표면에 나타내지 않고, 묵묵히 맡은 임무를 충실하게 해나갔을 뿐이다.

그리다가 신도회의에 참가하기 위하여 대린 이하 네 명이 한번에 싹 없어졌을 때 해우는 비밀리에 무슨 엉뚱한 일이 진행되고 있다는 것을 재빠르게 아러채고, 그들이 돌아온 후에 은근히 대린을 얼르고 어르만저서, 그여히 그 사실을 토로시키고 말었다. 대린 편에서도, 될 수만 있으면 해우를 이 편으로 끄러 넣으라는 경내 등의 요청이 있었음으로, 그러한 사실을 토로하였을 뿐만이 아니라, 참가만 해주면 중요한 자리에 앉혀서 크게 써줄 것이라는 말까지 전하였다. 해우는 여러 가지로 자세히 그 내용을 물어서 의외로 대규모인 데 탄복하여, 그 자리에서 바로 찬의를 표하고, 다만 자기 지위가 지위니 만큼 들어내 놓고는 할 수 없고, 비밀리에 측면에서 원조하고 협력할 것을 말하였다.

십이월을 접어들며, 심장치 않은 다복동의 수문이라든가, 거기서 피저나오는 여러 가지 유언비어로, 안주에서도 인심이 점차로 동요되며, 더구나 십팔 일에 이르러서는 내응동지들이 충동거리는 바람에, 수많은 시민들이 봇다리를 싸 질머지고 성 밖으로 피란하러 떼를 지어 몰려나갔다. 해우는 독한 감기가 걸려서 누어있는 체하고, 자기 집에서 둥굴둥굴하고 있었다. 십구 일에는 그 전날 밤 다복동에서 기별하여 가산을 습격하였다는 소문이 들려와서 안주읍 안이 물 끓듯 뒤끓어도 해우는 여전히 칭병하고 나지 않았다. 안주목사(安州牧使) 조종영(趙鍾永)이 혼자 몸이 다러서, 해우의 집에 쫓아와서, 이러한 대란이 터졌는데 병사로서 이처럼 아무 대책도 강구하지 안는 법이 어데 있느냐고 디려댔으나, 해우는 뜬소문이지 사실은 대단치 않으리라고 부인하여 버렸다. 종영은 크게 분개하여 병사는 도모지 믿지 못하겠다고 하면서, 제가 나서서 육방 아전과 군노 사령을 총 동원하여 북을 울리며 군졸을 소집하고, 피란 가는 시민들을 억지로 진정시키어 요동치 못하게 성문을 닫어버렸다. 그러나 내응동지들이 작고만 충동거리어, 새로 병정 모집에 응하는 자는 하나도 없고, 출번군졸들도 오지 않고, 별별 소문이 다 떠돌았다.

해우는 한편 대린을 시키어 기병하자마자 곧 안주를 공격할 것을 주장케 하였다. 평소에 병서를 정독하였드니 만큼, 작전상 그것은 절대적인 방법이라고 생각하였기 때문이다. 가산 회의에서 대린이 안주 공격을 주장한 것도 사실은 해우의 지령이었으며, 박천 회의에서 안주 공격을 주장한 것도 역시 마찬가지었다. 즉시로 안주를 공격하지 않으면 반드시 실패하리라는 것이 해우의 신념이었다.

그러나 가산 회의에서 대린의 주장이 완전히 묵살당하였다는 보고를 듣고, 해우는 경내와의 협력을 거의 단렴하였으나, 그래도 최후로 한 번 더 주장해보게 하였든 것이다. 이렇게 하여서도 듣지 안는 경우에는, 경내가 실패할 것은 결정적이니까 차라리 그의 목을 베어 조정에 바치어, 이것으로서 공을 세우도록 하라고- 인배, 무경 등을 시키어 대린과 협력하도록, 박천으로 보냈든 것이다.

그뿐 아니라, 이십일 일에는 박천군수 임성고가 옥중에서 몰래 써보낸 자세한 보고가 들어와, 해우로서도 이 이상 더 칭병하고 우물주물하고 있을 수가 없이 되었다. 그리고 연이어서 대린 이하 네 명이 경내를 암살하랴다가 실패하고, 도리혀 모조리 그들의 칼에 죽어버렸다는 보고가 들어왔다. 그 다음 이십이 일에는 곽산군수 이영식이가 변복을 하고 소를 타고 와서, 김사용 등의 북군의 행동을 자세히 보고하며, 안주 병영에서 후원만 하여준다면 제 개인의 원수를 갚기 위해서라도 죽자하고 싸워서 반다시 경내의 무리를 처 무찌를 것을 맹세하였다. 그리고 뒤를 이어 정주군수 이근주가 말을 타고 달려와서 정주가 함락한 연유를 보고하였다.

해우는 이러한 보고를 듣고 경내와의 협력을 완전히 단렴하고, 화가 제 자신에게 미치지 않도록 하기 위하여 자기의 비밀을 아는 유일한 생존자 김명의를 암살하여 버리고, 안주의 방비에 대하여서도 태도를 일변하여 종영과 힘을 합하여 군사를 모고, 병기를 정비케 하였다.

결코 박천서 군측이 추측하듯이, 해우는 처음부터 경내를 배반하기 위하여, 대린 등의 무리를 이용한 것은 아니었다. 다만 위인이 워낙이 침착하고 약어서, 어느 편으로 붓는 것이 유리할가를 저울에 다러, 조곰이라도 더 유리한 편으로 붓는- 철저한 기회주의자에 불과하였을 뿐이다.

한편 홍총각은 이십이 일 아침나절 정주에 입성하여 김사용과의 연락을 지은 후에, 바로 말을 달리어 송림(松林)으로 향하였다. 송림은 안주에서 청천강을 끼고 서로 맞건너다 보는 곳으로, 가산서 비밀리에 행동한 홍총각의 백여 명의 정예부대가, 먼저 여기에 도착하여 한편으로 안주의 동정을 살피며, 한편으로 홍총각 오기를 고대고대하고 있있다. 이십이 일 저녁나절 홍총각이 여기 도착하였을 때에는 명령일하(命令一下) 언제든지 움직일 수 있게, 이미 만단의 준비가 다 되어 있었다. 그리고 안주의 동정도 그 날부터 다소 경비가 심해지고, 병정들도 꽤 많이 모이고 하였으나, 대부분은 어린아이와 늙은이로 이 쪽에서 기습만 하면 단숨에 함락시킬 수 있다는 것이 완연하였다.

홍총각은 더 지체할 것이 없이 그 날 밤에 야습을 하기로 결정하고, 군량을 있는 대로 내다가 모다 저녁을 배부르도록 멕이었다. 그리고 빙판이 진 청천강의 어름의 조사라든가, 안주의 성을 넘는대 쓸 사닥

다리라든가, 어둠 속에서 제 편을 구별하기 위하여 쓸 암호라든가- 물 샐 틈 하나 없이 준비는 다 되었다.

초저녁이 지나 이윽고 밤이 깊어졌다. 홍총각은 전 부대를 한데 모아 최후의 훈시를 한 다음에, 막 출발의 명령을 나리려 할 때다. 그 때 경내로부터 밀사가 달려와서 급하게 경내의 진필의 밀서를 바치었다. 대린의 무리가 반역하여 자기가 중상을 입은 사실과, 안주병사 이해우가 대단히 수상하고 엉큼한 자라, 어떠한 음모를 하고있는지 전혀 예측할 수 없다는 사실과, 그러므로 안주 공격을 중지하고 곧 박천으로 오라는 내용이다. 그리고 이 명령은 절대적이니 어기지 말라고, 끝에 써있어, 그의 엄격한 태도가 표명되어 있다.

만사는 다 글렀다. 홍총각의 이 때까지의 가진 고심도 이제는 완전히 허사가 되고 만 것이다. 이 명령이 작전상 부당한 것은 의심할 여지가 없으나, 이번 이 계획 자체가 거의 수뇌부 전부의 반대가 있음에도 불구하고, 경내의 특별한 묵허(默許) 밑에서 진행되었드니 만큼, 이제 경내마자 이것을 반대하게 되었으니, 안주 공격을 중지하는 이외에 아무 도리도 없는 것이다.

홍총각은 비통한 어조로 부하들에게 밀서의 내용을 말하고, 다시 또 말을 달리어 박천 대본영으로 향하였다.

十二. 松林 싸홈

이십 일 밤중에 불이의 습격을 받어 중상을 입어 혼수상태에 빠젓든 경내는, 그 이튿날 저녁에야 겨우 의식을 회복하였고, 이십이 일 점심 때부터 겨우 정신을 차리어 들어누은 채로 군측 등과 만나서 급한 일부터 처리하기 시작하였다.

그가 제일 먼저 명령한 것이, 송림에 있는 홍총각에게 밀서를 보내어, 안주 공격을 중지시키는 일이었다. 자기들도 모르게 이러한 커다란 계획이 진행되었다는 사실을 알자, 군측은 펄펄 뛰며, 홍총각을 곧 불러다가 규율을 위반한 책임을 추궁하자고 서둘렀다. 경내는 책임을 추궁할 의사는 없었으나, 대린 이하 네 명의 행동으로 미루어보아, 안주병사 이해우가 무슨 커다란 모략을 하고있다고 밖에는 생각할 수 없었음으로, 어쨋든 위선 홍총각을 박천으로 부르는 것이 상책일 것 같어서, 밀서 속에다가 그러한 명령을 나리었든 것이다.

홍총각이 박천에 도착하여 대본영에 나타나자, 기다리고 있든 군측은 가장 준열한 태도로 홍총각의 규율 위반을 문초하러 들었다. 군측 편으로서는, 그 전에 회의가 있을 때마다 안하무인의 불손한 태도로 자기들을 모욕하고, 고집을 세우든 홍총각을, 이번 기회에 단단이 혼을 내어, 버릇을 가르처보자는 것이었다.

그러나 홍총각은 조곰도 굴복지 않고, 도리혀 이 때까지의 어느 때보다도 더 맹렬하게 군측에게 덤벼들었다. ― 전쟁이라는 것은 원래 위험한 것으로, 위험한 것을 두려워하는 자는 처음부터 전쟁에 참가한 것이 잘못이다. 관 쓰고 강도질을 하는 원놈을 하나 둘 죽였다고 소리소리 지르고, 선봉장에 임명된 사람이 조곰 대담한 기습작전(奇襲作戰)을 하려 한다고 벌벌 떨고 있으니, 이래가지고 무엇이 된단 말이냐? 이처럼 겁을 잔득 집어먹고 안전한 길만 찾다가는, 도리혀 우리의 목이 달어나고, 적에게 먼저 공격을 받을 것은 생각지도 못하면서, 그래도 내가 총참모네 내가 제갈량이네 하고 책상 앞에만 업대려 있대야, 일이 될 턱이 없다. 그러한 총참모 밑에서는 선봉장 노릇은 절대로 못하겠으니, 처벌하고 싶거던 처벌하고, 마음대로 하라!

홍총각은 이 이상 더 바랄 것도 없고, 또 상관이라고 끄릴 것도 없어서, 속에 있는 대로 울분을 한거번에 막 쏟아놓았다. 군측은 너무나 기가 막히어, 바로는 대항하여 감히 입을 열지 못하였다.

이윽고 경내가 보다 못하여

"우리는 지금 지극히 위태로운 시기에 놓여있으니, 그처럼 우리 내부에서 총참모와 선봉장이 서로 이러니 저러니 언쟁할 여유가 없는 것이오. 조고마한 과실은 서로 묻어주고 가려주어, 될 수 있는 데까지 서로 협력하여, 이 난국을 앞으로 어떻게 타개해 나갈 것인가― 이것이나 상의하기로 합시다."
하고, 둘을 뜯어말리어, 이야기의 방향을 돌리었다.
"지금이라도 늦지 않으니, 곧 제게 안주 공격의 명령만 나려주시요. 단번에 이해우라는 놈의 목을 베어, 이리 붙었다 저리 붙었다 하는 기회주의자, 반역자의 운명이 어떤 것인가를 만인의 눈앞에 보여주겠읍니다."
총각은 기세가 등등하게 여전히 안주 공격을 주장하였다.
"북군이 남하하는 것을 기다리어 우리의 전 병력을 기우려서 공격하여도 함락될지 어떨지가 의문인데, 선봉장이 혼자 백여 명의 군졸을 거느리고 안주를 공격한다는 것은, 선봉장 혼자는 아모리 용감하여도 위험하기 짝이 없읍니다. 더구나 대원수께서 이처럼 누어계신데, 그러한 위험한 작전을 세우는 것은, 내가 총참모로 있는 한, 용인 못하겠읍니다."
군측은 또 한사코 반대하였다. 홍총각으로서는 이 문제를 가지고 이 이상 군측의 무리들과 다투는 것은 지긋지긋하였고, 거의 피치 못할 운명인 것도 같았다. 또 경내로서도 제 자신이 이러나도 못하고 누어있는 몸으로 무슨 새로운 대담한 작전을 운운할 여지가 없었다. 결국은 처음 작전대로 북군의 남하하는 것을 기다리어 안주 공격을 개시할 것을― 다시 확인하고 말었다.
그러나 이러는 동안에도 주위에 있는 소도시에 대한 작전은 착착 진행되었다. 더구나 김사용의 북군은 눈부신 진출을 계속하였다.
사용은 이십이 일에 정주에 입성하였다가, 이십사 일에는 다시 북행하여 선천(宣川)으로 향하였다. 이 때 선천부사 김익순(金益淳)은, 김봉관(金鳳寬)의 진술로 철산(鐵山)에 있는 내응동지 정복일(鄭復一)을 잡아 족치다가, 의외의 대규모인데 겁이 덜컥 나서, 검산산성(劍山山城)의 방비를 검열하겠다고 핑계하고, 선천읍을 버리고 그리로 도망가버렸다. 그리하여 이십사 일 당일로 사용은 단숨에 선천읍을 완전히 점령하고, 검산산성에서 벌벌 떨고있는 익순을 잡아나리어 정식으로 항복을 받았다.

사용은 내응동지 유문제(劉文濟)로 유영장(留營將)을 삼고, 자기는 다시 철산(鐵山)으로 향하였다. 철산에는 정경행(鄭敬行), 정복일(鄭復一) 같은 유력한 내응동지들이 그 전부터 여러 가지 유언비어를 유포시키어 읍내의 인심을 동요시키었음으로, 철산부사 이장겸(李章謙)은 어리둥절하여 어쩔 줄을 모르다가, 이십오 일에 선천의 동정을 몰래 살피어보려고 선천 지경으로 향하였다. 그 때 마침 선천읍 옥중에서 나와서 철산으로 향하든 복일에게 발각되어, 그 자리에서 사로잡히고, 이내 철산읍은 함락되고 말았다.

그 바로 북쪽에 있는 용천(龍川)도 이와 전후하여 함락하였다. 용천부사 권수(權琇)는 읍의 북쪽에 있는 용골산성(龍骨山城)에 의거하여 반항하여 싸우다가, 이태만에 성을 버리고 의주(義州)로 도망가 버렸다.

북군은 이처럼 파죽지세(破竹之勢)로 올려 미렀는데, 한편 남군도 이십삼 일에는 박천의 북쪽에 있는 태천(泰川)을 점령하였다. 태천현감 유정양(柳鼎養)은, 도저히 단독으로 막아내지 못할 것을 짐작하고, 영변(寧邊)의 약산산성(藥山山城)으로 도망하여, 태천읍은 아주 간단하게 함락하였다.

그러나 아즉도 영변(寧邊), 구성(龜城), 의주(義州)는, 내응동지들의 필사의 노력에도 불구하고 함락되지 않고, 시일의 갈수록 방비가 견고하게 되었다. 경내의 점령 지구에서 도망간 원과 그 주위에 있는 다른

골 원들이 위태로운 이 세 읍으로 모이어, 정보를 교환하고 군졸을 동원하여, 일치 협력하였음으로, 도리혀 이 쪽을 위협하게 되었다. 더구나 의주에는 허항(許沆), 김견신(金見臣) 등의 의병 대장(義兵大將)이 의병을 모집하여, 한편 방비를 엄중히 하고, 한편 공격태세를 위하여 기세를 울리었다. 그리하여 결국 가산, 박천, 정주, 태천, 곽산, 선천, 철산, 용천의 여덜 읍이 함락되었으나, 청천강 이북을 완전히 평정하여 뒷근심 없이 만들어 가지고, 안주, 평양으로 향하겠다는- 당초의 계획은, 여기에 이르러 단렴하지 않을 수 없게 되었다.

형세가 이처럼 돌아가니, 만전지책(萬全之策)이라 하여, 소극적인 작전만 일삼아오든 군측, 창시도 이미 때는 늦었으나마 남군만으로 안주 공격을 감행할 것을 결의하게 되었다. 그리하여 이십육 일 밤에 본진을 박천으로부터 송림(松林)으로 옴기었다. 아즉도 기동이 부자유한 경내는 사인교를 타고 사람들의 눈을 피하여 맨뒤에 따라섰다. 일반 군졸들도 경내의 부상을 대개 짐작은 하였으나, 수뇌부 이외에는, 경내는 그 때까지도 절대로 만나지 않았든 것이다.

십이월, 그러나 때는 이미 늦었었다. 이십일 일 밤에, 평양감사 이만수(李晩秀)로부터 경내의 기병을 급보하는 밀게(密啓)가 서울 중앙 정부에 도착하였다. 이 변보(變報)를 듣고 서울 양반들은 모다 황겁하여 처자를 시골로 보내느라고 대혼란을 이르켰다. 그리다가 그렇게 바로 서울로 처들어오는 것이 아니라는 것을 차차 알게되고, 또 이요헌(李堯憲)을 양서순무사(兩西巡撫使)를 삼고, 박기풍(朴基豊)으로 순무중군(巡撫中軍)을 삼아, 훈, 금, 어(訓, 禁, 御) 삼영(三營)의 정병을 거느리고, 이십칠 일 오시에 서울을 출발하게 하니, 서울 양반들도 그제야 저윽이 안심하였다.

서울서 보낸 이 박기풍의 부대는 송림 싸홈에는 미처 참가하지 못하였으나, 안주 병영에서 관하 각군에 엄령을 나리어 중병을 독촉한 결과, 숙천부사(肅川府使) 이유수(李儒秀)를 위시하여, 중화(中和), 순천(順天), 함종(咸從), 덕천(德川), 영유(永柔), 증산(甑山), 순안(順安) 각 군의 수령이 각기 군병(軍兵)을 거느리고 모여든 수효가 불과 오륙일 동안에 이천 명을 넘게 되었다. 물논 이 중에는 노약(老弱)한 자가 많아서, 제일선에서 즉접 활약할 수 있는 자는 약 천여 명이었으나, 서울을 위시하여 남쪽에서 속속 후원병이 올 것이라, 위선 이것만으로 먼저 공격에 옴기기로 하였다.

그리하여 이십구 일 아침에 천여 명의 관군이 세 길로 나누어 빙판이 진 청천강을 건느기 시작하였다.

"저것들이 강을 다 건네어 진을 정비하기 전에 이 쪽에서 먼저 공격하는 것이 옳을 것 같으니, 어서 공격 명령을 나려주오."

홍총각은 송림에서 이것을 바라보고, 군측에게 이처럼 재촉하였다. 군측이 임시로 총지휘를 담당하였다. 이 때에 경내는 진두에 나오지 못하였든 것이다. 박천서 올 때에 사인교를 탔었으나, 너무나 무리였었음으로, 상처가 도지고 열이 바쩍 심하여, 꼼작을 못하였다.

군측은 홍총각의 재촉에 응하지 않았다. 적은 벌서 여러 날 대기하고 있든 것이요, 이 쪽은 여기 도착하여 이삼 일이 못되어 지리에 어두우니, 함부로 맹동하다가는, 도리혀 적의 모략에 빠진다는 것이다. 그보다도 적이 모다 건느면, 뒤가 바로 강이라, 퇴각이 부자유하게 될 것이고, 그 때에 그것을 분산시키어 그 하나하나를 포위하여 섬멸하는 것이 상책이라 하였다.

이윽고 관군은 강을 다 건네어 공격이 시작되었다. 이 때 관군의 진용은

주장, 평안병영 우후 이해승 (主將) (平安兵營 虞侯 李海昇)
우익장, 순천군수 오치수 (右翼將) (順天郡守 吳致壽)

좌익장, 함종부사 윤욱렬 (左翼將) (咸從府使 尹郁烈)

이처럼 삼진으로 나누어 오치수는 동편에, 이욱렬은 서편에, 이해승은 중앙 후방에 진을 쳤었다.
경내의 진에서도 일천오백여의 군졸을 삼진으로 나누어, 홍총각, 윤후험(尹厚險), 변대언(邊大彦)이 각각 인솔하고 여기에 대적하였다. 군측의 포위 작전의 명령대로, 윤후험은 일지병(一枝兵)을 거느리고 이해승의 뒤로 돌아나가고, 변대언은 일지병을 거느리고 적현(赤峴)을 쫓아 에워싸고, 홍총각은 일지병을 거느리고 이해승의 진을 향하여 정면에서 디리쳤다.
홍총각으로서는, 너머나 늦게 오기는 하였으나, 기다리고 기다리었든 결전이다. 그가 과거 일년 이상을 두고 조련하여 제 손으로 길러낸 삼백여 명의 정예부대를 독촉하여, 칼을 빼들고 진두에 서서 자충우돌하며 돌격하여 밀고 들어갔다. 이 공격이 너무나 용감하고 맹렬하여, 이해승의 진이 차차로 위태로워저, 좌익장 윤욱렬과 합진하기를 청하지 않을 수 없이 되었다. 그러나 윤욱렬은, 적에게 약한 것을 보일 수 없다 하며, 약간의 군졸을 분파(分派)하였을 뿐으로, 이해승의 진세는 시시각각으로 곤난하게 되었다. 더구나 윤후험이 이해승의 진을 뒤로서 포위하였음으로, 이제는 이해승의 진은 중위(重圍)에 빠저, 홀난을 일으키며 한 거름, 두 거름 뒤로 퇴각하게 되었다.
이 때 평안병사 이해우(李海愚)는 백상루(百祥樓)에서 진세를 살피고 있다가, 이해승의 진이 대단히 위태로운 것을 보고, 그 전 곽산군수 이영식(李永植)을 시키어 성내에 남아있든 천여 명의 군졸을 일시에 출동시키어 윤후험의 진을 습격하게 하였다. 경내의 진에서는, 관군이 의외로 수가 많은 데 놀랬다. 관군의 후원장(後援將) 이영식은, 제 일가족을 전부 잃어서 불과 같은 복수심으로 진두에 서서 군졸을 독촉하였음으로, 맨 늙은이, 어린아이들인데도 불구하고, 크게 기세를 올리었다. 그리하여 단번에 형세는 역전(逆轉)하여, 차차로 경내의 진이 밀리게 되었다. 더구나 관군에는 화총이 많아, 탄환이 비 오 듯하여, 경내의 진의 기병(騎兵)이 연하여 꺼꾸러지니, 이 때문에 더욱 흘난이 이러나, 홍총각의 정예부대의 용맹으로도, 대세는 이미 어찌할 수 없이 되었다. 결진(結陣)!— 아모리 외쳐보아야, 한번 밀리기 시작한 군졸은, 떼를 지어 우- 도망질 쳤다.

이리하여 제갈량으로 자처하든 군측의 작전은 안주병사 이해우 앞에 완전히 패퇴하고 말었다. 위선 눈 앞에 적만을 보고, 뒤에 대비하고 있는 적을 못 보았든 것이, 군측의 오산의 제일 큰 원인이었다.

날이 어둑어둑하게 저무러갈 무렵에, 경내는 사인교를 타고 패잔병 이백여 명을 거느리고 정주(定州)를 향하여 도망하였다. 경내가 정주를 택한 것은, 박천이나 가산은 성이 그다지 견고하지 못하였고, 또 적의 근거지에 너무나 가까웠기 때문이다. 다복동에 있든 수뇌부들의 가족들도 이 때 모다 정주로 끄러디렸다.

경내는 사인교 속에서 복장을 치면서 탄식하였다. 십여년 동안 고심참담하여 계획하여 이르킨 일이, 이루어지느냐 실패하느냐 결정되는-결전의 마당에 즉접 나서서 지휘하지 못하고, 이처럼 패전하게 되었으니, 참으로 억울하고 원통하기가 짝이 없었다.

十三. 反逆者

경내는 송림 싸흠에 패하기는 하였으나, 그렇게 아주 절망한 것은 아니었다. 성곽이 견고하여 지키는대 유리한 정주에 위선 임시로 입성하여, 여기를 지키면서, 북군의 남하하는 것을 기다리고 창성(昌城) 강게(江界) 등지의 구원병을 재촉하여, 다시 남진을 꾀하자는 것이, 경내의 생각이었다. 그리고 그러는 동안에 제 상처도 완전히 나어서, 즉접 진두에 나서서 지휘하게 되면, 사기(士氣)도 왕성해지겠고 전국을 다시 유리하게 이끄러갈 수도 있으리라고 생각하였다.

이 때에 창시와 송지염(宋之濂)이, 둘이 경내 앞에 나타나 난국의 타개책을 말하였다.

송지염은 원래 강게(江界)의 향임(鄕任)으로, 만주에 있는 중국 상인들과 어울리어 크게 장사를 시작하였다가, 수천량의 공금만 허비하고 이것을 갚을 길이 없어 고민하든 차에, 마침 다복동에서 경내가 기병하여 그 형제가 매우 우세하다는 소문을 듣고, 정부터 친교가 있는 창시를 찾어서 경내의 진에 참가하게 되었든 사람이다. 외양이 퍽이나 늠늠하게 생기고, 언변이 능난하여, 어데다 내노아도 단단이 한목 보는 사람이다. 능청맞게 협잡질을 잘 하여, 처음 만나는 사람으로 속지 안는 이가 없었다.

송림 싸홈에서 경내가 패하여 정주로 밀려들게 되자, 지염은 창시를 쏘사거리어 자기를 호병(胡兵)에게 후원을 청하러 가는 특사로 하여달라고 말하였다. 이것은, 자기가 그 전에 장사 관계로 호인들과도 교제가 많어서, 자기가 가기만 하면 성공할 자신이 충분히 있다는 것이다.

둘이 경내 앞에 나타나서 이것을 말하였을 때에, 경내는 시험 삼어, 근자에 만주 우모령(牛毛嶺)이라는 곳에 새로 이러나서, 그 지방 일대를 점령하였다는 마적단의 이야기라든가, 칠팔 년 전에 자기가 즉접 가서 만나본, 마적단의 두목 정시수(鄭始守)의 최근의 동향이라든가, 여러 가지를 무러보았는대, 지염은 청산유수처럼 한 마디 막히지 않고, 자세하게 대답하였다. 만추의 지리에도 능통하고, 말도 통하고, 그러한 마적단 두목들과도 이미 그 전부터 다소 친교가 있는 듯하였다.

경내는 지염이 요구하는 대로 일만량이나 되는 대금을 주어, 되도록 속히 그들을 안내하여 올 것을 부탁하였다. 지염은 소 여러 필에다가 돈을 나누어 실고, 그 날로 북쪽을 향하여 총총하게 떠나갔다.

그리고 창시 자신은, 자기가 북군에 가서 남군의 골난한 사정을 전달하고, 또 북군의 작전을 되도록 빨리 끝 마추도록 독촉하여, 의주까지 함낙시키고서 바로 남하하도록 지도하겠다고 말하였다. 총참모로 있는 군측이 이번 작전에 실패하여 골난한 입장에 있는 이 때에, 참모의 자리에 앉은 자기로서, 하등의 적극적인 타개책을 강구하지 않을 수 없다는 것이다.

경내는 창시의 이 말 대로, 그를 북군에 보내기로 하였다. 이 때까지 대체로 순조롭게 진출한 북군이 그 작전을 끝마추고 빨리 남하한다는 것은, 경내로서는 제일 기대하는 바이었다. 아니, 이제 와서는 이 난국을 타개하여, 다시 안주, 평양으로 내밀게 되고 안되는 것은 북군의 작전이 성공하느냐 못하느냐에 달린 것이다.

창시도 그 날로 출발하여, 부원수 김사용이 머물러있는 양책참(良策站)으로 향하였다. 양책참은 선천서 의주로 통하는 대로 상에 있는 요지로, 사용은 제초와 함께 여기서 의주 공격의 작전을 의논 중이었다.

창시는 남군이 송림 싸홈에 패하여 정주에 입성하여, 여기서 관군을 막고 있으며 북군이 의주를 함낙시키고 빨리 남하하기를 고대고대한다는 것을 전하였다. 그리고 덮어놓고 의주 공격을 독촉하였다. 그러나 북군의 입장도 그리 용이하지 않었다. 각지에 소위 의병(義兵)이라는 것이 이러나, 이미 한번 점령한 지역도 새로운 위협을 받게 되었으며, 게다가 남쪽에서 수천 명의 관군이 밀고 올려온다면, 의병의 기세를 더욱 돋굴 것은 환-한 일이었다.

사용은 제초와 창시와 곰곰이 생각다가, 위선 제초를 다시 선천으로 나려가, 남군과 북군과의 연락을 확보케 하고, 사용과 창시는 허항(許沆), 김견신(金見臣)을 중심으로 한 의주의 강력한 의병에 대항하기로 하였다. 이 이외에는 아무 방법도 엇었다.

한편 관군에서는 이십구 일에 송림 싸홈에 이겨 가지고, 삼십 일에는 단숨에 박천 가산을 회복하고, 경내의 근거지 다복동을 습격하여 민가도 병사도 모두를 불 질러버렸다. 그리고 연하여 태천을 회복하고, 정월 초삼일에는 경내가 지키는 정주성 밖에 도착하여, 정주를 포위하는 태세를 가추었다.

처음에는 정주도 단숨에 회복하려고 세 차례나 군사를 재촉하여 돌격하여 보았으나, 성 밑까지 다다르자마자 성 우에서 큰 돌을 나려굴리고 뜨거운 물을 나려부어, 죽어 넘어지는 자, 부상하는 자가 부지기수였다. 세 차례 다 많은 희생만 내고 헛되히 물러섰다. 그리하여 당초의 방침을 변경하여, 정주성은 위선 포위한 채로 내버려두고, 정주 이북의 북군을 공격하여, 먼저 이것을 섬멸하여 버리기로 정하였다.

이 작전에 의하여, 정주 바로 북쪽에 있는 곽산을, 초팔일에 후원장(後援將) 이영식(李永植)과, 우익장(右翼將) 오치수(吳致壽)가 이천여 명의 군사를 거느리고 공격하였다. 이영식은 송림 싸홈에도 큰 공을 세웠었으나, 곽산은 이번에 제가 원 노릇을 하다가 혼이 난 곳이라, 그 원한을 풀기 위하여, 제가 자원하여 출동한 것이다.

이천 명의 대군이 불의에 처들어오니, 곽산을 시키든 소수의 수비군으로는 도저히 대항할 방도가 없었다. 더구나 공교럽게도, 유진장(留鎭將) 박성신(朴星信)이 소를 잡고 술을 빚어, 군졸들과 한참 즐기든 판이라, 제대로 싸워보도 못하고 참패하여, 순식간에 곽산은 관군에게 점령당하고 말았다.

성신은 겨우 몸만 빠져나와, 선천으로 달려가서, 제초에게 이 소식을 전하고 후원을 청하였다. 제초는 이 날 막, 남군과 북군의 연락을 확보하기 위하여 양책참에서 나려온 판이었다. 몹시 피곤하고, 또 군졸도 그 수가 삼사백에 불과하였으나 제초는 주저하지 않고, 바로 곽산으로 향하여 말을 달렸다. 곽산 싸홈에서 도망갔든 군졸들도, 제초의 후원군이 온다는 소식을 듣고 다시 모여들어, 전부하면 그럭저럭

천여 명에 달하였다.
 그러나 곽산을 회복한 관군은, 구일에 좌익장(左翼將) 윤욱렬(尹郁烈)이 인솔한 칠백여 명의 군사가 새로 도착하였음으로, 도합 이천칠백 명에 달하였다. 수로서 거의 삼배가 되니, 양군이 부닥칠 때에, 관군이 절대로 우세할 것은 처음부터 뻔-한 일이다.
 곽산읍 서편에 사송야(四松野)라는 들이 있어, 양군은 여기서 부닥쳤다. 이 싸홈은 송림 싸홈 이상의 대격전이며, 또 북군이 유지되느냐 못 되느냐가 결정되는- 북군의 운명을 좌우하는 큰 싸홈이었다. 제초는 진두에 나서서 필사의 힘을 다하여 싸웠으나, 워낙 수가 부족하여, 한참 싸우다보니 제초의 군사는 판군에게 완전히 포위 당하고 말았다. 이러한 평야에서는 무기에 별차가 없는 이상, 결국 그 군사의 수효의 다과가 대세를 결정하는 것이였다.
 제초는 대흘난을 일으키어 이리 닫고 저리 닫는 군졸을 모아 이끌며 또 얼마 동안 싸워보았으나, 시각이 지날수록 더욱 흘난을 일으키어, 독력으로 어찌 할 도리가 없었다. 제초는 싸홈을 단렴하며, 양책참에 가서 닥시 진용을 정비하여 나려옴만 같지 못하다 생각하였다. 그리하여 칼을 휘둘러 관군 오륙 명을 한거번에 배어 넘기고, 그 포위망을 뚫고 북으로 도망하였다. 그러나 중도에서, 돌연 매복하고있든 관군이 일부대가 나타나 길을 딱 막았다. 제초는 필사의 힘을 다하여, 길 막는 자들을 베이며 몸을 날리다가, 말 등자가 끊어지며 말에서 뚝 떨어졌다. 말에서 떨어져서도 한참 접전을 하였으나, 겹겹이 싸고 덥비는 수백 명의 군사를 혼자서 막어낼 길이 없어, 그여히 사로잡히고 말었다. 그리고 거짓 꾀여서 이영식의 진까지 끌고가, 거기서 칼로 베어 죽였다.
 사송야의 패전과 제초의 죽엄이 한번 전하여지자, 그 때까지 파죽지세로 연전연승하던 북군은 모다 낙심천만하여, 어찌할 바를 몰랐다. 제초는 북군의 선봉장으로 가장 용감히 싸웠으며, 북군이 그처럼 기세

를 올린 것도, 사실은 제초의 공로에 힘입은 바 많았다. 창시는 사용을 보고

"이제는 새로운 무슨 방도를 강구하여야지, 그대로는 중과부적이라, 접전하는 대로 패할 것이니, 애매한 장수와 군졸만 죽이지 맙시다. 창성(昌城)에 신도회의에도 참가한 내응동지가 하나 있어, 산간의 선방포수(善防砲手)들을 영솔하고 있는데, 이제는 내가 가서 그 선방포수들을 다리고 오는 수밖에 없겠오. 이것은 대원수께서도 전부터 계획했든 것으로, 지금 다시 대원수께 여쭈어 볼 것도 없을 것이오. 또 사세가 위급하여 그럴 겨를도 없겠오."

하고, 사용의 동의를 얻어, 군졸을 둘을 거느리고 창성으로 향하여 떠나갔다.

창시가 선방포수를 동원하기 위하여 창성에 가겠다는 것은, 물논 전연 거짓말은 아니었으나, 창시의 심정은 그리 단순한 것이 아니었다. 정주서 송지염(宋之濂)과 상의하여 떠나올 때에, 이미 둘 사이에는 은연중에 한 개의 약속이 있었다. 그것은 송림 싸홈에 패한 것으로 보아, 다시 형세를 회복하기는 어려울 것 같으니, 둘이 각각 떠나가서 되는 대로 해보다가, 요행히 전국이 바로 잡히면 경내의 편에 다시 가담하고, 그렇게 안되면 그 막대한 돈을 가지고, 산 속에 숨어버리든지, 시침이 딱 떼고 관군의 편을 들든지 하자는 것이다. 어느 편이 이기든지, 어느 편이 지든지, 형세를 잘 살피어 우세한 편에 가담하자는 것이다. 글께나 배워서 약어빠진 자들이란, 결정적 단계에 이르면 이처럼 동요하고, 반역 행위도 사양치 안는 것이다.

창시는 구성(龜城) 지경에 이르러, 길에서 행동이 수상한 자를 하나 만났다. 군졸을 시켜 잡어다가 족치니, 그는 철산 사는 조문형(趙文亨)이라는 자로 사용의 진에 있다가 도망하여 이리 피해온 것이 판명되었다. 창시는 군법위반이라고 바로 베이랴다가, 그 자가 하도 애걸복걸

하고, 또 제 자신의 심정이 심정인만치, 그대로 다리고 창성으로 동행하게 되었다.

몇일 후에 날이 저물어 산 속에 막을 치고 잠을 자게 되었는데, 창시의 호주머니에 은패(銀牌)가 번적거리는 것을 보고, 문형은 그것이 무엇이냐고 물었다.

"이 은패는 내응동지들 사이에 미리 다 배부되어 있어, 무슨 연락할 일이 있어, 서로 만날 때에는, 이것을 내가지고 맞후어 보아, 부합하면 서로 의심하지 않기로 되어있는 것이다. 그러므로 함부로 남 앞에 내놓지 않는 법이다."

창시는 은패를 들고서 이처럼 반 자랑 삼아 설명을 하고, 다시 깊숙하게 감추고, 들어누어서 잠이 들었다.

그러나 이것이 액운이었다. 문형은 이 은패를 보고, 이런 것을 가졌으니 필시 상당한 간부일 것이라, 이 목만 베어 가지고 관군에 갖다가 바치면, 많은 상을 탈 것이라고 생각하였다. 그리하여 자는 체하고 누어 있다가 몰래 창시 칼을 빼어, 한 칼에 창시의 목을 베어들고 발굼치를 돌리어 서쪽으로 도망질하였다.

문형이 선천에 이르러, 창시의 목을 장차 관군에게 바치랴 할 때에, 마침 선천부사 김익순(金益淳)을 만나, 일천량을 받고 그에게 팔었다. 익순은 이 창시의 목을 들고 정주의 관군에 나타나, 이것은 자기가 고심참담하여 베인 것이니, 이것으로 전일에 사용에게 항복한 죄를 용서하여 달라고 애걸하였다. 그러나 그여히 그것이 거짓말이라는 것이 탈로되어, 익순도, 문형도 모다 관군에게 사형을 받고 말었다.

이리하여 반역하려다가 미처 반역하지 못하고 죽은 창사의 목을 중심으로 하여 양편 사이를 왔다 갔다 하든 두 사람의 목까지 떨어지고 말었다.

한편 호병의 후원을 청하러 만주를 향하여 간 송지염(宋之濂)은, 일만량의 대금을 가지고 위선 고향인 강게(江界)에 들리어, 집어쓴 공금 삼천량을 싹 다 갚어버리었다. 그리고서는 양진의 형세만 관망하고 있다가, 경내 편이 불리하여, 북군도 멸망하고 외로히 정주성에 농성하게 되었다는 소문을 듣고 백팔십도로 전환하여 남어지 돈으로 대대적으로 의병을 모집하여 스사로 의병대장이 되어 가지고, 관군에 가담하여 정주성 공약에 단단히 한몫 보게 되었다.

이리하여 호병을 초청해올 중대사명을 띈 경내의 전권대사는, 하로밤 사이에 이를 배반하고, 도리어 경내의 혁명군을 에워싸고 총칼을 겨누었든 것이다. 이러한 반역 행위를 감행함으로서, 지염은 이 전쟁을 통하여 돈버리도 제일 잘하고, 공도 크게 세운 최대의 선공자가 되었다.

(후에 어떤 사람이, 지염의 이러한 파렴치한 반역 행위를 비난하니, 일대의 반역자 지염은 천연스럽게 대답하였다.

"내가 처음에 경내의 혁명군에 가담한 것은, 어떻게 해서 이 혁명군을 때려부실가, 그 기밀을 탐지하기 위하여 가담한 것이다. 그러므로 나는 처음부터 관군 편이지, 절대로 경내의 편이 아니었다. 만약 내가 그 때 일만량이라는 대금을 끄내오지 않었드라면, 경내는 그 돈의 힘으로 훨신 더 오래 버티었을른 지도 모른다. 범의 굴에 가야 범을 잡듯이, 경내의 혁명군을 때려부실랴면 그 진중에 가야만 하였든 것이다."

반역 행위는 언제든지 합리화할 수 있으며, 또 합리화할 구실도 있는 것이다.")

十四. 定州 籠城

송림의 패전으로 남군은 정주로 몰리고, 사송야의 패전으로 북군은 그 중심을 잃게 되어, 이미 대세는 어떻게 할 수 없는 파국에 이르렀다. 허항, 김견신을 대장으로 하는 의주의 의병은, 정월 십일 일에 사용이 지키는 양책참을 쳐 회복하고 더욱 기세를 높이며 남하하고, 사송야 싸홈에 이긴 관군은, 이와 전후하여 선천을 쳐 회복하고, 의기 충천하여, 북쪽으로 쳐 올러왔다. 남하하는 의병과 북행하는 관군 틈에 끼이어, 사용도 소ㅅ수의 수비군으로 어찌할 도리가 없어 모두 다 집어 치우고, 잔병을 걷우어 사이길로 숨어서 정주성으로 뛰어들어가 버렸다.

이렇게 되고 보니, 한 때는 청천강 이북의 팔읍을 점령하여 평안도 전부를 집어 삼킬 듯한 기세를 보이든 경내의 혁명군도, 기병한지 이십여 일에 작전의 실패와 반역자의 속출로 도처에서 패퇴하여, 정월 이십 일 경에는 정주성 단 하나를 보존하게 되었다. 이거나마 각처에서 관군과 의병이 칠팔천이나 모여들어 겹겹이 둘러쌌으므로, 정주성의 운명도 이미 결정되어있든 것이다.

그러나 이 정주성이 함락함에는 전후 사개월이나 걸리었다. 신미년(辛未年) 십이월 십팔일 기병한 이래, 임신년(壬申年) 사월 십구일 북장대(北將臺)가 폭발하여 정주성이 완전히 함락한 날까지 통산하면, 실로 다섯 달에 걸치는 것이다.

정주성 공방전(攻防戰)에 있어서의 양군의 가지가지의 고심, 교묘한 작전의 안출, 새로운 무기의 발명 등, 이야기거리가 많으나, 여기서는 일일히 그것을 기록할 여유가 없다. 다만 불과 이삼천밖에 되지 안는 경내의 혁명군이, 고립무원한 외로운 성을 지키어 사개월이나 싸워나갔다는 것은 그들이 죽어도 가치 죽고, 살아도 가치 산다는 운명의 공통됨을 자각하여, 참으로 일치 협력하여 가장 대담하게, 가장 용감하게 싸운 때문이었다는 것을 말하여 둔다. 그리고 여기서도 홍총각이 제일 용감하게 초인적인 활약을 하였다는 것을 말하여 둔다.

정주성의 함락과 함께 경내 군측, 홍총각, 히저, 사용 등은 어찌 되었나?— 이 중에서 사용은 제이회 공격전에 전사하고, 그 이외는 정주성이 함락할 때에, 혹은 성과 운명을 가치하고, 혹은 관군에게 사로잡히어 서울로 호송되어 참혹한 사형을 받었다.

  경내는 정주성과 운명을 같이 하여, 장열한 전사를 하였는데, 그의 죽엄을 원통하게 생각하는 이 중에는, 혹은 그 때 죽은 것은 가짜 경내고, 진짜 경내는 거기서 빠저서 도망하여 산 속에 들어가서 중이 되었다고 말하는 이도 있다.

  그러나 경내가 죽었던 살었던, 용이 되려다가 용이 못된 것만은 사실이며, 용강(龍岡) 이시미는 그여히 이시미에 그치었다는 것만은 사실이다.

(一九四七. 一. 七.)

主要人物

洪景來 = 平西大元帥, 龍岡出身, 三十二歲(或은 二十九歲), 最高의 指導者, 定州 陷落時에 戰死.

禹君則 = 總參謀, 泰川出身, 賤孼子, 三十八歲? 定州陷落時에 生擒.

金昌始 = 副參謀, 郭山의 金進士로, 士林에 名望이 있었다. 昌城 가는 途中에서 橫死.

李禧著 = 兵站長, 嘉山驛屬으로, 大富豪, 定州陷落時에 生擒.

洪總角 = 先鋒將, 郭山出身, 定州陷落時에 生擒.

李濟初 = 先鋒將, 价川出身, 郭山 四松野 싸홈에서 戰死.

金士用 = 副元帥, 泰川出身, 北軍의 最高指導者, 定州籠城時에 第二回 攻擊戰에 戰死.

洪景來 參考地圖

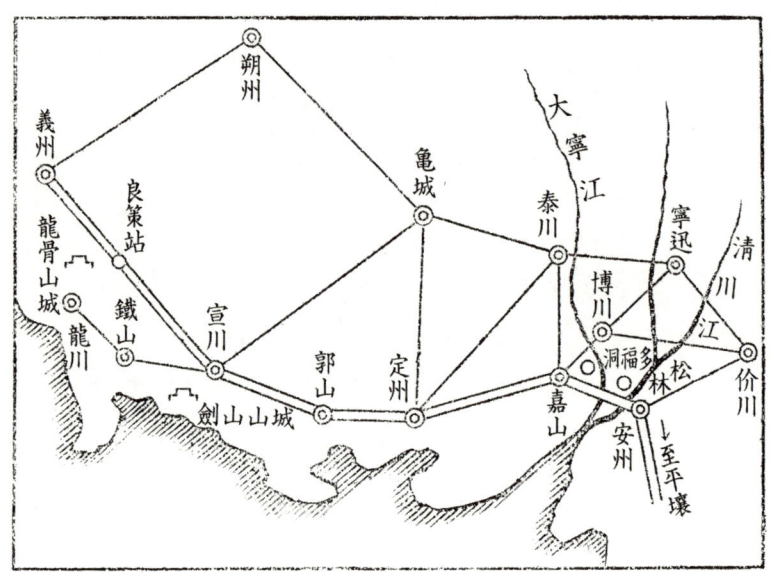

後記

홍경내는 매우 유명하기는 하나, 그 자세한 내용이 일반에게 별로 알려지지 않았다. 그리하여 일반 독자를 위하여는 다소 긴- 설명이 필요하였다. 이 설명 때문에 의외로 맷수를 초과하였는데 그럼에도 불구하고 설명조차 제대로 된 것 같지 않다.

홍경내에 대하여는 『신미록』(辛未錄)이라는 이야기책도 있기는 하나, 홍경내의 혁명군의 정신을 무시하고, 관군 편을 들어 의병대장들의 용감한 행동을 예찬한, 극히 반동적인 작품이다. 별로 참고할 자료가 되지 못하였다.

이 이외에 현상윤(玄相允)씨가 그 전(一九三二年 七月)에 동아일보(東亞日報)에 쓴 홍경내전(洪景來傳)과, 일인 소전성오(小田省吾)가 쓴 『辛未洪景來亂의 硏究』라는 책이 있어, 둘 다 많이 참고하였는데 더구나 현상윤씨의 글은 귀중한 자료며, 내용도 혁명 정신이 줄기차게 흘러있어 매우 진보적이다. 여기 삼가 감사의 뜻을 표하는 바이다.

홍경내를 쓰라면, 용강에도 가고, 다복동, 정주 같은 데도 가서 자료를 수집하여 가지고 붓을 드는 것이 옳았을 것인데, 지금은 사정이 그것을 허락지 않아, 아무 준비도 없이 대담하게 붓을 놀리었다. 미비한 점, 그릇된 점이 비일비재일 것이나, 위선 이대로 내놓는다. 후일에 기회 있는 대로 다시 고치려 한다.

西曆 一九四七年 三月 五日 初版

洪景來傳 [臨時定價 四十五圓]

著　者 李明善
　　　　서울市 忠正路 一街 十五
發行者 朴完植
　　　　서울市 中區 芧洞 二街 八十四
印刷者 柳寅昶

發行所 서울市 西大門區 忠正路 一街 七十五番地
　　　　朝鮮金融組合聯合會
電話 光化門 (3) 代表 二七二0番地

協同文庫 刊行의 辭

　우리는 우리나라를 오랜 文化를 가진 나라라고 자랑하고 있습니다. 그런데 現實에 있어서는 우리나라는 文盲이 많기로 有名한 文化後進國입니다. 一部 文化人의 對話를 옆에 앉은 無識한 大衆은 外國말처럼 못 아러듣는 딱한 現狀에 있습니다.

　百姓을 蒙昧한 채로 내버려 둔 것은 封建的인 王朝專制政治로 始終한 朝鮮에 있어서 特權階級者만이 自己네가 享有하고 있는 그 特權을 오래 持續 獨占하려는 心思에서 나온 惡辣한 政策으로서 이러한 因襲에 젖은 無智한 大衆은 여긔 對해 不幸을 느끼면서도, 오히려 當然한 것으로 생각할 만치 줄곳 그늘 속에 살라왔으니 反旗를 들어볼 念도 못내는데 이 不合理한 惡弊가 곳처질 理가 있었겠습니까.

　世界의 新思潮가 우리 鐵壁같은 깊은 꿈을 깨트리고 겨우 新文化運動이 擡頭되려 할 무렵, 우리들은 악착한 日帝의 奴隸生活로 돌어가 朝鮮文化 自體가 뿌리채 뽑혀지는 危急한 地境에 허매였으니 朝鮮的인 新文化運動이란 싹도 터보지 못하고 다시 封建的인 暗黑時代로 들어가 大衆의 愚昧를 열기는커녕 文盲의 病身만 그대로 늘어갔습니다.

　그러나 世上은 바뀌어, 萬人의 智慧와 力量을 가치 기우려 政治도 의론하고 産業이며 經濟도 建設하야 民主主義 새 朝鮮을 이룩해야 할 때가 된 것입니다. 無智한 文盲이 몽이여 튼튼한 새나라를 세우려는 것은 砂上에 樓閣을 세우려는 게나 다름없이 虛妄한 노릇이요, 무엇보다도 앞서 우리의 文化水準을 높이자는 까닭이 여긔 있는 것입니다. 特權者는 그들의 獨占物이든 書冊을 大衆 앞에 開放해야 되고 大衆은 特權者에게서 解放된 書冊을 通하야 文化民族으로서의 資格을 갖후기에 힘써야 합니다.

　그런데 아모리 書肆에, 書庫에, 充積된 좋은 書冊일지라도 그대로 開放만 해준다고 그것이 知識水準이 얕은 大衆을 즐겁게해주지 못하고 그들 大衆에게 곧 糧食이 되고 피와 살이 될 수는 없읍니다. 學問과 藝術의 普遍化를 꾀하는 데는 먼저 書冊의 大衆化를 前提로 해야 합니다.

　農民의 啓蒙을 그 事業의 하나로 하고 있는 朝鮮金融組合聯盟會가, 정말 農民의 손에서 떠나지 않을 冊, 農民에게 꼭 주고 싶은 冊을 골라내어 萬人의 手中에 들어가게 할 수 있도록 犧牲的인 價格으로 刊行 頒布하야 將來할 朝鮮文化를 爲하야 이 文庫를 世上에 내어놓게 된 것은 애오라지 書庫나 書肆 店窓에 新刊書의 種目이나 느려보자는 데 있지 않은 것을 料解해 주실 줄 믿는 同時에 永遠性 있는 이 事業에 對하야 知識을 求하고 藝術을 사랑하는 讀書大衆의 公正한 叱正과 不斷의 應援을 비러마지 않는 바입니다.

　　　　　　　　　　　　　　　　　　一九四六年 十月
　　　　　　　　　　　　　　　　　　朝鮮金融組合聯合會

壬辰錄

李明善 校正

序

우리가 古典을 硏究하는 것은 케케로 쌓인 먼지 속에 머리를 끌어박고 精神을 昏迷하게 만들기 爲해서가 아니다. 우리는 現在를 爲하여 現在 生起하는 여러 가지 問題를 옳게 보고 옳게 處理해 나가기 爲하여 古典을 硏究하는 것이다. 古典에 沒頭하는 사람은 現在를 잊기 쉽고 現在에 沒頭하는 사람은 歷史的 敎訓을 等閑히 하기 쉽다. 古典을 硏究하며 그 속에서 現在의 여러 가지 問題에 對한 歷史的 敎訓을 發見하여야 하며 이러한 確固한 信念 없이 그저 漠然히 古典에 對한다면 또 古典 自體도 똑바로 보여지지 않을 것이다.

只今 壬辰錄을 世上에 내놓으며 이러한 느낌이 더욱 切實하다. 超自然的 超人間的인 꿈이니 奇蹟이니 道術이니가 全篇에 充滿해 있는 이 壬辰錄에서 우리는 그래도 現在를 爲한 무슨 歷史的 敎訓을 發見할 수 있을가? 勿論 있다.

첫째로 倭놈은 우리의 원수니 미워하여야 한다는 것이다. 倭놈의 앞재비 玄永燮이라는 者는 "朝鮮 사람의 살 길은 日本 사람이 되는 以外는 없다."고 외쳤지만 實로 朝鮮 사람의 살 길은 倭놈을 미워하는 以外에는 없다고 말하지 않을 수 없다. 朝鮮에는 健忘症이 걸린 平和主義者가 意外로 많아서 解放된 지 不過 三年에 벌서 三十六年間 植民地 百姓으로서의 奴隷生活을 잊어버리고 倭놈과 倭놈의 앞재비에

對하여 寬大하기를 公公然하게 主張하고 있다. 希臘의 雄辯家 데모스데네스는 언제나 演說 끝에 "그러므로 마케도니아는 擊滅하여야 한다."고 結論 지어 希臘人의 마케도니아에 對한 敵愾心을 喚起시키었다고 하지만 오늘날 우리는 倭놈에 對하여 이러한 불 같은 敵愾心을 가져야 할 것이다. 원수를 미워할 줄 아는 사람들만이 同胞를 사랑할 줄 아는 것이다. 원수에게 寬大하거나 寬大하기를 主張하는 사람은 千萬以外로 도리어 同胞에게 殘忍하거나 殘忍하기를 主張하는 사람이다. 倭놈을 미워하라! 그리하여 同胞를 사랑하라! 둘째로 數十萬의 倭軍의 不意의 侵略으로 祖國의 運命이 風前의 燈火처럼 위태로울 때 國王과 그 官僚들은 재빠르게 首都를 버리고 平安道로 逃亡 가서 束手無策이고 地方에 農民들이 中心이 되어 組織된 義兵이 各地에서 烽起하여 겨우 戰勢를 挽回하였다는 事實이다. 中央의 無能한 官僚들은 이러한 義兵에 對하여 感謝는커녕 도리어 猜忌하여 자주 攻擊을 中止시키고 集結할 義兵을 解散시키어 그 機動性 있는 作戰을 一切 封鎖해 버렸다. 그리고는 敵과 싸우지 않았다는 얼토당토 않은 陋名을 씨우고 反逆者로 몰아서 虎翼將軍 金德齡은 殘忍無道한 拷問으로 獄死하고 天降紅衣將軍 郭再祐는 獄中에서 呻吟하다가 겨우 釋放되었다. 그들에게 罪가 있다면 오로지 倭敵을 미워하였다는 罪가 있고 나라를 사랑하였다는 罪가 있을 뿐이다. 萬若 이 義兵을 잘 統率하여 그 實力을 發揮시켰던들 中國에 救援兵을 請求할 必要도 없었을 것이며 그처럼 民族思想을 忘却하고 事大主義로 쏠리지는 않았을 것이다. 그리고 이 義兵이 精神이 그대로 줄기차게 흘러나려가 三百年後 韓日合倂을 前後해서 다시 復活하여 到處에서 倭兵과 싸우고 親日徒黨 一進會 會員을 暗殺하였던 事實을 잊을 수 없다.

이 以外에도 壬辰錄 속에는 우리가 배와야 할 歷史的 敎訓이 많이 있으리라. 그러나 要컨데는 倭놈을 미워하며 倭놈을 警戒하여야 한다는 데 歸結하리라. 원수를 미워하고 원수를 警戒하여야 한다는 이 平凡한 結論을 平凡하다고 等閑히 하여서는 안된다.

朝鮮 民族은 壬辰錄을 읽으라!

그리고 朝鮮 民族의 원수가 倭놈이라는 것을 明確하게 認識하라!

一九四八. 九. 二八. 李明善

凡例

一. 壬辰錄에는 여러 가지 種類가 있을 것으로 解放前에 日帝의 警察은 그것을 보는 대로 불 살러 버렸는데 아직도 特志家가 秘藏하고 있는 것이 적지 않을 것이다. 이 책은 한글本 『黑龍錄』과 漢文本 『壬辰錄』 두 種類를 되도록 平易하게 校正하고 飜譯한 것이다. 이 以外에 한글本 세 種類를 가지고 있어 그 內容도 이것과 多少 다르나 너무 번거러우므로 이 紹介는 後日로 밀우기로 한다.

一. 『黑龍錄』은 한글에다가 漢文을 섞어서 쓴 寫本으로 글씨는 能熟하나 意外로 誤字落書가 많아서 校正하는데 매우 困難을 느꼈다. 文脈이 잘 通하지 않는 데도 있고 人名, 地名이 不正確한 것이 적지 않고 綴字法도 全然 統一되어 있지 않다. 그리하여 記號는
…… 文脈이 잘 通하지 않는 데
( ) 比較的 難解한 語句를 되도록 原文에 依據하여 마땅한 漢字를 記入한 것
[ ] 人名, 地名 等에서 分明히 틀리었으나 參考 삼아 原文을 記入한 것. 그러나 애매한 것은 一切 原文 대로 두었다.
綴字法은 말의 原文을 破壞하지 않는 限度內에서 읽기에 便利하도록 統一하였다. 그러나 아직도 未洽한 點이 많다.
句節點을 찍고 段을 베풀고 그 대문의 主要한 人物의 이름을 내걸고 한 것은 모다 校正者가 任意로 한 것이다.

一. 漢文本 『壬辰錄』의 飜譯은 너무 지나칠만치 意譯하였다. 學術論文이 아니고 文學作品인 以上 이러한 態度가 原則으로는 옳다고 생각하나 여기에는 또 作品의 技術이 切實이 要求되는 것이라 이 點 飜譯者는 아무 自信도 가지지 못하였다.

一. 附錄으로 붙인「壬辰倭亂에 關한 傳說」은 極히 不完全한 것이나 壬辰錄을 理解하는 데 적지 안히 도움이 될 것 같아서 緊急하다고 생각되는 몇 가지만 뽑아서 실린 것이다.

※한글本 黑龍錄※

一. 최일영(崔一令)

각설. 이 때 조선대왕(朝鮮大王)게압서 한 몽사(夢事)를 웃엇시니, 엇더한 게집이 지장을 자루에 느어 이고 완연이 드러와 나려 노커날, 상(上)이 놀내 개다르신니 일장춘몽이라. 상이 제신을 불너 몽사를 설화하고 제신을 도라보아 왈, 경등은 이 몽사를 해득하라 하시니 영의정(領議政) 최일영이 주왈(奏曰) 신이 해득하오니 가장 불길하여이다 하니, 상이 가라사대 길흉간에 설화하라 하시니 일영이 복지주왈 신이 잠간 해득하오니 인(人) 변에 베 화(禾)하고 그 아래 기집 여짜(女) 하여 신이 이 글자난 왜짜(倭字)오니, 아마도 왜놈이 들러올 듯하여이다 하니, 상이 대노하사 꾸지저 왈 시절이 태평하거날 경은 웃지 요망한 말을 하여 인심을 요란케 하고, 짐(朕)의 마암을 불안케 하난요 하시며 일영을 원찬(遠竄)하라 하시니, 일영이 복지사죄왈, 소인이 지식이 읍사와 요망한 말을 하여사오니 그 죄난 만사무석(萬死無惜)이오나 복원 폐하난 죄를 용서 …… 하며 돈수애걸(頓首哀乞)하니 상이 대노하사 왈 잔말 말고 밧비 적소(謫所)로 가라 하시니 일영이 할일읍서 적소로 가서 주야로 임군과 처자를 생각하고 탄식을 마지아니하더니 이 때난 임진년(壬辰年) 춘삼월이라 백화난 만발하고 방초난 요요한대 고향을 생각하고 마암이 산난하여 누각에 올나 산천을 구경하더니 문득 광풍이 일어나며 삼척 돛대 단 배 천여척이 해상애 떠드러 오거날. 일영 대경하여 동내부사(東萊府使)를 불너 왈 적선(敵船)이 들어오니 그대난 밧비 군사를 거두어 도적을 막으라 하니 부사 황겁하여 일변 군사를 거두며 일변 장게(狀啓)하더니 발서 왜적이 배를 강변에 대이고 왜장(倭將) 소섭(蘇攝)이 칼을 들고 강변에 뛰여나와 소래를 벽력갓치 지르며 외여 왈, 조선 동내부사난 빨리 나와 내 칼을 바드라 하고 달여드러 부사 이순경(李順敬)을 베혀 들고, 칼춤 추며 재조를 불이며 이러타시 희롱 하니, 왜국 대장 청정(淸政)이 대히하야 북을 울이고, 억만 장졸이 물 끌 듯하며 살 같이 드러오니 군사가 칠십만이요 용장(勇將)이 수만여 원이라.

청정이 장대에 안저 제장 군졸을 각각 소임(所任)에 막길 새 소섭으 로 하야금 강원도(江原道) 원주(原州)를 치고 평안도(平安道)를 치라 하 고, 동경청(東京淸)으로 하여금 정병(精兵) 일만과 용장 천여원을 주며 왈 그대난 전나도(全羅道)를 치고 김해(金海) 군양(軍糧)을 수운하라 하 고 문경(文京)을 불너 정병 오만과 용장 수천여원을 주며 왈, 충청도(忠 淸道)[原文. 江原道] 영동(永同)을 치고 함경도(咸鏡道) 이십육주를 치라 하고, 부경(府京)을 불너 정병 이십만과 용장 삼천여원을 주며 왈, 그대 난 강원도 …… 십팔주를 치고 군양이 진하거던 강원도 …… 으로 군 양 …… 을 수운하라 하고 마용(馬龍)을 불너 정병 일만과 용장 천여원 을 주며 왈 그대난 전나도 가서 황해도(黃海道)를 치라 하고, 평수길(平 水吉)을 불너 …… 군사 오만과 명장 수천여원을 주며 경상도(慶尙道)를 치라 하고 청정은 남은 장졸을 거나리고 경상우도(慶尙右道)를 짓치고 충청좌도를 치고 소섭은 충청우도를 치고 경기도(京畿道)로 득달하여 조선 왕을 항복 바든 후에, 내가 스사로 조선 왕이 되여 그대 등을 일 품(一品) 벼살을 주리라 하니, 제장 군졸이 일시에 영을 바들 새 만일 군중에 영을 어기난 재 있으면 군법으로 시행하리라 하니, 수만여원 제장이 청영(聽令)하고 군사를 반분하야 팔도에 해여저서 지치니 고각 함성(鼓角喊聲)은 천지에 진동하고 기치창검(旗幟槍劍)은 해볏철 희롱 하니 웃지 조선이 망극치 안니하리요.

팔도 백성이 난을 보지 못하다가 뜻 박게 난을 당하니, 남녀노소 읍시 서로 붓들고 통곡하며 피난하니 웃지 살기를 바라리요. 이러한 우름소래 산천에 낭자(狼藉)하니 그 가련하고 불상한 경상은 차마 보지 못할너라.

각설 이 때에 왜장 소섭이 바로 군사를 모러 강원도로 향하더니, 왜국에서 소섭의 매씨(妹氏) 편지가 왔거날 하여씨되, 제번(除煩)하고 소나무 송짜(松) 있난 곳절 가지 말고 송짜 있난 곳절 가면 대패할 거시니 부대 가지 말나 하여거날. 청송(靑松)과 송도(松都)를 가지 안코 강원도로 드러가 강원감사(江原監使) 이내(李來)와 평안감사 이공태(李公太)를 벼히고, 그 골 기생 월천(月川)은 천하의 절색이라 주기지 안코 첩을 삼어서 주야로 연광정(練光亭)에 노러 풍유로 세월을 보내더라. 이 때 왜장 등이 군사를 모라 좌우충돌하더라. 선봉장(先鋒將) 청정이 경상도 치고 조령(鳥嶺)을 넘어신니 조령별장이 방비치 못하여 청정이 칼에 죽으니 그 위험을 막을 재 읍더라.

二. 이순신(李舜臣)

이 때 퇴재상(退宰相) 이순신이 이런 변고를 당할 줄 알고 거북배 수천 척을 지여 물에 띄우고 그 안에 수만여 군사를 용납케 하고, 배 우으로 군역을 무수히 뚤코 배 안에서 밥을 지어 먹게 하고 연기난 배 입으로 나오게 하니 완연한 큰 거북이 물에서 떠단니며 흉사한 안개를 토하게 하여거날. 왜장 등이 바래보고 대경하여 활과 총으로 무수히 쏘니 거북 등에 살이 무수히 바혀시되 안은 뚤지 못하난지라.

수천 척 거북이 창망해상(蒼茫海上)에 떠단니며 방포소래 나며 살이 비 오 덧하며 군사가 무수히 주그니, 청정이 대경하여 …… 칼과 창이 빗발치 덧하되 거북언 달여들어 입으로 안개를 토하며 살이 비 오 덧하며 군졸이 분분이 너머진니 왜장이 당치 못할 줄 알고 적기(赤旗)를 두루며 또한 산으로 올라가니, 순신이 급히 조차 군사와 배를 재촉하야 적진을 조차 조선 한산도(閑山島)[原文 韓由東]에 다다르니 좌우 산세난 울울한데 반석 …… 상에 철죽, 진달래, 두견화난 반만 웃고 반기난 듯하고 왼갓 비조(飛鳥) 날어들어 춘몽을 히롱하니 슬푼 마음 절노 난다. 경개를 구경타가 홀연 깨달어 좌우 산천을 바래보니, 산세가 험악하야 갈 기리 읍거날 제장 군졸이 함지에 빠저 죽넌 줄 알고 서로 붓뜰고 통곡하며 살피보니, 발서 죽난 재 태산 갓고 피 홀너 성천(成川)한지라.

이순신이 중군(中軍)에 분부하야 나문 군사를 매복하여다가 급히 나려가 적신을 지치니 적졸이 죽으미 태산갓거날. 순신이 승전고(勝戰鼓)를 울이며 본진으로 들어갈 새 한 군새 보하되 적병이 무수히 온다 하거날. 순신이 군사를 재촉하야 급히 둘어 대적하더니 적진으로서 방포 소래 나며 화살이 순신의 억개를 맛치니 순신이 황겁하야 선창 박게 나와 하날게 축수하고, 왜전(倭箭)을 먹여 종일토록 쏘다가 기운이 쇠진하야 살에 마저 죽으니 제장 등이 군중에 전영(傳令)하되 순신의 …… 기색을 내지 말나 하고 …… 장의 ……를 배머리에 세우고 적진을 조처가며 고함하니 왜장 등이 배를 물에 띄우고 달어나거날. 인하야 순신의 신체를 빈(殯)하고 이 연유를 나라에 상달코자 하더니, 도로혀 왜적이 침노하기로 상달치 못하더니, 왜장이 순신이 죽었단 말을 듯고 대히하야 왈, 이제는 조선에 명장이 읍시니 조선을 함몰하리라 하고 바루 경성(京城)으로 향하니라.

당초에 청정이 십만 대군을 거날여 경상도를 칠 새, 진주 병사(晉州兵使) 양익태(梁益台)와 경상감사 이짐(李朕)을 항복 받고 선봉을 삼어 길을 갈너 치게 하고, 청정은 우도(右道)를 치고 상주(尙州)를 치니, 상주목사 남덕천(南德天)이 방비치 못하야 청정의 칼에 죽넌지라.

경상도를 파하고 칠십일주 수령(守令)으로 군양을 수운하라 하고, 조령을 너머 충청도를 치니, 이 때 신입 장군(申砬將軍)이 충청도 군사를 거두어 조령산성에 유진코자 하다가, 게집의 간게에 빠저 군사를 퇴진 하야 탄금대(彈琴台)에 유진하고 기다리더니 청정이 조령을 너머 신입 의 진을 바라보고 대히하야 왈, 조선에 명장이 읍심을 가이 알겟또다. 신입이 우리를 막지 안니하고 강변에 배수진(背水陣)을 펴시니 우숩다 옛날 한신(韓信)은 배수진을 처서 조군(趙軍)을 파하였거니와 이제 신 입이 배주진을 치고 웃지 나를 당하리요 하고, 일시에 군사를 재촉하 여 지치니 신입이 밋처 손을 놀리지 못하야 십만 대병을 순식간에 함 몰하고 신입이 할일읍서 하날을 우르러 탄식하고 물에 달여들어 빠저 죽으니, 죽음이 강수를 막어 물이 흐르지 못하난지라. 청정이 승전고 를 울이며 군사를 최진하여 충주목사(忠州牧使) 지군(池君)을 벼히고 병 사 문명(文名)을 벼히고 제장이 순신을 탐지하고 경기도로 향하니 그 형세를 당할 재 읍더라.

三. 정출남(鄭出男)

각설 이 때난 임진년 사월리라. 충청도 장게를 올이거날. 개탁(開坼) 하니 하여씨되, 왜적이 강성하야 칠십만 대병을 총독하야 동내부사를 죽기고 각도를 지치니 청정과 소섭은 삼국 조자룡(趙子龍)이라도 당치 못한다 하고 경상도 칠십일주를 항복 밧고 충청도로 와서 신입과 합전 하여 신입의 십만 대병을 함몰하고 신입도 물에 빠저 죽사오니 왜적이 승전하여 충주목사와 병사를 죽기고 경기로 향하오니, 복원 전하난 급 히 도적을 막으소서 하여거날.

상이 대경하사 최일영의 몽사 해득한 거설 그제야 아르시고 원찬 보 내신 거설 한탄하시며 더욱 생각하시며, 좌우 제신을 돌려보아 왈, 뉘 능히 왜적을 대적하리요 하시며 안으로 용장이 읍고 박그로 적세 위급하니 뉘라서 도적을 함몰하고, 종묘사직(宗廟社稷)과 도탄에 든 백성을 구하야 …… 짐이 근심을 읍게 하리요 하신대, 포도대장(捕盜大將) 정출남이 출반주왈 신이 비록 재조 읍사오나 한 칼로 왜적을 함몰하고 전하의 근심을 들이다 한대 상이 대히하사 군사 오만과 용장 오십여원을 주며 가라사대 경이 나가 조심하야 왜적을 함몰하고 짐의 근심을 읍게 하라 하신대 출남이 수명하고 남대문을 나와 제장을 불너 소임을 막길새, 김여춘(金如春)으로 선봉을 삼고 백여철(白如喆)로 중군장 삼고 남익신(南益信)으로 우익장(右翼將)을 삼고 양히발(梁喜勃)로 좌선봉을 삼고, 김치운(金治雲)으로 후군장 삼고 그 남은 장졸을 각각 소임을 정한 후에 정출남은 청총마(靑聰馬)를 타고 칠십 근 장창(長槍)을 좌우에 갈나 들고 군중에 하령 왈 군중애 만일 영을 어기넌 자 잇시면 군법으로 시행하리라 하고 행군하여 충주로 날려와 적진을 살펴보니 진세 웅장하거날.

출남이 싸홈을 도도니 청정이 운청동(雲天東)으로 좌익장을 삼고 제장의 소임을 각각 맥긴 후에 방포소래 나며 팔만금사진(八萬禁巳陣)을 치거날. 정원수 또한 방포 일성에 오행진(五行陣)을 치고 중군장 백여철로 진세를 지키게 하고 병창출마하여 크게 외여 왈 적장은 들르다, 네 아모리 무도한들 천의(天義)를 모루고 외람이 남의 예의지국(禮儀之國)을 침범하야 불상한 백성만 죽기지 말고 빨이 나와 내 칼을 바드라 우리 전하게압서 날로 하여금 너의들을 함몰하라 하압기에 왕명을 밧자와 왓시니 빨이 나와 내 칼을 바드라 하니 적진에서 한 장수 내달녀 외여 왈 조선 정출남은 드르라, 나난 왜국 선봉장 청용(淸龍)일너니 조고마한 네가 당돌이 우리를 능욕하야 우리 대군을 히롱하기로 네 목을 베혀 분함을 플이라 하고, 달여드러 합전하니 양진이 고각함성은 천지를 흔드난 듯 분분한 창 빗천 일월을 히롱하더라.

이십여합에 승부를 결단치 못하야 양장 싸호난 양은 두 뵘이 밥을 닷토난 듯, 청황용(靑黃龍)이 여이주(如意珠)를 다토난 듯하난지라. 출남이 기운을 도도워 소래를 질르며 칼을 날이어 청용을 치니, 청용의 머리 마하에 날려지거날. 칼 끗태 꾀여들고 크게 외여 왈 청정도 빨이 나와 내 칼을 바드라 하니 청정이 제 아우 죽음을 보고 분기를 충천하여 내닷거날 바라보니 신장이 구척이요 보신갑(保身甲)을 입고 일백근 철추(鐵椎)를 들고 우수에 일백근 명천검(鳴天劍)을 들고 적토마(赤兎馬)를 타고 살 갓치 드러오난지라.

정출남이 한 번 바래보니 정신이 아득하야 말 머리를 돌이어 본진으로 들어오더니 청정이 천등갓치 달려오며 외여 왈, 조선 장군 정출남은 닷지 말고 내 칼을 바드라. 네가 내 아우를 죽엿난다 하며 우수의 명천검으로 정출남을 치니 출남의 머리 마하에 떠러지난지라. 명천검으로 꾀여들고 십만 대병을 한 칼노 순식간에 함몰하고 횡행하야 베히니 죽음이 태산 갓고 유혈이 강수 괴엿난지라. 청정이 승승(乘勝)하야 승전고를 울이며 본진에 돌아오니 제장이 치하하여 왈 장군 용맹 곳 안이면 …… 귀신이로다 하니 청정이 소왈, 대장부 세상에 나서 용맹이 읍시면 만리타국에 나와 나무 나라를 웃지 치리요 하고 군사를 총독하야 도성(都城)으로 향하야 치니 그 형세를 당할 재 읍더라.

각설 이 때 전하게압서 정출남을 전장에 보내시고 십여일토록 소식을 몰나 근심하시더니 뜻 박게 양주(楊州) 땅에서 장게가 왓거날. 급히 개탁하여 보시니 하여씨되, 정출남은 양주에서 왜적과 합전하야 왜장 청용을 벼히고 돌이어 청정이 칼에 죽삽고 인하야 십만 대병을 함몰하압고 또 도적이 도성을 범하오니 복원 전하난 급히 도적을 막으소서 하여거날.

상이 놀내사 제신을 모아 탄식하야 가라사대 적세가 위급하니 무삼 게교를 내여 종묘사직을 안보하리요 하시며 용안(龍眼)에 눈물을 흘이시니, 좌우 제신이 황겁하여 웃지 할 줄을 모르더라. 수문장(守門將)이 급히 고하되 도적이 발서 한강(漢江)을 건넛다 하거날. 상이 망극하사 어영대장(御營大將) 최달성(崔達性)과 금위대장(禁衛大將) 백수문(白壽文)을 불너 성중의 백성이나 총독하여 동서남북 사대문(四大門)을 구지 직키게 하라 하시고 남문으로 나와 갈 바를 아지 못하시던니 김원동(金元東)이 주왈 평안도난 아즉 도적이 안이 드러왓다 하오니 복원 전하난 그리고 가사이다 하고 전하를 모시고 평안도로 가신이라.

이 때 도적이 조선 왕이 피난한 줄 모르고 도성만 직키고 둘너싸고 크게 외여 왈, 조선 왕은 빨이 나와 항복하라 하난 소래 도성이 문어지넌 듯하니, 성중에 인언 사람이야 그 안이 망극할가. 서로 붓뜰고 통곡하며 물 끌 틋하던니 문득 남대문으로 오색 구름이 이러나며 일원대장이 억만 대병을 거나리고 왜진을 혀쳐, 우뢰갓튼 소래를 질으며 청정을 불너 왈, 우리 조선국 사작이 사백년이 넉넉하거날 너난 방자이 천운을 모르고 불상한 백성만 죽여 시절을 요란케 하난요 밧비 물너나가. 나난 삼국적 관운장(關雲長)이라 하거날. 청정이 대경하야 바래보니 일원대장이 적토마를 타고 삼각수(三角鬚)를 거사리고 봉의 눈을 부읍뜨고 청용도(靑龍刀)를 빅겨들고 천병마를 거나리고 섯시니 완연한 관운장이라 황겁하야 말게 날려 평안도로 행한이라.

四. 김덕영(金德齡) [原文 金德陽]

이 때 평안도 평간(平康)(사실은 평강은 강원도) 땅에 있난 김덕영이라 하난 사람이 잇씨되 연광이 십오세요, 심은 능히 천근을 들고 일두(一斗) 밥을 먹고 둔갑장신(遁甲藏身)은 삼국 적 제갈양(諸葛亮)에 더한다 하되 시절이 태평하기로 농사를 일삼더니 가운이 불행하야 부친 상사를 당하매 애통으로 세월을 보내더니 뜻 박게 왜적이 조선을 둘너싸단 말을 듯고 모친 압페 나가 엿자오되, 소자가 듯사오니 왜적이 각가이 왓다 하오니, 복원 모친은 허락하압소서. 부친 상복(喪服)을 버서 상문에 살루고 왜적을 쳐 물이치고 국가의 근심을 들고, 시절이 태평하오면 소자의 일흠이 죽백(竹帛)에 올나 부모에 영화를 뵈압고 복녹(福祿)을 바들 덧하오니, 모친은 허락하압소서 한대, 모친이 꾸지져 왈 우리 집 사람은 너 하나뿐이다. 선영(先塋) 향화(香火)를 밧뜰 거시어날, 웃지 일언 말을 하난요. 옛날 명(明)나라 호왕(胡王)이 둔갑을 일우어 소대성(蘇大成)을 유인하여 장운동에 불을 질너씨되 소대성을 잡지 못하고 도로혀 대성의 칼을 면치 못하야 죽고 초패왕(楚覇王)의 역발산기개세(力拔山氣蓋世)로도 오강(烏江)을 못 건너서 머리를 베혀 정장(亭長)을 주어 신니 너 무삼 재조로 왜적을 물이치리요 속절읍시 전장 백골이 될 거시니 이런 말 내지 말고 농업이나 심씨라 하니, 덕영이 모친의 영을 거역지 못하여 탄식만 하더니 도적이 각가이 왓단 말을 듯고 모친을 모르게 상복을 버서 상문에 걸고, 집을 떠나 순식간에 왜진에 드러가니 청정이 김덕영을 보고 놀내여 수문장을 불너 호령왈 진문을 허수이 하여 조선 사람을 드러오게 하난요.

군중에 하령 왈 활과 총으로 쏘와 자부라 하니 활과 총이 비 오 덧하거날 김덕영이 몸을 피하얏다가 총과 화살이 긋친 후에 다시 진중에 드러가 청정을 보고 불너 왈, 나난 평안도 평강 땅에 사난 김덕영일너니, 네가 천운을 모르고 외람한 뜻절 가저 이기양양(意氣揚揚)하기로 내 왓시니 내 재조를 보라. 내일 오시(午時)에 네 수만명 군사 머리에 백지 일장식을 붓칠 거시니 그리 알나 하고, 문득 간 대 읍거날.

청정이 고이 여겨 제장에게 분부 왈, 내일 총과 활을 만이 준비하엿다가 사시말(巳時末) 오시초 되거던 일시에 짐성이라도 쏘와 죽기라 하더니, 그 잇튼날 사시말 오시초년 되야 사면으로서 채색 구름이 이러나며 지척을 분별치 못하고 눈을 뜨지 못하던니 이윽고 하날이 청명하며 덕영이 드러와 청정을 불너 꾸지저 왈 내의 재조를 보라 하고, 백지를 던지니 억만 군사 머리에 올여 감기거날 억만 군사가 백화밧치 되엿난지라.

 청정이 그 재조를 보고 크게 질색하여 왈 내 재조 팔년을 공부하엿시되 저러한 재조를 배우지 못하여씨니 웃지 하리요 아마 저 사람을 유인하야 선봉을 삼어 씨면 염여 읍시 대사를 이루리라 하고 자탄하더니 덕영이 머리에 달인 밥지를 일시에 거더치우고 청정을 불너 왈 나도 운수 불길하기로 재조만 뵈이엇으니 빨이 도라가라 만일 듯지 안이하면 부친 상웃을 상문에 살우고 너히를 한 칼노 뭇지를 거시니 부대 잔명을 보전하여 급히 도라가라 하고 간 대 읍거날. 청정이 의심하여 급히 성중으로 도라가니라.

 각설 이 때 전하게압서 영의정 정현덕(鄭玄德)을 달이시고 평안도로 행하시더라. 이 때 소섭이 평양(平壤) 성중을 함몰하고 근처에 온단 말을 드르시고, 평안도 토곡(土谷) 성중에 유하시더니, 십구세 된 아히가 잇시되, 힘은 천근을 들고 재조와 용맹이 무궁하나 기게가 읍기로 소섭을 대적지 못하였더니, 일일은 한 양반이 들어와 그 아히를 보며 왈 네 기상을 보니 재조를 미간(眉間)에 낫탄하얏난지라, 군사를 거날여 도적을 멸하고 대공을 세우미 네 마음에 웃더하뇨. 그 아히 생각하되, 이 양반이 필시 누구신가 하고 복지 주왈, 소신이 재조난 읍사오나 국병(國兵)이 이러하온대 웃지 노약한덜 도적을 치지 안이하릿가 한대 전하 가라사대 네 성명은 뉘라 하난요 그 아히 주왈 소신의 성은 김이요 명은 고원(古元)이로소이다.

 상이 즉시 편지를 써주며 왈 내 말을 타고 즉관에 가 부윤(府尹) 한성녹(韓成錄)을 주라 하신대 고원이 봉명하고 즉관에 득달하야 부윤을 보고 편지를 드린니 부윤이 대경황망하야 즉시 떠나 평안도 토곡 성중으로 드러와 복지사배한대, 상이 반기사 용안에 용누(龍淚)를 흘리시며 탄식하여 가라사대, 국운이 불행하여 왜적이 혀여젓씨니 선조대왕(先祖大王)의 종묘를 웃지 안보하리요 평양으로 향하야 소섭이 평양 성중에 웅거하여기로 이 곳대 유한다 하고 통곡하시더니, 한성녹이 복지주 왈, 소신은 국변(國變)이 일어하와되 대왕게압서 이리 와 게신 줄 아지 못하압고 태만이 잇삽다가 조서(詔書)를 밧자와 왓사오니 신의 죄난 만사무석이로소이다. 복원 전하난 근심치 마르소서 한대 상이 눈물을 거두우시고 한성녹에 장게하사, 군사 모와 도적을 막으라 하시고 김고 원으로 군사 삼만원을 주며 왈 그대난 수고를 악기지 말고 도적을 막 으라 하시더라.

이 때 조선이 삼백육십주에 삼백주난 왜놈이 땅이 되고 육십주만 나 머씨되, 함경도 천북(天北) 군사만 남어신니 길이 막혀 왕내치 못하고 황해도 군사난 산곡으로 피난 가고, 경기도 군사 팔십명은 도성을 직 히게 하고, 다만 평안도 군사만 거두니 겨우 일만명일너라. 상이 가라 사대, 군사도 부족하건이와 장수가 읍시니 도적을 웃지 막으리요 하시 며 최일영을 생각하시며 제신을 둘러보시고 탄식하시더라.

각설 이 때 귀양 갓던 최일영이 동내 적소에 잇서 생각하되 이제 왜 적이 사방에 허여저시니 웃지 길을 통하며 왕명을 구하리요 하고, 즉 일 길을 떠나 몸을 감초와 경성으로 향할 새 도적에게 잡필까 하야 나 지면 숨어 가고 밤이면 행하야 십여일만에 도성에 득달하니, 대왕은 피난하시고 장안에 드러신즉 장안이 적〃하고 국궐이 소슬한대 문득 전하께압서 평안도로 피난하시엇단 말을 듯고 토곡셩에 득달하야 전 하께 뵈옵고 복지 통곡하니, 상이 대경대히하사 일명의 손을 잡으시고 눈물을 흘여 왈 짐이 경의 말을 드러시면 일언 환을 안이 당할 거설 도시 짐이 불명하야 경을 원참하엿더니, 경은 옛일을 생각지 안이하고 지금 짐을 차자오니 더욱 불안하도다 하시며 경은 연전사를 생각지 말 고 선조공 창건하신 나라를 위하야 도적 막을 모책(謀策)을 갈라치라 하시니, 최일영이 복지주왈 번도에 김응서(金應西)라 하난 사람이 잇시 되 힘은 삼천 근을 들고 재조와 용맹은 삼국적 조자룡을 압두한다 하오니 급히 그 사람을 명초하야 도적을 막으소서 하니, 전하 깃거하사 사신(使臣)을 보내시더라.

五. 김응서(金應西)

각설 이 때 김응서난 번도에 잇서 왜난을 당하여도 왕명이 읍기로 사직을 밧들지 못하여 탄식을 마지안터니, 일일은 사신이 와서 왕명을 밧자와 전하거날. 김응서 즉시 갑주를 갓초고 천리준총마(千里駿驄馬)를 달려 토곡성에 득달하여 전하게 뵈온대 상이 대히하사 바래보니, 눈은 소상강(瀟湘江) 물결 갓고 신장 팔척이요 황금투구에 순금갑을 입고 구십근 장창을 좌수에 들고 팔십근 철추를 우수에 들어씨니 진즛 영웅이라.

상이 만심화이하사 또 대히하여 일영달여 왈 이제 명장을 으더건이와 군사가 부족하니 읏지 하리요. 일영이 주왈 조선 군사로난 당치 못할 것이압고, 조선 장주 김응서난 왜적을 당치 못할 거시오니, 복원 전하난 중국 청병(中國請兵)을 보내압소서. 상이 올히 여기사 청병 사신을 택출하랴 하실 지음에 병조판서(兵曹判書) 유성용(柳成龍)[原文 柳石龍]이 복지주왈 신이 청병 사신으로 갈리이다 하니, 상이 대히하사 즉시 유성용으로 청병 사신을 정하야 보니더라. 일영이 응서달여 왈 왜적 소섭이 평양 기생 월천을 첩으로 삼엇다 하오니 월천과 약속을 하면 소섭이 죽기기난 그대 장중(掌中)에 잇건이와 연광정 놉푼 뜰에 방울로 진을 처시니 소래 막을 재조 잇난요. 응서 대왈 방울소래난 둔갑으로 막을연이와 월천과 약속한 묘책을 가르치소서. 일영이 왈 당태한 근과 독한 술 백여 병을 가지고 십여장 성을 너머가서 당태로 방울소래를 막은 후에 연광정에 들러가면 자시초(子時初)난 하야 월천이 나올 거시니 월천의 손을 잡고 입을 귀에 대히고 일일히 약속을 단단히 정하고, 술을 먹인 후에 장군이 조심하야 소섭을 벼히고 즉시 정하에 업들여서 소섭에게 죽기를 면하라 한대 웅서 대답하고 당태 한 근과 독한 술 백여 병을 가지고 평양 팔십리를 진시초(辰時初)에 떠나 유시 말(酉時末)에 득달하야 말을 문외에 매고 밤을 살펴보니 초경이 되얏난 지라.

몸을 날여 십오장 성을 뛰여 너머가서 신장(神將)을 불너 당태를 주며 왈 방울 소래를 막으라 하고 연광정에 드러가니 소섭이 등촉(燈燭)을 발키고 월천을 달리고 노래도 불으며 일러트시 히롱하거날. 웅서 몸을 날여 감추고 월천이 나오기를 기다리더니, 자시초난 하야 월천이 나오거날. 웅서 월천의 손을 잡고 왈 너난 비록 기생이나 조선 국녹을 먹고 왜놈을 성겨 부부지예를 행한다. 나난 왕명을 밧자와 소섭을 죽기러 왓시니 너의 뜻이 웃떠한요. 월천이 왈 소녀난 비록 게집이오며 왜장 소섭의 첩이 되여사오나 장군갓튼 영웅을 만내지 못하여 주야로 원이 되압더니 명천이 감동하사 장군님을 만나사오니 웃지 반갑지 안이하리요 장군님 약속을 갈으처 주압소서.

웅서 대히하야 독한 술병을 내여 주며 왈 이리이리하라 하고 소섭의 그동을 난난치 무르니 월천이 대답하야 왈 소섭이 반잠 들면 한 눈만 뜨고 잠이 다 들면 두 눈을 다 뜬다 하고 방으로 드러가 소섭달여 말해여 왈, 소녀의 오래비가 잇삽더니 지금 장군님을 뵈러 왓난이다. 문 박게 잇삽나니 웃지 하오녈지 모루겟삽난니다. 소섭이 반겨 왈 네의 오래비 왓다 하니 나와 남매간이라 웃지 반갑지 안이하리요 한대 월천이 즉시 문 박게 나와 웅서를 청하니, 웅서 드러가 예필좌정 후에 소섭이 김웅서의 상을 보고 대히 왈 재조 잇고 여러 장수 죽길 재조를 가젓씨니 실노 영웅이로다. 그대난 나를 도으면 조선 장수 팔장을 베힌 후에 나난 청정의 부장(副將)이 되고 청정은 조선왕 되고, 우리 두리 대공을 일운 후에 일등공신이 되어 국녹을 먹고 일홈을 후세에 빗낼 거시니, 그대난 나를 도우미 웃더한요. 웅서 그짓 기거하며 허락하더라.

이 때 월천이 주왈 소녀의 오래비가 주효(酒肴)를 가지고 왓시니 장군님과 분배하야 잡수실가 발래난이다. 소섭이 히히락락하여 왈 너의 오래비가 제 뉘를 위하야 주효를 가지고 왓다 하니 더욱 반갑도다 하며, 잔 잡고 술 부어라 하니 월천이 그동 보소. 홍상(紅裳)치마 후리처 끠고 술 부어 들고 두 손으로 한 잔 권코 두 잔 권코, 일배일배 부일배(一盃一盃復一盃)라. 한 병 술을 다 먹으리 술이 대취하야 자리에 너머지거날.

웅서가 월천을 달리고 문외의 나와 다른 의심은 읍난야 하니, 월천 대왈 다른 의심은 읍사오니 급히 츠치하압소서. 웅서 문을 열고 보니, 소섭이 눈을 부릅뜨고 이수(頤鬚)를 거실이고 잠이 집피 드러거날. 웅서 칼을 들고 칼춤 추며 드러가니 소섭의 칼 명천감 빗난 칼이 벽상에 걸였다가 웅서 드러옴을 보고 소소와 칠야 하다가 칼 님자가 잠이 집피 드러기로 용납만 할 뿐일너라. 웅서에게 월천이 이왕에 그 칼 재조난 아난지라, 닙으로 침 시 번만 뱃고 달여들어 치라 하나 웅서 그대로 시행하고 후리처 치니, 소섭의 머리 검광(劍光)을 조처 떨러지난지라. 웅서 칼을 던지고 즉시 땅에 업들러저 엿보던이 문득 목 읍난 소섭이 일어나며 벽상에 걸인 칼을 들고 휘휘 두르며 한 번 드러 연광정 대들보를 치고 넘어지거날.

웅서 그제야 녹을 칼 끗테 꾀여들고 월천을 엽페 끼고 십오장 성을 너머 가 월천달여 왈 시운 불행하야 너도 소섭의 첩이 되여씨나 잠시라도 부부지예난 일반이라, 널로 하여금 소섭을 주겨시나 너를 살여두면 나도 소섭 갓치 환을 당하리라 하고 마지 못하여 월천의 머리를 베혀 가지고, 통곡하며 토곡석에 득달하야 전하게 소섭의 머리를 드린 후에 또 월천의 머리를 올이니, 상이 일변 대히하시며 일변 애련이 여기사 웅서의 손을 잡고 칭찬하여 가라사대, 월천이 비록 미츤한 기집이나 일단 충성만 생각하고 소섭을 죽기고 또 저도 죽엇시니, 월천은 천추만대에 일홈이 빗날이라 하시더라.

각설 이 때 유성용이 중국 청병 사신으로 들어가 황제게 뵈온대 황제 문왈, 조선에 무슨 연고 잇기로 짐의 나라에 드러왓난요 하신대, 성용이 복지주왈 소신 나라에 운수 불길하와 왜난을 당하와 종묘사직이 조모(朝暮)에 위태하압고 중지(重地)를 뺏기여 소신의 국왕이 평안도 토곡 성중으로 피난하압고 적세가 위급하압기에 드러왓난이다 하고 패문(牌文)을 올이거날.

천자 보시고 대경하사 만조 제신을 모와 갈아사대 조선 국왕이 왜난을 만나 구원병을 청하야시니 경등의 뜻지 읏떠한요 하신대 좌승상 유필(柳畢)이 주왈, 하교(下敎) 지당하오나 이 때난 농절이오니 청병 보내기 불가하여이다 하니 천자 혼자 임으로 결단치 못하여 허락지 안이하시거날.

성용이 그저 도라와 그 연유를 상달하니 상이 일영을 불너 왈 청병 사신이 그저 왓시니 웃지 하리요 하신대, 일영이 주왈 전하난 근심치 마르소서. 청병은 스사로 올이이다 하니, 상이 청병 오기만 기다리더라.

각설 이 때 왜장 평수길이 삼만 군졸을 거날여 경상우도를 짓처 진주(晉州)[原文 陳州]에 웅거하였던니 이 때 본읍 기생 모란이라 하난 기생 잇시되, 한갓 충성만 생각하고 한 꾀를 내여 왜장 평수길을 달리고 촉석누(矗石樓)에 올너가 잔채를 배설하고 길거하니, 분분한 풍유 소래 난 바람을 좃차 반공에 자자하고, 불빗 갓튼 홍상치마난 누상에 빗첫난대 향기난 십리에 진동하니, 왜장이 묘함을 탐한난 중에 술이 대취하였난지라 모란이 군졸 읍난 때를 승시하야 거문고를 노코 섬섬옥수(纖纖玉手)를 넌짓 드러 탁문군(卓文君)의 봉(鳳)이 황(凰)을 구하난 곡조를 타더니, 춤 추며 홍상치마를 거덧처 안고 처량한 곡조와 슬픈 소래 부르니, 그 소래 처량하야 단산봉황(丹山鳳凰)이 우난 듯하더라. 모란이 한갓 충성만 생각하고 생사를 돌러보지 안이하고 일평생에 일홈만 빗내고자 함을 뉘 알이요. 그 모란의 태도난 사람의 정신이 아득하고 간장이 녹난 듯한지라.

평수길이 흥을 이기지 못하여 모란을 안고 칼춤 추며 질길 지음에 모란이가 답석 안고 촉석누 난간에 뚝 떠러저 만경창파(萬頃蒼波) 깁푼 문에 속절읍시 죽난지라 왜장이 대경하야 즉시 평수길의 신체를 건지고 즉시 또 모란의 신체를 건저놋코 군사를 모러 즉시 청정의 진으로 가더라.

각설 이 때 대왕이 청병 오기만 기다리시던니 진주목사 장문(狀聞)이 왓거날. 즉시 개탁하니 하여시되, 퇴재상 이순신이 왜장을 대적할새 괴이한 묘책을 내여 한산도의 왜장을 무수이 죽이압고 성공하야 도라오다가 왜장 살에 마저 죽삽고 본읍의 모란이라 하난 기생이 잇시되 다만 충성만 생각하고 왜장 다리고 촉석누에 올나 춤 추다 왜장을 안고 물에 빠저 죽사오니, 과연 일런 충성은 전고에 읍실가 하나이다. 하엿거날 상이 보시고 대경층찬왈 시절이 태평하거든 순신은 충무공(忠武公)[原文 忠烈公]을 봉하야 서원(書院) 짓고 춘추로 제향을 밧게 하고 모란은 촉석누 압폐 비를 세워 충열을 표하라 하시더라.

六. 이여송(李如松)

이 때, 대국 천자게압서 청병 사신을 그저 보내고 주야로 염여하시더라. 한 날 밤에 동대로서 일원대장이 나려와 탑전(榻前)에 복지 주왈 형님은 웃지 청병을 보내지 안니하시나잇가 하거날. 천자 대경하야 문왈 그대가 귀신인가 사람이야, 웃지 날다려 형님이라 하나요. 장수 왈 소장은 삼국적 관운장이압고 형님은 유현덕(劉玄德)이 환생(還生)하야 천자가 되고 장비(張飛)난 환생하야 조선 왕이 되고 소장은 미부인(麋夫人)을 모시고 조조(曹操)에 갓삽다가 무죄한 사람을 죽임으로 환생치 못하압고, 조선지경을 지키압더니, 지금 왜적이 조선을 덥퍼 거의 땅을 다 빼기압고, 종묘사직이 조모간에 망케 되압고 조선 왕명이 시각에 잇삽거날, 형님은 엇지 청병을 안이 보내신니까. 천자 그 말을 드르시고 마음이 비창하야 대경 통곡하시고 그 장수를 살펴보니 신장은 구척이요 손에 청용도를 빗거들고 봉의 눈을 부릅뜨고 삼각수를 거사리고 왓시니 분명한 운장일너라.

천자 용상에 나려와 재배 왈 장군은 누구를 보내라 하시난니가. 운장이 왈 청병은 팔십만만 보내고 장수난 당나라 이여송을 보내시면 왜적을 물이치고 조선을 구하고 오리이다. 뜰 알래 나려서 왈 형님이 만일 내 말을 안이 드르면 무사치 못하리이다 하고 문득 간 대 읍거날. 천자 대경하야 공중을 향하야 재배하고, 잇튼날 조회(朝會)에 백관을 모와 의논 왈, 짐이 간밤에 일몽을 으드니, 조선 관운장이 와서 여차여차하고 절리절리하고 청병을 보내라 하기로 청병은 못 보낸다 하여시나 제경의 뜻이 엇더한요. 제신이 주왈 운장은 본대 충절 잇난 장수오니 지휘대로 하압소서.

천자 즉시 조서를 하야 익주(益州)에 나리사 군사 팔십만명을 거두라 하시고, 당나라 이여송을 명초하사 왈 짐이 경의 재조를 아난지라 조선에 나가 왜놈을 물이치고 공을 세워 일홈을 빗내고 들러오면, 일홈을 죽백에 올여 대국의 일등공신이 될이라 하신대, 이여송이 복지주왈 소신이 재조 읍사오나 동국에 나가 왜적을 함몰하고 드러올이이다. 천자 대히하사 대원수(大元帥)에 대장절월(大將節鉞)을 주더라.

이여송이 하즉 숙배하고 행할 제, 만조백관이 사십리에 나와 전송왈, 장군은 만리 박게 동국에 나가 대공을 세우고 드러오면 그 공을 치사하리이다 하니 이여송이 왈 조고마한 왜놈을 엇지 근심하리요 하고 익주로 행하야 팔십만 대병을 거날려, 제장을 불너 소임을 맥길 새 그 아우 이여백(李如白)으로 선봉을 삼고 이여월(李如月)로 후군장을 삼고, 호령하여 왈 만일 군중에 태만한 자 잇스면 군법으로 시행하리라 하고 천리준총마를 타고 머리에는 구룡군관(九龍軍冠)이요, 몸에난 홍황단전복(紅黃丹氈服)이요, 우수에 팔각도(八角刀)를 들고 좌수에난 우모단수기(羽毛緞繡旗)를 들어씨니 황금대자로 써시되 대사마(大司馬)대장군 당나라 이여송이라 하여더라.

즉시 발행하야 조선으로 향하니 기치창검은 일월을 갈리왔고 고각함성은 천지를 뒤논는 듯하여, 물결은 출넝출넝 암녹강(鴨綠江) 건너와서 탐지를 보내니, 조선 왕이 제신을 거나려 백리 박게 나와 마질 새, 상이 두 번 절하고 좌정 후 가라사대 장군님이 황상의 명을 밧자와 원로에 수고를 하시니, 과인(寡人)의 마음이 불안하여이다 하시니 이여송이 두 번 절하고 갈오대, 대왕은 뜻박게 왜난을 당하오니 오직 근심하실이가? 황상의 명을 받자와 왓사오니, 대왕을 보오니 대왕의 지성이 읍사오니 아모리 생각하여도 도웁지 못하고 그저 도라가겟난이다 하거날.

상이 근심하사 일영다려 이여송의 하던 말을 난낫치 일으시니 일영이 주왈, 전하난 근심치 말으소서. 당장(唐將) 잇난 뒤에 칠성단(七星壇)을 모시고 독을 씨고 축문(祝文)을 일그시고 우르시면, 당장이 듯고 용서할 도리가 잇사오니 그대로 하사이다. 상이 즉시 영을 나려 단을 모으라 하시고 단에 올나 독을 씨고 슬피 통곡하시니 이여송이 듯고 문왈, 우난 소래 어대서 나난요. 군사 고하되 조선 왕이 이장군님이 그저 회군(回軍)하신단 말을 드르시고 우시난이다 하거날. 이여송이 탄식하여 왈 슬푸다 상을 보니 왕후의 기상이 안이압더니 우름소래를 드르니 용의 우름소래 분명하도다. 사백년 사직이 넝넉하다 하고 즉시 제장을 불너 소임을 맥길 새 조선 장수 구름 모이덧 하더라.

평안도 평강 땅에 사난 김응서와 전라도 전주(全州) 사난 강홍엽(姜紅葉)도 황해도 사난 김승태(金勝台)와 함경도 사난 유홍수(柳紅守)와 강원도 사난 백철남(白鐵南)과 경기도 사난 문두황(文頭黃)이 여러 사람

덜이 …… 범 갓튼 장수라. 각각 갑주를 갓초우고 이여송에 뵈온대 이여송이 보시고 층찬 왈, 조선 갓튼 편소지국(偏小之國)에 저러한 영웅호걸이 만커던 웃지 요란치 안이하리요 하고 그 중에 재죠를 볼야 하고 놉은 깃대 끗테 황금 일만양을 닭고 일너 왈, 제장 중에 저기 달인 황금을 떼여 오난 재 잇스면 선봉을 삼으리라 하니, 제장이 영을 듯고, 한 장수 내달나 춤 추며 몸을 날여 소소와 황금을 철추로 치니 황금이 떠러지난지라. 또 한 장수 내달너 몸을 소소와 나문 황금을 떼여 가지고 들러왔거날. 이여송이 문왈 그대난 성명을 뉘라 하난요. 또 먼저 뗀 장수도 뉘라 하난요. 장졸이 대왈 먼저 장수난 김응서요 두 번째 뗀 장수난 김홍엽이로소이다 하니 응서로 선봉을 삼고 홍엽으로 후선봉을 삼고 유홍수로 좌익장을 삼고 백철남으로 우익장을 삼고 김일관(金一官)으로 군양장(軍糧將)을 삼고, 그 남은 제장은 다 후군장을 삼을 새, 제장이 군사를 모러 강원도 왜장 청정의 진으로 향하니라. 이 때 대왕계압서 청정이 유성용을 불러 가라사대 조선 군사와 대국 군사의 군양장을 막겨 수운하라 하시더라.

　각셜 이 때 이여송이 왈, 조흔 술 천 독만 내일 식전에 대령하라 하니 응서 대답하고 나와 군중에 전영(傳令)하되 땅 밋철 깁피 파고 술 천 독을 하야 뭇고 그 우에 백탄 숫철 피워 밤새 그러케 하고 이튼날 술 천 독을 대령하니 이여송이 보고 칭찬 왈, 조선도 명인(名人)이 잇도다 하고, 또 분부하야 왈 내일 조시(朝時)에 용탕(龍湯)을 대령하라 하니 응서 능이 대답하고 나와 서천(西天)을 바라보고 슬피 우니 웃떠한 용이 시내가에 죽어거날. 즉시 용탕을 지여 올이니 이여송이 또 가로되 소상반죽(瀟湘斑竹) 적깔을 드리라 하니, 응서 능이 대답하고 나와 전하게 상달하니 상이 가라사대, 그 전 선조시에 신하 웃더한 양반이 일후에 써먹을 일이 잇다 하고 전하야 온 거시 잇시니 급히 가저가라 하신대 응서 반겨 듯고, 적깔을 갓다 올이니, 이여송이 칭찬 왈 천재로

다, 천재로다. 일언 사람은 세상에 읍도다 하고, 또 분부 왈 내일 조시 초에 백마(白馬) 백 필을 대령하라 하니 응서 능이 대답하고 군중에 전영하되 분 칠도 하고 힌 가루 칠도 하야 백마 백 필을 대령하라 하니, 이여송이 대소 왈 임시체면이라고 저러 틋하니 웃지 그대의 재조 읍시리요 하고 인하여 유성용으로 군양장을 삼고 군양을 수운하게 하고 청정의 진으로 향하더라.

이 때 청정이 강원도 원주(原州) 성중에 웅거하야떠니 군사가 고하되 이여송이 군사를 거날려 온다 하거날. 청정이 북을 울리며 방포 일성에 팔만 군사 진을 치난지라.

이여송이 원주에 득달하야 적진을 살펴보니 진세를 가이 알너라. 이여송이 북을 치며 싸홈을 도도오니 적진에서 한 장수 내달너 외여 왈 당장 이여송은 들르라, 우리 대왕게압서 조선을 거의 다 으더거날, 너난 무삼 재조 잇관대 망케 된 조선을 구하고자 하야 우리를 칠야 하난야. 네 진중에 내 적수 잇거든 빨이 나와 내 칼을 바드라 하거날. 선봉이 김응서 병창출마하야 크게 외여 왈 우리 진중에 영웅호걸이 구름 모이 뜻해여거날, 너난 웃지 죽기를 재촉하넌다 하고 싸와 삼십여합에 이르러 응서의 칼리 번듯하며 왜장 마원대(馬元台)의 머리 땅에 떠러지난지라. 응서가 칼 끝테 꾀여 들고 좌충우돌(左衝右突)하니 적진에서 마원대 죽음을 보고 번개갓치 날낸 장수 오장(五將)이 내달여 외여 왈 조선 장수 김응서난 웃지 우리 장수를 죽이난다 하며 천동갓치 달여오거날. 응서 말머리를 돌여 우뢰갓튼 소래를 지르며 한 칼로 오장을 대적하야 십여합에 이르러 기운이 쇠진하야 본진으로 돌러오고자 하더니 이 때 청정이 오장을 …… 응서를 잡지 못함을 보고 분기 충천하야 벽역갓튼 소래를 질으며 방포소리 나며. 방패를 갓고 명천검을 드러 응서의 말머리를 깨치니, 말이 업뜰러지난지라. 응서의 급함이 경각에 잇난지라.

이여송이 보고 대경하여 당장 삼인을 명하야 응서를 급히 구하니, 응서 본진으로 와 이여송에게 치하하여 왈 장군의 명 곳 안이면 웃지 소장의 잔명을 보전하여시리이가 하고 이여송의 말을 으더 타고 급히 드러가 싸오니 당장은 구인이요, 왜장은 오인이라. 양진의 고각함성은 천시 진동하고 분분한 칼빗천 하날에 덥퍼난지라. 산중맹호(山中猛虎)가 밥을 다토난 듯하고 벽해수(碧海水) 잠긴 용이 구비를 치난 듯한지라.
 십여 합에 이르러 적장의 칼이 번뜻하며 당장 이여월의 머리 떠러지고, 선장(鮮將) 강홍엽의 칼이 번듯하며 왜장 한일천의 머리 떠러지고, 김일관의 칼이 번듯하며 왜장 한업(韓業)의 머리 떠러지고, 김승태의 칼이 번듯하며 왜장 문경의 머리 떠러지니 청정이 오장의 죽음을 보고 분기를 이기지 못하여 말게 올너 나난다시 내달어 우뢰갓치 소래를 질너 왈 당장은 무삼 일로 내의 아장(亞將)을 다 죽엿난다 하며 달여들거날. 발아보니 신장이 구척이요 일백근 투구를 씨고 몸에 구리갑을 입고 우수에 일백근 철추를 들고 좌수에 일백근 명천검을 들고 한자 입을 벌이고 달여들러 삼십여합에 청정의 칼이 번듯하여 당장 태경의 머리 떠러지거날.
 이여송이 당장의 죽음을 보고 병창출마하야 왈 적장 청정은 웃지 내의 아장을 주견난다. 너의 근본을 드으라 너해 놈이 옛날 진시황(秦始皇)을 소기고 동남동녀(童男童女) 오백인을 거날리고 드러가 나오지 안이하야 씨를 퍼처 자칭 황제라 하고 강포만 밋고 조선국갓튼 예의지국을 침범하니 웃지 분하지 안이하리요 너난 나를 당치 못하거던 내 칼을 바드라 하난 소래 천지가 진동하더라.
 청정이 듯고 대노하야 왈 조선을 거의 다 으더거날, 너난 청병으로 와서 웃지 나를 당하리요 하고 명천검으로 이여송을 대적코자 하니, 고각함성은 천지 진동하야 천붕지탁(天崩地坼)하난 듯하야 십여합에 승부를 결단치 못하고 청정의 기운이 진하여 말머리를 둘러 본진으로 드러가거날. 명장 칠인이 합세하여 청정을 좃차가며 호통하넌 중에 청정이 전면을 발라보니 억만대병이 내달러 길을 막으며, 일원 대장이 외여 왈 망발생이(妄發生意)하얏씨니 웃지 천신인덜 무심할야. 청정은 닷지 말고 내 칼을 바드라 하거날.

청정이 눈을 드러보니, 일전 보던 바 관운장이라. 대경하야 운장과 더부러 십여합에 기운이 쇠진하야 칼빗치 점점 둔한지라. 명장 칠인이 달려드러 싸혼니 청정이 그물에 든 고기요 쏘와 노은 범이라. 이여송의 칼이 공중에 번개되야 운무중(雲雲霧中)에 빈나던니 청정의 머리 검광을 좃차 떠러지난지라. 슬푸다 청정의 용맹이 속절읍시 죽으니 천신도 애달도다. 웅서 달여들어 칼 끗태 뀌여들고 본진으로 도러와 춤 추며 이여송에게 치하아여 왈, 장군의 용맹은 왜국에 진동하고 천추에 유전하리이다 하더라.

각설 이 때 전나도 갓든 동철(同鐵)이며 충청도 갓든 마웅대(馬雄台)며 함경도 갓든 봉철(鳳鐵)이 일시에 진을 파하고 청정의 진에 합세코자 하다가 청정이 죽엇단 말을 듯고 대경질색하야 일시에 달여들어 외여 왈, 당장 이여송과 조선 장수 김웅서와 강홍엽은 웃지 우리 대장을 죽엿난다. 우리 등이 네 머리를 베혀 우리 대왕게 원수를 갑풀이라 닷지 말고 내 칼을 바드라 하니 이여송이 듯고 분기를 이기지 못하야 칼을 들고 내닷고자 하거날.

웅서와 강홍엽이 말유 왈, 장군은 노음을 참으소서. 소장 등이 나가 왜장을 베혀 장군의 노음을 풀이라 하고 일시에 병창출마하야 벽역갓치 외여 왈, 너난 김웅서와 강홍엽을 아난다 모르난다, 둘렵지 안이하면 빨이 나와 우리 칼을 바드라 한대 왜장이 일시에 달려들어 십이합에 웅서의 칼이 반공 중에 번개되여 마웅대를 치니 머리 땅에 떠러진이 문경이 대경하야 크게 외여 왈 적장은 웃지 우리 장수를 해하난다. 내 명심코 너를 죽여 우리 장수의 원수를 갑풀리라 하고 십여합에 그짓 패하야 웅서와 홍엽이 본진으로 향하니 문경이 분기를 이기지 못하야 크게 외여 왈 너난 잔말 말고 내 칼을 바드라 하고 급히 조차오거날. 웅서와 홍엽이 본진에 들러와 방포 일성에 삼접 오행진(五行陣)을 구지 치니, 나난 지비라도 버서날 길이 읍서난지라.

왜장 문경이 진중에 들어와 버서날 길이 읍서, 할릴읍서 주저하거날. 웅서 달려들어 문경의 말머리를 깨치니 말이 업더지거날. 문경을 사로자버 장대 아래 안치고 …… 죄왈 네가 감이 예의지국을 침범하난요 한대 문경이 살기를 원하야 항복 애걸하거날. 이여송이 호령하여 왈 네 놈 천윤(天倫)을 모르고 외람한 뜻을 두어 조선갓튼 예의지국을 침노하난다. 조선에 영웅호걸이 구름 모이 듯하야 너의 대장 청정과 소섭 평수길도 우리 칼에 혼백이 되여거든 네헤 놈은 방자하야 븜남한 뜻을 두니 두렵지 안이한야 그럴수록 방자하야 감이 내 진중에 드러왓난다. 이제 너히를 베힐 거시로되 임의 항복하기로 그저 노와 보내니. 빨이 도러가 차후난 다시 외람한 뜻을 두지 말나 하고 보내니라.

차설 진을 파하매 왜인의 죽엄이 태산갓고 피 흘너 강수되엿더라. 이여송이 층찬 왈 조선 대왕이 발서 저러한 영웅을 두엇도라 하고, 탄식하더라.

각설 이 때 대왕이 즌장 소식을 고대하던 차에 날로 기달리더니 승전 패문을 보시고 블승환히(不勝歡喜)하사 최일영을 불너 왈 군양이 진하엿시니 웃지하리요. 일영이 주왈 신이 듯사오니 평안도 삭주(朔州) 따에 사난 김수업(金守業)이라 하난 부자가 잇스되 곡식이 이십육만석이 잇다 하오니 수업을 명초하사 군양을 당케 하압소서 한대 상이 수업을 패초하신대 수업이 명을 밧자와 복지사배하니 상이 가라사대, 군양이 진하엿시니 너의 곡식을 취하여 씨고 시절이 태평하거든 갑고자 하노라 하신대 수업이 주왈 소신의 곡식이 즌하의 곡시이오니 씨실 대로 씨기를 바라난이다 하거날.

상이 즉시 수업으로 군양장을 삼어 군양을 수운하게 하고 단을 모으고 백리 외의 나와 이여송을 마질 새 이 때 이여송이 군사를 거두어 회군하고 중국의 군사를 증구하니 삼십만 대병이 다 죽고 장수 백여원이 또 죽엇난지라. 이여송이 탄식하여 왈 부모 처자 일가친척 다 버리고 말리 타국에 나와 전장고혼(戰場孤魂)이 되여시니 가련하고 불상하다 하고 즉시 밥을 지어 모든 귀신을 …… 할 새, 너의 혼백은 드르라 부모와 동생, 처자를 이별하고 말리타국에 왔다가 배도 오작 고풀 때 잇시며 슬푼 마음도 오작 잇시며 고국을 생각하다가 전장혼백(戰場魂魄)이 되엿시니 불상하고 가련하기로 밥을 지여 위로하니 착실이 흠향(欽饗)하라 하시더라.
　이 때난 정유년(丁酉年) 삼월이라. 이여송의 철비(鐵碑)를 세워 천추에 유전케 하고, 홍비단 백필을 승전기를 맨들어 세우고 승전고를 울이며 토곡성에 드르와 전하게 뵈온대 전하 대히하사 대연을 배설하시고 질기실 새 이 때 친이 잔을 잡어 이여송게 권하시니 이여송이 부북층찬(俯伏稱讚)하더라. 인하야 잔치를 파하고 이여송이 이여백으로 중군을 삼어 군사를 거날이고 중국으로 돌아가게 하고, 무사(武士) 백여명을 거날리고 각읍으로 단이여 명산대천(名山大川) 혈맥을 다 지르고 조선갓튼 편소지국에 영웅호걸이 만은 타시라 하더라.

七. 김덕영

　이 때 대왕이 제신과 군사를 거날려 태평곡(泰平曲)을 울이며 환궁(還宮)하시고 문무 제신을 차례로 봉하실 새, 최일영으로 태부(太傅)를 삼으시고, 강홍엽으로 선봉을 삼으시고, 김응서로 좌의정을 삼으시고, 유성용으로 우의정을 삼으시고, 유홍수로 좌의금(左義禁)을 삼으시고, 문두황으로 부원수를 삼으시고, 정태경으로 좌도령(左都令)을 삼으시고, 한성녹으로 판서(判書)를 삼으시고 김칠원(金七元)으로 어영대장(御

營大將)을 삼으시고, 그 나문 제장은 각도 각읍의 방백수령(方伯守令)을 봉하시고, 백성 조세(租稅)를 삼년을 탕감하시고, 각도에 학읩과 검술을 숭상하니, 세화연풍(歲和年豊)하고 노소 백성이 처처에 격양가(擊壤歌)라, 인인(仁人) 순시(舜時)라. 정출남으로 충열공(忠烈公)을 삼으시고 서원을 사역(使役)하사 춘추로 제향을 밧게 하신이라.

각설 이 때 무술년(戊戌年)이라. 김덕영의 소문을 드르시고, 금부도사(禁府都事)를 명영하야 덕영을 자바 올리라 하시니, 도사 수명하고 나려가 덕영을 보고 왕명을 전하니, 덕영이 보고 대경하야 모친게 들어가 그 연유를 고하니, 그 모자지정의 가슬음을 웃지 다 층양하리요. 인하야 덕영이 하직하고 나오니 도사 철망(鐵網)으로 씨워 갈 새, 철원(鐵元) 땅에 이르러서 덕영이 도사다려 왈, 여기 친한 사람이 잇시니 잠간 노와주면 가서 보고 가미 웃더한요. 도사 왈, 공(公)에 사정(私情)이 읍신이 웃지 잠신덜 노와 보내리요 하거날. 덕영이 꾸지져 왈, 아무리 왕명이 지어하신덜 잠간 사정이야 읍시리요 하며 몸을 요동하니 철망이 써근 색기 떠러지 듯하거날. 칼을 들고 공중에 소소와 십여장이나 너문 나무 끗철 번개갓치 단니며 나무를 무수이 작벌하니, 도사가 아무 말도 못하고 구경만 할 뿐일너라.

문득 공중으로서 한 사람이 날려와 덕영의 손을 잡고 왈, 내 안이 그러타던야, …… 환을 당하야시니 밧비 가 천명을 순수하라. 뉘를 원망하며 뉘를 한하리요. 이제 운수 불길하야 이런 환을 당하야시니 나넌 다시 세상에 나오지 안이하리라. 내 그대를 위하야 입신양명(立身揚名)하자더니 성공치 못하고 비명(非命)에 죽게 되니, 내 마음이 돌리혀 슬푸도다 하고, 간 대 읍거날.

덕영이 도로 철망을 씨고 전하게 뵈온대, 상이 가라사대, 너난 웃지 대환을 당하여 시절이 불안한대, 국가를 밧드넌 거시 고금의 당연한 일이련이와 너난 무삼 뜻즈로 국가를 돕지 안이하고 도적의 진에 들러

가 술법만 뵈이고, 종묘사직이 조석에 망케 되여도 종시 돕지 안이 하
넌다 하시고, 무사를 명하야 내여 베히라 하시니, 무사 일시에 달려들
어 칼춤 추며 덕영을 치니, 칼이 덕영은 맛지 안이하고 세 동강이 나난
지라. 무사 등이 대경하여 그 연유를 탑전에 상달하니, 상이 대노하사
큰 매로 치라 하시니, 덕영이 주왈, 신이 죄난 읍사오나 전하게압서 신
을 죽일 마음이 기시거던, 만고효자충신 김덕영(萬古孝子忠臣 金德齡)이
라 선판(현판-懸板)에 색여주시면 신이 죽사오되, 그러치 안이하면 여
한이 되겟난이다 한대, 즉시 하령하사 현판에 색기시고 죽기라 하시니,
덕영이 주왈, 신은 그저는 죽지 안이하오니, 왼짝 다리 아래 비줄이 잇
사오니 빈울을 떼고 치오면 죽으리라 하니, 무사 일시에 달여들러 빈
울을 떼고 한 번 치니 그제야 죽거날. 상이 덕영의 죽음을 보시고 신체
를 본가(本家)에 보내게 하신이라.

　슬푸다, 덕영의 모친이 덕영을 전장에 보내고 주야로 슬어하던니,
일일은 덕영의 죽은 신체가 왓거날. 내달너 덕영의 신체를 안고 궁글
며 얼골을 한데 대고 실피 통곡하야 왈, 이거시 네의 죄가 안이라, 내
가 보내지 안이한 죄로다. 다만 모자 잇서 의탁하고 세월을 보내더니,
이럿듯 죽엇시니 내 혼저 사러 뉘를 의탁하야 살이요 하며, 슬피 통곡
하니 애원한 우름소래 원근 산천에 사못처 낭자(狼藉)하니 뉘 안이 슬
러하리요. 선산지하(先山之下)에 안장(安葬)한이라.

八. 김응서와 강홍엽(姜紅葉)

　각설 이 때 대왕게압서 제신을 모와 의논 왈, 왜장이 다 죽엇씨되
부자지국(父子之國) 항서(降書)를 안이 바드면 후환(後患)이 될 거시니,
군사를 조발하야 다시 왜국에 들어가 항서를 바드면 웃더하리요 하신
대, 제신이 주왈, 하교 맛당하여이다 하니, 상이 즉시 김응서, 강홍엽을
보내라 하실 새, 서로 선봉을 닷투거날. 상이 가라사대, 선봉 제비를

집푸라 하시니, 홍엽이 선봉에 치여난지라. 홍엽과 웅서 군사 이십만
……을 거날러 즉시 발행할 새, 상이 양장의 손을 자부시고 가라사대,
경등을 만리타국에 보내고 일시라도 염여할 터이니, 경등은 충성을 다
하여 드러가, 남을 수이 역이지 말고 공을 세워 도라오라 하시니, 두
장수 수명하직하고 나와 행군할 새, 호령이 추상(秋霜)갓고 군영이 엄
숙하더라.

이 때난 무술년 동 시월(冬十月)이라. 삼남(三南)을 지내여 동내에 득
달하야 행선(行船)할 새, 웅서 진 뒤로서 크게 외여 왈, 장군은 잠간 군
사를 머물우고 내 말을 드르소서 하거날, 놀내여 돌아보니, 웃더한 사
람이 옷도 벗고 발도 벗고 한 사람이 군중에 드러와 뵈옵거날. 웅서
문왈, 그대 웃떠한 사람이관대 진중에 들러와 무삼 말을 이르고자 하
난요 한대 그 사람이 가로대 나난 조선 땅에 인난 왜덩강이라 하난 귀
신일너니, 장군님이 군사를 급히 행군하시기로 왓난이다. 군사를 삼일
만 유하여 가면 반다시 공을 일울 거시오, 급히 행군하면 대패하리다
하고, 문득 간 대 읍거날 웅서 크게 고이 여겨 홍엽다려 왈, 궁중에 고
이한 일이 잇시니 삼일만 유하고 가미 웃더한요 한대, 홍엽이 왈 궁중
에는 사정이 읍다 하니 대병을 웃지 유하리요 북은 처 군사를 총독하
니, 또 귀신이 와서 앙천탄식 왈, 장군을 위하야 이르되 종시 듯지 안
이하니 환을 면치 못할리라 하거날.

웅서 쟁(錚)을 처 군사를 거두고자 하니, 홍엽이 대노 왈, 장군은 병
법을 아난다, 모르난다. 병법에 해여씨되 허즉실(虛則實)이요, 실즉허
(實則虛)라 하야씨니 나난 군중의 도원(都元)이요, 그대난 내의 아장이
라. 웃지 내 말을 듯지 안난요 한대, 웅서 탄식하야 왈, 장군이 만일
갓다가 무삼 패가 잇서도 소장을 원망치 말나 하고, 행군하여 여러 날
만에 일본에 득달하니, 동설영(冬雪嶺)에 다다른지라.

각설 이 때에 왜장이 대병을 조발하야 조선 나와 함몰함을 생각하고

분기를 이기지 못하야 군병을 주야로 연습하더니, 일일은 천기를 보니 조선 대병이 왜국을 해코자 하거날. 제신을 모아 의논 왈, 내가 천기를 보니 조선 대병이 우리 나라를 침범코자 하니 멀리 방비하라 하고, 영광도의 팔낙(八樂)을 명하여 군사 이만을 주며 왈, 그대 군사를 거날려 동설영에 매복하얏다가, 모월 모일 모시에 적병이 당하거든 일시에 달러드러 치고 만일 적병이 지내지 안커든 회군하라 하니, 팔낙이 수명하고 군사를 거날러 동설영 좌우 편에 매복하였더라.

각설. 조선 대왕이 왜국에 드러갈 제 응서, 홍엽다려 왈, 동설영은 험하야 군사가 행보치 못하야이다 하니, 홍엽이 의심치 안니하고 군사를 재촉하야 동설영을 향하더니, 불이에 복병(伏兵)이 내달러 치니 만리원로에 기운이 뇌곤하야 군사가 웃지 당하리요. 홍엽과 응서 불이의 난을 당하와 미처 수습지 못하야 이십만 대병을 함몰하니 죽음이 태산 갓고 유혈 성천하니, 응서 하날을 우루러 탄식하야 왈, 만리 타국에 드러와 이십만 대병을 함몰하고 본국으로 돌어간들, 무삼 면목으로 전하를 뵈오리요, 예서 군사와 한가지로 죽난이만 갓지 못하다 하고 홍엽을 꾸지저 왈, 이거시 뉘 타시야, 장군의 타시로다 하며, 하날을 우루러 탄식 왈, 명천은 살피소서 하더라.

각설 이 때 왜장 홍대성(洪大成)이 왜왕게 주왈, 조선 장수가 군사를 함몰하여씨니, 이제 장수를 모와 금술로 조선 장수를 죽기사이다 하니, 왜왕이 즉시 연광도 팔낙을 명하야 왈, 임진년 원수를 갑고자 하니 그대 등은 힘을 다하야 원수를 갑푸라 하니, 팔낙과 홍대성이 수명하고 나오니 두 장수 검술은 옛날 초패왕이라도 당치 못한다 하더라. 즉시 백사장(白沙場)에 나와 진을 치고 양장이 진전에 나시며 외여 왈, 적장은 오날날 검술로 결단하자 하니, 응서 듯고 분기를 이기지 못하여 …… 적장이 검술로 결단하지 하니 홍엽이 말유하여 왈, 적장의 검술을 보니 천인갓다 하니, 장군이 당치 못할 떳하니 웃지 승부를 다토고

자 하리요 한대, 응서 더욱 분기를 이기지 못하여 홍엽을 꾸지저 왈, 저런 거시 장수라 하고 출반주(出班奏)하니 웃지 우습지 안이하리요.
  십척 장검을 들고 외여 왈, 적장은 물너시지 말고 각가이 오라 하니, 적장이 의기양양하야 나오거날. 응서 크게 꾸지저 왈, 너난 우리 군사 읍심을 우수이 역기난야 하고, 칼춤 추며 달려들러 재조 읍난 체하고 눈을 반만 감고 섯씨니, 또한 적장 양인이 칼춤 추며 달려드러 응서의 몸을 자조 범하걸날. 응서 칼을 노코 손을 넌짓 들러 춤추니, 적장 등이 승시하야 칼이 자조 범하거날. 응서 기운을 도도와 벽역갓튼 소래를 질으며 우뢰갓치 달여들어, 적장의 칼을 빼서 가지고 공중에 소소와 나난다시 양장을 치니 양장의 머리 일시에 날여지니, 응서 눈을 부릅뜨고 왜장을 불너 왈, 너히 놈이 우리 군사 읍심을 경솔이 여겨 감히 히롱하난요, 방자하미 이러 틋하니 한 칼노 너를 씨 읍시 하고, 네의 임군을 베혀 우리 전하에게 밧치라 한대, 왜왕이 듯고 대경하야 제신을 모와 의논 왈 조선 장수의 재조를 보니 모책이 읍시니 웃지하리요 한대, 제신이 주왈, 팔낙과 홍대성의 검술을 당할 재 읍실가 하야더니, 이제 적장 응서의 재조를 보니 우리 나라에난 읍실 듯하니, 적장을 달래여 화친(和親)하난이만 갓지 못하여이다.
  왜왕이 올히 여기사, 즉시 사신을 보내여 응서와 홍엽을 청하니, 이때 응서 적장을 베혀 들고 본진에 돌러갓던니 웃던 사람이 와 일봉서(一封書)를 올리거날. 바더보니 해엿시되 그대가 짐의 나라에난 역적이요 그대 나라에난 충신이라, 웃지 남의 충신을 해할리요 오날날 연석에 한가지로 놀기를 발래노라 해엿거날. 홍엽이 응서를 도러보와 왈, 이제 왜왕이 우리를 해코자 하니 웃지하리요 한대, 응서 왈, 장군은 무삼 뜻으로 아난요, 나난 웃지하던지 종말(終末)을 보리라 하고, 사관을 따라가니, 왜왕이 반겨 나와 예필 후에 가로대, 과인의 나라이 이 지경이 되엿시니 웃지 소서하리요, 조선과 화신코자 하야 …… 임진년에 외람한 마음을 내여더니, 하날이 발그사 칠십만 대병을 함몰하고 도러오지 안이하압고, 또 과인이 박지 못하여 하날을 거역하와 동설영의 매복하야 장군을 첫삽던니, 장군은 천하의 영웅이요, 만고의 충신이라 하오나, 십만 대병을 함몰하고 하면목으로 본국에 도러가 전하를 뵈오리요, 차라리 과인을 도와 만종녹(萬種祿)을 바드미 읏더한요. 응서와 홍엽이 대답지 못하니, 왜왕이 가로대 옛날 한신(韓信)은 천하 영웅이로되 촛(楚)나라 배반하고 또 촛나라를 멸해여씨되 세상이 다 그르다 안니한다 하니, 장군은 깁히깁히 생각하소서 응서, 홍엽이 서로 도러 보며 대답지 안니하니, 왜왕이 다시 말이 읍고 대접이 극진하더라.

왜왕이 제신을 모와 의논 왈, 응서의 마음이 철석갓터니 읏지 감케 하리요. 제신이 주왈, 전하난 두 장수의 마음을 주어 안정하야 각별이 접대하시면, 즈도 생각하넌 도리가 이씨리다 하니 왜왕이 올히 여겨 대연을 배설하고 두 장수를 청하야 질길 새, 왜왕이 잔을 들러 권하야 왈 장군이 말리 타국에 들러와 회심하난 마음이 잇실가 하야 권하노라 하며 내 정숙히 할 말이 이씨니 허락하소서. 응서 대왈, 왕은 말을 하소서. 왜왕이 가로되 과인이 뉘가 잇시되 나히 십오세요, 인물과 태도난 서시(西施) 양귀비(楊貴妃)라도 밋지 못하압고, 재조와 덕행(德行)은 천하에 제일 가기로 영웅을 구하던니, 이제 장군으로 배필을 정하고자 하니, 응서난 허락하소서 하고 허락하라 하니, 홍엽이 뜰 아래 날여시며 세 번 절하고 가로대, 패한 장수를 위하야 달빗갓튼 옥낭자를 허락하시니, 백년동낙(百年同樂)할 사람을 읏지 사양하리요 하거날. 응서 심사(心思) 불평하나 마지 못하야 허락함을 보더라. 왜왕이 대히하야 즉시 조흔 날노 택일행예(擇日行禮)할 새, 신부의 찰난한 모양과 실랑의 황홀한 모양을 읏지 다 층양하리요.

세월이 여류하야 왜국에 드러온 제 발서 삼년이 되엿난지라. 일일은 방중에 추월색은 창 박게 은은이 빗치여 사람의 정신을 놀내난 듯한지

라. 적적한 빈 방 안에 홀노 생각하되, 홍엽이 날과 말리 타국에 들러와 사생을 갓치 하자고 금석갓치 언약(言約)하고, 조선 인군의 전교를 밧자와 후일을 보자 하야드니, 이제 이 지경을 당하여씨니 장군은 웃지 하랴 하시난요 하니, 홍엽이 변색(變色)하여 가로대, 부귀영화를 보라 하고 왜왕이 우리를 극진이 대접하니 차마 드러갈 마음이 읍노라 하거날.

응서 홍엽의 말을 듯고 분기를 이기지 못하야 대노 왈, 고서(古書)에 해여씨되, 충신은 불사이군(不事二君)이요, 열여난 불경이부(不更二夫)라 해여씨니, 나난 왜왕의 머리를 베혀가지고 고국에 도러가 전하게 들리고 남의 우숨을 면하리라 하니, 홍엽이 붓그러워 대답지 안이하고, 종시 고국에 도러갈 뜻지 읍서 왜왕다려 응서의 하던 말을 난낫치 하니, 왜왕이 듯고 대노하야 만조 백관을 모와 의논할 새, 응서를 잡어들여 꾸지저 왈 그대를 위하야 작첩을 구비코 마음을 위로해엿거날 무어시 부족하여 나를 해코자 하난요. 나를 바리고 고국에 도러가 네 임군을 섬기넌 거선 충성이련이와 무삼 뜻지로 날을 해코저 하난요. 너를 죽여 후환이 읍시리라 하고, 무사를 명하야 죽이라 한대, 응서 눈을 부릅뜨고 왜왕을 꾸지저 왈 네가 천운을 모르고, 강포만 밋고 외람한 뜨절 두어시니, 네 머리를 베혀 우리 전하의 분함을 들가 해여던니, 하날이 도읍지 안이하사, 또 강홍엽의 간게(姦計)에 빠저 여기서 죽게 되니 슬푸도다, 슬푸도다, 우리 임군을 배반하고 여기 온 제 이제 삼년이 되도록 성공치 못하니, 지하에 도러간들 불충지죄(不忠之罪)를 웃지 면하리요 하고, 홍엽을 베인 후에 후사를 보리라 하고 말리 타국에 와서 죽으니 천지도 무심하다, 지하에 도러가서 우리 전하게 뵈압고 설원(雪寃)하리라 하고, 칼을 들러 홍엽을 치니 머리 땅에 떠러지난지라. 응서 하날을 우르러 탄식하야 왈 명천은 살피소서, 조선 장수 김응서난 제왕의 명을 밧자와 말리 타국에 와서 성공치 못하고 이 고제서 죽사오니 명천은 살피소서 하며 무수이 통곡하다가 제 칼노 목을 베히니, 웅서 말이 제 장수 죽음을 보고 달려드러 머리를 물고, 비룡(飛龍)갓치 천리 해상을 건너와서 평양을 바라보고 살갓치 가난지라.

각설 이 때 웅서의 부인이 낭군을 말리 타국에 보낸 제 이메 삼년이 되도록 소식을 몰나 주야로 바라든 차에, 문 박게 난대읍난 말방울 소래 나거날. 반거 나가 보니 낭군의 말이 왓거날. 골삐를 잡고 보니 ⋯⋯ 낭군은 어대 가고 머리만 물고 왓난야. 부인이 대경하야 왈, 말은 비록 짐승이로되 말리 타국에서 집을 차저 왓거니와, 낭군은 오시지 안코 웃지하여 머리만 왓난고 하며, 슬피 통곡하니, 노소 읍시 뉘 안이 슬퍼하며 금수(禽獸)도 슬허하며 산천초목이라도 다 슬허하난 듯하더라.

부인이 낭군을 생각하여 슬피 통곡하다가 기절하더니, 양구(良久)에 정신을 진하여 낭군의 머리를 옥함(玉函)에 너어 말 태시고 눈물을 흘이며 경성으로 올나갈 새, 무지한 말이라도 눈물이 흘르고 몸에 땀이 나난지라. 말을 대궐(大闕) 압페 매고 탑전에 드러가 복지주왈, 소녀의 지아비 머리를 말이 물고 왓사오니 웃지 슬푸지 안이하리요 하고 통곡하거날. 전하 대경하사 옥함을 열고 보시고 용안에 용누를 흘이시며 축 지여 제사할 새, 축문에 하엿시되, 유세차(維歲次) 모월 모일에 조선국왕은 감소고우(敢昭告于) 경의 충성은 하날이 도으신 충신이라 김웅서기 말리 타국에 느러간 제 삼년이 되도록 소식이 돈절하매 때로 오기를 하엿더니, 과인의 덕이 죽어 말리 타국에 가 원혼이 되어 왓시니, 지하에 도러간덜 웃지 경의 충성을 갑지 안이하리요, 타국에서 죽은 원혼이라도 짐의 지성을 감동이 여기어 활실 흠향하라 하시고, 제사를 파한 후에 장군의 머리를 채단으로 염습(殮襲)하야 옥함에 넛코, 이 연유로 각도 각읍에 행관(行關)하라 하시고, 부인에 즉첩(職帖)을 주시니, 부인이 천은을 축수하고 행장을 수운하고 고향에 도러가, 예를 마친 후에 삼삭(三朔)만에 선산에 안장하고 눈물노 세월을 보내더라.

각설 이 때 상이 타국에 가 죽은 장수를 위로하여 경상도 대동(大同) 만석을 허급(許給)하시고, 또 각읍에, 모든 소를 잡피기를 신측하더라. 이 때 전하 한 몽사를 으드시니, 김응서 복지주왈, 소신이 심을 다하야 왜장의 머리를 베혀 전하게 드리압고 국운을 만분지 일이나 갑자고 하얏삽던니 홍엽이 소신의 말을 듯지 안이하기로 중로에서 이십만 대병을 함몰하압고 그 길로 왜국에 드러가 왜왕의 머리를 베혀 가지고 도러올가 하엿삽던니 강홍엽이 부귀만 생각하고 의리난 생각지 안니하고, 왜왕과 친근하기로, 홍엽을 죽기고 신은 자사하엿사오니, 그 죄 만사무석이오나 신이 비록 황천에 돌러간딜 귀혼이 …… 되어싸오나 웃지 전하를 돕지 안니하리잇가 복원 전하난 만세무양(萬歲無恙)하압소서 소신은 웃지 원한을 다 플리잇가 하고 간 대 읍거날 전하 깨다르시고 몽중에 응서 하난 말리 귀에 쟁쟁한지라 제신을 모와 몽사를 설화하이고 응서 출절을 못내 층찬하시더라.

九. 사명당(泗溟堂) [原文 士明堂]

각설 이 때난 경자년(更子年) 삼월일너라. 평안도 안빈낙사(安貧樂寺)에 잇난 서산대사(西山大師)라 하난 중이 잇씨되 육도삼약(六韜三略)과 천문지리(天文地理)와 오행술법(五行術法)을 무불통달하기로 산중에 처하야 세상풍진(世上風塵)을 몰르더니 일일은 청천명월이 발것난대 자연 탄식 왈 왜인이 임잔년 원수를 갑고자 하니 이제 왜인이 조선을 침범하면 종묘사직이 위태하고 우리 불도(佛道)도 위태하리라 하고 내가 산중에 잇시나 조선 수토(水土)를 머근이 웃지 조선을 돕시 안이하리요 하고 즉시 가사(袈裟)를 착복(着服)하고 육환장(六環杖)을 집고 경성에 올너가 좌승상을 보고 전하게압서 뵈압기를 청하니 승상이 그 연유를 무른 후에 탑전에 드러가 아뢴대 전하 즉시 명초하시니 대사가 관내에 드러가 복지한대 상이 문왈 무삼 연고로 짐을 보고자 하난요 하시니 대사 주왈 소승은 평안도 안빈낙사에 잇삽더니 임진년에 대왕게 압서 왜난을 당하여씨되 진작 나와 도읍지 못한 죄난 만사무석이로소이다 하니 상이 가라사대 노승은 국가를 생각하니 가장 반갑도다 그러나 무삼 일이 잇난요 하시니 대사 주왈 소승이 천기를 보오니 왜놈이 임진년 원수를 생각하고 조선을 침노코자 하기로 올나와 이 사연을 상달코자 하여 불원천리 왓사옵고 이제 김응서 강홍엽은 다 죽삽고 다른 장수 읍사오니 뉘라서 왜놈을 당하리잇가 이제 왜놈을 나오지 못하게 할 모책이 잇삽난이다.

상이 놀내여 가라사대 그러하면 웃지 하리요 하신대 대사 주왈 소승의 상자 사명당이라 하난 중이 잇시되 육도삼약을 통달하압고 팔만대장경(八萬大藏經)과 둔갑장신지술을 능통하오니 그 중을 명초하사 왜국에 사신을 보내압소서 하거날. 상이 즉시 유성용이로 하여금 명초하신 이 사명당이 봉명하고 경성에 득달하야 전하게 뵈온대 상이 가라사대 대사의 말을 드르니 그대가 층양지 못하난 재조를 가젓다 하니 한 번 수고를 앗기지 말고 일본국에 드러가 항복 바더 후환이 읍게 하고 도러오기를 바래노라 하시니 사명당이 주왈 소승이 비록 산중에 잇씨나 조선 수토를 먹사오니 웃지 그만한 수고를 액길리가 한대 상이 대히하사 사명당으로 봉명사신(奉命使臣)을 정하시니 사명당이 젼로(쥰路)에 로문(路文) 노코 납전에 하직 숙배하니 비록 중이라도 사신의 위의를 가초고 행장을 수습하야 십여일만에 경상도 동내에 득달하야 삼일을 유하되 동내부사 송경(宋卿)이 나와 보지 안코 갈로되 조선 사람이 허다하거날 하필 중놈을 보내난고 하여 나와 보지 안거날.

사명당이 분함을 이기지 못하야 무사를 명하야 부사를 나입(拿入)하라 하니 무사가 일시에 부사를 나입하니 사명당이 꾸지저 왈 명색이 비록 중이련이와 왕명을 밧자와 사생을 생각지 안고 말리 타국에 드러가거날 너난 왕명을 생각지 안이하고 중이라 수이 여겨 너난 근본만 생각하고 대령지 안이하니 국가의 만고 역적이라 웃지 죄를 용서하리요 하고 무사를 명하야 급히 츠참(處斬)하라 하고 동내부사 죄를 장게 하야 전하게 상달하고 행군하야 배를 타고 일본에 득달하야 패문 보낸 이라.

왜왕이 개탁하니 하여씨되 조선 사명당 생불(生佛)이 드러온다 하야 거날. 왜왕이 대경하야 제신을 모와 의논 왈 조선갓튼 편소지국에 웃지 생불이 잇시리요만 생불이라 하여씨니 웃지 하리요 제신이 주왈 조은 모책이 잇시니 심여(心慮) …… 하사이다 하고 삼백 육십간 병풍을 맨드러 일만 일천 귀 글을 지여 병풍에 써서 남대문 박게 동편으로 두루고 사신을 청하야 천리마를 급히 몰러 사처에 오거던 글을 외우라 하야 만일 외우지 못하거던 죽이사이다 하고 즉시 설시하야 삼백 육십간 병풍에 일만 일천 귀 글을 써서 동편에 두루고 사신을 청하니 말을 타고 급히 몰려 들러오니 조선 생불이란 말을 듯고 남녀노소 읍시 구경하난 사람이 백리에 연하얏더라.

사처에 좌정한 후에 왜장이 예필 후에 가로대 사신이 생불리라 하니 드러오난 길에 병풍의 글을 보왓난요. 사신이 왈 보왓노라. 왜왕이 왈 글럴 보왓다 하니 외우라 하니 사신이 왈 웃지 그만한 글을 연송(連誦)치 못하리요 하고 삼경(三更)에 시작하야 이튼날 오시까지 연송하니 일만 구백 구십 귀를 연송하거날. 왜왕이 왈 웃지 …… 귀난 연송치 안이하난요. 사명당이 왈 읍난 글도 외우라 하난요. 왜왕이 고이 여겨 사관으로 하여금 가서 보라 하니 과연 병풍 두간이 닷첫다 하거날. 왜왕이 그제야 고개를 수기고 대답지 못하더라.

사명당이 별당으로 나오니 왜왕이 밥을 지어 올리거날. 사명당이 왈 일본 음식을 먹지 못한다 하거날. 왜왕이 제신을 모와 의논 왈 조선 사신이 생불이 분명하니 웃지 하리요. 제신이 주왈 일백 오십자 구리방석을 맨드러 물에 띄우고 안지라 하면 제 아모리 부처라도 죽사오리다 하니 왜왕이 올히 여겨 구리방석을 맨드러 물가에 노코 잇튼 날 제신을 모와 물가에 나와 사신을 청하야 왈 그대가 생불리라 하니 방석을 타라 한니 방석을 물에 띄우고 팔만대장경을 외우니 동풍이 불면 서으로 가고 서풍이 불면 동으로 가고 완연이 떠단이며 일엽주(一葉舟)를 임의로 타고 만경창파 대해 중에 단이며 호사로다 호사로다 하거날.

왜왕이 보고 대경하야 제신게 의논 왈 조선 사신을 웃지하리요 하니 한 신하 주왈 내일은 잔치를 배설하고 채단 방석을 녹코 오르라 하야 채단 방석에 안지면 필연 요물(妖物)이요 백목(白木)을 취하면 부처련 이와 그러치 안이하옵거든 죽기사이다 하고 이튼날 채단 방석을 노코 사신을 청하야 방석에 안지라 하니 사명당이 백팔염주(百八念珠)를 손에 들고 백목에 안거날. 왜왕이 왈 그대가 부처면 웃지 비단을 취치 안이하고 백목에 안젓난요. 사명당이 왈 부처가 백목을 취하난니 웃지 비단을 취하리요. 백목은 목화나무에 핀 꽃치요 비단은 버러지 집으로 나오는 거신 고로 취치 안노라 하니 왜왕이 다시 말이 읍시 잔치를 파하고 제신을 모와 의논 왈 조선 사신이 생불이 분명하니 웃지하리요 제신이 주왈 내일은 구리로 한 칸 집을 짓고 생불을 청하야 구리집에 드러오거든 문을 장구고 사면으로 숫철 피우며 제 아모리 생불이라도 그 안에서 죽으리라 하니 왜왕이 올히 여겨 구리집을 짓고 사신을 청하야 방안에 안치 후에 문을 장구고 사면으로 숫을 쌋코 대풀무를 노와 부니 불꽃치 이러나며 것츠로 구리가 녹어 흘으니 아모리 술법 잇난 생불린덜 웃지 살기를 바래리요.

사명당이 그 간게를 알고 사면 벽상으로 서리 쌍(霜)짜를 써 붓치고 방석 밋테난 어림 빙(氷)짜를 써노코 팔만대장경을 외우니 방안이 빙고(氷庫)갓튼지라. 왜왕이 왈 조선 생불이 혼백이라도 남지 못하야실리라 하고 사관을 명하야 문을 열고 보니 생불이 안젓씨되 눈섭에난 서리가 찌고 수염에난 고두래미가 달엿난지라. 사명당이 사관을 보고 꾸지저 왈 왜국이 남방이라 듭다 하던니 웃지 이러하게 찬야 한대 사관이 혼이 나서 그 사연을 왕게 고하니 왜왕이 듯고 대경하야 왈 분명한 생불을 죽이지 못하고 썰 대 읍난 재물만 허비하여도다 하고 달내여 화친하난이만 갓지 못하다 하고 한 꾀를 생각하고 무쇠 말을 달궈 노코 사신을 청하여 왈 그대가 부처라 하니 저 쇠말을 타고 단기라 하니 사명당이 그 간게를 알고 박게 나와 조선을 바래보며 팔만대장경을 외우니 사방으로 난대읍난 구름이 모여들어 뇌성이 진동하며 소낙이가 근치지 안이하고 오니 성중에 물이 고여 여강여해(如江如海)하야 인민이 무수이 빠저 죽난지라.

사명당이 호령 왈 간사한 왜왕은 종시 개닷지 못하고 여러 가지로 나를 죽이랴 하건이와 내 웃지 간게에 빠지리요 이제 왜국을 함몰하리니 만일 잔명을 보전할야거든 급히 항서(降書)를 올이면 비를 긋치게 하련이와 그러치 안이하면 너의 일본을 동해를 맨들리라 하고 삼용(三龍)을 불너 비를 주며 왜왕을 놀내게 하라 하니 삼용이 일시에 귀비를 치며 소래를 질으며 천지가 문어지난 듯하거날. 왜왕이 대경망극하야 웃지할 줄을 모르더라.

구중궁궐(九重宮闕)이 다 바다이 되여 물결이 태산갓치 즘즘 뜰에 드러오니 왜왕이 할일읍서 인끈을 목에 매고 용포(龍袍)를 버서 땅에 쌀고 두 무릅펄 공손이 꿀고 두 손길을 마조 잡고 비난이다 비난이다 하날을 우르러 조선 사신 사명당 전에 비난이다 제발 적선(積善) 살여 주옵소서 소왕의 나라 인민이 다 함몰하게 되니 살여주소서 부천님 전에 비난이다 소왕이 무도하와 부천님인 줄 모르고 무수히 히롱하야싸오나 그 죄난 죽어도 맛당하건이와 제발 적선 살여 주압소서 하며 부자지국 항서를 올이거날.

사명당이 밧지 안이하고 왈 너의 잔명을 보전할야거든 년년이 인피

(人皮) 삼백 장 식하여 밧치되 십오세 십육세 된 규녀(閨女) 가죽으로 밧치고 또 불알 삼두식 밧치되 십오세 십육세 된 유아로 하라 하니 왜왕이 왈 부처님게 명을 밧칠지라도 인피와 불알을 밧칠 수 읍난이다 하니 사명당이 왈 년년이 인피 삼백장과 불알 삼두식을 밧치고 항서와 부자지국 항서를 밧비 써 올리고 그러치 안이하면 비를 더 주어 함몰을 하리라 하고 삼용을 호령하니 비가 박 퍼 붓 뜻하난지라.

왜왕이 할일읍서 급히 써 올이거날 사명당이 항서를 바든 후에 왜왕을 꾸지저 왈 너난 무삼 욕심으로 청정과 소섭과 평수길을 내보내여 우리 조선을 요란하게 한 죄목을 뭇고자 하사 전하게압서 나를 보내신니 아무리한들 우리 예의지국을 해하리요 그 죄를 생각하고 씨 읍시 다 죽기고자 하야던니 인명이 지중하기로 십분 용서하야건이와 차후난 다시 외람한 마음을 두지 말고 잘 조선을 성기라 우리 나라에 영웅호걸이 구름 모이 듯하고 나라이 비록 편소지국이나 천하에 제일이요 남경(南京) 천자라도 밋지 못할 거시요 타국이 다 븜남한 뜻절 내지 못하고 각보일우(各保一隅)하난니 생불이 우리나라에 날갓튼 생불이 년년 수천여명이라 이번에 나를 보내시며 그대 나라에 드러가 부자지국 항서를 바드라 하시기로 왓난이 일후에난 다시 븜남한 뜻절 두면 우리 일천 부처가 일시에 드러와 너의 일본을 동해를 맨들 거시닌 차후닌 반치 밀나 한대 왜왕이 고두사죄(叩頭謝罪) 왈 소왕이 아모리 무지하온들 부처님 가라치시난 걸 웃지 그력하리잇가 지위하시난 대로 시행하리이다 하고 즉시 잔채를 배설하고 질기다가 잇튼날 사명당이 회환할새 일본 인민이 조선 생불이 환기고국(還其故國)한단 말을 듯고 닷투여 구경하더라.

왜왕이 백리 외에 나와 전송하야 진보(珍寶)를 무수히 드리거날. 사명당이 본대 탐욕이 읍난지라 진보를 물리치고 왈 불알 삼두씩 인피 삼백장씩 밧치되 년년이 삼백장 내에 일개 일장이라도 들 밧치면 또 건너와 일본을 함몰할 거시니 각별 조심하라 하고 길을 떠나 물가에 다다르니 삼용이 배를 대이고 순식간에 건너니 삼일만에 조선지경에 득달하여 왜왕에 바든 항서를 봉하야 경성으로 보내고 인하여 길을 떠나니 위풍과 일홈이 일국에 진동하더라.

각설 이 때 대왕이 일본 항서를 보시고 대히하사 왈 사명당의 공뇌 난 천추에 제일이로다 못내 충찬하시며 도러오기를 고대하던 차에 사명당이 경성에 득달하야 탑전에 복지사배한대 왕이 손을 잡고 충찬불이(稱讚不已)하사 왈 그대가 만리타국에 드러가 빗난 일홈을 세우고 무사히 도러오니 그 공뇌난 천고에 읍도다 하시고 사명당과 서천대사를 벼살을 주실 새 서천대사난 병조판서 호에 대장을 삼으시고 사명당은 금부도사를 삼으시니 두 대사 복지주왈 비록 조고마한 공뇌가 잇사오나 중대한 벼살을 주시니 국은이 망극하사이다 하고 벼살에 이신제 칠삭만에 두 대사 복지주왈 승등의 벼살을 갈여주시면 산중에 드러가 불도를 숭상하여지이다 하거날. 상이 창연(悵然)하멸 마지못하야 가라사대 경의 소원이 그러할진대 임의로 하라 하시고 벼살을 가라주시니 두 대사 숙배하고 물너나오니 만조백관이 물이 나와 전송하더라. 두 대사 안빈낙사에 도러와 잇던니 그 후에 왕이 서산대사와 사명당의 공뇌를 생각하시고 두 대사를 요중대사를 증봉(增封)하시고 일홈을 천추에 빗이 나게 하시더라.

이 때 왜왕이 인피 삼백장과 불알 삼두씩을 년년이 밧치니 이로 당치 못하야 동내 따에 왜관(倭館)을 짓고 구리쇠 삼백육십근과 주석쇠 삼만육천근과 퉁쇠 삼만육천근과 시우쇠 삼만육천근을 년년이 조공 …… 부자지국 조공을 년년이 하더라. 이 때 대명천자 조선이 일본의 항복 바든 재물을 보시고 조선 왕게 금자광녹태후 가자를 보내사 덕택을 사해에 빗내게 하시더라.

漢文本 壬辰錄(飜譯)

一. 관운장(關雲長)

 때는 선조(宣祖) 이십오년 임진 칠월 십오일 밤이었다. 고요한 대궐 안에는 사람의 자취가 끊진지 이미 오래고 오직 휘황한 촛불이 너울너울 춤을 출 뿐이다.
 "오 이상스러운 꿈이로다. 이 나라에 장차 무슨 큰 환란이 있으려는고."
 벼개를 밀치시고 벌떡 일어나 앉으신 왕은 혼자 말씀으로 괴탄하시며 머리털이 쭈뼛해짐을 깨달으셨다. 그리고 다시 한 번 꿈 속의 일을 생각해 보셨다.
 긴 칼을 짚고 갑옷 입은 장수가 남쪽 하늘을 날아와서 대궐 문을 두드리며 왕을 불러 깨웠다.
 "나는 옛적 한(漢)나라 장수 관운장(關雲將)이오. 내일 왕의 나라에 큰 환란이 일어나서 한강(漢江) 동쪽으로는 사람의 그림자조차 찾어볼 수 없게 되겠거늘 왕은 어찌 그리 편안히 잠만 주므시나뇨."
 한때의 심상한 꿈으로 돌려버리기에는 너무나 뚜렷한 일이었다. 왕은 근심스러웁게 머리를 움치시고 다시 자리 위에 누으신지 얼마 안되어 아까 왔던 장수가 또 와서 왕을 불러 깨운다.
 "왕이 만일 나의 말을 믿지 않으신다면 당장에 일어나는 환란을 어찌 하시려오."
 왕은 황망히 일어나 두 번 절하시고 그 까닭을 물으셨다. 혹시 악한 신하가 있어 무슨 흉계를 꾸미는 것이나 아닌가 하심이었다.
 "내일 저녁 때 죽롱(竹籠)을 실은 말을 끌고 남대문(南大門)으로 들어

오는 중이 있을 터이니 미리 그 속에 군사를 보내 두었다가 두 말 할 것 없시 그 중을 잡아 죽이고 죽롱은 불 태워 버리도록 명령하실 것이오. 그 중은 유명한 왜장 숙주(倭將 叔舟)이며 죽롱 속에는 나무로 깎아 만든 옛적 명장들의 초상(肖像)이 들어 있소. 그 초상들은 각각 자기 이름을 부르면 곧 사람으로 변해서 군사를 거느리고 나와 무궁한 재조를 부리는 까닭에 비록 억만 명의 군사 있어도 당할 수 없는 것이오."

말을 끝 내인 관운장은 간 곳 없이 사라져버리고 왕은 두 번째의 꿈을 놀라 깨시니 그의 목소리가 아직도 귓가에 남아 있었다.

어서 바삐 날이 밝기를 기다리시던 왕은 먼동이 훤하게 터오자 곧 명령을 나리시어 오군문(五軍門)의 날랜 군사를 동원시켜 궐내로 등대케 하셨다. 여러 신하들은 웬 일인지 몰라 이리저리 몰려 다니며 벌벌 떨고만 있을 때에 오군문도총 최치백(五軍門都總 崔致白)이 들어와 부복하였다. 왕은 최도총의 손목을 잡으시고 다음과 같은 분부를 나리셨다.

"오늘 저녁 때 남방으로부터 죽롱을 싣고 남대문으로 들어오는 중이 하나 있을 것이니 경은 미리 군사를 데리고 그 곳에 가서 숨어 있다가 중을 잡아죽이고 중롱은 불 태워 버리도록 하오. 그 중은 곧 왜국의 유명한 장수이니 소홀히 하지 말기를 바라오."

최도총은 왕의 분부를 받들고 모든 지휘를 마친 다음 때가 오기만 기다리고 있었다. 첫 가을 해가 훨씬 서쪽으로 기우러져서 과연 죽롱을 싣고 남대문으로 들어오는 중을 발견한 그는 즉시 숨어있던 군사들을 불러서 닷자곳자로 중을 결박하였다. 중은 벌써 깨달았다는 듯이 강개한 눈물을 뿌리며 탄식하였다.

"이것은 모두 관운장의 짓이로다. 다른 장수들의 초상은 다 사람으로 변하였으나 오즉 운장의 것만이 변하지 않았고 어제 불러 볼 때에도 그는 조금도 움직이는 기색이 없드니 기어코 이런 일을 당하게 되었다. 만일 내가 오늘 잡히지 않었드라면 천하의 군사를 다 일으켜 오드라도 나를 당할 수 없었을 것을 아 분한 일이다."

중도 드디어 제 손으로 목을 졸라 자살하였다. 죽롱을 열어 보니 그 속에는 수많은 나무 사람들이 들어 있고 나무 사람의 등에는 각각 옛적 명장(名將)들의 이름이 새겨있었다. 죽롱은 불태워버렸다. 그리고 왕은 온 나라에 명령을 나리시어 전비(戰備)의 단속을 엄중히 하였다.

남대문 밖에서는 조화 무궁한 왜승(倭僧)을 잡고 삼천리 방방곡곡에는 전쟁 준비의 명령이 나리니 인심은 극도로 소란하였다.

二. 논가(論哥)

구월 초사흗날 거제(巨濟)로부터 뻗혀 들어온 봉화(烽火)는 기어코 왜병의 침입한 소식을 서울에 알려 주었다. 수백 척의 배와 떼(筏)가 왜병을 가득 싣고 동해 바다를 건너 왔다. 육지로 올라온 적은 즉시 군사를 나누어 각지로 쳐들어 왔다. 평수길(平秀吉)은 곧 조령(鳥嶺)을 넘고 조서비(鳥西飛)는 평양으로 향하고 하라북(賀羅北)은 서울로 향하여 그들의 지나는 곳에는 사람의 씨조차 남지 않는 처참한 광경이 벌어졌다.

조정에서는 급히 홍의장군 곽재우(郭再祐)에게 군사 이만명을 주어 조령을 지키게 하고 경상도 진양(晉陽) 절도사 최경룡 김천일 유혜익(崔慶龍 金千鎰 柳惠益)에게 명령해서 군사 삼만명으로 방비를 굳게 하였다.

곽재우가 조령에서 평수길을 맞아 싸우다가 형세 불리하여 패한 군사를 이끌고 하산 화왕산(夏山 火旺山) 속으로 도망해 들어가 다음 전투의 준비를 하고 있는 때이다. 영축(靈鷲)으로부터 돌아오는 하라북의 대부대를 만나 이 쪽 군사는 까딱하면 전멸을 당할 극히 위험한 경우에 처하게 되었다. 얼른 한 가지 묘계를 생각해낸 재우는 비장 안택령

(神將 安宅令)을 시켜서 붉은 옷을 입고 조수처럼 몰려오는 적병을 향하여 큰 소리로 웨치게 하였다.

"너이들은 감히 어디를 들어오는뇨."

그의 고함소리는 전후 좌우에 있는 모든 산을 흔들어 봉오리마다 같은 소리가 울리어 왔다.

적은 정신이 어지러워 신병(神兵)이 나려왔는가 의심하였다. 하라북은 군사를 뒤로 돌리어 동각문(東角門) 밖게 친 치고 대책을 강구하게 되었다.

동짓달 보름달이다. 하라북은 수많은 허수아비를 만들어서 밤이 깊기를 기다려 성안으로 던져 떨어트렸다. 바야흐로 곤히 잠들었던 군사들이 놀라 일어나서 큰 소동을 이르키기는 바람에 성 밖으로 떨어져 죽는 자가 반이 넘으니 재우는 그만 남은 군사를 거두어 가지고 도망하여 버렸다.

이 때 한 달 동안이나 적의 포위 속에서 진양성을 지키고 있던 최 김 유 삼장사(三壯士)는 성문을 굳게 닫고 일체로 나와 싸우지 않었다. 왜장 석종지(昔宗志)는 최후로 진양성의 지리적 약점을 이용해서 수공전술(水攻戰術)을 썼다.

공중으로부터 꺼구로 흐르는 물줄기가 성 안으로 향하여 쏟아지기 시작한지 사흘에 넘슬거리는 물결이 장차 성을 넘어 흐를지경이었으나 군사와 백성들은 이 거룩한 세 지도자를 배반할 생각이 없었다. 석종지는 다시 풀잎을 엮어 사람을 만들어서 성 안으로 던졌다. 바로 이 때다. 어떤 한 늙은 계집이 손벽을 치고 돌아다니면서 적병이 이미 성에 들어왔다고 웨쳤다. 놀란 군사가 성 밖으로 떨어지고 꿈틀거리는 물결에 채여서 성문이 제절로 열리는 틈에 적은 드디어 몰려들기 시작하였다.

계사년 정월 초닷새날 밤중에 진양성은 함락되고 말었다. 성에 들어온 적은 사방으로 군사를 놓아서 살육 약탈 강간 등 가진 포악한 짓을 다 하였다.

"모든 것이 운명이니 할 수 없는 일이다."

분노에 떠는 삼 장사는 칼을 빼어 들고 길게 탄식하였다. 최경릉은 홋몸으로 말을 달녀 저 쪽에 서서 있는 왜장의 용천보검(龍天寶劍)을 탈취하여 전라도 락안(樂安) 그의 고향으로 보내었다. 마즈막 기념이었다. 그들은 모든 것을 단념한 뒤에 함께 촉석루(矗石樓)에 올라 강개무량한 한 편의 시(詩)를 남기고 눈 아래에 몸을 던져 장렬한 최후를 마쳤다.

촉석루 위에 마조 앉은 세 장사
술잔을 들어 장강을 가르키며
그의 입가에는 만족한 미소가 지나갔다.
몇 천만년 억세고 줄기차게
강물을 흘러흘러 쉬임이 없었나니
우리의 넋도 죽지 않어 저와 함께 살겠노라.

삼장사가 죽은 후 촉석루 위에는 왜장의 승전을 축하하는 큰 잔치가 열렸다. 일직이 진양의 이름 난 기생이며 최경릉의 소실이있던 논가(論哥)는 이제 왜장과 마조 서서 칼춤을 추었다. 춤이 끝나자 그는 다시 노래를 불렀다.

봄바람 슬슬 불어서
춤추는 옷소매를 날리고
이 강산은 어제와 같지 않어
보는 눈에 눈물이 어리우네
저는 나의 원수

나는 원수와 즐길 수 없노라
아 하늘도 믿지 못하리로다
해 저물고 갈 길이 아득하니
어이없는 세상일 오직 슬플 뿐이어라.

논가는 달려들어서 왜장의 허리를 껴안고 강물로 떨어졌다. 또 한 사람의 꽃다운 주검이 이루어졌다.

三. 이항복(李恒福)과 이덕형(李德馨)

삼월 초하룻날 서울에 침입한 하라북은 대궐에 불 지르는 한편 인민을 도륙하여 성안 성밖이 물 끓듯 뒤집혔다.

왕은 크게 놀라신 끝에 곧 여러 신하들을 모아놓고 적을 막어낼 게책을 의논하셨다.

"이런 큰 난리는 일직이 들어보지는 못하였던 것이오. 장차 어찌하면 종묘사직을 보존할 수 있을는지 경들은 각각 좋은 계책을 말해 보오."

"들은 바에 의하오면 왜장 평수길 조서비 하라북의 재조는 옛적 사마양저(司馬穰苴)라도 당할 수 없는 모양이오니 항복하여 그들의 비위를 맞추고 무사히 지내는 것이 좋은 줄로 아뢰오."

한두 사람을 빼어 놓고는 모두 항복하기를 주장한다. 절대 다수의 의견이 일치되어 어찌할 수 없었다.

"안되오. 지금 만일 우리가 항복한다면 이 싸움은 다시 중국까지 벌어져서 양쪽으로 그 화를 받을 것이니 항복하는 것은 옳치 못한 줄로 아뢰오."

이항복 이덕형(李恒福, 李德馨) 두 신하가 여러 사람의 의견을 배격하고 앞으로 나왔다. 왕도 두 신하의 말을 옳게 여기었다.

"그렇소. 도와주는 이가 아조 없지도 않을 것이며 또 몇 사람의 마음이 서로 같으니 나도 끝까지 힘써 보겠오."
 왕은 잠간 서울을 떠나서 북한사(北漢寺)로 몸을 피하신 후에 항복과 덕형의 의견대로 명나라에 구원을 청하기로 하셨다. 김치경(金致敬)이 청구문(請求文)을 지어 올렸다.
 "조선 국왕은 머리를 조아리고 피눈물을 뿌리며 백번 절한 뒤에 이 글월을 황제폐하께 올리나이다. 소신이 이 땅에 명령을 받든 이후로 항상 폐하의 사랑하시는 덕을 힘 입사와 그 직분을 다하옵더니 이제 뜻 밖에 왜장 평수길의 침입으로 참혹한 화가 조상의 능묘(陵廟)에까지 미치오니 진실로 영원히 잊을 수 없는 원수라. 누가 이것을 구원해 주시어 이 난리를 벗어나지 못하오면 어찌 전일의 사랑하심을 다시 받을 수 있아오리까. 왜장 평수길 조서비는 싸움에 능하고 조화 무궁한 인물로써 그 뜻이 항상 중국에 있어 장래의 화를 미리 추측할 수 없아오니 바라옵건대 폐하는 어여삐 여기시고 특별히 대명을 나리시와 멸망에 가까운 이 나라를 건져주시면 이것은 부모가 자식을 사랑하는 마음이 있음이오 자식은 효도를 다할 수 있는 기회가 돌아옴이니 폐하는 깊이 살피소서."
 이 달 열사흗날 항복과 덕형은 이 글을 받들고 명나라로 향하여 밤낮을 헤아리지 않고 길을 재촉하였다. 남경(南京)에 도착한 즉시로 신종황제(神宗皇帝)께 뵈옵과 사정을 하뢰었다.
 "소신의 나라가 지금 왜적의 침입을 받사와 거의 멸망한 지경에 이르렀아오니 바라옵건대 폐하께서 한 번 높으신 위력을 베프시면 살아서는 목숨을 바치옵고 죽어서는 풀을 맺어 그 은혜를 갚으리로소이다. 또 왜적의 본 뜻은 조선보다는 중국을 노리는 것이오니 그것을 어찌 하시려나이까."
 "조선의 팔년 전쟁은 나라 운수이다. 내 비록 군사를 보내도 아모런 이로움이 없을 것이니 두말 말고 돌아가서 너의 왕을 보고 그대로 말하라."

　황제의 대답은 너무나 쌀쌀하였으며 군사를 보내 줄 의사가 조금도 없었다. 두 사람은 십여일을 두고 졸라 보았으나 결국 빨리 귀국하지 않는다는 꾸지람밖에 아무 소득이 없었다. 항복은 할 수 없이 덕형의 손을 잡고 눈물을 흘리며 이별을 고하였다.

　"그렁저렁 날짜만 지나가니 왕께서는 매우 기다리실 것일세. 일일, 나는 고국으로 돌아가서 형편을 보아가지고 다시 오겠으니 자네는 여기 있어 기다리게. 아 나라가 망하고 임금이 욕을 당하시면 우리가 무슨 낯을 들고 돌아가겠나."

　이리하여 항복을 돌려보내고 혼자 남어 있는 덕형은 날마다 대궐 앞에 나가서 애원하기를 무릇 일주일을 하였다. 그의 두 눈에는 피눈물이 흘렀다.

　"과연 지극하도다. 덕형의 나라를 사랑하는 마음이여."

　황제도 드디어 그 정성에 감동되어 이성장군(以成將軍)에게 군사 오만명을 거느리고 조선을 구권하라는 명령을 나리게 되었다.

　한편 항복으로부터 명나라와의 교섭이 실패되었다는 보고를 받으신 선조대왕은 앞이 캄캄하여 그만 엉엉 우셨다.

　"선성이여 오늘 이 나라의 운명은 오로지 선생의 손에 달렸거늘 어찌 이런 기막힌 말을 들려준다는 말이오. 선생은 수고를 아끼지 말고 다시 한 번 명나라에 갔다 와 주기를 천만번 업드려 바라는 바이오."

　"전하는 안심하소서. 신이 비록 목숨이 끊어지고 뼈가 부러지는 한이 있드라도 갔다오기를 사양치 않겠나이다."

　항복은 그 날로 다시 길을 떠나서 걸음을 빨리하였다. 유월 열이렛날이다. 평능(平陵)의 무인지경 사십리를 통과하다가 그만 중로에서 해가 저물고 급작스러히 폭풍우가 일어나서 지척을 분변할 수 없는 지경을 당하게 되었다. 꼭 죽는 줄만 알았던 그는 우연히 마즌 편 한 곳에서 등잔불이 반짝거리는 것을 발견하고 어두운 속을 헤매어 간신히 그 곳을 찾아가게 되었다.

두어 간이나 되는 조그만 초가집 속에서 문 흐드는 소리에 좇아 나온 노파는 반가운 얼골로 손을 맞이하면서 어디로부터 오는가를 물었다.

"나는 조선 사람으로 구원을 청하러 가는 길에 폭풍우를 만나서 헤매다가 이 곳을 찾어오게 되었소이다."

"하고 많은 동내에 어디 갈 데가 없어서 이런 누추한 집으로 오셨소"

"해는 저믈고 또 불시에 풍우를 만났으니 어디로 간다는 말입니까."

항복의 말에 노파는 웃음을 감추고 잠간 얼골을 찡그리었다.

"대관절 무슨 큰 일이 있기에 밤낮을 가리지 않고 길을 가오."

"우리나라가 지금 왜적의 침입을 받아서 거의 망할 지경에 빠졌으니 어찌 밤낮을 가리겠읍니까."

"잔소리는 그만 두고 저 방에나 들어가 보시오."

항복은 노파의 가르치는 방문을 열다가 깜짝 놀랐다. 방 한가운데에 웬 장주가 칼을 짚고 서 있는 것이다. 항복은 도로 물러나와 노파에게 절하고 그 장주가 누구임을 무르니 노파는 손벽을 치며 크게 웃었다.

"그대는 너무 겁내지 마오. 그것은 중국의 이름난 장주 이여송(李如松)의 화상이라오."

"이 장군이 지금도 살아 있읍니까."

"그렇소. 북쪽 오랑캐를 치러 간 지 다섯 달이 되었는데 아즉 돌아오지 아니하였소."

"그런데 마나님께서는 무슨 까닭으로 그 화상을 위해 두셨읍니까."

노파는 항복의 손을 잡아당기어 가까히 자리를 권한 뒤에 자세한 내용을 설명했다.

"이번 왜병의 난리는 비록 조선의 나라 운수이지만 저 장군의 힘을 빌게 되면 넉넉히 평정할 수 있을 것이오. 나도 젊었을 때에는 상당히 큰 부자였었는데 있는 재산을 다 털어서 저 화상을 사두고 그대가 찾아오기를 기다린지 오래되었오. 저 장수 아니면 조선은 망하고 말 터이니 그대는 저 화상을 사다가 황제께 바치고 그 장수를 보내달라고 청하오. 그리고 황제가 저 화상을 보면 반드시 출처를 무르실 터이니 강릉 자오곡(江陵 子午谷)을 지나다가 어떤 아희로부터 받았다고 해 두오. 그러면 황제는 또 탄식하기를 저번 자오곡 위에 붉은 구름이 떠돌더니 이런 신기한 일을 보게 되었다고 할 것이오. 아모쪼록 내 말을 우습게 여기지 말기 바라오."

이튿날 아침에 항복은 은(銀) 일천 양으로써 그 화상을 사고 노파에게 무수한 치하를 드린 후 길을 떠나서 조금 나오다가 뒤를 돌아보니 집과 사람은 간 곳이 없고 커다란 바윗돌 한 개가 길 옆에 놓여 있을 뿐이었다.

그가 남경에 도착한 때는 이미 덕령의 교섭이 성공된 후였다. 그러나 이성이라는 장수의 상을 보니 능히 어지러운 시국을 건질만한 인물이 되지 못하여 조선에 나가도 아무 소용이 없겠으므로 황제께 뵈옵고 다른 장수를 바꾸어 보내주도록 청하였다. 황제는 그 이상 더 훌륭한 장수가 없다는 구실로 써 거절하는 것이었다.

"황송하오나 그 장수를 보내 주시옵소서."

항복은 사가지고 온 화상을 내어 바쳤다. 황제는 깜짝 놀라신다.

"대체 이것은 어데서 나온 것이뇨."

항복은 노파에게서 들은 말대로 강릉 자오곡을 지나오다가 어떤 아희에게서 받은 것임을 아뢰었다. 그러나 황제는 다시 완곡히 거절하신다.

"그것을 보니 하늘이 너의 나라를 도와 주심이 분명하다 하겠으나 이 장수는 우리나라를 지키고 있는 유일무이한 인물 이여송으로 만리 타국에 보낼 수 없는 형편이니 여러 말 말고 이성과 함께 나가라."

이 때 옆에 섰던 덕형이 땅에 업드려 머리를 조아리고 인해 피를 토하였다. 두어 말이나 되는 싯벌건 피다. 말로 표현하지 못할 슬픔이 피로 변해서 올라온 것이었다.

"폐하 어찌 한 사람의 장수를 애끼시어 동방에 있어 극히 중요한 역할을 하는 조선을 망하게 하시려나이까."

"너의 정성을 생각하면 아까운 것이 없겠으나 이여송이 북쪽 오랑캐를 치러 간 지 다섯 달에 아직 돌아오지 않았으니 어찌하겠는가."

"폐하 오랑캐를 침도 당연한 일이오나 지금 조선의 형편은 언제 어떠하올는지 일각이 삼추 같사오니 그에게 급히 귀국하라는 명령을 나리시옵소서."

황제는 매우 난처한 모양으로 한참이나 무엇을 생각하시다가 여송의 아우 여백(如栢)을 보내어 형을 대신하게 하고 여송에게는 곧 돌아오도록 명령하였다.

"나에게 닷새 동안의 여유만 더 허락하였으면 오랑캐는 완전히 정복해 버릴 것을…."

여송은 성공 도중에 귀국하는 것이 분하기 짝이 없으나 황제의 명령을 어길 수 없어서 모든 일을 아우에게 부탁하고 돌아오게 되었다.

"지금 조선이 왜병의 침략을 받아서 나라가 멸망할 지경에 이른 모양인데 장군이 아니면 이 나라를 구해낼 사람이 없으니 수고를 애끼지 말고 내일로 곧 떠나도록 하오. 나도 친히 나가서 격려의 뜻을 표하려 하오."

전선으로부터 돌아와 피로한 몸을 쉬일 새도 없이 황제는 다시 조선으로 향해 떠나기를 재촉하셨다. 여송은 이에 복종할 수 없다는 뜻을 표하였다.

"사세 비록 그러하오나 조선의 병화는 하늘 운수오니 신이 나가도 성공키 어려운지라. 차라리 가지 안는 것이 좋을 줄 아뢰소."

"그러나 이미 허락한 일이니 어찌하겠소. 군사는 얼마 가량이면 될는지…."

"신의 생각으로는 십만 병은 가져야 하겠읍니다."

황제는 급히 철기(鐵騎) 십만 병을 동원시키고 군사 한 사람 앞에 은(銀) 열 근 씩 주라 하였다.

"너희들이 조선에 나가서 큰 공을 세운다면 내 만금(萬金)도 아끼지 않으리니 어찌 은 열 근뿐이겠느냐."

"신이 비록 가기는 하오나 조선 왕의 모양을 보아서 만일 마음에 들지 않게 되면 곧 군사를 거두어 돌아올 줄로 아뢰오."

여송은 출발할 때에 황제께 다시 한 번 자기의 의사를 말하고 오히려 이항복으로 말미아마 오랑캐를 치던 공이 중도에서 꺾여짐을 분히 여겼다. 분푸리를 하지 않고는 참을 수가 없었다.

"이제 큰 군사로써 출발하는 마당에 어찌 그대로 떠날 수 있으랴. 네가 능히 용을 잡어 그 간(肝)을 바치지 못하면 군사를 도리키고 너의 목을 버히리라."

당치 않은 위협이었다. 항복은 백마강(白馬江) 가에 이르러서 향불을 피우고 제사를 베프렀다. 하늘에게 호소하는 것이다.

"아 아득한 하늘은 항복으로 하여금 다시 고국에 돌아가 태평세월에 군신(君臣)이 서로 만나게 하여 주소서."

제문을 읽고 난 뒤 그대로 강가에 업드려 슬피 울기는 낮 하로 밤을 하로 하였다. 그의 정성에 움직였음인지 한 마리의 용이 뱃머리에 나타났다. 그는 감격하였다.

"네가 간을 바치기 위해서 나왔느냐."

용은 사람의 말을 알어들은 모양으로 꼬리를 치며 머리를 수구리고 있었다. 항복은 칼을 빼어 용의 배를 가르고 간을 끄내다가 여송에게 바쳤다. 여송은 이 기막힌 재조에 놀라서 그를 신(神)으로 알고 호군사자(犒軍使者)의 책임을 맡기게 되었다.

 구월 초열흘 날 명나라는 군사를 압록강(鴨綠江) 가에 도착하였다. 여송이 멀리 조선의 하늘을 바라보니 왕기(王氣)는 조금도 보이지 않고 오즉 왜기(倭氣)가 가득할 뿐이다. 강가에 머므른지 십여일이 지났다. 어느 날 아침에 그는 또 한 번 하늘을 바라보았다. 이번에는 평양 노봉산(老峰山) 위에 한 폭의 흰 깃발이 펄펄 날리고 있었다.

 항복을 보고 그것이 무엇인가를 물으니 왜병이 명나라 군사의 정세를 탐지하는 것이라고 대답한다. 여송이 곧 군사를 보내어 쫓아버렸다. 그리고 오늘은 적병을 소탕한 뒤에 조반을 먹겠다고 호령하였다.

 왜병들은 명나라 군사가 총공격해 옴을 보고 싸우기 전에 도망해 버렸다. 그러나 식사의 준비가 늦어서 군사들이 배고픈 것을 참지 못하고 태반이나 찬 서리 나린 길바닥에 쓰러지게 되었다. 여송을 펄펄 뛰었다.

 "호군사자는 어데서 무엇을 하고 자빠졌느냐. 빨리 그의 목을 베여 오라."

 추상같은 호령이었다. 항복은 겁이 벌컥 나서 저 쪽에 있는 덕형을 보고 옷소매를 휘둘렀다. 덕형은 그의 눈치를 알아 차리고 자기가 호군사자의 행세를 하면서 여송의 앞으로 천천히 걸어갔다

 "군사들의 먹을 것은 준비하지 않고 어데를 갔었더냐. 너의 죄는 죽어 마땅하니 그리 알지어다."

 "내가 잠간 호군사자의 행세를 하였으나 사실은 조선의 대신 이덕형이외다. 장군의 성공한 뒤에 이 나라의 대신을 죽인다면 혹 어떠할는지 모르겠으나 만일 이와 정반대라면 다른 사람들이 장군을 어떻게 생각하겠소."

 "호군사자는 대관절 누구인가."

 "그것은 이항복이오."

"그러면 그대는 나가고 이항복을 잡아드리도록 하라."

조금 있다가 항복이 끌려 들어왔다. 두 사람의 말다툼하는 동안을 이용해서 군사들에게 조반을 먹인 뒤였다.

"장군 어쩐 말씀이오. 군사들은 벌써 밥을 다 먹었는데…."

여송은 그를 꾸짖다가 오히려 무안을 당한 셈이다. 몇몇 군사를 불러 물어 보았으나 모두 먹었다고 하였다. 할 수 없이 그 트집은 집어치우고 군사 일을 서로 의논하게 되었다.

四. 이여송(李如松)과 김덕령(金德齡)

평양에는 왜장 조서비가 지휘하고 있었다. 동짓달 어느 날 여송은 천기(天氣)를 살펴보다가 경상도 고령(高靈)에 김덕령(金德齡)이란 장주가 있음을 발견하였다. 덕령은 하늘이 내인 무서운 장주로써 그가 아니면 조서비를 잡을 사람이 없는 것이었다. 여송은 빨리 그를 찾아 보내도록 왕에게 부탁했더니 왕은 다시 고령으로 사람을 보내어 물색해 본 결과 드디어 어느 마을에서 김덕령이 살고 있음을 발견하였다. 하로 동안에 이천리 길을 달리는 덕령이 급히 부름을 받고 말을 채쳐 압록강을 건널 때에는 밤이 이미 깊었고 이튿날 새벽에 여송과 만나게 되었다.

"내가 그대를 부른 것은 장차 한 가지 큰 일을 실행하려 함이니 내 말을 들으려는가."

"염려 마십시오. 목숨을 바쳐 명령대로 하겠소이다."

여송은 그의 손목을 끌어서 앞으로 앉히고 귓속말로 가만가만 이야기하였다.

"지금 조선 안에는 왜적의 기세가 하늘에 닿았고 또 무서운 재조를 가진 조서비가 평양을 차지하고 있어 서울과의 길이 끊어졌으니 먼저 그를 죽이지 않으면 안될 것일세. 그 자만 죽인다면 다른 놈들은 근심할 것 없는데 그대가 능히 이 일을 감당할 수 있겠지."
"제가 비록 용열하오나 넉넉히 그의 목을 베어 오겠읍니다."
덕령은 굳은 맹세를 남기고 곧 말을 채 쳐 평양으로 향하였다. 평양에는 그가 일직이 평안감사의 비장(裨將)으로 와 있을 때에 서로 사랑하게 되었던 기생 화월(花月)이 살고 있었다. 오래간만에 화월의 집을 찾게 된 것이다.
"장군 이 소란스러운 세상에 잊지 않고 찾어주시니 감사하기 한이 없소이다. 그러나 무슨 특별한 사정이 있으신지요."
화월은 마침 집에 없고 그의 어머니 되는 춘계(春桂)가 반가운 얼골로 맞이하며 일변 눈물을 씻는다.
"한 번 서로 이별한 뒤로 하도 그리워서 그의 얼골이나 다시 보고 죽으려고 찾어 왔소이다. 어디 나갔읍니까."
"왜장의 주청(守廳)에 들어가서 내일 저녁 때나 나올 터이오니 장군은 저 방에 들어가 숨어 계시다가 만나보도록 하십시오."
만일 그의 온 것이 적에게 알려지면 큰일이었다. 덕령은 방 속에 숨어서 이불을 쓰고 숨도 크게 못 쉬었다. 이튿날 저녁 때 과연 화월은 돌아왔다. 문 틈으로 내다보니 왜병 수십 명이 보호를 받으며 옥련(玉輦)을 타고 나타난 그의 아름다운 모양은 하늘에서 나려온 천사가 아닌가 외심되있다. 춘계가 좇아 나가 그의 귀에 대고 덕령의 찾어옴을 말하는 눈치였다. 화월은 별안간 눈섶을 곤두세우며 날카로운 소리로 부르짖는다.
"김비장(裨將)이 누군지 내가 알게 무엇이예요. 나는 지금 다시 들어 갔다가 내일 나올 터이니 술과 고기나 많이 작만해 두세요."
쌀쌀스러운 몇 마디 말을 쏘아붙이고 군사를 지휘해서 나가 버렸다. 덕령은 분함을 참지 못하여 그가 돌아오거든 죽여버리기로 결심하고 앉아서 밤을 새웠다. 이튿날 화월은 어제와 같은 기세로 집에 돌아와서 그의 모친이 차려놓았던 음식을 내어 따라온 군사들을 대접하였다.

"오랫동안 타국에 나와 있어 매우 굶주렸을 것이다. 오늘은 너희들을 위해서 특별히 많은 음식을 작만해 놓았으니 사양치 말고 먹기를 바란다."

군사들은 뜻밖에 좋은 음식을 대하여 마음껏 먹고 마신 뒤에 춤 추며 노래 부르다가 뜰 앞에 여기저기 취해 쓰러지고 말았다. 화월은 이 틈을 타서 덕령이 있는 방으로 뛰어 들어왔다.

"장군이 이처럼 찾어오신 것은 반드시 무슨 일이 있으신 줄 아오. 어서 말씀해 주십시오."

손을 붓잡고 간절히 물었으나 덕령은 아모 일도 없다는 듯이 그의 젖을 어루만지며 쓸 데 없는 딴소리만 느러놓았다. 화월은 고처 엄숙한 태도를 취하였다.

"제가 비록 천한 직업을 가진 기생의 몸이오나 장군은 너무 의심치 마십시오. 장군이 어려운 일이 있으실 때에 제가 아니면 또 누가 있어 도아드리겠읍니까."

덕령은 비로소 그의 참된 마음을 알았다. 감격한 나머지에 두 팔을 벌려서 힘껏 껴안고 자리 위에 쓰러졌다.

"그대의 마음을 잘 알었네. 나는 과연 이여송 장군의 명령을 받고 왜장 조서비를 죽이러 온 것일세."

"조서비는 범상한 위인이 아닙니다. 온 몸이 무쇠덩어리가 되어서 칼과 화살이 들어가지 않을 뿐 아니라 그 지혜 귀신같고 그 기운이 산 떼미같은 데다가 조화가 무궁하와 벌써부터 장군이 오실 줄 알고 성문마다 겹겹이 줄을 느리고 방울을 달아 놓은 까닭에 기척 없이 성문을 넘어 들어갈 수 없읍니다."

"그래도 무사하게 성문을 넘어 들어갈 무슨 좋은 방법이 없겠는가."

"제가 먼저 들어가서 동문에 달려있는 방울을 소리가 나지 않도록

해 놓겠아오니 밤이 깊기를 기다려서 그 쪽으로 들어오시면 아마 무사할까 합니다."

"나는 오직 그대만 믿고 시키는 대로 할 뿐일세."

계획은 결정하고 나서 화월은 왜장에게로 가고 덕령은 때가 오기만 기다리었다.

이 날 밤 화월은 변소에 다녀오겠다는 핑계를 대고 왜장의 앞을 떠나서 동문으로 다름질쳤다. 방울이 달려 있는 앞에 와서 우뚝 선 그는 치마를 걷어치고 바지를 뜯었다. 바지 속에는 하얀 솜이 비져 나왔다. 그 솜을 빼어서 방울의 빈 틈을 꼭꼭 비기고 도로 왜장의 방으로 돌아오니 어느 틈에 왜장은 잠이 들어 코를 골고 있다. 얼마 후 마루 위에 덕령의 그림자가 나타났다. 솜으로 비겨 놓은 방울이 소리가 나지 않은 까닭에 무사히 들어온 것이었다. 화월은 가까이 몸을 이르켜 좇아 나갔다.

"혹시 들키지 않으셨읍니까."

"그대의 힘을 입어서 무사히 들어올 수 있었네."

"여기서 조서비의 있는 곳까지 가는 중간에는 방이 아홉이나 겹쳐 있고 방마다 칼을 짚은 장주가 지키고 있읍니다. 그러나 그 장수는 나무를 깎아서 만든 것이오니 겁내지 마시고 나만 따라 들어오십시오."

덕령은 다만 머리만 끄덕이고 따라 들어갔다. 방마다 서 있는 장수의 모양이 사람의 마음을 서늘케 하였다. 맨 끝의 방에 이르러 세 사람의 왜장이 자고 있었다.

그러나 그 중의 한 사람만은 똑바로 꾸러앉아서 이 쪽을 노려보고 있는 것이었다. 덕령은 서슴지 않고 선듯 들어서니 왜장의 칼이 제절로 빼어져서 이 쪽으로 날아왔.

얼른 손을 내밀어 칼자루를 붓잡았다.

"어느 장주가 조서비뇨."

"저 앉아서 자고 있는 장주입니다."
"눈을 뜨고 앉아 있는 것을 잠이 들었다고 하는가."
"그 눈을 똑똑히 보십시오. 깜작거리지 않으면 잠이 든 것입니다."
덕령이 가까히 가서 드려다 보니 왜장의 목에 닭려있는 금비눌이 부르르 떨며 거꾸로 일어섰다. 발을 날려서 그의 코를 거더차니 왜장은 비로소 기지게를 쓰며 손을 마조 비비는 것이었다. 칼을 들어서 그의 목을 잘러가지고 막 문지방을 넘어서자 머리를 잃은 왜장의 몸둥이가 벌떡 일어나며 칼을 빼어서 천장 한 가온대에 있는 대들보를 후려치는 소리에 놀란 군사가 사방에서 모여드러 소동을 일으키었다. 덕령은 공중으로 몸을 솟구쳐 뛰어 나오려 하였다.
"장군 빨리… 빨리…. 저는 이미 각오한 바 있아오니 이 머리나… 잘러 가지고…."
화월은 덕령의 손을 잡고 흙흙 느껴 울었다. 자기가 살어 도망한다면 그 보복이 늙은 어머니에게 미칠까 두려워하는 충효쌍전(忠孝雙全)의 지극한 마음이었다. 덕령은 드디어 그의 머리를 잘러가지고 돌아왔다.
"장군 화월의 머리는 어찌 하셨읍니까."
그의 모친은 벌써부터 모든 것을 짐작하였던 모양이다. 덕령이 눈물을 뿌리며 피가 뚝뚝 떨어지는 화월의 머리를 내어놓으니 춘게는 아모 말 없이 커다란 술잔에 소주를 가득 부어 권하며 떠나기를 재촉하였다. 재촉이 하도 급한 까닭에 앉을 사이도 없이 선 채로 잔을 받어 마신 후 간단한 인사를 나누고 바로 여기를 떠났다.
압록강 저 편에 있어 덕령의 성공하고 돌아오기를 고대하던 여송은 왜장의 머리를 받아들고 자리에 일어서 반갑게 맞이며 절을 하였다.
"그대가 꼭 성공하고 돌아올 줄 알었네. 어저께 서쪽 하늘로 날아가는 새 한 마리를 보고 활로 쏘았더니 그 새가 맞어 떨어졌네. 그 새는 곧 조서비의 넋일세."

　다른 장주들은 그것이 과연 조서비의 머리통인지를 알 수 없어 모두 의심하는 기색을 보이고 있었으나 여송은 단호하게 믿는 것이었다. 며칠이 지난 뒤였다. 조선의 하늘을 바러보고 있던 여송은 공중에 붉은 기운이 떠도는 것을 보고 기쁜 빛이 얼골에 가득하였다. 한동안 왜병에게 쫓기어 사라져 없어졌던 조선의 왕기가 다시 피어오르는 것이었다. 조선은 확실히 부흥의 희망이 있지 않은가. 여송은 즉시로 군사를 호령해서 평양으로 진격하였다. 이 때 왜병들은 지휘자를 잃고 또 명나라 군사를 만나니 그야말로 어찌할 줄을 몰라서 부르짖으며 통곡하는 소리가 마치 여름철 장마통에 웅덩이 속에서 와글거리는 개구리와 같았다. 여송이 바로 왜병의 진중으로 돌입하려 할 때이다.

　"김덕령아 네 들어 보아라. 우리 장군이 나라를 떠나기 전의 일이다. 어느 날 우리들을 보고 하시는 말씀이 나는 장차 김덕령의 손에 죽겠으니 내가 먼저 김덕령을 죽여버릴 수밖에 없다 하시면서 너의 머리를 베어오라 하셨다. 그래서 내가 명령을 받고 너의 집에 갔었으나 그 때 너의 나이 어리고 또 상제의 몸으로 거적 자리에서 자고 있는 것이 매우 불쌍하므로 참아 죽이지 못하고 머리 위에 있는 은고리만 벗겨가지고 와서 거짓말로 복명하였었다. 머리를 잘러가지고 오는 길에 그만 머리는 잃어버리고 난지 은고리만 가지고 왔느라고. 그랬더니 장군은 대단히 나를 나므래시면서 나의 말을 믿지 아니하시더니 오늘날 이런 일이 생길 줄이야 내 어찌 알었겠느냐. 이 은고리를 보아라. 이것이 너의 물건이 아니었더냐. 배은망덕도 분수가 있는 것이다.

　어떤 왜장 한 사람이 진 앞으로 뛰어나오면서 이렇게 웨쳤다. 그리고 또 계속해서 웨친다.

　"중국 장수여. 지혜로 재조를 다투든지 그렇지 못하면 정정당당하게 기운으로 승부를 결할 것이 아니야. 어찌 그리 비겁하게도 자객(刺客)

을 보내어 우리 장군의 머리를 도적질해 갔느냐."

그리고 또 다시 덕령을 불렀다.

"덕령아. 네가 만일 나의 쏘는 총알을 피할 재주 있을진대 우리는 선선히 군사를 거두어가지고 돌아가겠으나 그렇지 못하다면 너의 머리를 잘러서 우리 장군의 원주를 갚으려고 한다. 빨리 나와서 나의 총알을 받아보아라."

그러나 조서비가 이미 죽었으니 다른 놈들은 아모리 장담을 하여도 무서울 것이 없다고 여송은 말하였다.

"장군. 어찌 한 사람을 애껴서 조선을 망하게 할 수 잇겠읍니까. 덕령을 내주시어 아모 후환이 없도록 하는 것이 옳다고 생각합니다."

지각없는 조선 장주들이 덕령을 희생시켜 왜장의 분노를 풀어주자고 주장하는 것이었다. 여송은 듣지 아니하였다.

"그대들은 너무나 인정이 없는 사람이 아닌가. 저와 같은 아까운 장수를 어떻게 죽을 곳으로 보낸다는 말인고."

"장군 염려 마십시오. 제가 비록 죽을지라도 한 번 왜장의 총알을 받겠읍니다."

덕령이 자원하고 나서는 것이다.

"덕령은 과연 만고에 드믄 충신이로다."

여송은 그의 장렬한 결심을 칭찬하고 좋은 엄심갑(掩心甲)을 한 벌 주었다. 덕령은 갑옷을 입은 뒤에 말게 뛰어올라 앞으로 달려나가며 크게 웨쳤다.

"자아 내가 김덕령이다. 네깟 놈들이 어떻게 할 터이냐."

"그러면 머리에 쓴 투구를 벗고 얼골을 보여다오."

덕령이 투구를 벗었다. 왜장은 다시 조금 더 앞으로 나와주기를 요구하므로 그는 말을 몰아서 나갔다. 왜장의 쏘는 총알이 날아왔다. 덕령이 탄환에 맞은 모양을 하고 말 위에서 굴러 떨어지니 왜장 주달(冑

達)은 덕령이 꼭 죽은 줄로만 알고 칼을 빼여들고 공중으로 몸을 솟구어 날아왔다. 그의 머리를 잘르러 오는 것이다. 그러나 왜장의 몸이 덕령의 탔던 말머리에 닥치자 땅 위에 쓰러졌던 덕령은 번개같이 일어나서 칼을 빼여 그의 목을 후려 갈겼다. 왜장 주달은 단번 두 토막이 되었다. 덕령이 그의 목을 께여들고 진으로 돌아오니 여송은 손벽을 치며 격찬하는 것이었다.

"아 장하다. 덕령이여."

조서비도 죽고 주달이도 죽었다. 왜병들은 땅을 치며 통곡을 한다.

"며칠 전에는 대장을 잃어버리고 오늘은 다시 아장(亞將)이 죽었으니 우리들은 장차 누구의 힘으로써 살아서 고국에 돌아갈 수 있을 것이냐."

최는 발알으로 명나라 군사를 마저 싸우던 왜병은 여송의 앞에 여지없이 패하여 도망하였다. 여송은 패잔병을 쫓아 무산성(武山城) 서편에서 다시 삼십여 명을 무찔르고 개가를 높이 올렸다.

어느덧 겨울이 지나고 따듯한 봄이 돌아왔다. 갑오년 삼월 초사흗날이다.

북한사 절 속에서 근심스러운 그 날 그 날을 보내시는 선조대왕의 꿈속에는 관운장이 또 나타났다.

"왕은 나를 기억지 못하시겠소. 나는 작년에 찾아와서 왜승의 침입을 가르쳐드리던 장수이오."

왕께서는 일어나 두 번 절하시고 공손히 물어보셨다.

"장군께서는 또 무슨 가르치심을 나리시려고 이런 누추한 곳에 오셨나이까."

"일즉이 수길이 경상도를 함락하고 곽재우가 갈 곳이 없어 충청도로 도망하여 겨우 목숨을 보존하고 있을 때 하라북이 서울을 점령하게 되니 왕은 할 수 없이 이 곳으로 피해 오신 것이 아니겠소. 그러나 이제 왕은 옛 대궐로 돌아가심이 옳을까 하오."

"비록 돌아가고 싶은 생각은 간절하오나 하라북이 길을 막고 있어 마음대로 할 수 없는 것을 어찌 하오리까."

"내일은 내가 공중에서 앞을 서서 길을 인도해 드릴 터이니 왕은 내 뒤만 따라오시기를 바라오."

왕은 감사의 말씀을 하시고 이튿날 환궁(還宮)의 명령을 내리신 후 군사를 이끌고 서울로 돌아오시게 되었다. 북한사로부터 대궐까지 가는 도중에는 구름과 안개가 자욱한데 공중으로부터 북을 치며 앞서 가는 군사가 있어 길을 지키고 있던 왜장 십여 명을 죽이고 왕은 무사히 환궁하시게 하였다.

이것을 본 하라북은 평수길에게 편지를 보내어 신병(神兵)에게 패하게 된 사실을 보고하고 그의 대책을 물었더니 얼마 후 수길로부터 그것은 관운장의 짓이니 흰 말을 죽여서 그 피를 뿌리고 대항해 싸우라는 지시가 왔다.

수길의 지시를 받은 하라북은 곧 그대로 실행해 보았다. 과연 관운장의 신병(神兵)은 다시 꿈적도 못하고 왕은 하라북에게 쫓기어 두 번째 북한사로 몸을 피하게 되었다.

일년이 지난간 을미년 정월 초여드렛날이다. 평양을 탈환한 이여송이 이덕형 김덕령 이항복과 함께 북한사의 이르렀다. 왕은 용상에 나려 두 번 절하시고 멀리 온 귀한 손님을 맞이하였다. 이여송은 모멸에 찬 눈초리로 왕을 대하였다.

"오늘 왕의 상을 보니 천하에 쓰지 못할 상이오. 이번에 내가 비록 구원해 주드라도 이 다음에 또 다시 이런 난리를 당하겠소."

기막힌 두어 마디의 말을 던지고 군사들에게 귀국하기를 명하였다. 구원해 줄 필요도 없다는 것이다. 크나 큰 실망에 정신이 앗질하신 왕은 북한산을 더듬어 올라가서 하늘을 우러러 크게 통곡하셨다.

"아 하늘이 이 나라를 망케 하시니 어찌하면 좋으리오."

아침부터 울으시는 것이 한나절이 되어도 그치지 않으셨다. 줄기찬 울음이시다.

"저것은 누구의 울음소리인고."

창룡(蒼龍)의 소리와도 같은 우렁찬 우름소리에 깜짝 놀란 이여송은 옆을 돌아보고 묻게 되었다. 김덕령이 감개무량한 태도로 대답한다.

"장군이 군사를 거두어 돌아가려 하시니 우리나라는 이로써 망할 것이므로 왕께서 슬픔을 이기지 못하여 우시는 것이로소이다."

"그 생긴 것은 임금다웁지 않더니 목소리는 임금 노릇할 만하군."

여송은 혼자말로 중얼거리며 마음을 돌리어 조선을 구원하기로 결심하고 소사포(少沙浦)에 군사를 머물렀다. 하라북이 몇 차례나 싸우기를 요구해 왔으나 오즉 침묵을 지키던 여송은 사월 초엿샛날 드디어 내일 결전하기를 응락하였다. 넓다란 소사포 한복판에서 이여송과 하라북 두 장수의 싸움이 벌어지는 것이다. 선봉(先鋒)에 김덕령 아장(亞將)에 이항복 영군사자(領軍使者)에 곽재우 그리고 명나라 장수 이정(李靖)이 이에 협력해서 각각 공격의 막을 열었다.

해는 어느듯 한나절이 되었다. 왕과 함께 바둑을 두며 승전의 기별을 기다리고 있던 여송은 홀연 바둑판을 밀치고 벌떡 일어섰다.

"아 패전이다. 이것이 웬 일이냐."

새파랗게 실린 얼골로 부르짖으며 곧 갑옷을 떨쳐입고 단 위에 올라가서 형세를 바라보더니 얼마 후 다시 자리에 돌아와 여전히 바둑을 놓으며 왕을 위로하였다.

"지금 곧 승전의 기별이 올 것이니 왕은 너무 염려하실 것 없소이다."

대개 바둑이란 것도 전쟁과 공통되는 점이 있으니 왕의 바둑은 어데까지나 안정과 침착을 잃지 않은 반면에 여송 자신의 바둑은 너무 어즈럽고 급해서 질서를 잃었었다. 여송은 이것으로써 전쟁의 결과를 추측한 것이다. 조금 있다가 덕령이 헐덕이면서 들어와 땀을 씻는 일방

전투의 경과를 다음과 같이 보도하였다.

"무엇보다도 이번 싸움에 가장 큰 곤란을 받은 것은 적병들이 모래 사이 위에 구덩이를 파 놓은 것이었다. 저들은 보병인 까닭에 이리저리 피해다니기가 좋았으나 이 쪽은 말 탄 군사라 말이 뛸 때마다 구덩이에 빠져서 휘여날 수가 없었다. 덕령이 홀로 안전한 곳으로 멀리 돌아서 적병을 무찌르고 하라북을 베어 이 위급한 것을 구원하고 개가를 올린 것이었다.

"이번 싸움에는 그대들의 수고로움이 전보다도 훨씬 컷었네. 매우 장한 일일세."

여송은 한편으로는 덕령을 격려하며 한편으로 소를 잡고 술을 걸러서 군사들을 호궤하니 사기는 백배나 더욱 왕성하였다.

적병은 아직도 각지에 머물러 있어 그의 피해가 막심하였다. 북지(北地)는 충청도에 있고 낙하(洛夏)와 석종지(昔宗志)는 전라도에 있어 그의 커다란 세력은 명나라 군사들도 당해낼 수 없었으므로 덕령이 군사 일만병으로 충청도를 치고 곽재우는 전라도를 치게 되었다.

충주(忠州)에 도착한 덕령은 군사를 닭마강(達馬江)가에 머무르게 하고 혼자 몸으로 말을 몰아서 적의 형세를 탐지하러 달리셨다가 적에게 사로잡혔다. 이 뜻밖의 곤액을 탄식한 그는 한 가지 꾀를 내어서 일부러 말게 떠러져 죽은 흉내를 내었다. 오늘에야 조서비의 원수를 갚었다고 기뻐 날뛰는 적은 덕령의 시체를 결박해 가지고 자기의 진으로 돌아갔다. 바로 이 때였다.

"이 어리석은 놈들은 꿈쩍 말찌어다."

죽은 체하고 있던 덕령이 소리를 버럭 지르고 몸을 뒤트니 결박하였던 밧줄이 힘없이 토막토막 끊어졌다. 동서남북 그의 주먹과 발길이 닿는 곳마다 왜병이 맞어 쓰러져서 순식간에 죽는 자가 천이 넘었다.

"저 장수야말로 비장군(飛將軍)이다. 함부로 대항하지 말라."

북지는 놀라 웨치며 북을 쳐서 새로 포위의 태세를 갖추는 것이었다.
"하늘의 힘을 빌어온다면 모르겠으나 그 밖에는 두려울 것이 없노라."
 한 번 큰소리로 웨친 덕령은 긴 칼을 빼어들고 번개같이 휘두르니 수 없이 왜병이 부러진 겨릅대 모양으로 땅 위에 쓰러졌다. 진실로 그의 앞에는 당할 사람이 없는 것이었다. 북지는 할 수 없이 모든 것을 내버리고 군사들과 함께 도망하였으나 덕령의 추격이 더욱 급하였으며 뒤에 있던 대군(大軍)이 고함을 올리고 이에 가담하여 장렬하기 짝이 없이 섬멸전이 벌어진 끝에 드디어 북지의 머리를 비고 남은 적병들은 경상도로 도망해 버렸다.
"장하도다. 덕령의 용감스러움이여. 그대가 만일 중국 천지에 낳섰다면 나보다 훨씬 나은 인물이 되었을 것이다."
 이듬해 정월에 개선장군 김덕령을 맞이한 여송은 이와 같은 커다란 칭찬의 말을 보내었다.
 이 때 다른 곳은 다 회복되었으나 오즉 경상도만이 아즉도 적의 수중에 들어 있어 참혹한 화를 당하고 또 평수길이 조령에 웅거한 까닭에 교통이 끊어졌었다. 여송이 경상도를 치기로 경정하고 군사를 이끌고 한강 가에 이르러 보니 여러 해 난리통에 배가 모두 썪고 돛대가 부러져서 강을 건늘 수가 없었다. 배를 새로 만들 겨를도 없고 그렇다고 해시 가던 길을 숭지할 수도 없는 것이다. 이번이야말로 조선의 운명을 결정하는 가장 중대한 길이었다. 여송은 두 번 절하고 하늘게 빌어서. 강을 무사히 건느도록 해주기를 빈 뒤에 군사를 몰아 강으로 들어서니 흐르던 물이 뚝 끊어지고 넓은 길이 일직선으로 열렸다가 군사가 다 건너간 후에 다시 계속해 흘렀다. 하늘이 도와주는 증거였다.
 조령을 지키고 있던 왜병들은 이제 여송의 군사를 맞이해 바야흐로 접전이 시작되었다. 적이 산 위에 있는 까닭에 이 쪽에서도 산으로 올라가지 않으면 형세가 매우 이롭지 못함을 헤아린 여송은 모든 장수들을 보고 산에 올라갈 계책을 물었다.
 "좋은 방법이 있오. 나무로 사다리를 만들어 놓고 올라가면서 올라가는 대로 뒤에 있는 것을 끊어버려 우리의 죽을 각오가 있음을 보여줍시다. 이것은 예전 한신(韓信)의 쓰던 전술인가 하오."
 이것은 곽재우의 계책이었다. 여송도 그 말을 옳게 여겨서 청송(青松) 서쪽에 진을 치고 양군이 서로 대하게 되었다.
 이 해 삼월 초아흐렛날 양쪽 군사의 전투는 다시 열렸다. 그러나 수길이 나무를 깎아 군사를 만들어놓고 한 번 호령하니 그 자유자재한 활동이 사람과 흡사할 뿐 아니라 조화가 무궁해서 일시에 사방으로부터 쳐들어왔다. 이 쪽 군사가 크게 패하여 죽는 자가 절반이 넘었다. 여송은 할 수 없이 남은 군사를 거두어 인동(仁同)으로 도망하고 수길은 그의 뒤를 추격하다가 천성(天城)에 머물렀다.
 어느 날 수길은 한 마리의 까치로 변해서 여송의 진 위를 날아다녔다. 그를 본 여송은 곧 수길임을 알아차리고 칼을 빼어 겨누니 수길도 여송이 범상한 장수가 아니어서 경솔히 대적할 수 없음을 깨닫고 군사를 거두어 물러가는 때었다. 여송이 날랜 군사를 뽑아 맹렬히 추격하매 수길이 도리혀 크게 두려워해서 필곡 가산성(漆谷 假山城) 북쪽까지 물러가버렸다.
 조용한 하루가 지나갔다. 조화 무궁한 수길은 이번에는 운무(雲霧)를 일으키어 그 속에 수 많은 군사를 감추어 가지고 습격을 개시해 왔다. 여송은 군사들에게 무기를 놓고 한 곳에 모여있기를 명령하여 이 날에 장차 어떤 큰 일이 일어날 것을 알려 두었다. 이 뜻밖의 명령에 놀란 덕령이 급히 들어와 그 까닭을 묻는다.
 "장군 무슨 까닭으로 그러한 명령을 나리셨읍니까."
 "그대는 저 하늘에 가득히 떠들어 오는 구름은 무엇인지 아는가."
 "전연 모르겠읍니다."

"수길이 저 구름 속에 많은 군사를 감추어 가지고 우리를 습격해 오는 것일세."

"그러면 수길은 어데 있읍니까."

"저기가 바로 수길이 앉아 있는 곳일세."

여송은 손을 들어 한 곳을 가르켰다. 말 없이 쳐다보던 덕령은 휙하고 공중으로 몸을 날려 사십여 길을 뛰어 올랐다. 조금 후에 구름이 양편으로 갈러지며 용천괘(龍天戈)에 찔린 수길이 공중으로부터 떨어지고 적병은 사방으로 흩어졌다. 이 날의 싸움은 커다란 승리로 끝나고 계속해서 여러 지방을 회복하게 되었다.

五. 이순신(李舜臣)

이듬해 정유년 정월 초여드렛날 밤이었다. 여송의 꿈속에 나타난 한 사람의 점잖은 장수가 있었다.

"그대는 나를 알겠는가."

"누구신지 모르겠소이다."

"나는 관운장일세. 지금 왜병들이 장군의 힘에 눌리어 거의 쫓겨나 갔으나 반드시 바다에서 싸우려고 들 것일세. 해전(海戰)에는 그들을 당할 수 없으니 나의 말을 번연히 듣지 밀기를 바라네."

여송은 일어나 절하고 계책을 물었다.

"아 그렇습니까. 장차 어찌하면 좋을는지 선생은 밝게 가르쳐 주소서."

"전라도 순천(順天)에 살고 있는 진사 이순신(進士 李舜臣)은 해전에 제일가는 장수이니 그를 불러다가 대장을 삼으면 왜병 쯤은 문제 없을 것일세."

꿈을 깨인 여송은 즉시로 순천에 격문을 보내어 이순신을 찾았다. 어제까지 시골에 묻쳐있던 이름 없는 진사 이순신이 오늘 여송의 부름을 받아 세상에 나오는 그 자리에서 곧 대장의 몸이 되어 그 벼슬이 덕령 위에 있게 되니 덕령은 매우 분하게 여겼다.

  육전(陸戰)에 패해 쫓겨 간 왜병들은 새로이 해전을 요구해 왔다. 바다에는 자신만만한 그들이었다. 여송이 이를 쾌히 승낙하니 순신은 그들의 용감스러움과 또 해전에 단련해서 우습게 여길 수 없음을 말한 뒤에 덕령으로 비장(裨將)을 삼고 재우 덕형 여송은 각각 대다포(大多浦) 구산포(龜山浦) 울산(蔚山)을 지키게 하였다.

  오월 초아흐렛날 통영(統營)에 들어온 왜병을 맞아 싸우다가 장군 장시택(張始澤)이 전사하고 순신과 덕령은 통영 앞 바다 위에 머물러 있더니 보름날 밤 돌연히 적의 배로부터 화전(火箭)을 쏘아 어즈러운 불덩어리가 날아왔다. 미리 군사들을 시켜서 배를 단단히 잡아매고 때를 기다리던 순신은 조금도 동요하는 빛이 없이 발을 들어 날아오는 화전을 거더차니 화전은 도로 튀어가 적의 배에 떨어져서 수십 척이나 되는 배가 타버리고 말았다. 이것을 본 덕령은 비로소 그의 재조에 놀라서 다시는 거만한 태도를 가지지 못하였다.

  이튿날 순신은 또 군사들에게 각각 칼을 가지고 밤새도록 뱃전을 찍기를 명령하였다. 영문도 모르고 밤새도록 칼질만 하던 군사들이 아침에 보니 왜병의 손가락이 배에 가득하였다. 밤에 몰래 헤엄쳐 들어와서 배를 뒤집으려던 왜병들이 목적을 이루지 못하고 손가락만 잘리운 것이었다. 그 다음 열여드렛날에는 또 해철망(繲鐵網)이라는 것을 만들어 가지고 배 밑을 후려내게 하였다. 바다 속으로 기어들어와 배 밑창을 뚫으려던 왜병들은 이번에도 아모 소득 없이 쫓겨가고 말았다.

  결전의 날은 기어코 돌아왔다. 칠월 열아흐렛날 순신이 격문을 보내어 내일로써 이 싸움을 결정짖기를 요구하니 적도 선선히 응락하였다. 칠월 스무날 통영 앞 바다는 뒤집혔다. 화살이 날아가고 총알이 튀어오다가 나중에는 배와 배가 맞부디치며 칼과 창으로 서로 찌르는 백병전이 일어났다. 순신은 칼을 짚고 뱃머리에 서서 친히 북을 울리며 군사의 기운을 돋구었다. 적은 순신이 친히 나서서 북 치는 것을 알고 그를 겨누어 가만히 총을 놓았다. 명중이었다. 치명상을 받고 배 위에 쓰러졌던 순신은 다시 일어나 입고 있던 옷을 벗어 그 아들 백철(百鐵)에게 주며 비장한 최후의 부탁을 남기고 이 세상을 떠나버렸다.
 "나의 주검을 발표하지 말고 네가 내 옷을 입고 저 북을 쳐서 오직 나라를 사랑하는 마음으로 끝까지 싸우라."
 만일 군사들이 자기의 죽은 것을 알면 놀란 끝에 싸울 마음이 풀릴까 겁낸 것이었다. 백철은 아버지의 시체를 한편으로 가려놓고 그의 명령대로 옷을 갈어입은 후 뱃머리에 나서서 여전히 북을 울리었다. 죽었던 순신이 다시 살아나와 선 것을 본 왜병들은 그를 신장(神將)이라 생각하여 서로 돌아다보며 두려운 빛이 떠올랐다. 나라를 위하는 마음과 아버지의 원수를 갚으려는 생각으로 가슴이 가득한 백철은 몸을 돌아보지 않고 잘 싸웠으나 싸움이 끝나기 전에 해가 저물었다. 백철은 내일 다시 싸워서 승부를 결단하리라 하고 군사들에게 명령해서 싸움을 중지하였다. 이 날 밤에 적은 더 싸워도 도저히 이길 희망이 없음을 깨닫고 산을 뚫어 길을 낸 뒤에 배를 끌고 도망하다가 대다포에서 곽재우를 만나 또 한 번 패전의 쓰라림을 맛보고 쫓겨가는 길에 울산에서 여송을 만나 대진(對陣)하게 되었다.
 누술년 정월 초닷샛날 여송과 왜병 사이에 최후의 싸움이 열렸다. 왜병은 먼저 많은 황금을 진 앞에 뿌리어 이 쪽 군사들의 마음을 흔들리게 하였다. 금덩어리를 본 명나라 군사는 앞을 다투어 그것을 줍기에 눈이 어두웠다. 적은 기회를 놓치지 않고 쳐들어왔으나 별 효과없이 도리어 여송에게 쫓겨서 잠시 해산(海山)에 모였다가 다시 산을 뚫어 길을 내고 멀리멀리 도망해 버렸다.
 왜병이 들어올 때에는 그 수효가 억만이 넘었으나 쫓겨나갈 때에는 겨우 삼만 명이 될락말락하였으니 평수길의 나이 열다섯이오 조서비는 열세살로서 그의 용명이 대적할 자 없고 조화 무궁하였으나 다 조선에서 죽었고 얼마 남지 않은 패잔병이 겨우 목숨을 보존해서 고국으로 돌아간 것이다.

六. 태백산(太白山)의 소년

무술년 십이월에 영남 부로(嶺南 父老)로부터 술 빚고 소 잡아 그 수고를 사례하는 후한 대접을 받고 서울로 돌아오는 여송은 조선 산천의 묘하고 아름다움을 시기해서 중요한 곳이라고 인정되는 데는 모두 끊고 뭉기고 파내며 불을 놓아 뜸질하니 불꽃이 넉 달 동안을 꺼지지 아니하였다. 이 넉 달 동안 여송에게 입은 조선의 해독은 칠년을 계속한 왜병의 피해보다도 오히려 심한 바 있다고 할 것이다.

여송은 서울에 들어와서 큰 잔채를 열었다. 모든 장수를 한 자리에 모으고 그 수고를 위로하는 모임이었다. 그러나 여송은 장차 형편을 보아서 이 땅에 머물어 모든 것을 차지하려는 야심이 뱃속에 가득하였으므로 그의 태도는 매우 거만스러웠다.

이 때다. 웬 소년 한 사람이 푸른 말을 타고 여러 사람이 모인 앞으로 오락가락하였다. 마치 아모 것도 눈에 거칠 것은 없다는 듯한 태도였다. 여송은 크게 노하였다.

"네 대관절 무엇하는 자인데 이 성대한 모임 앞에 함부로 말을 타고 왔다갔다하느뇨. 빨리 저 놈을 잡아오라."

덕령이 명령을 받고 좇아나가서 그를 잡오려 하였다. 소년은 한 번 빙끗 웃고나서 손을 든 말챗직을 내민다.

"그대는 먼저 이 챗직을 잡아 보라."

덕령은 하도 괫심스러워 그것을 휘여 잡았다. 그러나 소년은 손을 흔드는 바람에 그만 것잡을 사이도 없는 말 위에서 떨어지고 말었다. 그는 확실히 범상한 사람이 아니었다. 덕령은 겁이 나서 그대로 자리에 돌아와 사실을 보고하였다. 여송이 하늘을 찌를 듯한 분한 마음에 두 말 없는 칼을 빼어들고 좇아나오니 소년은 흘깃흘깃 뒤를 돌아다보면서 말을 몰아 피해 달아나는 것이었다. 여송은 고함을 지르며 좇아갔다. 잡힐 듯하면서도 잡히지는 않았다.

소년을 좇아가던 여송은 드디어 날 저문 태백산(太白山) 속에 길을 잃은 나그네가 되었다. 이제와서는 그를 잡으려는 생각은 간 곳 없고 다만 그의 뒤를 따라갈 뿐이다. 험하고 어두운 산골길을 이리저리 더듬어 올라가다가 깊은 산속에 단지 한 채밖에 없는 조그마한 초가집 앞에 와서 말께 내린 소년은 얼굴에 의심스러운 빛을 띠우고 여송을 향하여 묻는 것이었다.

"무슨 일로 어두운 밤 깊은 산속에 여기를 찾어 오셨소."

여송은 무엇이라고 할 말이 없어 그저 태백산을 구경하러 왔던 길이라고 어물어물 대답하였다.

"이왕 찾어오셨으니 내 아들과 인사나 해 두시오."

소년은 자기 아들 세 사람을 차례로 불러내어 여송과 인사를 시킨다. 먼저 큰아들이 나왔다. 용(龍)의 체격이오 하로에 쌀 한 섬 소 한 필을 먹고 그 기운은 넉넉히 산덩이리도 잡어 먹을 만하다는 것이다. 다음에 나온 둘째 아들은 범의 체격으로써 역시 하로에 쌀 한 섬 소 한 필을 먹으며 천하를 마음대로 돌아나녔다. 셋째 아들도 천하를 마음대로 돌아다녔다. 셋째 아들도 두 형에게 못지않는 만고명장(萬古名將)이었다. 세 아들을 소개하고 난 소년은 끝으로 손자의 말을 끄내었다.

"세상에 나온지 한 이레쯤 되는 어린 손자가 있는데 매우 불양하여 걱정이오. 산 채로 갖다가 파묻고 싶어도 인륜에 어그러지는 일을 차마 할 수 없어 못하겠으니 장군은 내 대신 그 놈을 좀 죽여주었으면 고맙겠소."

여송은 그것쯤이야 어려울 바 없다고 승낙한 뒤에 문을 열어제치고 드려다보니 조그만 갓난아이가 포대기 속에 들어누워서 나를 살려달라고 중얼거리고 있다. 여송이 얼른 칼을 빼여 나려갈겼다.
"앗!"
괴상스러운 일이 생긴 것이다. 번연히 두 토막의 고기덩이로 변하였을 어린아이가 툭 튀어 칼등으로 올라와서 깡충깡충 뛰어다니지를 않는가. 여송은 기가 막힌 한편으로 자기의 용렬함을 분하게 여겨서 이번에는 있는 재조와 힘을 다하야 칼을 번개같이 둘렀다. 그러나 어린아이는 조금도 겁내는 빛이 없는 칼자루와 또는 여송의 팔둑 머리 위로 오락가락하면서 달려들어 있다가 맨나종에는 콩알만한 조고만 사람이 되어서 방바닥을 거침없이 굴러다녔다. 여송은 마침내 칼을 던지고 부끄러운 얼골에 땀을 씻으며 꿀어앉았다.
"장군 내 말을 똑똑히 들어보시오. 내 아들 세 사람의 지혜나 기운은 아직 말할 것 없고 저런 어린이 삼백 명이 나 한 사람을 당하지 못하는 장군같은 이 삼백 명이 저 어린이 한 사람을 당하지 못할 것이외다. 장군이 비록 조선을 위해서 공을 세웠다 하겠으나 요사이 와서 감히 외람한 마음을 품고 방약무인(傍若無人)한 행동을 하는 것은 대단히 옳지 못한 일인고로 이번에 내가 손자의 일로써 장군을 시험해서 다시는 그런 생각을 갖지 말도록 알려준 것이니 특별히 조심하기르 바라오.
소년의 입에서는 정중하고도 엄격한 훈계의 말이 한 마디 한 마디 흘러나왔다. 여송의 등곬에는 식은땀이 흐른다.
"아 조선의 무서운 장수는 모두 태백산 속에 숨어 있구나."
공손히 두 번 절하여 자기의 잘못을 사죄하고 소년의 앞을 물러나온 여송은 이와 같은 짤막하고도 공포에 떨리는 말을 남기고 군사를 거두어 고국으로 돌아가버렸다.
이것으로서 미루어 보더라도 우리나라가 억만세를 계속하고 성수무강(聖壽無疆)함이 우연한 일이 아닌 것 같다. (金振泰 飜譯)

❇附錄　壬辰倭亂에 關한 傳說❇

　　壬辰倭亂에 關한 傳說은 그것만으로도 相當한 數量에 達할 것이라고 推測된다. 全鮮各地의 이상하게 생긴 山 바우 江물 처놓고 壬辰倭亂에 關한 傳說이 조금식이라도 聯關되지 않은 것이 없다고 할만치 廣汎하게 散布되어 있는 것 같다.

　　元來 이야기책의 起源이 이야기에 있고 傳說이 이 이야기의 中樞的 地位를 차지하고 있는 以上 이야기책의 起源과 그 發展過程을 밝히랴면 그 前提條件으로 거기에 關한 傳說의 蒐集整理가 絶對로 要請되는 것은 當然한 일이다.

　　그러나 그 中에서도 壬辰錄은 다른 어떠한 이야기책보다도 傳說과의 關係가 깊은 것 같으며 오늘날에 이르러서도 이 密接不可分의 關係는 그대로 持續되어 있는 듯하다. 그리하여 壬辰錄의 境遇에는 作品化한 이야기책의 蒐集整理와 아울러 壬辰倭亂에 關한 傳說의 蒐集整理가 못지않게 重要한 課題의 하나일 것 같다.

　　이러한 觀點에서 附錄으로시 壬辰倭亂에 關한 傳說을 여기에다가 收錄하게 되었다. 다만 여러 가지 事情으로 萬全을 期하지 못하고 編者가 얻어드른 몇 가지만을 紹介하는 데 끝이게 됨은 매우 遺憾이나 다시 後日을 期하는 수밖에 없다.

一. 泗溟堂의 집팽이

　　慶北 尙州郡 功城面 南方 金泉서 尙州로 通하는 길 옆에 泗溟堂의 집팽이가 지금은 큰 古木이 되어 남어 있다는 傳說이 있다.

泗溟堂이 日本 건너가 倭王으로부터 每年 人皮 三百장과 부랄 서 말 식을 바치겠다는 降書를 받고 凱旋한 以後 全鮮各地를 돌아단기다가 이 地境에 이르러 自己 집팽이를 길 옆에 꽂고 상자 아이를 보고 말하기를 이 집팽이가 살아있는 동안은 내가 살아 있는 줄 알고 萬若 朝鮮에 危殆한 일이 있을 때에는 다시 人間社會에 나와서 朝鮮 나라를 救하겠다 — 하고 그대로 살어저 버렸다.

그런데 이 집팽이는 그 後 잎이 피고 꽃이 피어 漸漸 자라서 지금은 아주 古木이 되었다. 집팽이를 땅에 꽂어서 그것이 살어났다는 것도 이상한 일인데 그 위에 또 이상한 것은 八·一五 解放 前에 오랫동안 살어 있는둥 만둥하던 이 古木의 東便으로 뻗은 가지에 새파랗게 잎이 피어 泗溟堂이 다시 出現할 時期가 왔나부다고 그 地方의 老人들이 야단이었다는 것이다.

實際로 現地에 가서 調査한 사람의 말에 依하면 그 古木에는 果然 잎이 피어 分明히 아직도 살어 있으며 그 나무는 그 地方에서 도모지 보지 못하는 種類로 그 地方 사람들은 나무 일홈을 몰라서 '모르게나무'라고 불으고 있다 한다.

泗溟堂의 復活에 關하여는 거이 信仰이라고 할만치 熱烈한 바가 있다. 그는 絶對로 죽은 것이 아니고 朝鮮이 危殆할 때면 나타나서 세번 朝鮮을 救하여 준다고 믿어저 나려왔는데 或은 이번의 八·一五의 解放도 泗溟堂의 造化라고 보지나 안는지?

二. 李栗谷과 火跡亭

京畿道 坡州郡 坡州面 臨津江에 臨하여 火跡亭이라 하는 정자가 하나 있다. 이 火跡亭이라는 名稱의 由來를 들추면 이것이 곧 壬辰倭亂의 傳說의 한 토막이 된다.

壬辰倭亂이 勃發하기 直前에 어느 날 밤 宣祖大王 꿈에 女子가 벗단을 머리에 이고 南門 안으로 가득이 걸어 들어왔다. 하도 怪異하여 王은 잠을 이루지 못하고 이튿날을 苦待하여 文武百官 앞에서 그 꿈이야기를 하고 解夢을 求하였다. 그러나 아무도 그 자리에서는 解夢하지 못하고 얼마 後에야 그 때의 重臣이며 西人이었던 李栗谷이 解夢하여 아뢰되

"그 꿈은 大端히 不吉합니다. 볏단을 머리에 인 女子는 글짜로는 '倭'字며 南門으로 가득이 들어오니 아마 倭國이 南쪽으로부터 처들어 올 것을 意味하는가 봅니다."

하였다. 이 解夢은 臣下들 사이에 是非를 이르켜 結局 栗谷은 平安道로 流刑되었다. 栗谷의 本宅은 그 때 前記 火跡亭 近方에 있었는데 그 곳은 서울서 義州로 通하는 大路라 栗谷은 流刑 가는 途中에 여기를 지나게 되었다. 그래서 栗谷의 家族들이 이 所聞을 듣고 모다 길가로 배웅을 나와서 栗谷을 맛났는데 栗谷은 子孫들에게 付託하기를

"아무아무 데에(지금의 火跡亭 있는 곳) 材木에 기름을 멕이어 지붕은 짚으로 이어 정자를 하나 지어두었다가 壬辰年 某月 某日 밤중에 불 질르라."

하였다. 家族들이 그 理由를 무르니 그 때 난리가 있을 것이라고만 말하고 그 以上 仔細한 것은 말하지 않았다.

그 後 果然 壬辰年에 倭兵이 大擧 侵入해 왔으며 栗谷의 子孫들은 (栗谷은 流刑 가서 얼마 안있다가 別世하였다.) 그의 遺言대로 某月 某日 밤중에 그 정자에다가 불을 놓았다. 그 때는 비바람이 기둥치 듯하여 咫尺을 區別하지 못할 지경이었는데 元來 나무에다가 기름을 멕였음으로 불길은 하늘을 찌를 듯 盛하여 은저리를 환하게 비치었다.

이 때 한편 宣祖大王은 不意의 大變을 맞나 平壤으로 避難하여 가는 판이라 臨津江 나루터에 이르러 어둠과 비바람에 건느지를 못하고 한참 困難을 겪는 터이었다. 그 때 난데없는 火光이 衝天하여 은저리

를 환하게 밝히어주어 王은 겨우 無事히 江을 건늘 수 있었다.

江을 건너서 이 怪異한 事由를 물으니 어느 臣下가 事實대로 아뢰었다. 王은 길이 歎息하고 새삼스러히 栗谷을 아까워하였다. 그리고 亂이 끝난 後에 그 자리에다가 정자를 세우게 하였으니 그것이 오늘날까지도 남어 있는 火跡亭이다.

宣祖大王의 不吉한 꿈을 契機로 한 解夢 其他 間諜으로 事前에 들어온 倭僧의 捕縛 等으로 壬辰倭亂의 勃發을 豫言한 사람으로는 이 李栗谷 以外에 또 李退溪가 있으나 그것은 여기서 省略한다. 다만 이러한 朝鮮 最大의 道學者들이 意外로도 豫言者 道術者로서 民衆 앞에 나타나는 것은 注目할 만한 事實임을 여기 指摘해 둔다.

三. 論介와 矗石樓

晉州 矗石樓는 서울 慶會樓와 그 建築儀式이 비슷한 李朝中葉의 建物로 自古로 景致 좋기로 有名하다. 그리하여 사람이 죽어 저승에 가면 崔判官이 晉州 矗石樓의 밑기둥과 웃기둥이 몇 개 식이더냐고 물어서 이것을 똑바로 對答하면 極樂世界로 가고 그렇지 못하면 地獄으로 간다는 말까지 있다.

矗石樓는 一名 南將台라고도 하며 洛東江의 支流인 南江이라는 江 언덕 위에 있다. 그리고 이 江 안에 넓드란 큰 바우가 하나 있어 晉州 사람들은 '예에미바우'라고 부른다.

壬辰倭亂에 倭軍이 朝鮮을 侵略하얐을 때에 晉州城도 侵略을 當하였다. 城이 陷落되자 倭軍들은 矗石樓에다가 一大祝賀宴을 베풀게 되었다. 그런데 그 중의 倭將 하나가 (或은 加藤淸正이라고 한다) 그 部下 小數와 晉州 妓生 論介라는 絶世의 美人과 가치 江 안에 있는 그 바우 위에 배를 타고 건너가서 거기서 놀게 되었다. 모다 술이 大醉하야 興이 滔滔할 때에 論介는 그 倭將을 부뜰고 춤추는디끼 얼렁거리다가 급작이 그 倭將을 덥석 끼어안고 江 속으로 텀부덩 뛰어들어 버렸다. 그러나 그 倭將은 元來 無雙한 壯士라 醉中이면서도 몸을 날리어 물에서 나오려고 그 바우에까지 손이 다닭았다. 그러나 倭將을 꼭 껴안은 論介의 두 팔 열 손구락에는 모다 반지가 찌어 있어 그 힘으로 그 여히 倭將을 도로 물 속으로 끄러넣어 버렸다. 그런데 그 때 倭將의 힘으로 그 바우는 한 번 삑 돌았고 둘은 다시 물 위에 나타나지 않았다.

 그 後에 이 바우가 每年 矗石樓 밑으로 조금식 移動하기 始作하얐다. 이것을 본 어떤 老人 하나가 豫言하기를 이 바우는 漸漸 더 移動하야 이 쪽 언덕에 딱 붙으면 世界大戰이 일어나며 天地의 大變動이 생길 것이라고 하였다. 或은 朝鮮은 獨立된다고 하였다고도 傳한다. 그러던 중 西紀 一九四一年 美日戰爭이 勃發되는 해에 그 바우는 언덕에 딱 붙어버렸다. 그리고 朝鮮도 오늘날 어쨌든 解放이 되어 獨立이 約束되었으니 그 老人의 豫言은 그대로 適中된 셈이다.

 論介는 勿論 나라를 爲하야 自己 몸을 犧牲한 殉國의 烈女인지라. 每年 晉州의 妓生이 總出動하여 祭祀를 지내준다. 그리고 이 祭祀는 論介가 빠저죽은 여름 어느 날을 擇하야 擧行되는데 그 날 萬若 누구고 이 江에 沐浴을 하러 들어가면 論介의 魂이 잡어달리어 물에 빠저 죽고만다고 한다.

 金福守君과 朴廷秀君 林盛根君의 報告도 大概 이와 비슷하다. 다만 그 바우의 일홈이 '義岩'임을 明確히 하야줄 이 論介의 일홈은 널리 얼려저 나려왔는데 意外로 이 以外에도 '義岩'이니 '李아미'니 하는 일홈으로도 불리어진다. 게다가 '義岩'이니 '李아미'니가 또 妓生의 일홈이 아니고 바로 오늘날 晉州 사람들이 '예에미바우'라고 부르는 바로 그 바우를 말하는 것이라는 說도 있다. 何如間 이 사이에 複雜微妙한 關係는 忽忽히 斷定키 어렵며 다만 論介라는 일홈이 第一 有名하므로 그것을 쫓았을 뿐이다.

또 一說에는 論介는 그 날 하얗게 素服을 하고 投身하기 前에 동무들한테 일르기를 물 위로 힌 것이 올러오거든 救하고 붉은 것이 올러오거든 도루 물 속으로 떠밀어버리라고 하였다.

구둘아 投身한 後 그의 동무들은 下人에게 이것을 命令하였으나 下人은 너무나 놀래여 힌 것도 떠밀고 붉은 것도 떠미러버려 結局은 論介도 같치 죽고 말았다는 것이다.

그리고 그 後 論介는 거북이 되고 倭將(淸正)은 큰 배암이 되어서 지금도 물 속에서 서로 싸우고 있다고 한다.

論介의 이야기와 비슷한 것이 咸南 德源郡 望德山에도 있어 여기서는 良家의 젊은 女子가 妓生으로 變身하고 나서서 咸南에 처들어온 加藤淸正이를 꾀여 絶壁 위에 같치 떨어저 죽었다고 한다. 或은 論介의 이야기의 再造品인지도 모르겠다.

四. 申砬과 彈琴臺

壬辰倭亂에 일홈을 빛낸 妓生으로 晉州의 論介 平壤의 桂月香이가 南北에서 雙璧을 이루고 있는데 桂月香의 이야기는 黑龍錄에 相當히 仔細함으로 여기서는 省略한다.

그 代身 妓生도 아니고 또 그 일홈조차 傳하지 않으나 敗將 申砬을 싸고돌던 怪異한 妖婦가 하나 있었으니 그것을 여기 紹介하려 한다.

申砬은 그 때 朝鮮의 武官으로 가장 일홈이 높은 權慄의 맛사위였다. 權慄에게는 사위가 둘이 있었는데 이 맛사위를 權慄이는 유달리 사랑하였다. 일직이 權慄이가 平壤監事로 있을 때 맛사위가 보고 싶어 平壤으로 불렀다.

申砬은 말을 타고 몇 사람의 部下를 거느리고 平壤으로 向하였는데 그만 길을 잘못 들어 山 속에서 갈팡질팡 헤매다가 날이 저물었다. 그리다가 겨우 불이 빤작빤작하는 데를 發見하고 그 곳으로 달려가서 大

門 앞에서 主人을 찾았다. 그러나 안에서 아무 對答이 없고 門中에 들어서서 찾아도 亦是 對答이 없어 안마당에 들어서서 찾았다. 얼마 後에 마지못하여 十六七歲 되어 보이는 어여쁜 處女가 나와서 女子 혼자 있는 집에 어찌하여 함부로 들어왔느냐고 책망하였다. 申砬은 길을 잃어 困難을 겪은 이야기를 하고 하루 밤 자고 가기를 請하얐다. 女子는 그것은 絕對로 안된다고 다음과 같은 事緣을 말하였다.

그 집에는 前에 九年 묵은 수탁이 한 마리 있었는데 이것이 간데온데 없이 없어진 뒤로는 每日 밤중쯤 되어 수탁의 볏(鷄冠)같은 붉은 관을 쓴 妖鬼가 나타나서 食口를 한 사람식 잡어가 數十名의 繁昌하던 食口가 다- 없어지고 只今은 自己 하나만 남었는데 自己마저 오늘 밤에 잡혀갈 運命에 있음으로 이러한 집에서는 조곰도 遲滯 말고 빨리 떠나달라는 것이다.

그러나 申砬으로서는 이 이야기를 듣고서는 사내 大丈夫의 名譽를 爲하여서는 그대로 물러가지 못하였다. 申砬은 女子가 차려다주는 저녁을 먹고 妖鬼가 나오기만 기다리고 있었다. 果然 밤중쯤 되더니 찬바람이 휘- 불어오며 닭의 볏같은 관을 쓴 키가 九尺이나 되는 妖鬼가 나타났다. 申砬은 옆에 있던 놋뭉치로 냅다 후려쳤다. 妖鬼는 깩 소리를 지르고 그대로 사라저 버렸다.

까물진 女子를 미음을 다려 메이고 看護하느라니 이윽고 날이 밝었다. 밖으로 나가 노끈 풀리어 간 데를 딸아가니 뒷결 장독대 밑으로 사라졌다. 그 밑을 여러 길 파니 닭의 化石이 하나 나왔는데 죽었는지 살었는지 두 눈만 뜨고 뻗을어저 있었다.

아침을 먹은 후에 申砬이가 길을 떠나려 하니 그 女子는 自己는 이 世上에 依支할 곳이 없고 生命의 恩人의 뒤를 딸으겠으니 같치 다려다 달라고 하였다. 그리고 은근히 같치 살기를 願하였다. 申砬은 自己는 벌서 結婚하여서 안된다고 拒絕하고 男妹關係를 맺고 떠났다. 大

門을 나와 얼마 걷지 않어 뒤에서
"오라버니 나는 죽습니다."
하는 소리가 남으로 뒤를 휙 돌아보니 그 女子는 기와집 지붕 위에서 까꾸로 떨어저 卽死하여 버렸다.
申砬이 平壤에 이르러 장인 權慄이를 맛나니 權慄이는 당장에
"너 殺人하얏구나. 너의 얼골에는 殺氣가 등등하다."
말하였다. 申砬은 事實대로 告하였다. 그랬드니 權慄은
"나는 네가 큰 일을 할 줄 알었드니 다 틀이었다. 사내 大丈夫가 한 번 장가들었다고 女子 하나를 容納 못해서야 어데 사내라고 할 수 있겠니."
하며 길이 歎息하였다.
그 後 申砬은 무슨 困難한 境遇를 當하면 그 때마다 그 女子가 꿈에 나타나서 指示하야주고 또 그대로 하면 잘 안되는 일이 없었다.
壬辰倭亂을 當하여 申砬은 數十萬의 군사를 거나리고 無人地境 오듯이 南方에서 밀리어 들어오는 小西行長을 鳥嶺에서 막게 되었다. 鳥嶺이란 데는 慶尙道와 忠淸道의 境界線을 이루는 小白山脈 中의 險한 고개로서 이 고개를 넘지 않고서는 絶對로 서울로 向할 수 없는 最大의 要地다. 申砬도 勿論 이것을 잘 알으므로 이 要地에 굳게 陣을 치고 敵을 기다리었다.
그런데 그 때 申砬의 꿈에 그 女子가 나타나 鳥嶺에다가 陣을 치는 것은 不可하니 忠州 彈琴台에다가 背水陣을 치라고 勸하였다. 그러나 申砬은 아모리 생각하야 보아야 되지 않을 일 같어서 그 말을 듣지 않었드니 두 번째 나타나고 세 번째 나타났는데 그 때는 女子는 훌적훌적 울면서 이 말을 듣지 않으면 다시는 나타나지 않겠다고까지 말하였다. 申砬은 할 수 없이 군사를 돌리어 忠州 彈琴台에다가 背水陣을 치고 다만 그 部下 中의 한 사람이 참아 그대로 이 要地를 내버릴 수

없어 허수아비를 여러 數百개 맨들어 고개 左右에다가 세워 놓았다.

　小西行長이 慶尙道를 순식간에 처무찌르고 鳥嶺에 다다르니 果然 이 要地에는 守備하는 군사가 잔득 몰리어 있어 여기를 어떻게 突破할 것인가 하고 數三日을 遲滯하지 않을 수 없었다. 그러나 바라보나 守備하는 군사의 머리 우에 까마구가 올라 앉어서 까옥까옥 울고 있어 하도 이상하야 군사를 시켜 調査하야 보니 다만 부지갱이를 들은 허수아비만 數百이 있을 뿐으로 진짜 군사는 한 사람도 없었다. 小西行長은 단숨에 이 要地를 넘어 忠州에 나려 밀리었다.

　彈琴台를 뒤로 하고 背水陣을 치고 기다리었던 申砬의 군사는 行長의 군사를 맞이하여 漸漸 뒤로 밀리어 大部分은 江물에 빳어 죽고 申砬의 勇猛으로도 어찌할 길이 없었다. 陣頭에 서서 敵旗를 바라보니 그 旗빨에는 그 원수의 女子가 완연히 나타나 보였다. 申砬은 自己의 運命을 깨닫고 絶壁에서 江물에 몸을 던저 悲愴한 最後를 맞이었다.

　彈琴台의 絶壁에는 '열두대'라고 불리우는 十二層의 바우로 된 階段이 있는데 이것은 申砬이 활을 쏘는데 한참 쏘면 손이 뜨거워저서 손을 물에 적시기 爲하여 이 열두대를 열두 발자국에 오르고 나리었다 한다.

　以上이 申砬에 關한 傳說이다. 여기 關聯한 이야기를 좀더 添加하면 申砬이 江물에 빳어 죽었음으로 申砬의 子孫들은 江물의 靈物이라고 하는 자라를 絶對로 안 먹는다고 한다. 자라를 안 먹는 것은 申砬의 子孫뿐이 아니겠으나, 이것은 그 理由가 充分한 듯하다.

　또 湖岩全集 第三卷에 依하면 小西行長이 火手의 奇計를 써서 申砬이 敗하였다고 하는데 朝鮮의 傳說에도 이런 것이 있는지 없는지 未詳이다.

五. 李舜臣과 '姜羌水越來'

壬辰倭亂은 朝鮮으로서는 가장 困難한 民族 防禦戰의 하나였으며 凶惡無道한 倭賊으로부터 우리의 國土를 守護한 最大의 功勞者는 두 말 할 것도 없이 李舜臣이다. 그의 指示로 始作되었다는 '姜羌水越來'가 오늘날까지도 南鮮一帶에 널리 傳播되어 있음은 決코 偶然한 일이 아닐 것이다.

'姜羌水越來'는 强한 오랑캐가 물을 넘어 온다는 意味로 解釋되나 또 一說에는 그것은 억지로 漢字를 갖다가 채운 것이고 元來는 그저 單純한 後斂에 不過하다고도 한다. 그리고 李舜臣이 이것을 부르게 한 原因에 對해서도 반드시 꼭 一致하지 않다.

壬辰倭亂 當時에 朝鮮서는 兵力이 퍽 不足하였음으로 李舜臣은 이 쪽 兵力이 宏壯한 것처럼 擬製하기 爲하여 近洞의 女子들을 多數 動員하여 處處에 불을 놓고 '姜羌水越來'를 우렁차게 불러 氣勢를 올리었다. 이 때문에 夜襲을 잘하는 倭賊이 怯을 집어먹어 夜襲을 못하였고 그 동안에 이 쪽에서는 兵力을 補充할 時間의 餘裕를 얻었다 한다.

또 다른 傳說에 依하면 李舜臣이 이 쪽에서는 全혀 戰爭을 생각지 않고 平和를 즐기고 있다는 것을 보이기 爲하여 一種의 誘導作戰의 한 手段으로서 女子들에게 '姜羌水越來'를 부르고 춤추며 놀게 하였다고도 하고 또 이와는 反對로 倭賊의 侵入해 오는 것을 우리 陣營에 알리기 爲하여 一種의 連絡信號로서 '姜羌水越來'를 부르게 하였다고도 한다.

如何튼 '姜羌水越來'는 外敵을 물리치기 爲하여 人民이 總蹶起하여 ― 女子들까지도 戰線에 나와 勇敢하게 敵에 肉迫하여 兵士들을 聲援한 우리의 자랑할 만한 아름다운 遺風으로 日帝時代의 警察이 이것을 嚴禁하여 萬若 이것을 부르면 思想犯으로 取扱한 것이 그들로서는 一理있는 일이었을 것이다.

이 以外에도 南鮮 海岸一帶에 李舜臣에 關한 傳說은 참으로 많이 있다. 여기 그 한두 가지 例를 들자.

木浦에서 얼마 떠러지지 않은 右水營에는 李舜臣의 勝戰을 記念하여서 세운 戰捷碑가 있다. 李舜臣이 이 海戰에서 화살같이 急하게 흐르는 潮水를 利用한 것은 이미 世上에 널리 알려진 바고 現在도 배를 타고 가면 그 戰跡을 歷歷히 찾어볼 수 있다 한다. 그런데 이 碑石은 天下에 大變이 이러나든가 朝鮮이 危殆한 때에는 李舜臣이 그것을 근심하는 탓인지 땀이 줄줄 흘러나리니 韓日合倂 前에도 땀이 흘렀고 太平洋戰爭이 勃發할 때도 땀이 흘러서 近洞의 老人들이 명지수건을 가지고 가서 이 땀을 씨서준 일까지 있었다 한다.

太平洋戰爭이 勃發하고서 日帝는 由緖 깊은 이 碑를 總督府博物館으로 運搬해 간 일이 있었는데 그 때 이 近方에서는 왜놈들이 太平洋海戰의 戰勝을 빌기 爲하여 그리고 運搬해 갔다는 이야기가 빽 돈 일도 있었다.

木浦에는 露積峯이라는 有名한 山이 있어 이것 亦是 壬辰倭亂과 깊은 因緣을 가지고 있다. 그 때 朝鮮에서는 軍糧이 不足하여 困難이 莫甚하였고 더구나 이 事實이 敵에게 알려지면 大端히 不利할 것이라 李舜臣은 그 近方에서 짚을 많이 모아다가 새끼를 꼬고 이영을 역거서 그 山의 큰 바우를 露積가리 싸디끼 잘 싸게 하여 倭賊이 이것을 진짜 露積가리로 알고 軍備가 充分이 되어 있을가버서 敢히 侵入해 오지 못하였다. 露積峯이라는 山名은 여기서 由來한다고 한다.

全南 順天郡 海龍面 新城浦는 光陽灣에 臨한 조고마한 村落으로 지금도 옛 城터가 남어 있다. 壬辰倭亂 때에 倭賊이 數百隻 배를 타고 이리 上陸하여 처들어 왔는데 이 急報를 받은 李舜臣은 洞里 사람들에게 사람 數대로 대까지로 人形을 맨들어 各種各色의 옷을 잎이어 연다러 숲 사이를 巡回케 하였음으로 倭賊은 數萬名의 後援兵이 到着

한 줄 알고 그대로 退却해 버렸다 한다.

　新城浦에도 또 李舜臣의 祀堂이 있어 李舜臣의 靈魂이 여기 남어 있음인지 日帝時代에도 倭놈이 여기 居住한 일이 없으며 視察 온 일도 別로 없었다. 이러한 內容을 모르고 온 倭놈은 病이 나거나 무슨 큰 變故를 맞나 그여히 딴 데로 移舍해 버렸다. 또 여기 바다에는 매우 이상하게 생긴 게가 있어 倭놈을 보기만 하면 色을 變해 가지고 물러 덤비었다 한다.

　慶南 昌原郡 熊川도 壬辰倭亂의 激戰地의 하나다. 그 때 朝鮮軍은 城內에 있었고 倭賊은 南山을 占據하여 차츰 朝鮮軍을 壓迫하게 되었다. 多幸히 海上에서는 李舜臣의 作戰이 成功하여 敵의 後續部隊는 阻止되었으나 陸上의 戰勢는 나날이 不利해갔다.

　이 때 이 消息을 서울서 듣고 활 잘 쏘고 거름 빠르기로 有名한 (그이 거름은 화살과 똑 같었다.) 千里將軍이 달려왔는데 朱天子峯에서 활을 쏘아 '어렁게山'으로 '어렁게山'에서 활을 쏘아 '뒤똥山'으로 '뒤똥山'서 南山의 敵將을 向하여 활을 쏘아 단번에 죽이고 단숨이 數 많은 敵兵을 무찔러 버리고 南山서 다시 돌아오랴고 할 때에 마침 안개가 자옥하게 끼어 方向을 잘못 알고 바다를 向하여 활을 쏘고 화살과 함께 달려가다 바다에 빠저 죽었다. 지금도 '뒤똥山'에는 千里將軍이 활 쏘너라고 디뎠다는 발자국과 무릎을 꿇은 迹跡이 바우 위에 歷歷히 남어 있다 한다.

解說

壬辰錄은 異本이 相當히 많을 것이며 冊名도 반드시 壬辰錄으로 되어 있지 않고 여러 가지로 變해 있으리라고 推測된다.

그러나 只今 누가 어떠한 壬辰錄을 가지고 있는지도 모르고 그저 제가 前에 蒐集해 놓았던 몇 가지 種類만을 가지고 壬辰錄 全體를 云云하기는 매우 困難한 일이다. 따라서 여기 이제부터 쓰는 解說도 極히 未備한 一時的인 것이라는 것을 먼저 讀者에게 말해둔다.

★

朝鮮의 古代小說(이야기책)을 論할 때 한글본도 있고 漢文本도 있으면 爲先 한글본과 漢文本을 比較하고 對立시켜서 서로 어떻게 다르며 왜 다른가를 追求하는 한 가지 方法이 있다. 이 方法은 勿論 完全한 總括的인 方法은 아니나 作品에 따라서는 相當히 重大한 意義를 갖는다고 생각된다. 나는 壬辰錄에다가 이 方法을 適用해 보려고 한다.

壬辰錄에는 大槪는 事大主義思想이 들어 있다. 自力으로써 倭賊을 물리치자는 것이 아니고 明의 救援兵의 힘을 빌어서 倭賊을 물리치자는 外勢依存의 奴隸根性이다.

한글本에도 漢文本에도 이 事大主義思想이 들어 있는데 漢文本이 훨씬 더 甚하다. 한글本에서는 그래도 自力이 主가 되고 外力(明의 救援兵)이 從이 되어 있는데 漢文本에서는 外力이 主가 되고 도리여 自力이 從이 되어 있다. 具體的으로 例를 들면 한글本에서는 朝鮮의 名將 李舜臣, 金德齡, 金應西, 姜弘葉, 泗溟堂 等이 朝鮮의 中央政府의 指揮 아래 獨自的으로 作戰을 세워 倭賊과 싸운다. 金應西, 姜弘葉, 泗溟堂은 朝鮮 國內에서만이 아니라 멀리 倭國에까지 遠征을 하여 金應西와 姜弘葉은 失敗하였지만 泗溟堂은 鬼神이 놀랠만한 道術로 倭王을 降服 받아 壬辰倭亂의 원수를 단단히 갚고서 돌아온다. 그러나

漢文本에서는 朝鮮의 名將들의 이러한 獨自的인 地位는 餘地 없이 顚覆되어 李舜臣도 金德齡도 金應西도 姜弘葉도 모다 明의 救援兵의 都元帥 李如松의 指揮下에 서게 되며 泗溟堂은 全혀 나타나지 않는다. 이미 主演者가 李如松이가 되고 朝鮮의 名將들은 이 主演者를 補助하는 助演者에 不過한 것이다. 나종에 太白山下의 奇異한 少年의 出現으로 李如松을 本國으로 쫓아버리기는 하였으나 漢文本에 있어서 李如松의 地位는 絶對的인 것으로 되어있다.

한글本과 漢文本과의 이러한 差異는 무엇을 말하는 것일까? 한글本을 愛讀하던 一般大衆이 漢文本을 愛讀하던 兩班官僚들보다는 그래도 比較的 事大主義思想이 적었고 民族的 自覺이 훨씬 앞서 있었다는 것을 말하는 것 같다. 事實 李朝는 建國初부터 新羅, 高麗時代보다도 事大主義思想이 濃厚하였으며 더구나 壬辰倭亂 以後에는 所謂 '藩邦의 再造'하였다고 해서 兩班官僚들의 尊明思想은 極度에 達하였다. 孝宗 때에 宋時烈은 華陽洞에다가 萬東廟를 짓고 이미 亡해버린 明의 最後의 崇禎이라는 年號를 李朝末까지 忠實하게 써 내려왔다. 이러한 兩班官僚들은 그의 祖國이 分明히 朝鮮이기보다는 中國이라고 말할 수 있다. 一八九四年에 全羅道에 東學亂이 勃發하였을 때 이것을 鎭定하기 爲하여 中央政府가 中國에 請兵한 것도 決코 偶然한 일이 아니었다. 그들 눈에는 民衆은 敵으로 보이고 中國은 언제나 肝膽을 털어서 相議할 수 있고 信賴할 수 있는 親知로 보이었던 것이다. 中國보다도 더 奸惡한 倭國을 信賴하여 그 힘을 빌렸을 때 朝鮮은 名色만의 獨立도 剝脫 당하고 完全히 倭國의 植民地로 되어 버렸다. 이것이 李朝의 事大主義思想의 最大 最後의 報酬다.

要컨데 壬辰錄에 있어서 한글本과 漢文本은 그저 單純하게 用語가 다른 것이 아니고 그 思想 內容이 相當히 다르며 거기에는 또 그만한 充分한 理由가 있었다는 것을 理解하여야 한다.

★

　壬辰錄은 한글本 漢文本 할 것 없이 人名과 地名이 몹시 不正確하며 거기 活躍하든 人物들의 行績도 事實과 매우 다르다. 그것을 여기서 ──히 摘發하여 是正할 겨를도 없고 또 意圖도 없으나 몇몇 人物에 對하여는 그래도 正確한 歷史的 事實을 밝히어 두는 것이 必要하다고 생각된다. 이렇게 함으로써 小說 속에서 歷史的 事實이 어느 程度로 歪曲되어 있고 어느 程度로 誇張되어 있나가 多少는 뚜렷해지리라고 믿기 때문이다.

○ 金德齡

　字는 景樹, 光州 石底村 사람이다. 鵬爕의 아들로 宣祖 元年(一五六八年)에 났다. 家世 儒로써 業을 삼았다. 八歲에 從大父 校理 允悌에 就學하고 長成하여 牛溪 成渾의 門에 游學하였다. 爲人이 短小精悍하고 眼光이 날카로와 사람을 쏘았다. 雄勇絶倫하여 數丈의 大刀를 任意로 쓰고 나는 듯이 말을 山阪에 달렸다. 百斤이나 되는 鐵椎를 늘 左右에 띠고 있었으며 猛虎에 挑戰하여 刺殺한 일도 있다. 恒常 스사로 趙雲에 比하였다. 壬辰倭亂에 兄 德弘은 高敬命의 參謀가 되었다가 錦山에서 죽었다. 妹夫 金應會가 屢次 起兵하기를 勸하였으나 遲疑未決하였다. 後에 方伯의 推薦으로 刑曹佐郎을 授함에 德齡이 衰服을 벗고 潭陽에 募兵하여 五千人을 얻었다. 癸巳(一五九三年)에 光海君이 分朝하여 全州에 있었는데 德齡이 義兵을 일으켰다는 말을 듣고 號를 虎翼將軍이라고 賜하였다.

　兵을 引率하고 南原에 이르러 壯士 崔聃齡을 얻어 別將을 삼고 前進하여 嶺南界上에 陣쳤다. 敵軍이 그 威名을 듣고 두려워하며 石底將軍이라고 불렀다. 때마침 朝廷에서는 和議로써 諸將을 警戒하여 交兵을 嚴禁하였다. 德齡은 晉州에 留屯하여 더욱 募兵에 힘쓰고 戰備

를 가추었다. 그리고 屢次 出戰을 請하였으나 許諾되지 않았다. 그 때 德齡의 威名과 成功을 猜忌하는 者가 나타나 百端으로 沮撓하였다. 德齡이 痛憤하여 日夜 飮酒하고 軍律을 違反한 軍吏를 治罪하였더니 起兵 三年에 寸功을 세우지 못하고 殘酷하게 無辜를 屠殺한다고 上書한 者 있어 곧 投獄되었다. 大臣 鄭琢의 力救로 겨우 釋放되었다.

明年에 李夢鶴이 湖西에 叛함에 金德齡, 崔聃齡, 洪季男, 郭再祐, 高彦伯 等과 通歇다고 宣言하였다. 忠淸兵使 李時彦과 慶尙兵使 金景瑞가 德齡을 猜忌하여 그 叛狀을 密啓하였다. 領相 柳成龍이 是認하고 承旨 徐渻을 派遣하여 德齡을 械擊하여 京師에 이르렀다. 鐵鎖로 縛하고 大木으로써 來하였다. 德齡이 웃으며 내가 萬若 謀反하려면 이까지 것이 다 무엇이냐 하고 용을 쓰니 鐵鎖가 뚝뚝 끊어져 버렸다. 大臣 鄭琢, 金應南이 寃을 力說하였으나 柳成龍이 不應하였다. 그 여히 嚴訊을 받아 受刑 八次에 脛骨이 切斷되고 四肢가 形體가 없어 獄中에서 憤死하였다. 時年이 二十九였다.

英祖朝에 李匡德이 그 寃誣를 狀聞하여 兵曹判書를 贈하고 忠壯이라 諡하고 光州 義烈詞에 配亨되었다. (誌狀輯略에서)

○ 金景瑞

初名은 應瑞 字는 聖甫 金海人이다. 武科에 登하여 宣祖 壬辰倭亂에 屢次 戰功을 세워 官이 捕盜大將에 이르렀다. 光海君 己未(一六一九年)에 建州의 虜(淸)가 叛하니 明은 朝鮮에 徵兵하였다. 景瑞는 그 때 平安兵使였으므로 副元帥가 되어 元帥 姜弘立을 따라서 遼左에 이르러 明軍과 會合하였다. 明軍이 覆沒 당함에 姜弘立이 交戰하지 않고 그대로 降服해 버렸다. 景瑞 虜中에 있으며 몰래 日記를 써서 敵情을 記錄하여 本國에 送致하려다가 弘立에게 告發되어 그여히 處刑되었다. 後에 本道人이 上言에 依하여 伸寃復官하여 右議政을 贈하고

襄毅라 諡하고 閭里로 旌表하였다. (燃藜室記述, 朝野輯要에서)
　이것으로 보면 小說에 나오는 金應西, 姜弘葉은 金景瑞, 姜弘立이며 그들은 活動한 것이 壬辰倭亂이 아니고 數十年後인 光海君 때며 또 遠征간 데가 倭國이 아니라 滿洲였었다는 것을 알 수 있다. 이 遠征에 金景瑞의 部下에 金應河라는 勇將이 있어 敵과 交戰하여 大功을 세우고 壯烈한 戰死를 하였는데 小說에 나오는 金應西는 或은 金景瑞의 이 金應河를 합친 것인지도 모르겠다.
　姜弘立(小說에는 姜弘葉)은 虜中에 留한지 十年에 仁祖 五年 丁卯(一六二七年) 淸이 大擧하여 朝鮮에 來襲하였을 때 이것을 誘導하였으며 和議함에는 愚弄恐喝이 滋甚하였다. 後에 虜中에서 죽어 先山에 葬하니 지나는 사람이 姜虜之墳이라고 불렀다고 한다.

　○ 泗溟堂
　正式으로는 松雲惟政이라고 불러야 한다. 字는 離幻, 泗溟은 號다. 俗姓은 任氏, 豊川의 望族이다. 嘉靖 甲辰(中宗三九年, 一五四四年)에 나다. 幼時부터 聰穎하여 嶷然히 出衆하였다. 十三歲에 孟子를 黃汝獻에 배우다가 一夕 卷을 廢하고 俗學이 賤陋하고 世緣이 膠擾하니 어찌 無漏之學을 배우는 것만 하리오 — 하고 信點和尙에 따라서 剃髮하였다. 처음에 剪燈錄을 閱하고 바로 그 奧旨를 悟得하였다.
　乙亥(宣祖八年, 一五七五年)에 空門의 衆望에 依하여 禪宗의 住持가 되었다. 苦辭하고 妙香山에 들어 비로소 淸虛(淸虛休靜, 卽 西山大師) 座下에서 受益하다. 壬辰倭亂에 宣祖가 西幸하자 倡義하여 僧 數百名을 모아 順安에 이르니 到處에서 義僧이 來會하여 數千에 達하였다. 淸虛休靜이 朝命에 依하여 諸道의 僧兵을 總攝하였는데 年老함으로 政에게 代行케 하였다. 政이 大衆을 統率하여 體察使 柳成龍에 따라서 明將과 協同하여 平壤을 克服하고 또 都元帥 權慄이에 따라서 嶺

南으로 나려오 宜寧에 駐扎하며 殺獲이 頗多하였다. 甲午(宣祖二七年, 一五九四年)에 總兵 劉綎의 命에 依하여 釜山서 淸正과 會見하였다. 往復 三次에 그 要領을 得하였다. 그 後에도 或은 築城하고 或은 粮伏을 畜備하여 首功을 세웠다.

甲辰(宣祖三七年, 一六0四年)에 圖書를 奉하고 倭國에 건너가 家康이와 會見하여 講和하고 被擄中의 男女 一千五百人을 刷還하여 翌年 乙巳에 復命하였다. 淸虛는 이미 示寂하였고 政을 곧 妙香山에 들어 그 影塔에 禮하였다. 伽倻山에 들어 調治하다가 庚戌(光海君二年, 一六一0年)에 大化에 順하겠다고 하며 悠然히 趺坐한 채 逝去하였다. 時年이 六十七, 法臘이 五十七, 諡하여 慈通弘濟尊者라 하였다. (金石摠覽에서)

이것으로 보면 泗溟堂이 倭國에 건너갔던 것은 事實이며 壬辰倭亂에 大功을 세웠던 것도 事實이다. 그의 非凡한 行蹟으로 보아 小說에서 風雲造化를 任意로 하는 道僧으로 그려진 것도 無理가 아닌 것 같다.

이 以外에도 李舜臣, 郭再祐 等에 對하여서도 쓰고 싶으나, 李舜臣은 이미 相當히 널리 알려저 있고 또 너무 번거로우므로 그만 省略한다.

```
壬辰錄
民族文學叢書 第1輯
1948年 11月 30日 發行
臨時定價 250圓
校正者: 李明善
發行者: 河敬德
印刷所: 서울印刷社 (1947年 9月 30日 登錄 第86號)
發行所: 國際文化館
        서울市 中區 忠武路2街 3
        電話 本局 ② 6141-6142
                ② 6143-6146
                (1947年 12月 31日 登錄 第582號)
```

제3부

❖ 戲曲 鄭夢周 最後의 日
❖ 小說 빵떡

戱曲 鄭夢周 最後의 日

第一編 序幕

一. 王建 開國

[사람]
도선(道銑)
초부(樵夫)
왕근태조(王建太祖)

1. 조선 명산대천

　내나무 쪼각으로 깍근 중의 모자를 머리에 쓰고 꾸불녕꾸불녕한 긴 집팽이를 집고 호호하게 늙은 중 하나이 큰 절을 등에 지고 걸어나온다. 이 늙은 중은 그 대나무 모자를 들시고 잠간동안 떠나기 어려운 듯이 뒷절을 발아보고 다시 고개를 돌이여 휘적휘적 이 산길을 걸어 나려간다.
　이 중이야말로 소란 조선 삼국을 통일하고 새로 고려라는 나라를 세운 왕근 태조로부터 고려의 도읍 자리를 증해달나는 청을 받고 제가 이 때까지 거처하든 절을 등지고 다시 이 속게에 나오는 유명한 도승 도선이 곳 그 사람이다.

　도선은 물논 도덕도 장하지만 그러한 것보다도 집터를 본다든지 모이 자리를 잡는다든지 하는 지술(地術)에 출중한 재조를 가지고 있었음으로 이번에 왕근 태조로부터 나라 도읍 자리를 정해 달나는 간곡한 부탁을 받었었든 것이다. 도선은 이렇게 하야 나라 도읍 자리를 정하려고 절에서 나와 조선의 명산대천을 한 군데도 빠트리지 않고 모조리 찾어 헤맨다.

　험하데 험한 높운 고개 우에도, 천야만야한 층암절벽 우에도, 한결같이 파도가 몰여와 가만히 속삭이는 그저 아물아물하게 보이는 넓드란 들 우에도— 이 늙은 중이 아니 밟는 데가 없다. 그 꾸불넝꾸불넝한 집팽이가 아니 이르는 곳이 없다. 그러고 이러한 곳에 이를 때마다 이 늙은 중은 대쪼각으로 만든 모자를 떠들시고 산줄기와 물줄기를 보살펴 보며 쇠를 한참식 한참식 들여다 본다.

　그러나 한 번도 만족의 빛은 뵈이지 않고 도로쇠를 호주머니에다 집어넣고 또 딴 곳으로 가고 또 딴 곳으로 가고 한다.

2. 송악산(松嶽山)

　송악산은 개성 뒷산이다. 도선이는 조선의 명산대천을 찾어 팔도강산을 곳곳이 헤맸으나 그여히 마음에 맞는 자리를 구하지 못하고 이 송악산에 이르렀다.

　도선은 꼬불꼬불한 산길을 올너간다. 은저리에는 소나무가 잔득 들어섰다. 그렇게 튼 솔은 아니나, 그래도 타복하게 씽씽하게 자란 소나무다.

　이 때 몸은 보이지 않고 산타령을 불느는 소복한 노래소리만 들여온다. 노래를 불느며 이 쪽으로 걸어오는지 노래 소리도 점점 각갑게 들인다.

도선은 두 갈내로 갈녀진 갈임길에 이르러 어느 길로 갈가 잠간동안 머리를 기우리다가 휘- 하고 된숨을 내쉬며 풀섶에 앉는다.
　노래 소리는 더욱 커저서 소나무 가지로만 한짐 덤석해진 지개를 진 초부가 하나 나탄한다. 어찟 중이 그 곳에 있는 것을 보고 머밋머밋하고 노래를 끝이고 두어 거름 걸어가다 다시 청을 가다듬어 노래를 게속한다.
　도선 : "여봅시요! 산봉우리를 올너가랴면 어너 길을 올너가야 합니가?"
　초부 : "접족 길입니다. 산봉우리까지 여기서 얼마 안됩니다."
　도선 : "이 산 일홈은 며라구 하오?"
　초부 : "송악산이라구 합니다. 그전-에 어렸을 때에는 송악산이라구 하지 않고 며라구 달흐게 불넜었는데 이 근년에 와서는 누가 내놨는지 송악산이라구들 합니다. 그리고 누가 심는지 이 근년에는 이 산에다 해마두 작구만 소나무를 심습니다. 그전- 어렸을 때에는 솔 하나 없는 밝안산이였었는데 요새 와서는 솔이 이렇게 잔득 들어서서 덕분에 우리 나무군들이 살게 되였읍니다."
　도선 : "그것도 이상한 일이요. 이 산에 나무하러 단기면서 누가 심는지 몰읍니가?"
　초부 : "그것이야 몰느지도 안치만ㅡ."
　초부는 도선에게 닥어서서 그 귀에다 대고 며라구며라구 속삭이나 물논 들이지는 안는다.
　초부 : "ㅡ 그라구덜 합니다만은 누가 압니가."
하고 이러서서 다시 나무집을 지고 지개 목발을 두달기여 장단을 맞우워 산타령을 하고 이 산길을 나려간다.

3. 또 송악산

이튿날이다. 이 송악산 똑같은 길을 늙은 중과 키가 헐신 크고 뼈다구가 꿁에 생긴 무직궁하게 생긴 한 사나히가 걸어올너간다. 이 무직궁ㅎ게 생긴 사나히야말로 일대의 영걸 왕근 태조의 미복한 것이요, 늙은 중은 물논 그의 유일무이의 도승 도선이다.

도선 : "자- 어떻슙니가?"

산봉우리에 올너스자 도선은 태조를 도러다보고 말한다.

"보셔야 아실 이가 없겠읍니다만은 이 자리야말로 천년의 도읍터가 분명합니다. 바로 이 산 비탈에다가 궁전을 짓고 저기 저 산을 안산으로 하고 하면 이쪽 이 산 저쪽 저 산이 이 궁전을 옹호하는 것 같이 되지 않읍니가. 그러고서- 그러고서—."

돌연히 도선의 말소리가 주저주저해지며 다음 말이 이서지지 않고 그대로 슬몃이 툭 끈허저버린다.

태조 : "왜 어째셨오?"

의아한 눈으로 도선을 도러본다. 도선이 쇠를 놓고 자세히 드려다보고 다시 또 한 번 드려다보고

도선 : "상감님께 사과하여야 하겠읍니다."

태조 : "사과요? 아니 돌연히 어쩐 사과요?"

도선 : "이 자리가 천년의 도읍 자리가 분명하다고 어제밤에도 여쭙고, 오늘도 금방 여쭈었읍니다만은 어제는 날이 흐려 산이 하나 안보였던 것입니다. 오늘서야 그 산이 보입니다. 저-기 저 산을 보십시요. 칼날같이 뺏죽뺏죽한 세 봉우리의 산을 보십시요. 큰일입니다. 저- 세 봉우리의 산이 규봉(窺峰)입니다. 이 자리를 엿보는 휴악스러운 규봉입니다. 아- 저 놈의 세 봉우리의 산만 없었드라면. 원통한 일입니다."

태조 : "그래 저런 흉악한 규봉이 있다면 이 자리는 몇 해나 도읍 자리가 되겠오."
도선 : "사백년입니다. 꼭 사밖에는 더 못가겠옵니다."
태조 : "그 이상은—."
이 때 초부가 새타령을 불느며 지나가나 노래 소리만 들이고 보이지는 안는다.
도선 : "칠십오년간 더 늘굴 수가 있읍니다."
태조 : "칠십오년간이오?" 어떻게 하면 된단 말이오."
도선 : "돌로 개 형상을 깎어가지고 궁전 근처에 세워서 이 도읍 자리를 노리는 저 도독놈의 산을 지켜야 합니다. 칠십오두의 석견(石犬)은 이 도읍 자리를 칠십오년간 지켜줄 것입니다."
태조 : "그 이상은—."
도선 : "그 이상은 불가능합니다. 이 도읍 자리는 석견을 해 세워야 사백칠십오년인가 봅니다."
둘은 묵묵히 산 알을 나려다 본다.

4. 좌견교(坐犬橋)

좌견교는 송도의 유명한 다리에 하나다. 이 다리에서 보면 송도를 노리는 ㅠ봉 삼각산(三角山)이 가장 똑똑하게 잘 보인다.
이 다리 알에 앉은 형상의 개가 칠십오두나 쭉- 늘어 세워졌다. 이 개들은 물논 도손의 말을 듣고 태조가 명하여 해 세운 것이다. 꾸불넝꾸불넝한 집팽이를 집고 늙은 도선이 나탄하여,
도선 : "느의들은 저 도적놈을 잘 지키라, 은—."
하고 집팽이로 개를 툭툭 뚜둘여준다.
그리고 도선은 고개를 드러 이 쪽을 노리고 보는 삼각산을 물그렘이 발아보고 가벼히 미소하고서 이 다리를 떠난다.

二. 四百七十五年

[사람]
없다.
무수하게 많으나 모다 중요하지 않다.

1. 사백년

로동가에 맞추어 돌을 실고 지고 다듬고 쌓고 — 성을 쌓느라고들 야단이다.

돌을 깨고 다듬고 또 한편 '이여디여' 하는 소 모는 소리, 큰 돌을 동아바로 떠매여가지고 수십 명이 둘너서서 지대미하는 소리, 아람드리 나무를 싫어 날느는 소리 — 궁전의 터를 닦고 집을 세우느라고 야단들이다.

지둥이 세워진다. 지붕이 이어진다. 화공들이 단청을 올한다. 나무들은 심는다. 벽에 회를 발는다. 대궐칸마다 현판을 색여붙인다.

이 때 궁전 밖으로부터 환호하는 소리가 들이며 대궐문이 딱 열인다. 그리고 태조가 익선관을 쓰고 자의를 입고 수레에서 나리여 문무백관을 거느리고 천천히 걸어 들어온다. 경화의 풍악소리가 울려온다.

궐내에 들어와서는 엄숙한 얼골들을 한 중들이 중심이 되어 의식이 시작된다. 이따금 인민의 환호 소리가 대궐 담을 넘어 들여온다.

그러나 다음 순간에는 태조도 궁성도 중들도 인미의 환호 소리도 스르를 사라저버린다. 풍악 소리도 뚝 끈너저 버린다.

파도가 인다. 폭풍이 온다.

큰 대궐에 바람과 비가 냇다 드려친다. 소낙비가 쏘다진다. 점차로 궁전이 흔들인다. 기와장이 우루룰 흔들여 떨어진다. 벽이 은어난다.

단청한 긔둥이 춤 춘다. 지둥이 꺽구로 슨다. ― 만물이 회전(回轉)되고 전도(顚倒)된다.

옥좌에 앉은 왕, 그 앞에 조복을 입고 꿀어업드린 수백의 신하들, 법의(法衣)를 걸치고 엄숙한 의식을 거행하는 중들, 후궁에 꽃밭을 일운 수백의 아릿다운 궁녀들, 설날 뜰에서 늘 뛰는 게집 아이들, 오월 단오에 그네 뛰는 펄펄 날이는 처마자락 댁기꼬랭이, 육칠월에 누부가를 불느녀 모 심는 수십 명의 농부들, 바가지에 하나 잔득식 퍼돌이는 점심밥을 배불이 먹고서 징 꽹매기 벅구를 들고 조타조타하며 길길이 뛰는 흙손들, 흙발들 ― 이 모-든 것이 잠간동안 얼울여졌다가는 바로 회전되고 전도된다.

수백 수천의 호병의 무리 ― 칼을 차고, 활을 메고 압녹강을 건는다. 그러고 오랑캐 말로 된 괴기한 군가(軍歌)가 천지를 뒤흔들고 북소리와 함기 돌격의 고함성이 요란하다. 화살 날느는 소리, 칼과 칼이 부대치는 소리가 소연하다.
성이 보인다. 성 우에는 수많은 조선병이 활과 돌로 응전한다. 기발이 펄넝거린다. 양편에서 환호성이 진동하며 극전이 전개되다. 찝느고 쏘고 치고 패고……. 사체가 루루하다. 그러고 그 자리에 풀들이 무승하다. ― 이 모-든 것이 아울이랴다가는 사러지고, 사러지랴다가는 다시 아울여지며 일변 회전되고 전도된다.

말을 달여 도망해 내빼는 놈, 비수를 빼여들고 조복 입은 대관을 찔너죽이는 놈, 관 쓰고 장죽 물고 서당에서 맹자왈 아르키는 놈, 부처 앞에 꿀어앉어 목탁을 두달기며 중 글 읽는 놈, 등에 지개를 지고 날 저문 어둑어둑한 들길을 걸어가며 새타령을 불느는 초동, 서로 물고

뜯고 패고 꼬집고 사랑 싸홈하는 사내와 게집 — 이것도 회전되고 전도된다.

이렇게 하여 사백년은 비 속에, 바람 속에, 노래 속에, 싸홈 속에 꿈과 같이 사러저 버린다.

2. 칠십 오년

칠십 오두의 돌로 깎어서 세운 개, 그 때까지 눈을 감고 졸고만 있든 이 눈을 번적 뜬다.

그러고 뻣죽한 세 봉우리의 삼각산이 그 때까지 구름과 안개 속에 흐미하게 보일낙 말낙 하든이 조곰식 조곰식 구름과 안개가 걷어지며 차차로 뚜렸해진다.

한 마리의 개가 제 주신 집을 엿보는 도적이라도 짓는 듯이 컹컹 한 차례 짓고 그 자리에 팍 쓸어진다. 그 순간 삼각산은 남의 것을 훔치랴다 들킨 도적놈처럼 몸을 부르를 떨며 얼는 숨어버린다.

그러나 다음 순간에 또 구름과 안개를 헤치고 나탄하여 송도를 엿본다. 또 한 마리의 개가 크게 입을 벌여 삼각산을 향하여 컹컹 짓고, 그 자리에 쓸어진다. 이 때도 삼각산은 얼는 몸을 피하였다가 다음 순간에 또 나슨다.

또 컹컹 짓는 한 마리의 개.

얼는 사라졌다가 다시 또 나탄하는 삼각산.

또 컹컹 짓는 한 마리의 개.

얼는 사라졌다가 다시 또 나탄하는 삼각산.

— 이것이 거듭되고 또 거듭되여 칠십 오두 중에 칠십 사두가 차례로 짓고는 쓸어지고, 짓고는 쓸어진다. 최후의 한 마리 — 단 한 마리가 옆에서 죽어 넘어진 칠십 사두의 동무들의 루루한 사체를 바라보며

쓸쓸히 그래도 꿋꿋하니 서 있다.

  삼각산은 구름과 안개가 거의 다 걷어지고 다시없이 분명하게 보여진다. 몸을 도적놈처럼 기웃기웃하며 죄악의 손을 대담하게 넘늠넘늠 한다.

  무서운 박녁을 가지고 몸서리날 만치 뱃삭 달여드는 듯하다. 떠밀내야 떠밀 수 없는 무거운 무게를 가지고 찢어눌느는 듯하다.

  그여히는 삼각산의 그 흠악스러운 바우의 하나 — 까지가 명백하게 보이여지며 하날을 찔늘 듯이 창처럼 삣죽삣죽 자란 나무 줄기의 하나 하나까지가 뚜렷이 보이여진다.

  그러나 최후에 남운 한 마리의 개는 아즉 짖지 않고 아즉 죽어 넘어지지 않었다.

第二編 鄭夢周 最後의 日

一. 아버지와 아들

[사람]
이성게(李成桂)
이방원(李芳遠)
정도전(鄭道傳)
조 준(趙 浚)
남 암(南 誾)
조영귀(趙英珪)

1. 이성게의 객실

넓고 큰 이성게의 객실. 객실 앞에는 두 명의 병졸이 지키고 섰다. 고요개국이래 사백칠십오년재 이른 봄. 칩도 덥도 않은 저녁이다.

이 넓은 객실에 불이 환-하게 키여있고, 이성게와 방원을 중심으로 하고 정도전 조준 남암 조영귀 등의 무리가 죽- 둘너 앉었다.

방원 : "그것은 안됩니다. 절대로 안됩니다."

성게 : "안되기는 무었이 안된단 말이냐. 한 번 정하면 그만이다. 누가 며라구 해도 소용 없다. 나는 내일 아츰 일즉이 해주를 행하야 떠나겠다."

방원 : "글제 금금 아버지의 처지로서는 일각 일초를 이 송도에서 떠나시면 안됩니다. 아버지는 누구를 믿으십니가. 누구를 믿으시고 여기를 비여놓시려 합니가. 굿까지 세자 마중 나가는 것은 아버지가 아니라도 다른 사람이 또 얼마든지 있

　　　　　지 않읍니까."
성계 : "나는 아무도 믿지 안는다. 그렇면서도 내일 떠나겠다."
방원 : "아버지가 여기를 비여놓으면 무사하실 줄 아십니가. 그 동안에 아무 일도 이러나지 않을 줄 아십니가."
성계 : "일이 일어나면 어떻고 안 이러나면 어떻단 말이냐."
방원 : "여기를 비기만 비신대면 엄청난 일이 꼭 폭발됩니다. 아버지의 꿈도 안꾸든 무서운 일이 일어나고 말 것입니다."
성계 : "떠나면 떠났다. 그 뿐이다. 그 뿐이다."
방원 : "아버지는 어떠한 일이 일어나도 내일 아츰에 떠나시겠다는 말슴입니가. 정말로 꼭 떠나시여야만 하시겠다는 말슴입니가."
성계 : "그래 꼭 떠나겠다."
방원 : "아버지가 증 그렇게 해주를 향하야 떠나시겠다면 떠나시기 전에 지나 하나 여쭈어볼 말이 있읍니다. 그것은—."
성계 : "그것은—."
방원은 이러나 객실문을 열고 가만이, 그러나 쟁쟁한 목소리로,
방원 : "그 동안에 아무도 온 사람은 없었지."
병졸 : "네. 아무도 안 왔읍니다."
방원 : "또 누가 오든지 바로 드려보내지 말어라."
하고 도로 문을 닺는다.

2. 또 이성계의 객실

방원 : "여쭈어볼 말은 다른 말이 아닙니다. 아버지는 정시중을 믿으십니가."
성계 : "믿느냐? 그것이 무슨 소리냐."
방원 : "아버지께서 해주로 행하여 떠나시기 전에 정시중을 죽여버

리는 것이 좋을가 싶어 말입니다. 아니 꼭 죽여야 합니다."
성게 : "무엇이 어째?!"
방원 : "정시중을 죽여야 합니다."
성게 : "이 놈! 그것이 무슨 소리냐."
방원 : "여기를 떠나시랴면 정몽주는 죽여야 합니다. 그 놈의 목을 안 잘느고서는 안심 못합니다."
성게 : "이 자식아! 말을 삼가서 해라. 정시중은 네 애비의 친구다. 너는 그 때 운제도 그 따우 소리를 한 일이 있지. 너는 그 때 내가 타일는 말을 벌서 잊어버렸단 말이냐."
방원 : "잊이는 않었읍니다. 그러나 즉금이나 그 때나 제 생각은 변하지 않었읍니다. 정몽주는 죽여야 합니다. 그 놈의 목이 붙어있고서는 아무 일도 안됩니다. 아니, 일이 되기는 커냥 됩대 우리들의 목이 달어납니다. 아버지가 안 죽이시면 아버지께서 돌아가시게 됩니다. 아버지뿐만이 아니라, 여기 있는 십여인의 사람이 죄-다 정몽주의 손에 찍소리도 못하고 죽습니다."
성게 : "정시중은 내가 잘 안다. 나와 친구다. 그는 어떠한 일이 있든지 죄 없이 사람을 죽일 사람은 아니다."
방원 : "그것은 저도 잘 압니다. 그러나 죄라는 것은 딴 것이 아닙니다. 지는 것이 죄입니다. 맞어죽는 것이 죄입니다. 송장의 입은 말을 못합니다. 누구고 피를 뒤여쓴 놈은 죄인입니다. 아버지가 지시면 아버지가 죄인이고, 정몽주가 지면 정몽주가 죄인입니다."
성게 : "그것은 무서운 소리다. 공맹의 길을 배운 사람의 입에서 나올 소리가 아니다."
방원 : "여기는 공자왈 맹자왈을 찾는 한거한 글방은 아닙니다. 네가

죽느냐 내가 죽느냐 서로 목이 왔다갔다 하는 싸홈터입니다. 공맹은 서비였읍니다. 글방 선생님이였읍니다. 그러나 아버지 무관(武官)입니다. 무관에게는 살인은 영광입니다. 아버지가 오늘날 얻으신 지위와 명에는 무었입니가. 다만 살인입니다. 출중한 살인이 있을 뿐입니다. 아버지는 이 때까지 수 많은 살인을 하시였읍니다. 그렇면서 왜 정몽주 하나문은 안 죽이십니가. 못 죽이십니가. 더 볼 것 없읍니다. 그저 성큼 죽여버리면 그만입니다."

남암 : "그렇습니다. 죽인대야 누가 며라겠읍니가. 또 며라구 한 대야 죽은 놈이 살어나겠읍니가."

성게 : "안된다. 누가 며라구하여도 소용 없다. 무었이 무서워서 정시중을 죽이느냐. 느의들은 정시중이 그렇게도 무서우냐. 느의들은 모두가 겁쟁이들이다."

방원 : "겁쟁이든 무었이든 좋습니다. 만약 아버지께서 집을 비시면서 정몽주를 안 죽이신대면 저도 생각이 있읍니다. 지가 정몽주를 죽이겠읍니다."

성게 : "무었이 어째?! 이 망할 자식! 제 에미 상도 벗기 전에 살인을 하겠단 말이냐. 천하야 불효하고 무도한 놈 같으니―."

조준 : "방원께서 즉접이야 죽이시겠읍니가. 말슴만 하시면 즈의들의 협력해서―."

성게 : "방원이가 죽이나 방원이의 말을 듣고 어너 딴 놈이 죽이거나 정시중만 죽여봐라, 그 놈의 목도 못 붙어있을 테니―."

도전 : "그야 방원께서도 하 답답해서 하시는 말슴이겠지요. 즈의들인들 정시중이 죽일 사람이 아닌 것을 몰르겠읍니가. 학자로써 인격자로써, 별논가로써, 열정가로써, 교육가로써 고려에서는 그를 따를 사람이 없음을 즈의들인들 몰르겠읍니가.

그의 충성과 그의 증의감(正義感)은 고려 백성이 모두 인정
합니다. 그러나 한 번 다시 생각하면 그는 즉금 시중이라는
가장 높은 지위에 있고 그 알에는 그에게 글을 배운 수백 수
천의 문신들이 있읍니다. 그들은 즈의들의 미약한 힘도 혜
아리지 않고 정시중을 떠밫여가지고 일을 꾸미랴 암약(暗躍)
을 게속하고 있읍니다. 아직은 그들의 힘은 대단한 것이 못
됩니다. 그러나 잡초가 곡식보다 쉬 좋디기 한 번 일을 이루
워 성곡하는 날에는 그 때에는 임의 어떻게도 할 수 없는 큰
힘이 되어버릴 것입니다. 그들은 일을 꾸밀 기회만 엿보고
있읍니다. 즉금 잔득 이 곳을 노리고 있읍니다. 눈 없으면
코라도 비여 먹으려하는 그들입니다. 시중께서 잠시라도 이
곳을 떠나 안 게신다면 그 날 바로 일은 일어날 것입니다.”

성게 : “그들이 일을 이루쿠리라고? 그러하면 됩대 좋치 않으냐. 일
을 이리키기만 하면 모조리 몰살식혀버리면 그만이 아니냐?
죄 없는 놈을 죽이는 것은 용서 못할 일이다. 그러나 죄 진
놈이야 아모리 죽인들 상관이 있느냐. 그들더러 일을 이리
키라면 이리키래라무나. 그 날이 바로 그들의 죽는 날이다.”

도전 : “시중께서 여기 게실 때 그들이 일을 이리킨대면 즉금 말슴
하신 대로입니다. 그러나 그들도 약은 놈들이라, 시중이 여
기 게실 때에는 쥐 죽은 듯이 잠잣고 있다가 여기를 비기만
하시면 단번에 일을 이리킬 것이 사정이 난처하지 않읍니
가. 이렇므로 우리 앞에는 즉금 세 가닥의 길이 놓아 있습니
다. 하나는 시중께서 처음부터 해주로 가시지 말고 그대로
여기 게시라는 것입니다. 그러하면 그들도 아무 일도 못 꾸
미고, 따러서 즉금대로 아무 일도 없을 것입니다. 다음에 증
시중께서 해주로 가시겠다면 아까 방원께서 말슴한 것처럼

일을 꾀하는 그들— 더구나 그 일의 중심 인물인 정시중을
먼저 처치하시라는 것입니다. 정시중만 없으면 그들은 아무
일도 못 이리킬 것이기 때문입니다. 그러나 만약 해주를 가
시여 집을 비이시면서 또 정시중을 그대로 놓아두신대면 셋
재의 길이 남어 있을 뿐입니다. 그것은 너 나 누구누구 할
것 없이 이 자리에 있는 모-든 사람이 그들의 칼 앞에 목을
빌게 되는 길입니다. 이 셋재의 길 멸망의 길입니다. 시중께
서는 즉금 이 멸망의 길을 취하시랴 하십니다. 제가 제 목을
끈흐려하는 것입니다. 시중께서 수십년간 동서남북 각처로
단이시며 승전하시고 공을 이루신 그 피와 땀의 결승이 즉
금 일조에 전멸 당하고 마는 것입니다. 인명을 하나 액기시
다가 다시 도리킬 수 없는 무서운 구렁 속에 빳이시게 됩니
다. 이 여러 가지 일을 깊이 생각하시고 신중히 태도를 정하
시여야 합니다."

성게 : "제의 할 일만 꼭 해나가면 그만이다. 세자를 해주까지 마중
나가는 것도 맛당이 나의 할 일임으로 내가 할 뿐이다. 그외
의 일은 생각할 것도 없다."

조준 : "제 할 일만 꼭 하고 있다가는 맞어 죽을테니 사정이 난처하
지 않습니가. 시중의 말슴은 나라에 아무 일도 없는 요순시
대에 할 말슴입니다."

성게 : "느의들은 모두가 겁쟁이다. 정시중을 죽이지 않으면 이 편이
죽는다 죽는다 앤달을 대지만 그렇게 만만하게 사람이 죽는
줄 아느냐. 내가 전장에 나갈 때마다 즉금은 죽었지만 내 안
해되는 이는 나를 보고 '몸을 조심하시오, 몸을 조심하시오.'
언제나 걱정하였지만 이 때까지 순십년간 전지를 나단였어
야 나는 죽지 않었고, 어데고 크게 부상해 본 적도 없었다."

방원 : "그것은 아버지가 재수가 좋어서 그렇습니다. 사람이란 언제 어떻게 될는지 누가 압니까. 아버지는 요새 너머 운수를 믿으시고 만심(慢心)이 나기 시작하였습니다. 이기는 사람만 늘 이긴다고 누가 보증합니까. 늘 이긴다고 생각하고 적(敵)을 경게치 안는 것이 만심이 아니고 무엇입니까. 적이 없어도 적이 생길가 염여할 것이여늘 즉금 누 앞에 대적이 나탄하여 이 쪽의 틈만 엿보고 있는데, 이 대적을 물일칠 생각은 커냥 못 처오게 경게도 하시려 하지 않으시니 만심이 아니고 무엇입니까. 아니 그것은 망영이십니다."

성게 : "이 놈! 그것이 네 애비한테 하는 소리냐. 더구나 여러 사람 앞에서 그것이 할 소리냐. 내가 너한테 그렇게도 어리석어 보이드냐. 그렇게 못나 보이드냐. 이래보여도 네 애비는 수십년간 수 많은 문관 무관들과 싸워서 한 번도 져 본 일은 없다. 너에게 네 애비가 망녕떠는 것 같이 보이거든 네 애비는 네 애비대로 할 터이니 너는 얼마든지 네 멋대로 하라무나. 정시중을 죽이든지 또 누구를 어짜든지. 너와 나와는 딴 남이다. 죄에만 걸이면 너도 볼 것 다 볼 터이니—."

도전 : "방원께서 말슴 들이는 것이야 아버지의 몸을 염여하는 효성에서 나온 말슴이지, 그외에 무었이 있겠읍니까."

성게 : "효라는 것은 어배의 맘을 편안하게 하는 것이 효다. 방원이 같은 자식은 이해상관이 달느면 제 애비라도 죽일 여석이다."

남암 : "그것은 너무나 과한 말슴입니다. 방원께서도 아버지를 사랑하고 어떻게든지 아버지를 위하여 해보겠다는 지성이 지나처서 나온 말슴이오니 넓으신 맘으로 방원의 말을 용서하십시오."

성계 : "모르겠다. 느의들 하고 싶은 대로 하여라. 나는 내일 아츰 일즉이 떠나겠다. 느의들도 그만 일즉이 돌아가 자거라. 나도 일즉 자겠다."

조준 : "그렇게 일즉 안 떠나시면—."

성계 : "길을 떠날 때에는 일즉 떠나야 한다. — 그렇고 방원이 너는 이 송경에 다시는 나오지 말고 느의 어머니 묘전에 가서 느 어머니 명혼이나 잘 모시여라. 내가 여기를 비인대야 삼사 일밖에 안된다."

3. 이성계의 집뜰

객실에서 뜰로 나오며 가만이 그러나 조급한 소리로

도전 : "방원께서는 어떻게 하시랍니가."

조준 : "먼저 생각했든대로 일이 하나도 안가고 매우 난처하게 되었읍니다."

방원 : "전연 생각지 않었든 일도 안입니다. 그러나 아버지가 그렇게까지 망녕이실 줄은 몰렀읍니다. 이번만은 이대로 두고 보고서 또 기회가 올 때까지 기달이는 수밖에 별 도리 없는 것도 같은데……. 그렇치만 어느 때 어떠한 일이 폭발되는 시 놀너 어떠한 일이 폭발되든지 나에게로 바로 통지하고 나는 또 아버지와 열낙을 취하고 해서 서로 일을 그르트리지 않도록 합시다."

남암 : "시중께서 갔다 오실 동안까지 아무 일도 없었으면 좋치만……. 유원(柳源)의 무리가 어느 때 들고 일어슬는지…….

조준 : "설마 어떨나구. 삼사일 간에야."

도전 : "당신네들은 이대로 여기서 헤여지랴고 하오. 이대로—."

남암 : "그렇면 무슨 좋은 도리가 있오. 정작 시중께서 그라시니 어

떻게 하오."

도전 : "아모리 하여도 이대로는 못 헤여지겠오. 오늘 밤에 사람들을 식혀서 몽주를 죽여버립시다. 시중이 여기 게신 오늘 밤 사이에 죽여버려야지, 내일 시중께서 떠나가신 뒤에는 이 쪽에서는 아무 일도 못 꾸밀 것이니가ㅡ."

조준 : "그러하지만 시중이 아시면 큰일이 아니오."

도전 : "그것은 몰느도록 하면 되잔소. 도적놈이 들어와서 죽였다든지ㅡ. 시중께서 아모리 망영이 나신대도 결국은 이 쪽 편 들지, 그 쪽 편 드시겠오."

방원 : "그 말도 그럴 법하오. 아니, 그 말이 올소. 우리가 여기서 이대로 못 헤지겠고, 그렇다고 또 아버지 허락은 도저히 못 맡을 터이니 누구고 시겨서 조영규(趙英珪)든지, 누구든지ㅡ. 몽주를 암살하여 버립시다."

남암 : "영규 같으면 먼저 나갔으니 지가 불너가지고 오지요."

방원 : "그라시오. 좀 불너다 주시오."

남암 어둠 속에 사러진다.

방원 : "그렇면 내가 영규를 시겨서 몽주를 죽이게 할 터이니 모두 일즉덜 돌어가 주무시오. 영규면 몽주 하나쯤은 여부 없을 테니ㅡ."

도전 : "어쨋든 남 몰느게 죽이고 남 몰느게 도망해 오도록 하는 것이 좋을 것 같으오."

방원 : "아따 중 안되는 판에는 아버지한터 혼구녁은 내가 혼저 날 터이니가 모두 안심들 하고 돌어가 주무시오."

모두덜 어두움 속에 사러저 간다. 방원은 묵묵히 섰다. 뜰의 나무에서 밤 새 우는 소리가 처량하게 들인다.

남암 : "영규 달이고 왔읍니다. 다들 돌어갔읍니가. 그렇면 저도 이

만 가겠읍니다."
남암은 다시 어두움 속에 사러저 버린다.
방원 : "오늘 밤에 몽주를 죽일 수 있겠오―."
영규 : "몽주 하나쯤이야 언제든지 오라지요. 그렇치만 시중께서 아시면 큰 탈 납니다."
방원 : "그러한 것은 내가 죄-다 떠맡을 터이니 염여할 것 없오. 얼골을 가려 도적놈처럼 해 가지고 들어가 그저 몽주 하나만 짹소리 못하게 베여버리면 그만이오."
영규 : "그렇면 어느 때 쯤이 좋을까요."
방원 : "밤중이 좋겠지요. 꼭 밤중이."
영규 : "그런데 혹 그 부인이라든지, 누가 알게 되면 어떻게 합니가."
방원 : "알게 된다면― 글세 그것을 어떻게 할가―."
영규 : "부인에게 죄는 없으니가 부인까지 죽일 것은 없겠지요."
방원 : "그렇치만 발각이 되면 큰일이 아니요. 즉금 오백년간 게속된 왕씨의 조정이 망하느냐 안 망하느냐 하는 때에 있어 부인네 목숨 하나를 어떻게 애낄 수 있오. 부인이 몰느거든 그대로 내버려 두고, 알거든 부인마저 죽여버리시오."

二. 선생과 제자

[사람]
정몽주(鄭夢周)
부인(婦人)
유원(柳源)
조영규(趙英珪)

1. 정몽주의 안방

저녁을 먹고 아조 깜깜해졌을 때다. 이성게의 집에서 자기를 암살할 의논이 결정된 같은 그 날 밤에 안방에서 부인과 맛대 앉은 정몽주는 무었을 이야기하고 있는지—. 좀 큰 아들들은 벌서 딴 방에 가서 자고, 젓멕이만 부인 품안에 안겨서 평화러운 잠을 코 골고 있다.

부인 : "아이 요새같이 인심이 흉흉하여서는 어데 잠도 편이 잘 수 있오?"

몽주 : "사람이란 잠을 잘 자야지—. 왜 요새 잠을 잘 못자오."

부인 : "자기는 자지만, 왜 그렇게 꿈자리가 뒤숭숭한지 몰느겠어요. 만날 꿈여요. 똑 최장군이 실각(失脚)하여 돌아가실 때 같어요. 그 때도 꿈자리가 몹시 뒤숭숭하였어요."

몽주 : "그렇면 또 무슨 사변이 이러나겠다는 말이요, 하하하. 만날 꿈이래야 만날 개꿈일테지요. 또 후미진 산 속에서 호랑이라도 맛났오."

부인 : "그까지 호랑이쯤 맛나면 쪼겨 달어나면 그만이지만 요새는 아조 흉한 것만 꿈에 보여요."

몽주 : "흉한 것이라면 무었이오—."

부인 : "사람이여요. 전부터 밤길 갈 때는 호랑이보다도 사람이 더 무섭다고 하지 않으오. 속이고 칼로 찔느고 사람처럼 흉악한 것이 또 어데 있오. 그러나 꿈 이야기는 해서 무엇하오. 어서 가서 일즉 주무시오. 그렇치만 말여요. 저―."

부인은 한층 나즈막한 소리로, 그리고 한없이 친근한 소리로,

부인 : "몸을 잘 조심하시오. 문 같은 것도 꼭꼭 장구고 주무시오. 이렇게 인심이 흉흉한 때에는 어느 때 어떤 일이 생길는지 몰느니가요―."

몽주 : "염여마오. 꿈 같은 것 꾸지 말고 잘 자시오."

몽주 이러나 사랑으로 나가랴 할 지음에 대문이 삐드득 하는 소리가 가만이 들인다. 둘이 서로 서로의 얼굴을 본다.

부인 : "오늘 누가 찾어온다고 했오."

몽주 : "찾어온다는 사람은 없었는데 글세 누굴가―. 그렇지만 아무면 어떻겠오. 내가 나가보고 오리다."

몽주 이러나 나가 서슴지 않고 대문을 열며

몽주 : "누시이온지―."

어둠 속에 웃둑 서 있는 그림자가 허리를 굽이며,

유원 : "유원이올시다. 놀내시게 하여 죄송스럽습니다."

몽주 : "아― 유원인가? 어서 사랑으로 들어오게."

몽주 유원을 인도하여 사랑으로 들어간다.

유원 : "이시중은 내일 식전 일즉이 해주로 떠나간답니다. 일은 잘 되었읍니다."

위선 먼저 기뿐 소식을 전한다. 부인은 남편과 손의 밀담(密談)이 딴 데로 들어지나 안나 하고 망을 보며 달을 바라보고 있다.

유원 : "시중께서는 그저 즈의들이 하고 있는 것을 보고만 게시오. 김구연(金龜聯)과 이번(李幡)하고도 무두 일이 정해젔읍니다.

그리고 해주로 가는 이시중은—."
유원이 번능적으로 소리를 나추워,
유원 : "그 이시중도 처치해버리기로 하였읍니다."
몽주 : "이시중을 누가?"
유원 : "지가 가기로 하였읍니다."
몽주 : "그대들은 내가 그만콤 일너도 내 말을 안 들을 작정인가. 그네들하고 싸워서 그대들 자신까지 몸을 드럽필 필요가 무슨 필욘가."
유원 : "모두가 나라를 위해섭니다. 즉금은 몸을 드럽피느냐 안느냐를 돌어볼 때가 아니라라고 생각됩니다. 사태(事態)가 다시 없이 절박해졌읍니다. 인이니 천명이니 하는 공맹의 도를 찾을 때가 아닙니다."

……※ 여기서 하기가 실혀 淸書를 中止한다.[1]

柳源 : "모두가 나라를 위해섭니다. 卽今은 몸을 더럽피여지느냐 안느냐를 돌어볼 때가 아닙니다. 孔孟之道를 찾을 때가 아닙니다. 爲先 먼저 그 놈들을 모조리 찔너 죽여야 합니다. 일은 즈덜이 죄다 할 터이니 大監께서는 求景만 하고 게

---

[1] 편자 주 : 이명선 선생이 직접 쓴 글이다. 이명선 선생이 여기에서 淸書를 그만 둔다고 밝힌 것으로 보아, <鄭夢周 最後의 日>은 미리 초를 잡았다가 다시금 정리를 하려고 했던 것으로 보인다. 그리고 그에 맞춰 이상까지는 淸書를 하였지만, 그 이후부터는 청서를 그만 둔 것으로 보인다. 다행히 淸書를 하기 전에 쓴 것으로 보이는 원고가 남아 있기에, 이하는 그 원고에 씌어진 것을 그대로 옮기기로 한다. 청서를 한 후에는 가급적 한자를 한글로 변환하였는데, 청서 전에는 한자를 그대로 노출하였다. 이 역시 원문의 의미를 존중하느라 한자를 그대로 살려 쓰기로 한다. 그렇지만 반복되어 나오는 인명(예컨대 정몽주 이성계 등)의 경우에 한해서는 한글로 바꾸어 쓰기로 한다.

시오."

夢周 : "그전부터 몇 번이나 한 말을. 나는 또 뒤푸리하고 싶지 않으나, 나는 당신네들에게 마즈막 말을 하여두니 한 번 다시 生覺해 보시오. 나는 李侍中과는 數十年 두고 사귀여 날여왔는데, 나는 李侍中처럼 모-든 일이 잘 되어 나가는 사람은 본 일이 없오. 崔瑩將軍이 그 놀날만 智略과 勇猛을 가지고도 李侍中에게는 그여히 敗退하여 목이 달아나지 않었오. 이시중에게 그만한 큰 德이 있는지 없는지는 몰으겠으나 어쩐지 그 사람은 끝끝내 失敗할 사람으로 보이지 않으오. 더구나 그 앞에는 여러 子孫들이 있고, 그 中에 芳遠이는 어느 때 어떤 일을 해버릴지 몰으는 무서운 사람이 아니오. 그러니 잘 생각하시오. 그들과 싸우는 일이 根本에 있어서 올은 길이 안일뿐더러, 그들과 싸운대야 그리 쉽사리 당신들이 생각하고 있는 成果는 거두기 어려울 것 같으오."

유원 : "즈의들은 일의 成果를 念慮하지 안슙니다. 勝負를 重大視 않습니다. 죽엄은 처음부터 覺悟하고 있읍니다. 저는 어떻게 하든지 李侍中 하나만은 李侍中 하나만은 죽여버려야 하겠읍니다."

몽주 : "그여히 當身네들은 鄭道傳 南誾 趙浚만 죽이는 데도 滿足 못하시오들 그려. 더구나 法으로써 官命으로써 刑罰을 날이는데 滿足 못하고 그여히는 暗殺까지 꾀하려 하오 그려."

유원 : "法으로만은 아모 일도 안됩니다. 非常時에는 非常手段을 取하는 수밖에 없읍니다. 저 편에서 칼로 찔느려 할 때, 이 편에서는 칼을 들고 일어스는 수밖에 없읍니다."

몽주 : "어떠한 非常時를 만나든지 그의 志操를 變치 않고 가장 沈着히, 가장 和平한 맘으로 살어가는 것이 聖人의 道를 닥거

가는 사람의 義務가 아니오. 小人은 窮하면 亂한다고 孔子님께서도 말슴하였지. 일의 勝敗는 하날에 있지요. 天命을 알고 天命에 順從하는 것이 우리의 길이지오. 너무나 人間的이고 너무나 俗된 싸홈이니, 칼이니 피 속에 몸을 던지는 것은 數十年間 두고두고 닥근 우리의 純潔한 목을 一朝에 먹투셍이하는 것이오. 그러나 이런 말도 임의 所用 없는 말이 되고 말었오만 한 번만 더 생각해 보시오. 당신은 머저 勝負를 重大視 안는다고 하면서 如前히 지지 안코 이기려고 싸홈하려 하는 것이 아니오. 死를 覺悟하고 하는 짓이라 말하면서도 暗殺을 꾀하는 것은 제 몸을 保全하려 함이 아니요!"

夢周의 言辯은 漸次로 熱熱하여저 간다. 柳源은 저로도 아지 못하는 一種의 힘 앞에 차차 成□ 當하여지고 屈服하여지는 제 自身을 發見하고 깜작 놀난다.

夢周 : "사람은 어떻게 살아야 하나, 이것은 가장 큰 問題이겠지오. 그러나 사람은 어떻게 죽어야 하나, 이것이 그보다도 더 問題요. 우리는 卽今 모두가 모두 이 크나큰 問題 앞에 서 있오. 어떻게 죽어야 하나. 當身네들은 싸홈과 殺人의 길을 取하였오. 칼과 피의 길을 取하려 하였오. 그러나 그것이 要컨대 죽엄을 둘여워하여, 죽엄에서 몸을 避하려 함이 아닌 것은 없오. 왜 칼로 남의 몸을 찔느는 代身, 제 몸을 찌르려 하지 않으오. 왜 남을 죽이는 代身, 제 自身을 피 속에 던지려 하지 않으오. 그렇게도 삶이 貪이 나오. 그렇게도 勝利와 殺人이 불러우.

當身들은 아즉도 젊으오. 가슴 속에 눌늘내야 눌늘 수 없은 젊운 피가 끌어올느오. 當身네들 앞에는 憚憚한 前途가 있고 希望이 있오. 사람을 버리고 죽엄을 取함에는 이 前途와 希望이 너무나 아까우오.

그럼 젊다는 緣故로, 前途가 淨淨하다는 緣故로 싸흠을 하고 칼질을 하여도 無關하다고는 아모두 말 못하겠지오. 젊으면 젊으니만치, 그만치 더 純貞하여야 하고, 그만치 몸이 純潔하여야 하지 않으오. 純貞한 맘, 純潔한 몸! 이것이야말로 우리의 最大의 보배가 아니고 무었이오. 이것이야말로 聖人의 道를 뜯하는 者의 生命이 아니고 무었이오. 이런 말을 卽今한들 무슨 所用이 있을가마는 그래도 둘이 앉어 조용히 이약이할 機會가 또 없을 듯하고, 또 或은 마즈막일는지도 몰너 나의 生覺하는 바 一論을 말하는 것이오."

柳源: "大監! 大監의 말슴을 듣는 동안에는 저는 사람을 죽일 생각도 싸홈을 할 생각도 나지 않습니다. 그러나, 그러나, 우리 젊은 사람끼리 모이면 모두가 아조 判이 달습니다. 李侍中은 勿論 李氏네 家族을 씨도 남기지 않고 滅殺하여 버리자는 意見까지 납니다. 鄭道傳이니 趙浚이니 하는 무리도 씨도 안 남기고 죄-다 때려 죽이자고들 합니다. 그럿습니다. 즈의들은 몸은 어찌되여도 좋습니다. 아모리 더럽피여서도 좋습니다. 그들과 싸우다 목이 달어나고 四肢가 찢어저도 좋습니다. 다만 大監만 大監 하나만 지킬 수 있다면. 大監한테 敢히 손을 못 대도록 그들을 막을 수만 있다면. 大監을 노리는 그들의 칼을 꺽거버릴 수만 있다면—."

몽주: "그것이 처음부터 슬 데 적은 것이라는 말이오. 나는 當身들을 犧牲하여까지 삶을 貪내는 者는 아니오. 當身들을 죽여가면서까지 죽엄에서 避亡하고저 하는 者는 아니오. 삶과 죽엄은 하날에 있오. 나는 하날을 믿소.

그러하나 부데 當身들은 남의 걱정을 하지 말고, 各各 제 길을 똑바로 걸어서 一身을 그릇트리지 안토록 하시오. 죽이고, 속이고, 찔느고, 비고, 復讐하고……. 밤낮 이것만 일삼는 우리 高麗 朝廷에 죽여도 찔녀도 아무 소리 않는 사람이 한 사람쯤은 있어도 안 될 것이 무엇 있오. 죽엄을 避하지 안는 사람이 한 사람쯤 있어서 안 될 것이 무엇 있오. 부테 當身들은 내 걱정을 말며 나를 爲한 一切의 計劃을 中止하시오. 나는 當身들이 하고 있는 일을 이 以上 더 그대로 보고 있을 수 없오.

우리의 맘은 하날이 보고 있을 것이오. 스사로 칼에 피칠을 하여가며 그들과 싸우고, 그들을 죽일 必要가 무슨 必要요. 刑罰과 復讐는 하날에 맛기시오. 우리는 다만, 다만 우리의 길을 걸읍시다."

 유원 : "저는 大監의 말슴을 듣고 있으면 어찌하여야 좋을가 더욱 망성거리게 됩니다. 大監, 어떠케 하면 좋겠읍니가……."

 이 때 夢周의 집 담에 사람 그림자가 하나 나탄한다. 暫時동안 움직이지 않고 집 속에 動靜을 엿보다가 슬젹 담을 뛰여넘는다. 元來 그리 높지 않은 담이다. 나려 뛰는 발소리에 마루에 글터 앉었든 婦人은 번젹 눈을 뜨고 사랑으로 쫓어가며

 부인 : "盜賊입니다! 盜賊이 들었습니다!"

 夢周와 柳源이 다 本能的으로 일어슨다.

 담 안으로 날여 뛴 검은 그림자는 夢周의 婦人이 외치는 소리를 듣고 단번에 칼을 빼여들고 婦人 있는 데로 쫓어덤벼 달빛에 번덱이는 칼을 들어 날여치려하니,

 婦人 : "사람 살이유!!!"

 柳源이 문을 차고 房에 뛰여나가 칼을 빼여 婦人을 날여치랴 하는

者를 向하여 칼을 날여 갈인다. 그 者는 슬적 몸을 피하며 칼을 다시 잡어 柳源과 맛대서서 슨다.

　柳源 : "이 놈, 왼놈이냐!"

칼질을 하며 꾸짓는다.

　── : "너야말로 왼놈이냐. 왼놈이 나무 집에 밤에 들어왔느냐!!"

그 者도 칼질을 하여가며 應한다.

　유원 : "나는 이 놈 刑曹判書 柳源이다."

　── : "柳源이고 柳源보다 더한 놈이고 나는 너한테는 일 없다. 나는 夢周를 볼어 왔다. 夢周는 어데 있느냐!"

이 때 夢周 어느 절엔가 나와서 옆에 서 있다.

　몽주 : "내가 夢周오. 나를 찾는 손님은 누구시온지ㅡ."

　유원 : "大監은 가만히 게시오. 이 놈이 도적놈이 아니고 암만해도ㅡ."

　── : "오냐, 그렇다. 나는 도적놈은 아니다."

　유원 : "이 놈이 암만해도 李가 놈의 마루 밑을 지웃지웃하는 개놈들인가 봅니다."

서로 칼싸홈을 하는 동안에 그 者는 차차로 밀여서 그여히 몸을 돌여 도망해 내뺀다.

　유원 : "이 놈이 어데를ㅡ."

하고 그 者의 뒤를 딸으려 할 때,

　몽주 : "내버려 두오. 내버려 두오."

하고 柳源의 소매를 부뜬다.

　유원 : "아닙니다. 노십시오. 저런 놈은 죽여야 합니다."

하고 夢周의 잡은 소매를 뿌리치고, 다시 뛰여갈려 할 때에는 그 者는 벌서 담을 뛰여넘어 避亡하여 버린 때다. 柳源이 칼을 든 채 도로 夢周 있는 데로 오며,

유원 : "憤한 놈을 노쳤읍니다. 即今 그 놈이 누구인지 몰으시겠읍니까? 제 귀가 잘못만 안들었다면 시방 그 놈은 아모리하여도 趙英珪— 그 놈 같읍니다. 꼭 들임 없이 趙英珪입니다."
몽주 : "아무면 어떠우. 가버렸으면 그만이지."
유원 : "大監을 노리는 놈이 많은 줄은 前부터 生覺지 않은 배가 아니나, 이처럼, 이처럼 大監의 中正이 위트러울 줄은 몰넜읍니다. 어떻게 슷불이 하고 있다가는 큰일나겠읍니다. 인제는 더 躊躇躊躇하고 있지 못하겠읍니다. 來日 저는 金龜聯과 李幡과 約束한 대로 李侍中의 뒤를 딸어 海州로 가서 어떻게 하든지, 李侍中을 베여야 하겠읍니다."
몽주 : "아까 나가 말한 것은 모두 잊었오."
유원 : "잊지는 않었읍니다. 大監의 말슴을 누가 있겠읍니가. 그렇하지만 即今에는 제의 맘은 定해졌습니다. 저는 여기서 盟誓하겠읍니다. 李侍中을 죽이고 그 알에 굽신굽신하는 되잔은 무리를 하나라도 남기고서는 지가 칼을 도로 칼자루에 꼽지 않을 것. 제의 갈 길은 定해졌읍니다. 칼과 피의 길입니다. 그 놈들을 滅殺하기 前에는 저는 이 길을 變치 않겠습니다. 안녕히 주무십시오. 저는 가겠습니다."
몽주 : "나는 또 더 다시 當身들의 하는 일을 어떠타 말 하고저 않으오. 여보, 婦人. 술을 좀 차려다 주시오—."

婦人은 부억흐로 들어가 술상을 차린다.

몽주 : "나는 내의 목숨이 오래 못 갈 것을 前부터 生覺하고 있오. 오늘 밤에 或은 죽을 목숨이였는지도 몰으겠오. 來日, 모래, 어너 때 어떤 일이 생기며, 어데서 어떠한 사람에게 맞어 죽을지 그것을 누가 아우. 어서 이리 오시오."

夢周 婦人이 차려가지고 온 술상을 받어가지고 말루 우에 놓으며

柳源을 請한다. 柳源도 같이 마루에 걸터 안는다.

유원 : "大監은 왜 悲觀的으로만 生覺하십니가. 즈의들이 꼭 일을
　　　　일우워 놓겠읍니다. 未來는 즈의들의 것입니다."
몽주 : "아하, 어서 한 잔 드시오. 누가 하눌이 하는 일을 아우. 이
　　　　술이 或은 둘이 난호는 最後의 술인지는 누가 아우. 오늘
　　　　밤에는 달도 밝고 그려."
유원 : "참 밝습니다. 사람의 마음이 모두가 저 달 같다면 싸홈도 안
　　　　코, 사람도 안 죽일 테지만—."
몽주 : "언제구 또 모두들 한 곳에 몰여 달을 보고 風月을 짓고 할
　　　　때가 올는지……."

이 때 절에서 때를 알외이는 쇠북 소리가 댕댕 울여온다.

◎ 高麗에서 第一 莊한 사람

○ 한양서 해주로 일르는 路上에서

꽤 높은 고개. 고개 우에 붉은 홍겁 힌 흔겁의 붓들어 매있는 서낭. 이 서낭 나무 숲 속에 숨어있는 柳源이 칼을 빼들고 李侍中의 올너오기만 엿보고 있다.

이 때 길 알에서는 꿈에도 이린 것을 生覺시 못하고 李侍中의 一行이 떼를 지어 올너오고 있다. 全部 三四十名 될 것이다. 모두 할을 메고 칼을 찼다. 李豆蘭도 이 속에 있다.

豆蘭 : "十里를 넘겨 오도록 사람 하나 求景 못하겠읍니다. 이 고개
　　　　도 꽤 높은 고개가 봅니다."
太祖 : "제 아모리 높아도 하눌 알에 있겠지."
두란 : "그야 勿論 하날 알이지요."
태조 : "하날 알에 있으면 제가 그여코는 李成桂한테 屈服하고야
　　　　말테지—."

두란 : "그것도 勿論이겠지요."
  그 때 마츰 樵童 하나가 빈 지개를 지고 새타령을 불으며 이 쪽으로 걸어오고 있다가 武士들이 三四十名이나 떼를 지여 몰여오는 것을 보고 急作히 소리를 뚝 긇이고 그 자리에 주춤하다가 다시 또 걸어온다. 李豆蘭이 그 樵童 앞으로 닥아서서,
豆蘭 : "너 무었하는 놈이냐."
樵童 : "저는 아무 罪도 없읍니다. 고개 넘어 장에 가서 나무 팔어 가지고 오는 길입니다."
두란 : "너는 우리 高麗에서 누가 第一 莊한 양반으로 아느냐."
초동 : "李成桂라든가요. 활 잘 쏘고, 말 잘 타고, 戰爭 잘 하고, 동내에서는 얼마 안 있다 그 으른이 임군 노릇을 하리라고들 합디다. 아마 그 으른이 第一 잘 난가 봅니다. 그라구 저…."
두란 : "그라구 어째―."
초동 : "뒤집에 金서방만은 좀 달릅니다. 鄭侍中이라구든가요. 며라구 하는 분이 第一 莊한 분이라구 합디다. 金서방은 글 工夫 잘해서 지가 잇다금 片紙를 써달나구 가면 구런 이야기를 합디다. 이 뒤에 올 테니 물어보십시오."
두란 : "그 놈. 글 工夫만 하고 아무 것도 몰느는 놈이로구나. 그래, 내 뒤에 곳 오느냐."
초동 : "인이 개개서 거기에다 홍겁을 갑느니 무었이니 하든이, 아마 저 고개 등갱이 있는 데까지는 왔을 겜니다."
두란 : "음, 그러냐. 그라면 너는 어서 가거라!"
樵童 겨우 살어낫다는 듯이 빨는 거름으로 딸어가 버린다.
  一武士 李豆蘭의 앞으로 나서면,
武士 甲 : "우리 심심한테 그 놈을 한 번 作亂해 보는 것이 어떼오?"
武士 乙 : "왼 시골놈이 어제 꿈 잘못 꾸었구나―."

태조 : "그만덜 두라무나. 그까짓 놈을 죽인대야 도리혀 제 몸에 똥
　　　　칠하는 셈일테니."
무사 갑 : "아닙니다. 그 놈 괫심한 놈입니다."
무사 을 : "지가 그 놈을 베여 버리겠읍니다."
武士 乙 칼을 빼어가지고 앞을 서서 고개 있는 데 거의 일으려 한다.
이 때 金書房은 신돌매를 고처가지고 막 고개 잔등에 올녔을 때, 어쯧
앞에 발아보니 武士들이 三四十名이나 떼를 지여오고, 더구나 그 中
에 앞슨 武士 하나는 칼을 빼들었으로 그만 怯이 나서 서낭 나무 숲
속으로 뛰여들어간다. 숲 속에 숨어서 李侍中의 一行이 오는 것을 기
달이든 柳源이 맛부다친다.
유원 : "왼 놈이냐?"
金書房, 柳源마저 칼을 빼들었음을 보고 몸을 벌벌 떨며,
김서방 : "저기 武士들이 한 패 옴으로 무서워서 이 속으로 피하려
　　　　한 것입니다."
유원 : "그러면 여기 잠잣고 숨었거라!"
武士 乙, 金書房이 서낭 나무 숲 속에 몸을 숨기는 것을 날쌔게 보
고, 그리고 저 혼저 우스며 혼저 말소리로,
무사 을 : "이 놈아 벌서 여기서 먼저 알었다."
하고 서낭 나무 숲 속으로 뛰여든다.
무사 을 : "에잇! 金書房인가, 무었인가, 어서 나오느라!"
외여치며 칼을 휘둘은다. 柳源이 아모 말도 않고 펄적 뛰여나와 닷
자곳자로 칼로 武士 乙을 나려 갈긴다.
무사 을 : "끼―!"
한 마듸 悲鳴을 남기고 武士 乙 피를 뒤여쓰고 그 자리에 쏠어진다.
柳源은 나잡버진 武士 乙을 끌어 서낭 나무 숲 속으로 끌어단기고,
다시 그 속으로 숨는다.

김서방 : "아즉도 밑에 한 패 오는가 봅니다. 어쩔라고, 그라십니가."
유원 : "그것은 걱정마우. 싓! 잠잣고 있오."
이 때 李侍中의 一行은 거의 잔등 우에 일으렀다.
武士 甲 : "이 야가가 어데 갔을가? 어듸 있니?!"
큰 소리로 외친다. 그러나 아모 對答도 없다. 一同은 은저리를 휘둘너본다. 그러나 아모 데도 사람 그림자는 없다.
두란 : "벌서 먼저 여기를 넘어간는지도 몰으지—."
무사 丙 : "여기 이 잔등에서 맛날이라고 하잔옵디가?"
무사 丁 : "글세, 이상하다. 설마 글 工夫하는 金書房인가 무었한테 지지는 않었을텐데—."
태조 : "그러면 느덜이 이 은저리를 各各 찾어보라무나."
이리하야 一行은 四方으로 허틀어저서 이리저리 武士 乙을 찾는다.
무사 甲 : "이 놈이 어데를 갔을가. 벌서 鬼神이 되어서 이 서낭에다 있지 안는냐, 은—."
하고 서낭 나무 숲울 있는 데로 닥어온다.
유원 : "어서 逃亡하시오."
柳源이 金西方한테 일느고 飛鳥와 같이 내달어 한 칼에 武士 甲을 베이고 다시 飛鳥와 같이 몸을 날이여 고개 잔등 길 한복판에 엄연히 서 있는 太祖를 向하야 칼을 날인다. 칼은 太祖가 탄 말 다리를 치니, 말이 大驚하여 살같이 逃亡해 달어난다. 너무나 意外의 侵擊에 말 우에서 나둥굴어지랴다가 元來 말을 잘 타는 太祖, 겨우 또 몸을 꼰어 말 등에 엎이듯이 말 우에 업드려 비호같이 뛰는 말을 꼴비를 잡어단긴다.
이 때 四方으로 헤여졌든 一行은 主人이 危急함을 보고 모두 한꺼번에 내닷는다. 柳源이 太祖 찔느기를 斷念하고, 칼을 휘둘너 덤벼드는 武士들을 물이치며 고개길을 도망해버린다. 몇 사람의 武士가 딸으려 하나, 柳源은 非常히 빨느게 달이여 멀-이 도망해 버렸다.

　이 때 太祖는 말고삐를 닥기여 도로 고개 잔등으로 돌아오니, 다리를 맞은 말은 氣盡하여 그만 퍽하고 쓸어진다. 太祖 또 깜작 놀나 나둥굴어진다. 그러나 겨우 敵이 멀이 逃亡갔음을 보고 저윽히 安心하고 먼지를 툭툭 털고 일어스며,

　태조 : "大膽한 놈이다. 참으로 大膽한 놈이다. 數十年間 여러 戰地에서 出征하였었으나, 이처럼 大膽한 놈은 처음 보았다."

　두란 : "왼 놈인지, 칼 쓰는 것을 보아도 非凡한 놈입니다."

　태조 : "나를 노리고 여기 기달이고 있었드가 보구나. 어떤 놈일고. 어떤 놈이 나를 노릴고?"

　이 때 武士 甲 서낙 나무 숲 속에서 武士 乙의 死體를 發見하고 끌어내여 길바닥으로 내둥굴이며,

　무사 갑 : "이 놈이 여기 죽어자버저 있읍니다."

　태조 : "이것도 그 놈 짓인가 보다. 生覺할수록 大膽한 놈이다."

　두란 : "或은 鄭侍中의 보낸 놈인지 몰읍니다."

　태조 : "글세 몰으겠다. 그러나 나는 鄭侍中과는 남과 달은 友情을 가젔다. 何如튼 다음부터는 좀 더 서로 注意하자."

　一行은 고개 잔등에 서서 柳源의 달어 편을 멀거니 꽐아보고 저의 늘의 갈 길도 있고 있다.

◎ 動亂의 松都

○ 宮中에서

巡軍들이 이심스런 눈빛으로, 그러나, 上官의 命令이라 억일 수도 없어서 趙浚이니, 鄭道傳이니, 대관을 잡어다 궐하에 꿇인다. 하나, 둘 …… 여섯 명이 잡펴서 쭉 늘어 꿇어 앉았다.

　얼마 後에 恭讓王이 나와 玉座에 안는다. 그리고 闕下에 꿇어앉은

여섯 사람을 날여다보고, 平素에 自己가 信任하고, 또 自己가 하날같이 밑는 李侍中한테도 大端히 評判이 좋은 大官들이라, 깜작 놀난다. 그리고 이아 한 눈으로 刑曹正郞 李幡을 본다. 꿀어앉은 여럿 사람들도 李幡을 노리고 본다. 李幡은 조곰도 두려운 빝 없이 고개를 들어,

  李幡:"上監마마께 알외오, 여기 꿀어안친 여섯 사람이 高官大爵에 올너 君恩이 泰山 같음도 生覺지 못하고 도리혀 임군을 배반하고 나라를 그릇틀이려 꾀하였읍으로 여기 잡어왔아옵니다."

너무나 意外의 일이요, 더구나 앞에 꿀어앉은 여섯 사람이 太祖한테 大端히 評判 좋은 것을 生覺하고 恭讓王은 바로는 아모 말슴도 못하신다.

  이번:"三司左郞 趙浚이, 政堂文學 鄭道傳이, 密道使 南誾이, 禮曹判書 君紹宗이, 判典□寺事 南在이, 情節□師 趙璞이. 이 여섯 명이 여쭙지 황송하오나 某大監을 꾀여 謀事를 이르키려 하였읍니다. 벌서부터 이런 눈치를 채고 秘密하게 그 眞相을 알여고 非常한 活動을 하여 요지음 겨우 一擧打盡하여 여섯 명을 죄-다 잡어온 것이오니 國法에 依하여 合當한 刑罰을 주시도록 하여 주시옵소서."

恭讓王, 언제나 하듯이, 侍臣 한 사람에게,

  恭讓王:"네 빨이 가서 李侍中을 불너오너라.—"

겨우 이러한 命令을 날인다.

  侍臣:"李侍中은 오늘 새벽에 世子를 맞이시러 海州를 向하여 떠나시고 안 게십니다."

  공양왕:"李侍中이 없다. 그러면 누구를 불늘고…."

하고, 머리를 기울일 때,

  李幡:"鄭侍中이 宅에 게시오니 鄭侍中을 불느는 것이 合當할가

하옵니다."

꿀어앉은 여섯 사람은 다시 한 번 李幡을 노리고 본다. 이 때 王의 얼골에는 困惑의 빛이 완연하게 떠올는다.

왕 : "李侍中의 말도 들어보지 않고 鄭侍中을 불너도 關係치 않을가."

혼저 입속으로 중얼거리다가, 겨우 決心하고,

왕 : "어서 빨이 가서 鄭侍中을 불너오너라!"

命令을 나리였다. 侍臣 하나히 녜하고 읍하고 나갔다.

○ 鄭夢周之家에서

夢周는 이 때 巡軍千戶 金龜聯과 맛대 앉었다.

金龜聯 : "柳源은 벌서 새벽에 海州 길을 떠났부다. 卽今쯤은 벌서 李侍中을 죽였는 지도 몰으지요."

夢周 : "李侍中을 죽인다. 李侍中은 그렇게 만만하게 죽을 사람은 아니오. 當身네들은 그여히 일을 저즐느고 말었오 그래."

구련 : "되든 안되든 最後의 手段을 써보는 것입니다. 趙浚이니 鄭道傳이니 하는 여섯 사람은 오늘 새벽부터 巡軍을 督促하여 모두 各各 지키고 있다가 一時에 죄다 묶거서 大闕 안으로 잡어드렸읍니다. 아마 卽今쯤은 李幡이가 御前에서 그들의 罪狀을 아뢰이고 있을 것입니다."

몽주 : "그들은 勿論 罪가 있지요. 그럼 李侍中의 暗殺을 꾀하는 當身네들 亦是 罪는 免하기 어려울 것이오."

구련 : "즈의들 몸이야 어떻게 되어도 相關이 없읍니다. 즈의들이 무슨 배운 것이 있읍니가. 莊한 것이 있읍니가. 이러한 機會에 조곰이라도 나라를 爲하여 일을 할 수 있다만 그것만으로 즈의들은 滿足하겠읍니다. 李侍中과 그 앞에 굽신굽신

하는 되잔은 놈들을 하나도 남기지 않고 죄-다 죽일 수만
있다면, 그리하야 이 高麗를 救하고, 또―."

몽주 : "또 어떻게 하여―."

구련 : "또 딸어서 우리 高麗를 爲하여 最後까지 奮鬪하여 주시는
大監의 몸에 危險이 없도록 되잔은 무리들의 칼을 막어낼
수만 있다면, 그렇게만 되면 즈의들은 죽어도 좋겠읍니다.
다시 願이 없겠읍니다."

몽주 : "고맙소. 當身네들의 맘은 限 없이 고맙소. 그러나 그것은 헛
되인 일이오. 十年만 前이라도 或 몰으겠오. 참으로 十年만
前이라면. 生覺해 보시오. 그 때의 나는 卽今처럼 이처럼 싸
홈과 殺人을 避하지 않었었지요. 그 때에는 崔瑩 將軍도 살
어 있어 둘이써 李侍中과 勢力 다툼도 하였지요.

이렇게 말하면 夢周는 當時를 生覺하여 무슨 아득한 것을 밟어보는
지 눈을 가만히 감는다.

구련 : "大監은 그 때와는 판이 달어졌읍니다. 즈의들 눈에도 그것
이 완연합니다. 그 때 大監은 참으로 政治家시였읍니다. 政
權을 다투고, 勢力을 다투시었읍니다. 그라든 것이 十年 동
안에 大監은 아조 變해 버리시였읍니다."

몽주 : "그렇다. 아조 變해버렸다. 내가 한참 政權을 다툴 때 하로
는 어머니께서 불으시든이 한 수의 時調를 지여 주시였소.
그 時調가 當身네들도 잘 아는, 鶴은 몸을 더럽이잔도록 까
마구 노는 데 안가는 것이 좋다는 時調였지요. 그 때 내 自
身도 三十을 헐신 넘어 四十에 일으려 할 때라, 人生 問題
에 새삼스러운 疑問이 續出하여 煩悶을 거듭하든 때라, 이
어머님의 時調는 한 光明을 나에게 보냈지요. 나는 그 때로
부터 轉向을 하였오, 勢力을 다토지 않고 제 一身을 하날에

맛기어 悠悠自適함에 일으렀지요. 나를 나신 분도 어머니지만, 三十이 너머 四十이 되려할 때 다시 또 새로운 生命을 부어준 분도 亦是 어머님이시였오. 卽今에야 그 어머님도 안 계시지오마는 子息을 아는 사람은 여전히 참으로 어머님밖에는 없었오. 어머님이야말로 가장 으뜸되는 先生이 안이고 무었이겠오."

夢周는 感慨無量한 빛이다. 金龜聯이도 이 똑같은 부위기 속에서,
구련 : "저에게도 어머님이 게시였읍니다. 지가 어리였을 때부터 어머님은 大監의 일을 늘 말씀하시며 大監같은 사람이 되라고 말하곤 하시였읍니다. 그러는 동안에 지가 한 二十되였을 때, 어느 절엔지 제의는 저리에 있는 동무들은 모두 李侍中을 딸우고 그 쪽으로 달어나고, 저만 혼저 뒤에 남어 있을 때, 저는 어떻게 하면 좋을가 몇칠 밤을 잠을 못 자고 生覺하였읍니다. 어머님이 살어게시면 어머님께도 엿줄 것을. 그 때는 벌서 어머님은 돌어가신 뒤라, 참으로 어찌할 줄 몰넜읍니다. 지가 그처럼 밤을 새이며 生覺하든 어느 날 밤, 저는 非夢似夢間에 어머님의 말슴이 귀에 생생하게 울여오는 것을 들었읍니다. 너는 내가 일너준 어리였을 때 敎訓을 잊었느냐! 잊었느냐! 저는 눈이 번적 띠였읍니다. 이 때에 제의 맘은 定해졌읍니다. 그 때부터 저는 大監을 조곰도 疑心해 본 적은 없읍니다. 그리고 서로 다투어 李侍中한테 몰여가든 옛동무들이 조곰도 부럽지 않었읍니다. 어머님의 敎訓은 틀이는 적이 없읍니다. 저는 그 때로부터 이 때까지 大監의 德分으로 어쨋든 惡의 길에는 발을 들여미지 않었읍니다."

몽주 : "世上 사람이 누구나 서로 어머니와 아들 사이와 같다면 아

모 問題도 생기지 않으련마는—."
이 때 大門이 삐득 열이며 王이 보내신 侍臣이 들어온다.
侍臣 : "王께서 불으십니다. 어서 가 보십시오."

○ 다시 宮中에서
　여섯 사람은 如前히 闕下에 꿀어 앉어 있고, 玉座에는 王이 如前히 앉어 게신다. 金龜聯과 李幡은 左右에 警讓하듯이 지켜 있고, 夢周는 여섯 사람의 罪狀을 縱橫無盡하게 說破한다.
　몽주 : "나라가 언제나 太平만 하지 않을 것은 古今의 歷史에 빛외여 明白합니다. 안에 內憂가 있고, 밖으로부터는 外患이 있고, 或은 때로는 이 內憂外患이 一時에 닥처오는 때도 있읍니다. 나라가 百年, 二百年, 千年 繼續하는 동안에는 內憂도 外患도 免할 수 없는 일입니다. 우리 高麗도 開國 以來 四百七十五年 그 동안에 內憂外患이 어찌 한 번 두 번이며, 한 가지 두 가지뿐이였겠읍니가. 實로 數 많은 內憂外患이 있었읍니다.
　그러나 最近 數十年, 이 數十年間처럼 內憂와 外患이 작고만 連하고, 작고만 거듭된 때는 없었읍니다. 國內가 한 번도 騷亂치 않은 때가 있었읍니가. 東西南北 四方의 변방이 一時라도 조용해 본 적이 있었읍니가. 今時에 깨지려는 열분 어름을 띠고 넓드란 큰 江을 건느듯이 一年 또 一年 多事多難한 위트러운 거름을 걸어왔읍니다. 實로 몸에 소름이 찌치는 아실아실한 거름이였읍니다. 나라의 威信는 다시 없이 떨어지고, 朝野의 人心은 極度로 不安하여 아무도 信用 못하고 나라 自體까지도 믿지 못함에 일으렀읍니다.
　이 때를 當하여 小臣은 李侍中의 힘을 合하야, 힘을 다하야

國難에 부대처 왔읍니다. 李侍中은 그의 出衆한 勇猛으로 四方에 出戰하여 數千의 도적을 무찔느고, 數萬의 外敵을 물이쳤읍니다. 李侍中이 없었든들 여쭙기 황송한 말슴이오나, 어찌 이 高麗가 依支하여 날여올 수 있겠읍니가. 변방을 침범하든 오랑캐들이 李侍中이 온다는 소리만 듣고 그만 魂飛魄散하여 활과 칼을 버리고 逃亡함에 일으렀읍니다. 이리하야 高麗는, 高麗 朝廷은 李侍中 없이는 임의 外敵을 막지 못하고, 四方의 盜賊을 鎭安할 수 없음에 일으렀읍니다. 이 때를 타서—."

夢周는 가벼운 기침을 하여 목청을 가다듭는다. 늘어 꿀어 앉은 여섯 사람이 눈이 날카럽게 夢周를 본다. 王은 默然히 앉어서 귀를 기울일 뿐이다.

몽주: "이 때를 타서 李侍中을 利用하고, 李侍中을 꾀이여 敢히 입에 담어 말도 못할 天下의 無道한 일을 꾸미려 하는 무리가 一團이 되어, 이 朝廷에 나탄하였읍니다. 그 무리들은 모두 다 남에 지잔흘만치 工夫도 하고, 글도 배웠읍니다. 남에 지잔는 才操도 갖이고 남을 제 맘대로 움직이는 巧妙한 言辯도 가지고 있읍니다. 그리고 남에게 부끄럽지 않을 만한 높은 地位까지 찾이하게 되었읍니다.

그러나 예전 聖人은 임의 말슴하였읍니다. 巧言令色은 仁이 적다고. 그들의 出衆한 才操와 言辯은 그들에게 무서운 計劃을 갖이게 하였읍니다. 여쭙기 惶悚하오나, 그 무리들은 上監을 背反하고 李侍中을 들여 쇠우랴 한 것입니다."

왕: "여기 있는 이 놈들이—."

몽주: "그렇읍니다. 여기 있는 이 놈들이 곳 그 놈들입니다."

◎ 敏捷한 아들

○ 齋陵으로 通하는 길에서

이 길을 살 가치 달이는 말 한 필. 그 말 우에는 趙英珪가 타고 있다. 山을 넘고, 물을 건느고, 숲을 뚤코, 산모퉁이를 돌고, 飛虎같이 닷는다. 그는 어제밤에 夢周를 暗殺하려다가 失敗한 것, 그리고 오늘 아츰 나절 趙浚 鄭道傳의 무리 여섯 名이 잡혀들어간 것을 齋陵에 가 있는 太宗에게 알리려 함이다. 太宗은 松都에 그대로 멈울너 있고 싶었으나 夢周 暗殺이 奪露되는 때에는 재미없음으로 불어 齋陵에 와 있는 것이다.

英珪 한참 말을 달이다, 목이 말너 못 견덴다. 은저리에는 酒幕 하나 보이지 안는다. 이 때 英珪가 어쩻 앞을 발아보니 왼 總角 녀석이 큰 병을 지개에 부뜰여 매여가지고 섬큼섬큼 걸어가는 것이 보인다. 그것이 술병같이 보인다. 英珪는 말을 달이며 그 總角 녀석 옆에 일으러 훌적 말에서 뛰여 날이며,

英珪 : "너 거기 지개에 질머진 것이 무었이냐!"

總角, 깜작 놀나 英珪를 처다보고 그가 武士의 服色을 하였음으로 적잔이 놀낸다. 그러나 또 바로 유연한 태도를 도리기며,

總角 : "병입니다."

천연스럽게 대답한다.

영규 : "병인 줄 몰나 누가 뭇느냐. 거기 무었이 들었단 말이냐!"

총각 : "물입니다."

영규 : "물? 물을 병 속에 너 가지고 가는 놈이 어데 있다는 말이냐. 어에 보자."

하고, 달여들어 병을 흔드니 출넝하고 술소리가 난다. 그리고 순내가 코를 꾹 찔는다.

영규 : "이 놈아, 이게 물이여, 술이지."

총각 : "누룩 썩은 물입니다."

여전히 유연한 태도다. 英珪 화를 벌컥 내여 지개 진 總角을 냇다 떠밀려고 하니, 總角 여전히 유연하게,

총각 : "떠밀지 마십시오. 잡버지면 술이 쏘다집니다."

영규 : "어서 지개를 버서 거기 세워라. 목이 말느니, 한 잔만 맛 보자."

총각 : "千萬의 말슴을. 안말 金進士 宅에 가지고 가는 것입니다."

영규 : "이 놈아, 내를 金進士로 알면 되잔니."

英珪 달여들어 지개를 바쳐놓게 하고 지개 꼬리를 클너 병마개를 빼고 술을 들리키려 한다. 이 때 總角은 날새게 허리삐를 클너 말의 뒤발 둘을 한 끈에 꼭 붓뜰어매고 슬적 일어스며,

총각 : "저 밑에 밭에서 뒤를 보고 허리삐를 일허버리고 그대로 왔 습니다. 그것을 가지고 올 테니 실컨 잡수시오."

하고, 온 질로 도로 죽겟다고 뛰여 날여간다.

영규 : "얼빠진 녀석―."

하고 병을 기울여 입을 대고 벌덕벌덕 들여킨다. 한참 들여키고,

영규 : "인제 解渴을 하였다. 어서 또 가 봐야지."

선듯 말 우에 올너 챗죽으로 말궁뎅이를 척하고 갈긴다. 말은 이힝 하고 냇다 뛰다 뒤다리를 떼들 못하고 그 자리에 펑하고 쓸어진다. 우에 탓든 英珪도 길바닥에 나뚱구러진다. 말은 어헹어헹하고 悲鳴을 낸 다. 英珪도 겨우 精神을 차려 절이는 다리를 억제로 끌고 일어나며,

영규 : "내가 금방 술이 醉하였나―."

하고, 말을 살핀다. 말 뒤다리는 아즉도 허리바로 묵긴 채다. 英珪 이 것을 보고 精神이 번쩍 나서,

영규 : "이 놈! 먼저 그 總角놈 짓이로구나. 天下의 죽일 놈 같으니."

하고 怒氣가 大發하여 이를 부드득 간다.

영규 : "이 놈이 어데를 갔느냐!"

하고 은저리를 살펴보았으나 벌서 總角은 그림지도 求景할 수 없게 어데로엔지 사라저 버렸다.

○ 齋陵에서

太宗은 喪服을 훌버서버리고 今時에 어데라도 날내갈 수 있도록 옷을 갓춰 입고 앉었다. 이 때 下人 甲이 뛰여 들어오며,

下人 甲 : "말 탄 이는 오는 데 없읍니다. 이 꼭대기까지 올너가 보아도 말 탄 이는 안 보입니다."

太宗 : "음, 그려. 그러면 좀 쉬였다가 다시 또 올너갔다 오너라."

하인 갑 : "네."

下人 甲은 물너간다.

태종 : "네 가서 말멩이를 불너라."

下人 乙 : "네."

下人 乙 달여가서, 말멕이를 달이고 온다.

태종 : "운제 타도 關係치 안토록 잔득 멕였느냐!"

말멕이 : "오늘 벌서 네 차례 멕였읍니다."

태종 : "그러면 우제 떠날 지 몰으니 아조 안장을 지켜 두어라."

말멩이 : "네."

말멕이 물너간다.

이 때 門지기가 뛰여 들어와서,

문지기 : "왼 쩔둑바리가 와서 뵈옵자고 합니다. 서울서 왔다고 합니다."

태종 : "쩔둑바리여. 이리 불너 디려라!"

門지기가 나가 달이고 들어오는 절둑바리를 보니, 趙英珪다. 英珪는 태종 앞에 엎드려,

영규 : "늦어 罪悚스럽습니다."

태종 : "아니, 그런데 다리는 왜 이랬오."

영규 : "말을 타고 달여오다가 夢周놈들 패를 맷나, 山속으로 逃亡 하다 말에서 떨어저 다리를 점질였읍니다."

태종 : "아니, 그러면 그저께 밤에 夢周 일은 글는게라구나."

영규 : "벌서 즈의들 計劃을 먼저 알었든지 柳源이라는 놈이 기달이고 있다고 저한테 대드는 바람에 듯을 일우지 못하고 돌어 왔읍니다."

태종 : "어제는 아모 일도 없었느냐!"

영규 : "큰일 낫읍니다. 李侍中께서 海州로 떠나시고 얼만 안되여 趙浚이니 鄭道傳이니 하는 이 便 사람 여섯 분을 묵거 大闕 안으로 끌고 들어갔읍니다."

태종 : "으읍. 그 놈들이 먼저 서들었구나. 그래, 어찌되였나."

영규 : "그라구서는 몰읍니다. 여섯 분을 잡어가기에 바로 李侍中 에게 알이려 갈가 하다 거기는 벌서 지키는 놈이 있을 듯해 서 바로 이 쪽으로 온 것입니다."

태종 : "조곰도 여유가 없다. 나는 바로 海州로 向하여야 하겠다. 當 身도 말 한 필 잡어타고 도록 松都로 돌어가 動靜을 잘 좀 살피시오. 무슨 일이 있든지 바로 海州로 通知하시요."

다음 瞬間에는 黃昏이 지틴 松林 사이를 말 한 필이 飛虎같이 달이고 있다. 그리고 그 우에는 太宗이 타 있다.

◎ 나무에서 떨어지는 원숭이

○ 海州에서

시언한 아츰이다. 잔득 욱어진 숲울 속으로 太祖의 一行이 말을 타고 걸어 들어간다. 世子가 아즉 오지 않었음으로, 太祖의 一行은 오늘

이 숲에서 사냥을 하려고 아츰을 일즉 차려 먹고 나온 것이다.

太祖 : "世上에 무슨 재미 재미하지만 이 사냥처럼 재미있는 것은 또 없거든. 이렇게 시언한 때 활을 메고 말을 달리면 다시 없이 맘이 爽快하거든―."

豆蘭 : "사냥은 勿論 재미 있읍지오만, 많이 잡히면 더욱 재미 있읍지요."

태조 : "그야 글었치. 사냥의 재미는 네 발 가진 짐성을 몇 마리고 잡는 데 있거든. 오늘은 또 몇 마리나 잡힐나는지."

두란 : "大監께서 잡으시면 또 퍽 많이 잡으시겠지요."

태조 : "원걸. 前에는 거진 보는 대로 잡겠든이, 요새 와서는 그렇도 않어. 나이를 먹는 탓인지."

두란 : "나히를 잡숫는 것보다도 딴 일이겠지요. 하하하."

태조 : "딴 일이라니?"

두란 : "色 말슴입니다. 하하하."

태조 : "음, 色 말이라. 그도 그렇치. 何如튼 女子는 妖物이여. 같이 居處하면 할 수 없거든."

두란 : "그렇지만 女子하고 같이 있는 것처럼 재미 있는 것은 또 없으닛가요."

태조 : "그도 그렇지. 妖物은 妖物이라도, 퍽 재미 있는 요물이거든―."

두란 : "大監이 아즉 젊으시였을 때 날마다 거진 陣地에 나가실 때는 어쩌면 그렇게도 女子에 冷淡하셨읍니가. 암만 美人을 바처도 거들떠도 안 보심으로 或은―."

태조 : "或은 어째. 고자란 말이여―."

두란 : "아닌게 아니라 그렇게들도 떠들었었읍니다. 어떤 사람들은 英雄은 色을 좋아한다든이 李侍中은 반쪽 英雄인가 보다고

들도 말했읍니다. 그리든이 이 海州에 와서는 아조 判이 달너졌읍니다. 그야말로 英雄은 色을 조와하십니다. 하하하."

태조 : "남의 말만 말고 자네는 어떤가ㅡ."

두란 : "저는 英雄이 아니라 色을 좋아하지 않읍니다."

태조 : "좋아 안는다ㅡ. 자네 말이라면 딴말은 무었이든 信用하여도 그 말만은 信用할 수 없네."

두란 : "정말입니다. 大監께서 믿으시잖으시면 할 수 없읍니다만은. 하하하."

태조 : "하하하."

이 때 노루가 두 마리 나타나 걸어가며 풀을 뜯어먹는 것이 숲 사이로 은은하게 보인다. 豆蘭이 먼저 이것을 보고,

두란 : "노루가 두 마리 있읍니다. 싯ㅡ."

태조 : "음, 조기 조 놈 말이지."

太祖 메였든 활을 손에 잡아 쥐고 잔득 셍겨 냇다 쏜다. 횡- 하고 화살이 날너 노루 하나를 맞우어 맞은 사슴은 그 자리에 나둥굴어진다. 太祖의 화살은 쏘면 윙윙하게 소리 나며, 다른 사람 화살과는 딴판이게 무직궁한 화살이라, 목절비를 은어맞고 노루는 나둥굴어진 것이다. 太祖는 卽時 다시 활을 재여 逃亡가는 노루를 놓는다. 그러나 워낙이 놀낸 노루라, 화살이 맞기 전에 벌서 딴 데로 逃亡가 버렸다. 太祖와 豆蘭이 말을 달여 죽어 나잡버진 노루 있는 데 일은다. 豆蘭이는 화살이 노루의 목에 꽂인 것을 보고,

두란 : "大監의 활은 옛날에나 卽今에나 變하는 法이 없읍니다."

태조 : "무얼. 그 前에는 한 번에 세 마리를 쏴 죽인 일이 있는데, 이 逃亡간 놈을 찾어 마저 잡어야지."

두란 : "그것은 제가 잡을까요."

태조 : "내가 잡어 놓는게나 죽어 날너. 空然히 짐성들 병신만 만들

어 놓치 말고."

太祖 말을 달여 노루가 逃亡간 便을 向하여 豆蘭이 목에 매단 갑을 끄내여 비하고 한 마듸 분다. 쫓어간다. 여기저기서 모리군들의 소리도 들인다.

태조 : "이 놈이 이리 어데로 갔는데."

太祖는 호저 중얼거리고 卽今보다도 더 좁은 길로 들어섰다.

이 때 柳源이 두어 길이나 되는 바우 틈 사군이길 옆 큰 나무 알에 은신하여 動靜을 살피고 있다. 손에는 십버런 칼을 빼들었다.

太祖는 아모 것도 몰으고 그 쪽 길을 접어 달여온다. 이 때 죽어 넘어진 노루를 뒤에 오든 武士들에게 맛기고 豆蘭이 다시 말을 달이어 太祖의 뒤를 딸은다. 둘은 두 갈내에 일은다.

태조 : "나는 이 길로 갈테니 그 길로 가 보지ㅡ."

두란 : "아닙니다. 저도 그 길로 가겠읍니다."

태조 : "왜 노루 한 마리 둘이나 가서 무었하여ㅡ."

두란 : "大監은 잊으셨읍니가. 그저께 낮에 고개 잔득에 일을ㅡ."

태조 : "은, 고개 우에서 칼 갖이고 덤비든 놈 말이지. 이런 데야 설마 그런 놈이 있을라구."

豆蘭은 太祖의 길를 함긔 말을 달인다.

두란 : "누가 압니가. 언제 어떤 놈이 나올지."

태조 : "그 때 그 놈은 卽今 生覺해도 꽤 大膽한 놈이여. 그저 白晝에 나에게 칼을 휘둘느며 덤비는 것이여. 이 나한테ㅡ. 허허허."

두란 : "大監이니까 덤볐는도 몰읍니다. 다같이 죽는 판이면 大監 같은 분한테 한 번 죽어보겠다고ㅡ. 허허허."

태조 : "요새 젊은 녀석으로는 맹낭한 녀석이여."

두란 : "그라구 요새 松都는 無事한 지 몰으겠읍니다."

태조 : "설마 괜찮겠지—."

두란 : "鄭侍中을 떠받여가지고 무슨 일을 꾸미는이 어쩌는이 그런 所聞도 들였었으닛가요."

태조 : "鄭夢周를 떠받여가지고? — 그래서 芳遠이라는 녀석이 趙浚이니 鄭道傳이니 하고 夢周를 죽이라고 앤달을 댄 것이라구먼. 그러치만 즈까짓 것들이 일을 꾸미기는 무슨 일을 꾸미여."

두란 : "如何튼 그래도 맘에 걸이는 것은 鄭侍中입니다. 鄭侍中만 없으면—."

태조 : "夢周가 있어서는 왜 우리 世上 안인가? 夢周 한 사람쯤은 있어도 無關치 않겠지."

이 때 먼저 逃亡갔든 노루가 柳源이가 숨어 있는 바우 틈 사군이길로 뛰여든다. 太祖 날쌔게 이것을 보고 손에 잡었든 활을 쏴- 노루를 맞추었다. 그러나 이번에는 뒤다리를 맞었음으로 바로 쓸어지지 않고 비틀거리며 달어난다. 太祖 말곱비를 다시 손에 감어쥐고

태조 : "내- 저 노루를 딸을테니 보고 있게."

豆蘭이 太祖를 막으며,

두란 : "저기 큰 바우가 있고 險해서 危殆합니다."

태조 : "조가지 바우쯤이야 무었을—."

하고, 말곱삐로 말을 탁 땔여 몰어 그 바우틈 싸군이 길로 접어들어 그 바우를 뛰여넘으랴고 말이 네 굽을 노와 펄절 뛰였다.

그러나 이 때 柳源이 飛虎같이 내달어 말의 앞다리를 날여친다. 말은 大驚하여 뒤로 넘겨 처백히고 우에 탔든 太祖마저 한데 바우틈 싸구에 처백힌다. 柳源이 몸을 날여 칼를 太祖를 向하여 나려쳤다. 太祖, 無我夢中으로 활을 들어 칼을 막었다. 그러나 활이 불어지며 칼은 태조의 바른便 다리를 날여쳤다. 柳源은 다시 칼을 들어 太祖를 向하야

나려쳤다.

그러나 이 때 뒤에서 딸어오든 豆蘭이 太祖가 危急함을 보고 냇다 말을 몰어 柳源에게 들어덤비였다. 柳源이 豆蘭의 말굼에 짓발피여 칼을 내던지며 나둑굴어진다. 그러나 다시 勇氣를 돋어 옆에 돌을 집어들고 일어슨다. 그러나 벌서 豆蘭이 말에서 뛰여날여 칼로 柳源을 나려친다. 그러나 柳源이 집어들은 돌맹이로 칼을 막으며 豆蘭에게 뛰여들어덤비다. 豆蘭의 칼이 뭉청 불어저버린다.

유원 : "에잇!!"
두란 : "에잇!!"

둘은 서로 찌저눌느며 大決鬪를 한다. 서로 엎으러젓다 뒤처젓다. 우로 갔다 알로 갔다. 한참 하는 동안에 豆蘭이 漸漸 밀인다. 豆蘭이 제 힘으로는 當하지 못할 것을 깨닷자 목에 매단 회갑을 입에 물고 비 - 한 마듸 불었다. 柳源이 주먹으로 豆蘭의 주동이를 비벼댄다. 柳源이 豆蘭의 다리를 찔어눌느고 그 우에 올너타서 옆에 돌을 집어 그 面上을 나려 갈기려 한다.

이 때다. 모리군이 한 패 몰여와서 豆蘭의 危急함을 보고, 몽둥이를 들어 柳源을 날여친다. 柳源이 등대기를 맞고 그 자리에 픽 쓸어젓다가 그래도 다시 몸을 일우어 쥐였든 돌로 모리군 하나를 휘갈긴다. 그러나 連하여 날여치는 몽둥이 밑에 柳源이 그만 피투셍이가 되어 쓸어진다.

모리꾼들이 그제서 겨우 精神을 차려 豆蘭을 일으키니,

두란 : "李侍中을 가 바라! 李侍中을!"

밎일 듯이 소리 질는다.

그제서 은저리를 둘너보기, 太祖 말과 함기 바우 틈 사귀에 처백혀 다리에는 流血이 낭자하며, 거의 昏睡狀態에 빳었다. 여럿이 몰여가 잡어 일우꾸여 풀 우에 가만히 뉘키니 그래도 太祖는 精神을 못 차린

다. 豆蘭이 太祖에게 달여들어,

　　두란 : "精神을 차리시오. 精神을 차리십시오."

하고, 수건을 끄내여 피가 솟어올느는 다리를 싸맨다. 모리군은 漸漸 더 모리꾼이 몰이여온다.

　　태조 : "그 놈은 어데로 갔느냐. 그 놈은 어데로 갔느냐!"

　　太祖, 눈을 감은 채 소리를 지른다.

　　두란 : "그 놈은 여기 잡어 죽였읍니다."

하고 太祖의 귀에 대고 대답한다. 太祖는 다시 더 말을 못 있는다.

◎ 날 저문 碧瀾渡

○ 海州서 碧瀾渡에 일으는 길에서

　　이 길을 둘이 억개로 미는 기마가 하나 지나간다. 그리고 이 가마를 中心으로 三四十名 되는 武士들이 늘어서서 간다. 가마 바로 옆에는 머리에 군데군데 고약을 붙인 豆蘭이가 딸어간다. 이 가마 속에는 어제 아츰나절 負傷한 太祖가 들어 있는 것이다. 여러 武士들은 아모 말도 않고 다만 默默히 걸아가고만 있다.

　　— 이 때 太祖, 벌컥 가마문을 열며,

　　태조 : "바른便 다리가 흔들여 몹시 아프나. 좀 쉬여가자."

　　가마 민 사람 둘이 서로 얼골을 쳐다본다. 그리고 豆蘭을 본다.

　　두란 : "좀 쉬여가자."

　　가마군은 가마를 길 옆으로 가만히 날여놓으며 수건으로 땀을 씻는다. 저녁해는 그리 많이도 안나멌다. 豆蘭이 가마 옆으로 닥어스며,

　　두란 : "그렇게 앞우십닛가."

　　태조 : "이러케 흔들흔들하닛가 도모지 앞어 못 견데겠다. 길도 퍽
　　　　　지리하고나."

　　두란 : "碧瀾渡가 얼마 남지 않었읍니다."

태조 : "그리구 저라구 이 꼴을 해가지고 어데 松都에 돌아갈 수 있니? 常時 將軍이라고 自他가 共認하는 李成桂가 一個 柳源이라는 녀석한테 맞어서 落馬를 하고 重傷을 입다니. 나는 아모리 하여도 이대로 松都에는 돌아갈 낯이 없다."

두란 : "숨어 있다가 별안간에 덤벼드는 것을 어떤 장수가 막어냅닙가. 더구나 그러한 바우틈 싸군이에서ㅡ."

태조 : "아모리하여도 나는 나이를 너머 먹었나보다. 나는 이 때까지 제 힘을 위심하여 본 적은 없었다. 어느 누구하고 겨누든지 絶對로 질상십든 않었다. 그러나 卽今은 아조 딴판이다. 나는 卽今도 그 柳源이라는 녀석이 나를 나러칠나고 둘너멘 칼이 歷歷히 눈앞에 보인다. 나는 그 때 제 몸이 그만 꼭 죽는줄 알었다. 무서운 時間이였다. 아니, 그 때 萬若 그대가 없었드라면 나는 꼼작없이 柳源이 그 놈 칼에 맞어 죽었을 것이다. 나는 이 때까지 내 힘을 너머 믿었다. 아니, 남은 너무 업수히 녀겼다."

두란 : "그것은 千萬의 말슴입니다. 大監은 如前히 高麗에 常時 將軍이고, 高麗에서는 對敵할 사람은 없읍니다."

이 때 그 전에 海州로 向할 때 맞나든 樵童이 碧瀾渡 쪽에 걸어와 이 가마 옆을 지나다가 豆蘭을 보고,

초동 : "아! 日前에 고개에서 뵈입든 어른 아닙니가?"

하고 절한다.

두란 : "은, 그래. 그 때 맞내고, 또 맞나겠구나."

초동 : "그 때 뒤집에 金書房이 아조 魂이 나서 저보다도 먼저 집에 돌어왔드군요. 그래, 왜 그렇케 魂이 났느냐니가 한벗트라면 칼에 맞어 죽을번햇다고 그라더군요. 그래서 지가 말햇지요. 거 봐라. 李侍中 그 이가 第一 莊하잔으냐고. 그 金書

　　　　　　房이 아모 소리도 대구를 못하드군요. 그런데 참 시골서 듣
　　　　　　기에는 李侍中이 不遠間에 입금이 되리라 하는데, 참말입
　　　　　　니가."
　　두란 : "이 놈. 누가 그런 소리를 한데."
　　초동 : "동내 어른들이 모두 그라구들 하여요."
　　두란 : "그런 말 함부루 하는게 아니다. 자짓하다는 목이 달어난다."
　　초동 : "그래두 李侍中이 高麗에서 第一 莊하신 것은 事實이지요."
　　두란 : "그야 더 말게 무엇인냐. 勿論이지."
　가마 속에서 둘이 주고 건네는 이야기 소리를 듣고 있든 太祖, 둘의
이야기를 막으며,
　　태조 : "高麗에서 第一 莊한 이는 李侍中은 아니다."
　　초동 : "어허, 이 가마 속에도 뒤집 金書房같은 이가 탄나베. 또 칼
　　　　　　갖은 이들한테 魂이 날라고."
　　두란 : "이 놈아! 그만 떠들고 어서 가거라!"
　樵童, 豆蘭에게 넌즛이 절하고, 휘적휘적 가버린다.
　　두란 : "또 좀 떠나볼까요."
　　태조 : "또 좀 떠보자."
　　두란 : "어덜, 일어나 가자!"
　가마군이 또 가마를 메고 앞뒤로 三四十名의 武士가 늘어서서 걸어
간다. 해는 西山에 얼마 남지 않었다.
　一行은 碧瀾渡에 일은다. 江이 앞에 보인다. 江 옆에는 여관집이 대
여섯 채 늘어섰다. 가마군이 가마를 땅에 달여노니, 太祖 가마 문을
열며,
　　태조 : "여기가 碧瀾渡냐!"
　　두란 : "네. 그렀읍니다."
　　태조 : "그러면 여기서 자자."

두란 : "아즉 조곰은 더 갈 상도 싫읍니다만."
태조 : "그만 여기서 쉬자."
두란 : "저기 旅館집에 가서 宿所를 定하고들 오너라!"
左右의 武士들이 우 몰여서 여관집으로들 간다. 가마군 둘과 太祖와 豆蘭만 남어 있다.
태조 : "내가 卽今 저 江을 발아보니 어쩐지 項羽 生覺 나는구나."
두란 : "우째서요. 項羽가―."
태조 : "나도 글은 많이 배우들 못하여 잘 몰은다마는 秦始皇이 죽은 後에 바로 天下가 騷亂하여저서 큰 英雄이 나서 이것을 統一하기 前에는 안되게 되었다. 그 때 英雄이 둘이 났으니, 하나는 沛公이라는 英雄이요, 하나는 項羽라는 英雄이다. 沛公이니 後에 天下를 統一하여 漢나라를 세웠지만, 項羽는 自稱 楚覇王이라 하여, 처음에는 勢力이 天下를 삼킬 듯하든이, 그만 차차로 運壽가 잘못들어 敗陣하고 도망하다 江에서 죽고만 것이다. 그런데 이 項羽가 二十四歲에 큰 뜯을 품고 江東子弟를 여럿 거느리고 江을 건느여 關에 侵入하였을 때, 그 때 그의 威勢야말로 壯觀이였다. 沛公이도 처음에는 敢히 손을 못대고 때만 기달이고 있었다. 沛公이는 韓信이니 張良이니 陳平이니 䂖肅니 하니 여러 賢臣 名將을 써서 차근차근 일을 꾸미여 갔다. 그러나 項羽는 아무도 쓰지 않고 그저 제 힘만 믿고 싸우다 그여코 敗陣하여 十겹 二十겹으로 敵兵이 둘넜사고 말았다. 그 때 項羽는 力拔山氣蓋世의 悲□를 불너 사랑하는 제집과 離別하고 칼을 휘둘너 敵兵을 무질느고 그 包圍를 버서나 自己가 二十四歲 때 건느든 그 江에 일으렀다. 그러나 生覺해보니 前에 그 江을 건늘 때에는 數千의 江東弟子를 거늘이고 昇天할

듯하든 지가, 卽今에야 겨우 四五名의 殘兵을 거늘이고 도로 그 江을 건느게 되었다. 江을 건느면 江東이며 제 故鄕이다. 그러나 一代의 熱血의 男兒가 錦衣還鄕은 못할망정 다시 再擧하지 못할 敗戰을 하고 그저 어정어정 江東 父兄들을 뵈일 낯이 있겠느냐. 그리하야 項羽는 배사공에게 제 목을 베여다 賞金을 타 먹으라 하고, 칼을 물고 自殺하여 버렸다는 것이다.

勿論 나는 卽今 敗陣한 것도 아니요, 큰 뜻을 품고 이 江물을 건는 일도 없었다. 그러나 나는 어쩐지 제 自身의 心情은 다시 없이 悲愴하다. 그 때 項羽의 心情이야말로 이러하지나 않았을가 하는 맘이 된다. 項羽의 그 때 心情이 꼭 이러하였을 것이다. 그 때 項羽도 칼에 맞어 여러 군데 負傷을 하였다는 것이다. 英雄의 末路가 悲慘한 것은 古今의 通例라 하나, 그래도 如前히 한 感慨가 없지 못한다. 卽今 生覺하니 나도 項羽처럼 제 힘을 너머 믿었었다. 저를 이기는 사람은 하나도 없고, 제에게 敢히 덤빌 사람은 하나도 없으리라고 어느 절엔가 저 혼저 定하고 있었다. 이러한 自慢心이 그여코 이처럼 내가 重傷을 입게 만든 것이다. 하날이 나에게 警戒의 말을 준 것이다. 그렇다. 나는 똑 項羽처럼 제 自身을 反省할 줄을 몰났다. 萬若 이번에 이렇게 제 自身을 重傷을 입지 않었은들 나는 한벗드면 一生동안 제 自身을 한 번도 反省해 보지 않고 죽었을는지도 몰은다. 나는 卽今 그 때 項羽가 江東 父兄을 뵈일 낯이 없듯이 松都 父兄들을 뵈일 낯이 없는 듯하다."

두란 : "그것은 千萬의 말슴입니다. 設令 大監이 項羽라 하시드라도 우리 高麗에는 沛公이는 없읍니다."

태조 : "沛公이가 없다고. 鄭侍中같은 人物은 充分히 그만한 資格
이 있다. 다만 우리 高麗는 그 때 沛公이 時代처럼 一定한
임군이 없이 王心가 騷亂하지 않고 그 勢力이야 如何튼 그
래도 임군이 있고, 그 임군에게 벼슬을 하게 되었다. 제다로
날뛰들 못하게 되었으니가 그러치 萬若 우리 高麗가 그 때
沛公이 時代처럼 騷亂하였서봐라. 鄭侍中은 或은 沛公이만
한 人物이 되어 天下를 統一하였을는지도 몰은다."
두란 : "鄭侍中이 그런 큰 人物일가요."
태조 : "살아서는 人物이 크고 적은 것을 몰은다. 죽어봐야 안다."
이 때 武士 하나가 달여와서,
武士 : "宿所를 定했오니, 그리 가니 便히 쉬시도록 하시지요."
두란 : "그래, 바로 가마."
　가마군들이 豆蘭의 손짓을 딸어 가마를 메고 여관집 있는 데로 간
다. 해는 겨우 저물어 기사람의 그림지가 江邊 모래 우에 움직인다.

◎ 약한 저여, 너의 일홈은 負傷한 者다.

○ 碧瀾島에서

　碧瀾島 南쪽 길을 밤이 으수 깊었을 때 말 한 필이 살같이 달어온
다. 그 우에는 四輪 太宗이 타고 있다. 江가에 일으니 배는 있는데 사
공이 없다. 太宗은 메여놓은 줄을 끌느고, 말을 태우고, 저도 타고서
사때질을 한다. 사때질이 도모지 스툴우다. 그러나 차츰차츰 배는 江
을 건네여 저 便 언덕에 닷는다. 배를 부뜰어매고 말을 바에서 달여놓
차 선듯 올너타고, 또 飛虎같이 닷는다. 自己 아버지가 그 곳에 숙소를
定하고 있으리라고는 꿈에도 生覺지 못한다. 말은 어두운 밤길을 한결
같이 달어간다.
　이 때 먼저 樵童은 旅費가 없음으로 여관에 들지 못하고, 천천히 밤

길을 것고 있었다. 그리고 樵童의 第一 잘 불느는 새타령을 精神 없이
불느며 것는다. 樵童이 이렇게 노래에 精神이 팔이여 있을 때 뒤에서
말소리가 난다. 그러나 樵童 듯지 못한다. 말은 樵童에게 냇다 들여밧
는다. 말도 깜작 놀나 주춤하고 그 자리에 슨다. 樵童 먼지를 툭툭 털
며 일어서서 말 우 사람을 본다. 太宗은 채죽을 높이 들어 다시 말 궁
뎅이를 땔이며 달어가랴 할 때,

 樵童 : "제길할 것. 오늘은 왼 칼 찬 이들이 야단이여!"
 이 말이 太宗의 귀에 번젹 띠엿다. 太宗은 바로 말곱비를 눌느며,
 太宗 : "무어, 칼 찬 이들이 야단이라구. 너는 오늘 어서 또 보앗니."
 초동 : "碧瀾渡에서도 三四十名이 되는 칼 찬 이들이 쉬고 있었는
    데, 쉬고 어쩌구 하는 것을 보닛가 오늘 밤에 거기서 자고
    있는 지도 몰으지요."
 태종 : "그 칼 찬 이들이 누구라고는 말 안테."
 초동 : "누구인지는 몰으겠서요. 다만 李侍中이 高麗에서 第一 莊
    하다고 말하였든이 네 말이 올타고 하는 것 보닛가 李侍中
    의 部下인지도 몰으지요."
 태종 : "李侍中이 그 곳에 있다 소리는 못 들었니."
 초동 : "글세요. 그런 소리는 못 들엇세요. 그 칼 찬 이들 틈에 가마
    가 한 채 찌여 있기는 합디다만—."
 태종 : "이 놈아, 李侍中같은 莊한 이가 가마를 타고 길을 갈 상 불
    으냐."
 초동 : "그야 그렇치만, 어데 다치시든지 하면 누가 압닛가."
 太宗은 그 以上 더 들을 必要가 없다. 바로 말의 머리를 碧瀾渡로
도리끼여 채죽질을 하며 다라간다. 樵童 멋멋하니 서서,
 초동 : "온! 싱거운 이도 다 있지. 도로 갈내면 무얻하러 왔어 나를
    받을나고 왔나—."

○ 碧瀾渡에서

어둠 속을 뚫코 살같이 달여온 말이 여관 앞에서 우둑 슨다. 太宗이 말 우에서 나려 뛴다. 太宗은 바로 여관 속으로 뛰여들어가며,

 太宗 : "아버지는 어데 게시냐. 芳遠이 왔다고 여쭈어라! 아버지는 어데 게시냐."

금방내 여관 속이 騷亂해진다.

 豆蘭 : "芳遠이시. 저물게 여기를 어떻게―."
 태종 : "急하오. 大端히 急한 일이오."
 두란 : "侍中께서 몸이 不便하시다는 것은 어떻게 알으셨오."
 태종 : "에― 어데가 不便하십니가."
 두란 : "몰느셨었오. 海州서 사냥하시다가 柳源이라는 놈한테 칼에 맞어 발은 다리를 負傷하시고 가마를 타고 歸京 中이오."
 태종 : "柳源이요. 天下의 無道한 놈 같으니."
 두란 : "그 놈은 우리가 그 자리에서 땔여 죽여버렸오."
 태종 : "아니 그야 그렇고. 아버지는 어데 게십니가."
 두란 : "바로 조 房입니다."

太宗 그 방으로 들어간다. 太祖는 왼終日 씨달인 바른 다리가 앞어 유 우에 누어서 呻吟하고 있다.

 태종 : "아버지, 芳遠이 왔읍니다."
 太祖 : "芳遠이가?― 네가 어찌 알고?"
 태종 : "아버지, 큰일났읍니다. 卽今 바로 떠나셔서 松都로 가시여야 합니다. 鄭夢周 패들이 趙浚이니, 鄭道傳이니 하는 무리를 죄다 잡어들였으니, 어서 가 보시지 않으면 안됩니다."
 태조 : "무어! 夢周가."
 태종 : "가면서 仔細한한 말슴은 들이겠읍니다."

하고, 휙 그 房을 나와,

태종 : "卽今 바로 떠날테니 어서 빨이들 갈 準備를 해라!"
두란 : "卽今 떠나시게요."
태종 : "一刻을 주제주제할 수 없소. 어서어서들 차려라."
여관 안이 금방 뒤집힌다. 말 오양간에서 말을 끌어내는 놈, 가마를 가지고 오는 놈, 옷을 찾는 놈, 신돌매를 하는 놈, 칼을 꺽구로 차는 놈……. 이라는 동안에도 太宗은 낏낏하니 마루 우에 서서 보살펴 보고 豆蘭에게 눈짓하며,
태종 : "어서 아버지를 모시고 나오시오."
두란 : "몹시 아푸시다든데 어떻실는지―."
태종 : "어떤 일이 일듯이 반다시 모시고 나오시오."
豆蘭이 房 안으로 들어가,
두란 : "갈 準備가 모다 되였읍니다."
태조 : "나는 못 간다. 그라지 않거도 다리가 앞어 죽겠는데, 어데를 간다 말이냐."
두란 : "그래도 芳遠께서 卽今 바로―."
태조 : "못 간다. 絶對로 못 간다."
門 앞에 서서 듣고 있든 太宗 가마군 둘에게,
태종 : "어서 메여다 가마 속에 눅히시라!"
사마꾼늘 房 안으로 들어가 메랴 하니,
태조 : "이 놈들. 누가 메라구 하드냐!"
이것을 들은 척도 않고 太宗은 또 命令한다.
태종 : "어서 메여라!"
가마꾼들이 주저주저하며, 그래도 마지못하여 손을 내밀야 하니,
태조 : "이 놈들이 어데를 작고 얼진거리여. 芳遠이 이 놈. 너도 不孝한 놈이지, 그라잔어도 앞어 죽겠는 애비를 어데를 메고 간단 말이냐!"

태종 : "어서 메여라! 이번에 안 메면 느의 목이 달어날테다."
하고, 칼을 빼든다.
　　태조 : "너는 네 아비를 죽일 작정이냐."
　　태종 : "그것도 松都 가서 들겠읍니다."
　太宗, 칼로 威脅을 하여 가만군에게 太祖를 메여다 가마 속에 놓게 하고, 배로 江을 건네여 松都로 向하여 살같이 달여간다. 그 뒤를 三四十名의 武士가 왼 영문도 몰으고 딸아간다.
　太宗은 가마군에게 밧삭 붙으서서 뒤를 딸우는 豆蘭을 보고,
　　태종 : "뒤에 사람들을 잘 거느리고 오시오. 이 가마는 내가 지키고
　　　　　 갈 터이니."
　두란이 뒤로 처진다. 太宗은 가마군에게
　　태종 : "어서 빨이 가거라. 밤이 새기 前에 松都에 디려대야 한다.
　　가마군 : "아모리 하여 그렇게는 못 갑니다."
　　태종 : "못 가. 定 못 가겠니. 그렇다면 여기서 아조 죽여버릴터다."
　가마군 벌벌 털며 죽겠다고 쫓어가며,
　　가마군 : "네. 가 보겠읍니다."
　가마군은 今時 딴더벡이가 되여버린다.

◎ 危機一髮

○ 松都 城門에서

　太宗에게 혼달입들이 나며 一行은 날이 부윰하니 채여질 때 松都 近處에 일은다. 그러나 이보다도 먼저 趙浚, 鄭道傳, 南誾 等의 여섯 名을 실흔 수레가 떡 열이는 大門을 지나서 나가 버린다. 바로 조곰 있다. 太宗 一行이 살같이 달여온다. 太宗 닷자곳자로 칼을 빼여 門지킴을 보고,
　　태종 : "趙浚, 鄭道傳 等 여섯 사람은 어떻게 되었느냐."

문지기, 벌벌 떨며,
문지기 : "卽今 곳 나간 길입니다."
太宗 뒤를 딸으는 豆蘭에게 머라구머라구 귀에 대고 말한다. 豆蘭이 알었다고 고개를 끄덱끄덱한다.
太宗, 칼을 높이 들어,
태종 : "모두들 이쪽으로 쫓아오느라."
武士들 그 쪽으로 몰인다. 豆蘭은 네 名의 武士를 거느리고 가마를 옹호하며 城門 속으로 들어가 太祖의 집으로 向한다.
太宗의 一行은 飛虎같이 달이여 순시간에 먼저 수레를 따룬다.
태종 : "가지 말고 그 곳에 잇거라. 가기만 가면 목이 달어날테다."
수레 끄는 사람들, 수레를 움호하며 가는 十餘名의 軍卒들 모두 깜작 놀라 뒤를 돌어다 본다.
태종 : "빨이 수레 머리를 돌여 松都로 되로 가자!"
軍卒 一 : "벌서 判決을 받은 罪人들입니다."
태종 : "判決이고 무어구 어서 돌아가자!"
軍卒 二 : "어제 上監께서 判決을 날이시였답니다."
태종 : "上監이고 코구먹이고 어서 도로가. 안 가면 칼이다."
모두들 입안이 뻥뻥하여 그러나 할 수 없이 수레를 돌이여 松都로 向한다. 수레 우에 실은 趙浚, 鄭道傳 等 여섯 사람은 어제 어찌나 매를 마젓는지, 수레 우에 절박되여 쓸어진 채 精神도 차리지 못한다.

○ **大闕 앞에서**

수레를 도로 끌이며 太宗의 一行이 大闕로 向할 때, 豆蘭은 太宗이 付託한 대로 軍卒을 百餘名 거느리고 기달이고 있다.
太宗 : "내가 大闕 안에 들어갔다 올테니 그 동안 밖을 잘 직켜주시요."

豆蘭 : "念慮마시요."
太宗은 수레를 앞세우고 一行을 左右로 잘 配置하여 大闕 안으로 들어간다.

◎ 沛公과 項羽

○ 鄭夢周의 집 앞
말을 타고 문을 나서니 적마잡이 녹사가 뭇는다.
녹사 : "오늘은 어데를 가십니가."
夢周 : "오늘 말이냐. 오늘은 李侍中의 집에 간다."
녹사 : "李侍中의 집에 무엇하러 가셔요. 그라잔어도 大監의 身邊이 위태한데 더구나 그 집에를."
몽주 : "李侍中은 내의 친구다. 海州 갔다 重傷을 입었다니 慰問을 좀 갔다와야겠다. 그리고 아─ 참 이젔었다. 아니, 이즌 것이 아니라─ 오늘 日氣가 좋고 하니, 내 한 번 혼저 말을 달여 볼테니 너 꼴비와 챗죽을 나를 다고."
녹사 : "대감이 혼저 달이신데, 어데 한 번 달여보시오."
녹사, 아모 生覺 없이 끌비와 챗줄을 夢周를 준다. 夢周 골비를 받어쥐고 챗죽을 높이 들어 말 궁뎅이를 두달긴다. 말은 살같치 치달여 간다.
녹사는 뒤에 뒤에 천천히 오다. 夢周가 영영 저를 기달이지 않고, 작고만 혼저 달어날래는 것을 보고, 그제서 무슨 딴生覺이 떠올너,
녹사 : "왕왕왕."
말을 불느며 좇어간다. 말은 그만 그 자리에 우뚝 서버린다. 夢周 챗죽질을 작고만 하나, 말은 꿈적도 안는다. 녹사 겨우 夢周를 딸어가 말의 갈기 머리를 쓰듬으며,
녹사 : "大監도 잇가금 作亂을 다 하십니다 그려."

몽주 : "음. 作亂이다. 그런데 참 오늘은 나 혼저 타고 싶은데 너는 이대로 집으로 돌아가는 것이 어떠니."
녹사 : "大監이 혼저 가셔요. 李侍中의 집에를—. 안됩니다. 저는 꼭 딸어가겠읍니다."
몽주 : "내가 너한테 빈다. 어서 집으로 돌아가거라. 저녁 때 꼭 집으로 돌아가마. 음. 그렇게 하여."
녹사 : "안됩니다. 大監! 지가 그렇게 속여넘어갈 상 싶읍니다. 아모리 하여도 오늘 大監은 수상합니다. 아침부터 수상합니다."
몽주 : "하하하. 내가 수상하다. 얘. 인저 어진간이 하고 돌아가거라."
녹사 : "大監은 오늘 죽으실났흐므로, 李侍中에 집에 가시지요."
몽주 : "죽어. 죽기는 누가 죽어. 이 世上에 까닥없이 죽을 놈이 어데 있단 말이냐."
녹사 : "이 世上에 꼭 한 분 있읍니다. 大監입니다. 도로 집으로 돌어가시든지 그래도 定 가시겠다면 저를 데리고 가시오."
몽주 : "네가 딸어오면 무었을 한단 말이냐."
녹사 : "大監이 돌아가시면 눈이라도 깜겨들이지요."
몽주 : "누가 너는 가만 내버려둔다드냐. 너마저 죽어 넘어진다."
녹사 : "그것 보십시오. 如前히 大監은 오늘 죽으러 가십니다."
몽주 : "그래. 그람 죽으러 간다고 하자. 내가 죽으러가는 길이니 너는 딸어오지 말어라."
녹사 : "小人도 한 번 죽으러 가겠읍니다."
몽주 : "네가 무었 때문에 죽니. 죽잔으면 안될 까닭이 무었이냐."
녹사 : "大監은 무었 때문에 죽으십니가. 죽잔으면 안될 까닭이 무었입니가."
몽주 : "나는 一國의 宰相이다. 上監님을 도워 나라를 다실이다 들을 일우지 못하니 죽는 길밖에에는 또 무슨 길이 있단 말이

냐. 죽잔코서 어쨰잔 말이냐."

녹사 : "그것은 전도 똑 같읍니다. 말적마를 잡고 數十年間 大監을 태우고 단이다가 大監이 돌아가시게 되니 죽는 길밖에는 또 무슨 길이 있읍니가. 죽잔코서 어쨰겠읍니가."

몽주 : "농담은 그만 하자. 나는 어서 가 봐야겠으니, 어서 집으로 돌아가거라."

녹사 : "大監은 이 놈의 맘을 그렇게도 몰너 주십니가. 大監이 나라를 生覺하는 맘이나, 이 놈이 大監을 生覺하는 맘이나 그 根本은 똑 같읍니다. 大監이 나라와 運命을 함기 하시겠다면 저 亦 大監과 運命을 함기 하겠읍니다."

하고 녹사는 혼연히 눈물 흘인다.

몽주 : "너는 그여코 나와 같이 가겠다는 말이냐."

녹사 : "이 놈은 大監의 그림지입니다. 大監 있는 곳에 이 놈은 반듯이 있을 것입니다."

몽주 : "그러면, 같이 가자!"

녹사 : "데려다 주신니가 고맙습니다."

녹사는 눈물 속에도 깁뿐 우슴은 뵈인다. 그리고 채죽을 높이 들어 단단한 대도를 달인다.

○ 太祖之家에서

太祖의 사랑房이다. 이 사랑房에 바로 病室이 되어 있다. 사랑방에는 太宗, 豆蘭, 趙浚, 鄭道傳, 南誾 等 … 그리고 太祖의 兄 元桂의 사우되는 卞仲良도 쩌여 있다. 趙英珪도 있다.

태종 : "모두들 언간이들 慾을 보신 모양이시오 그려."

趙浚 : "말슴 맙시오. 꼭 죽는 줄만 알었읍니다. 요행히 와주셔서 죽을 목숨이 살었읍니다."

태종 : "그리구 저러구 間 요새 鄭侍中은 우떤 貌樣인지."
鄭道傳 : "아마 혼저 들어 앉아서 울고 앉었겠지요. 柳源이도 죽고, 金龜聯, 李幡의 무리 모두 죽어버리고, 인제는 아마 죽엄만 기달이겠지요."
南誾 : "그렇겠지요. 인제야 제가 아모리 용을 쓴댓자 땅 집고 헤염 치기닛가요."
이 때 軍卒 하나가 들어와,
軍卒 : "鄭侍中께서 오시였읍니다."
태종 : "鄭侍中께서—."
모두들 서로서로의 얼골을 쳐다본다.
趙浚 : "호랭이도 제 말하면 온다든이."
태종 : "이리로 모시여라!"
夢周 軍卒의 案內로 사랑방에 들어온다.
태종 : "日間 安寧하시였읍니가."
몽주 : "平安한가. 이내 밧버서 꼼작을 못하고 오늘서야 慰問을 왔는데, 春부장께서는 좀 어떠신가."
태종 : "조그만 합니다만 아즉 快히 낫지는 못합니다. 바로 이 방입니다."
太宗, 夢周를 病室로 案內하고,
태종 : "鄭侍中께서 慰問 오시였읍니다."
太祖 벌덕 일어나랴다가 다리가 절여 앞음으로 그대로 누으며,
태조 : "이리로 모시여라!"
몽주 : "오래동안 못 뵈였읍니다. 좀 어떠십니가."
太祖 다시 한 번 일어나보려다가, 다시 또 눕는다.
몽주 : "아니, 그대로 누어 게시오. 누어 게시오."
태조 : "누어서 일어나도 못 하고, 失禮됨이 莫甚합니다."

몽주 : "千萬의 말슴이요."
하고, 太祖를 들여다 본다. 太祖도 夢周를 쳐다본다. 둘이 서러, 서로의 얼골을 한참 동안 쳐다본다. 둘은 서로 쳐다보는 동안에, 서로 모두를 避하고, 모두를 □□한다.

몽주 : "오래동안— 한 十年 못 맛낫다 맛낫 듯하오 그려."
태조 : "반갑습니다. 언제가 한 번 뵈였으면 햇었읍니다."
둘은 서로 손을 잡는다. 그리고 서로 눈물을 흘인다.
몽주 : "나를 無限히 怨望하시였겠지요."
태조 : "千萬의 말슴이요. 感謝할 말이 없읍니다."
몽주 : "이 다리 傷處도 柳源의 짓이라지요."
태조 : "이 다리 傷處가 나를 人間으로 만들었오."
몽주 : "趙浚 등을 處罰하려 했든 것도 모두가, 모두가 내 탓이요."
태조 : "그런 것은 아모래도 關係치 않읍니다. 여기 이렇게 둘이 마조 앉어 있으면 그만입니다."
몽주 : "이렇게 누어만 게시여 갑갑하시겠읍니다."
태조 : "그렇도 않읍니다. 그 前같으면 暫時 이렇게 하고 누어 있든 못할테지만, 요새는 이렇게 하고 누어서 이 생각 저 생각하는 것이 무었보다도 즐거웁니다."
몽주 : "그 동안 많이 變하였읍니다."
태조 : "그렇합니다. 참으로 많이 變하였읍니다. 요새 生覺함에는 젊어서 칼과 할을 내던지고 왜 글 工夫를 힘쓰지 않었나도 生覺됩니다."
몽주 : "그것은 안될 말슴입니다. 萬若 글 工夫를 하시였다면 高麗는 그 때 임의 亡했을 것입니다."
태조 : "千萬의 말슴이요. 高麗가 오늘까지 그래도 依支해온 것은 모두가, 모두가 大監의 德의 힘이겠지요."

몽주 : "그것은 千萬의 말슴이요. 나같은 아모 힘도 없고, 아무 才操도 없고, 政治도 할 줄 몰느는, 그렇다고 戰爭의 功도 못 세우고, 참으로 썩고썩은 선비가 무엇을 하겠읍니가."
태조 : "나도 前에 그러케 生覺하고 있었오. 붓그러운 소리나 힘만 세면 戰爭에 가서 功만 세우면 第一이라고 生覺하고 있었오. 그러나 그것이 얼마나 엉터리 없는 生覺이였을까요. 高麗에 卽今 人物이 있다면 그것은 大監 한 사람뿐이요."
몽주 : "그것은 千萬의 말슴입니다. 大監이야 말로―."
태조 : "나는 卽今 大監을 만난 것이 며라구 말할 수 없이 기뿜니다. 왼終日 작난만 하며 쫓어단이든 學童이 날이 저물어 조용한 書堂에서 그의 스승을 뵈이는 듯하오. 참으로 大監은 나의 벗이라기보다는 나의 스승이요."
몽주 : "모두가 모두 千萬 過滿한 말슴이요."

이러한 이야기가 進作될 때 한 편 옆 房에서는 먼저 있든 무리들이 太宗을 中心으로 수군거리고 있다. 太宗은 豆蘭을 보고,

태종 : "아버지의 信任이 第一 두터우시니 이번에 한 번 夢周를 어떻게 하시요."
두란 : "어떻게 하기는 내가 어떻게 하오. 아마 侍中께서는 夢周를 건드리면 그저 놔두지 않을 걸요."
태종 : "아니 쥑인 뒤에 일은 내가 죄-다 담당할테니 그저 죽여만 주오."
두란 : "다른 일은 몰너도 그것만은―."

豆蘭이 그러 相議에는 더 參加하지 않겠다는 듯이 뒤로 물너 앉는다.

趙浚 : "내가 맞이요. 그 놈 원수를 운제 갚울가 하였든이 잘 되었오."
태종 : "그렇지만 혼저는 어려울 걸요."

南誾 : "나도 한목 들지요."
태종 : "둘이라, 둘이 할 수 있겠우."
鄭道傳 : "이 房에서 하다가 侍中께 알여지면 큰일날테니, 조 문 밖에서 좋을 것 같으오."
趙浚과 南誾이 문을 열고 나가 各各 자리를 定하고 칼을 빼여 지킨다. 이 때 病室에서는 夢周와 太祖, 다시 없이 親密히 이야기를 하고 있다. 우슴 소리도 각금 난다.

몽주 : "碧瀾渡에서 項羽의 죽엄을 生覺하시였다니 萬若 그것을 글로 쓰신다만 벌서 훌용한 詩人입니다. 項羽 自身은 아조 無識한 쌈쟁이였지만, 그의 一生은 그대로 한 詩입니다. 項羽야말로 저도 몰으게 詩의 一生을 보냈읍니다. 力拔山氣蓋世의 노래의 場面 같은 것은 詩中에도 참으로 萬人의 눈물을 짜내는 高潮된 場面입니다. 그리고 마즈막 죽는 場面도 똑 훌용한 詩입니다. 아머 中國 歷代 人物 中에 가장 사내다운 사내는 項羽밖에 없을 것입니다."

태조 : "그런데 내가 項羽를 生覺하였을 때, 그러면 우리 高麗에 沛公이 같은 사람은 없나 하고 生覺해 보았든이 爲先 生覺나는 것이 大監입니다. 大監이 萬若 이 高麗에 나지 않은 그때 낫든들 沛公 노릇은 맛허놓고 하였을 것입니다."

몽주 : "千萬의 말슴이요. 나는 到底히 沛公이처럼 사람을 잘 불이고, 잘 融合 식히는 手腕을 가지지 못하였읍니다."

태조 : "기왕 이야기가 낫으니 말이지, 우리 高麗는 將來 어떻게 될까요."

몽주 : "글세요. 어떻게 될까요."

태조 : "나는 더 朝廷에 나가 政治를 해보고싶은 生覺은 벌서 손톱만치도 없오."

몽주 : "大監은 아든님이 여러분 게시고 더구나 芳遠같은 훌융한 분을 두시여니 아모 걱정은 없으시겠지요."

태조 : "芳遠이 말입니가. 그 녀석이 第一 말성거리입니다. 제 아비 말도 듣지 않고 제 아비 몰내 언제 어떤 일을 저즐늘는지 몰으니가요."

몽주 : "꼭 일을 일우시겠지요. 저즐일 이가 있겠오."

태조 : "大監에게는 아든님이 아즉 어리였었지요."

몽주 : "아즉 철부지들입니다."

태조 : "高麗의 將來가 모두 大監의 두 억개 우에 걸여있으니, 부데 그저 잘 보아주시오."

몽주 : "高麗의 將來는 大監한테 달였을 것입니다. 或은 芳遠한테. 내야 또 언제 어떻게 될는지?"

태조 : "大監 없이 高麗는 못서갑니다. 大監이 없으면 나라가 魂이 없는 것과 같을 것입니다."

몽주 : "如何튼 모두가 그 前과는 퍽 달너졌읍니다. 우리들이 늙어졌는지―."

태조 : "내 이 다리가 낳거든 언제 낙수질이나 한 번 갑시다. 아무도 덜이지 말고 단 둘이 한 번 낙수질이나 해 봅시다."

몽주 : "그깃도 좋시요."

태조 : "姜太公이처럼 고든 낙수라도 좋겠지요. 허허허."

몽주 : "이만 가 집에 가 보겠읍니다."

태조 : "아니요. 아즉 좀 더 있다 가시오. 大監과 이야기 하고 있으면, 다리가 앞운 것도 죄-다 잊어버립니다."

몽주 : "쉬 낫도록 하시오. 낫거든 낙수질이나 갑시다."

하고 문을 연다. 太祖 일어나려 하는 것을 夢周 억제로 도루 눅히고 門 밖으로 나온다.

태종 : "와 주셔서 大端히 고맙습니다."
　몽주 : "오래간만에 맞나 둘이 이야기하다 보니 퍽 늦었네. 그러면
　　　　　곳 가겠네."
　태종 : "安寧히 가십시오."
하고 그 뒤를 딸은다. 사랑 門을 나가 마루를 나렷스려할 때 趙浚과 南誾이 에잇 하고 칼로 날여친다. 夢周 조곰 몸을 주춤하고 칼 든 사람이 누구인가를 보고,
　몽주 : "이 놈들. 어듸를 敢히―."
　趙浚이 몸을 물을 날여 칼을 나려치려할 때, 별안간 녹사가 내달아 그 소매를 탁 친다. 칼은 땅에 떨어진다. 南誾이가 칼을 둘너메니 녹사가 南誾의 등덜미를 감어쥐고 동댕이질을 친다. 夢周, 뒤에 슨 太宗을 보고,
　몽주 : "나는 느의 아버지의 親舊다. 느의 아버지 病을 慰問 온 손님
　　　　　이다. 이 다음부터는 禮儀를 조금은 지키도록 하여라."
하고 悠悠히 나가 말 우에 올는다. 녹사는 적매를 잡고 달여간다. 趙浚 南誾이 멀거니 이것을 발아본다.
　태종 : "늙은이 中에는 第一 지독한 늙은이다. 어서 이리이리로 모
　　　　　여 저 놈이 늙은이 處置할 方法을 生覺합시다."

◎ 오늘 日勢가 不順하다
　○ 太祖之家로부터 大家까지의 途中
　夢周는 조고마한 말 우에 올넜다. 綠事인 A는 정마 잡고 앞서서 채죽을 둘너미고,
　A : "李侍中은 어떤 貌樣입니가."
　夢周 : "대단히 많이 다첫드라. 그 뚝뚝하고 괄괄한 이도 요 우에서
　　　　　일어나지 못하고 들어누은 채 나와 이야기하였다. 나는 數

十年 두고 李侍中과 사귀여 왓스나 그처럼 負傷하여 누어 잇는 것을 보는 것은 이번이 처음이다."
A : "그래, 무슨 別달은 일은 업섯습니가."
몽주 : "아모 別달은 일은 업섯다. 생각햇든 대로 꼭 그대로엿다."
A : "그러면 芳遠이가 정말로—."
몽주 : "나는 太祖와는 동무며 원수다. 太祖는 太祖는 敢히 나를 어떻게 못한다. 그러나 芳遠이는 처음부터 끝까지 원수다. 나와는 한 때 한 땅 우에 똑같이는 살지 못할 不戴天의 원수다. 머지않어 芳遠이는 나를 어떻게고 할 것이다. 나를 죽여버리든지, 나의 사지를 찢어버리든지—."
A : "芳遠이란 놈이! 그저 그 놈을!"
몽주 : "싯-. 말을 함부루 하지 마러라. 芳遠이는 영웅이다. 卽今 이 高麗에 芳遠이를 當해낼 사람은 한 사람도 없다. 젊은 사람들은 더구나 武科의 젊은 사람들은 누구나 芳遠이를 딸우고 잇다. 高麗의 未來는 芳遠의 손에 잇다. 이러한 아들을 둔 李侍中이야말로 아들을 잘 두엇다고 하겟다."
A : "그 놈의 芳遠이를 왜 안 죽입니가. 大監이 죽이시랴고 하시면 죽일 수도 잇을 것 안입니가."
몽수 : "내가 芳遠이를 죽여, 그것은 어림도 업는 소리다. 나는 사람을 죽이지는 못한다."
A : "안 죽이면 大監이—."
몽주 : "그래도 나는 사람은 못 죽인다. 남을 죽이지 않으면 안되는 때에는 나는 내 몸을 죽이겟다. 나는 오날까지 이러케 배워오고 이러케 사러왓다. 卽今 高麗의 百姓들이 多小라도 나를 조대하여 侍中의 자리에 있게하는 것은 내가 사람을 잘 죽여서가 아니다. 서로 和睦하도록 서로 서로를 돕도록 아

르키고 引導하는 것이 내의 職務다. 사람을 속이고 사람을 죽이는 일은 專혀 李侍中의 일이다. 아니 그의 아들 芳遠이의 일이다. 鄭夢周는 언제나 鄭夢周여야 한다. 永遠히 變치 안는 鄭夢周여야 한다. 남을 죽이지 안코 제 몸을 죽이는 것이 내의 生命이다. 제 몸을 피투셍이 하는 곳에만 鄭夢周는 살어 잇는 것이다."

A : "大監. 大監의 넓고 깊우신 마음은 지가 數十年間 두고 적거나 려온 것입니다. 大監은 사람을 죽일 사람은 아니십니다. 그것은 저도 잘 압니다. 아니, 이 高麗 百姓이 다 잘 압니다. 그러나 卽今은 때가 때입니다. 大監의 一身에는 高麗의 興亡이 달여 잇습니다. 萬若 大監이 李侍中이나 芳遠한테 돌어가신다면 이 高麗는 李氏네 손에 넘어가고 말 것입니다. 한 나라의 興亡을 눈 앞에 보고 그저 앉어 죽엄을 기다리시랴 하십니가. 안됨니다. 안됨니다. 죽기가 매 일반이랴면 몸에 칼이 꼬처 목숨이 달어날 때까지 이를 갈고 싸워야 합니다. 그 놈들을 아니 죽여야 합니다."

몽주 : "내가 萬若 芳遠같은 사람이라면, 그렇다면 그도 或 몰으는 일이다. 그러나 나는 芳遠이 아니고 鄭夢周다. 鄭夢周다. 너는—."

A : "싯!!!"

A, 말꼽비를 잡어단겨 말을 멈추고 가만한 소리로,

A : "원 놈이 고개를 빼주하니 들어 이 곳을 엿보고는 그도리 숨어버렸습니다."

몽주 : "설마 어떻게니? 어서 가자—."

A : "아닙니다. 지가 왼 놈인가 알어보겠습니다."

A, 칼을 빼여들고 욱어진 숩풀에 닥아스며,

A : "누구냐!! 누구냐!"
― : "……."
A : "안 나올테냐. 왼 놈이냐."
― : "……."
A : "안 나오면 이 칼로 칠테다, 이 놈! 왼 놈이 鄭侍中의 가시는 길을 엿보느냐!"
― : "싯―."
가만히, 그러나 날카로운 소리와 함긔 微服한 T가 머리만 삐쭈하니 내 든다. 그리고 제 옆으로 오라고 손짓을 한다. A는 너무나 意外의 일에 칼을 든 채 T의 옆으로 걸어간다.
T : "卽今 내가 急히 鄭侍中한테 여쭐 말슴이 있으니 빨이 가서 모시고 오너라. 아무도 몰으게. 秘密히 하여야 한다. 그리고 너도 말을 끌고 이 숲에 숨어서 누가 오지나 안나 망을 좀 보아라."
A : "정말입니가."
T : "정말이다. 다시 없이 큰일이다. 어서 빨이 모시고 오너라!"
A는 그대로 鄭夢周 있는 곳으로 간다. T는 크―게 긴 한숨을 쉰다. 머리 우에서 새소리가 한거하게 들여온다.
몽수 : "야! 仲良요."
夢周, 平時에 집에서나 만낫듯한 語調로 仲良 앞으로 닥아슨다.
卞仲良 : "길가에서 이처럼 가시는 길을 막어 大端히 罪悚스럽읍니다. 그러나 일이 너무 急한 일이라 하는 수 업섯습니다. 어서 이 쪽으로 안어주시요."
夢周는 T가 하라는 대로 길에서 안보이는 나무 그늘 밑으로 주저안는다. 이 때 A도 말을 끌고 숲속으로 들어서서 서 잇스랴 하는 말을 억제로 꿀어앉히고 저도 그 옆에 안는다.

T : "지난 번 李侍中의 생신날 그 집에서 불느신 時調가 그것이 마 즈막 다짐이였습니다. 一百번 죽어도 變치 못하겟다는 時調 는 그들에게 最後의 決心을 하게 만든 것입니다. 그들은 다 만 조혼 機會만 엿보고 잇습니다. 그들의 칼은 언제나 先生 님만 노리고 잇섯습니다."

몽주 : "글세, 온 그랫섯든가—."

T : "글세, 그랫섯든가가 무엇입니가. 칼로 노리는 이들이 이 松都 에도 몇 백이 되는지 몰으는데, 그런 泰平한 소리를 하십이 가. 그러나 이가짓거야 어쨰든 오늘 말슴입니다. 오늘 큰일 낫습니다."

몽주 : "큰일은 무엇이 큰일이여. 나는 여기 이렇게 살어잇지 안나. 泰平하게 살어 잇지 안나. 나를 죽이랴고 노리는 사람이 잇 다면 죽이랴 하는 사람이 금심하겟지. 죽을 사람이 근심할 것이야 무엇인나. 죽엄이 무엇이 무서운가. 더구나 罪업시 죽을 때에야—. 죽엄을 무서워 할 때에는 그 사람은 벌서 죽 은 사람이다. 죽엄은 다만 삶의 延長이라고 나는 깊이 믿고 살고 잇다. 그리고 나는 이것을 느의들에게도 갈으킨 것이 아니였드냐."

T : "先生님. 그러치만 卽今은 갈으키고 배울 때가 아닙니다. 오늘 先生님께서 李侍中之宅에 오실 것은 그들도 아조 生覺잔튼 이였습니다. 그러나 그것은 또 그들에게 다시 업는 좋은 機 會엿습니다. 芳遠을 中心으로 趙浚, ○○, ○○ 等이 함기 꾀하여 오늘 바로 그 자리에서 일을 決行해 버리려 하엿슴 니다. 다만 A의 勇猛과 李侍中의 疾患으로 그것을 實行하 지 못하엿슬뿐입니다. 그럴 때 趙英珪가 돌아가시는 길에서 處致해 버리자는 計策을 말하고 芳遠도 이것을 贊成하여

우리들은 그대로 헤저서 下回나 보기로 하고 芳遠과 英珪는 둘이 秘密히 더 論議하러 엽房으로 갓습니다. 그네들이 창과 칼을 들고 어데서 기달이는지도 저도 몰습니다. 그렇지만 宅에 가시는 途中에 어데서고 기달이고 있는 것은 確實합니다. 몇 사람이나 되는지는 몰음니다. 그러나 趙英珪 외 四五人이 一團이 되었을 것이라 이냥 가시다가는 到底히 禍를 면할 수 없읍니다. 先生님은 그여히 그들의 칼 끝에 - 그만."

몽주 : "음─. 生覺했든 대로구나. 음─."

T : "저는 幸인지, 不幸인지 李侍中의 伯氏 되시는 成桂氏의 사우가 되어 그 坐席에 參席하지 않으면 안될 運命에 있었읍니다. 저는 그들과 함기 그 秘密 機會에 參席하여 先生님의 못뵈일 議論을 하였습니다. 제의 앞에는 두 갈내의 길 — 先生님을 딸으느냐! 妻家인 李氏家를 딸으느냐 — 이 두 갈내길에 있었읍니다. 어느 길을 取하여야 할 것인가, 저는 이 두 갈내길을 한 번에 것지 않으면 안되는 運命에 있었읍니다. 그러나 아모리 하여도, 한 번에 두 갈내길을 걸을 수는 없었읍니다. 저는 이번처럼 煩悶한 적은 없었읍니다. 저는 太宗의 눈을 몇 번이나 쳐다보았읍니다. 아- 芳遠의 눈! 그 눈은 눈앞에 닥쳐온 殺人에 充血되여 毒蛇 눈처럼 몸이 부르를 떨이는 것이였읍니다. 芳遠은 會가 끝나 헤여질 때 萬若 이 中에 여기서 한 이야기를 한 마디라도 입 밖에 내는 자가 있다면 그 놈의 목도 夢周의 목과 같으리라 하고 옆눈으로 날카럽게 나를 보았읍니다. 나는 그처럼 무서운 눈을 본 적은 없었습니다."

몽주 : "芳遠의 눈은 이 高麗에서 第一 무서운 눈이다. 그의 눈에는

범의 눈처럼 殺氣가 등등하다. 卽今 이 高麗를 그 무서운 눈이 노리고 있다. 왼 高麗가 그 무서운 눈 앞에 몸을 벌벌 떨고 있다. 너도 그 中에 한 사람이다. 鄭道傳 趙浚의 무리는 호랑이 소리만 듣고 벌서 업풀어저 섰든 것이다.

高麗의 運命도 頃刻에 있다. 활도 칼도 두 빼았긴 사람의 山中에서 亂暴한 호랑이를 맛났을 때 그 사람의 運命에 어떨 것인가는 너무나 明白하다.

나는 高麗가 이러한 運命에 일으지 않도록 數十年間 두고 싸웠다. 오늘까지―. 내 몸숨이 붙어있는 때까지는 싸울 것이다. 그러나 運命은 如前히 運命이며, 天命은 如前히 天命이다. 나는 다만 人力을 다하야 天命을 기달일 뿐이다. 天命을 기달일 뿐이다."

T : "先生님, 저 두 길 中에 어느 길을 取할 것인가요. 어느 길을 걸어야―."

몽주 : "그것을 아는 사람은 내가 아니고, 너다. 네 自身이다."

T : "제가 先生님께 秘密을 말슴 들인 事實은 未久에 그들에게도 알여질 것입니다. 더구나 그 무서운 芳遠에게도. 그러한 때 저는 어떻게 하여야 할까요. 저는 그것을 生覺만 하여도 무서우집니다."

몽주 : "내는 네가 그 秘密을 알여준 것을 고맙게 生覺한다. 그러나 나는 네의 말을 들었다고 어데로 逃亡하거나 하지는 않겠다. 네의 말을 듣기 前에나 들은 後에나 내의 行할 바는 똑같다. 나의 걸어갈 길은 똑같다. 내의 길은 언제나 變함 없는 외가닥 길이기 때문이다. 그러면 이만 헤지자!"

T : "先生님. 그것은 안되십니다. 집에 일으시기 前에―."

몽주 : "念慮 마러라. 千萬名이 있어도 나는 간다. 나는 나의 길을

간다."

T : "그러면 先生님 저는 어떻게 하여야―."

몽주 : "나는 네의 先生이다. 나는 너에게 무엇이고 알으켜야 하겠지. 나는 내 自身을 느의들에게 알으키려 한다. 내 自身 속에서 느의들은 무엇이고를 배워라. 네의 앞에 있는 두 갈내 길 中에 어느 길을 取할 것인가. 그것은 나도 몰은다. 다만 나는 내 自身 속에서 느의들은 各各 무엇이고를 배우라는 말을 뒤푸리할 뿐이다. A야! A야! ― 어서 가자."

A, 말을 끌고 길바닥 있는 데로 나간다. 夢周, 그 곳을 가려하니 T는 그의 소매를 잡으며 땅에 쓸어저 운다. 夢周는 발을 돌이며 손으로 T의 머리를 어루만지며,

몽주 : "사람은 살어야 한다. 죽어서는 못 쓴다. 다만 사람은 왜 살지 않으면 안되느냐를 생각할 때 삶과 죽엄 以上되는 보다 더 높은 그 무슨 意義를 發見한다. 여기에 일으면 삶도 삶이 아이요, 죽엄도 죽엄이 아니다. 高麗의 왼 百姓은 卽今 죽엄을 둘여워 하고, 무서움에 몸을 벌벌 떨고 있다. 나는 느의들에게 죽엄이 둘여울 것 없음을 보여주고저 한다. 무서움을 안 가즌 사람이 여기 한 사람 있음을 보여주고저 함이다. 너는 어서 네 집으로 돌어가 네의 몸을 保全하여라! 나는 내의 길을 걸어야 하겠다."

夢周 몸을 돌이여 말 우에 올는다. 정마 잡은 A는 채죽을 높이 들어 말을 몬다. 숲울 사이에서 T는 몸을 일우쿠어 感激과 興奮으로 高潮된 얼골로 그 뒤 그림자를 발아본다.

◎ 산과 나무

○ 柳源에 집에서

夢周, 집으로 돌아가는 길 옆에 있는 柳源의 집에 각가히 일흔다. 海州서 맞어죽은 柳源의 장사는 벌서 그 전에 지냈다.

몽주 : "柳源은 참으로 악가운 사람이였다."

녹사 : "저도 언제나 그 양반은 존경하고 있었읍니다."

몽주 : "오늘, 그 집에 暫間 들어가자."

녹사 : "그 집에서도 반가워 할 것입니다."

둘은 말을 달이여 그 집에 일은다. 夢周는 말에서 날이고 녹사 안으로 들어가 鄭侍中께서 오시였다고 여쭌다. 七八歲밖에 안되는 어린 少年이 나온다.

몽주 : "主人 兩班은 어데 가셨니."

소년 : "제가 主人입니다."

몽주 : "네가 主人이여."

소년 : "네. 제가 主人입니다."

夢周, 두 팔을 내밀어 이 어린 少年을 덤석 앉어가지고,

몽주 : "너 올해 몇 살이냐."

소년 : "여덜 살이요."

몽주 : "어서 들어가자."

夢周 少年을 안고 사랑방으로 들어간다. 夢周, 문을 열어 잭키고,

몽주 : "네 저 나무를 보아라. 너는 저 나무가 더 크겠니, 저 근네 보이는 山이 더 크겠니. 어떤 것이 더 크겠니?"

소년 : "그야 山이 더 큰지요. 머—."

몽주 : "山이 더 큰지, 산이 꼭 더 크다. — 그러치만 너 여기서 저 나무하고 山하구를 배바라. 어던 게 더 커 보이니."

소년 : "여기서 봄에는 나무가 하날 우에까지 자랐으닛가 나무가 더

큰 것 같이 보이지요. 머—."
몽주 : "그래도 山이 더 크냐!"
소년 : "그래도 山이 더 크지요. 머— 이까지 나무에야 번적하면 올
　　　너가지만 저 山에는 아즉 한 번도 올너가 본 적이 없어요."
몽주 : "너는 참 잘있다. 너는 똑똑한 아이다. 너는 여기서 보기에
　　　나무가 저 山보다 높은 것 같다고 나무한테 속으면 안된다.
　　　山은 언제나 나무보다 높다."
소년 : "저는 안 속어요—."
몽주 : "그래, 그래. 너는 그것을 잊어버리지 말고 꼭 오여 두어라."
소년 : "그것을 오여서 무었에 쓰나요."
몽주 : "크면 차차로 쓸 데가 나슨다. 참, 네가 主人이랫지. 主人이면
　　　主人 노릇을 하여야지."
소년 : "主人 노릇은 어떻게 하우. 난 아즉 해본 적이 없어서 잘 몰
　　　너요."
몽주 : "손님이 오면 술을 내오는 법이여."
소년 : "그람 이 안에 가서 술을 내올 테니 앉어 게시우."
하고 少年 안으로 들어간다. 夢周 그 뒤 姿態를 보고 아차러운 맘을
禁하지 못한다.
　少年, 안으로 들어가,
소년 : "손님 오셨으니 어머니, 어서 술을 차려주시오."
母 : "그라잔어도 卽今 차린다. 오서 오신 손님이라구 하시데."
소년 : "그것은 안 물어보았서요."
母 : "緘字는 무었이라 하시데."
소년 : "그것도 안 물어보았서요."
母 : "손님이 오시면 그런 것을 물어보는 法이다."
소년 : "그람, 내가 나가서 물어가지고 올까요."

母 : "이번은 그만 두어라. 내가 먼저 알고 있다. 鄭夢周라구 하시는 분이다. 말할 수 없이 훌융하신 분이다. 느의 아버지도 先生님이라고 하였다. 너도 가서 先生님이라고 하구 글 좀 아르켜 달나고 해라."

소년 : "그런데 참 어머니, 나무가 더 크오, 山이 더 크오."

母 : "애가 변안간 그게 무슨 소리여. 山이 더 크지, 말해 무었하니."

소년 : "그람 어머니도 똑똑하구먼요. 난 나가볼 테요."

母 : "아니, 누가 그런 말슴하시든냐."

소년 : "사랑에 온 손님이요. 그리고 그것을 꼭 외여두라구 하셨어요."

少年은 사랑으로 나간다. 녹사는 부엌일을 같이 거든다. 그라는 동안에 술상을 차려가지고 녹사를 준다. 녹사 받어가지고 사랑房으로 가지고 간다.

녹사 : "主人은 없어소 많이 잡수시랍니다."

몽주 : "많이 먹기는 하겠는데 오늘 술은 꼭 主人이 게서야 먹겠다고 여쭈어라."

녹사 : "그러면 婦人더러 나오시라는 말슴입니가."

녹사 들어간다.

柳源의 부인이 녹사를 딸어 나온다.

소년 : "손님이 오시면 어머니도 나오시는 法인가?"

婦人 : "오늘 손님은 特別한 손님이다. 왜 나오라시였나 손님께 여쭈어 보아라!"

소년 : "우리 어머니를 왜 나오라셨수."

몽주 : "그것은 다름이 아니라, 내가 前에도 퍽 자조 와서 술을 많이 얻어먹고 醜狀도 많이 뵈였었는데, 오늘 아조 잔득 먹고서 醜態도 쏟어놀대로 죄-다 쏘더놓고 아조 마즈막을 만들라

하고 나오시란 것이라구 여쭈어라."
소년 : "너머 찔어서 다 몰느겠어요. 무렁 어머니도 옆에 게시니가 알어들으시었을테지. 어머니 알어들으시었지요?"
母 : "그래 알어들었다. 그런데 이번을 마즈막 짓지 말고, 이 다음에도 前과 같이 자조자조 오시라고 여쭈어라."
소년 : "손님 알어들었지요."
몽주 : "음. 알어들었다. 오고는 싶으나, 必然코 딴 먼 데로 가기 또래 아마 못오리라고 여쭈어라."
이라는 동안에도 술이 작고 딸우고 마시고 한다.
모 : "딴데 어데를 가시느냐고 여쭈어라."
몽주 : "나이가 많어 아마 柳公이 간 곳에 가기가 쉽다고 여쭈어라."
母는 깜짝 놀난다. 그리고 눈물을 씻는다.
소년 : "어머니 왜 우시오. 손님이 오시면 우는 法이요. 그러면 나도 울가. 엥엥엥."
몽주 : "손님이 있는 때에는 안 우는 법이다. 느의 어머님이 어데 우시니."

○ 善竹橋로 가는 길
趙英珪, 趙英茂, 高呂 李敷 等의 무리 쇠도리개를 멘 놈, 칼을 둘식이나 찬 놈, 활을 멘 놈, 善竹橋로 向하여 걸어간다.
英珪 : "오늘은 그여코 그 놈을 녹여버리는구나—."
高呂 : "녹사 녀석도 또 딸어올테지—."
영규 : "딸어오면 그 놈마저 녹혀 버리지 머. 걱정이 무어여. 쇠도리깨 한 대면 그만인걸—."
고여 : "別놈이 다 만치. 卽 鄭가놈한테 무엇이 빨게 있다구 그 놈을 딸우고 있어. 서러베아들놈…."

이리하여 一行은 善竹橋에 일으러 모다 자리를 定하고 몸을 숨기여 夢周 오기만 기달인다.

○ 다시 柳源의 집
夢周, 술이 얼골에 올느도록 잔득 醉하였다.
녹사 : "언저 그만 잡수시오. 몸에 해롭습니다."
몽주 : "음. 그래. 그람 그만 먹자. 어서 집에 가자. 말을 갔다 세워라!"
빗쓸빗쓸하며 자리를 일어슨다. 少年과 그의 어머니도 딸어 나슨다.
夢周 나구를 꺽구루 잡어타고
몽주 : "어서 가자!"
녹사 : "大監! 꺽구로 타시였읍니다."
몽주 : "괜찬다. 어서 가자."
녹사 : "大監도 오늘은 作亂을 다 하십니다. 술을 그렇게 많이 잡수고 말을 꺽구로 타고—."
몽주 : "父母님 손으로 고히고히 자란 몸을 오늘이야말로 되잔은 것들에게 칼을 받을 테니 本精神 갖이고서야 어찌 敢히 눈을 감겠니. 그 되잔은 것들을 어찌 面을 서로 맛대고 볼 수 있게니. 차라리 뒤로 보는 것이 낫겠다. 자! 어서 가자."
녹사, 챗죽으로 말 궁뎅이를 치며 달여간다. 少年과 어멈 눈물을 흘리며 멀이멀이 발아본다.

◎ 정몽주의 最後

○ 善竹橋
芳遠의 命을 받어가지고 이 다리에 와서 기달이고 있는 趙英珪 趙英茂 高呂 李敷 等의 무리 벌서 점심 때부터 와서 기달이였다. 그러나

鄭夢周가 도모지 오지 않음으로 기달이는 데 실증이 나서,
　李敷 : "그것 봅시오. 죽는다는 데 오는 놈이 어데 있읍니가. 鄭夢周는 사람 아닙니가. 鄭夢周라고 칼로 목을 비여서 안 비여지겠읍니가. 죽는 마당에 일으러서는 누구나 別 수 없읍니다."
　英珪 : "글세 왜 이렇게 안 오는지 몰으겠다. 中間에서 도망 갈 이치는 없는데."
　高呂 : "中間에서 도망 갔는지는 누가 압니가. 오다가 벌서 눈치를 채고서 도망갔는지도 몰늡니다."
　英茂 : "인제는 기달이다 기달이다 목이 빳이게 기달여 빼가 절여지는 것 같은데, 원세, 사람 기달이란—."
　이부 : "우리 그만 가싶이다. 암만 해도 오다가 도망한 것 같은데 그것을 空然히 여기서 기달이면 무었합니가."
　영무 : "나도 인제는 더 못 기달이겠다."
　고여 : "그렇기 오래 누가 안 일늡니가. 孔子니 孟子니가 다 무었에 쓰며 天命이니, 仁이니, 禮니가 무에 말너비트러진 것이냐고—. 事實입니다. 그저 사람은 나야 되지, 우리 李侍中이니 그 아드님이나 같이 그저 사람이 잘 나야지. 孔子 孟子만 제 하래비 爲하듯하면 무었합니가. 그 속에서 밥이 나옵니가, 떡이 나옵니가. 孔子를 祖上하듯 爲한다고 맞어 죽을 것을 안 맞어죽겠오. 이번 鄭夢周가 오기만 왔드라면 그 꼴닥신이가 볼 만할 것을."
　이부 : "그만 가싶이다."
　영규 : "조곰만 더 기달여 보자."
　이부 : "이만하면 많이 기달였지. 더 기달여 무었합니가. 벌서 저녁 때가 다 되어갑니다."
　영규 : "그러치만 芳遠께서 아조 신신부탁을 하신 일이다. 이번에

　　　　는 꼭 죽이고 오라고—. 前예 한 번 내가 失敗한 일도 있고
　　　　해서 이번에 또 못 죽이고 가면 내 自身이 어떻게 되는지
　　　　몰는다."
　　영무 : "정작 죽을 놈이 와야 죽이지. 죽을 놈이 안·오는 것을 무었
　　　　을 죽이란 말이요."
　一轉하여 柳源의 집에 있는 便에서 善竹橋를 向해 오는 夢周와 녹사. 두 갈내로 된 길에 이르러 녹사 말을 善竹橋로 가는 데로 몰지 않고 딴 길로 몬다.
　　몽주 : "이것 어째 길이 닯는 것 같고나."
　　녹사 : "……."
　　몽주 : "내가 술이 醉해서 그런가. 아니다. 암만 해도 닯느다. 어서
　　　　집으로 가는 길로 가자."
　　녹사 : "집에 가는 길로 가면 집에 못 가십니다."
　　몽주 : "내가 醉하기는 하였어도 틀이지는 않았구나. 자— 다시 말머
　　　　리를 돌이여라."
　　녹사 : "이대로 그냥 가십시다."
　　몽주 : "안된다. 絶對로 안된다."
　　녹사 : "大監!"
　녹사, 말곱비를 쥔 채 말 우에 夢周를 어루만지며 흘흘 느껴 울며,
　　녹사 : "저는 오는 길에서 몃 생각했읍니다. 그러나 생가하면 생각
　　　　할사록 분해 죽겠읍니다. 大監이 무슨 罪가 있읍니가. 大監
　　　　같은 兩班을 죽이러 덤비는 놈들이 그까지것들이 사람입니
　　　　가. 그까지 사람 갓자는 것들을 사람으로 待接해서 무었합
　　　　니가. 臨時 잠간 避하는 것이 좋읍니다."
　　몽주 : "그것이 무슨 소리냐. 너는 죽엄이 무서우냐. 죽는 판이 되니
　　　　몸이 떨여지느냐. 무섭거든 가거라. 언제든지 가도 좋다. 자

어서 말꼬비를 내던지고 가거라!"
녹사 : "大監! 저는 죽엄은 손톱만치도 무섭지 않읍니다. 그러치만 그따위들 손에 죽는다 生覺하니 憤해 죽겠습니다.
몽주 : "너는 그네들을 보고 그 따위 사람들이라고 辱만 하지만, 우리는 또 무었이 난게 있니. 다- 어리석고 벤벤찬코 미려한 것들이다. 자! 가자."
녹사, 꼴비를 재처 말머리를 돌이고 善竹橋로 向한다.
몽주 : "날이 절어서 가는구나."
녹사 : "머지 않어 어두어질 것입니다."
몽주 : "柳源이가 卽今 나를 기달이고 있겠다. 어서어서 가자!"
녹사 : "아니, 저 놈들이 저기 늘어 있읍니다."
발을 멈추고 夢周에게 속삭인다.
몽주 : "어서 가자. 있으면 어떻고 없으면 어떠냐. 나에게는 뜬구름과 같다는 孔子님의 말슴이 꼭 맏느니라."
녹사 : "저 놈들! 아- 저 놈들 보싶이요. 쇠도리깨를 둘너메고 칼을 빼들었읍니다."
몽주 : "살었다 죽었다- 이것이 人生이다."
말이 다리를 中間쯤 건늣실 때 趙英珪 달여들여 둘너메였두 쇠도리깨로 夢周를 넘겨친다. 녹사 날싸게 달여들어 몸으로 夢周를 막는다. 쇠도리깨는 녹사의 머리 우에 날여저 냇다 피가 튀며 쓸어진다. 李敷의 칼로 말머리를 휘갈인다.
말이 깜작 놀나 뒤로 물너날 때 夢周 말 우에서 떨어진다.
英珪, 다시 쇠도리개를 둘너매에 夢周를 나려친다. 피가 飛散한다.[2]

[미발표원고]

---

[2] 편자 주 : 이하 원고가 유실되어 이후의 내용은 알 수 없다. 그렇지만 이야기의 줄거리가 거의 끝났다는 점에서 유실된 원고의 분량은 그리 많지 않을 듯하다.

小說 빵떡

歸鄕 (一)

 웅골같은 산꼴 속에서 누구고 서울 구경을 하고 왔다면 아모리 하여도 그 소문이 퍼지지 않을 수 없다. 그러나 그것도 동이에서 제일 형세도 낫고 앞들에 있는 서울 사람 땅의 사음도 보고 雄洞里 구장도 보고 하는 구장 양반같은 이가 서울 갔다 왔다먼야 그것은 으레히 그럴 일이라 別로 문제도 되지 않치만, 김부귀(金富貴)가 서울 구경을 하고 왔대서야 적어도 한 번은 그 동이에서 야단벅석이 안 일어나지는 못한다.
 그러나 그러면 그렇게도 김부귀는 남만 못한 사람이고, 하치 못한 인간인가? 絶對로 그렇게 남만 못한 사람도 아니고, 하치 못한 人間도 아니다. 이 웅골 사십호 중에서 양반은 불쾌 대여섯 집밖에 안되는데, 부귀네는 그 양반들 중에서도 가장 버젓한 양반이다. 지금은 형세가 밧삭 줄어서 세력이 없지만, 양반만오로 따진다면 區長 양반네도 이 부귀네만 어림없다는 것이다. 게다가 부귀는 보통학교도 졸업하여 있다. 물논 사년 졸업이였지만ㅡ. 웅골이라는 동이가 워낙이 산골이 되여서 第一 각가운 학교가 이십 리나 떨어져 있음으로 보통학교 졸업한 사람도 삼사 명에 불과하다. 높은 학교는 지금 구장 양반네 둘재 아들이 서울 가서 삼년 전부터 단이고 있을 뿐이다.
 여하튼 부귀는 양반이고, 학교 공부도 하였고, 또 몸이 어데고 남보다 시원찮은 데도 없다. 가령 다리를 전다든가, 팔병신이라든가, 말을 더듬는다든가―. 부귀는 이러한 당당한 양반에 집에 태여난 사지가 말정한 젊은 아이다.

그러면 이러한 부귀가 동이 사람들의 놀임 가마니가 되어 있는 것은 도대체 어쩐 연고냐? ― 이 이유를 설명하기는 적잔히 어려운 일일 것이다. 그러나 사실은 어데까지도 사실이다. 분명히 부귀는 사람들의 놀임 가마니가 되었다.

동이 사람들이 부귀의 흉을 보고 깐이보는 第一의 조건은 부귀가 학교 졸업을 하고서도 시골에 처백혀 생일을 하고 있다는 일일 것이다. 학교 졸업을 하였으면 하다못하여 면소 '고쓰가이'가 되더라도 지개를 안 지는 것이 공부한 보람일 텐, 부귀는 못 생기게도 그런 관공서의 '고스가이' 노릇도 못하고, 그 스투룬 엿벡이 생일을 하느라고 똥이 끓을 지경이다. 이것이 못 생긴 짓이 아니고 무엇이냐.

그리고 또 한가지 깐이보이는 조건은 부귀가 열아홉 살이나 되도록 장가를 못 들어, 아즉도 애로 있다는 일이다. 남의 집 머슴사리를 하고 지낸다면 여사의 일이지만, 부귀는 이 동이에서는 이렇다는 양반으로, 살임이야 그리 넉넉지 못하지만 그래도 제 집을 가지고 살임을 해 나가면서 열아홉 먹도록 총각 노릇을 한다는 것은 아모리 하여도 부귀가 벤벤찬코 못난 탓이다. 더구나 아버지 어머니를 일즉 여이고, 할머니만 모시는 외로운 몸으로써 그 늙은 할머니를 언저까지든지 밥을 짓게 하고 수고를 끼치는 것은 자손된 도리에 억으러지는 괫심한 짓이다.

이리하야 학교 졸업을 하였고 양반이고 한 조흔 조건이 도리혀 반장용을 하여, 학교를 졸업 맞고서도 양반이고서도― 로 되어 동이 사람들의, 더구나 가튼 또래의 젊은 아이들의 놀임 가마니가 되고 깐이보이게 된 것이다.

부귀의 별명은 '눈갈망난이'다. 사람들이 놀이고 벅석들을 대면 그 커드란 허연 눈갈을 냇다 부루뜨고 노려보기 때문이다. 쑹이 나면 물논 욕도 해 붙이고, 주먹을 들고 덤벼도 들지만, 대개는 이 흘기는 것으로 만족한다. 그의 넙죽한 입을 저도 몰느게 벌눔거리기는 하지만.

동이에서 제일 작난구렉인 대봉(大鳳)이니, 칠룡(七龍)이니 하는 젊은 애들은 부귀를 맛나기만 하면 으레끈,

"이 자식이 왜 똑 쇠눈갈같은 눈갈로 남을 흘겨봐."
하며, 그의 뺨을 덜크덕 후려친다.

"이 자식아! 내가 운제 너한테 눈을 흘겼서."
하고 부귀는 그제서 정말로 그 커드란 허연 눈갈을 부루뜬다.

"아―. 이것이 눈을 흘기는 것이 아니고 무어여. 이 눈갈망난아!"
하면서 그들은 다시 한 번 덜크덕 뺨을 친다.

"천하 망할 놈의 개자식!"

그러나 부귀는 이 언제나 하는 욕을 한 마듸하고 얻어마즌 뺨을 슬슬 만지며 눈을 흘키고만 있다. 그러나 속으로는 이것이 저 놈들이 학교 공부도 못하고 또 상놈의 씨인 탓이다 ― 넷까지 인간같잖은 것들을 누가 가릴 줄 아느냐 ― 하고, 속우슴을 웃고 있는 것이다. 부귀는 이 때까지 한 번일지라도 제 자신을 대봉이니 칠용이니 하는 녀석들과 가튼 줄에 있다고 생각해 적은 없다. 제 환경이 나빠서 그렇치 게제만 되면, 때만 오면, 언제든지 헐신 높은 데로 올너 뛸 사람이라 생각했다. ― 이 신념은 한 번도 입 밖에는 내지 않었지만, 그― 전부터 가지고 나려오는 신념이다.

그러나 대봉이니 칠용이니 하는 녀석들 편에서 보면 부귀의 이 태도 ― 뺨을 맞고도 눈만 흘기고 나는 느까지짓 것들은 사람으로도 안 안다는 듯한 ― 이 안하무인의 태도가 도모지 비위에 맞이 않었다. 그리하야 뺨을 두서너 개 친 것으로 만족하지 않고 부귀가 정말로 쑹을 내어 속으로만 가지고 있는 그 거만한 자손심을 뚝 꺼꺼버릴여고 팔을

냇다 비틀어 '아이구 아야' 소리를 내든지, 모가지를 꽉 눌너 '아이고 어머니' ─사실은 어머니도 없으면서─ 소리를 내든지 하야 정말로 앞으게 하여 가지고,

"내가 네 할미하고, 그렇구 그렇치."

하고, 최후의 다짐을 받는다. 부귀는 그만 급해서,

"그래, 그래. 우리 할미하고 그렇구 그렇다."

대답해 버린다.

그러나 이것도 팔만 놓고 목만 놓와 앞우지만 않으며, 바로 호과가 없어진다. 부귀는 바로 나는 네까짓 걸들과 같은 인간은 아니다─ 하는 자손심을 바로 회복해 버린다.

이러한 부귀다. 이러한 부귀가 서울 구경을 갔다 왔다니 어째 동이에 야단이 안 나겠느냐. 야담벅적이 안 난다면 도리혀 이상한 일일 것이다. 여하튼 부귀가 서울 구경을─ 이 동이에서는 구장 양반밖에 못한 서울 구경을 하고 온 것은 부귀 자신뿐 아니라, 이동이 역사상에 그대로 관과 못할 커드란 사건이라 안이할 수 없다.

부귀는 그전부터 혹은 보통학교를 졸업하든 해부터 서울을 한 번 가보리라고 벨누고 있었든 것이다. 고 속에는 시골 사람들이 누구나 그저 서울 구경을 했으면 하는 막연한 동게도 있었지만, 그보다도 학교를 졸업하고 늦게 배운 잇백이 생일이라, 농사일 해 나가기가 여간 고되고 힘들지 않어 어떻게든지 하여 이 생일을 집어치우자 하는 쓰라린 사정에서 나온 것이다. 동이 사람들이 학교 졸업하고서 생일한다고 흉들을 보고 깐이들보는 것도 비위에 거슬이지 안는 것은 아니다. 생일 자체가 사실에 있어 참어 나가지 못할 몸서리나는 된일이였다. 그리하야 부귀는 구장 양반네 둘재 아들이 서울 높은 학교을 들게 되자, 방학이 되어 웅골에 돌아오기만 하면 서울에 어데고 취직을 하나 식혀달나고 칠염을 늘고늘고 하였다. 서울로 편지까지 한 번 한 일이 있었다.

그러나 아모리 칠염을 너어도 구장 양반의 둘재 아들의 대답은 언제나 신통하지 못한 것이였다.
"아즉 학교 단이는 몸이 되어서 그런 취직이니 어쩐이 하는 일을 잘 알 수 있나? ―"
부귀는 또 가을에 추수 받으러 서울서 구장 양반네 집에 오는 추수관들에게도 취직을 식혀달나고 칠염을 너본 일도 있었다. 물논 이것은 실패였다. 시골놈이 건방지다고 핀퉁이만 부였게 마젔다. 그리고 또 한 번은 즉접 구장 양반한테 언제고 서울 올너가시거든 아는 사람들한테 잘 말하여 취직을 식여달나고 부탁한 일도 있었다. 그러나 이것도 유야무야하게 그대로 잊어버려젔다. 부귀가 아니라, 구장 양반이―.
이처럼 취직 식혀달나고 칠염는 것도, 부탁한 것도, 모조리 실패로 돌어가자 부귀는 올봄에 그여히 결심하고 저 혼저 서울을 향하야 집을 뚝 떠난 것이였다. 남에게 이뢰하여 봐아도 소용없다. 제가 즉접 가서 부대 보자. ― 부귀는 사실 비창한 결심을 가지고 집을 떠난 것이었다.
처음에 나스기가 어렵지, 한 번 뚝 떠나만 놀면 그 때는 또 저로도 의심할 만한 희망의 불꽃이 가슴 속에서 용소숨치는 것이다. 그리고 오날까지 제 자신이 다시 없이 못나고 미미한 것으로 보여지는 것이다. 그러나 이렇게 한 번 뚝 나만 놓면 벌서 예전 부귀는 아니다. 부귀는 속으로 불으짖었다.
'느의들이― 칠용이, 대봉이― 네 녀석들이 나를 흉을 보았었지, 나를 놀였었지. 내가 헷공부핬다고, 내가 생일 한다고―. 이 놈들! 느 놈들이 두고 보아라! 내가 느덜이 생각하는 것처럼 못난 놈인가 아닌가? 내가 언제까지 이 시골 산 속에서 처백혀서 땅만 파고 있을 놈인가 아닌가? 흔, 이 놈들! 두구 보아라.'
부귀는 읍으로 나가는 여수 고개 우에 서서 웅골을 돌어다보고, 다시 한 번 제 결심을 굳게 하였다. 그리고 서울로 향하는 第一步를 가장 힘 있게 나려 디뎠다. 어쩐지 주먹이 불군 주여지고, 발이 저절로 떼노아지는 것 같았다. 기운이 나고 신이 난다. 무슨 위대한 일을 하러 나슨 것 같다. 제 자신이 세상에 둘도 없는 큰 英雄이 되었은 듯하였다. 왼天下를 호령할 수 있는 것 같았다. 가라면 가고, 오라면 오고, 그저 世上 사람들이 모다 예예하고 제 命令에 服從할 것 같았다.

 이 때 부귀가 어찌 능히 한 달도 못되는 불과 보름 후에 도로 이 아수고개를 넘어슬 줄을 뜻하였으랴!

歸鄕 (二)

 부귀가 서울 갔다가 보름만에 제 집으로 돌어온 것은 초저녁이 헐신 지나 밤이 꽤 으수 깊었을 때였다. 그럼으로 그 날 댕일에는 동이 사람 중에 부귀가 돌아온 것은 아무도 몰났다. 혼저 집을 지키고 있든 늙은 할머니야 예외였지만—.

 그러나 일은날 아침, 부윰할 때 일어나서 보름 동안이나 내버려두었든 새들 보리밭을 둘너 볼어갔다가 오는 길에 댓듬 칠용이을 맛났다. 칠용이는 주춤하며,

 "부귀 아니냐?"

하고 적잔이 놀낸 듯이, 그리고 가장 반가운 듯이 부귀의 얼굴을 자세히 들여다보며,

 "너 운제 왔니. 서울 갔다든이—."

 전 같으면 맛나기만 하면 '눈갈망난이' 소리가 으레히 한 바탕 나올 터인데, 오늘은 아조 딴판이다.

 "어제밤에 늦게 왔섰다."

 부귀도 딸어서 아주 조용스러히 대답하였다.

 놀이고 뒤잽이를 놀 때는 노아도, 그래도 그 사이에 무슨 우정이라는 것이 있는 듯도 하다.

"그래두, 난 몰렀었구나. 그래 구경 잘 하니?"
"구경? 흥……."
부귀는 뭇는 말에는 대답을 않고 그대로 말을 멈춘다.
"서울 구경 말이다. 그러고 돈도 많이 불고―."
칠용이는 여전히 순한 소리로 물었다.
"뭐, 또 돈? 흥……."
부귀는 다시 한 번 멈추웠다가 무슨 생각을 먹었는지,
"그런 것은 훗번에 언제고 맛나 이야기하자."
하고는 그대로 구만 싹 돌어서서 휘적휘적 제 집으로 걸어갔다.
"아이구, 싱구운 녀석!"
칠용이는 입맛을 쩍쩍 다시며 좀 어이가 없어 좀 태도를 변하여,
"눈깔 망난이도 서울을 갓다오든이 제법 깨엿나분데―."
하고 부귀의 뒷모양을 멀그럼이 바라보다가 그래도 더는 말을 걸지 않고 그대로 제의 길을 가 버렸다.
부귀가 칠용이 말처럼 서울 갓다와서 과연 제법 깨연젔는 어쩐지 몰나도 전보다 훨신 닮어진 것만은 사실이다.
그 날 부귀가 맛난 것은 칠용이뿐만이 아니였다. 대봉이도 맛났고, 또 동내 사람 여럿을 맛났다. 그들은 누구나 맛나는 쪽쪽 '구경 좋데' '돈은 얼마나 불었니.' '거기서 무었을 하였섰니' 하고 이것저것 요리조리 서울 이야기를 작고 물었댓지만 부귀의 대답은 언제나 똑같었다. 판에 박은 듯한 대답이다.
"그런 것은 훗번에 이야기하기로 하자."
대봉이가 끝판에,
"이 자식아! 그렇게 숨기기만 하지 말고 이야기 좀 하려무나."
하고 족치기도 하였지만, 부귀는 영영 이야기하지 않고 먼저 소리를 뒤푸리하였을 뿐이다.

"그런 것은 훗번에 이야기하기로 하자."

이 말은 어쩐지 가볍게 취급하지 못할 이미심장한 소리로 들였다. 무슨 쪼간이 있는 말같치 들였다. 무슨 굉장한 일이 지금은 아즉 들 되었지만, 몇 링 후에는 아주 완성할 텐데 그 때에야 이야기할 테다 하는 소리로 들였다. 그전 부귀같으면 제가 열 번 죽었다 깨나도 이런 말은 생각도 못할 것이다. 부귀가 서울 갔다 오든이 참말로 깨였나부 다. 사람은 나면 서울로 보내라든이, 서울 물이 좋기는 하다. 부귀가 인제는 제법이다. — 동이 사람들은 이 때부터 서로 사발통문이라도 돌인 것처럼 모다 전과 닮운 눈으로 부귀를 보게 되었다. 그전처럼 뺨을 치고 덤비는 것은 고사하고, 눈갈망난이 이 소리도 감히 하는 놈이 없게 되었다. 부귀의 말과 태도에는 그만한 무었이 있는 듯하였다.

이렇게 하야 연일헤 지났다. 부귀가 서울 가서 무었을 하였는지? 돈은 얼마나 불었는지? 왜 보름만 있다가 왔는지? — 이런 것을 전연 동이 사람에게 감춘 채로 연이레 지났다. 부귀는,

"그런 것은 훗번에 이야기하기로 하자."

라는 대답으로 사멋 뻘에여 나왔다. 동이 사람들은 날이 갈수록 더 각갑증이 상기여 부귀만 보면 별별 수단을 다 써가지고 대답을 재촉하였지만, 모다 실패로 돌아가고 말었다. 그 진상은 아무도 알 수 없었다.

이라는 동안에 누구가 낸 소문인지, 부귀의 서울 구경 갔다온 데 대하여 별별 소문이 다 펏었다.

"부귀는 서울 가 공부하는 구장 양반네 둘재 아들이 아주 그럴듯한 데로 취직을 식혀주어, 인제는 그 곳에 아주 있게 정해졌음으로 옷을 가질러 나려온 것이다."

또 이런 소문도 있었다.

"부귀는 이번 올 적에 돈 백원이나 좋이 가지고 나려왔는데, 집 전지 할 것 없이 세간까지 모조리 팔어가지고 수일간에 서울로 이사를

떠나갈 작정이다."
 또 딴 소문에 의하면,
 "부귀는 서울 어느 커드란 상점의 점원으로 들어가 가 있었는데, 사람이 하도 진실하여 주인의 맛치 하나 있는 외딸에게 장가를 가게 되어, 할머니를 모시러 온 것이다."
 또 딴 소문으로는,
 "부귀는 어느 큰 공장에 들어갔는데, 공장이 얼마동안 휴업을 함으로 다시 개업하면 편지로 불늘 것이라, 부귀는 지금 공장에서 편지 오기만 기달이고 있다."
 이외에도 여러 가지의 소문이 떠돌었지만, 대개는 부귀가 이번에 서울 가서 잘 되었다는 소문이였다. 어떤 사람은,
 "부귀가 붙인 공장에서 새로 공장을 크게 짓는 증공을 수천명 늘굴 터인데, 몇 일 후에 부귀가 다시 서울로 올너갈 때에는 쓸만한 사람으로 몇 명 다리고 갈 것이다."
 이러한 소문을 듣고 부귀에게 은근히 저를 데려가 달나고 칠엄을 넛는 자도 있었다. 이리하야 소문이 소문을 났코, 말에 말이 붙애여저서 사실 이 때의 부귀의 인기는 굉장한 것이였다. 부귀의 소문은 웅골 한 동이뿐만이 아니라, 근처 있는 여러 동이에 쫙 펒어서 여기를 가도 서울 이야기, 저기를 가도 서울 이야기다. 그리고 서울 이야기가 나는 곳마다 부귀의 붓침성과 수단에 대한 감탄의 소리가 쏘다젔다. 사람들은 새삼스러히 부귀가 버젓한 양반이고 학교를 졸업한 것을 생각해내여, 그대로 양반의 씨는 닯으다, 학교 졸업을 한 아이는 닯으다.— 하고 수군거렸다.
 부귀 자신으로서는 물논 이러한 소문이 퍼지리라고는 예기는 하지 않었든 일이나, 이렇게 펒지는 것이 물논 싫치는 않었다. 누가 저를 추어주는 데 싫어할 사람이 있겠느냐? 더구나 전에는 맛나면 놀여대든

대봉이니 칠용이니 하는 녀석들까지도 쑥 들어가 버려서 은근히 두려워하는 모양까지 보이니, 어째 이런한 소문이 싫을 이가 있으랴?

 부귀는 도리혀 이러한 소문이 펒이는 것을 속으로 기뻐하였고, 이러한 소문이 거짓말이 아니고 참말이라는 것을 동이 사람들에게 보이도록 노력까지 하였다. 그 전에 저를 놀이든 녀석들은 이번에는 됩대 제가 한 번 놀여보겠다는 생각까지 무럭무럭 이러났다.

 부귀는 서울 올너갈 때 밀을 두 말 내고, 콩을 한 말 내고, 그 전부터 갖이고 있든 것하고 — 도통 합하여 二円 三十錢을 로자로 가지고 집을 떠난 것이였다. 웅골서 서울까지 三百二十里라. 아모리 하야도 사홀은 걸이며, 내왕이면 엿새는 잔득 걸인다. 게다가 서울 가서 일자리를 구할 때까지 몇일이고 있으면 이 밥값만 해도 적잖을 것이다. 이것을 생각하고 결심이 굳운 부귀는 대님짝으로 지갑을 잔득 무거거서 호주머니에 넣고는 서울까지 가도록 거의 굼다싶이 하면서도 로자를 한 푼도 쓰지 않었다. 서울 와서는 할 수 없이 지갑을 풀너 밥을 꽈 여럿 때 사 먹었지만, 그대로 통 처도 밥값이 一円을 넘지는 않았다. 서울서 나려올 때는 사지가 느른하고 앞어서 할 수 없이 로자를 八十錢이나 썼었다. 그렇치만 집에 왔을 때에 부귀에 주머니에도 아즉도 六十여錢의 돈이 남어 있었다. 배를 굼어가며 쓰지 않은 六十餘錢이다. 그러자,

 "부귀는 서울 가서 돈을 꽤 많이 불어가지고 왔대여."

 — 하는 소문이 떠돌자, 이 六十餘錢 中에서 五十錢을 가지고, 장에 가서 된살고기로 五十錢어치 쇠고기를 사 가지고 돌아왔다.

 "어데 선사할 것인가?"

하고, 오는 길에 동이 사람이 물었을 때,

 "아이여. 할머니가 입맛이 없으시다구 해서 할먼이 디릴가 하고 사 가지오는 것이여."

 대답하였다. 전같으면 친한 동무를 맛내야 —사실은 친한 동무는 하

나도 업지만— 술 한 잔, 떡 한 개 사내본 쩍이 업는 부귀의 일이다. 이러한 부귀가 자기 할머니 대접할여고 고기를 五十奰어치나 사갔다!! 이 소문은 그 날 바로 또 동이에 빽 돌어다. 이리하야 부귀가 서울 가서 돈 불어온 것이 그저 뜬 소문이 아니고 참말이랴? 누구나 믿잖을 수 없게 되었다. 부귀는 전에 그처럼 똘똘하고 약은 체하든 녀석들이 이렇게 헙헙하게 저한테 속어 넘어가는 것이 일편 우숩기도 하고, 또 통쾌하기도 하였다.

이렇게 부귀의 소문이 한참 야담스러울 때에, 하루는 이웃 동이에 사는 최사과(崔司果)가 웅골 구장 양반네 집을 찾어왔다. 최사과는 형세는 넉넉지 못하지만, 그래도 양반이라, 구장 양반하고는 서로 하게를 하고 지나는 터이였다.

"자네, 그래, 무슨 일로 여기를 왔나?"

평안하니, 차니, 더운 하는 긴 인사가 한바탕 끝나고, 구장 양반이 최사과한테 이렇게 물었을 때,

"왜 또 농토 달나러 온 줄 아나? 오늘은 그런 일로 온 것이 아닐세."
하고, 좀 말을 멈추웠다가 나직한 소리로,

"요새 들은이가 부귀가 서울 가서 잘 붙어가지고 몇일 안 있다가 또 가는이 어쩐이 하는데, 그것이 참말인가?'
하고 궁금스러운 모양으로 물었다.

"자네가 어짜 그런 것을 다 뭇나? — 별일이로구면. 그렇지만 그런 일이야 낸들 알 수 있나."

사실 구장 양반도 부귀의 일에 對하야는 여러 가지 소문을 들었을 뿐이지, 그 以上 아무 것도 몰났다.

"하기사. 내가 그것을 뭇는 것이 쪼간이 있기야 하지—. 자네가 그 때 언제인가 부귀란 놈과 내 딸과 중매를 하려고 하지 않었나? 그 때는 내가 절대로 반대하여 구만 두었지만, 내 딸 역시 어데 맛당한

혼처가 있어야지—. 그래서 부귀가 만일 소문대로 정년 그럴 것 같으면은 내가 혼인을 하여도 좋다는 말일세."

"그려? 그것 참 잘 되었네. 일은 그렇게 되어야지. 암, 그래야지."

구장 양반도 적잖이 기쁜 貌樣이다. 구장 양반은 그전에 참말로 중매할여고 한 일이 있었다. 그것은 다만 부귀를 위해서보다도 부귀가 버젓한 양반으로서 늦도록 장가를 못들어 사람들의 놀임 가마니가 되어 있는 것은 같은 동이에 사는 양반인 구장 양반에게도 결코 자미 있는 일이 못되였기 때문이였다.

"그러면 얼는 설두를 하여 사주를 쓰도록 하세."

구장 양반은 바로 서들었다.

"앗다, 사주야 쓰기야 쓸 테지만—. 그보다도 그 전에 부귀가 과연 소문과 같은가 안 같은가 한 번 알아보는 것이 좋겠네."

"그도 그렇지. 그렇지만 사주 써놓고 알아보면 안 될 것이 무었인나. 궁합은 그 때 보아서 똑 들어맛든 것이고—. 사실 말이 났으니 말이지, 자네나 내나 그리고 부귀 으르신네와 다 서로 한 글방에서 글을 배우든 친구가 아니였었나. 친구끼리의 아들과 딸이 한테된다는— 그보다 더 떳떳한 일이 어데 있겠나."

둘은 그저 양반이라면 예예하는 그전 시절을 추억하여 하바탕 이야기, 저 이야기를 하다가,

"이런 데는 그저 술이 있어야지."

하고 구장 양반은 행낭을 불너서 술을 받어오라고 식혔다.

최사과도 구장 양반도 둘 다 술을 즐겼다. 더구나 최사과는 오래도록 못 먹든 술이라, 목구녁에 들어가자 단번에 취하야 만사가 무사태평이다. 안 되는 일도 되고, 되는 일은 더 잘 되는 술이다. 웬 영문인지도 몰느고 어물어물하는 부귀에게는 그저 사주만 쓰라구 하여 씩히고서 내일이고 모래고 구장 양반이 자서한 것은 조용히 물어보기로 하

고, 최사과는 해가 다 저물어서 머둑머둑할 때 사주 쓴 것을 가지고 빗틀거리는 거름으로 자기 집으로 돌아갔다.

부귀가 최사과네 집에 사주를 보냈다는 소문은 그 날 바로 또 동이에 쫙 돌았다. 부귀는 마다는 것을 구장 양반이 작고 권고하여 억제로 씩히다 실이하여, 사주를 씩혔다고 소문이 돌았다. 부귀는 장가만 들면 새닭을 다리고 바로 서울로 올너가 신식 살임을 할 것이라는 소문도 돌았다. 행예를 구식으로 하지 않고, 신식으로 할는지도 몰는다는 소문도 돌았다. 일이 이렇게 딱 벌어지고 소문이 이만치 쫙 퍼지고 보니, 부귀의 인긔라구 할가 — 或은 지위는 동이에서 第一가는 구장 양반만이야 못하지만, 적어도 구장 양반 다음은 갔다. '눈갈망나니'라는 별명은 언제 어떻게 어데로 사라졌는지, 약할래야 얻어들을 수 없게 되었다.

結婚 (一)

최사과의 집에 사주를 보낸 읻은날, 구장 양반은 행낭을 식혀 조용히 부귀를 불넜다. 물논 부귀의 자세한 내용을 듣고저 함이다. 구장 양반도 다른 동이 사람들처럼 그전부터 부귀의 진상을 알고 싶어 가만히 물어볼가도 하였지만, 부귀가 자기만 보면 슬슬 피하는 듯하고, 점잔은 체면으로 피하는 것을 억제로 붓드러 이러구저러구 뭇기나 난처하야 이 때까지 고대로 나려온 것이였다.

부귀 편에서 본다면 구장 양반은 아모리 하여도 다른 사람들과는 닭어서 무었이고 물을 때에,

"그런 것은 훗번에 이야기하기로 합시다."

하고 다른 사람한테처럼 차마 뺑송이질 칠 수는 없는 것이다. 그럼으로 부귀도 구장 양반이 불으신다 할 때, 서울 일을 감추어 오든 것도 어데까지 뿐이였었구나— 하는 각오은 하지 않을 수 없었다.

"서울 갔을 때 우리 둘재 놈은 맞났었나."
구장 양반은 이런 데로부터 말을 끄냈다.
"못 보았습니다. 찾다찾다 못 찾었습니다."
부귀는 사실대로 대답하였다.
"그러면 처음에 어데로 갔었나."
"어데로-도 갈 데가 없어서 여기 땅을 갖으신 지주 영감 댁에 갔었습니다. 거기 가서 어데고 써주든지, 딴데로 취직을 식혀달나고 청하였습니다."
"그라니 머라구 하다."
"××道 道長官을 식혀주겠다나요."
"왜 햇필 똑 道長官만 식혀 주겠다다?"
"공연히 사람을 놀이기만 하고 점신 때가 되어도 밥 한 술 안 해 내고— 인심이 대단이 흉악합디다."
"그 집은 원세 그런 집이며, 그라구서 어쨌나?"
"그라구서는 여기저기 쏘단이였습니다."
부귀는 이만하고 차차로 피하려 하였다. 그러나 구장 양반은 그렇게 쉽게 노아보내지는 않았다.
"아니, 소문에는 어데 큰 상점에 들어갔는이, 공장에 들어갔는이 하든데, 그런 데는 어떻게 들어갔나. 누구 소개가 있었나?"
부귀는 적잖이 거북한 말소리로, 그러나 사실 대로 대답해 버렸다.
"그런 데는 안 가봤습니다."
"그러면 어데를 들어갔었나. 돈도 불었다면서."
"아무 데도 안 들어갔습니다."
부귀는 이렇게 또 거북한 목소리로 대답 않을 수 없었다.
"아의, 아무 데도 안 들어가고, 어떻게 돈을 불었단 말인가."
구장 양반은 캐러들면 어데까지든지 캐뭇는다.

"돈도 불지 못했습니다."

부귀는 간단하게 대답했다. 이것도 사실은 사실이였다.

"하기사. 시골서 서울 처음 올너가서 돈 불기가 그리 쉽겠나. 하지만 보름이나 있었으면 하여튼 무었이라도 하였겠지? 은? 무었이라도? 그래, 도대체 무었을 하였었나."

구장 양반의 이 질문은 부귀로서는 제일 대답하기 난처한 질문이였다. 이 때까지의 대답은 그저 그렇지 않다고 부인만 하면 되었었다. 그러나 이번에는 무었을 하였노라고 감추워 나려오든 제일 큰 비밀을 폭노하고 설명하지 않으면 안되는 것이다. 부귀는,

"별로 신통한 일은 않었습니다."

하고, 한 번 피하였다. 그러나 물논 구장 양반이 이것으로만 족할 이가 없다.

"그래두 무었이고 했겠지?"

부귀는 여기서 더 어떻게 피할 수 없었다.

"큰 일본 사람 상점에 가서 빵떡 장수를 좀 하였었습니다."

"빵떡 장수? 벨 것을 하였네.— 그래, 그것은 돈이 잘 불어지다."

"원걸이요. 커드란 목판에다가 빵떡을 걸방해서 지고, 거리로 단이며 파는 것인데, 서울 요리를 몰나서 어데 잘 팔 수 있어야지요. 빵떡 사라는 소리가 틀였는이 어전이 하고 놀이는 놈은 있어도 사는 놈이 어데 그렇게 있어요. 몇일 하다가 밥버리도 안되여서 구만 내던지고 서울서 나려왔습니다."

처음에 말내기가 거북하지. 한 번 내만 놓으면 다음에는 뭇잔는 말까지도 나온다.

"흠—."

하고, 구장 양반은 숨을 내수였지만, 그렇게 크게 실망한 것도 같지 않었다. 구장 양반은 그래도 그 동이에서 第一가는 구장 양반이라, 동이

의 다른 사람들처럼 소문을 무턱대놓고 믿지는 않었었든 것이다.
"또 다른 것은 안해보았나?"
"몇 군데 가보았읍니다만, 몇 萬円 財産 가즌 保證人을 세워야 된다 나요―. 그래서 아모리 단겨본댓자 헷거름질만 하겠서서 고만 나려왔습니다. 그리고 노비가 떨어지겠어서요."
"그러면 또 언제 서울 올너가게 되나."
말의 끝을 맞드시 구장 양반은 다시 이렇게 물었다.
"글세요. 인제부터는 거긔서 올아지 않오면 가지 않을가 해요."
"그렇치. 오라잖는데 가는 것이 元來 재미가 적은 일이거든. 그러면 자네는 그저 전처럼 농사 짓고 살임을 하겠네 그려."
"네. 어데 딴 데 갈 데가 있읍니가. 여기서 농사짓고 살어나가야지요.― 저- 그런데 이러한 제 일이 최사과한테 알여저도 혼인 일은 괜찮겠읍니가."
부귀는 주집어하면서도 그래도 똑똑하게 물었다. 사실 부귀는 이런 일이 原因이 되어 혼인이 파외나 되지 않을가 속으로는 적잖이 근심이 되었든 것이다.
"그야 사주를 썼어 보냈는데 사주를 쓴 이상이야 어떨라구. 그런 것은 걱정할 것 없겠네."
구장 양반은 그 일은 내가 떠맡겠다는 듯이 대답하였다. 부귀는 저윽히 안심하였다. 부귀는 어제 저녁 나절 구장 양반네 집에 와서 사주를 쓰고 돌어가 밤에 저 혼저 곰곰히 생각하였든 것이다.
"요새 제 소문이 이처럼 야단이여서 이것만 믿고 최사과가 혼인을 승낙하였지만, 택일하야 예식을 거행하기 전에 소문이 아조 터문이 없는 밝안 거짓밀이라는 것이 탄로되면 그 때는 어쩌나. 그 때에 제 꼴은 어떻게 되나."
부귀는 元來 인물이 커서 다른 사람들처럼 짜줄구리한 일을 가지고

— 가령 남한테 욕을 한 마디 먹었다고 그것을 언제까지든지 꽁하게 먹는다든지, 뺨 한 개 맞았다고 그 놈을 그예히 했구제할여고 언제까지든지 베룬다든가 — 이러한 일은 절대로 없어서 밤에 잠을 못 잔다든가, 밥 먹는데 입맛을 잃는다든가 하는 일은 이 때까지 있어본 적이 없었는데, 이 날 밤에만은 위대한 부귀도 꽤 으수 밤이 깊도록 잠을 못 일웠다. 더구나 이번 일이 파의가 될가 하는 걱정되는 한편에 장가를 들어 첫날밤에 신부를 맛난다든가 제집에 새닭을 다려와 둘이 살게 되어, 어떠어떠한 자미 있는 일이 있으리라는 아림답고 아글아글한 애끝는 場面이 연실 머리 우에 떨 올느는 것이다. 파의가 되면 어쩌나 하는 걱정이 되면 될사록 이 아릿다운 공상, 그만치 더 아릿다워지고 아글아글하여지는 것이다. 최사과의 딸! — 부귀는 그 때 언제인가 그 동이 갔을 때 샘에서 물 푸는 것을 본 일이 있었다.

밤이 이식도록 잠을 못 자고 근심하든 그 일을, 지금 구장 양반이 — 이 동이에서 第一가는 구장 양반이 걱정할 것 없다고 말슴하시는 것이다. 부귀는 구장 양반이 이 때처럼 고맙고 믿음직한 때는 없었다. 물논 그 전에도 고맙고 믿음직한 것이라 생각하였었지만—.

結婚 (二)

구장 양반이 부귀를 불너서 이러한 이야기를 물을 때에 바로 그 자리에는 아무도 없었었다. 그럼으로 부귀는 이러한 제의 비밀이 차차 알여지기야 알여질 터이지만, 그렇게 바로 모두가 알여지리라고는 생각지 않었다. 점잔으신 구장 양반이 이런 것을 마구 입 밖에 내시지 않으실 것이기 때문이다.

그러나 사실은 아주 딴판이였다. 구장 양반과 부귀가 이야기하고 있을 때, 칠용이니 대봉이니 하는 몇 간의 젊은 녀석들이 문틈에다 귀를 대고 이것을 하나 빻으리지 않고 모조리 들어버렸든 것이다. 들으면서,

"이것 봐라. 병신이 호맹이 춤을 춘다든이 이 못난 것이 우리를 판 속이였구나. ―"
 하고 서로 눈을 끔저거려 부귀가 나오기만 하면 바로 어떻게 처치해버리자는 의논이 말 한 마디 안하고 저절로 서로 양해되였다. 그러나 구장 양반네 집 있는데서 어떻게 잘못하다가는 구장 양반한테 걱정을 들을 염려가 있으므로, 부귀가 이야기를 맞우고 나올 임시는 해서 모다 대봉이네 담 모퉁이로 물너가서 기달이고 있었다.
 부귀는 문을 열고 나와 아무도 듣고 있는 사람이 없음으로 저윽히 안심하고 아무럿토 않은 듯이 천천히 거름을 걸어 제 집으로 돌어가려 하였다. 허나 도저히 무사히 제 집에 돌아갈 수는 없다. 대봉이네 담 모퉁이를 돌어갈여고 할 때, 거기 기달이고 있든 여러 녀석들이 와르를 대달아 부귀의 가는 길을 꼭 맊어섰다. 그리고 그 중에서 무슨 일에고 출반주하고 잘 나스는 칠용이라는 놈이 썩 나서서,
 "이 자식이 왜 똑 쇠눈갈같은 눈갈로 남을 홀겨봐."
 하고 부귀의 뺨을 덜크덕 후려첫다. 거의 한 달만에 처음 있는 일이다.
 "이 자식이! 내가 운제 너한테 눈을 홀겼서."
 부귀는 언겁절에 그 전에 늘 하든 이 소리를 외여첬다. 이것도 한 달만이다. 그 동안에 무었이고 무슨 일이고 저 몰느는 동안에 있었고 나― 하는 생각이 번석랐다. 지가 서울 갔다온 후로 이런 일은 처음 일이고, 또 아무 쪼간없이는 있을 수 없는 일이기 때문이다.
 이리하야 부귀가 눈을 홀기는 것도 잊고, 맞은 뺨을 어루만즈는 것도 잊고, 우물주물할 때 칠용이는 다시 한 번 뺨을 철거덕 치고 그 전에 늘 하는,
 "이것이 눈을 홀기는 것이지, 무었이여."
 소리를 막 내놓으려 할 지음에,
 "아니여, 칠용아. 그만 두어."

하고 부귀와 가장 원수같치 지내는 대봉이 녀석이 나서며 칠용이를 밀어내고,
"내가 아침을 얼마 안 먹었든이 只今 배가 곺아서 죽겠으니, 빵떡을 좀 사 먹어야겠서."
하고 부귀를 보고, 두 눈을 딱 부르뜨며,
"이 자식아! 어서 빵떡을 내 놔! 좀 사 먹게─."
하고 냇다 얼너댔다.
"아니, 이 눈깔망난이가 빵떡 장수를 하나?"
옆에 섰든 딴 녀석이도 하나가 지잖으랴는 듯이 툭 이러케 말을 던졌다.
"눈갈망난이? 아니여! 눈갈망난이는 그만 두고, 이제부터는 빵떡이라고 일홈을 갈기로들 하자. 빵떡이 잛고 새로 난 것이고, 더 좋치 않으냐? 빵떡! 어서 빵떡 하나 내 놔!"
대봉이 녀석이 남의 일홈을 제 맘대로 갈여고 덤비고, 갈어서 불는다. 물논 전부터 있는 눈갈망난이라는 일홈도 맘에 맞는 일홈은 아니나─.
부귀에게는 이런 것은 너무나 이외의 일이다. 눈을 홀긴다고 뺨 맞진 것도 이외였지만, 제가 서울 가서 빵떡을 팔은 비밀이 어느 절에 ─구장 양반한테 밖에는 말 않었는데─ 이 놈들이 어느 절에 벌서 이렇게 알여진 것은 참으로 놀날 일이다.
"이 자식들이 밎었나. 웬 빵떡은?"
부귀는 한 번 시침을 뚝 떼고 마즈막을 피해 보려 하였다.
"흔? 왼 빵떡? 목판에 걸방해 지고 팔어단기는 빵떡이지, 무었이여, 이 빵떡아."
칠용이 녀석이 그 자리에서 바로 나려 씨웠다. 그리고 더붗어서,
"도장관을 하라는 것을 안햇서? ─ 이 실업에 아들 놈아! 넷가짓 게

웬 허기질 도장관이여. 하하하."
 부귀는 이래서는 도저히 어떻게 할 수 없다. 잘못하다가는 더 큰 봉변 당하겠다 속으로 생각하고 구만 바로 바로 옆길로 튀어서 쫓어달어 나 버렸다. 이처럼 바로 비밀이 탈로되고, 탈노되는 효과가 눈 앞에 나탁처올 줄을 꿈에도 생각지 않든 일이다. 부귀는 뒤에서,
 "여게, 빵떡, 빵떡."
 "빵떡! 빵떡 좀 팔구 가!"
하고 소리 소리 질느는 그 놈들의 소리를 들은 척도 안하고 무슨 무서운 것에서라도 피하는 듯이 불이 낳게 그대로 제 집으로 뛰어 들어갔다.

結婚 (三)

 반동 시대가 왔다. 하날이 땅이 되고, 땅이 하날이 되는 시대가 왔다. 부귀가 서울 가서 취직을 할라가 할라다 못하고 빵떡 장사를 하다가 입버리도 못되여, 시골로 도로 기어나려 왔다는 소문은 그 날 바로 또 동이에 빽 돌었다. 그전 소문이 꽝장 야단스러웠든이 만콤, 이 소문은 더 한층 그들을 웃게 하고, 놀내게 하였고, 或은 또 즐겁게 하였다.
 "제간 놈이 그렇면 그렇치. 어데를 ."
하고 남이 잘 되기보다는 못 되기를 발아는 사람들은 제가 잘 된 것보다도 더 즐겨하며 가장 통쾌한 우슴을 거릿김없이 텋어 노았다. 더구나 지주 영감들 집에 가서 도장관 노릇을 하라는 것을 안하고 왔다는 이야기는 그들의 우슴보를 텋우어 놓고 말었다.
 "면 소고스가이도 하나 못 얻어 하는 출신이 도장관하라는 것을 내노웠다?! 하하하— 하나님 압이요."
 그들은 허리가 앞우도록 우섰다. 그러나 물논 이렇게 웃고만 말지는 안는다. 있는 말 없는 말 合하여저 또 별별 소문이 다 맨드어진다. 모

두 그럴 듯한 것으로만—. 부귀의 궁뎅이를 딸어서 서울 갔다온 놈도 이보다는 더 똑똑히 몰늘만치 자고 잔 데까지 꾸며내졌다.

"부귀라는 놈이 서울 올너가서 몇일동안 단기면서 일자리를 求하다가 가지고 간 노자는 다 쓰고 하도 배가 곺어서 어느 빵떡 파는 집에 몰내 들어가 빵떡을 훔쳐 먹다가 그만 주인한테 들켜서 넙적하게 뚜둘겨 맞고 빵떡 훔친 값으로 몇일동안 죽도록 일만 식혀먹고 그대로 내쫓어서 그 길로 시골로 나려온 것이다. 부귀라는 놈은 그저 밥만 멕여주면 좋으니 두어 달 나고 개개 빌었으나 주인은 이런 눈갈망난이는 일없다고 하여 억제로 뚜둘겨 내쫓은 것이다."

그러나 딴 소문에 依하면 좀 달느다.

"부귀라는 놈이 어떻게 요행으로 빵떡 집에 들어가기는 들어가서 목판에 빵떡을 해서 걸머메고 팔너 나섰는데, 쇠눈갈같은 허연 눈갈을 뒤루번거리며 시어터진 목소리를 빽빽 질너, 빵떡을 사라구 하니, 어너 놈이 그것을 사 먹겠느냐. 그래서 왼종일 돌어단졌어도 빵떡 하나 못 팔고 그대로 들어가닛가 주인이이 자식, 어데 가서 낮잠만 자고 왔다고 그저 넙적하게 뚜둘겨 주고 그 자리에서 내쫓어버렸다."

그러나 또 달은 소문에 依하면, 또 좀 닮으다.

"부귀가 빵떡을 가지고 팔너 단기여 그래도 팔기는 몇 개 팔었지만, 도저히 그것만 팔어서는 회게가 안되고, 또 그대로 주인 있는 데 간댓자 야단만 맞고, 떨여날 것이라, 그 으뭉한 놈이 에라 안되겠다 하고 팔다 남운 떡을 목판재 걸머메고 시골로 죽자 하고 뛰여 나려왔는데, 오는 길에 그 빵떡울 다 먹었다. 그리고 그 빈 빵떡 목판은 동이에 들어오기 전에 아수고개에서 팽개질 처 내버렸다."

이 外에도, 或은 부귀가 서울 도 못 올너가고 어느 시골에서 머슴사리를 하다가 왔느니, 날품을 팔다가 왔는이, 或은 종노에서 여인숙에 들어 남의 돈을 훔치다가 들겨서 주재소에 가서 보름동안 유치장 속에 갇였다가 나왔는이— 별별 소문이 다 났다. 소문이란 元來부터 사람을 좋다기 始作하면 限量없이 좋다 하고, 一旦 나뿌다 하기 始作하면 限量 없이 나뿌다 하는 것이 原則이다. 어제까지도 동이에서 第一 將來性이 있고, 붖임性이 있다고 야단들을 치든 부귀는 오늘은 벌서 동이에서 가장 으뭉스럽고, 못 생기고, 주변 없는 굼벵이로 되고 말었다. 부귀의 디위는 그 전 서울 갔다 오기 前보다도 헐신 더 떨어지고 말할 수 없이 여러 가지로 不利하게 되었다. 사람들에게는 이 못난 것 한테 속었었다는 한 불분이 있었기 때문이다.

이러한 소문이 바로 이웃 동에에 사는 崔司果의 귀에 안 들일 이가 없다. 최사과는 두 주먹을 발너쥐고 웅골 구장 양반네 집으로 좇어댔다. 물논 그의 손에는 몇일 前에 제 손으로 가지고 올너간 사주가 쥑혀있다.

"엿네. 사주 여기 있네. 나는 이 혼인을 파의하겠네."

崔司果는 닷자곳자로 구장 양반한테 사주를 내던졌다.

"앗다, 이 사람! 앉어서 조용히 조용히 이야기하세."

적어도 구장 양반이 이런 일에 놀낼 이가 없다. 억제로 최사과를 붓들어 앉처 놓고 행낭을 불너 또 술을 받어오라고 식였다.

"필연코 자네가 요새 여기 떠돌어단기는 소문을 듣고 그라지. 그러치만 이 사람. 소문만 가지고야 콩인지 팥인지 어떻게 아나."

"아! 그람 아주 없는 일이 그렇게 야단스럽게 퍼질 줄 아나. 아니 때인 굴둑에서 연기가 난단 말인가."

"그야 아주 없는 말이 그렇게 펏일이야 있겠네마는 바눌만한 게 몽둥이만 하다는 게 소문이 아닌가, 이 사람—. 내가 지금 거짓말이 조끔도 없는 그 진상을 자세하게 자네한테 들여줄 터이니 가만히 앉어 듣게. 듣고서도 증 부귀하구 혼인 못하겠다면야 그 때야 또 해보는 수 있나."

하고, 구장 양반은 조용스러운 소리로 부귀를 불너서 물어보든 일을 처음부터 끝까지 차근차근 이야기하기 始作했다. 그러나 물논 구장 양반으로서는 이런 이야기는 아무려거나 상관 없는 일이다. 그저 술 올 때까지 최사과를 부뜰고만 있게 되면 구만이닛가―.
 "어서 한 잔 하게. 급히 나려오느라고 목이 말럿슬테니."
 술상이 나오자마자 구장 양반은 이야기를 뚝 끊어버리고 바로 술을 권했다.
 "앗다, 이 사람! 이야기를 다 하구서 먹어도 먹세."
하고 최사과는 잔을 받으려 하지 않았다.
 "술을 먹어가면서 하지. 무엇이 그리 급하다고―. 그라지 말고 어서 잔을 내게. 나도 한 잔 할게."
 구장 양반이 이러구저러구 하는 바람에 최사과는 잔을 들어 마셨다. 한 잔만 들어가면, 두 잔 들어가기는 아주 쉽다. 석 잔 넉잔이야 더 말할 것도 없다. 댓 잔짐 술이 돌 때에는 먼저 이야기는 어데로 도망을 갔는제, 구만 도망을 가버리고 또 천하가 만사태평이다.
 "사주를 썼으면 벌서 아주 혼인이 定해진 것이 안닌가. 자네 딸이 부귀의 신부로 된 것일세. 지금서 무슨 파혼이고, 무엇이고 있겠나. 그것도 의리를 몰느는 상놈들에서야 或 몰너 그러되, 모두 버젓한 양반끼리 그럴 수가 어데 있나. 안 그런가, 이 사람!"
 구장 양반은 얼간이 취했으면서도 그래도 정신은 말둥하다.
 "그야, 그렇치. 그럴 수야 있나. 고 때야 내가 화김에 그런 말도 했겠지만, 그것은 다― 늙은이의 망영이지. 모두가 연분이거든 내 딸이 부귀라는 녀석하고 그렇게 되는 것도 모두가 다 天上緣分이거든―. 잘되고 잘못될 것을 누가 알겠나?"
 "그렇구 말구. 모두가 연분이지. 하날이 다 정해준 것이거든. 그런데 자네! 어잡히 定日하여 가지고 禮式을 지내야 될 터인데, 기세할 테면

定日을 여기서 하여버리는 것이 어떨가. 책역 놓고 좋은 날를 자네하고 나하구 둘이 찾으면 되잖나."

"그야 그렇지만 비단보가 있고, 五色 실이 있구 해서 싸서 갔다주어야 하는데, 그런 것이 있서야지, 이 사람! 내가 집에 돌아가서 차차 함세."

"보하구 실하구쯤 없겠나. 그런 것은 염려말게. 그것은 내가 다 담당함세. 자— 어서 좋은 날을 구하세."

구장 양반은 책역을 최사과한테 내밀며 행낭을 불너 보와 실을 장만하도록 식히였다.

結婚 (四)

이렇게 하야 부귀의 혼인 날은 사월 초사흔 날로 정해졌다. 數三年을 두고 실타는이 좋다는이 파혼하는이 여러 가지로 말성 많든 혼담도 이렇게 딱 날자까지 정해저 버리니 그제서 비로소 이것은 움직일 수 업는 것이 되었다.

사월 초 사흔날까지는 몇일 남지 않은 그 어느 날, 부귀는 구장 양반이 혼저 게실 때 조용하게 찾아가서 이번 큰 일을 치루게 돈을 좀 빌여 주시도록 말슴을 들이게 되었다.

이 동이에서는 혼인 때고, 장사 때고 무슨 큰 일을 치룰 때에 그 돈은 으레히 구장 양반한테 가서 빌여야 쓰는 것이 거의 관예가 되어 있다싶이 한다. 사실 이 동이에서 급작스럽게 써야 할 五六十円 七八十円의 큰 돈을 구래도 어떻게든지 하야 변통해내는 것은 구장 양반밖에는 없었다.

"오늘은 구장 으른게 특별히 말슴 들인 일이 있어서 왔는데요—."
하고 부귀는 좀 주제주제하다가 그여히 찾어온 理由를 말하였다. 부귀로서는 이처럼 남에게— 더구나 구장 양반같은 이한테 큰 돈을 빌여달나도 청해보기는 처음 일이다.
"그래, 얼마나 쓸랴고?"
구장 양반은 서슴지 않고 바로 금액을 물으시였다.
"한—."
하고, 부귀는 좀 돈 금액을 생각하였다. 집에서부터 여러 번 여러 번 작적해 가지고 온 금액이지만, 그렇게 바로는 쑥 안 나왔다.
"한— 八十円쯤 썼으면 좋겠습니다."
"八十円?!—"
구장 양반은 다소 이의이였든 貌樣이시다. 부귀는 물논 아모리 큰 일을 치룬다 해도 八十円이 다 드는 것이 아니다. 구장 양반은 그 전부터 十円 달라면 五円, 二十円 달나면 十円 돈이 이것밖게 없다 하시면서 이렇게 請하는 半식밖에도 안 빌여주시는 것이 누구나 다 잘 아는 規則이 되어 있기 때문에 부귀도 事實은 꼭 四十円을 빌일 豫定임으로 그 倍인 八十円을 말슴 여쭌 것이다.
"八十円— 그렇게는 只今 나한테는 없는데—."
하고 호주머니에서 지갑을 끄내든이,
"여기 六十円이 있으니, 六十円만 갔다가 쓰도록 하여 보게."
六十円을 세여서 부귀의 앞으로 노었다.
"四十円만—."
소리가 곳 부귀의 입에서 나오려 하였으나, 八十円을 금방 말한 터라 차마 나오지 않었다. 부귀는 六十円을 세여 넣고 바로 일어섰다.
"아니, 잠간 거기 앉게—."
구장 양반은 그 자리에 부귀를 도로 앉이고는 베루집을 끄내며,
"이런 것을 증서를 하고 어찌고 하는 것은 좀 어떻게 생각할는지 몰느지만은 문서만은 그래도 분명히 해 노아두어야 하닛가 자네 도장은 가젔지?"

"안 가젔어요. 곳 가질너 가지요."

부귀는 당황하게 대답하고 다시 또 일어섰다.

"은, 가서 도장을 가저오는데, 새들밭 있잔나. 그 문서도 함긔 가저 와주게. 무어 올 갈이면 돈을 죄-다 해 갚을 것을 그렇게까지도 할 것이 없지만, 문서는 문서대로 해 노어야 되닛가."

부귀는 바로 문을 열고 나와 제 집으로 돌아왔다.

이번 일은 처음부터 끝까지 모두가 구장 양반의 힘으로 된 것이다. 사주도 구장 양반네 집에서 구장 양반이 서들어 쓴 것이고, 파혼한다고 좇어온 정사과를 붙뜰어 앉이고 도리혀 그 자리에서 택일을 하게 한 것도 구장 양반이였다. 모두가 구장 양반의 힘이다. 지금 빌여주시는 돈이 필연코 그저 빌여주시는 것은 아니겠지만, 이렇게 선 듯 빌여 주시는 것만 해도 고마운 것이다. 동이에서 돌보아 주는 사람 하나 없는 나를 이처럼 돌보아주시니, 구장 양반같치 고마운 이는 없다.―

부귀는 맘 속으로 몇 번이나 몇 번이나 이렇게 생각하였지만, 그래도 고리짝 속에서 새들밭 문서를 끄낼 때에는 아주 이리 말 못할 섭섭함이 가슴을 꽉 눌녔다. 모두가 집이고 땅이고 아니 제 자신까지가 아무 것도 없는 텅 비은 것으로 되는 듯하였다.

"六十円에서 四十円만 쓰고, 二十円은 잔치가 끝나거든 바로 이것이 남었다고 도로 구장 양반을 갖다 디리고, 갈에는 어떻게 하든지 해서 四十円과 그 이자를 하여 이 새들판 문서를 찾어오자―."

부귀는 그 먼지가 보야케 앉은 오래 묵은 고리짝― 선조부터 나려오는 이 오래 묵은 고리짝에 맹서하였다.

부귀가 도장과 밭문서를 가지고 도로 구장 댁에 갔을 때에는 구장 양반은 임의 증서를 다 쓰고 도장만 치면 되게 되 있었다.

"엿네. 읽어보게. 돈 金額은 六十二円으로 되어 있는데, 이 二円은 말을 하여주어야만 알 테지만 머시길세.―"

구장 양반은 이 二円 쪼간을 말씀하셨다.
"최사과가 여기 나려와 우리 집에서 사주도 쓰고 택일도 하고 하잖었나. 그 때 내가 술을 한 번식 냈었는데, 한 번에 五十錢式 合하여 一円. 또 일원은 택일할 때 싸가지고 간 보하고 실하고 이것이 모다 내가 임시로 변통해준 것이라, 이 값으로 一円을 맨 것일세. 一円 一円 合하여 二円. 무두 해서 六十二円이 되지 않나? 도장은 여기다 찍으면 되네."

구장 양반의 문서는 어데까지도 분명하다. 그리고 어데까지든지 경오가 밝다. 엇지 되었든 부귀는 찍으라는 데다가 도장을 꽉 찍었다.

사랑 싸홈 (一)

부귀는 사월 초사혼날 무사히 장가를 들었다. 닭을 채왔는지 명아리를 채왔는지도 몰나도 어재든 새닭 하나를 다려다 놨다.

부귀는 이번 큰 일을 치룰 때 일을 좀 보아 다나고 할머니 말대로 항골이라는 데 가서 큰집 아젓씨를 청해 왔었다. 부귀는 다리고 오는 길에,

"돈은 꼭 빗내온 돈 四十円밖에 없으니, 그것만 가지고 어떻게 해보시오."
하고 미리부터 당부를 해 노았었다.

그러나 어데서 어떠케 나온 소문인지 부귀는 이번 잔치에 八十円을 드릴 작정이라고 한다는 소문이 동이에 펒었 있었다.

"빵떡이, 요새는 빵떡이 잘 팔이는가 부구면 그래."
사람들은 피피 웃었다. 평소의 남 술 한 잔 안 사주는 부귀인지라, 이처럼 큰 돈을 쓰는 것이 적잖이 이외였다.

그러나 이러한 소문과 이러한 비우슴이야 부귀로서는 늘 격거오는 터이라, 아무렇도 않치만 함골 아젓씨가 이 소문을 듣고 八十円式이나

드린다면서 왜 四十円이라는야고 족치는 데는 사실 어쩔 수가 없었다.
"없으면 몰너도 있으면 있는 대로는 써야 한다."
"쓰자는 돈이지, 썩히자는 돈이냐!"
항골 아젓씨의 이심원하고 철저한 말슴을 딸어 결국 처음에 四十円 豫定하였든 것이 六十円 고시란이 들어가고 만 것이다.
그러나 부귀로서는 처음에 맘 먹었든 것보다 二十円 더 들었어도 그렇게 큰 고통은 아니였다. 왜냐하면 이번에 달이고 온 새닭 ─물논 제가 불늘 때 새닭이라고는 안치만─ 이 아주 마음에 꼭 들었기 때문이다. 어쩌면 그렇게 인사세가 있고, 엽엽하고, 똑똑하고, 영이하고, 사랑스럽고……. 아니, 부귀로서는 이루 말할 수 없다고 정해버린 것이다.
"빵떡이, 어데서 마누라는 잘 얻어왔는걸."
동이 사람들도 부귀 댁만은 모두 칭찬하였다. 그러나 이 동이 사람들이야 어떻게 생각하든 부귀로서는 아무렇도 않은 일이지만, 구장댁까지 언젠가 길에서 맛났을 때,
"자네 이번에 장가 잘 들었네. 젊은 女子로는 인사세라든지, 말솜시라든지, 손끝 여문 것이라든지, 이 동이에서는 第一가겠네. 사람은 참 잘 들어왔어. 그리고 이것도 다 德喜한 집에는 끝이 있는 것이거든─."
하고 칭찬해 주신 것은 언제까지도 잊지 못할 기쁜 일이였다. 부귀는 구장 양반도 잘 나고 즘잔은 양반으로 생각하지만, 이 구장댁은 구장 양반보다도 더 잘나고 즘잔다고 늘 생각해 나려오는 것이다. 더구나 구장댁이 반상의 구별을 자기 자신으로도 아주 똑똑하게 직혀 나려오고, 또 동이 사람들에게도 직히게 하여 나려오는 것은 부귀가 늘 올다고 생각하고, 잘하는 일이라 생각해오는 점이다. 구장 양반 앞에서는 대봉이니 칠용이니 하는 녀석들이 부귀를,
"빵떡, 빵떡."
하고 놀여도 구장 양반이 못 들은 척하시니가 아무렇도 안치만, 만일

구장댁 듣는데 누가 부귀를 보고 빵떡이라고 하였다가는 그 사람이 어떻한 사람이든 구장댁한테 단단히 때긴다. 더구나 부귀가 장가를 들고 서부터는 애도 아닌 으른을 놀인다고 눈에서 불이 나도록 야단을 맞는다. 무었이 어떻다고 조곰이라도 말대구만 하면,
"그것 잘 되었다. 우리는 길게 말하기를 실혀하는 사람이라, 이 자리에 아주 끊어 말해 놓겠네. 불이는 땅하고 집하고 내놓고 어서 이 동이를 떠나주게. 그렇게 도도하고 잘나서 남을 놀이까지 하는 사람이 어데가면 못 살겠다. 어서 당장 논밭 내놓고 이 동이를 떠나주게. 그렇게 잘난 사람이 남의 땅을 붙어서야 말이 되겠나. 어서 어서 말하게 어서 어서 말하여 떠날나냐, 안 떠날나냐."
하고 구장댁이 숨도 쉴 사이 없이 막 몰어댄다. 이렇게 되면 고대까지 길길이 뛰며 '빵떡, 빵떡'하는 놈도 그만 쑥 들어가서 아무 말도 못하고 멋멋하니 서 있다. 부귀는 이 꼴이야말로 가장 볼 만한 것이라고 눈이 시도록 바라보며 속으로 통쾌한 우슴을 웃는다.
여하튼 부귀는 돈 六十円은 빗졌으나 장가는 잘 들었다. 무었이든지 하면 늘 손해만 보는 부귀도 이번에는 손해만 보지는 않은 셈이다. 부귀는 자기 안해가 그만콤 맘에 꼭 들었든 것이다. 구장댁 말슴대로 젊은 女子 中에서는 ― 늙은 女子로는 구장댁이 있으닛가 몰나도 ― 이 동이에서는 第一이라고 몇 번이 몇 번이 생각하였다. 아니 이 동이 뿐이랴, 서울 가서도 이러한 女子는 못 보았었다고 몇 번이나 생각하였다.
꿀과 같치 단 신혼의 몇일이 꿈과 같치 지나갔다. 그러나 몇일 안되여 이 꿈은 깰으러지고 말었다. 부귀의로서도 아니고, 부귀댁으로서도 안니고, 실로 부귀의 할머니서로써.
오래동안 손자의 장가드는 것을 못 보아 늘 원망으로 지내든 부귀의 할머니는 부귀가 장가를 들자마자 그 때까지 잔득 쎙겨있든 마음이 갑

작이 풀인 탓인지, 젊어서 귀하든 몸이 늙어서 너무나 신고한 때문이지 구만 냇다 병이 나서 자리에 누어만 있겠 되었다. 어데고 뚜려지게 앞운 것이 아니고 그저 전신이 시름시름 앞은 것이다.

부귀는 근처에서 유명하다는 약국에는 거진 죄다 돌어단기다 싶이 하여 몇 첩식 약을 갖다 써 보았으나 아무 소암도 없다. 동이 사람들 말을 들어 용하다는 정쟁이를 불너다 사흘 저녁이나 정도 읽었으나 이것도 별로 신통치 않었다. 죽을 병에는 그저 죽는 것밖에는 약이 없는 것이다.

이렇게 하야 부귀의 할머니는 한 달 반을 알타가 이 世上을 떠낫다. 할아버지 산소에 합장을 할 것인가 공동묘지로 갈 것인가, 부귀는 좀 망상거렸어도 할아버지 산소까지는 八十里 길이나 되어 비용이 많이 날 것임으로 안해의 말을 들어 공동묘지의 한 구역지에다가 조고마하게 모이를 써버렸다. 이 할머니도 살었을 젝에는 구장댁처럼 반상의 구별을 여간 분명히 하지 않었는데, 반상의 구별이 없는 공동묘지에서는 장차 어떻게 지내실는지—. 부귀는 공동묘지 수많은 모이를 돌어보며 더욱 눈물을 홀였다.

'할먼이 장새 때에도 부귀는 물논 누구나 그러하듯이 이 구장 양반한테 가서 돈을 빌여다가 큰 일을 치루었다. 이번 장사에는 가직근 주려서 三十円을 빌여다 썼다.

그러나 구장 양반한테 빌여다 쓴 돈을 전부 친다면 장가 들 때의 돈 六十二円, 할머니 약값으로 十三円, 그라구 이번 장사에 쓴 돈 三十円 원금만 해도 도합 百円이 넘는다. 갈에는 이 이자만 하여도 얼마나 되는지?— 부귀는 이 때까지 이렇게 큰 빚을 저본 일이 없었다. 아니, 그 전에는 단 한 푼을 빗지지 않었든 것이다. 부귀가 그처럼 벤벤찮고 놀임 가머니가 되어 있으면서 빗 한 푼 안 졌다는 것이 으레히 몇 十円式 하는 빚을 질머지고 있는 동이 사람들의 미움을 받는 점이기도 하였든 것이다. 그렇든 부귀가 지금와서는 어너 누구에 지잖는 빛쟁이가 되고 말었다. 하기사, 이 때까지 남의 빛 한 푼 안지고 살어온만 해도 너머 호강스러운 일이였었는지도 몰느지만—.

사랑 싸홈 (二)

그럭저럭 봄이 지나고 무더운 여름 어느 날 밤 일이다. 부귀는 그 날은 들일이 늦게 끝나 저녁이 매우 저물어서 마당에다가 꺼적을 내깔고 거긔 앉어서 빤짝빤짝하는 빌빛 알에서 안해와 맛대 앉어 저녁을 먹고 있었다. 이 때 십작 거리서 별안간,

"빵떡, 빵떡."

불느는 녀석이 있었다. 그것은 그 불느는 소리로 대봉인 것이 분명하다.

"빵떡, 집에 있나."

또 딴소리가 부귀를 불넜다. 이것은 정녕 칠용이의 목소리다.

"빵떡, 벌서 자나."

"빵떡 사 먹으러 왔는데, 어서 갖어고 나오너라."

안에서 부귀가 대답을 않으닛가 두 녀석들은 부귀의 약을 올일 작정인지, 다시 또 서로 번갈래 한 마듸식 하였다.

이러한 일은 부귀가 장가 들기 전에는 거진 날마다 있다 싶이 한 일이다. 물논 그 때에는 빵떡이라고 안 그라고, 눈깔망난이라고 하였지만. — 그러나 부귀가 장가를 들고서는 이런 일은 오늘 저녁이 처음이다. 부귀의 할머니가 꿍꿍 알고 누어 있고, 항골 아저씨니 무었이니라는 일가 뿌시럭이들이 두 번 큰 일을 치루는 동안에 자주 들나거리고 하여서 이 때까지 이렇게 부귀를 놀일 기회가 아주 없었든 것이다.

그럼으로 부귀댁으로서는 아조 처음 격는 일이요, 부귀도 자긔 안해 앞에서는 처음 격는 일이다.

"에이, 천하 망할 놈의 개자식들!"

그 전 같으면 부귀가 툭탁하면 내 놓는 이 욕을 으레히 그들에게 해 붙였을 것이나, 오늘 저녁에는 새 안해를 앞에 놓고서는 이러한 욕도 참마 할 수 없다.

"저이들, 저것이 무었하는 거요."

부귀댁은 부귀가 아무 말도 않고 삽작 거리에서 외여치는 소리는 모른 척도 않고 밥만 푹푹 퍼먹고 있는 것을 보고 자기 남편한테 물었다.

물논 부귀댁도 부귀가 빵떡이라는 별명을 가지고 있다는 것은 시집 오기 전에 임의 듣고 오고, 여기 와서도 딴 여인네들이 속살거리는 데서 듣고 있다. 그러나 이처럼 남에 문 앞에 와서 동이 사람들이 다 듣도록 버럭버럭 소리를 질너가며 '빵떡'이라고 불늘 줄은 몰냈었다.

"아니여. 및인 놈들, 미친 지랄하는 것이여."

부귀는 그런 일은 상관 안는 것이 좋다는 듯이 밥을 연실 퍼 느며 대답하였다.

그러나 대봉이 칠용이 녀석들로서는 부귀가 대답을 안는다고 그대로 돌어갈 이가 없다. 어떻게든지 하야 부귀를 끌허내여 한바당 놀여먹고 놀여먹다. 시답잖으면 한바탕 뒤잽이를 놓치 않으면 시원치 않다.

"빵떡, 너 속옷 밑에만 처백혀 있을테냐."

"빵떡, 이건 초저녁부터 그게 무슨 짓이냐."

둘은 서로 역구리를 쿡쿡 찔너가며 또 한 마디식하였다.

부귀는 먹는 밥 숫갈을 내던지고 뿔군 일어났다. 그리고 담에 지대논 지개 작대기를 움켜쥐고 구루를 삽작 거리로 뛰여나갔다. 삽작 밖에 섰든 두 녀석들은 그 전만 예기고 부귀릐 쫓어나오는 소리를 듣고도 서로 눈을 끔저거리며 인저 되었다는 우숨까지 우섰다. 부귀는 나오자마자 지개 작대기를 둘너메여 어물어물하는 두 녀석들 등덜미를 한 개식 보기 좋게 나려 갈기고 얻어맞으며 똥줄기가 빠지게 달어나는

두 녀석들을 보고, 그제서,

"에이, 천하 망할 놈의 개자식들!"

하고, 늘 하는 그 욕을 해 붙었다.

부귀는 발을 돌여 도로 삽작 안으로 들어 슬 때에 오래간만에 그 놈들을 뚜둘겨 주었다는 것도 기뻐지만, 그보다도 뚜둘겨주는 것을 제 안해가 안에서 보고 있었다는 것이 더 기뻐 득이양양하여 걸어 들어오며,

"다시 또 한 번만 그래 보아라. 인제는 창아리를 내 놓을 테니―."

하고 지개 작대기를 내던지고 다시 밥상 앞에 앉았다.

"지개 작대기로 패다 다치기나 하면 어쩌실라고 그라시오."

안해는 좀 不安한 듯이 물었다.

"괜찮어. 그런 놈들은 좀 뚜둘겨 맞어야지."

부귀는 다시 숫갈로 밥을 뜨며 대답하였다.

"하기사, 자기네들이 먼저 잘못하였으닛가요."

"암, 어데 뼈가 띵기러저 병신이 되어도 어데가서 말하여 저만 앵하였다."

부귀는 제 안해 앞에서 제의 식식하고 용감하고 사내다운 것을 담북 보여주고 말하여 주었다. 기운을 안쓰닛가 그렇지, 막 하기로 하면 그런 녀석들 두셋은 그저 똥뗑이 굴이 듯하겠다고도 말하였다. 구 때 신작로까지 구장 양반네 베를 저나른데도 제가 第一 많이 저 날녔고도 말하였다. 그러나 부귀의 자랑이 오즉 힘세다는 것뿐이랴! 그 녀석들이 못 당긴 學校를 단겼고, 그들이 넘겨다도 못 볼 당당한 양반이다. 부귀는 제가 어려서 얼마나 고생을 하여가며, 그 고생을 참어가며 이십니나 떨어저 있는 보통학교를 단겼나를 말하였다. 그리고 할머니한테 귀에 배도록 들은 자긔 할아버지 대에 얼마나 잘났었나 얼마나 꽝장한 양반이였었나도 말하였다. 그리고서 이야기의 結論을 말하는 듯이,

"世上이 이런 世上이 되고, 우리 집 形勢가 이렇게 되었으닛가 그렇

지, 萬一 世上이 이렇지 않고 우리 집 形勢가 조곰이라도 낳으면 우리는 절대로 저런 맥 무식군이의 개똥불상놈들하고 이 산골에 처백혀 있을 사람이 아니고, 으레히 군수나 도장관쯤은 하나 따가지고 읍으로 나가서 비젔하게 살 것이다. 아모리 못가도 명장 하나쯤은 여부없이 딸 수 있을 것이다. 이런 것을 생각하면 우리가 얼마나 때를 잘못 타고 나온가를 알 것이다. 참으로 우리는 때를 잘못 타고 난 것이다."

부귀는 길-게 탄식하였다. 유새이래 어떠한 불운의 영웅도 이보다 더 긴 탄식은 못하엿을이라만치 긴—.

"그래 장내에는 어떻게 하실 작정이요. 어떻게 하여 먹고 살 작정이요."

부귀댁은 부귀의 호화러운 이야기를 취하는 듯이 들으면서도 그래도 여전히 지금 어떻게 할가— 하는 먹고 사는 일을 아주 잃어버리지는 않았다.

"글세. 어떻게 할지—."

부귀는 아무렇게나 대답하고 멀거니 맑은 밤하늘을 치여야다 보았다.

"언제나 지개를 버서 내버리고 이런 산골에서 더 넓고 좋은 데로 떠나겠느냐 말이여요."

부귀댁은 거듭처 물었다. 부귀댁의 이 넓고 좋은 데는 곳 서울을 알으키는 것이나. 부귀댁은 아즉도 가슴 속 어느 구석엔가 서울 가는 꿈을 감추어 가지고 있다. 이 곳에 시집오기 前에 소문으로 듣든 그 서울 가는 이야기의 한 쪼각을—. 오늘 저녁에 별 이야기를 다 했으면서 한 마듸도 서울 이야기를 안해 주었음으로 은근히 서울 이야기를 해 달나고 재촉해본 것이다.

그러나 남편은 이러한 안해의 뜻을 알어주는지 몰너주는지 여전히 맑은 밤하날을 발아보고,

"글세, 언제나—."

사랑 싸홈 (三)

일은날 일이다. 부귀는 아츰을 일즉 아니 먹고 어제 저녁에 댄 논물이 어떻게 되었나 볼여고 구레보 논으로 슬슬 걸어나갔다. 아즉 해도 뜨기 前이라, 논둑에는 이슬이 잡북 나려 있고, 베폭들이 쑥쑥 자라서 보기만 하여도 신이 나는 듯하다. 부귀는 이슬 채이는 것도 상관없이 고무신을 신흔 채 보수멍으로 向하였다.

그러나 이 구테 보수멍에는 임의 먼저 와서 기달이고 있는 녀석이 있다. 그것은 대봉이다. 어쩌녁에 지개 작대기로 등덜미를 뚜들겨 맞고 도망질해 냇뺀 대봉이다. 대봉이는 아침도 먹지 안이하고 벌서부터 이 수멍에 와서 부귀의 나오는 것을 기달이고 있었다. 물논 어제 뚜둘겨 맞은 앙갚푸리를 하려고다.

사실인즉 엇저녁에 같치 뚜둘겨 맞고 같치 도망질한 칠용이 하고 둘이 오늘 점심 나절 느퇴나무 거리고 부귀를 끓어내여 아주 실컨 부귀를 뚜둘겨서 챙을 다스릴 작정이였었는데, 대봉이는 점심 때까지 참지 못하고 칠용이와 둘이 하는 것을 둘이 한다 하더라도 저 혼저 제대로 먼저 한 번 앙갚푸리를 하지 않고는 못 견데여서 여기 와서 부귀가 논에 물고 보러 나오는 것을 기달이고 있었든 것이다.

"너 잘 나왔다."

대봉이는 부귀가 아조 수멍에다 올 때까지 수멍 넘에로 감적같치 몸을 숨기고 있다가 급작스리 내달어 부귀의 가는 길을 꼭 맊어스며 말을 걸었다.

부귀는 그 자리에 주춤하며 번능적으로 피하여 도망할려고 몸을 뒤로 빼는 듯이 하였다.

"너 잘 맛낫다."

대봉이는 한 말을 다시 한 번 뒤푸리하였다. 부귀는 어제 저녁에 한 일이 있어 그래지 않아도 원수가같지 지내든 대봉이 녀석이 도저히 그대로 논에 가게 하지 않을 것을 깨달었다. 깨달었으나 대봉이를 막어낼 아무 좋은 방법도 생각나지 않었다. 부귀는 몸을 날여 뻭 돌어서서 오든 길을 도로 도망질하였다. 그러나 열거름을 채 못가서 대봉이에게 붓들이고 말었다.

"도망 칠가? 전도 어제 한 일은 알고 있는 모양이로구나."

대봉이는 두 손으로 부귀의 멱살을 잔득 취켜들었다.

"이 자식아, 이 빵떡아."

"얘, 대봉아! 내가 잘못하였다. 용서해다고."

부귀는 멱살을 잔득 들인 채, 대봉이의 멱살을 쥘 생각도 않고 숨을 헉헉거리며 빌었다.

"용수고 술걸느는 것이고 다 일 없다. 너도 이 놈, 한 대 맞어 보아라!"

하고 대봉이는 한 손으로 만 멱살을 걸어쥐고는 딴 한 손으로 부귀의 뺨을 철그덕 올여붙었다.

"여, 나리! 그저 지가 죽을 줄올 몰느고 그랬으니—."

"누가 빵떡한테 나리 소리 들을 줄 아느냐!"

대봉이는 또 한 개 뺨을 절크덕 올여붙었다.

"나리, 나리. 그저, 지가."

"무었이 나리여!"

대봉이는 세 개, 네 개, 연 일곱 개의 뺨을 거듭 처 올여 붗었다. 멱살을 잔득 들인 모가지도 샛빩았고 양쪽 뺨도 금시에 빩앗에 되었다. 그 전에 그저 심심푸리로 놀느니라고 때릴 때의 뺨이 아니고, 어제밤에 뚜둘겨 맞은 앙갚푸리를 할여고 치는 뺨이라, 그 한 개 한 개가 볼탁지가 떨어저 나가는 것 같치 앞었다.

"네가 이 놈 누구 세를 믿고 지개 막대기로 사람올 패느냐. 마누란지, 코딱진지 세를 믿고 그랬느냐, 이 자식!"

대봉이는 손을 좀 늦우고 숨을 둘느며 말로 따진다. 부귀는 그냥 빌기만 해도 소용업다고 생각하여,

"하기사, 느의들 먼저 우리 집에 와서 빵떡 빵떡하고 걸지 않었니."

"아니, 빵떡이라고 그란 것이 어떠타는 말이여. 이 자식아, 너를 보고 빵떡이라 그랫다고 네가 참말로 빵떡이 되느냐, 별명이 빵떡이닛가 그러케 불느는 수밖에는 없잖으냐, 이 자식아."

"그래도 남의 집 삽작 앞에 와서."

"그전에는 안 그랏느냐, 그 전엔 왜 가만이 있었어."

"그 전은 그 전이고, 지금은 지금이지."

"혼, 그럴게라. 그래도 마누라쟁이 앞에서 빵떡 소리는 듣고 싶지 않은 貌樣이로구나."

"마누라 때문두 아니지만—."

"무었이 아니여. 이 자식아! 그 중에 마누라쟁이 앞에서는 그래도 제가 머라구 뺏내다가 우리가 빵떡이라구 하니가 제 마누라쟁이한테 한 번 법 낼여고 이 자식! 네가 지개 작대기를 끓고 나온 것이 아니냐, 그렇지!"

"어젠 일이야, 어찌되였든 말이다. 느덜 우리 집에 와서는 이 다음부터 그런 소리 말어다고."

"그라면 어떻게 할테냐, 네가? 또 지개 막대기를 끌고 나올 작정이냐."

"왼 지개 작대기는? — 얘, 대봉아. 그라구 저러구 간에 인제 이 멱살을 좀 노아다고. 논에 물고를 좀 보고 와야지."

"노아주, 그저, 요 자식을! — 그렇지만 노아 주었다. 불상해서 노아 주었다."

대봉이는 그 때까지 주고 있든 부귀의 멱살을 놓았다. 숨을 둘너가지고 다시 한바탕 패댈 장정이였지만, 부귀라는 놈이 작고 빌고, 맞고만 있음으로 팬 대도 도모지 싱거웠었기 때문이다.

그러나 대봉이는 언제나 뒤잽이 논 끝에 받는 마지막 집을 받는 것을 잊이는 않었다.
"내가 네 할미하고 그렇구 그렇치."
"그래, 그래. 우리 할머니하고 그렇구 그렇다."
부귀는 서슴지 않고 대답하였다.
부귀는 제 논 있는 대로 걸어가고 대봉이는 그래도 부귀라는 놈이 미슴스러워서 그대로 잠간 동안 수멍 우에 서 있었다. 부귀는 무었을 생각하였는지 한 여나무 거름 걸어가서, '해해해' 하고 구만 우슴을 터 추어 놓는 것이다.
"이 자식, 거기 있서."
대봉이는 뒤에서 냇다 소리를 질느고 쫓어갔다. 부귀는 이번에는 좇어 달어날 생각도 않고 그 자리에 그대로 서버렸다.
"무었이 우수워, 이 자식아."
대봉이는 또 부귀의 멱살을 취켜들었다. 부귀는 멱살을 취켜들이고서도 여전히 넙죽한 주둥이를 벌눔거려가며 웃고 있다.
"이 자식아, 무었이 우수워!"
대봉이는 뺨을 한 개 절컥 올여 붙었다.
"너 말여. 허허허. 우리 할머니는 몇일 전에 공동묘지로 가시였다 말이여! 허허허."
"올치, 요 녀석이. 그래서 웃었구나. 그러면 너- 너- 올타 되었다. 네 매누라하고 나하고 그렇구 그렇지."
"그건야—."
"안 되어? 정 안되여?"
"그래, 그래. 된다, 된여. 그래, 그렇구 그렇다."
대봉이는 멱살 쥐였든 손을 노었다. 부귀는 다시 또 걸어갔다. 대봉이는 이번에도 부귀 녀석이 또 웃을가 하고 기달이고 섰었으나 이번에는 웃지 않았다.
"제가 그렇면 그렇치."
대봉이는 그제서 만족하고 죄 집을 向하였다.
그러나 사실은 이번에도 부귀는 웃고 있었다. 소리를 내서가 아니라, 속으로 웃고 있었다.
"제 놈이, 머 마누라하고 그렇구 그렇다면 나는 또 제 놈의 마누라하고 그렇구 그렇지 머—."

차무서리 (一)

대봉이는 부귀한테 뚜둘겨 맞은 분푸리, 아주 톡톡이 하였지만, 칠용이 녀석은 부귀의 털에 손도 못댄 채 十餘日을 허속하였다. 대봉이는 그저 우악하여 기운으로 하는 것이 자랑이지만은 칠용이는 대봉이와는 좀 닮우다. 좀 닮우무로 十餘日식이나 그런 것은 잊어버린 듯이 참고 나려오고 부귀를 보아도 아무 별누는 말 한 마듸 뒤집어 씨우지 않고 도리혀 그 前보다 친절까지 하였다. 남들이 빵떡 빵떡하고 놀이면 칠용이는 부귀를 못 놀이도록 뜯어 말이기까지 하였다.
"이 자식이 왜 요새 이러가."
하고 부귀는 도리혀 재미가 없었지만, 그렇다고 달이 아무 해도 붙이지 않음으로,
"저 녀석이 인제서 철이 나너라고 그라나."
쯤 생각하였다. 부귀는 元來부터 남을 철저하게 믿지도 안치만, 또 철저하게 의심도 안는 승질이닛가—

차무서리 (二)

무더운 여름 어느 날 밤 일이다. 부귀는 저녁을 먹고 삽작 앞에 서서

어데고 놀너갈 데가 없나 하고 고개를 기우리고 있었다.
　第一 먼저 구장댁 마당이 생각났다. 거기 가면 사람도 많이 모여 있고, 시원도 하고, 안질 자리도 좋고 ……. 하지만 부귀는 은제나 그러하듯이 이번에도 그리고 가는 것은 바로 단념하였다.
　"빵떡, 빵떡."
하는 조소의 소리가 그의 귀에 울여오는 듯하였다.
　"천하 망할 놈의 개자식들─."
　언제나 하는 이 욕을 속으로 해붙이고 침을 탁 뱉어버렸다.
　그러면 어데 딴 데가 있나…… 하고 여기저기를 생각해 보았으나, 별로 신통한 데는 없었다. 여전히 제 집 마당에서 마누라와 맛대 앉어 하다 못해 예전 이야기라도 하고 있는 수밖에는 없는 듯하였다.
　그러나 오늘 저녁에는 제 집 마당에도 앉어 있을 수 없게 되었 있는 것이다. 그것은 낮에 지가 새들 콩밭을 매고 있느라닛가 마누라가 점심을 이고 와 이런 말을 하였기 때문이다.
　"어데고 남만 못한 데가 있어 或은 다리를 전다든가, 팔병신이라든가─면 몰나도 일을 하면 이렇게 잘하는 멀정한 이가 왜 남에게 숙맥 구실을 하고 병신 행실을 하우. 손이 없우, 팔이 없우. 놀이는 놈이 있으면 그깐 놈들을 왜 놔두우. 주먹은 두었다가 쌀머 먹을 작정이요. 그리고 자기 자신두 밤에 저녁을 먹으면 구장댁네 마당같은 데로 더러 마실도 가고 해야지, 맛날 집에만 들어 앉었으니 남들이 욕을 하지 안 하우. 밤낮 사내하고 붙어 있다고 나까지 辱 먹지 않소. 이제부터는 밤에 마실도 단기고 좀 그러우."
　부귀 자신도 元來부터 마실이 가고 싶지 않은 것은 아니다. 사람들이 모이는 곳, 떠들석하는 곳이 언제나 가고 싶은 것이다. 다만 그 놈들이 놀여대는 통에 놀이는 끝에 뒤잡이가 되어 한케뜨게 되면 결국 뚜둘겨 맞는 것도 저고, 옷를 찢는 것도 저라, 늘 혼저 손해를 봄으로 언제부터인자 저절로 사람들 모인 데는 안 가도록, 안 가도록 버릇이 되었을 뿐이다.

 그러나 오늘 저녁에는 어데로고 마실을 가야 하겠다. 똑 가야만 하겠다. 허나 아모리 생각해 보아도 아모 데도 갈 데가 없다. 그렇다고 삽작 앞에 말둑처럼 언제까지든지 서 있을 수도 없다. 그래도 사내 대장부로서 제 마누라 앞에 마실 갈 데가 없다구야 하는 수가 있나. 어데로든지 가야지ㅡ. 하고 막 개천을 건너스려 하닛가,

 "너 부귀 아니냐?"
하고, 칠용이가 이리로 오며 말을 걸었다.
 "왜, 이 놈아!"
 "내가 일부러 지금 너를 찾아오는 길이다. 너 어데 가니?"
 "가기는 어델 가. 바람 쏘이러 나왔지ㅡ."
 "그람 잘 되었다. 어서 이리 오너라."
 "왜 이 자식아."
 "글세 나만 딸어 와. 수 생기는 일이 있을 테닛가."
 "똥을 쌀 여석! 이 놈들이 또 누구를 놀여먹을라고 그렇게 누가 속을 줄 아니?"

 칠용이라는 녀석한테는 그 전에 몇 번 속운 일이 있었다. 이 녀석도 다른 녀석들 하고 어울이면 물논 '빵떡 빵떡'하고 놀이기도 하지만, 그보다도 아조 처년스럽게 거짓말을 하여가지고 속여먹기를 잘한다. 부귀는 칠용이한테는 처음부터 경게하였다.

 "아니여, 오늘 저녁에는 그런 일이 아니여ㅡ."
 "그람, 무슨 일이여, 이 자식아!"
 "事實은 말이여ㅡ."
하고 소리를 나직이 하여 부귀의 귀에 입을 밧삭 대고,
 "저기 말여. 대봉이네 새들밭에 지금 우리 몇 간이 차무서리를 갈

터인데, 너도 한 목 찌이란 말이여."
"대봉이네?"
대봉이는 부귀가 맛나기만 하면 서로 욕찌거리를 하고 뒤잡이를 놓는 제일 고한 놈이다. 빵떡이라는 별명을 맨 처음에 지어낸 것도 이 녀석이고, 그 후에 빵떡 빵떡하며 놀여먹기도 이 녀석이 第一 심한 것이다.
"들키면 어떻게 하구?"
부귀는 대봉이네 밭이라는 데, 벌서 맘이 끌였다.
"들키기는 왜 들켜. 대봉이는 즈 외가에 갔다온다고 秦州에 갔으닛가 갓다오는 데 아모리 하여도 三四日 걸일 테고 대봉이 아버지는 더위를 먹어가지고 제 집에서 허비저거리고 있으니 직힐 사람이 누가 있겠니? ― 그라고 또 서령 틀킨다 해두 뛰여 달어나면 그만 아니냐? 이 어두운 밤에 어너 녀석인지 알어―."
"그래도 나는 싫다."
부귀는 한 번 뺑속이질을 하였다.
"너 대봉이네 차무밭에 차무가 얼마나 달였는지 알기나 아니? 그저 사과루만 다석 두둑을 쭉 놨는데, 그것이 지금 모두 함박위었다. 너는 그 따우 차무 어데서 맛도 못봤으리라."
"그 집에서 나종에 알구 보면 큰일나잔니."
"그 자리에서만 들키잔으면 상관있나. 심심푸리로 작난 삼어 서리하는 것이야, 어떠냐. 예전에는 닭서리도 했었다는데―."
칠용이는 말에 맥히는 볍은 업다. 얼마든지, 무었이든지 끄아낸다. 부귀는 한참 생각하다,
"그람 나도 가볼가. 그렇치만 만일 들키면 야단은 느덜 혼저 맞는다."
"그야, 염여 말어라."
부귀는 칠용이의 뒤를 딸어 느퇴나무 거리로 나왔다. 거기에는 두 녀

석들이 벌서 와서 기달이고 있었다. 이 두 녀석들과 칠용이와 부귀와 도합 네 녀석이 바로 새들로 행하였다. 꼴불꼴불한 논둑길에는 벌서 이슬이 나려 있었다. 칠용이는 맨 앞에 서서 대봉이가 겉으로는 약은 체해도 사실은 똥바보라고 숭을 보았다. 그리고 참말로 기운으로 하면 부귀한테 어림도 없을 것이라고도 하였다. 부귀는 이처럼 세 녀석이나 몰여서 전같으면 으레히 한 차례 '빵떡' 소리를 내 놀텐데 그런 것은 잊어버린 듯이 한 마듸도 내지 않고 또 게다가 지가 가장 미워하고 원수같치 여기는 대봉이의 흠을 보는데 적잔이 모든 이링 유쾌하였다.

그럭저럭 대봉이네 차무밭 머리까지 다달었다. 네 놈 중에 누구든지 하나가 잠뱅이를 벗지 않으면 안되게 되었다. 잠뱅이에다 차무를 잔득 따 느가지고 둘너메고 나와 어데로구 가서 나누어 먹는 것이다. 이것은 차무서리하는 데는 으레 그런 것이다.

"부귀야, 너 잠뱅이 벗어라."

칠용이는 또 부귀를 꼬수었다.

"난 빤스를 안 입었으니 느덜 중에 누가 벗으라무나."

부귀는 사실 빤스를 입지 않었다. 낮에 일할 때에는 빤스만 입고, 저녁에는 잠뱅이만 입는 버릇이였다.

"우리도 모두 빤스를 안 입었다. 어서, 네가 버서라."

또 한 녀석이 부귀를 달냇다.

"잠뱅이 값으로 차무 개나 더 줄테니 어서 버서라."

딴 한 녀석이 마저 말을 보태였다.

다른 때 같으면 부귀가 그렇게 유낙낙하게 그들의 말을 들었을 이는 없다. 그러나 오늘 저녁에는 고대부터 기분이 좋왔고, 또 이러한 때 옷을 벗고 덤비는 것이 도리혀 勇敢한 것같치 생각되였다. 부귀는 주저하지 않고 잠뱅이를 훌훌 벗어 허리 바로 잠뱅이 허리통 있는데를 잔득 붓드러 매 가지고 앞장을 서서 차무밭으로 덤벼들었다. 칠용이와 딴 두 녀석들도 딸어들어섰다.

차무서리 (三)

처음에는 한 두둑식 맡어서 따 나가자고 하여, 네 녀석이 각각 서서 따 나갔다. 그리다가 칠용이가 저는 익은 것을 못 알어보고 또 잠뱅이 속의 차무도 꽤 많어져서 무거울 테니 제가 혼저 차무 잠뱅이를 맡어서 메겠다고 하였다. 부귀는 그 때까지 메고 있든 차무 잠뱅이를 칠용이한테 맛기고 칠용이 따든 두둑까지 맡어서 따게 되었다.

그러나 이렇게 한참 따 나갈 때 옆에 있는 수수밭으로부터,

"이 놈들아! 차무 도적놈들아!"

하고 고함을 질으며 차무밭 주인인지, 지개 작대기를 둘너매고 내달어 왔다.

"차무 밭 임잔가부다, 냇빼라!"

칠용이가 소리를 질으며 앞어 뛰어 달어났다. 부귀도 그 뒤를 딸으고 딴 두 놈도 그 뒤를 딸웠다. 네 녀석은 눈둑 밭둑 가리지 않고 불이 낫케 냇뺐다. 그러나 밭임자는

"이 놈들, 거기 있거라."

연실 고함을 질으며 지개 작대기를 휘휘 둘느며 쫒어달었나.

"이것 큰일났고나. 이 차무 잠뱅이를 가저갈여다가는 네 놈이 다 붓 들이겠다."

숨을 헐더거리며 칠용이는 그 때까지 메고 있든 차무 잠뱅이를 냇다 논 도랑에다 태기를 처버리고,

"네 놈이 한테 몰이지 말고 각각 헤처저라."

하며, 제대로 딴 길로 뛰어 달어났다. 딴 두 놈들도 각각 헤여저 달어 나고, 부귀만 쪼겨오든 길을 고대로 쪼겨냇뺐다.

부귀는 얼마즘을 정신 없이 쪼겨달어나다가 쫒어오는 소리가 없음

으로 겨우 뒤를 돌아다 본즉 딴놈들은 어데로 뛰어갓는지 보이지 않고 아까 차무 잠뱅이를 내던지든 논 도랑 있는 데서 차무 밭 임자인가 차무 잠뱅이를 찾는지 지웃하는 것이 어둠 속에 으슬픗이 보이였다.

"아자! 잠뱅이를!"

부귀는 그제서 버섰든 잠뱅이 생각이 번적 났다. 손으로 만저보니 아조 뻘거숭이다. 부귀는 단번에 지가 그처럼 어수룩하게 그 놈들 말 대로 잠뱅에를 버섯든 것을 후회하였다. 그러나 후회한다고 물논 어떠케고 되는 것은 아니다.

"어쩔가―."

부귀는 길 옆에 쭈꿀트리고 앉어서 생각하였다. 바로 밭임자한테 가서 개개 빌고서 잠뱅이를 찾일 것인가, 或은 바로 집으로 돌아갈 것인가―. 가재도 않도과, 안가재도 않되고―. 부귀는 제 생전에 이 때처럼 몸이 달어본 적은 없었다. 후에도 늘 생각하듯이 참으로 몸이 밧삭 달었다.

그러나 부귀는 그여히 옷 찾기를 단염하고 일어섰다. 지금 가서 개개 빌고 달내본댓자 씅이 잔뜩 난 밭임자가 그대로 내 줄이가 만무하고 지개 작대기로 공연히 뚜둘겨만 맞을 것이다. 그보다는 차라리 이대로 집으로 갓다가 내일 그 주인을 찾어가서 조용히 말해보는 것이 좋을 것이다. ―

부귀는 누구고 맛나지나 않을가 두려워 하야 좌우를 둘너보며, 힘 하나 없는 거름으로 제 집으로 향하였다.

그러나 그 날은 부귀에게 재수가 아주 없는 날이지, 쇠똥에 밋그러저서 갯똥에 코를 박는 셈으로, 구장댁네 집 모퉁이를 돌아가다가 해 필 크 때 大門 안에서 쑥 나오는 구장 양반과 그냥 꼭 맛부닥쳤다. 부귀는 참으로 차무 밭 주인이 소리 지를 때보다도 더 깜작 놀냈다.

"거기 누구냐!"

구장 양반은 부귀가 깜작 놀나 주춤하는 것을 보고 냇다 호령하시엿다.

"진지 잡수셨읍니가. 저- 부귀입니다."

부귀는 겨우 이렇게 어물거리고 두 손으로 앞을 가리며 흘금흘금 뒤를 돌어다보며 구장 양반이 밧삭 달여들기 前에 제 집 있는 데로 도망질하여 버렸다. 구장 양반은 부귀가 뻘거숭인 것을 보았는지, 어쩐지는 몰느나, 그래도 점잔은 이라, 大門 앞에 웃득 서서 딸어오지는 않으셨다.1)

[미발표원고]

---

1) 편자 주 : 내용을 살펴보면 여기에서 이야기가 종결되었다고 보기는 어렵다. 이 명선 선생이 원고를 여기에서 중단시킨 것인지, 혹은 원고가 유실된 것인지는 명확치 않다.

부 록

* 光武十年度皇室歲入歲出決書
* 길과 희망 : 李明善의 삶과 학문세계
* 이명선 논저 목록

光武十年□皇室□入歲出決□*

光武十年度 皇室 歲入歲出 決算 說明書

光武十年度 皇室 歲入은 國庫封入額이 百參拾萬圜 豫算이나 後에 孝定王后 祔 太廟 及 東宮 嘉禮의 儀典 擧行에 其費用은 不可不 支出이되 旣定의 豫算內로난 不能支應이라도 皇室費의 增額을 政府에 請求ᄒ야 孝定王后 祔 太廟費로는 千參百四拾圜 七十五錢 九厘와 東宮 嘉禮費로 五拾萬圜을 國庫에서 增額封入條와 宮內府所管 外各官廳에서 宮內府 電話使用料 貳千九白拾參圜 參拾參錢의 收入條와 不用電桿木 放賣代金 四拾貳圜 參拾貳錢 收入條 合計 百八拾壹萬 貳百九拾六圜 四拾錢 九厘 而光武十年度 皇室費의 決算額 百七拾六萬 八千壹(1앞)百四拾壹圜 參拾六錢 內에 經常費 百貳萬八千參百貳拾五圜 五錢四厘 臨時費 七拾參萬九千八百拾六圜 參拾錢六厘을 相計하고 剩餘 四萬貳千壹百五拾五圜 四錢九厘의 歲計剩餘을 에 推越홈. 今其款項의 主要ᄒ 者를 左에 說明홈이다.

光武十年度 皇室 經常費의 決算額 百貳萬八千參百貳拾五圜 五錢四厘를 豫算額 百七萬五千四百六拾五圜 拾八錢에 計ᄒ야 四萬七千

---

* 이 자료는 이명선 선생이 소장했던 자료다. 이 자료는 光武 10년(1906) 조선 왕실의 예산 사용 양상을 엿볼 수 있는 중요한 가치를 갖는다고 본다. 그 자료적 가치를 인정하여 여기에 수록한다. 또한 활자화한 자료 뒤에 원본을 수록하였다. 그리고 그 뒤에 편자가 자료를 번역하여 실었다.

壹百四拾圜 拾貳錢六厘의 剩餘를 生ᄒᆞᄂᆞ니 卽第一款 御供費에셔ᄂᆞᆫ 七千六百五拾七圜 五拾五錢六厘의 不足을 生ᄒᆞ되 第二款 享祀費로 壹萬壹千八百拾參圜 八拾六錢六厘 第三款 宮內府費로 參萬八千四百四拾五圜 貳錢貳厘 第四款 帝室制度整理(1뒤)費로 四千五百三十八圜 七十九錢四厘의 剩餘를 生홈으로 相計ᄒᆞ야 前記의 剩餘額을 得홈이라.

第一款 御供費의 不足을 生홈은 第一項 御供費中 御膳費 服御費 炊房薪炭費 別入에셔 明憲太后宮納上金 廢止를 因ᄒᆞ야 餘額을 生ᄒᆞ고 又 購補修繕器具費에셔 修繕 及 購買方法을 改良節約을 加ᄒᆞ야 餘額을 生홈이나 御親用金으로 貳萬五千五百四十五圜 五十錢에 增額홈을 因ᄒᆞ야 壹萬參千八百九圜 八拾七錢貳厘의 不足을 生ᄒᆞ고 第三項 王家秩祿으로 義親王게 歲費를 三萬圜으로 改正ᄒᆞ야 七月부터 施行홈으로 壹萬八百八拾壹圜 參拾壹錢의 不足을 生ᄒᆞ되 第二項 動駕費 中 闕外의(2앞) 動駕 아니ᄒᆞ심으로 壹萬五千八拾五圜 拾五錢의 餘額과 第四項 廐馬費 中 馬匹飼養料의 節約홈으로 壹千九百四拾八圜 四拾七錢六厘의 餘額을 生ᄒᆞ얏슨즉 相計 七千六百五拾七圜 五拾五錢六厘의 不足을 生홈이라.

第二款 享祀費로 餘額을 生홈은 ■히 第一項 第一目 原享祀費 中 別祭設行이 頻繁치 아니홈으로 壹萬四千壹百六拾四圜 拾五錢八厘를 節約홈을 因홈이오. 第六目 裕康園 享祀費에셔 貳千參百參拾圜 四拾六錢五厘의 不足을 生ᄒᆞ고 其他 第二目 景孝殿 享祀費, 第三目 洪陵 享祀費, 第四目 孝惠殿 享祀費, 第五目 懿孝殿 享祀費에셔 多少 增減이 有ᄒᆞ(2뒤)나 相計 壹萬壹千八百拾參圜 八拾六錢六厘의 餘額을 生홈이라.

第三款 宮內府費ᄂᆞᆫ 豫算額 六拾壹萬七千九拾五圜 參拾八錢에 對ᄒᆞ야 決算額은 五拾七萬八千六百五拾圜 參拾五錢八厘로 上計ᄒᆞ야

參萬八千四百四拾四圜 貳錢貳厘의 餘額을 生ᄒᆞ니 卽 第一項 俸給 及 雜給 中 第一目 勅任俸給에셔 十年度ᄂᆞᆫ 兼任이 多홈으로 參千九百九拾壹圜 拾八錢四厘, 第二目 奏任俸給에셔 禮式院을 廢止ᄒᆞ고 奏任官 減省홈으로 四千六圜 七拾五錢五厘의 餘額을 生ᄒᆞ며 又 判任俸給에셔 六千四百參拾五圜 五拾六錢六厘, 第六目 雜給에셔 參千壹百四拾四圜 貳拾壹錢七厘를 節約홈(3앞)은 判任官 以下 員役 中 冗員을 淘汰홈에 基因홈이오 第四目 名譽官 特賜金에셔 參千六百五拾壹圜 七拾八錢의 減額은 其支給人員에 實際 減省호 結果이니 本項의 餘額은 計貳萬壹千貳百貳拾九圜 五拾錢貳厘와 第二項 廳費에셔 增減의 主要홈은 第五目 通信運搬費 中 海外電報費가 多ᄒᆞ나 韓日協約 後에 其必要가 無홈으로 四千九百貳拾圜 五拾七錢을 減ᄒᆞ고, 第八目 ■■에셔 支給人員을 減홈으로 參千壹百貳拾圜 七拾■錢 八厘를 減ᄒᆞ고, 第九目 喂養費에셔 犧牲飼養料의 節約으로 壹千八百七拾貳圜 拾壹錢參厘를 減ᄒᆞ고, 又 第十目 事業費ᄂᆞᆫ 全히 中止홈으로 貳千圜을 減ᄒᆞ고, 其他 第一目 備品費, 第二目 圖書印刷費, 第三目 紙筆墨文具費,(3뒤) 第四目 消耗費에셔 多小 減額이 有ᄒᆞ나 第六目 雜費에셔 臨時雜用이 夥多홈으로 壹千貳百四拾圜 拾八錢六厘, 第七目 被服費에셔 參書官禮服費 補給 及 懿孝殿■僕別監 電務課工頭 被服費의 增加로 壹千九拾八圜 五拾錢, 第十一目 纂輯費에셔 文獻備考 印刷費 追加 支撥로 八百九拾四圜의 不足홈으로 相計 壹萬四百貳拾六圜 參拾六錢五厘의 餘額이 生ᄒᆞ며 第三項 修理費에셔ᄂᆞᆫ 不急ᄒᆞᆫ 工事ᄂᆞᆫ 延期ᄒᆞ며 且役費의 節約을 圖ᄒᆞᆫ 結果로 第一目 宮殿修理費에셔 貳萬九百九圜 參拾錢七厘, 第二目 陵園墓修理費에셔 五千六百六拾八圜 六拾五錢參厘, 第三目 廳舍修理費에셔 參百八拾六圜 貳拾參錢五厘 合計 貳萬六千九(4앞)百六拾四圜 拾九錢五厘의 餘額을 生ᄒᆞ며, 第四項 賜金旅費에셔ᄂᆞᆫ 第一目 退官賜金에셔 貳千九百貳拾四圜의 餘額을

生ᄒᆞ되 第二目에서 義親王 還國 旅費 壹萬圜의 支出이 有ᄒᆞ야 六千貳百六拾壹圜 五厘의 不足을 生ᄒᆞ며, 且 第三目 褒賞救恤費에서 奏判任官 及 員役 等 年終 賞與金 六千參百貳拾五圜 六十錢과 各部 大臣 顧問官 等 年終 特賜金 壹萬壹千 六百圜 安尙宮 禮葬金 九千貳百參圜 參拾壹錢 赤十字社 內下金 參千圜 懿孝殿 再朞祭 後尙宮 奉侍賞格 四千貳百八拾壹圜 及 八千八百圜 等을 支撥ᄒᆞᆷ으로 合計 參萬八千七百四圜 四拾壹錢五厘가 豫算에 不足되야 相計ᄒᆞ면 本項에서 四萬貳千(4뒤)四拾壹圜 四拾貳錢의 不足을 生ᄒᆞ며 第五項 饗宴費에서 第一目 原饗宴費 中 明憲太后 誕辰時 饗宴費을 不要ᄒᆞᆷ으로 五百圜을 減ᄒᆞ고 第二目 臨時 饗宴費에서 外國人 接待가 頻繁치 아니ᄒᆞᆷ으로 貳萬壹千六百八拾六圜 參拾八錢의 豫算 餘額이 生ᄒᆞ며 又 第六項 聘雇外國人費에서 鑛務技師의 俸給 四個月條를 支出ᄒᆞᆷ으로 參百貳拾圜의 不足을 生ᄒᆞᆷ이라.

　第四款 帝室制度整理費의 豫算額은 六千圜이니 帝室制度整理局의 臨時 整理費에 充ᄒᆞᆷ이나 十年 一月에 同局을 廢止ᄒᆞ고 宮內府中에 制度局을 更設ᄒᆞ야 其經費ᄂᆞᆫ 他各部局과 同一히 經理(5앞)ᄒᆞᆷ을 改正ᄒᆞᆷ으로 四千五百參拾八圜 七拾九錢四厘의 剩餘을 生ᄒᆞᆷ이라.

　臨時費에셔은 重建費 東宮嘉禮費ᄂᆞᆫ 該預算과 如히 內藏司로셔 重建費은 重建都監에 東宮嘉禮費ᄂᆞᆫ 嘉禮都監에 交付ᄒᆞ고 該都監으로 會計을 擔任케 ᄒᆞᆷ은 從來의 慣例기로 內藏司은 該交付金額으로 決算을 立ᄒᆞᆷ이 不得已ᄒᆞᆫ 事이며 孝定王后 祔 太廟費은 當初 國庫로셔 封入額 七千參百四拾圜 七拾五錢九厘니 亦 重建費 嘉禮費와 如히 祔太廟都監에 交付ᄒᆞ고 該會計을 擔任케 ᄒᆞ얏스나 後에 實際 貳千參百六拾參圜 六錢의 不足을 生ᄒᆞ고 該都監으로셔 追加 支撥의 請求가 有ᄒᆞᆷ으로 預備金(5뒤) 中 此를 不可不 補充ᄒᆞ기에 至ᄒᆞ고 又 其他 順和宮衣襨費 義親王冊封費 日本遣使費 惇德殿排置物品費 懿孝殿祭

品樂器造成費 玉寶奉安費 濟州郡進上物品費 禮服費 補給豊皁會社 技師償還金 舊借款償還金 舊未下償還金 等 臨時에 費途로 要ㅎ는 金額은 預算 外에 拾參萬貳千四百七拾五圜 五拾四錢七厘에 達ㅎ야 第二 預備金 拾貳萬圜으로는 不能支應홈으로 第一 預備金 摠額 四千五百參拾四圜 八拾貳錢 及 經常部 剩餘金 中 七千九百四拾圜 七拾貳錢七厘을 移用補充홈이라

  前記와 如히 經常部 剩餘金 四萬七千壹百四拾圜 拾貳錢六厘 中 臨時費로 移用補充額 七千九百四拾圜 七拾貳錢七厘을 相計ㅎ면 經常(6앞)部에 實剩餘金은 參萬九千壹百九拾九圜 參拾九錢九厘니 此에 諸收入金 貳千九百五拾五圜 六拾五錢을 加ㅎ 金額 卽 四萬貳千壹百五拾五圜 四錢九厘는 光武 十年度에 歲計餘額으로 光武 十一年度에 推越홈이라.(6뒤)

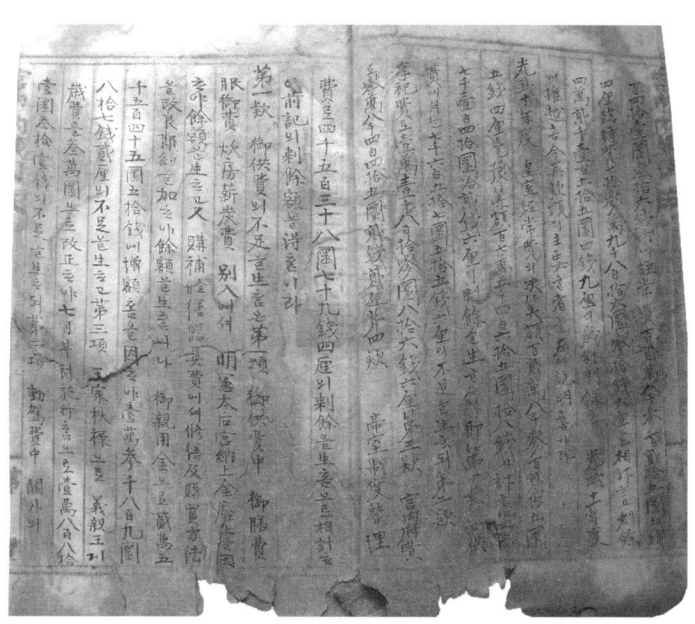

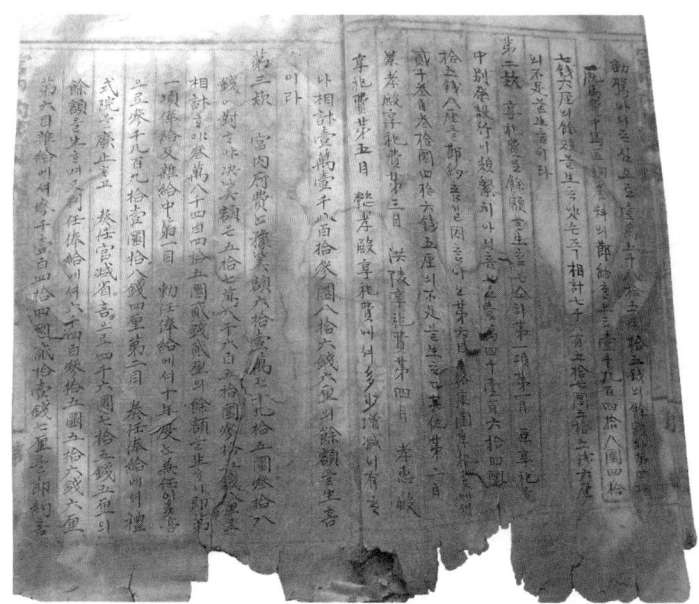

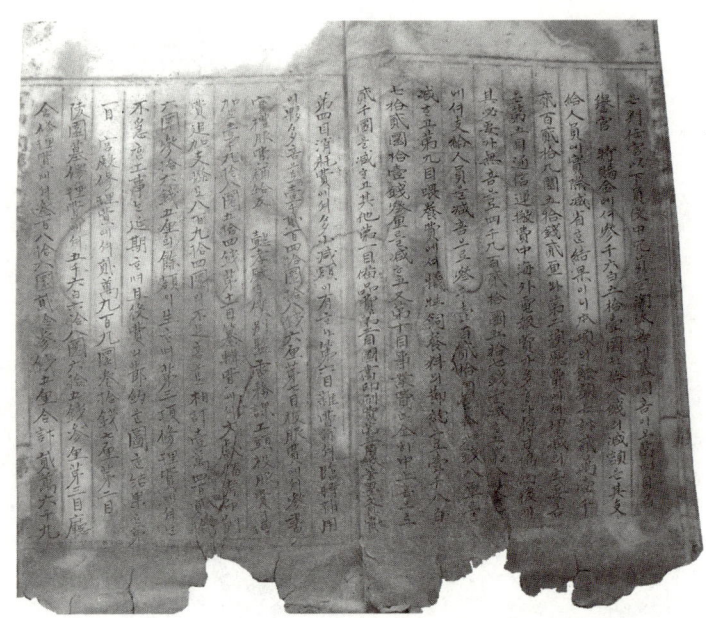

광무(光武) 10년 황실(皇室) 세입(歲入) 세출(歲出) 결산

광무(光武) 10년도 황실(皇室) 세입·세출 결산 설명서

광무 10년도[1] 황실 세입은 국고 봉입액(國庫封入額)이 130만환으로 예산하였으나, 나중에 효정왕후(孝定王后)를[2] 태묘(太廟)에[3] 합사(合祀)하는 비용과 동궁(東宮)의[4] 가례(嘉禮)에 따른 의전(儀典)을 거행하는 비용은 불가불 지출할 수밖에 없었다. 이미 정해진 예산 안에서는 지응(支應)할[5] 수 없어서, 황실비(皇室費)의 증액(增額)을 정부에 청구하여 효정왕후를 태묘에 합사하는 비용으로 1,340환 75전 9리와 동궁의 가례에 따른 비용으로 50만환을 국고(國庫)에서 증액하여 봉입한 조(條)와 궁내부(宮內府)[6] 소관 외각관청(外各官廳)에서 궁내부 전화사용료 2,913환 33전을 수입한 조와 사용하지 않는 전간목(電

---

1) 광무 10년 : 1906년. 光武는 조선 高宗 때 사용한 연호(1897~1907)다.
2) 효정왕후(孝定王后) : 1831~1903. 헌종의 계비. 본관은 南陽으로, 洪在龍의 딸이다. 1844년에 왕비로 책봉되어 가례를 행하였고, 철종이 즉위하자 대비가 되었다. 능은 경기도 양주에 있는 景陵이다.
3) 태묘(太廟) : 종묘(宗廟).
4) 동궁(東宮) : 여기서는 순종을 말한다. 순종은 1906년 12월에 純貞孝皇后를 맞이하는데, 여기에서는 이를 두고 이름이다.
5) 지응(支應) : 필요한 물품을 대어 주던 일.
6) 궁내부(宮內府) : 왕실에 관한 모든 일을 맡아보던 관아.

杆木)을7) 방매한 대금 42환 32전을 수입한 조를 모두 합한 1,810,296환 40전 9리로 되었다.

그리고 광무 10년도 황실비의 결산액 1,768,141환 36전 안에 경상비 1,028,325환 5전 4리, 임시비 739,816환 30전 6리을 상계(相計)하고,8) 남은 42,155환 4전 9리의 세계(歲計)9) 잉여금을 □□에10) 추월(推越)함. 지금 그 관항(款項)의11) 주요한 것은 왼쪽에 설명한다.

광무 10년도 황실 경상비(經常費)의12) 결산액 1,028,325환 5전 4리를 예산액(豫算額) 1,075,465환 18전에 계(計)하여 47,140환 12전 6리의 잉여를 낳았다.

즉 제1관(第一款) 어공비(御供費)에서는13) 7,657환 55전 6리의 부족을 낳았으되, 제2관(第二款) 향사비(享祀費)로14) 11,813환 86전 6리, 제3관(第三款) 궁내부비(宮內府費)로15) 38,445환 2전 2리, 제4관(第四款) 황실 제도 정리비(帝室制度整理費)로 4,538환 79전 4리의 잉여를 낳았음으로 상계하여 앞에 기록한 잉여액을 얻음이라.

---

7) 전간목(電杆木): 전봇대.
8) 상계(相計) : 채무자와 채권자가 같은 종류의 채무와 채권을 가지는 경우에, 일방적 의사 표시로 서로의 채무와 채권을 같은 액수만큼 소멸함. 또는 그런 일
9) 세계(歲計) : 힌 회게 인도나 한 해의 세입과 세출을 계산함. 또는 그런 총계.
10) 원문에도 '에'만 나와 있음.
11) 관항(款項) : ①조항이나 항목. ②예산서나 결산서 따위의 내용 구분 단위인 관(款)과 항(項)을 아울러 이르는 말. 가장 큰 부류로 관이 있고 다음이 항이며 그 다음이 목(目)이다.
12) 경상비(經常費) : 매 회계 연도마다 연속적으로 반복하여 지출되는 일정한 종류의 경비.
13) 어공비(御供費) : 왕에게 직접적으로 쓰인 쓰인 비용.
14) 향사비(享祀費) : 제사와 관련한 비용.
15) 궁내부비(宮內府費) : 궁내부(宮內府)에서 사용하는 비용. 궁내부는 왕실에 관한 모든 일을 맡아보던 관아로, 고종 31년(1894)에 설치하여 순종 4년(1910)까지 두었다.

제1관 어공비의 부족이 나옴은 제1항 어공비 가운데 어선비(御膳費)16) 복어비(服御費)17) 취방신탄비(炊房薪炭費)18) 별입(別入)에서 명헌태후궁(明憲太后宮)19) 납상금(納上金)20) 폐지(廢止)로 인하여 여액(餘額)이 나왔고, 또 구보수선기구비(購補修繕器具費)에서21) 수선 및 구매 방식을 좋게 고치고 절약함을 더하여 여액이 나왔으나, 임금님께서 친히 사용하신 금액으로 25,545환 50전을 증액함으로 인해 33,809환 87전 2리의 부족을 낳았다. 제3항 왕가질록(王家秩祿)으로22) 의친왕(義親王)께23) 세비(歲費)를24) 30,000환으로 개정(改正)하여25) 7월부터 시행함으로 10,881환 31전의 부족을 낳았으되, 제2항 동가비(動駕費)26) 가운데 궐 밖으로 동가(動駕)를 아니하셨음으로 15,085환 15전과 제4항 구마비(廐馬費)27) 가운데 마필사양료(馬匹飼養料)를28) 절약함으로 1,948환 47전 6리의 여액을 낳았다. 그러한 즉 상계하면 7,657환 55전 6리의 부족을 낳음이라.

제2관 향사비로 여액이 나옴은 ■히 제1항 제1목 원 향사비(原享祀

---

16) 어선비(御膳費) : 왕이 먹는 음식과 관련한 비용.
17) 복어비(服御費) : 왕의 의복이나 타는 것 등과 관련한 비용.
18) 취방신탄비(炊房薪炭費) : 보온을 위한 연료비.
19) 명헌태후궁(明憲太后宮) : 명헌태후(明憲太后)는 헌종의 계비로, 효정왕후를 이른다. 명헌태후는 1897년 고종이 황제로 등극하면서 받은 호칭이다.
20) 상납금(納上金) : 윗사람에게 바치는 돈.
21) 구보수선기구비(購補修繕器具費) : 각종 기구를 사고 보수하는 데 쓰인 비용.
22) 왕가질록(王家秩祿) : 왕실의 녹봉(祿俸).
23) 의친왕(義親王) : 1877~1955. 고종의 다섯째 아들로, 이름은 李堈. 고종과 귀인 장씨 사이에서 태어났다. 大同團 全協과 함께 탈출을 모의하여 독립운동을 지원하였으나, 만주 安東에서 발각되어 본국으로 송환되어 곤욕을 치르기도 했다.
24) 세비(歲費) : 국가 기관에서 한 해 동안 쓰는 경비.
25) 개정(改正) : 문서의 내용 따위를 고침.
26) 동가비(動駕費) : 왕이 수레를 타고 대궐 밖에 나가는 데 쓰이는 비용.
27) 구마비(廐馬費) : 말을 기르는 데에 쓰이는 비용.
28) 마필사양료(馬匹飼養料) : 말을 사육하는 데에 쓰이는 비용.

費) 가운데 별제(別祭)를 설행(設行)함이 빈번하지 아니함으로 14,164환 15전 8리를 절약함에 연유함이오. 제6목 유강원(裕康園)29) 향사비(享祀費)에서 2,330환 46전 5리의 부족함을 낳았고, 기타 제2목 경효전(景孝殿)30) 향사비(享祀費), 제3목 홍릉(洪陵)31) 향사비, 제4목 효혜전(孝惠殿)32) 향사비, 제5목 의효전(懿孝殿)33) 향사비에서 다소 증감이 있으나 상계하면 11,813환 86전 6리의 여액을 낳음이라.

제3관 궁내부비(宮內府費)는 예산액 617,095환 38전에 대하여 결산액은 578,650환 35전 8리를 상계하여 38,445환 2전 2리의 여액을 낳았다. 즉 제1항 봉급(俸給) 및 잡급(雜給) 가운데 제1목 칙임봉급(勅任俸給)에서34) 10년도는 겸임(兼任)이 많았음으로 3,991환 18전 4리, 제2

---

29) 유강원(裕康園) : 유강원은 純明孝皇后(1872~1904)가 初葬되었던 릉으로, 지금의 어린이대공원 내에 위치해 있다. 순명효황후는 閔台鎬(1834~1884)의 딸로 세자빈에 책봉되었으나, 순종이 임금이 되기 전인 1904년에 승하하여 지금의 어린이대공원에 초장하고 園號를 유강원이라 하였다. 이후 裕陵으로 추봉되었다가 순종이 승하한 1926년에 지금의 유릉으로 遷葬하였다.

30) 경효전(景孝殿) : 고종의 비인 明成皇后(1851~1895)의 신위를 모시던 魂殿으로, 덕수궁 안에 있었다.

31) 홍릉(洪陵) : 조선 26대 왕 고종과 고종 비 명성황후 민씨의 능. 현재 남양주시 금곡동에 소재해 있다. 여기에서는 고종이 죽기 전인 서울 청량리 홍릉에 위치해 있었던 곳을 이른다. 1919년 고종이 죽자 지금의 남양주로 천장하였다.

32) 효혜전(孝惠殿) : 헌종의 계비 명헌태후 홍씨의 신위를 모시던 魂殿으로, 慶運宮에 있었다.

33) 의효전(懿孝殿) : 순종 비 순명효황후 민씨의 신위를 모시던 魂殿으로, 경운궁에 있었다.

34) 칙임녹봉(勅任祿俸) : 勅任官에게 주던 녹봉. 1894년 7월 갑오개혁으로 관료제도가 개편됨에 따라 정1품에서 9품까지를 勅任官・奏任官・參上官의 세 직계로 대별했는데, 1품에서 종2품까지를 칙임관이 맡았다. 정1품은 嫡王孫・總理大臣・王孫・宗親, 종1품은 각 衙門大臣・議政府 左右贊成・정2품 내지 종2품은 都察院 都憲과 궁내부 및 각 衙門協辦, 警務使 등이었다. 무관의 경우는 大將・副將・參將 등 장관급이 속했다. 1895년에는 관료제도가 다시 개편되어 1~4등으로 구분되었다. 1등은 총리대신・각부대신, 궁내부대신・태자경, 2등은 중추원의 장・부의장, 2~3등은 궁내부협판・시종원경・내각원경・회계원장・시강・일강관・규장원경・내장원장・제용원장 등이었다. 무관의 경우 장관급 및 그 상당관

목 주임봉급(奏任俸給)에서35) 예식원(禮式院)을36) 폐지하고 주임관(奏任官) 감성(減省)함으로 4,006환 75전 5리의 여액을 낳았으며, 또 판임봉급(判任俸給)에서37) 6,435환 56전 6리, 제6항 잡급(雜給)에서 3,144환 21전 7리를 절약함은 판임관(判任官) 이하 관역(員役) 가운데 용원(冗員)을38) 도태(淘汰)함에39) 기인함이요, 제4목 명예관(名譽官) 특사금(特賜金)에서 3,651환 78전의 감액은 그 지급 인원에서 실제로 감성(減省)한 결과니 본항의 여액은 계 21,229환 50전 2리라. 제2항 청비(廳費)에서40) 증감의 주요한 것은 제5항 통신운반비(通信運搬費) 가운데 해외전보료(海外電報費)가 많으나 한일협약(韓日協約)41) 후에 그 필요성이 없어짐으로 4,920환 57전을 감하고, 제8목 ■■에서 지급 인원을 줄임으로 3,129환 7■전 8리를 감하고, 제9목 위양비(喂養

이 속했다.
35) 주임녹봉(奏任祿俸) : 주임관에게 주던 녹봉. 주임관은 3품 이하의 관료로, 3품 通政大夫·4품 奉政郎·5품 通德郎·6품 承訓郎을 이름.
36) 예식원(禮式院) : 대한 제국 때에 궁내부에서 외국과의 왕복 서류 따위의 번역을 맡아보던 부서. 광무 4년(1900)에 두었다가 광무 10년(1906)에 폐하였다. 칙임관의 아래, 판임관의 위에 위치한다.
37) 판임봉급(判任俸給) : 판임관에게 주던 벼슬. 7품에서 9품직에 해당한다.
38) 용원(冗員) : 쓸 데 없는 인원이나 직원.
39) 도태(淘汰) : 여럿 중에서 불필요하거나 부적당한 것을 줄여 없앰.
40) 청비(廳費) : 청사를 관리하고 보수하는 데 쓰는 비용.
41) 한일협약(韓日協約) : 여기에서 말하는 한일협약이 구체적으로 무엇을 말함인지 명확치 않다. 우리나라에서 맺은 '한일협약'은 1907년 7월 24일에 맺은 협약뿐이다. 다만 편의상 1904년 8월 22일에 맺은 조약과 1905년 11월 17일에 맺은 조약[乙巳條約]을 두고 '제1차 한일협약' '제2차 한일협약'이란 말을 쓰기도 한다. 하지만 이는 편의일 뿐, 정식 이름이 아니다. 따라서 한일협약이라 하면, 1907년도의 협약을 말함인데, 이 세입·세출안은 1906년의 것이라는 데서 다소 혼동을 불러온다. 이에 대해서는 좀 더 면밀한 고찰이 요구된다. 다만 1905년에 통신에 관한 관제를 대폭 감축하고, 1906년에 통신원 관제를 전면 폐지하였다는 점을 고려한다면, 여기서 말하는 한일협약은 을사조약을 이르는 것이 아닌가 짐작할 뿐이다.

費)에서42) 희생사양비(犧牲飼養料)의43) 절약으로 1,872환 11전 3리를 감하고, 또 제10목 사업비(事業費)는 완전히 중지함으로 2,000환을 감하고, 기타 제1목 비품비(備品費), 제2목 도서인쇄비(圖書印刷費), 제3목 지필묵문구비(紙筆墨文具費), 제4목 소모비(消耗費)에서 다소 감액이 있으나 제6목 잡비(雜費)에서 임시 잡용(雜用)이 과다(夥多)함으로 1,240환 18전 6리, 제7목 피복비(被服費)에서 참서관(參書官)44) 예복비(禮服費) 보급(補給) 및 의효전(懿孝殿) ■복별감(■僕別監)과 전무과(電務課)45) 공두(工頭)의46) 피복비 증가로 1,098환 50전, 제11목 찬집비(纂輯費)에서 문헌비고(文獻備考)47) 인쇄비를 추가 지발(支撥)함으로48) 894환이 부족하였다. 상계하면 10,426환 36전 5리의 여액이 생겼다. 제3항 수리비(修理費)에서는 급하지 않은 공사는 연기하며 또한 역비(役費)의 절약을 도모한 결과 제1목 궁전(宮殿) 수리비에서 20,909환 30전 7리, 제2목 능원묘(陵園墓)49) 수리비에서 5,668환 65전 3리, 제3목 청사(廳舍) 수리비에서 386환 23전 5리, 합계 26,964환 19전 5리의 여액을 낳았다. 제4항 사금(賜金)과 여비(旅費)에서는 제1목

---

42) 위양비(喂養費) : 먹이고 기르는 데 쓰이는 비용.
43) 희생사양비(犧牲飼養料) : 제사를 위해 기르던 짐승에서 쓰이던 사육비를 이름인 듯.
44) 참서관(參書官) : 대한제국 때 궁내부・의정부・중추원・表勳院 및 각 부에 소속된 주임관.
45) 전무과(電務課) : 전화 및 전등에 관한 일을 담당하던 부서.
46) 공두(工頭) : 공장에서 일하는 직공의 우두머리.
47) 문헌비고(文獻備考) : 우리나라 고금의 문물 제도를 수록한 백과전서. 250권 50책. 여기서 말하는 『문헌비고』는 1903년 撰集廳을 두고 朴容大 등 30여명으로 하여금 보수한 『증보문헌비고』를 이른다. 『증보문헌비고』는 1908년 2월에 간행되었다.
48) 지발(支撥) : 지불.
49) 능원묘(陵園墓) : 陵은 帝王과 왕후[妃]의 무덤을, 園은 왕세자나 왕세자비 또는 왕의 私親의 무덤을 말한다. 그 외 왕족의 무덤은 일반인의 무덤과 같이 墓라고 부른다.

퇴관 사금(退官賜金)에서 2,924환의 여액이 생겼으되, 제2목에서 의친왕의 환국 여비에서 1만환의 지출이 생겨 6,261환 5리의 부족이 나왔다. 또 제3목 포상구휼비(褒賞救恤費)에서 주판임관(奏判任官) 및 원역(員役) 등 연종 상여금(年終賞與金)50) 6,325환 60전과 각부대신(各部大臣) 고문관(顧問官) 등 연종 특사금(年終特賜金) 11,600환, 안상궁 장례금(安尙宮禮葬金) 9,203환 31전, 적십자사 내하금(赤十字社內下金)51) 3,000환, 의효전(懿孝殿) 재기제(再朞祭) 후(後) 상궁(尙宮) 봉시상격(奉侍賞格)52) 4,281환 및 8,800환 등을 지발(支撥)함으로 합계 38,704환 41전 5리가 예산에 부족되어 상계하면 본항에서 42,041환 42전의 부족을 낳았다. 제5항 향연비(饗宴費)에서 제1목 원향연비(原饗宴費) 가운데 명헌태후(明憲太后) 탄신 시 향연비를 요청하지 않음으로 500환을 감하고, 제2목 임시 연향비에서 외국인 접대가 빈번하지 아니함으로 21,686환 38전의 예산 여액(餘額)이 나왔으며, 또한 제6항 빙고외국인비(聘雇外國人費)에서53) 광무기사(鑛務技師)의54) 봉급 4개월 조를 지출함으로 320환의 부족이 생김이라.

제4관 제실제도정리비(帝室制度整理費)의 예산액은 6,000환이니 제실제도정리국(帝室制度整理局)의55) 임시정리비에서 충당함이나 10년 1월 동국(同局)을 폐지하고 궁내부 안에 제도국(制度局)을56) 갱설

---

50) 연종(年終) : 세밑. 한해가 저물어갈 무렵.
51) 적십자사 내하금(赤十字社內下金) : 왕이 적십자사에 사사로이 내어준 돈.
52) 봉시상격(奉侍賞格) : 모시어 받드는 공로의 크고 작음에 따라서 주는 상.
53) 빙고외국인비(聘雇外國人費) : 학식이나 기술이 뛰어난 외국인에게 어떠한 일을 맡기기 위해 초빙한 데에서 쓰이는 비용.
54) 광무기사(鑛務技師) : 광업과 관련한 일을 맡아하던 기사.
55) 제실제도정리국(帝室制度整理局) : 1904년 10월에 설치된 궁내부 소속 기관이다. 통계, 帝室 재산 정리 및 그 방법과 순서 등에 관한 일을 맡아보았다.
56) 제도국(制度局) : 제도국은 帝室制度整理局과 동일한 의미로 쓰이고 있는데, 이 기록을 보면 제실제도정리국은 1906년 1월까지 존재했고, 그 이후는 제도국으로 명칭을 바꾸었음을 알 수 있다.

(更設)하여 그 경비는 타각부국(他各部局)과 동일하게 경리(經理)함을 개정(改正)함으로써 4,538환 79전 4리의 잉여를 낳음이라.

임시비에서는 중건비(重建費) 동궁 가례비(東宮嘉禮費)는 해(該) 예산(預算)과 같이 내장사(內藏司)로서57) 중건비는 중건도감(重建都監)에58) 동궁 가례비는 가례도감(嘉禮都監)에59) 교부(交付)하고 해(該) 도감(都監)으로 회계를 담임케 함은 종래의 관례이기에, 내장사는 해(該) 교부 금액으로 결산을 세운 것이 부득이한 일이다. 효정왕후를 태묘에 합사하는 비용은 당초 국고에서 봉입한 금액 7,340환 75전 9리니 또한 중건비 가례비와 같이 부태묘도감(祔太廟都監)에 교부하고 해(該) 회계를 담임케 하였으나, 나중에 실제 2,363환 6전의 부족이 생겨 해(該) 도감에게서 추가 지발의 청구가 있었기에 예비금(預備金) 가운데 이를 불가불 보충하기에 이르렀다. 또한 기타 순화궁 의대비(順和宮衣襨費),60) 의친왕 책봉비(義親王冊封費),61) 일본 견사비(日本遣使費) 순덕전 배치물품비(惇德殿排置物品費)62) 의효전 제품악기 조성비(懿孝殿祭品樂器造成費) 옥보 봉안비(玉寶奉安費) 제주군 진상물품비(濟州郡進上物品費) 예복비 보급(禮服費補給) 풍부회사 기

---

57) 내장사(內藏司) : 대한 제국 때에, 궁내부에 속하여 왕실 경비의 예산·결산을 맡아보던 관청. 고종 42년(1905)에 회계원을 고친 것으로, 순종 원년(1907)에 내장원으로 이름을 바꾸었다.
58) 중건도감(重建都監) : 각 전각이나 관청의 重建 및 선박 등의 건조를 맡아보던 관청이다. 중건도감이 설치된 시기는 명확치 않다. 다만 1904년 8월에는 이미 공사가 있었던 것으로 미루어, 그 즈음에 중건도감이 설치되지 않았나 추측된다.
59) 가례도감(嘉禮都監) : 조선시대에 국왕이나 왕세자·왕세손의 혼례를 담당하던 기관.
60) 순화궁(順和宮) : 헌종의 후궁인 경빈 김씨의 사당으로, 지금의 인사동 태화빌딩 앞에 있었다.
61) 의친왕 책봉비(義親王冊封費) : 여기서 말하는 의친왕 책봉비는 의친왕이 적십자사 총재로 책봉된 것을 의미하는 듯하다.
62) 순덕전(惇德殿) : 1901년에 창건된 궁궐.

사 상환금(豊阜會社技師償還金) 구 차관 상환금(舊借款償還金) 구 미불 상환금(舊未不償還金)63) 등 임시로 비도(費途)로 요하는 금액은 예산 외에 132,475환 54전 7리에 이르러 제2 예비금 12만환으로는 지응(支應)할 수 없음으로 제1 예비금 총액 4,534환 82전 및 경상부(經常部) 잉여금 가운데 7,940환 72전 7리를 이용(移用)하여서 보충함이라.

앞서 기록한 것과 같이 경상부 잉여금 47,140환 12전 6리 가운데 임시비로 이용보충액(移用補充額) 7,940환 72전 7리를 상계하면 경상부에 실제 잉여금은 39,199환 39전 9리니, 이것은 제(諸) 수입금 1,955환 65전을 더한 금액, 즉 42,155환 4전 9리는 광무 10년도 세계(歲計) 여액(餘額)으로 광무 11년도로 추월(推越)함이라.

---

63) 구 미불 상환금(舊未不償還金) : 예전에 지급하지 아니한 돈에 대한 상환금.

길과 희망 : 李明善의 삶과 학문세계

김준형

1.

희망 — 실상은 땅 우에 볼래부터 길이 있는 것이 아니라, 단기는 사람이 많으면 자연 길이 되는 것이다. …… 魯迅의 <故鄕> 末節에서

본래 길은 없었다. 그렇지만 사람들이 다니는 순간 길은 생겨난다. 희망도 그러하다. 희망은 본래 존재하지 않는 것이지만, 사람들이 있다고 믿고 다가가면 그것은 현실이 된다. 李明善은 魯迅이 <고향>이란 작품에서 썼던 말을 자신의 첫 책이라 할 수 있는 『中國現代短篇小說選集』서두에 큼지막하게 붙여 넣었다. 희망, 그것은 분명히 존재한다! 37세의 짧은 삶을 살고 간 이명선이 현재를 사는 우리들에게 해주고 싶었던 한 마디는 바로 이 말이었는지도 모른다.

이명선. 그에 대해 알려진 것은 거의 없다. 유물사관에 입각하여 쓰여진 『조선문학사』의 저자라는 사실을 제외하면, 더 이상 그에게 다가설 어떠한 요인도 찾을 수 없다.[1] 그의 삶과 학문, 모두 그러하다. 이

---

1) 지금까지 이명선에 대한 전면적인 논의를 편 글은 그리 많지 않다. 논의가 된 글 역시 모두 『조선문학사』에 한정되어 있다. 지금까지 논의된 글을 소개하면 다음과 같다. 고미숙의 「이명선의 국문학연구 방법론과 유물사관」(『어문논집』 28, 고려대국어국문학연구회, 1989), 이동영의 「이명선의 조선문학사고」(『한국문학논총』 13, 한국문학회, 1992), 송희복의 『한국문학사론 연구』(문예출판사, 1995), 김

명선의 삶을 추적하려고 하면 그의 행적은 고사하고 생년조차 알 길이 없다. 학문세계로 접근하려고 하면 그가 지은 글은 물론이고 그의 저작으로 어떠한 것이 있는지조차 막연하다. 이러한 상황에서 국문학자 열전을 쓴다는 것은 불가능하다. 열전은 고사하고, 그나마『조선문학사』에 관심을 보인 것도 기특한 일이라 하겠다. 필자 역시 다년간 그의 행적을 추적해 보았다. 하지만 단편적인 글과 저작은 찾을 수 있었지만, 본질적인 '그 어떠한 것'은 찾을 수 없었다.

1993년에 출간된 김성칠의 일기를[2] 통해 이명선의 초상이 다소 그려지기는 했지만, 그 이상의 접근은 어려웠다. 그러던 중 필자는 이명선의 따님 李承燕 여사를 만날 기회가 주어졌고, 그 댁에서 이명선의 미발표 원고를 비롯하여 삶의 궤적을 엿볼 수 있는 다양한 자료들을 만났다. 이제까지 묻혀져있던 이명선의 자료가 비로소 세상에 드러난 셈이다. 그리고 그 자료로 인해 아직은 성글지만 이명선의 삶의 단면을 소개할 계기까지 마련된 것이다.

이 글에서는 이명선의 삶의 궤적을 따라가면서 그의 학문 세계가 어떻게 변모되었는가를 살펴보고자 한다. 그렇지만 여기서는 기존의 무게 있는 글쓰기 방식보다는 다소 편안한 글쓰기를 따르고자 한다. 따라서 이 글은 이명선이 남긴 자료나 논문들 중에서 문학사적으로 가치가 있는 것들에만 한정하지 않는다. 문학사적으로는 큰 가치를 갖지 못한다 하더라도 이명선의 삶과 학문 세계를 잘 보여주고 있다면, 이 글에서는 오히려 더 큰 비중을 두고 다루기로 한다.[3]

준형의「이명선의 조선문학사와 유물사관」(『우리어문연구』 23, 우리어문학회, 2004). 이들 외에도 문학사를 다루는 과정에서 이명선이 부분적으로 언급되기도 했지만, 그에 대한 논의는 여기에 따로 소개하지 않는다.
2) 김성칠,『역사 앞에서』, 창작과비평사, 1993.
3) 무의미한 것, 때로는 그것이 때로는 어떤 한 인물의 진면목일 수도 있다. 실상 무의미하다는 것은 인문학이 아닌 인문'과학'에서 내린 판단이 아닌가? 필자가 보

2. 1914년~1933년

이명선은 1914년 9월 12일 충북 槐山郡 佛頂面 文等里라는 산골에서 태어났다. 4남 3녀 중 세 번째 아들인데, 지금은 고인이 된 李慶善 교수(1923-1988. 前 한양대)가 그의 바로 밑 동생이다.

이명선의 부모는 자식에 대한 교육열이 매우 높았다고 한다. 그렇지만 이명선도 학문의 시작은 한학에서부터 출발했던 것으로 보인다. 어릴 때부터 서당에서 한문을 배웠는데, 그 양상은 이명선이 경성제국대학에 입학한 뒤에 당시 설화를 채록한 『이야기』라는 노트를 통해서도 확인된다. 『이야기』에 수록된 설화 가운데는 그가 서당에 다닐 때의 경험이나 보고들은 기억을 기록한 대목도 더러 보이기 때문이다. 예컨대 "어렸을 때 書堂에서 작난군들이 淫文을 지어 가지고, 웃고 야단들을 하였든 것"이라든가, 雄洞里 있는 서당에서 미친 여자를 본 기억 등은 그가 서당에 다니면서 겪었던 하나의 경험담을 쓴 것이다. 그러다가 이후 이명선은 청주고등보통학교에 입학한다.

청주고보 시절의 이명선이 어떠한 생활을 했고, 어떠한 생각을 가지고 있었는지는 전혀 확인할 수 없다. 『이야기』에 수록된 청주고보 때의 기억을 수록한 이야기들도 모두가 평범하기 그지없다. 이를 통해 보면 당시 일반적인 학생들이 겪었던 것처럼, 이명선 역시 다른 학생들과 별반 다름없이 유년기와 청소년기를 보냈던 것으로 짐작해볼 수 있겠다. 당시 무엇애 대해 갈등하거나 고민했던 흔적은 어디에서도 찾아 볼 수 없다.

3. 1934년~1938년 여름

청주고등보통학교를 졸업한 이명선은 1934년에 경성제국대학 예과

기에 이명선은 인문학자였을 뿐, 인문과학자는 아니었다.

11회로 입학한다. 예과는 경성제국대학 설립(1926년) 이전인 1924년에 설치된 것으로, 현재의 고등학교에 해당한다고 볼 수 있다. 다만 그 수업연한이 2년제라는 점에서 오늘날의 고등학교와 일정한 차이를 둔다.

그런데 이명선이 입학하던 1934년부터 예과의 수업연한은 2년제에서 3년제로 바뀐다. 따라서 경성제대 예과 11회로 입학한 학생들은 특별한 경우를 제외하고는 모두 12회 졸업생이 되는 셈이다. 이명선 역시 예과 11회로 입학하였지만, 12회로 졸업하게 된 것은 여기에서 비롯된다.

이명선처럼 1934년에 예과 11회로 입학한 학생 수는 총 146명이라고 한다.4) 그렇지만 당시 경성제대 학우회 명부를 보면, 실제 1934년 1학년 재학생은 총 162명이다.5) 이러한 현상은 입학한 학생 외에 유급이나 복학과 같은 변수가 작용하면서 그 수가 더 늘어났기 때문으로 보인다. 1936년에 입학한 학생 수도 총 146명이지만, 재학생 명부를 보면 당시 재학생 수는 167명으로 나타나는 것도 이러한 이유에서 설명이 가능할 듯하다.6) 아무튼 1934년, 이명선이 속해 있었던 文科 甲科 재학생은 총 40명인데, 그 가운데 조선인은 16명이었다.7) 이 중 이명선과 지속적인 교분을 가졌던 것으로 확인되는 인물은 申龜鉉과 金壽

---

4) 정선이, 『경성제국대학의 연구』, 문음사, 2002. 88쪽.
5) 경성제국대학 예과 학우회, 『昭和 9[1934]年度 會員名簿』. 文科 甲科 40명, 文科 乙科 41명, 理科 甲科 40명, 理科 乙科 41명이다.
6) 경성제국대학 예과 학우회, 『昭和 11[1936]年度 會員名簿』. 文科 甲科 42명, 文科 乙科 41명, 理科 甲科 42명, 理科 乙科 42명이다.
7) 16명의 명단은 다음과 같다. 괄호 안은 원적과 출신 학교다. 朴在灝(全北, 晉州高普), 趙泰元(京畿, 京城一高普), 趙英九(忠北, 京城一高普), 李明善, 桂昌業(平北, 京城一高普), 丁邦勳(京畿, 京城二高普), 丁海珙(全南, 光州高普), 田鳳德(平南, 京城師範), 金得中(江原, 春川高普), 金榮勳(咸南, 咸興高普), 金錫亨(京畿, 大邱高普), 金錫邱(京畿, 京城二高普), 金壽卿(江原, 群山普), 金潗鎭(平南, 平壤高普), 車洛勳(京畿, 京城一高普), 申龜鉉(忠北, 淸州高普)

신구현은 이명선과 같은 학교인 청주고보 출신이라는 점에서 친하게 지냈던 것으로 보이며,8) 김수경은 이후 이명선의 결혼식에서 들러리를 설만큼 돈독한 교분을 유지하였던 인물이다.9) 이들은 예과 때부터 花洞(지금의 종로구)에 있는 조선어학회 사무실에 다니면서 새로 정한 철자법을 익히기 위해 같이 다니기도 했다는데,10) 이는 이들의 관계가 어떠했는가를 다시금 확인케 하는 증언이기도 하다. 또한 김수경·신구현은 모두 월북하였고, 월북 이후 북한에서 영향력 있는 학자로 지냈다. 이 점은 사상적인 면에서도 둘은 이명선과 일정한 유대감을 가지고 있었다고 짐작할 수 있다.

1934년 예과 입학 이후 이명선은 당시 예과 학생들이 받았던 교과목인 국어와 한문, 영어와 독일어, 역사, 철학과 심리, 법제와 경제, 교련과 체조 등을 배웠으리라 본다.11) 그리고 金錫亨 등을 비롯한 동기들과 함께 꽃구경도 가는 등 다소 낭만적인 예과 생활도 했던 것으로 보인다.12) 그러면서도 이명선은 나름대로 "幼稚하기는 하나 그래도 生

---

8) 신구현은 1912년 충북 진천생으로 해방이후에 월북하여 김일성 종합대학 언어문학연구부 교수로 있으면서 국문학과 관련한 많은 글을 남겼다.
9) 김수경은 군산중학교 출신으로, 어학에 천재였던 인물이다. 그가 모리스 꾸랑의 『조선서지』의 서론 부분만을 번역한 『조선문화사서설』(범장각, 1946)을 출간할 수 있었던 것도 그의 천재적인 어학 감각에서 비롯된다. 애초 그는 철학을 공부하려고 했지만, 나중에는 국어학으로 전공을 바꿨다. 그의 국어학 관련 글들은 남한 학계에도 많이 읽히고 있다. 김일성대학에서 정년을 하고 말년에는 우리의 국립중앙도서관에 해당하는 인민대학습당 운영방법연구실 실장을 지냈다. 1999년 8월에 81세의 일기로 사망한 것으로 알려져 있다.
10) 이충우, 『경성제국대학』, 다락원, 1980. 228-229쪽. 이 때 당시 조선어문학회에 자주 출입했던 인물은 李鍾原(法), 車洛勳(法), 金錫亨(國史), 金洪吉(哲), 金壽卿(哲), 丁海珖(哲), 申龜鉉(國文), 李明善(中文) 등이다. 맞춤법 강의는 李克魯가 맡았다고 한다.
11) 정선이, 앞의 책. 2002. 78-82쪽 참조.
12) 예과 1학년 때에 그는 金錫亨을 비롯한 동기들과 함께 牛耳洞에 앵두꽃[櫻花]

新하든 豫科 時節의 意氣와 情熱"을13) 가지고 있었던 것으로 보인다. 그 의기와 정열은 지금 우리가 '이명선'하면 떠올리는 민족이니 민중이니 사관이니 하는 것들과는 거리가 멀다. 당시 이명선의 의기와 열정은 다양한 분야, 즉 '敎養'에 대한 관심일 뿐이다. 아래의 글은 본과에 들어간 1938년에 쓴 글인데, 예과 시절에 이명선이 어떠한 데에 관심을 가졌던가를 엿볼 수 있는 기록이기도 하다.

時代가 달느다. 짜러서 敎養의 內容이 달너젓다. 現代에 잇서서는 「스포-쓰」라든가 映畵라든가 「카메라」이라든가 「하이킹」이라든가 이러한 것들이 敎養의 內容을 構成하는 새로운 條件이 되엿다. 이 中에도 映畵는 前時代에 잇서 文學이 決定的 條件이 되엿듯시 現代의 敎養의 가장 重要한 條件으로 되엿다. 映畵를 몰느는 사람은 벌서 敎養 잇는 사람이 될 수 업는 時代다. 그리고 이것은 압흐로 가면 갈수록 더 이러할 것이다.14)

1930년대는 전대와 다른 시대가 되었다. 따라서 그 시대에 맞는 새로운 교양이 요구되었고, 그에 따라 이명선도 스포츠, 사진촬영, 하이킹, 영화, 문학 등에 관심을 가졌던 것이다. 특히 영화에 대한 이명선의 관심은 매우 높았던 것으로 보인다. 실제로 이명선은 예과 3학년 때인 1936년에 <映畵寸景>이라는 제목 아래 45편의 짧은 이야기를 담아낸다.15) 여기에 실린 이야기는 인간의 다양한 삶의 어느 한 장면을 포착해 그려내는 방식으로 되어 있다. 이것은 영화의 한 장면을 재현하는 것이라 하겠다.

구경을 갔음이 확인된다. <映畵寸景>, 미발표원고, 1936년 11월 25일.
13) 이명선, 「理想도 情熱도 詩조차 업는 風景」, 『매일신보』, 1938년 5월 15일.
14) 이명선, 「學生과 敎養」, 『매일신보』, 1937년 6월 12일.
15) 이명선, 「映畵寸景」, 미발표원고, 1936년 11월 25일.

鉛筆을 깎다. 뾰족하게 깎겼나 안엇나 鉛筆 끝을 뺨에 살살 찔너본
다. - <鉛筆 깍는 生徒>
純情한 學生이 門을 열고 들어스는 老人을 爲하야 자리에서 일어나
니 소갈머리 없는 紳士, 그 자리에 생큼 앉어버린다. - <電車 속에
座席>

영화의 한 장면, 즉 寸景을 글로 담아냈다. 당시 사람들이 살아가는 일상을 그대로 그려낸 것이다.

당시 이명선이 학교에 다닐 때의 문화 코드는 '교양'이었다. 당시 지성을 갖춘 교양인이라면 누구나 한 번쯤은 서구적인 '교양' 문화 코드에 빠져 있었다. 『영화촌경』역시 이러한 분위기에서 배태된 것이라 하겠다. 새로운 시대가 도래한 때에 당시 지성을 갖춘 교양인들이 갖추어야 할 요소인 영화에 대한 관심, 그것이 『영화촌경』으로 드러난 것이라 하겠다.16) 실제로 당시 대학생들은 너나 할 것 없이 '교양'에 대한 관심이 높았던 것으로 보인다. 『조선민요연구』의 저자이면서 이명선의 졸업 동기인 高晶玉이 영화에 대해 깊은 관심을 보였던 것도17) 이러한 배경에서 설명이 가능하다.

물론 「영화촌경」의 문학적 가치는 그리 크지 않을 수도 있다. 하지만 '예과 학생 이명선'이 당시에 무엇에 관심을 두고 있었는가는 엿볼 수 있다. 실제 영화에 대한 이명선의 관심은 매우 컸던 것으로 보인다. 당시의 영화 포스터를 수집·보관한 것은 물론이고,18) 본과에 진학해

---

16) 이에 대해서는 김준형의 「근대 패설의 흐름과 이명선의 이야기」(『대동한문학』 24, 대동한문학회, 2006)를 참조할 것.
17) 신동흔, 「고정옥의 삶과 학문세계」상, 『민족문학사연구』 7, 민족문학사연구소, 1995.
18) 이명선이 수장했던 영화 포스터는 최근까지 그의 따님이 보관하고 있다가 그 대부분이 인터넷 시장으로 유출되었다.

서는 신문에 영화와 관련한 글을 쓰기도 한다. 「村山知義氏에게- 春香傳 映畵化를 압두고」와19) 「映畵『無情』의 印象」이20) 그것이다. 전자는 <춘향전>을 영화화함에 사실성을 확보하기 위해 주의해야 할 세 가지 점을 지적한 것이고, 후자는 李光洙의 『무정』을 영화화한 조선영화주식회사의 <무정>을 관람한 후의 실망감을 그대로 피력한 것이다. 이 대목에서 우리는 다소 의외라는 생각을 가질 수도 있겠다.

'문학을 통해 민족 해방을 꿈꾸던 혁명가' 이명선과는 너무 다른 모습의 이명선을 보고 있기 때문이다. 예과에 입학하면서부터 '혁명가' 기질을 보였을 것이라는 우리의 막연한 기대와 달리, 예과 시절 이명선은 당시 시대적인 조류에 민감하게 움직이던 일반적인 학생이었던 것이다. 너무나도 순수한, 그러면서도 조금은 오만한 문학 청년. 이 말이 당시 이명선의 본모습이었는지도 모른다. 이러한 이명선의 모습은 본과에 입학한 1937년 이후에도 그대로 나타난다.

1937년 본과에 진학한 이명선은 여느 학생들과 마찬가지로 생활한다. 이 당시 경성제국대학은 소위 '大學 15分'이 통상적으로 적용되었다. '대학 15분'은 정각에서 15분씩 에누리하는 것을 말한다.21) 예컨대 등교시간이 8시까지로 규정되어 있어도, 이보다 15분이 늦은 8시 15분까지만 등교하면 아무 문제를 삼지 않았던 것이다.

대학생들은 사각모를 쓰고 비교적 여유롭게 정문으로 들어선다. 두 시간 강의가 시작되면 교수는 의자에 앉아 동서고금의 제 학설을 말하고, 마지막에 가서는 "以上에서는 大槪 先人들의 諸學說을 말하여 왓

---

19) 이명선, 「村山知義氏에게- 春香傳 映畵化를 압두고」, 『매일신보』 1938년 11월 6일.
20) 이명선, 「映畵『無情』의 印象」, 『매일신보』, 1939년 3월 19일.
21) 이명선, 「理想도 情熱도 詩조차 업는 風景」, 『매일신보』 1938년 5월 15일.

스나 다음에 내의 立場에서 이 問題에 最後的 判定을 나린다면 ─ 이 것은 아즉까지 아무도 말하지 안헛지마는 다음과 갓치 된다"며 자신의 학설을 주장한다. 그리고 학생들은 교수가 말하는 내용을 하나하나 적느라 바쁘다. 그리고 15분의 휴식을 갖고, 다시 이런 수업이 서너 번 반복된다.22) 당시 대학의 풍경이다. 이명선 역시 이러한 환경에서 생활하였던 것이다.

그러나 이명선은 이러한 생활을 그리 달갑게 받아들이지는 않았다. "空虛한 無味乾燥한 生活에는 '詩가' 업는 것이 아니라 '詩조차' 업는 것이다. 꿈조차 업는 것이다. 理想도 前途도 업는 情熱의 貧困兒! 知性의 敗北者! 네의 일홈은 大學生이다."라고23) 이명선은 비판을 가한다. 열정을 가지고 생활하지 못하고 다람쥐 쳇바퀴 돌 듯이 사는 당시 경성제국대학생들에 대한 비판이었다. 이는 경성제대생에 대한 비판이기도 하지만, 또한 이명선 자신에 대한 비판이기도 했다. '시'와 '열정'을 갖춘 대학생, 이명선이 생각한 대학생은 그러해야 한다고 믿었던 것이다. 그에게 이러한 욕구를 분출하게 해 준 공간은 『每日申報』였다.

1937년, 즉 이명선이 본과 1학년 때에 『매일신보』에서는 "史話野談'을 懸賞한다. 이명선은 <讓寧大君의 宗孫>이라는 작품을 출품하였는데, 그 작품은 3등에 입상하였다.24) 이러한 점에서 이명선에게서 『매일신보』는 잊지 못할 기억을 남겨준 매체였으리라 본다. 『매일신보』는 朝鮮總督府의 기관지 역할을 했던 신문이다. 그런데 해방 후 반제·반봉건의 기치를 높이 들었던 이명선이 이 신문에 적극적으로 글을 쓴

---

22) 이상의 내용은 이명선의 「理想도 情熱도 詩조차 업는 風景」을 토대로 재작성한 것임.
23) 이명선, 위의 글.
24) 이 글은 『매일신보』 1937년 11월 7일자에 실려 있다.

것은 아이러닉한 일이기도 하다. 아무튼 당시 총독부의 기관지에 적극적이었을 만큼, 이 때까지만 해도 이명선의 사상은 그리 급진적이지 않았던 것이다. 단지 그에게는 '정열'을 발산할 수 있는 문학과 젊음이 있었을 뿐이다. 이런 이명선에게『매일신보』와 뗄래야 뗄 수 없는 긴밀한 관계를 갖게되는 결정적인 요소가 나타나는데, 그것은 바로『매일신보』에서 '學生欄'을 신설하여 학생들이 투고한 글로 신문 한 면을 장식케 한 것이다.

'학생란'이 처음 선을 보인 날짜는 1938년 3월 6일인데,[25] 당시『매일신보』'학생란'에는 각 대학의 학생들이 학생란 신설에 대한 환영사를 보낸다. 이명선 역시 여기에 열렬한 환영사를 보낸다.[26] 환영사를 보냈을 뿐만이 아니다. 첫선을 보인 학생란에 이명선은「金笠의 詩의 유-모아」라는 논문도 보낸다. 이 논문은 무려 4단에 걸친 비교적 장편의 글이다. 또한 世專 李暻根은[27] 이명선의 논문에 대한 컷도 그려넣었다. 심하게 말하면 첫선을 보인 학생란은 이명선을 위한 공간이었다고까지 말할 수 있을 정도다. 그만큼 이명선은『매일신보』학생란과 긴밀한 관련을 맺었다. 그리로 이후 이명선은 어떠한 방식으로든지 거의 매번 학생란에 관여한다. 실제 필자가 확인한『매일신보』에 '학생

---

25) '학생란'은 특별한 경우가 아니면 매주 일요일자 신문 6면에 실렸다.『매일신보』에서는 한 달에 4회 정도를 '학생란'에 할애한 것이다. 물론 경우에 따라서는 한 달에 두 번으로 축소하기도 했지만, 대체적으로 '학생란'은 고정적이었다.
26) 이명선,「學生欄에의 歡呼 - 雙手 들어 歡迎」,『매일신보』1938년 3월 6일. "雙手를 들어 歡迎한다. 機關 업든 우리들은 歡迎한다. 만이 利用하고 십다. 利用이라는 말이 語弊가 잇다면 만이 善用하고 십다. 學生의 本領은 熱과 意氣다. 이 欄에 언제나 熱과 意氣가 넘처잇기를 바란다." 당시『매일신보』에 학생란 신설에 대한 환영사를 보낸 학생은 呂尙鉉(延專), 盧亨鎭(世專), 鄭珉(中專), 朴重華(普專), 李信仁(法專)이다.
27) 이경근은 이후『月刊野談』등과 같은 잡지의 삽화를 그리기도 한다. 예컨대『월간야담』1권 4호(1935년 1월)에 실린 沙雲居士의 <發願과 成功>나 尹白南의 <掃雪庭獲凯故人> 등과 같은 작품의 삽화도 그가 그린 것이다.

란'에 실린 이명선의 글은 다음과 같다.

1. 1938년도 『每日申報』에 실린 글
「金笠의 詩의 유-모아」, 1938년 3월 6일
「歌詞蒐集(其一)- 靈山歌」, 1938년 3월 13일
「現代 學生의 面貌」, 1938년 3월 27일
「봄, 俗된 봄」, 1938년 4월 3일.
「乘降機」, 1938년 4월 10일.
「理想도 情熱도 詩조차 업는 風景」, 1938년 5월 15일.
「用語解說 듸렛탄트」, 1938년 5월 22일.
「學生과 敎養」, 1938년 6월 12일.
「故鄕의 <湖西歌>」, 1938년 6월 26일.
「忠州 彈琴臺」, 1938년 7월 17일.
「鄕土의 童謠」, 1938년 7월 30일
「高橋亨先生의 프로필- 先生의 停年引退를 압두고」, 1938년 10월 16일.
「村山知義氏에게- 春香傳 映畵化를 압두고」, 1938년 11월 6일.
「書齋探訪記 李秉岐 先生」, 1938년 11월 13일
「現代 支那의 新進作家」, 1938년 12월 11일

2. 1939년도 『每日申報』에 실린 글
「무엇보다도 自尊心을」, 1939년 1월 5일.
「支那의 新進作家 蕭軍의 作風」, 1939년 2월 19일.
「映畵『無情』의 印象」, 1939년 3월 19일

이명선은 1938년 3월에서부터 1939년 3월까지 1년 남짓 동안에 총 18편의 글을 발표하였다. 글의 성격도 時評, 수필적인 글, 掌篇小說, 자료 소개, 학술적인 글 등 실로 다양하다. 그런데 1938년 8월부터 동년 10월 중순까지 공백기가 있다는 점은 주목할 만하다. 이명선은 『매일신보』에 매달 글을 발표한다. 위에 예시된 글만 보더라도, 1938년 3월에 3번, 4월에 2번, 5월에 2번, 6월에 2번, 7월에 2번을 발표하였음을 알 수 있다. 1938년 10월부터 1939년 3월까지도 매월 1편 정도의 글을 발표한다. 그런데 그 사이인 1938년 8월·9월에는 전혀 글을 발표하지 않았던 것이다.

그런데 8월과 9월의 공백기가 단순한 공백기로 보이지 않는다. 그 시기를 전후하여 글의 성격도 일정 부분 달라졌기 때문이다. 1938년 하계 방학을 전후로 하여 이명선에게 일정한 변화가 생겼음을 짐작케 한다. 이 점에서 1938년 여름을 접점으로 하여 이명선의 삶과 학문세계를 구분할 필요성이 제기된다. 우선 1938년 여름 이전의 이명선의 삶과 학문적인 경향을 보자.

『매일신보』에 실린 이명선의 글 18편 중에 1938년 8월 이전에 쓰인 글은 11편이다. 여기에 쓰인 글 대부분은 신문사의 기획 아래에 놓여 있다. 「승강기」는 각 대학 대표자가 릴레이 방식으로 掌篇小說을 연재하는 과정에서 쓴 것이고,28) 「봄, 俗된 봄」은 金達鎭(中專) 白南勳(延專) 趙僖英(法專) 등과 함께 봄 특집으로 쓴 것이며, 「충주 탄금대」 역시 자기 내 故鄕의 名山大川'이라는 특집 아래 자신의 고향에 가까운 탄금대를 소개한 것이다. 「이상도 정열도 시조차 없는 풍경」은 릴레이 방식으로 학원 풍경을 쓴 것이며,29) 「향토의 동요」는 각각 자기 고향의 민요를 소개하는 기획 아래 쓰여진 글이다.30) 이 외에도 1938년 8

---

28) 1938년 4월 3일에는 金世鍊(普專)이, 4월 10일에는 이명선이, 4월 17일에는 趙東浚(高工), 4월 24일에는 金汶鶴(世專) 등으로 이어진다.
29) 1938년 5월 29일에는 金達鎭(中專), 6월 5일에는 薛在永(普專), 盧英三(世專), 趙僖英(法專) 등으로 이어진다.
30) 이명선은 충북, 朱永夏(延專)는 端川, 李根(世專)은 경기, 朴重華(普專)는 公州

월 이전의 글은 그 대부분이 특집의 형태거나 필진을 바꾸는 기획 연재의 방식에서 쓴 것이다.

글의 성격[혹은 갈래]과 무관하게, 1938년 8월 이전에 쓴 글을 보면 '대학생 이명선'이 가지고 있던 지식인으로서의 자부심이 그대로 느껴진다. 자부심이 지나쳐 오만함까지 느껴진다. 심지어「봄, 속된 봄」에서는 현재 우리에게 각인된 이명선의 이미지는 전혀 느낄 수 없을 만큼 퇴폐적인 양상까지도 드러낸다. 홀로 고고한 것보다는 더럽고 구역질나더라도 군중들과 더불어 향락하겠다는 언술은 낯설기까지 하다. 그렇지만 이는 대학생이 된 이명선이 가질 수 있는 치기였을 것이다. 당대 최고 학부를 다니던 이명선이 그러한 생각을 가졌음직도 하다. 그러면서 이명선은 이러한 자부심에 걸맞는 다양한 지식을 습득하려고 한다. 다음과 같은 언술도 이러한 데서 비롯된 것이다.

> 敎養은 元來보다 더 知識階級의 問題요 勞動者 農民의 問題는 아니다. 前代에는 그리하엿고 後代에도 또 그러하다. 그럼으로 敎養은 知識階級의 時代的 性格의 反映이라고도 볼 수 잇다.「카메라」라든가「하이킹」이라든가 하는 娛樂 趣味에 屬하는 것이 敎養의 새로운 條件이 되는 것은 現代의 知識階級의 時代的 性格이 이러하기 때문이다. 이것은 理論이 아니다. 事實이 이러하다.
> 學生의 敎養이 問題가 되는 것은 學生이 知識階級 或은 知識階級 豫備軍의 一員으로서다. 그것은 곳 知識階級이 될 資格이 잇느냐 업느냐 하는 問題다. 知識階級의 一員으로 되는 것이 名譽러우냐 안흐냐는 別問題다. 이 一員으로 되는 外에는 學生에게는 다른 아무 길도 업는 것이다. 그리고 또 大槪는 學校를 卒業하기까지는 제가 즐기든 안즐기든 어느 程度까지 이 所謂「敎養」이라는 것을 갓게된다. 勿論 各人을 짤어 그 놉고나즌 程度의 差는 잇슬 것이나—.31)

의 민요을 소개하였다.

지식인이 되기 위해 그 시대에 맞는 교양을 쌓아야 한다고 주장한다. 지식인이 명예로운 것인가, 그렇지 않은 것인가를 따지는 일은 무의미하다. 무조건 교양을 쌓는 것이 대학생, 곧 지식인의 의무라고까지 생각하고 있었던 것이다. 대학생들이 교양을 갖추어야 한다는 생각은 단지 이명선만의 것이 아니다. 당대 대부분의 대학생들이 이러한 생각을 가졌던 것으로 보인다.[32] 우리들에게 널리 알려진 高晶玉 역시 영화에 관심이 많았고,[33] 金三不도 『매일신보』에 서정적인 시를 실었고,[34] 趙東卓 역시 연극에 대한 관심을 표명하기도 하였다.[35] 또한 『매일신보』 학생란에는 학생들이 투고한 사진 중에서 한 컷을 빠짐없이 수록하는데, 이 역시 '사진촬영'을 하나의 교양으로 표방한 학생들의 일면을 그대로 보여주는 한 예라 하겠다.

어쩌면 이명선은 보통 학생들보다도 더 '교양'에 연연했는지도 모른다. 학생이라면 영화에 대해 관심을 갖는 것이 당연하다고까지 여겼을 정도니,[36] '교양' 배양에 대한 그의 관심이 얼마큼 컸는가를 짐작케 한

---

31) 이명선, 「학생과 교양」, 『매일신보』 1937년 6월 10일.
32) 실제로 이 글 역시 학생이 갖추어야 할 덕목으로 교양(이명선), 모랄(中專 權弘錫), 영화(法專 張德瑢), 사회(世專 宋彦相), 스포츠(普專 金世鎭), 연애(延專 呂尙鎭)라는 5개 항목으로 나누어 쓰여진 하나일 뿐이다. 또한 이명선은 1938년 5월 5일에는 『매일신보』에서 주최한 '風紀問題를 中心으로 大學·專門學生座談會에 참석하여 風紀, 스포츠, 社會, 男女交際에 대한 문제들을 논의하기도 한다. 그러나 이명선은 이 좌담회에서 특별한 말을 하지 않아서 그의 생각을 엿보기가 어렵다.
33) 신동흔, 「고정옥의 삶과 학문세계」 상, 『민족문학사연구』 7, 민족문학사연구소, 1995.
34) 김삼불, <병아리꽃>, 「매일신보』 1938년 4월 2일. <極光>, 『매일신보』 1939년 7월 2일.
35) 조동탁, 「聖劇 흰젓 公演을 압두고」, 『매일신보』 1938년 4월 2일.
36) 이러한 생각을 엿볼 수 있는 것은 『매일신보』 1938년 3월 20일에 '학생과 영화'라는 특집이 실린 데에서도 알 수 있다. 여기에는 趙儁英(法專)이 「모단·타임스 總評」, 鄭和民(延專)이 「작크, 페데의 갑옷업는 騎士」, 盧英三(世專)이 「放浪人 채플린」이 실려 있는데, 그 영화평 수준이 낮은 것은 아니다.

다. 물론 이명선이 가졌던 '교양'에 대한 관심의 다소를 따질 필요는 없다. 정작 중요한 것은 그의 대학 생활은 당시 일반적인 대학생과 그리 큰 차이를 보이지 않는 지극히 평범한 양상을 보였다는 점에 있다.

'교양'에 대한 관심을 확장시켜 나가면서 그의 학문도 '교양'이라는 틀 아래서 이루어져야 한다고 생각을 했던 것으로 보인다. 이명선의 '시'와 '열정'은 학문과 이렇게 연결되고 갔다.

교양에 대한 이명선의 열정은 학문 세계를 이해하는 데에도 그대로 적용된다. 엄격히 말하면 학문 역시 자신의 삶을 살찌우는 '교양'이므로, 학문 역시 자신의 삶과 관련한 해석이어야 한다고 이명선은 이해했던 것이다. 그의 이러한 사유와 글쓰기 방식은 1930년대 지배적이었던 실증주의와는 전혀 다른 양상이었다. 이명선은 학문 연구 방법에 있어서 실증주의보다는 실용주의 노선을 택했던 것이다. 실제 첫 논문이라 할 수 있는 「김립의 시의 유모아」에서 그는 김삿갓의 시의 진위를 문제삼기보다는 시를 해석하는 데에 더 무게를 둔다. 그리고 그 시를 해석하는 데에 사용한 연구 방법은 서구의 이론이다. 서구에서 논의된 '웃음'에 대한 일반론을 하나하나 나열하고, 그 일반론이 김삿갓의 시에도 그대로 적용되고 있음을 밝힌 것이다. 이명선이 제시한 웃음을 이해하는 네 가지 시각은 다음과 같다.

① 優越感이라고 하는 意見 : 아리스토텔레스, 유벤홀스.
② 卑俗化라 하는 意見 : 베인.
③ 不調和라 하는 意見 : 칸트, 쇼펜하워.
④ 社會的 不適應이라 하는 意見 : 베르그손.

웃음에 대한 의론을 네 가지로 집약한 것도 흥미롭지만, 그보다는 서구 이론에 따라 김립의 시를 해석하려 한 시도가 더욱 흥미롭다. 이후 문학은 고정된 실체로 존재하는 것이 아니라, 시대에 따라 언제든지 달리 해석될 수 있고, 달리 해석되어야 한다는 그의 사고는 이처럼 서구 이론을 통해 우리의 문학 작품을 해석하는 데서부터 출발한 것일 수도 있겠다. 이러한 그의 사유는 다분히 실증적인 방법이 요구될 수밖에 없는 이본 문제를 다룬 글에서도 나타난다.

이명선은 1938년 『동아일보』에 '춘향전과 이본 문제'라는 주제의 글을 총 5부로 나누어 발표한다. 「艷情小說 是非」 1~2, 「漢文本과 諺文本」 3, 「朝文版과 朴氏本」 4~5가 그것이다.37) 제목이나 목차를 보면 이 글은 실증주의에 기반한 논문처럼 보인다. 하지만 이 글에서 강조한 것은 실증이 아니다. <춘향전>을 어떻게 보아야 할 것인가를 이해하기 위해 초보적인 문헌학만이 쓰였을 뿐이다.

당시 <춘향전>을 이해하는 시각은 크게 둘로 나누어져 있었다. <춘향전>을 염정소설로 보는 경향과 계급 해방의 소설로 보는 경향이 그것이다. 이명선이 『동아일보』에서 춘향전과 이본 문제를 다룬 것은 이 두 경향이 이본에 따라 달리 나타남을 지적하기 위함이다. 즉 어떤 이본을 텍스트로 삼는가에 따라 <춘향전>의 해석도 달라질 수밖에 없음을 강조한 것이다. 실제 그는 자신의 주장을 입증하기 위해 자신이 가지고 있는 이본, 그 중에서도 특히 당시 宋申用에게 4원을 주고 구입한 소위 '박씨본 춘향전'을38) 중심으로 하여 <춘향전>이 어떻게 달리 해석될 수 있는가를 보여준다. 이것은 문학을 고정불변의 것이 아니라, 경우에 따라서는 고정된 하나의 텍스트도 전혀 다른 두 성향이 공존할 수 있다는 생각에서 빚어진 것이라 하겠다. 문학에서 "무엇이

---

37) 이명선, 「春香傳과 異本問題」, 『동아일보』 1938년 7월 16일, 同年 7월 22일~23일, 同年 8월 4일~8월 5일.
38) 이명선이 이 책을 '朴氏本'으로 명명한 것은 책 표지에 '朴順唱'이라는 이름이 記入되어 있었기 때문이다. 이 책의 필사연대는 알 수 없고, 총 94매였다고 한다. 「春香傳과 異本問題 - 朝文版과 朴氏本」, 『東亞日報』 1938년 8월 4일.

든지 一이냐 二냐 하고 性急히 一刀兩斷하여 버리려는"39) 경향은 분명 온당한 것은 아닐 것이다. 이명선이 문학 작품을 이해하는 이런 시각은 그가 이 무렵에 공부했던 노트를 보아도 명확히 드러난다.

이 시기 이명선은 고전소설을 적잖이 읽었던 것으로 보인다. 그가 남긴 『朝鮮古代小說硏究』라고 제목 붙인 노트를 통해서도 이를 확인할 수 있다. 이 글은 1937년 10월에 고전소설을 읽으면서 느낀 바나 작품 중의 특이한 부분을 해석해둔 일종의 메모라 하겠다.40) 물론 이 노트에서는 <장끼전>과 <홍부전>의 특정 부분이 유사하기에 둘의 작가가 동일하며, <창선감의록>은 <사씨남정기>와 유사하기에 두 작품 모두 金萬重의 작으로 추정하는 등의 명백한 오류를 범하고는 있다. 하지만 이는 이명선이 문헌적인 고증보다도 작품을 어떻게 해석할 것인가에 더욱 중요시했기 때문에 빚어진 결과라 하겠다. 즉 작품과 관련하여 어떠한 부대기록을 찾기에 앞서, 작품 자체를 통해 그 작품의 성격을 읽어냈기 때문에 지금은 상식적인 내용조차 오해하였던 것이다.

이러한 오류는 접어두고, 우리가 이 노트에서 읽어내야 할 것은 바로 이명선이 고전소설을 어떻게 읽고 있는가 하는 점이다. 『조선고대소설연구』는 이명선이 고전소설을 읽으면서 가졌던 느낌을 메모한 것이지만, 그가 당시 문학을 바라보는 시각을 엿보기에는 충분한 자료라 하겠다. <장화홍련전>에서 부인이 '꽃'을 받고 장화와 홍련을 낳았다는 대목에서 이명선은 "꿈에 꽃 한 송이를 받았다는 것은, 꽃은 女子를 象徵하는 것은 精神分析學上으로도 明白하여 生女할 꿈이다."라고

---

39) 이명선, 「春香傳과 異本問題 -艶情小說 是非」, 『東亞日報』 1938년 7월 22일.
40) '조선고대소설연구'에서 그가 읽고 해석한 소설은 총 9편이다. <薔花紅蓮傳>, <興夫傳>, <장끼전>, <토끼전>, <洪吉童傳>, <劉忠烈傳>, <朴氏傳>, <彰善感義錄>, <謝氏南征記>가 그것이다. 또한 '조선고대소설연구'에 한데 묶여있지 않지만, <춘향전> 또한 이러한 방식으로 해석을 한 원고도 남아있다.

한다든가41) <토끼전> 후반부에 잉태하기 위해 보름달을 바라보는 대목에서는 "보름달을 바라보고 受胎한다 하였는데, 이것이 出處는, 理由는 調査해 볼 必要 있다. 精神分析學으로는 이것을 어떻게 푸나. 달이 男性을 表現하는 수도 있는가."라고42) 한 것은 작품을 어떻게 해석할 것인가에 고민을 했던 흔적이 그대로 묻어난 것이다. 또한 그는 <흥부전>을 다루면서 「興夫傳의 童話的 解釋」, 「휴모아小說로써의 興夫傳 分析」, 「興夫의 性格의 性格學的 解剖」 등을 써보고 싶다고까지 하였는데, 이 역시 작품 해석을 중심에 놓을 수밖에 없는 논문 제목이다.

대학생 이명선이 문학 이해에 있어서 실증에 토대를 두지 않았다는 점은 당시 학문적인 분위기에서는 매우 독특해 보인다. 그렇지만 이러한 그의 사유, 즉 실증보다는 해석이 중심이 되어야 한다는 사유가 지배적이었다는 점에서 우리는 이후 그가 실증보다 실용을 강조한 『조선문학사』가 나올 수 있었던 기저를 읽어낼 수 있음직도 하다. 유물사관에 입각하여 쓰여진 『조선문학사』는 '문학'을 '과학[人文科學]'이 아닌 '삶[人文學]'으로 인식한 것이기 때문이다.

이 시기 이명선은 단지 교양에 입각하여 문학 작품을 해석하는 데에 그치지 않는다. 당시 향유되던 자료를 수집하기도 하고, 구전되던 자료를 채록하여 정리하기도 한다. 이러한 경향은 『매일신보』에 실린 「歌詞蒐集(其一)- 靈山歌」, 「故鄕의 <湖西歌>」, 「鄕土의 童謠」 등에서도 볼 수 있었다. 『영산가』와 『호서가』는 각각 단가(시조)집과 가사집이다. 『영산가』는 수십 수의 시조 중에 8편을 뽑아 수록한 것이고, 『호서가』는 충청도의 郡縣과 같은 지명을 뽑아서 만든 가사를 옮겨 적은 것이다. 자료를 수집하고 정리하는 양상은 당시 이명선의 학문세계

---

41) 이명선, 「장화홍련전」, 『조선고대소설연구』, 미발표원고, 1937년 10월 3일.
42) 이명선, 「토끼전」, 『조선고대소설연구』, 미발표원고, 1937년 10월 8일.

에서 가장 중시될 수밖에 없는 분야이기도 하다.

이명선은 예과 3학년 때인 1936년부터 당시 구전되던 설화를 채록하여 정리하였다. 당시 향유되던 고전 자료, 특히 고전소설을 열정적으로 사 모으기 시작한 때도 이 때부터였다. 구비문학에 대한 자료 정리와 고전 자료의 수집이 이 시기부터 시작된 것은 개인적인 취향에서 비롯된 것일 수도 있다. 그렇지만 당시 高橋亨이나 李秉岐와 같은 선생들의 영향도 적지 않게 미쳤던 것으로 보인다.

이명선은 1937년에 高橋亨에게서 "時間 처음부터 끗싸지 雜談 하나 석기지 안는 至極히 嚴肅한" 조선문학과 관련된 수업을 받은 일이 있다. 이명선은 고교형의 수업 방식에 대해 그리 우호적이지 않았지만,43) 고교형이 당시 구비문학 자료 수집에 많은 노력을 기울였다는 점을 고려한다면44) 이명선이 구비문학 자료 수집에 대한 열정은 그러한 분위기에서 얻어진 것일 수도 있겠다. 이명선이 구비문학 자료를 수집하여 정리한 것은 다음과 같은 것들이 있다.

『조선 동요 자료집』,45) 수집연대 미상. 제목을 붙인 동요 175편 + 제목을 붙이지 않은 동요 44편. 총 219편.

---

43) 고교형은 조선 유학에 내해 비판하면서도 정작 그 자신은 철저한 유학자의 삶을 살았고, 또한 그랬기 때문에 학생들에게 너무도 엄격한 태도를 견지하였다. 이명선, 「高橋亨先生의 프로필- 先生의 停年引退를 압두고」, 『매일신보』, 1938년 10월 16일.

44) 이명신, 「高橋亨先生의 프로필- 先生의 停年引退를 압두고」, 『매일신보』, 1938년 10월 16일. "(高橋亨)先生의 朝鮮文學에 對한 여러 가지 研究에도 이 能熟한 朝鮮말이 만흔 도움이 되엿스리라 밋는다. 더구나 民謠나 神話 傳說 研究에는 朝鮮말을 둘너가지고는 도저 손을 대지 못할 것이나 先生의 이러한 研究의 適任者 엿는지도 몰느겟다. 先生은 近年에 民謠蒐集에 만혼 힘을 쓰시엿다고 듯는다."

45) 이명선은 원래 제목을 붙이지 않았다. 하지만 논의의 편의를 위해서 필자가 임의로 이 제목을 붙였다. 물론 여기에 수록된 동요 중에는 동요가 아닌 경우도 없지 않다. 하지만 동요를 중심이 되고, 또한 수록된 대부분의 것이 동요이기 때문에 그 특성을 살리기 위해 필자는 굳이 '동요'를 전면에 내세웠다.

『이야기』 1, 1936년 10월 21일 ~ 1937년 5월 1일. 총 33편.
『이야기』 2, 1937년 5월 2일 ~ 1937년 5월 10일. 총 29편.
『이야기』 3, 1937년 5월 12일 ~ 1937년 11월 21일. 총 29편.
『이야기』 4, 1938년 12월 30일 ~ 1939년 6월 28일. 53편. 후미에 1948년 채록 1편, 1949년 7월 2일 채록 1편, 1950년 5월 2일 채록 1편. 총 56편.
<꾀동이와 아저씨>. 1939년 서울에서 수집한 자료.[46]
『胎夢』, 1937년 3월 30일 ~ 1937년 3월 31일. 이명선의 食口 및 주변 인물의 태몽을 수집한 것.

위에 인용한 자료집은 아직까지 소개된 적이 없는 것들이다. 그렇지만 이 자료집은 우리 문학사에서 많은 관심을 보여야 할 것으로 보인다. 수록된 자료가 국문학 연구 초창기에 채록된 동요·설화라는 점뿐만이 아니라, 작품 말미에는 작품 향유의 배경이나 작품 형성에 대한 부대설명까지 써넣은 경우도 있기 때문이다.

『조선 동요 자료집』은 동요를 채록한 것이다. 이 자료가 언제 정리된 것인지는 명확치 않다. 이명선의 대부분 글에는 쓴 날자나 자료를 채록한 날자가 정확하게 기입되어 있는데, 이 자료집에는 특별한 기록이 남겨있지 않기 때문이다. 그렇지만 그의 학문적 성향을 고려할 때 이 자료는 이 시기, 곧 1937~1938년 무렵에 정리되었을 개연성이 매우 높다.

『조선 동요 자료집』에는 제목을 붙인 동요와 제목을 붙이지 않은 두 묶음의 동요집이 별도로 존재한다. 동요를 채집한 다음에 채집된 자료

---

46) <꾀동이와 아저씨>는 이명선이 구전되던 자료를 수집하여 묶어두었던 것 중의 한 편으로, 일련번호가 50번으로 되어 있다. 다른 자료는 찾을 수 없고, 오직 이 자료 한 편만 확인되었다. 확인된 자료는 한 편뿐이지만, 당시 이명선의 자료 수집에 대한 열정을 엿볼 수 있기 때문에 굳이 써넣었다.

를 당신 스스로 淸書한 것으로 보이는데, 제목이 붙지 않은 자료는 아직 청서되지 않았기 때문에 난삽한 원고 그대로 남아 있는 것으로 보인다. 그 중에 제목이 붙은 동요 한 편을 보자.

아버지밥

아버지밥이 많으냐
어머니밥이 많으냐

(1)
아버지밥이 많다
어머니밥이 적다

(2)
어머니밥이 많다
아버지밥이 적다

이 童謠는 개울에 沐浴하러 가서 兩便 손에 똑같은 分量의 모새를 쥐고 두 손을 덤벙〃〃 물 속에 넣었다가 끄내여 모새가 바른便 손에 많이 남었으면 (1)을, 왼便 손에 많이 남었으면 (2)를 불는다. 첫 대문은 손을 물에 담구고서 불느는데 두세 번식 불느는 수도 있다. 漢江에서도 나는 이것을 본 일이 있다. 나 있는 시골서는 勿論 흔한 일이다.

인용문은 수집된 동요 중에 동요가 불려지는 배경을 비교적 자세하게 기술한 것이다. 아이들이 개울가에서 모래 장난을 하는 모습이 잘 그려져 있다. 그렇지만 이렇게 자세하게 동요가 불리는 양상을 기술한 작품은 많지 않다. 대부분은 한두 줄로 간단하게 쓰고 있을 뿐이다. 예컨대 <볕 나라>라는 동요는 "창깨줏게 볕나라 / 들깨줏게 볕나라"인데, 이에 대해서는 "沐浴하러 개울에 가서 구룸이 해를 가리면 이 童謠를 불는다. 그렇게 하면 다시 햇볕이 나온다고 믿기 때문이다."라고 하여 그 상황을 설명하기도 하고, <코방아>라는 동요는 "업드러지면 코방아 / 잡버지면 무슨방아"인데, 이에 대해서는 "글세 무슨 방아르고."라고 하여 작품 안에 직접 들어가기도 한다.

이명선이 당시의 동요를 무슨 이유에서 채록하여 정리하였는지는 명확치 않다. 단순히 당시 학풍에 따랐다고 보기에는 석연치 않은 면도 없지 않다. 어쩌면 동요 채록은 당시 일제가 소위 '문화정책'이라는 정책 아래 우리 민족을 '洗腦'시키는 것에 대한 반발이었을 수도 있겠다. 당시 일제는 우리의 '머리를 바꾸기 위해' 자잘한 것에서부터 메스를 가하는데, 어린이들의 노래나 놀이는 더욱 심하였다. 우리 동요의 운율 대신 소위 '7·5조'의 운율을 강요하였고, 그 결과 우리의 머리는 지금까지도 '7·5조'에 길들여져 있지 않은가?[47] 이러한 정책에 대한 반발로 이명선은 당시에 향유되던 동요를 나름대로 채록하였던 것인지도 모를 일이다. 실제로『조선동요자료집』에는 친일파에 대한 비난을 하던 동요도 수록되어 있는데, 다음과 같은 작품도 그러하다.

　　　　제메누리붙어 나-면
　　　　손-자냐 아들이냐
　　　　누가누가 아-나
　　　　李完用이가 알-지

---

[47] 실제 최근의 동요 중에 조금 애절한 느낌을 갖는 동요는 7·5조인 듯하다. 예컨대 최초의 동요라는 <반달> 역시 '푸른하늘은하수(7) 하얀쪽배에(5)'의 7·5조가 아닌가. 실제 우리가 알고 있는 다소 애절한 동요들 '낮에나온반달은(7) 하얀반달은(5)', '뜸뿍뜸뿍뜸뿍새(7) 논에서울고(5)' 등도 마찬가지다. 그만큼 일본 정서에 우리의 뇌가 가까워진 것은 아닌가?

李完用이는 제 메누리하고 붙었다는 風說이 있다.

위의 동요는 <제 메누리>인데, 이완용에 대한 원색적인 비난을 담아낸다. 물론 이러한 작품은 전체 작품 가운데서 극히 일부분이다. 그렇지만 이런 작품들을 통해 당시 이명선의 동요 수집 이유의 일단을 엿볼 수 있을 듯도 하다. 이명선이 수집한 것은 동요뿐만이 아니다. 당시 향유되던 설화를 수집해 두기도 했는데, 그 양상은 『이야기』 1~4권에서 볼 수 있다.48)

『이야기』 1~4권은 당시에 향유되던 이야기를 수집한 것이다. 1936년 10월 21일부터 1939년 6월 28일까지 지속적으로 이야기를 채록하여 기록한 산물인데, 그 기록은 총 147편이나 된다. 1권에는 33편, 2권에는 29편, 3권에는 29편, 4권에는 53편이 실려 있다. 물론 147편 중에는 당시 『동아일보』 '雅三俗四' 항목에 실린 이야기를 부분적으로 수정해서 재록한 것도 있다. 『이야기』 2권에 수록된 다음과 같은 것이 그러하다.

<갓모와 동틔> (雲中人). 『동아일보』 1936년 7월 24일.49)
<三伏과 三伏雨> (雲林). 『동아일보』 1936년 7월 17일.
<四十 讀書 左贊成> (雲林). 『동아일보』 1936년 7월 28일.
<아차고개 이야기> (行餘人). 『동아일보』 1936년 6월 14일.

위의 4편은 필자가 확인한 것일 뿐이다. 물론 필자가 확인하지 못한

---

48) 이명선의 『이야기』에 대해서는 김준형의 「근대 패설의 흐름과 이명선의 이야기」 (『대동한문학』 24, 대동한문학회, 2006)를 참조할 것.
49) 괄호 안의 '雲中人'은 『동아일보』에 이야기를 소개한 사람의 필명이다. 이하 괄호 안의 이름은 모두 『동아일보』에 이야기를 소개한 자의 필명, 혹은 실명이다. 참고로 『동아일보』에는 이 이야기의 제목이 <갓모가 동틔>로 되어 있다.

이야기 중에 출처가 명확한 이야기도 있을 수 있다. 설령 그럴 가능성이 있다 해도 『이야기』에 수록된 대부분의 이야기는 이명선이 직접 채록한 것으로 봐야 할 것이다. 『이야기』에 실린 작품 중에 출처가 명백히 드러난 이야기를 보면 이명선이 어렸을 때 서당에서 들은 이야기, 고등보통학교에 다니면서 들은 이야기, 집에 있는 孫書房에게서 들은 이야기, 개성에 놀러갔을 때 들은 이야기, 경성제대에 있으면서 李秉岐・申龜鉉에게서 들은 이야기, 鄭弘順(혹은 鄭弘淳)・嚴淸雲・孫永定・洪斗鎭・嚴仁燮 등에게서 들은 이야기 등 실로 다양하다. 이러한 점에서 『이야기』 1~4에 수록된 이야기는 언론에 소개된 자료를 일부 재록한 것도 있지만, 그 대부분은 이명선이 직접 채록해서 정리한 것으로 이해할 수 있다.

『이야기』에 실린 작품들을 보면 음담이나 역사담이 비교적 많다. 역사담이나 음담은 시기가 암울할 때 주로 나오는 방식의 이야기 유형이다. 역사담은 암울한 상황을 민중적 상상력을 통해 보상받으려는 의도에서 나오는 것이고, 음담은 자신의 처지를 가장 감성적인 형태로 드러내는 방식으로 쓰이기도 한다.50) 이러한 점들을 고려할 때 『이야기』에서 역사담과 음담이 높은 비중을 차지하는 것은 그 시기 상황에서 보면 당연한 결과일 수도 있겠다.

이명선이 이야기를 채록하는 것은 1936년 이후 지속적으로 이루어졌던 것으로 보인다. 실제 『이야기』 4권에 실린 마지막 세 편은 『이야기』가 본격적으로 채록된 1936~1939년의 것이 아니라, 이보다 10여년 후인 1948년 이후의 것이다. 세 편은 각각 1948년에 채록된 <人蔘 사장의 非常手段>, 1949년 朱潤에게 들은 이야기, 1950년 5월 2일 權五

---

50) 민중적 상상력과 역사소설과의 만남에 대해서는 임형택의 「조선개국록: 민간적 상상의 역사소설」(『민족문학사연구』 5, 민족문학사연구소, 1994.)를 음담과 지식인의 문제에 대해서는 김준형의 「각수록의 성과 그 의미」(『국어문학』 40, 국어문학회, 2005.)를 참조할 것.

常 結婚披露宴에서 들은 이야기다. 1936년 이후에도 틈이 날 때마다 노트 여백에 이야기를 한 편씩 추가한 것인데, 이 역시 새로 들은 이야기를 기록하겠다는 생각에서 나온 것이라 하겠다.

또한 <꾀동이와 아저씨>라는 이야기도 있는데,[51] 이는 1939년 서울에서 수집하였다고 밝히고 있다. 이 이야기는 일련번호가 '50'인데, 적어도 그 이전에 채집한 자료가 더 있었음을 알 수 있다. 하지만 지금은 그 원고 전체를 찾을 수가 없다. 원고는 유실되어 찾을 수 없다고 하더라도 그의 열정은 충분히 짐작케 한다. 이명선이 당시 가지고 있었던 구비설화에 대한 채집과 기록에 대한 열정은 미루어 짐작할 수 있기 때문이다. 또한 설화에 대한 그의 관심은 문헌에 수재되어 있는 자료들로 이어지기도 했는데,『慵齋叢話』나『靑邱野談』등과 같은 문헌에 실린 이야기 중 재미있다고 생각되는 이야기들을 발췌해둔『筆記資料選集』도[52] 이야기에 대한 관심의 연장선에서 이해할 수 있다.

이 외에도 이명선은 당시 자신의 형, 조카, 동생(李慶善), 그와 같은 동네에 살았고 또한 그에게 이야기 제보자 역할을 했던 嚴淸雲, 그에게 '황씨본 춘향전'을 주었던 黃河源 등의 태몽과 함께 자신의 태몽도 기록해 두었다. 태몽을 기록해 둔 원고의 자료적 가치는 크지 않다고 해도, 그가 가진 이야기에 대한 관심의 폭이 얼마큼 컸는가를 엿볼 수 있게 한다. 또한 지극히 사적인 기록인『태몽』은 이명선과 그 주변을

---

[51] 꾀동이가 아저씨네 집에 갔는데, 아저씨가 어찌나 인색한지 날이 저무러 어두워 저도 기름을 애끼느라고 불을 켜지 안는다. 저녁밥이 들어와서 아저씨와 맛상을 해서 먹는데, 반찬이 잘 보이지 않어도 그래도 불을 켜지 안는다. 그래서 꾀동이는 한 꾀를 내어 밥을 떠서 아저씨 입으로 떠 넣으며, "아이, 나는 내 입이라구—." 하고 하나찬 제 입을 찾는치록 하였다. 아저씨는 할 수 없이 이러나서 불을 켜 놓았다.

[52] 이는『이야기』에 있지 않고, 별도의 원고로 존재한다. 이명선은 이 원고에 제목을 붙이지 않았다. 하지만 편자가 이 원고의 내용을 참조하여『筆記資料選集』이라는 제목을 붙였다.

이해하는 데에도 일정한 도움이 된다.

　이명선이 자료를 수집하고 정리한 양상은 비단 구비문학에 한정되지 않는다. 그는 이 시기부터 본격적으로 고전 자료를 수집하기 시작한 것으로 보인다. 그가 어떠한 이유에서 고전 자료, 그 중에서도 특히 고전소설에 관심을 두고 자료를 수집했는지는 명확치 않다. 다만 그러한 관심을 갖게 된 데에는 李秉岐와 같은 그의 스승의 영향도 적지 않았던 것으로 보인다.

　예과 시절부터 이명선은 이병기와 사제관계로서 돈독한 유대를 가졌던 것으로 보인다. 이병기가 이명선의 『이야기』의 제보자 역할을 했다는 점에서 이는 확인이 가능하다. 또한 이명선이 남긴 노트에는 이병기에게 배운 '조선문학사'를 정리한 것도 있다. 여기에는 1936년 9월 10일에는 삼국시대, 11월 25일에는 고려시대, 1937년 1월 27일에는 이조시대1, 2월 6일은 오후 6시 30분부터 11시까지 이조시대2를 배운 것으로 나타나 있다. 이 기록은 학교 수업에서 이루어진 것을 바탕하여 쓴 것인지, 별도로 이병기에게 배운 것인지는 알 수 없다. 아무래도 후자일 가능성이 더 높아 보이지만, 그 문제는 차치하더라도 이명선과 이병기와의 긴밀한 사제 관계를 엿보기에는 무리가 없다. 그런데 이보다 이명선과 이병기와 관계를 더 잘 보여주는 기록이 있다. 『매일신보』에 이명선이 쓴 「書齋探訪記 李秉岐先生」가 그것이다. 이명선은 이병기의 서재를 찾아가면서 "探訪記라는 것은 잘 몰으는 분을 어쩌다 차자가야 쓸 수 잇는 것이지 자조 차저가고 잘 아는 분에게는 探訪記 쓰기가 도리혀 大端히 거북한 듯하다."고 전제한다. 이병기 선생에 대해 잘 알고 있으며, 또한 자주 찾아갔었음을 알 수 있다.

　「서재탐방기」에서 이명선이 이병기를 높이 평가하는 이유 중의 하나는 고서 수집에 대한 이병기의 고심과 노력이다. 조선 문화에 대해 알기 위해서는 이병기 선생을 찾아가야 한다고 말할 정도로 이병기에 대한 이명선의 신뢰는 대단하다. 그런 이명선이 한 번은 『규합총서』라는 책을 구입하여 의기양양하게 이병기를 찾아간다. 그리고 이명선은 자랑처럼 "『규합총서』라는 책을 보신 일이 잇습닛가? 이번에 지가 한 벌 求하였는데―."라고 말을 한다. 그러자 이병기는 "규합총서? 어데서 조흔 것 求하엿구먼 그랴. 나한테도 몇 年前에 한 벌 求해 논 것이 잇지만―."이라고 하고는 그 책에 대한 유래와 내용까지 상세하게 설명해 주었다고 한다. 이명선은 그 때 "언제나 先生의 藏書 속에 업는 珍本을 지가 한 번 求할 수 잇나 하는 絶望的 希望을" 가졌다고 한다.53) 이는 이명선과 이병기 간의 하나의 일화일 뿐이다. 그렇지만 이 대목에서 고전 자료에 대한 이명선의 관심이 당시부터 있었고, 그 관심의 기저에는 이병기의 영향도 있었음을 짐작케 한다.

이명선이 이 시기부터 본격적으로 자료를 수집하기 시작했다는 점은 李古本으로 널리 알려진 <춘향전> 해제에서도 확인된다.

> 이 春香傳이 나의 것이 된 것은 벌서 三年前의 일로 내가 이야기책에 손을 대기 始作하야 몇 圓인가의 돈을 주고 最初로 산 것이 이 春香傳이었다. 이래 數三年間 別로 신통한 이야기책도 모지 못하고 이 春香傳이 如前히 나의 자랑거리가 되어있으니 寒心한 노릇이 아닐 수 없다.54)

인용문이 쓰여진 시기는 1940년이다. 1940년 당시를 기준으로 했을 때 3년 전, 즉 1937년 무렵부터 이명선은 이야기책을 수집하였고, 이야기책 중에서 최초로 구입한 것이 바로 『춘향전』임을 밝혔다. 1937년 무렵부터 이야기책을 중심으로 고전 자료를 수집하기 시작했음을 엿

---

53) 이명선, 「書齋探訪記 李秉岐 先生」, 『每日新報』 1938년 11월 13일.
54) 이명선, 「이 古寫本에 對하야」, 『文章』 2권 10호, 1940년 12월.

보게 한다.

　1937년 무렵부터 이명선이 수집한 고전 자료는 상당히 많았던 것으로 보인다.55) 실제로 이명선이 열정적으로 자료를 모으기 시작하고 2년이 지난 1939에는 경성제대 朝鮮語文學會에서 古書展覽會를 갖는데,56) 이 날 전시된 자료는 어학 분야 83종, 문학 분야 126종이다.57) 이명선도 여기에 8종의 자료를 전시한다. 전시된 자료는 『玉麟夢』(寫本 10책),58) 『崔陟傳』(漢文寫本 1책), 『泗水夢遊錄』(국문본), 『장풍운젼』(국문印本 1책), 『뎡슈졍젼』(국문印本 1책), 『春香傳』(국문寫本 1책), 『要路院夜話記』(朴斗世, 漢文寫本 1책), 『三竹詞流』(寫本 1책)이다. 이명선이 주로 소설에 관심을 두고 자료를 수집했음은 당시 전시된 목록을 통해서도 확인된다. 또한 이후에도 '朝鮮の漢文小說展覽'을 연 것으로도 보이는데, 그 때 당시 전시되었던 자료 중 일부를 이명선은 기록해 놓은 메모가 있다. 여기에 소개된 이명선의 소장 자료는 많아서 하나하나 소개할 수 없다. 그 중에 특이한 몇 자료만 보면 『古談』처럼 8편의 소설(金華寺靈會錄, 諸馬武傳, 雲英傳, 元生夢遊錄, 達川夢遊錄, 周生傳, 聽鸎傳, 皮生冥夢錄)이 합철된 것이나, 『靑邱奇談』처

---

55) 이명선이 소장하고 있었던 자료가 어떠했는가는 지금 상황에서는 명확하게 말할 수는 없다. 필자는 이명선이 소장하고 있던 도서의 목록인지, 혹은 이명선이 조사한 전체 도서 목록인지 몰라도 '언문 도서'만 2896책이라고 쓰여진 도서 목록의 일부를 본 적이 있다.
56) 京城帝國大學 朝鮮語學文學會, 『朝鮮語學文學 古書展覽 目錄』, 1939. 10. 29. 고려대 소장.
57) 여기에 전시된 자료는 어학과 문학을 합하면 총 209종이다. 이 중 경성제대에서 제시한 자료는 총 73종이고, 나머지는 모두 개인이 소장한 자료를 전시한 것이다. 개인 소장자 중 가장 많은 자료를 전시한 인물은 金台俊으로 총 32종의 자료를 전시한다. 이외 李秉岐 18종, 李仁榮이 16종, 方鍾鉉이 14종, 이명선이 8종, 藤田亮策이 7종, 申龜鉉이 6종 순으로 자료를 전시하였다.
58) 이 책은 원작이 한문이라고는 밝히고 있지만, 전시된 자료가 한문본인지 국문본인지는 쓰고 있지 않다.

럼 3편의 소설(雲英傳, 相思洞記, 丁香傳)이 합철된 것이 있는가 하면, 『稀有奇事』처럼 낯선 소설(三玉三珠傳, 魏英傳, 王慶龍傳)이 합철된 자료도 있고, 『和霽君傳』처럼 『李長伯傳』의 특이한 이본도 있었던 것이 확인된다. 이처럼 그는 이 무렵부터 고전소설을 중심으로 한 고서를 수집에 열성을 보였음을 확인할 수 있다. 이러한 열성은 곧 고전소설에 대한 애정으로 이끌릴 수밖에 없는데, 이후 그가 고전소설에 바탕을 두고서 조선문학사를 이해하는 출발점도 여기에서 비롯된다 하겠다.

4. 1938년 가을~1940년

1938년 하계 방학을 전후로 하여 이명선에게는 일정한 변화의 양상이 나타난다. 구비자료 수집이라든가 혹은 고전 자료 수집에 대한 열정은 변함없이 이어지지만, 다분히 치기어린 대학생 이명선이 아닌, 다소 성숙한 이명선을 만나게 된다. 그리고 교양 배양에 초점을 두고 쓰던 글도 이 때에 와서는 일차적으로 중국문학에 중심을 둔다. 이 무렵에 쓴 글을 보더라도 이 점은 명확하게 확인할 수 있다.

「'고맙습니다'와 學生의 生活」, 『朝鮮日報』, 1938년 11월 7일.
「書齋探訪記 李秉岐 先生」, 『每日申報』, 1938년 11월 13일
「魯迅에 對하야」, 『朝鮮日報』 1938년 12월 5일
「現代 支那의 新進作家」, 『매일신보』 1938년 12월 11일
「무엇보다도 自尊心을」, 『매일신보』 1939년 1월 5일.
「支那의 新進作家 蕭軍의 作風」, 『매일신보』 1939년 2월 19일.
「映畵『無情』의 印象」, 『매일신보』 1939년 3월 19일
「魯迅 硏究」, 경성대 학사학위논문, 1940년.
「魯迅의 未成作品」, 『비판』 11권 1호, 1940년 1월.

「사슈몽유록」,『人文評論』6, 인문사, 1940년 6월.

제시된 글을 보면 분명히 불과 한 학기 전에 시와 교양을 이야기하던 글과 분명히 다름을 알 수 있다. 이 무렵에 쓴 글 중에서 전대의 글쓰기 방식이 연결된다고 볼 수 있는 것은 「映畵 無情의 印象」에 한정되지 않을까 한다.59) 그렇다면 과연 이 무렵 이명선에게는 무슨 일이 있었던 것인가? 무엇 때문에 그는 이 시기에 와서 일정한 변모를 꾀했던 것일까?

이 물음에 대한 명확한 원인은 찾을 수 없다. 다만 한 가지 추정할 수 있는 것이 이 무렵 이명선은 그의 인생에서 가장 큰 영향력을 주었던 스승 辛島驍를 만났다는 점이다. 이명선이 辛島驍에게 많은 영향을 입었다는 점은 여러 군데서 확인된다. 우선 이명선이 사회주의의 길을 걷게 된 것이 일본인 교수 때문이라는 이명선 집안에서 전해지는 이야기뿐만 아니라, 金聖七이 쓴 일기의 한 대목에서도 이를 확인할 수 있다.

> 이명선씨란 우리가 학교에 다닐 때 중국문학과 연구실에 있어서 일인 중에서도 악질이던 신도(辛島)의 조수라기보다도 심부름꾼처럼 우리는 보아왔고, 연구발표회라도 있을 때면 언제까지든지 입을 헤 벌리고 있어서 다물지 못함을 자못 민망스럽게 여겼던 터이다. 그래도 대한민국에서 최규동(崔奎東)씨 따위를 총장으로 임명하여 학교를 자멸로 이끄느니보다는 우선 그의 젊음만이라도 탐탁하게

---

59) 제목만으로 본다면 「'고맙습니다'와 學生의 生活」도 교양을 표방한 글처럼 보인다. 하지만 이 글의 성격은 교양 배양과 무관하다. 조선인은 "고맙습니다"라는 말을 자주 하지 않기에, 조선인은 감사의 마음이 없다는 일부 조선인을 비판하는 시각에 대한 반론을 제기한 글이다. 조선인들은 마음에 감사의 마음을 안고, 그것을 밖으로 표현하는 것은 경박하다고 생각하기 때문에 이러한 표현을 자주 쓰지 않는다는 것이 그의 주장의 핵심이다.

여겨진다.60)

다소 원색적인 비난으로 보이기도 하지만, 이명선이 辛島驍의 영향이 얼마나 큰지를 짐작케 한다. 이명선 집안에서도 辛島가 일본인 학생보다도 더 이명선에 대해 애정을 가지고 있었고, 또한 辛島가 일본으로 갈 때에는 그가 가진 책들을 모두 이명선에게 주고 갔다고까지 전해질 정도니61) 이명선이 얼마만큼 辛島를 따랐고, 辛島 또한 얼마만큼 이명선에 대한 애정이 깊었는가를 짐작할 수 있겠다. 辛島는 당시 중국(支那)文學을 담당했는데, 이명선 역시 그의 수업을 받으면서 자연스레 중국문학으로 전공을 택했는지도 모를 일이다.

실제 이명선은 辛島에게 '적어도' '現代의 支那文學(續)', '支那文學槪論' 등을 수업 받았다. 이 과정에서 이명선은 중국문학에 대한 관심도 깊어졌던 것이 아닌가 한다. 또한 『燕山外史』를 통해 '騈文'을 연습하기도 하였는데, 이 때 같이 수업을 받았던 조선인 인물로는 高晶玉과 申龜鉉이 있었다.

신구현은 앞서도 언급했지만, 이명선과 경성제대 입학 동기이었을 뿐아니라 청주고보 동창이며, 또한 그 사상성까지도 닮아 있는 인물이다. 또한 고정옥은 이명선보다 3살 위로, 예과 6회로 입학하였다가 반제동맹 사건으로 제적을 당한 인물이다.62) 이후 고정옥은 재입학하여 11회로 졸업한다. 이명선이 12회로 졸업했다는 점을 고려하면 둘은 같이 학교를 다녔고, 또한 같은 수업을 받았던 것으로 볼 수 있다. 고정옥은 1949년 『조선민요연구』가 출간되었을 때, '李明善 學兄 惠存 己

---

60) 김성칠, 1950년 7월 10일 일기 중, 『역사 앞에서』, 창작과비평사, 1993.
61) 이명선 선생의 따님 李承燕 여사의 증언과 당시 이명선 선생의 처조카인 朴喜永 씨의 증언.
62) 이에 대해서는 신동흔의 「고정옥의 삶과 학문세계」(『민족문학사연구』 7-8, 민족문학사연구소, 1995)를 참조할 것.

丑三月 著者'라고 고정옥 특유의 글씨체로 책에 서명하여 기증하기도 했다. 그만큼 재입학한 고정옥은 이명선과 매우 돈독했던 지냈던 것으로 보인다.63) 아무튼 辛島에게 수업을 받았던 인물들은 모두 철저하게 좌파적인 경향을 보였다는 점은 흥미롭다.

이명선이 辛島의 글을 읽은 흔적은 도처에서 보인다. 필자가 확인한 것만 보더라도, 「中國普羅列搭利亞文學の一瞥」(1932년), 「支那の 笑話集」(1932년), 「國民政府の文化政策と中國文壇の動向」(1935년), 「中國農民文學と靑年作家艾蕪」(1939년) 등이 있다.64) 또한 이명선이 辛島의 수업을 받으면서 발표했던 '蕭軍'은 일정한 수정을 거쳐『매일신보』에 「支那의 新進作家 蕭軍의 作風」으로 수록되기도 했다. 이처럼 이명선은 辛島의 영향을 입으면서 중국문학에 대한 관심을 높여간다. 그러다가 이명선은 그가 죽을 때까지 안고 있었던, 그가 가장 닮고 싶었던 魯迅을 만나게 된다.

이명선이 노신을 만나게 된 것도 辛島의 영향에서 비롯된 것으로 보인다. 辛島는 노신에 대해 일정한 관심을 가졌던 것으로 보인다. 당시 경성제대에서 발간한『學友會報』를 보면 辛島는 노신의 서한이라든가 그의 책 목록 등을 한 면에 걸쳐 소개하였는데,65) 이명선은 그 자료를 스크랩하여 보관할 정도로 깊은 감명을 받았던 것으로 보인다.66) 그리고 그는 중국 신문학 혁명의 선봉에 있었던 노신을 공부한

---

63) 고정옥과 이명선과의 교유 양상은 해방 이후에도 지속된 것으로 보인다. 이명선의 미발표 원고 중에는 고정옥의 친필 원고로 보이는 것도 한 편 있는데, 이는 둘이 교유하면서 서로 원고를 돌려보았던 것으로 보인다. 이에 대해서는 뒤에 다시 언급된다.
64) 이는 이명선이 직접 보았던 것이다. 이 외에도 신도는 1929년에 「金聖歎의 生涯와 文學批評」(『朝鮮支那文學の 硏究』, 京城帝大法學會)을 쓴 적도 있다.
65) 辛島 驍, 「魯迅先生」, 『京城帝國大學 學友會報』, 1936년 11월 10일.
66) 이명선은 상당히 많은 자료를 스크랩해 두었는데, 그 중에서도 이명선에게 가장 많이 스크랩된 잡지는 바로『文敎の朝鮮』이다. 이 잡지는 당시 경성제대 교수의

다. 노신에 대한 애정은 곧 그가 지금까지 가졌던 사상의 전환을 꾀하는 것이기도 했다. 실제로 이명선은 자신이 읽었던 책이나 논문을 정리하여 '月浦山'이라 제목을 붙인 노트에 적어 두었다. 현재 그 노트가 두 권이 남아 있는데, 그 두 권의 노트를 통해 보면 그가 어떠한 쪽에 관심을 두고 공부했는가를 알 수 있다.

月浦山 1
日本民謠研究, 藤澤衛彦, 六文館, 1932.
朝鮮の鬼神, 林山知順, 總督府, 1929.
童話學十二講, 蘆谷蘆村, 言海書房, 1935.
童謠及童話の研究, 松村武雄, 大阪每日新聞社, 1923.
鄕土生活の研究法, 柳田國男, 刀江書院, 1935.
民俗性と神話, 松村武雄, 培風館, 1934.
言語學原論, 岡書院, 1928.
生活表現の言語學, バイイ, 岡書院, 1929.
言語と文體, 小林英夫, 三省堂, 1937.
言語學通論, 小林英夫, 三省堂, 1937.

月浦山 2
支那新文學運動の展望, 大高巖, 1935.
支那文學史 現代, 增田涉, 世界文藝大辭典 제7권.
中國無産階級及びヱの運動の特質, 李人傑, 改造, 1926.
マルクス無神論と其歪曲, 佐野學, 改造, 1927.
インテリゲソフイアの歷史性と階級性, 百濱知行, 改造, 1930.
辨證法的唯物論の創作方法ロフぃて, 靑野秀吉, 改造, 1932.
藝術と行動, 改造, 1934.

글을 중심으로 수록한 것이다.

朝鮮經濟の現段階論, 白南雲, 改造, 1934.
ディレタソト論, 松山平助, 改造, 1935.
魯迅とヱの時代, 大內隆雄, 滿蒙, 1931.
支那文學革命と我等のイディオロギ, 郭沫若, 滿蒙, 1930.
中國新興プロレタリア文藝運動の展望, 大高巖, 滿蒙, 1930.
中國普羅列搭利亞文學의 一巒 -- 蔣光悲小說, 辛島驍, 斯文, 1932.
支那의 笑話集, 辛島驍, 朝鮮及滿洲, 1932.
大戰以後의 朝鮮의 文藝運動, 月灘, 東亞日報, 1929.
十年間의 朝鮮詩壇 總觀, 李殷相, 東亞日報, 1929.
文學에 對한 所見 二三, 春園, 東亞日報, 1929.
春香傳의 現代的 解釋, 天台山人, 東亞日報, 1935.
文學革命 以後의 中國文藝觀, 天台山人, 東亞日報, 1930.

『월포산』 노트는 1권과 2권의 성격이 다르다. 아마도 논문의 성격에 맞춰 노트를 따로 준비해두고서, 그가 읽은 논문 순서에 따라 노트에 순차적으로 정리해 두었을 개연성이 높다. 이러한 점을 고려하면, 초기에 읽은 논문과 후기에 읽은 논문의 경향이 어떠한가에 따라 그의 학문적 성향의 변모도 엿볼 수 있다. 대체적으로 보면 그가 읽은 초기의 논문은 구비문학적인 것이 많은데 반해, 후기의 논문은 중국 신문학에 대한 것이 많다. 초기의 그의 학문적인 성향이 주로 구비문학쪽에 놓였다면, 후기로 가면서 중국문학 신문학 쪽으로 그 관심을 옮아갔던 것이다. 물론 이러한 학문적 성향의 전환의 배경에는 辛島의 영향이 지대했을 것으로 보인다. 『월포산』 1권 후반부에 있는 언어학에 대한 관심도 이명선이 辛島에게 문체론을 배우는 과정에서 읽었던 논문일 가능성이 높다.

아무튼 이 무렵부터 이명선은 중국문학에 대한 적극적인 관심을 갖는다. 그 전에 다양한 '교양'을 매주 빠짐없이 신문에 투고했던 것처럼 빈번하게 언론 매체에 글을 남기지도 않는다. 그러면서 그는 성실한 중국 현대소설 전공자로서의 길을 걷고자 했던 것으로 보인다. 『매일신보』와 『조선일보』와 같은 신문뿐만 아니라 잡지에도 중국문학과 관련된 글을 쓰기 시작한다.

「現代 支那의 新進作家」에서 그는 周文(何穀天)·艾蕪 등 당시 중국문단의 중심에 있던 작가 네 명을 소개한 것이고, 「支那의 新進作家 蕭軍의 作風」은 蕭軍의 글쓰기에 대해 쓴 것이다. 중국문학과 관련해서 보다 중요한 것은 노신에 대한 글이다. 노신의 <阿Q正傳>은 朝鮮 興藝社 劇團에서 1938년 2월 16일~18일까지 府民館에서 상연될 정도로[67] 노신은 당시 조선에 비교적 널리 알려진 인물이었다. 그러나 노신에 대한 본격적인 학문적 접근은 아직 이루어지지 않았던 때였다.[68] 그러한 때에 이명선은 노신을 학문으로 만나게 된다. 이명선에게서 노신을 주목하는 것은 이명선이 단지 노신에 대한 초기 연구자라는 점 때문만이 아니다. 이명선은 노신에 대해 때로는 비판을 하기도 하고, 때로는 노신을 닮고자도 했고, 때로는 그저 노신을 객관적으로 바라보기만 하기도 하는 등 그가 드러낸 노신에 대한 애증은 곧 그 자신 혹은 그의 삶에 대한 애증이었기 때문이다.

이명선이 노신에 대해 최초로 쓴 글은 「魯迅에 對하야」다.[69] 이명선은 노신이 문학에 첫발을 내디딘 것이 "人生을 爲한 文學, 社會를 爲한 文學"를 위해서였다고 밝힌다. 이러한 목적성은 문학지상주의와 전면적으로 배치된다. 사회를 위한 문학이 되기 위해서는 문학을 통해 봉건적 관습에 대한 공격이 필요했는데, 노신의 소설 중에 그러한 모

---

67) 『동아일보』 1938년 1월 20일 기사.
68) 물론 日人學者들에 의해 쓰여진 것도 있고, 丁來東이 『동아일보』(1935년 5월 3일)에 「中國文人印象記」라는 제목으로 노신을 소개한 적은 있다.
69) 이명선, 「魯迅에 對하야」, 『朝鮮日報』 1938년 12월 5일.

습이 가장 잘 드러난 작품이 바로 <阿Q正傳>이라고 평가한다. 그렇지만 이명선은 노신이 <阿Q正傳>을 끝으로 방황하였고, "人生을 爲한 文學, 社會를 爲한 文學"에서 "文學을 爲한 文學"으로 방향을 전환하였다고 점에 대해 다분히 비판적으로 바라본다. <阿Q正傳> 이후 노신의 글을 다음과 같이 비판한다.

 이에 딸아 그의 「리아리스틱」한 붓도 形式主義 技巧主義로 흘너 저서 『幸福한 家庭』 『비누』 등에서처럼—『맨스휠-드』의 短篇을 聯想케 하는 家庭 속에 蟄居하고 잇는 小市民의 때때의 氣分과 微妙히 움직이는 心理를 描寫하는 데에 그리고 토끼와 고양이 『거우의 喜劇』 등에서처럼 虛無感을 極히 技巧的으로 表現하는 데에 그의 文學道를 찾으랴고 헷애를 썻다.

실제 노신은 소설로 탈출구를 찾지 못하고 수필로 되돌아가 버렸다. 그에 대해 이명선은 "彷徨하는 魯迅은 여기에서 岐路를 헤매는 疲勞한 발을 멈추고 아무 理想도 希望도 업시 過去를 回顧하고 疑惑할 뿐이다. 沈滯와 孤獨과 虛無의 世界가 잇슬 뿐이다."고 지적한다. 어떤 의미에서 보면 노신의 문학적인 변모에 대해 이명선은 심지를 곧게 가지지 못한 우유부단한 문학 혁명가의 자질을 의심했었는지도 모를 일이다. 그리고 노신이 중국의 암울한 현실을 문학을 통해 일깨우고자 했던 것처럼, 이명선 자신도 그러한 생각을 가졌었는지도 모르겠다. 그 생각에 따라 이명선은 자신은 결코 노신처럼 유약하게 방황하지 않고 한 곳을 향해 곧게 나아가겠다는 나름대로 확고한 다짐을 했었을 수도 있겠다. 그러한 이유 때문인지 이명선은 당시 노신의 문학 작품을 객관적인 시각으로 바라볼 뿐이고, 노신의 글 하나하나에 배어 있는 구구절절한 애정을 드러내지 않는다. 적어도 느껴지지 않는다.

1년이 지나 이명선은 다시 노신과 관련한 글을 쓴다. 「노신의 未成作品」이[70] 그것이다. 이 글은 노신이 계획하였지만 끝내 쓰지 못한 글 (<母愛>, <窮>)과 장편소설 세 편의 내용을 소개한 것이다. 노신이 쓰지 못한 글과 소설이 있었고, 그 글과 소설에서 쓰고자 했던 내용이 앞서 이명선 자신이 생각했던 노신과 다른 모습을 보였다는 점에서 이명선은 노신에 대한 안타까움을 다시금 표명한다. 그 동안 노신에 대한 글을 찾아 읽고, 또한 노신에 대해 오랫동안 생각하는 과정에서 노신의 새로운 모습을 보았던 데에서 연유된 한 현상이다. 1년만에 새로 쓴 글에는 노신을 적극적으로 이해하기 위한 이명선의 모습도 비춰진다.[71]

노신에 대한 상당한 애정과 관심을 갖고 있던 이명선이 노신을 대상으로 하여 학사학위를 받은 것은 당연한 일일 수도 있다.[72] 1940년 마침내 이명선은 「노신 연구」를 학사논문으로 제출하고 경성제국대학 중문과를 졸업한다. 노신의 사상을 마음에 품고서 경성제국대학 중문과를 11회로 졸업한 것이다.

여기에서 우리는 이명선이 중국 현대문학을 전공하면서도 우리나라 고전소설에 대한 애정을 함께 가졌다는 점을 기억할 필요가 있다. 중국 신진작가들을 소개하고, 노신에 대한 관심을 표명하던 이 시기, 이명선은 짧지만 강렬한 글 한 편을 발표한다. 조선문학 중에 우리의 자

---

70) 이명선, 「노신의 未成作品」, 『비판』 11권 1호, 1940년 1월.
71) 이명선이 얼마만큼 노신에 대한 애정이 깊었는가는 당시 인물들의 증언을 통해서도 확인된다. 1963년에 통문관 주인이 이명선의 유고를 사가면서 일본에서 출간된 노신전집이 우리나라에서는 오로지 이명선만 소장하고 있었다고 말했다는 것이나, 이명선의 처조카인 朴喜永씨가 이명선과 함께 기숙하였을 때 당시 이명선의 책장에 꽂힌 책은 모두 노신의 것이었다고 밝혔다는 점에서도 이를 확인할 수 있다.
72) 이명선이 1940년에 「노신 연구」로 학사학위를 받았지만, 그 글은 확인하지 못하였다. 따라서 이 글에서 이에 대한 논의는 할 수 없음이 유감이다.

존심이라 할 수 있는 것이 바로 시조와 고전소설이니, 우리는 그것에 대해 스톨스[자존심]를 가지라는 내용의 글이다. 둘 중에서도 특히 고전소설에 그 비중을 더 두었다. 이는 그가 전에 '교양'의 차원에서 단순히 작품 해석을 하며 읽었던 고전소설과 다른 시각으로 고전소설을 바라보고 있음을, 아니 적어도 전혀 다른 시각으로 고전소설을 바라보겠다는 선언과도 같아 보인다. 비교적 장황하지만 전문을 소개하면 다음과 같다.

너나 할 것 업시 우리는 언제나 제 自身에 對하야 제 自身의 것에 對하야 卑屈하엿다. 즉 '스톨스'를 가지지 못하엿다.('스톨스'는 獨逸語로서 飜譯하기가 어려우나 自尊心이라고나 할가) 過去의 사람들도 그러하엿고 오날의 사람들도 그러하다. 이것은 우리의 傳統的 觀念으로 되어잇다.

이러한 傾向은 朝鮮學 全般에 亘하야 안 그러한 것이 업지만 文學에 잇서서 가장 甚하다. 爲先 時調의 例를 들가. 時調는 世界에 唯一無二한 形態를 가진 短歌다. 어느 미들만한 이의 말에 依하면 世界의 어쩌한 나라 文學에서도 볼 수 업는 短歌로서의 最上의 形態를 가즌 것이라 한다. 그러나 그러면서도 過去에도 現在에도 朝鮮文學에는 이러한 時調가 잇다고 내세운 이가 몇 名이나 되엿느냐? 것트로가 아니라 아주 마음 속으로부터의 '스톨스'를 가지고 堂堂히 主張한 이가 몇 名이나 되느냐? 過去의 사람들은 그저 餘技로 이것을 을헛섯고 現代의 사람들은 漢詩의 模倣이라쯤 生覺하야 이것을 冷視하고 虐待하고 잇지 안느냐! '古代小說' 所謂 '이야기책'의 例를 보자. '이야기책'이라 하면 그 말 自身 속에 임의 그 어쩌한 低級함을 聯想할만치 그것을 아주 얏게 評價하는 그러한 習慣 속에 우리는 간혹 저저잇지 안흐냐? 이 文學도 아무 것도 안인 것이 행여나 남의 눈에 쯰일가 하야 슬슬 덥허버리려 하는 意欲이 업지 안흐냐?

그러나 生覺하야보면 '이야기책'처럼 過去에 잇서 一般民衆 속에

쑤리를 박어 發生하고 發達한 文學이 世界 어느 나라 文學에 쏘 잇느냐? 外國에서는 文學은 大槪는 貴族을 中心으로 한 上流階級들이 독차지하야 一般大衆은 거의 여기에 참섭도 못하지 안헛느냐? 이것만한 事實 — 一般民衆의 文學이라는 이 點만 가지고도 朝鮮文學에는 '이야기책'이 잇다고 버젓하게 내세워가지고 그 特異性과 優秀性을 堂堂히 主張할 수 잇슬 것이다. 왜냐하면 그 大衆性이 곳 그 特異性과 優秀性을 證明하지 안느냐?

如何間 우리는 우리 文學이 時調나 '이야기책'이나 남에게 지잔는 優秀한 文學이엿슴을 '스톨스'를 가지고 硏究하고 主張하지 안흐면 안된다. 우리는 이 째까지 제 自身에 對하야 제 自身의 것에 對하야 너무나 卑屈하엿다. 너무나 '스톨스'를 가지지 안헛섯다.

씃트로 다시 말한다. 朝鮮文學을 硏究하려는 者는 누구두 무엇보다도 '스톨스'를 가지고 덤벼들 것이다. '스톨스'를! '스톨스'를!73)

전에 이명선이 고전소설을 읽으면서 특정 부분을 서구적인 기준에 맞춰 해석하던 방식이나 교양에 근거하여 글을 쓰던 방식과는 전혀 다른 발언이다. 그런데 이 발언은 조금은 생뚱맞아 엉뚱해 보인다. 당시 중국 현대문학에 관심을 표명하며 그 쪽 관련 글을 주로 집필하던 그가 아무 이유 없이 갑자기 조선문학의 자존심 발언을 한 것도 한편으로는 느닷없어 보이기까지 한다. 이는 중국 신문학혁명에 대한 관심을 가지고 있던 이명선이 조선에서도 신문학혁명의 필요성을 제기하기 위한 첫걸음으로 보이기도 한다. 하지만 이 발언은 그보다 조선문학 연구에 대한 확고한 자기 다짐으로 이해하는 것이 타당할 듯하다. 즉 우리의 문학을 단순히 흥미의 수단으로 접근하지 않고, 문학을 통해 조선의 자존심을 지키고, 우리 민족을 이해하는 전체로 바라보겠다는 선언에 다름아니다. 어쩌면 이명선이 중국 현대문학에 매진했던 것도

---

73) 이명선, 「무엇보다도 自尊心을!」, 『每日申報』 1939년 1월 5일.

조선문학을 통해 우리 민족의 자존심을 깨우고, 우리 민족의 방향성을 찾기 위해 하나의 길이었는지도 모를 일이다. 신문학 혁명을 통해 중국을 일깨운 것처럼 우리의 자존심일 고전소설을 통해 조선을 일깨우고자 했던 의도도 이 대목에서 엿볼 수 있다.

이명선이 「노신 연구」로 졸업을 한 후 해방 이전까지 그는 거의 글을 쓰지 않는다. 다만 졸업 직후 당신이 가지고 있던 <사수몽유록>을 활자로 소개하였을 뿐이다. 이명선이 그렇게 주장했던 고전소설을 읽고, 또한 조선의 자존심을 드러낼 수 있는 작품을 힘써 구입하던 그의 모습이 생생히 그려진다.

5. 1941년~1945년 여름

경성제국대학을 졸업한 후 이명선은 해방 직후까지 거의 글을 쓰지 않는다. 그가 학문을 멀리했기 때문은 아니다. 그를 기억하는 사람이나 가족간에 전해지는 이야기를 들어봐도 이는 확인된다. 이명선은 밥을 먹을 때에도 책을 손에서 떼지 않을 만큼 책에만 집중했다. 술과 담배도 하지 않았다. 그저 종일 책을 보는 것이 유일한 재미없는 사람이었다고 한다. 그런데도 그는 아무 글도 남기지 않는다. 필자가 찾을 수 있는 범위 내에서 다양한 매체를 찾아보았지만, 어떠한 매체에서도 이명선을 만날 수가 없었다. 어쩌면 이 시기 이명선은 저널을 통해 자신을 드러내려고 하지 않았는지도 모른다. 그저 그 자신의 삶의 방향성을 찾아가면서 언론이나 매체와는 일정한 거리를 두었다고 짐작할 수 있겠다.

경성제대를 졸업한 직후 이명선은 휘문중학교 교사로 부임했던 것으로 보인다. 이명선이 언제부터 언제까지 휘문중학교에 재직했는지는 명확하지 않지만,74) 적어도 1941년 9월까지는 재직했던 것으로 보인다. 왜냐하면 이 때 '휘문' 직원들과 함께 白雲臺에 등반했던 사진이 남겨져 있기 때문이다. 좀더 구체적으로 따지면, 이명선 따님은 '이명선 선생을 보내며'란 제목이 붙은 사진을 보관하고 있는데, 그 사진의 배경이 늦가을, 혹은 겨울이다. 이 점에서 이명선은 적어도 1941년 겨울까지는 휘문중학교에 있었음이 분명해 보인다.

1942년에 이명선은 결혼을 한다. 이 때 그는 이미 경성제대 강사로 있었다고 가족들은 언술하는데, 이를 통해 보면 이명선은 휘문중학교에서 1~2년 정도 재직했던 것으로 짐작할 수 있다. 휘문중학교 시절의 이명선이 어떻게 지냈는가는 알 길이 전혀 없다. 다만 2001년에 인제학원 이사장인 백낙환이 쓴 회고록을 보면, 당시 휘문중학교에는 정지용과 이병기 등이 있었지만 그보다는 재능있고 패기만만한 박노태나 이명선같은 분들에게서 받은 수업이 더욱 인상적이었다고 한75) 대목이 있다. 이를 통해 우리는 열정적으로 학생들과 만났을 이명선을 그려볼 뿐이다.

휘문중학교를 사직하고 이명선은 바로 경성제국대학 강사를 시작했던 것으로 보인다. 그리고 그 무렵, 즉 1942년 이명선은 결혼을 한다. 부인은 이화여전 피아노과를 10회로 졸업한 金金子 여사인데, 당시 어느 정도 재력을 갖춘 집의 무남독녀였다고 한다. 애지중지 키운 딸의 사위를 맞은 장모는 이후 이명선의 적극적인 후원자가 되는데, 지금까지 이명선의 원고가 잘 보관되어 올 수 있었던 것도 모두 장모의 힘 때문이라고까지도 말할 수 있을 정도다. 당시 주례는 李熙昇 선생이

---

74) 휘문중학교에는 1950년 이전 자료가 남아 있지 않다고 한다. 다만 예전에 있던 기록을 한 교사가 옮겨적어 둔 것이 있는데, 그 기록도 당시 교사 개개인의 경력을 구체적으로 기록해둔 것이 아니다. 단지 당시 재직했던 교사의 이름만을 적어두었을 뿐이다. 따라서 이명선이 휘문중학교에서 언제부터 언제까지 근무했는지, 혹은 그가 어떤 교과목을 담당했는지는 알 길이 없다.
75) 『매일경제』 2001년 7월 2일. 「백낙환 학교법인 인제학원 이사장의 나의 사업 이야기」 중에서.

맡았고, 金壽卿이 사회와 들러리까지 보았다고 한다. 장소는 화신백화점 뒤에 위치한 기독교 회관이었다.

결혼 직후 이명선은 體府洞(지금의 사직동)에서 장모를 모시고 살았다. 이 집은 방이 많아서 언제나 손님이 끊이지 않았다고 한다. 이명선의 동생 이경선도 그 곳에서 기숙을 했고, 처조카인 박희영도 그 곳에서 지낸 적이 있었다. 박희영씨가 기억하는 이명선은 눈을 떠서 잠을 잘 때까지 책과 신문(『人民日報』)만 보는 재미없는 인물이며, 일이 있어서 나가는 때는 조선문학동맹에 참석할 때뿐이었다고 한다. 조선문학동맹은 해방 이후에 결성된 것이라는 점을 고려한다면 이 기억은 어쩌면 해방 직후의 것인지도 모르겠다.

이 시기부터 해방 직후까지 이명선은 어떤 공부를 했고, 또한 어떠한 데에 관심을 두었는지는 더 이상 확인할 수 없다. 필자 역시 이 시기에 혹 이명선이 쓴 글이나 기사가 있는가 하여 다방면으로 찾아보았지만, 그와 관련된 어떠한 것도 찾지 못하였다. 또한 이명선 따님이 보관하고 있는 원고 중에서도 이 시기에 쓴 원고는 고사하고, 그 때 공부했던 것으로 추정될 만한 어떠한 단서도 없다. 6·25 이후 소실된 것인지, 혹은 사상성 문제로 인해 가족들이 후대에 일부로 폐기해버린 것인지조차 확인되지 않는다. 따라서 졸업 이후 해방 직전까지의 이명선의 학문적인 성향에 대해서는 더 이상 논의할 수 없겠다.[76]

---

[76] 다만 집에서 전해오는 한 가지 일화 중에 이명선이 자료 수집에 대한 열정을 엿볼 수 있는 것이 있는데, 그것만 언급해 두기로 한다. 그것은 이명선 선생이 교수(강사?) 생활을 하면서 월급을 가져다주자, 부인은 그것도 월급이냐며 용돈으로 쓰라고 했다고 한다. 그 후 이명선 선생은 월급날만 되면 고서점을 전전하며 책을 구입하였다고 한다. 그래서 이명선 선생이 양복에 하얀 먼지를 끼얹고 오는 날이면 가족들은 그 날이 바로 월급날임을 알았다고 한다.

6. 1945년 여름~1950년 (1)

　1945년 8월 15일. 드디어 조선은 해방이 된다. 굴욕의 세월 속에서 당해온 압박과 착취의 모든 사슬을 끊고 조선은 새로운 움직임을 보인다. 당시 조선문화를 책임지고 있던 사회 인사들도 한데 모여 새로운 조선 문화 건설에 동참한다. '朝鮮文化建設中央協議會'도 그 한 예다. 이 협의회에서는 林和를 의장으로 하고, 金南天을 서기장으로 하여, 크게 문학·미술·음악·연극·영화 등의 다섯 분과로 나누어 새로운 조선 문화 건설을 계획한다. 이명선도 이 협의회에 참석하는데, 그가 속한 부문은 문학분과였다.77) 또한 이명선은 조선문학동맹 결성회에도 참석하는데, 그 곳에서 그는 고전문학회 書記長으로 활동하였다.78)

　각 대학에서도 대학 교육 재건을 위한 목소리를 높인다. 전문대교육응급대책협의회가 마련된 것도 이러한 움직임을 반영한 것이라 하겠다. 이명선은 이 모임에도 참석한다. 이 협의회의 의장은 金浩植이었는데, 이명선은 書記 겸 대학 법문학부 위원으로 참여한 것이다. 또한 진단학회에서는 중등학교와 초등학교 역사 교과서를 만들기 위해 宋錫夏를 위원장으로 앉히고 각 분야의 전문가들에게 16가지 연구과제를 제시하여 집필토록 하였다. 이명선에게도 과제가 주어졌는데, 그가 맡은 주제는 「삼국지의 조선소설에 미친 영향」이었다.79)

---

77) 이에 대해서는 『매일신보』 1945년 8월 18일 기사를 참조할 것.
78) 조선문학동맹 고전문학위원회 위원장은 李秉岐가 맡았고, 위원은 朴鍾和, 金台俊, 李熙昇, 趙潤濟다. 이에 대해서는 『자유신문』 1945년 12월 25일 기사 참조. '조선문학동맹'은 1946년 2월 9일 全國文學者大會에서 '조선문학가동맹'으로 개칭한다. 이 때 회장은 이병기, 事務長은 이명선, 위원은 박종화 대신 申龜鉉이 맡는다. 이에 대해서는 「朝鮮文學家同盟運動事業槪況報告」(『문학』 창간호, 1946)를 참조할 것.
79) 이 때 제시된 과제는 다음과 같다. 朝鮮道德思想史(金斗憲), 高麗中期의 女眞과의 關係(金庠基), 東西文化交涉思想에 있어 南方의 地位(金永鍾), 中國靑銅器紋樣의 意義에 對한 硏究(金載元), 朝鮮古代民族制度 硏究(金廷鶴), 李朝時代

이후 이명선은 京城大學 法文學部 自治委員會 委員長을 맡기도 하였는데, 당시 규장각을 관리하던 미군의 관리 부주의에 따라 불미스러운 사건이 발생하였을 때 그에 대한 항의를 했다는 신문 기사도 보인다.80)

이처럼 해방 후 이명선은 다양한 분야에서 활동을 재개한다. 글도 쓰기 시작한다. 해방 이후 이명선이 매체에 남긴 글은 다음과 같다.

「中國의 女性解放」, 『生活文化』 창간호, 1946년 1월.
「古代小說의 大衆性」, 『中央新聞』, 1946년 3월 17일.
「靑丘永言 序言」, 『청구영언』(주왕산 편, 정음사), 1946년 7월 3일 서문.
「中國 新文學革命의 敎訓」, 『문학』 창간호, 서울신문사, 1946년 7월.
「鄭鑑錄의 科學的 批判」, 『大衆科學』 2, 1946년 8월.
「壬辰亂과 傳說」, 『協同』 창간호, 금융협동조합, 1946년 8월.
「壬辰亂과 傳說 (下)」, 『協同』, 금융협동조합, 1946년 10월.
「民族文學과 民族主義文學」, 『신조선』 4호, 1947년 2월.
「李春風傳의 現代化」, 미발표원고, 1947년 3월 26일.
「中國의 抗戰文學」, 『文學評論』, 1947년 6월.
「魯迅의 文學觀」, 『문학』 8호, 서울신문사, 1948년 7월.
「壬辰亂과 事大主義」, 『新天地』 통권 41호(3권 10호), 서울신문사, 1948월. 11·12월.
「魯迅 夫人 景宋女史의 프로필」, 『新女苑』 창간호, 신여원사, 1949

의 國土計劃(朴時亨), 支石文化(孫晋泰), 民俗學的 立場에서 論하는 朝鮮演劇의 演劇學的 硏究(宋錫夏), 朝鮮時代의 對明關係(申奭鎬), 朝鮮科學制度 硏究(柳洪烈), 三國志의 朝鮮小說에 미친 影響(李明善), 濊貊考(李丙燾), 高麗末期의 田制改革運動과 李朝建國後의 實蹟(李相佰), 國語히아투스(HIATUS)現象에 對하여(李崇寧), 與民樂에 對한 考察(李惠求), 新羅佛敎의 特異性(趙明基). 이에 대해서는 『매일신보』 1945년 10월 5일 기사 참조.
80) 『매일신보』 1945년 10월 14일 기사 참조.

년 3월.
「朝鮮 軟文學의 最高峰 변강쇠전」, 『新天地』 통권 37호(4권 6호), 서울신문사, 1949년 7월.

해방 이후 이명선이 쓴 글 중에서 우선 주목할 것으로, 周王山이 편한 『청구영언』에[81] 써준 서문을 들 수 있다. 서문은 특별할 것이 없다. 『청구영언』에 실린 시조 중에 양반들이 지은 도학적·관념적인 것보다 중인들이 지은 즉흥적인 것에 좀더 가치를 두고 있다는 주장이 특별하다면 특별한 것이라 하겠다. 오히려 흥미를 끄는 것은 『청구영언』 서문의 내용에 있는 것이 아니라, 이명선이 당시 다른 학자의 책에 서문을 써줄 정도로 인정을 받고 있었다는 사실이다. 1941년 이후 해방 전까지 이명선은 어떠한 글도 발표하지 않았지만, 그의 학문적인 명성만큼은 널리 알려져 있었음을 짐작케 한다.

해방이 되고 이명선이 여러 매체에 많은 글을 남긴 것은 아마도 그가 비교적 안정적으로 공부할 수 여건이 마련되었기 때문으로 보인다. 이명선은 1946년 10월 22일에 정식으로 서울대학교 조교수가[82] 된다. 그렇지만 이보다 조금 이른 시기부터 이명선은 서울대학교의 전신인 경성대학[83] 조교수로 있었던 것으로 보인다. 1946년 6월에 출간된 『中國現代短篇小說選集』 표지에도 '서울大學校 助敎授 李明善'이라고 씌어져 있을 뿐 아니라, 책 서문에는 이명선이 직접 "一九四六年 五月 五日 於서울大學硏究室 譯者"라고 쓰고 있다. 또한 「鄭鑑錄의 科學的

---

[81] 주왕산 편, 『靑丘永言』, 정음사, 1946.
[82] 당시 서울대학교 학제상 조교수는 "석사학위 소유자 및 전문학교 졸업 후 3년간 연구한 자로서 8년간의 경험년수를 요함"이라 하여 그 자격을 정해놓고 있다. 이명선은 당시 조교수였다. 서울대 40년사 편찬위, 『서울대학교 40년사』, 서울대, 1986.
[83] 해방 후 경성제국대학은 경성대학으로 잠시 있게된다. 그러다가 1946년 8월 이후에 경성대학은 서울대학교로 창건된다.

批判」이라는84) 논문에서도 "一九四六. 四. 九.(筆者는 서울大學 法文學部 助教授)研究"라는 기록이 있다. 이. 또한 이명선이 1946년 10월 22일보다는 좀 더 이른 시기부터 경성(서울)대에 재직하고 있었음을 말한다. 적어도 1946년 4월 9일 이전에는 서울대학교 조교수로 재직하고 있었던 것이다.

실제 1946년 8월에 서울대가 설립되면서 기존 경성대학 교수는 모두 사임을 하고, 다시 국립 서울대의 교직원으로 재임용되는 절차를 밟았다. 때문에 이명선이 정확히 언제부터 경성(서울)대에 재직하고 있었는지는 확언할 수 없다. 단지 지금은 공식적인 문건 기록에 따라 1946년 10월 22일부터 서울대 조교수로 재직하였다고만 말할 수 있겠다.85) 경성(서울)대 교수가 되고난 후 이명선은 체부동(사직동)에서 지금의 대학로 학림다방 건물로 이사하였다고 한다.86) 이 역시 이명선의 장모가 사위를 위해 학교 가까운 곳으로 이사를 시킨 것이라 한다.

아무튼 해방 이후 이명선은 비교적 많은 글과 저작을 남기는데, 그 관심은 크게 세 부류로 나뉜다. 중국 현대문학, 특히 노신에 대한 관심. 우리나라 고전소설에 대한 관심. 조선문학사 서술에 대한 관심 등이 그것이다. 해방 이후 이명선의 글쓰기는 이 세 가지로 요약된다. 이에 대해 순차적으로 살펴보기로 하자. 먼저 중국 현대문학, 특히 노신에 대한 관심을 보인 글은 다음과 같다.

---

84) 이명선, 「鄭鑑錄의 科學的 批判」, 『大衆科學』 2호, 조선과학기술연맹 편, 과학사, 1946. 8.
85) 이는 서울대 교무과에서 『서울대 교원 재직 명부』를 통해 확인해 준 것이다. 이명선이 1946년 10월 22일부터 1949년 9월 30일까지 재직했다는 정보 외에 다른 어떤 정보도 없다고 한다. 기타 학적부라든가 부대 기록에 대한 확인할 수 없다고 한다.
86) 학림다방은 당시에도 지금의 학림다방 자리에 있었는데, 당시 이명선은 여기에서 많은 사람들과 만남을 가졌다고 한다.

「中國의 女性解放」,『生活文化』창간호, 1946년 1월.
『中國現代短篇小說選集』, 선문사, 1946년 6월.
「中國 新文學革命의 敎訓」,『문학』창간호, 서울신문사, 1946년 7월.
「中國의 抗戰文學」,『文學評論』, 1947년 6월.
「魯迅의 文學觀」,『문학』8호, 서울신문사, 1948년 7월.
「魯迅 夫人 景宋女史의 프로필」,『新女苑』창간호, 신여원사, 1949년 3월.
『魯迅 雜感文 選集』[87], 미발표 원고, 1949년 5월 서문.

이명선이 단행본으로 제출한 최초의 저서는『중국현대단편소설선집』이다. 이 책은 중국 소설가 6명의 신문학 작품 7편을 번역하여 소개한 것으로, 총 2부로 구성되어 있다. 1부에는 조선을 배경으로 하여 쓰여진 세 편의 소설이, 2부에는 신문학 혁명의 중심에 있었던 네 편의 소설이 수록되어 있다. 1부에 실린 소설은 蔣光慈의 <鴨綠江上>과 郭沫若의 <牧羊哀話>·<닭>이다. 이 중 <압록강상>과 <목양애화>는 反日的인 내용을 담고 있다. 이 작품을 선정하여 번역한 것에 대해 이명선은 "三一運動을 記念하는 것과 마찬가지 意味에서 이 두 篇을 飜譯하여 朝鮮의 解放을 記念하고저 한다"고 쓰고 있다. 해방을 기념하기 위해 의도적으로 반일적인 작품을 선정하여 번역하였음을 알 수 있다.

2부에 실린 네 편의 소설은 魯迅의 <故鄕>, 老舍의 <開市大吉>, 巴金의 <復讐>, 葉紹鈞의 <맨발>이다. 네 편의 소설 작가는 "다같이 中國의 新文學을 길러오고 북돋어온 代表的 作家들이다. 그리고 그들은 이번의 苛酷한 長期抗戰의 試鍊에도 능히 견데어 한 사람도 落伍

---

[87] 이명선은 원래 제목을 붙이지 않았다. 내용을 고려하여 필자가 임의로 이 제목을 붙였다. 수필이나 小品文 대신 '雜感文'을 쓴 것은 이명선이 잡감문이라는 표현을 주로 썼기 때문이다.

하지 않았다. 魯迅이도 살았으면 반드시 이들의 先頭에 섰을 것이다"라고 밝힌 것처럼 문학을 통해 사회 변혁을 꿈꾸었던 인물들이다. 이명선 역시 당시 문학이 무엇을 해야 하는가에 대한 해답을 스스로 마련하고 있었음을 짐작케 한다. 문학은 당시 처한 사회를 변혁하는 데에 가장 선봉에 서야 함을 생각하고 있었던 것이다.

「중국 신문학혁명의 교훈」은 중국에서 벌어진 문학 혁명과 신문학 혁명의 경과를 살핀 글이다. 그리고 그 경과를 통해 조선에서도 신문학 혁명이 필요함을 역설한다. 중국보다도 더 절실하게 필요함을 주창한다. 중국은 반식민지 상태로 있었지만, 우리는 완전한 식민지 상태에 놓여 있었기 때문에 중국보다 더 대담하게 신문학 혁명을 일으켜야 한다는 것이다. 그리고 그 방법은 한글을 통한 문자 혁명에서부터 이루어져야 한다고 밝힌다. 이는 중국에서 이루어진 문학 혁명이 백화 사용에서 비롯되었던 데서 연유한다. 하지만 우리는 중국과 달리 한글이 보편적으로 쓰이고 있었다. 때문에 새삼스레 한글 사용을 주장할 필요가 없다. 그래서 이명선은 한글을 통한 문자 혁명 대신 문학의 대중성, 혹은 대중문학의 중요성을 강조한다. 이러한 주장은 1939년 「무엇보다도 자존심을!」이라는 글에서 우리의 자랑으로 고전소설과 시조라고 이야기했던 점과도 일정한 관련을 보인다. 고전소설과 시조, 즉 일반 대중이 주도적으로 참석하는 문학이 우리의 자존심이라고 말하던 목소리가 조금 더 체계적이고 강경한 형태로 바뀌었을 뿐이다. 1940년 경성제국대학을 졸업하고 해방 직후까지 그의 사상이 어떻게 변화했는지를 엿볼 수 있는 글이나 자료는 없다. 그렇지만 이러한 주장을 통해 1940년에 비해 이명선의 사상은 좀더 체계적이고 강경한 형태로 바뀌어갔을 뿐 그 본질에는 변화가 없었음을 유추할 수 있다.

「노신의 문학관」은 노신의 雜感文 중에서 新月派·現代派·論語派 등과 논쟁한 문예비평을 읽고 노신의 문학관을 읽어낸 글이다. 이 글을 읽다보면 이명선이 노신에 대한 생각을 어떻게 바꾸어갔는가를 부분적으로 엿볼 수 있다. 이명선이 처음 노신을 만났을 때에는 '사회를 위한 문학'에서 '문학을 위한 문학'으로 전향한 노신을 보았고, 그러한 노신에 대해 비판 아닌 비판을 한다. 그리고 소설이 아닌 잡감문을 쓴 것에 대해서는 노신이 방황하는 한 모습으로 이해하였다.[88] 하지만 노신이 소설을 중단한 것이 아니라, 상황이 여의치 못해서 쓰지 못했음을 알게 된다. 전의 애증은 다시금 노신에 대한 애정으로 변한다. 급기야「노신의 문학관」에서는 다음과 같은 말까지 한다.

> 이처럼 爲政者가 어떠한 蠻行도 恣行할 수 있는 中世 以上의 無法天地에 魯迅은 生存하였으며 이러한 無法天地에서는 그로서는 小說보다도 雜感文이 더 必要하고 더 便利한 鬪爭의 武器였던 것이다. 그리고 또 이 熱火 속에서 그의 文學觀이 鍛鍊되고 確立되었던 것이다.

노신의 잡감문은 소설보다도 더 가치를 갖는다고 이해한 것이다. 이명선은 다른 어떤 문학 갈래들보다도 소설을 중시하였다. 그렇지만 노신만큼은 예외로 두었다. 소설만으로는 노신이 지닌 문화 혁명가적인 모습이 약화되기 때문에 이명선은 노신의 잡감문까지도 높게 평가할 수밖에 없었던 것이다. 소설이 아닌 다른 문학 갈래의 글에 대해 이명선이 이렇게까지 칭찬을 한 것은 의외라 하겠다. 이미『중국현대단편소설선집』에서도 이명선의 관심은 온통 소설에 있었다. 그렇지만 이명선은 모든 소설을 버리는 한이 있어도, 모든 중국 작가들을 포기하는 한이 있어도 노신만은 버릴 수가 없었다. 때문에 그가 갖고 있는 생각의 일부를 바꾸더라도 노신의 행위에 대해서는 무엇이든지 용납해야

---

88) 이명선,「노신에 대하야」,『조선일보』1938년 12월 5일.

만 했던 것이다. 이명선에게 노신은 실천하는 가장 위대한 문화 혁명가였기 때문이다.

1948년 무렵에 이명선은 노신을 다시 읽기 시작했는지도 모른다. 실제 이명선은 노신에 대해 여러 학자들과 이야기를 나누며 스터디도 했던 것으로 보인다. 그 일단을 엿볼 수 있는 것이 이명선의 미발표 원고 중에 끼어 있는 고정옥의 글로 추정되는 원고에서도 확인할 수 있다.[89] 이 글은 노신의 아내인 許景宋 여사가 노신 사후에 일제에 의해 온갖 고문과 치욕을 당하면서도 끝끝내 당당했던 이야기를 담은 책을 요약·발췌한 것이다.[90] 그리고 이명선 역시 「魯迅 夫人 景宋女史의 프로필」을 썼는데, 그 글도 이러한 과정에서 나온 것으로 보인다. 당시 이명선은 노신뿐만 아니라, 노신의 주변 인물들까지 관심의 폭을 넓히면서 노신에 대한 정확한 이해를 도모하고 있었던 것이다.

이명선 역시 노신의 저작물에 대해 번역을 하고 책으로 출간할 생각까지 갖고 있었다. 그가 남긴 『노신 잡감문 선집』은 책으로 출간하기 위해 서문까지 다 써둔 상태였다. 서문을 쓴 때가 1949년 5월 13일이다. 한국전쟁이 없었다면 이 책은 어쩌면 우리나라 최초의 노신 관련 단행본이 되었을 수도 있겠다. 그러나 단순히 최초의 단행본이라는 말은 의미가 없다. 이명선은 노신의 문학을 통해 삶을 배우고, 삶의 방

---

[89] 이 글을 고정옥의 글로 유추하는 것은 글씨체가 고정옥의 그 독특한 글씨체와 너무나 닮아있기 때문이다. 설령 고정옥의 글이 아니라 해도 이 원고는 이명선이 다른 인물과 서로 노신과 관련된 원고를 서로 교환하며 읽었다는 점만큼은 부정할 수 없다.

[90] 이 책은 1947년 鄭振鐸이 서문을 쓴 것이고, 총 21부로 된 책이다. 필자는 이 책이 정확하게 어떤 책인지 확인하지 못하였다. 이 원고가 1948년 무렵의 것으로 본 이유는 원고 중에 "中華民國 三十六年 二月 七日에 鄭振鐸은 序文에 말하기를"이란 대목에서 비롯된다. 중화민국 36년은 곧 1947년인데, 책이 출간된 후에 조선에 유입되었다는 점을 고려한다면 아무래도 1947년 후반, 혹은 1948년 무렵의 원고일 가능성이 높다.

향성을 찾으려고 했다는 점이 더욱 중요하기 때문이다. 이명선은 서문에서 노신의 삶과 문학에 대한 단편적인 지식을 나열하지 않는다. 문학이 곧 삶이어야 함을 가슴 아프게 말할 뿐이다. 서문의 일부를 들어 보자.

　　晩年의 魯迅은 왜 雜感文만을 쓰지 않으면 안되었나? 이것은 文學者 魯迅의 個人 硏究에서도 勿論 重大한 問題나, 中國과 같은 社會 — 國內的으로는 蔣介石 政府의 恐怖政治가 實施되고, 國際的으로는 日帝를 爲始하여 列强의 破廉恥한 侵略主義가 恣行되는 社會에 있어서의 文學은 어떠한 문학이여야 하느냐 하는 問題와도 直接 聯關되는 것이다.
　　총칼 앞에서 文學이 얼마나 無力하다는 것을 魯迅처럼 强調한 사람은 없다. 文學者의 아모리 커드란 呼喊 소리도 屠殺者의 銃구녕을 막을 수는 없으며, 그들은 귀에 아무 소리도 들려오지 안는 것처럼 그저 방아쇠만 잡어 달리는 것이다. 이 絶對絶命의 境地에서 魯迅이 擇한 것이 雜感文이며, 따라서 그것은 徹頭徹尾 武器로서의 文學이었다. 魯迅의 글을 가르쳐 '한 번 붓을 들면 반드시 피를 흘린다'(郁達夫)는 말에는 아무런 誇張도 없다.
　　이미 武器로서의 文學인 以上, 그것은 언제나 生死를 내걸은 피비린내나는 文學이며, 그 붓 끝에는 언제나 殺氣가 등등하다. 한 번도 헷손질을 하지 않으려고 한방도 헷방을 놓치 않으려고 언제나 全身全靈을 기우리는 生命의 文學이다. 茶房에서 紅茶를 마시며, 或은 窓 밑에서 미레-의 鍾소리를 드르며 쓰는 所謂 '隨筆'과는 本質的으로 다른 文學이다.

　문학을 통해 혁명을 꿈꾸고 있었던 노신, 그것은 바로 이명선의 다른 얼굴이었다. 이명선이 중국문학을 처음으로 접한 후 중국문학에 담긴 다양한 의미를 해석하면서, 문학이 무엇을 할 수 있는가에 대한 숱

한 물음을 던지고 방황을 하면서 얻은 해답은 바로 노신이었다. 문학을 통해 얻을 수 있는 삶의 지표가 바로 문학을 통한 혁명임을 알았던 것이다. 이명선이 찾은 궁극적인 해답은 이것이었다. 총 26편의[91] 노신의 잡감문을 시기별로 하나하나 번역하면서, 번역하는 시간 속에서 이명선은 자신의 삶을 투영하고 반추하고 있었던 것이다. 이명선에게서 노신은 바로 그 자신이었던 셈이다. 그리고 반드시 넘어서야 할 벽이기도 했다.

해방 이후 이명선이 중국문학에 대한 관심을 가졌던 것만큼이나 지대한 관심을 가진 분야는 바로 고전소설이다. 해방 이후에 쓴 고전소설과 관련된 그의 글은 다음과 같다.

「壬辰亂과 傳說」, 『協同』 창간호, 금융협동조합, 1946년 8월.
「壬辰亂과 傳說 (下)」, 『協同』, 금융협동조합, 1946년 10월.
「고대소설의 대중성」, 『중앙신문』, 1947년 3월 17일.
「이춘풍전의 현대화」, 미발표원고, 1947년 3월 26일.
『교정·번역 임진록』, 국제문화관, 1948. 11월.
「壬辰亂과 事大主義」, 『新天地』 통권 41호(3권 10호), 서울신문사, 1948월. 11·12월.

---

[91] 여기에 수록된 잡감문은 다음과 같다. 1919年-1924年: 暴君의 臣民(『熱風』), 小로써 大를 안다(『熱風』). / 1925年-: 개의 反駁(『野草』), 立論(『野草』), 燈下漫筆(『墳』), 靑年 必讀의 書(『華蓋集』), 戰士와 파리(『華蓋集』). / 1926年-: 한가지 比喩(『華蓋集續篇』), 꽃없는 薔薇 二(『華蓋集續篇』). / 1927年-: 小雜感(『而已集』), 루쏘-와 脾胃(『而已集』). / 1931年-: 中學生 雜誌의 質問에 答함(『二心集』). / 1933年-: 偶成(『南腔北調集』), 航空救國의 三願(『僞自由書』), 光明이 이르는 곳에…(『僞自由書』), 中獨保粹의 優劣論(『淮風月談』), 男子의 進化(『淮風月談』), 印象을 무름(『淮風月談』). / 1934年-: 꺼꾸로 매단다(『花邊文學』), 매아미의 世界(『花邊文學』), 安貧의 道를 즐기는 法(『花邊文學』), 怪奇(『花邊文學』), 中國의 王道에 對하여(『且介亭雜文』). / 1935年-: 現代中國에 있어서의 孔子님(『且介亭雜文二集』). / 1936年-: 하나의 童話(『且介亭雜文末編』), 죽엄(『且介亭雜文末編』). 괄호 안은 원출전을 의미함.

「朝鮮 軟文學의 最高峰 변강쇠전」,『新天地』통권 37호(4권 6호), 서울신문사, 1949년 7월.

이명선은 경성제대 본과에 입학할 무렵부터 고전소설에 대한 깊은 관심을 보였다. 그렇지만 이 무렵, 이명선이 가졌던 고전소설에 대한 관심은 그 전과는 조금 다른 차원에서 이야기할 필요가 있다. 이명선이 초기에 가졌던 고전소설에 대한 관심은 어쩌면 막연한 재미에 의한 것으로 볼 수도 있지만, 해방 이후에 가진 고전소설에 대한 관심은 바로 민중의 삶의 가치를 높이는 그 자체로 이해하고 있었던 때문이다.

朝鮮에는 過去에 한 사람의 시엑쓰피아도 업지 안으냐, 한 사람의 게-테도 업지 안흐냐고 嘆息하는 사람이 이는 아즉 歐羅巴 系統의 近代文學의 달콤한 꿈을 깨지 못한 사람이다. 朝鮮의 시엑쓰피아는 새로 마지한 며누리나 或은 이웃집 박첨지이엇다는 事實을 想起할 必要가 잇다. 그들은 비록 無名의 作家 無名의 鑑賞家엿스나 知識階級이 아닌 徹頭徹尾 大衆의 한 사람으로서 잘아고 大衆의 한 사람으로서 죽엇다는 點에서 眞正한 大衆文學의 先驅者의 名譽를 充分히 찻지할 것이다. 要컨데 古代小說 속에 담겨잇는 封建的 要素가 適當히 잘 處理한다면 우리는 意外의 貴重한 文學遺産을 그 속에서 繼承할 수 잇스리라는 것을 强調하고저 한다.[92]

소설은 가장 민중적이고 대중성을 확보할 수 있는 문학 갈래다. 특히 좌파에 서 있던 인물들에게 고전소설은 민중성을 설명하는 가장 좋은 문학 갈래였다. 이명선과 고등보통학교 때부터 동기였던 申龜鉉이 신화·전설·민요·수수께끼 등과 함께 고전소설은 민중성을 담지한다는 점에서 높게 평가했던 것도[93] 이러한 이유에서 비롯된다. 고전소

---

92)「고대소설의 대중성」,『중앙신문』, 1947년 3월 17일.

설을 긍정적으로 계승·발전시키는 것이야말로 인민문학에 좀더 가까워지는 것이라고 믿었기 때문이다.

이명선은 해방 이후에도 여전히 고전소설 수집에 열광적이었다. 「이춘풍전의 현대화」라는 글을 보면 이명선이 얼마큼 고전소설에 열정적이었는가를 엿볼 수 있다. 이 글은 1947년에 林和가 필사하여 가지고 있던 <이춘풍전>을 현대적이고 반봉건적인 내용으로 개작한 金永錫의 『이춘풍전』에94) 대한 일종의 서평이라 할 만하다. 그런데 김영석의 『이춘풍전』을 보고서 쓴 이명선의 자기고백은 그가 얼마만큼 고전소설 수집에 애를 썼는가를 짐작케 한다.

<李春風傳>이라는 이야기책이 있다는 말을 들은 지가 近十年이 될 것이다. (…중략…) 그러나 이러한 말만 들었지 정작 <李春風傳>은 도모지 구해볼 수가 없었다. 언젠가 한번은 시골 某氏宅에 분명히 있다는 喜消息을 듣고 찾아갔더니, 이미 몇 해 전에 뜯어서 도배를 한 뒤라, 뒤집어 붙어 있는 벽만 멀끄럼이 바라보다가 그대로 虛行한 일도 있었다. 그러다가 八·一五 解放 直前에 林和氏가 寫本으로 된 <李春風傳>을 구했다고 해서 꼭 한번 얻어보리라 하였더니, 疏開人 바람에 뜻을 이루지 못하고, 解放 以後에는 그러한 한가한 時間을 갖지 못한 채 오늘에 이르렀든 것이다. <李春風傳>이 元來 稀少하여 구하기가 어려운 것인지, 或은 나라는 一個人이 <李春風傳>과 因緣이 없어 애는 애대로 쓰면서 所願을 成就하지 못한 것인지는 알 수 없으나, 단테가 여러 해를 두고 베아토리체를 思慕

---

93) 신구현, 「문학 유산 계승에 있어서 제기되는 몇 가지 문제」, 『문예조선』 3권 5호, 1950년 5월.
94) 김영석, 『이춘풍전』, 조선금융조합연합회, 1947. 당시 조선금융조합연합회에서는 '협동문고'라는 시리즈로 고전을 현대화하였는데, 그 내용은 주로 반봉건적·반외세적인 것이다. 이명선도 이 시리즈 출간에 응하여 소설을 출간하는데, 그것이 바로 『홍경래전』(조선금융조합연합회, 1947)이다.

하듯이, 近十年 동안 나는 늘 <李春風傳>을 머리 속에 그리며 찾어 나려왔든 것이다.

<이춘풍전>을 구하기 위해 10여년 동안 안타까워하는 이명선의 모습이 생생하다. 도배지로 발라진 <이춘풍전>을 물끄러미 바라보는 그의 마음은 어떠했을까? 이후 이명선은 <이춘풍전>을 구했는지 아니면 다른 본을 필사했는지는 모르지만, 발표되지 않은 그의 원고 중에는 <이춘풍전>을 전사해 놓은 것도 있다. '丙子 孟春'에 필사된 본인데,95) 실물은 아직까지 확인되지 않는다. 아무튼 인용문에는 고전소설을 구하기 위한 이명선의 노력이 여과없이 그려져 있다. 또한 그는 <이춘풍전>의 현대화에 대해 "노랑 저고리에 남 치마를 입은 <李春風傳>이 더 좋은지, 양장을 하고 뾰족구두를 신은 <李春風傳>이 더 좋은 지, 그것은 速斷을 不許할 것 같다"고 하며 평가를 유보하지만, "朝鮮의 이야기책에 對한 漠然한 蔑視만을 일삼는 一部 人士들에게도 敢히 一讀을 勸하는 바이다"라고 하여 고전소설의 가치에 대해서 만큼은 결코 부정하지 않는다.

이명선은 반봉건적 소설인 <이춘풍전>과 같은 작품에도 깊은 관심을 보였지만, 이 무렵 그가 가장 흥미롭게 생각한 작품은 <임진록>이 아닌가 한다. 『조선문학사』를 보면 <춘향전>에 대한 관심이 제일 큰 듯하다. 그렇지만 일반 대중에게 권한 책은 <춘향전>이 아니라 <임진록>이었다. 실제 이명선은 해방 후 <임진란과 전설>이라는 글을 쓴다. 당시에는 전설이나 소설과 같은 갈래는 모두 민중의 것으로 이해하려는 경향이 강했다. 때문에 어떤 소설의 근원설화를 찾고 밝히는 작업은 고대에서부터 면면히 이어져온 민중성의 연장을 확인시켜준다

---

95) 이 원고는 이명선이 부분적으로 주석을 붙여놓았다. 어쩌면 출간을 염두에 두었던 것일지도 모른다. 병자년은 1876년, 혹은 1936년으로 추정된다.

는 측면에서 높게 평가되어 왔던 것이 사실이다. 이명선이 <임진록>과 전설을 연결시킨 것도 그러한 측면에서 설명될 수도 있을 듯하다. 그렇지만 이 글은 이러한 측면보다는 오히려 다른 측면에 주목할 필요가 있다. 그것은 바로 민중을 향한 희망의 메시지 전달이다.

<임진란과 전설>에서는 희망의 메시지를 전한다. 그는 자신이 가지고 있는 <黑龍錄>[임진록 이본]에 그려진 四溟堂의 행위를 전쟁 패배에 따른 보상 심리로 이해한다. 그리고 이어 경북 상주 지방의 구전되는 전설을 소개한다. 사명당이 꽂은 지팡이가 지금도 살아 있다는 내용이 전설의 요지다. 사명당의 지팡이가 지금까지 살아 있다는 것은 곧 조선 민중은 여전히 사명당에 대한 희망을 가지고 있음을 뜻한다. 임진왜란 때 일본을 물리쳤던 것처럼, 일제 식민지 치하에서도 그를 물리칠 수 있다는 희망을 민중들은 언제나 가지고 있었던 것이다.

어떠한 암울한 시기에도 '희망'을 잃지 않는다면, 그 희망은 현실이 된다는 그의 믿음을 더욱 확고하게 하는 것이기도 하다. 이명선은 일제 강점기를 살아오면서 어쩌면 몇 번이고 '희망은 존재한다!'고 외쳤는지도 모를 일이다. 그리고 희망이 현실이 되었을 때, 그는 농담처럼 한 마디를 던진다. "昨年 八月 十五日의 朝鮮의 解放이 四溟堂의 힘인지 어쩐지 或은 또 地方에 딸아서는 原子爆彈은 四溟堂의 發明이라는 風說이나 떠돌고 있지나 안느지?" 사명당이 여전히 살아 있는 것처럼, 희망은 사라지지 않는 것이다.

이명선은 <임진록>에 대한 글을 쓰는 데에 그치지 않고 <임진록>를 교정·번역하여 출간하기도 한다. 『교정·번역 임진록』이 그것이다. 여기에는 한글본 <黑龍錄>, 한문본 <壬辰錄>, 壬辰倭亂에 關한 傳說을 수록하고 있다. 그런데 여기에 수록된 작품이 무슨 가치를 갖는가에 대해 따지는 일보다는 어떠한 이유로 이러한 책을 냈는가를 밝히는 일이 더 중요하다.

이명선은 이 책 서문에서 우선 우리가 고전을 공부하는 것은 묵은 먼지를 머리 속에 담는 것이 아니라, 현재를 위해, 현재 일어나는 일들을 바르게 보고 파악하기 위한 것이라고 전제한다. 현재와 과거는 항상 유기적으로 연결시켜서 역사적인 교훈을 읽어내야 함을 강조한 것이다. 그리고 그에 따라 "只今 壬辰錄을 世上에 내놓으며 이러한 느낌이 더욱 切實하다. 超自然的 超人間的인 꿈이니 奇蹟이니 道術이니가 全篇에 充滿해 있는 이 壬辰錄에서 우리는 그래도 現在를 爲한 무슨 歷史的 敎訓을 發見할 수 있을가?"라고 자문한다. 황당무계하기까지 한 <임진록>에서 무슨 교훈을 얻을 것인가? 이러한 질문에 대해 그가 읽어낸 현재적 교훈은 너무나도 단순하다. "첫째로 倭놈은 우리의 원수니 미워하여야 한다는 것"이고, 둘째는 왜란에 국왕과 관리는 도망가고 의병들이 홀로 일어섰지만, 관리들은 오히려 의병을 물리치고 다시 사대주의로 빠졌다는 사실을 명심하라는 것이다. 반봉건과 반외세의 기치를 높이자는 말로 요약할 수 있는데, 말투가 조금은 유치해 보이기도 하다. 하지만 이러한 느낌을 갖는 것에 대해 이명선은 너(필자) 역시 현학적인 태도에서 벗어나라며 비판이라도 하듯이 서문 마지막에 다시금 다음과 같은 말을 한다.

"원수를 미워하고 원수를 警戒하여야 한다는 이 平凡한 結論을 平凡하다고 等閒히 하여서는 안된다. 朝鮮 民族은 壬辰錄을 읽으라! 그리고 朝鮮 民族의 원수가 倭놈이라는 것을 明確하게 認識하라!"

실제 그러하다. 이명선의 지적처럼 "朝鮮에는 健忘症이 걸린 平和主義者가 意外로 많아서 解放된 지 不過 三年에 벌서 三十六年間 植民地 百姓으로서의 奴隷生活을 잊어버리고 倭놈과 倭놈의 앞재비에 對하여 寬大하기를 公公然하게 主張하고 있"는 당시 현실에 대해 너무나도 상식적인 반성과 자각이 필요했던 것이다. 이 말은 지금 우리에게도 여전히 유효한 비판이 아닌가?

<임진록.>을 통해 보여준 이명선의 반봉건·반외세적인 경향은 곧바로 「민족문학과 민족주의문학」이나[96] 「임진왜란과 사대주의」로 이어진다. 두 글에서는 그가 지향했던 반봉건·반외세적인 성향이 어떻게 민족과 만나는지를 보게 된다.

「민족문학과 민족주의문학」에서 이명선은 먼저 두 개념이 혼동되어 쓰이는 양상에 대해 지적한다. 예컨대 임화가 1925~6년의 프로문학을 민족문학과 계급문학의 대립 양상으로 이해한 것이라든가, 당시 박종화 등이 조선의 혼을 찾기 위해 민족문학을 수립해야 한다는 주장은 기실 민족문학이 아니라, '민족주의문학'이라고 한다. 그러면서 이명선은 두 개념을 명확하게 지적한다. 우선 민족문학은 '民族革命의 大衆文學'으로 정의한다. '民族革命'은 곧 '반봉건주의와 반제국주의'를 의미하며, 대중문학은 대중 위에 기반한 반봉건주의와 반제국주의적 방향을 취한 것이라 하겠다. 반면 민족주의문학은 다분히 국수주의와 복고주의를 내포한 봉건사상의 새로운 표현일 뿐이다. 따라서 민족주의문학은 반봉건주의의 기치를 내건 민족문학과 대치되는 국면으로까지 나타날 수 있는 것이다. 그리고 이명선은 해방이 된 지금 조선에 필요한 문학은 일반 대중을 기만하는 반동적 문화정책의 한 표현이라고까지 말할 수 있는 민족주의문학이 아니라 민족문학임을 강조하는 것이다.

문학 작품을 생산하는 일도 마찬가지다. 문학은 풍격이나 형식에 의해서만 산출되지 않는다. 오히려 민족의식을 창출하는 것이야말로 그 생명력을 가질 수 있다고 본다. 문학은 형식에 맞추어 쓰는 것이 아니라, 그 기저에 깔린 민족 정신을 담아내는 것임을 명백히 한 것이다.

---

96) 이명선, 「민족문학과 민족주의 문학」, 『신조선』 4호, 1947년 2월.

문학을 어떻게 보아야 하는가까지 이명선은 확고하게 말한 셈이다. 문학 연구는 곧 자구나 형식에 의존하는 것보다 민족 의식의 뿌리를 찾아내고, 그 의식을 성장시키도록 조장하는 것이어야 함을 역설하고 있는 것이다.

이러한 이명선의 생각은「임진왜란과 사대주의」에서도[97] 그대로 드러난다. 이 글에서 그는 임진왜란을 통해 지금 무엇을 배울 것인가를 따진다. 그 중 하나는『교정·번역 임진록』에서 주장했던 것처럼 왜에 대해 항상 경계를 두라는 것이다. 그렇지만 이 주장은 그의 글을 이끌어내기 위한 전제일 뿐이다. 실제 이명선이 이 글에서 주장하고 싶었던 것은 사대주의가 얼마나 위험한 것인가를 지적하는 데에 있다.

> 또 하나의 큰 敎訓은 自力으로써 祖國防禦戰을 遂行하지 못하고 外力에 依存하여 國家의 生命이 存續될 때에는 그 弊害가 이루 形容할 수 없을만치 莫大하고 深刻하다는 것이다. 國家保全의 虛名 밑에 强要되는 이 事大主義는 其實은 불타는 民族精氣를 去勢해버리고 屈辱에 甘受하는 奴隷根性을 助長하는 以外에 아무 것도 아니다. 이것은 解放 以後 이미 三年이 훨씬 넘었음에도 不拘하고 朝鮮 땅에 아직도 外國軍隊가 駐屯하고 있으며 또 同時에 外力依存의 事大主義가 一部에서 公公然하게 主張되고 있는 이 때에 있어서 가장 緊急하고 切實한 敎訓이 아니면 안 될 것이다.

이명선이 말하고자 한 것은 이것이다. 임진왜란에서 조선이 의병을 버리고 대신 明을 믿었던 결과가 어떠했던가? 그 교훈은 무엇인가? 결국 사대주의는 반민족적 죄악이 아닌가? 이명선의 표현대로 "事大主義는 어떠한 時期 中, 어떠한 條件 下에서든지 反民族的 主義 主張이

---

[97] 이명선,「임진왜란과 사대주의 — 外力 依存의 敎訓」,『新天地』통권 41호(3권 10호), 서울신문사, 1948월. 11·12월.

다. 그것은 언제나 順調롭게 成長하는 自力의 生新한 革命的 要素를 抑壓하고 外力에 阿諛하여 이미 腐敗한 旣存勢力을 不當하게 延長시키는 以外의 아무 것도 아니다."

해방 후 가졌던 환희와 즐거움은 다시금 외세에 의해 빼앗기고, 타파하고자 했던 봉건사상은 변질된 민족이라는 이름으로 활개를 치고, 문학은 대중들과 멀어진 채 학교로만 돌아가는 현실. 아무리 발버둥을 쳐도 상황은 더욱 악화되어간다. 그렇지만 그에게는 여전히 희망이 있었다. 애초에 길이 없었지만 사람들이 가기 시작하면서 길이 생긴 것처럼, 희망도 사람들이 있다고 믿으면 현실이 되는 것처럼.

7. 1945년 여름~1950년 (2)

해방 이후 이명선의 학문적 경향은 세 형태로 나타난다고 지적한 바 있다. 그 중 두 가지, 즉 중국문학에 대한 관심, 우리나라 고전소설에 관심은 앞서 살펴보았다. 이제 나머지 조선문학사에 대한 관심은 별도의 항을 마련하여 설명하는 것이 유의미할 듯하다. 우리들에게 이명선은 낯선 인물일지 몰라도, 이명선의 『조선문학사』는 중요하게 다루어지고 있을 만큼 그의 문학사는 언제나 흥미로움 그 자체이기 때문이다.

해방 이후 이명선은 조선문학과 관련한 두 권의 대학 교재를 편찬한다. 『朝鮮古典文學讀本』과[98] 『受驗用·自習用 國文解釋法研究』가[99] 그것이다. 『수험용·자습용 국문해석법연구』는 서문에서 이명선 스스로가 언급했듯이 "이 책은 專門大學의 國文의 受驗參考書로 編纂한

---

[98] 이명선, 『조선고전문학독본』, 선문사, 1947. 이명선의 미발표 원고 중에 <꼭두각시劇 脚本>과 그에 대한 해설을 쓴 것이 있는데, 이 원고는 아마도 애초에는 『조선고전문학독본』에 넣기 위한 것이 아니었나 생각된다.

[99] 이명선, 『受驗用·自習用 國文解釋法研究』, 선문사, 1949.

것이다. 따라서 穩健, 簡明을 爲主하고 專門的인 것, 獨創的인 것은 되도록 避하였다"고 쓴 것처럼 이 책에서 어떤 사상성을 읽어낼 요소는 적다.100)

『고전문학독본』은 고전문학 작품을 읽히기 위해 시가 20편과 소설 9편을 발췌하여 수록한 것이다. 이 책을 출간한 이유에 대해 이명선은 "(이런 류의 책들이) 大槪는 文獻學上의 考證과 史的 考察에 置重하여 점차 具體的인 작품은 意外로 等閒히 하여온 느낌이 있는 듯하다. 그러나 文學에 있어서 모든 問題는 作品에서 出發하여 作品으로 歸着할 것이라"고 하여 작품 해석의 중요성을 일깨운다. '실증'과 '해석' 두 층위에서 이명선은 해석을 더 중시한 셈이다. 이는 경성제대 예과 시절부터 가졌던 그의 생각, 즉 작품은 작품 안에서 해석하는 것이 온당하다는 견지를 재확인한 것이라 하겠다. 하지만 작품 해석의 방법은 예과 시절과는 전혀 달랐다. 화려한 수식을 위주로 한 문학 해석이 위주였던 경성제대 시절과 달리, 이 시기의 작품 해석은 전적으로 민중의 삶과 연관을 시킨 것이다. 이명선은 예과 시절의 순수한 문학도가 아니었다. 이미 그는 문학을 통해 혁명을 꾀하고자 했던 문학 혁명가로 변모되어 있었던 것이다.

『고전문학독본』에는 원문과 함께 그 작품에 대한 해석까지 덧붙여 놓았다. 이 글에서는 성격상 이명선이 이 책에서 작품을 어떻게 해석했는가에 대해 꼼꼼하게 밝힐 수는 없다. 그렇지만 흥미로운 사실은 『고전문학독본』에서 긍정적으로 보았던 작품이 『조선문학사』에서는 전혀 다른 평가를 받기도 하는 등, 『고전문학독본』과 『조선문학사』 간에 해석을 달리하는 작품이 다수 보인다는 점이다. 이는 작품 해석과

---

100) 이 책은 한국전쟁 이후 다시 출간된다. 그렇지만 그 때에는 '李明善 편' 대신 '宣文社編輯部 편'으로 편저자가 바뀐다. 현재 대학 도서관에 수장된 책 대부분은 한국전쟁 이후의 것이다. 하지만 원래 이 책은 이명선 편한 것임을 밝혀둔다.

문학사관 사이에서 무엇이 우선되어야 하는가에 따라 작품에 대한 평가도 달라져야 함을 시사한 것이라 하겠다. <홍길동전>도 그러하다.

<홍길동전>은 이명선이 경성제대 예과 때인 1937년부터 관심을 가지고 있었던 소설이다. 그 때 이명선은 <홍길동전>의 저자가 누구인지도 몰랐을 뿐 아니라, "現代의 우리의 눈으로 본다면 이 小說을 悲劇으로 끈맺는 것이 도리혀 더 效果的"이라고 할만큼 서양 문학에서 보이는 '수준 높은' 비극을 따르지 못한 <홍길동전>의 가치도 그리 높지 않다고 보았다.101) 그런데 『고전문학독본』에서 다루어진 <홍길동전>은 전혀 다른 평가를 내린다. "洪吉童傳은 許均이가 …(중략)… 그 時代의 社會制度의 缺陷과 政治의 腐敗를 痛感하여 그것을 摘發하고 改革하려 하는 革命性을 띄인 點에서 確實히 朝鮮의 水滸傳이라 말할 있을 것이다"라 하고, 허균에 대해서도 창작에만 힘쓰지 않고 직접 혁명에 참가하였기 때문에 "洪吉童傳은 그에 있어서 제 自身의 피로 물디린 運命의 書"로 이해한 것이다. <홍길동전>의 평가가 예과 시절과는 전혀 달라져 있었다. <홍길동전>의 가치를 적극적으로 평가한 것이다. 그런데 <홍길동전>은 『조선문학사』에서도 큰 비중으로 다루어진다. 하지만 『조선문학사』의 저자가 과연 『고전문학독본』의 저자와 같은 사람인가라는 의심이 들 정도로 전혀 다른 평가를 내린다. 『조선문학사』에서의 <홍길동전>에 대한 평가는 지극히 부정적이다. "兩班 官僚를 中心으로 한 封建制度 그 自體에 對하여서는 조곰도 反對하지 않"고, "그저 庶流差別만 撤廢하고 貪官汚吏만 肅情하자는 것"이며, 그것도 "階級革命을 指向하는 것이 아니었으므로" "不遇한 政客이 一時 人氣를 올리기 爲하여 革命을 假裝하고 利用하려 한 것"일 뿐이다. 허균 역시 "根本思想이 如前히 儒教에서 버서나지 못하였"으

---

101) 이명선, 「홍길동전」, 『조선고대소설연구』, 미발표 원고, 1937년 10월 9일.

며, "人民大衆의 立場에 서서가 아니라, 제 自身의 政治的 不遇"를 표출하는 사람으로만 평가한다.

이처럼 상반된 평가가 나온 것은 불과 1~2년 사이에 <홍길동전>에 대한 이명선의 시각이 완전히 바뀌었을 수도 있다. 하지만 이는 적절한 설명이 아니다. 한 작품에 대한 평가가 일관되어야 한다는 주장은 문학 역시 과학적이어야 한다는 오늘날의 문학 연구의 풍토에서 비롯된 것일 수도 있다. 문학은 상황에 따라 달리 해석될 수 있다. 하지만 문학사는 다르다. 문학사는 일관된 하나의 문학사관이 요구된다. 개별 문학 작품은 문학사관이라는 중심축에서 벗어날 수 없다. 문학사관을 어떻게 설정할 것인가에 따라 작품은 그 사관에 종속될 수밖에 없다. 즉 작품을 어떻게 읽을 것인가와 문학사관은 전혀 별개로 존재하는 것이다.『조선문학독본』은 굳이 통시적으로 일관된 사관에 의해 작품 해석을 할 필요가 없었다. 때문에 문학을 통해 당시 민중들에서 가장 요구되었던 메시지를 전하는 데에 초점을 두었던 것이다. 하지만『조선문학사』는 통일된 사관 아래에서 작품을 다루어야 했다. 때문에 한 작품은 문학사관에 종속되어 평가될 수밖에 없었던 것이다. 실제로『고전문학독본』에서 다룬 작품과『조선문학사』에서 다룬 작품들 간에 해석의 차이를 보이는 작품이[102] 더러 있는 것도 이러한 이유에서 그 원인을 찾을 수 있겠다. 문학 작품을 해석하는 것과 문학 작품을 이해하는 것은 다른 것이다.

조선문학에 대한 이명선의 사유를 담은 결정판은 바로『조선문학사』라 하겠다. 그렇지만『조선문학사』외에 조선문학사 기술과 관련하여 주목해야 할 논문도 있다.

---

[102] 예컨대 <青山別曲>이라든가 鄭澈의 가사 등이 그러하다.

『朝鮮 古典文學 管見』, 미발표원고, 1947년 이후
『朝鮮文學史』, 朝鮮文學社, 1948.
「朝鮮文學史의 方法論」, 미발표원고, 1949년?

이명선은 적어도 조선문학과 관련해서 '국문학'이라는 말은 거의 쓰지 않는다. 오로지 '조선문학'을 고집한다. 이에 대해 이명선은 어떠한 언급도 하지 않는다. 하지만 그의 성향을 볼 때 세계 보편성 아래 자국 문학의 특수성을 읽어내기 위한 가장 적합한 말이 '조선문학'이라고 생각했기 때문에 굳이 '조선문학'을 고집한 것으로 보인다. 국문학이 아닌 조선문학을 전면에 내세운 것만으로도 그의 학문적 경향의 일단은 짐작할 수 있다.

『朝鮮 古典文學 管見』은 '조선 문학 입문을 위한 지침서'라 할만한 원고다. 1차 교정지까지 나왔고, 교정지에 교정할 내용까지 정리해 놓았지만 출간은 되지 못하였다. 이 책은 원고와 교정지가 함께 남아 있지만, 원고의 중간 부분은 유실되었다. 그렇지만 남은 원고를 통해서도 조선문학을 바라보는 이명선의 사유의 대체가 드러난다. 이 책의 목차는 다음과 같다.

第1節
  1. 言語와 文字
  2. 環境
  3. 參考附圖 [朝鮮文學 分類(具滋均 설), 朝鮮古典詩歌發達圖, 古代小說(이야기책)의 分類, 朝鮮演劇發達圖, 朝鮮音樂의 分類(鄭魯湜 설)]
第2節 朝鮮文學의 諸問題
  1. 朝鮮文學과 漢文學
  3.[103)] 特色

附錄 [① 참고서 : 朝鮮文化史序說(쿠-랑 原著, 金壽卿 譯), 鮮冊 名題(前間恭作 撰), 朝鮮圖書解題(朝鮮總督府 編纂), 朝鮮文學史(安自山), 朝鮮漢文學史(金台俊), 朝鮮小說史(金台俊), 朝鮮演劇史(金在喆), 朝鮮詩歌史綱(趙潤濟), 朝鮮唱劇史(鄭魯湜)] [② 자료 : 일반, 시가, 소설, 희곡]

1절은 조선문학에 대한 개론적인 성향을 드러낸 것이다. 여기에서는 조선문학의 개념에서부터 조선문학의 향유에 따른 사회적인 배경까지 다룬다. 이 절에서 이명선은 다양한 논의를 펴는데, 그 논의를 전개하는 데에 중심에 둔 축은 대중성이라 하겠다. 조선문학이 얼마만큼 대중성을 확보했는가에 초점을 둔 것이다. 이명선이 가지고 있는 문학의 대중성, 혹은 대중문학에 대한 견해가 여기에서도 강하게 드러난 것이다.

문학은 언어예술인 것처럼 조선문학의 역시 '한글'을 바탕으로 이루어진 문학이라고 본다. 한글은 대중성을 가진 언어인데, 이러한 특색으로 인해 조선에서는 규방가사라든가 고전소설이 만들어질 수 있었다고 본 것이다. 특히 소위 성장문학의 전형적인 작품이라 할 <춘향전>과 같은 작품은 한글이 지닌 대중성이 아니면 만들어질 수 없었다고 본다. 대중성을 확보하기 위해서는 경제력이 우선되어야 한다. 그렇지만 조선은 경제력이 그리 발달하지 못하였기 때문에 희곡이라든가 대규모의 문학 작품 간행은 불가능했다고 본다. 조선문학의 배경으로 흔히 지적되는 早熟性과 停滯性도 이러한 이유에서 빚어진 것으로 본다. 이러한 제 논의는 1절에서 다루어진다. 2절에서는 자신의 생각을 보다 명확하게 한다. 2절에서 그는 우선적으로 한문학에 대한 입장은 밝힌다.

---

103) 원고에는 2가 없고 바로 3으로 되어 있다.

이명선은 "朝鮮 漢文學은 朝鮮文學의 한가지 特殊部門으로서 純粹한 朝鮮文學 속에 들지 않음은 누구나 다 是認할 줄 믿는다"고 하여 한문학을 순수한 조선문학으로 보지 않는다. 당시에는 한문학을 국문학의 범주에 넣지 않는 것이 일반적이었다는 점을 고려하면 이명선의 이러한 주장은 특별할 것이 없다. 이명선의 주장이 흥미로운 것은 한문학을 조선문학에 포함하는가 그렇지 않은가에 있지 않다. 조선문학과 한문학의 경계에 놓인 작품들을 어떻게 다룰 것인가 하는 점이 오히려 흥미롭다. 경기체가라든가 한시에 토만 달아놓은 듯한 시조와 같은 경우가 그러하다. 경기체가에 대해 이명선은 조선문학으로서는 도저히 높이 평가할 수 없는 사대주의의 노골적인 표현이며, 심지어 한문의 노예일 뿐이라고까지 평가한다. 또한 한시에 토만 달아놓은 듯한 시조들에 대해서도 경기체가와 같이 한시의 정신이 시조의 형식에 담겼을 뿐으로 본다. 이처럼 한문이 중심에 놓인 작품이나 갈래에 대해 이명선은 지극히 부정적인 평가를 내렸음을 알 수 있다.

그렇지만 이명선이 가장 중요한 갈래로 본 고전소설에 대해서만큼은 아무리 중국을 배경으로 했어도, 적어도 그것은 한문학의 간섭과 구속에서 벗어난 조선문학으로 이해한다. 이는 계급과 문학 갈래의 대립 구도를 설정하여 조선문학의 대립과 발전을 읽어내기 위한 이명선의 문학사관에서 비롯된 것으로 보인다. 즉 소설은 민중이 향유한 민중의 갈래라고 인식했기 때문에 상층이 향유했던 문학과 동일한 잣대를 들이댈 수 없었던 것이다. 『조선문학사』에서도 이러한 양상은 그대로 나타난다.

이어서 이명선은 조선문학의 특색을 이야기한다. 조선문학의 특색을 이야기하기에 앞서 그는 우선 고교형이 조선문학의 특색으로 지적한 두 사상, 즉 '道文一致思想'과 '逃避思想'에 대해 비판한다. 이명선은 두 사상이 한문학의 특색이라면 혹 맞을 수도 있겠지만, 다른 문학에서는 적용되지 않기 때문이다. 이와 관련하여 이명선은 당시 조선문학의 특색으로 '은근'과 '얌전'을 든 조윤제의 학설에 대해서도 비판한다. '은근'과 '얌전'은 양반관료의 분위기를 지적한 것일 뿐이기 때문이다. 즉 조윤제와 고교형의 학설은 상층에만 한정되는 특색일 뿐, 하층을 포함한 조선문학 전체를 아우르는 특색이 아님을 지적하고 있는 것이다. 이하 뒷부분의 원고는 유실되어서 더 이상 이명선이 말하고자 하는 바는 알 수 없다. 하지만 이명선이 문학의 가치를 상층이 아닌 하층에 두고 있고, 하층문학의 특성을 읽어내고, 그에 따라 미래 발전적인 조선문학의 방향성을 읽어내야 한다는 사유체계를 드러냈을 것이라는 짐작은 충분히 가능하다.

이 책 '부록'에서 다룬 참고서는 당시에 출간된 총 9편의 책에 대한 간략한 소개와 함께 그 느낌까지 적은 것이다. 당시 출간된 책들에 대해 이명선이 가졌던 생각을 엿볼 수 있다는 점에서 조금은 비중있게 정리할 필요가 있겠다.

안확의 『조선문학사』에 대해서는 상당히 넓고 박학함이 드러나지만 "――히 引用書를 記載하지 않은 탓인지 自身의 主觀的인 思想과 熱情에 사로잡히어 往往 獨斷에 빠진 듯한 느낌을 준다. 그리고 述이 平面的이어서 아즉 充分히 體系가 섰다고는 볼 수 없을 것 같다. 그저 오로지 最初로 된 朝鮮文學史라는 點에서 存在 意義가 있다."고 평가한다. 안확의 문학사에 대해 최초의 조선문학사라는 점을 제외하면 큰 의미를 부여할 수 없다고 보았다.

김태준의 『조선한문학사』는 김태준이 졸업한 후 얼마 되지 않아 쓴 책이라 하고, 이 책이 지닌 세 가지 측면에 주목한다. 첫째, 반봉건 정신으로 일관했다는 점. 둘째, 한문학을 道學에서 해방시켜 문학으로 이해한 점. 셋째, 조소와 무시를 당했던 불우한 시인과 문인을 당당하게 내세워 범용한 관료문인들보다 높은 자리에 놓았다는 점이 그것이다. "著者가 新進學徒면서 舊式 漢文學에 對한 넓고도 깊은 敎養이 있어, 그것을 土臺로 하여 自由로 朝鮮漢文學을 料理할 수 있었기 때문이다. 朝鮮漢文學史를 쓰는데 그는 누구보다고 適任者였던" 김태준에 대한 그의 존경은 『조선소설사』에 대한 평가에서도 그대로 이어진다. 이명선 역시 소설에 대한 관심이 많았던지라 먼저 김태준이 『조선소설사』를 쓰는 데 겪었을 고충 다섯 가지를 지적한다. 자료가 수집되지 않은 점. 이본간의 선후문제를 해결할 수 없는 점. 어떠한 소설이 있는가에 대해 조사되지 않은 점. 소설과 관련한 선인들의 비평이나 언급이 없는 점. 소설은 신화와 전설과 긴밀한 관련을 갖기 때문에 거기에 대한 관심으로까지 확장해야 하는 점이 그것이다. 그렇지만 김태준은 이에 대해 극복하고 『조선소설사』를 써냈다. 그렇지만 당시 주위에서는 이 책을 두고 조박하다거나 거짓말이 섞였다는 비판도 있었던 듯하다. 이명선은 그들의 비판을 일축하며 『조선소설사』의 성과를 옹호한다. 그리고 앞으로 뒤따라야 할 세 가지 과제를 제시한다. 세 과제는 중국문학의 수입과 번역의 계통적 연구, 판본연구(소설과 상품화, 판본과 사본의 비교), 장편소설의 저자와 그 서명을 소개하는 것 등이 그것이다. 이명선이 제기한 과제는 단순히 『조선소설사』에만 한정되지 않는다. 이 과제는 지금까지도 여전히 유효한 문제제기가 아닌가?

김재철의 『조선연극사』는 김태준이 『조선소설사』를 쓸 때 가졌던 고충와 유사했을 것으로 보았다. 그리고 이어서 이 책이 갖는 세 가지 문제점을 지적한다. 민간에 행해지는 연중행사에 대해 가볍게 처리한 점. 중국 연극 수입에 대해 너무 소홀한 점. 舊劇을 소홀하게 다룬 점이 그것이다. 이명선은 연극이 원시공동체에서부터 발전되어 온 것으로 보았다. 때문에 당연히 민중들의 삶에 담겨진 연극적인 요소에 주목을 요했던 것이다. 중국 연극 수입에 대해 관심을 드러낸 이유는 실제 우리나라에서 향유된 <沈后傳>이나 <春夢緣>과 같은 작품은 元

曲의 형태로 각색된 작품이기 때문이다. 즉 조선과 중국의 연극 비교가 있어야만 우리의 독자성을 확보할 수 있다는 생각을 가졌는지도 모를 일이다.

조윤제의 『조선시가사강』에 대해 이명선은 상당히 조심스레 접근한다. "우리는 이 著者가, 같은 京城大學 出身으로 金台俊, 金在喆 諸氏가 學窓을 나오자마자 小說史다, 漢文學史다, 演劇史다 하고 連續하여 堂堂하게 單行本을 出版해 내었음에도 不拘하고, 十年 以上 深思熟考하여 붓을 가다듬어 量으로도 훨씬 尨大하고 質로도 훨씬 整頓된 이 詩歌史綱을 내놓었음에 對하여 그의 不屈의 意志와 重厚한 學風을 엿볼 수 있겠으며 恪別한 敬意를 表하지 않을 수 없다"고 칭찬을 한다. 그리고 이어서 보완해야 할 요소 두 가지를 지적한다. 첫째, "이 著者의 學風이 너무나 重厚한 關係인지, 封建的, 官僚的, 道學的인 從來의 俗說에 끌리어 新文學의 洗禮를 받은 新進學徒로서의 新鮮한 批判의 精神이 不足하였든 것 같다"는 점. 둘째, "文學에 있어서의 形式과 內容과의 不可分의 關係를 別로 考慮하지 않고, 形式은 形式대로 內容은 內容대로 論述한 傾向이 많은 것 같다"는 점. 이 중에서도 이명선은 전자에 더 큰 비판을 한다. 이명선은 우선 조윤제가 민요와 같은 갈래라든지 황진이와 같은 기생들의 시조에 대해서는 언급을 하지 않는 것에 대해 불만을 토로한다. 억압 받은 민중들에 대해 더 조사하고 그들의 위상을 높이는 것이 문학사를 쓰는 진정한 의의로 본 이명선에게 다분히 양반적인 시각에서 쓴 조윤제에 대한 글이 탐탁하게 보이지는 않았을 것이다. 이러한 면은 이명선이 고교형을 비판하는 시각과 흡사한데, 이 점에서도 피지배계층인 하층민의 시각에 서서 문학사를 보아야 한다는 이명선의 일관된 면을 엿볼 수 있겠다.

정노식의 『조선창극사』에 대해서는 국문학자가 아닌 정치인이었던 정노식이 이렇게 애를 쓰고 노력하고 있다는 점에 대해 경하를 보낸다.

『조선 고전문학 관견』은 '管見'이라는 겸손한 용어를 사용하였지만, 이명선이 당시 조선 고전문학을 어떻게 보고자 했던가를 분명히 드러낸 글이기도 하다. 그리고 그의 '관견'을 통해 조선문학사의 사관이 마련되는 한 양상을 엿볼 수 있겠다. 이러한 과정 아래 이명선은 마침내 『조선문학사』를 출간한다.104)

學은 크게 분석적인 방법과 비분석적인 방법으로 양분된다.105) 변증법적 좌파는 이 중 비분석적 방법으로, 대상을 전체로 파악한다. 그래서 이 방법은 '삶의 실천'적 요소를 정당하게 하는 데에 효과적이다. 유물사관은 이러한 변증법적 유물론을 사회현상에 적용함으로서 성립한 사회발전 법칙에 대한 설명 원리라 할 수 있다.106) 이러한 점들을 고려할 때 이명선의 『조선문학사』는 철저하게 유물사관에 입각해 있다. 『조선문학사』가 얼마만큼 철저하게 유물사관에 입각하여 쓰여졌는가는 문학사를 구성하고 있는 네 가지 측면, 즉 첫째, 시대구분. 둘째, 서술체제. 셋째, 내용적인 면에서 대립관계를 설정하고 있다는 점. 넷째, 종교를 상정하고 있다는 점 등에서 모두 적용된다.

『조선문학사』에 사용한 시대구분은 이명선이 매수관계로 쓰지 못한 '조선문학의 근대화'까지 포함하면 총 삼 단계로 되어 있다.107) '고대의

---

104) 이 부분은 김준형의 「이명선의 조선문학사와 유물사관」(『우리어문연구』 23, 우리어문학회, 2004)에 기반을 두고 쓴 것이다. 『조선문학사』 서술에 대한 구체적인 내용은 이 글을 참조할 것.
105) 헬무트 자이퍼스, 전영삼 역, 『학의 방법론 연구』 I, II, 교보문고, 1992, 1994.
106) 임종철, 「마르크스의 유물사관」. 『사관이란 무엇인가』, 청람, 1985.
107) 『조선문학사』는 서문에서도 밝히고 있듯이 매수관계로 제 3장은 쓰지 못하였다. "더구나 第3章을 '朝鮮文學의 近代化'라 하고 좀더 仔細하게 쓸 豫定이던 것을, 枚數 關係로 그대로 省略해버린 것은 (下略)" 『조선문학사』에는 이외에 내용을 다루는 부분에서도 매수의 제약을 받았음은 곳곳에서 산견된다. "그러나 이러한 用語問題를 가지고 여기서 길게 論議할 겨를도 없고 (하략)"[111쪽], "春香傳이 어느 時代에 어떠한 形態로 發生한 것인지? (중략) 여기서 이것을 論議할 겨를도 없고 (하략)"[146쪽].

원시문학 - 중세기의 봉건문학 - 조선문학의 근대화'가 그것이다. 일찍이 헤겔은 원시·고대는 어린아이, 중세는 청·장년, 근대[기독교 세계]는 노년기로 해석한 적이 있다. 어린아이 단계는 정신과 자연이 일체되었던 시기고, 청·장년 단계는 단순한 복종과 신뢰로부터 벗어나는 시기며, 노년기는 완전히 자유로워지는 시기로 본 것이다. 또한 헤겔은 이런 삼 단계를 다시 세계 정신으로 연결한다. '주관적 정신[동양], 객관적 정신[서양], 절대정신[기독교, 주관적 정신과 객관적 정신의 화해]'이 그것이다.108) 헤겔이 관념으로 세계정신을 파악하였다면, 마르크스는 관념을 물질적인 것으로 대체한다. 즉 정신간의 갈등을 생산관계와 생산력의 갈등(투쟁)으로 해석한 것이다. 그리고 헤겔이 과제로 남겨둔 삼 단계 이후의 변화 과정의 변증법을 마르크스는 다시 생산관계와 생산력의 대립으로 보아 다섯 단계의 역사 발전의 도식을 만들어낸다. 그것이 유물사관에 의한 시대구분이라 지칭되는 것으로 '1)원시공동제 사회, 2)노예제, 3)봉건제 사회, 4)자본제 사회, 5)공산주의 사회'다. 이명선의 시대구분은 궁극적으로 마르크스의 유물론을 따른 것이다. 이명선의 시대 구분은 고대 중세 근대로 삼분하고 있지만, 실제 고대는 다시 원시와 노예제로 양분할 수 있다.109) 이렇게 볼 때 『조선문학사』는 결국 '무계급사회[원시공동제] - 고대 노예제 - 중세 봉건 - 근대'로 다시 정리된다. 시대구분을 통해 볼 때 이명선은 미래의 조선은 공산주의 사회가 될 것이라고 생각했음도 엿볼 수 있다.

『조선문학사』의 서술상의 특징은 크게 세 가지로 나뉜다. 기존 논의에서 벗어나 새로운 각도에서 문학사를 보려고 했다는 점,110) 서구 이

---

108) 헤겔, "Die Vernunft in der Gescbicbte", 자이퍼스, 앞의 책 II에서 재인용.
109) 三韓은 "모다 氏族社會를 形成하여 共同의 宗敎的 祭典, 共同의 埋葬, 酋長의 選擧, 氏族 評議會 等을 가져 搾取없는 無階級社會"로, 삼국은 白南雲의 의견을 수용하여 "歐羅巴의 希臘 羅馬에서처럼 한꺼번에 數千名의 奴隷를 使用하는 大規模의 農場經營이 아니"나 노예국가로 규정하고 있다.

론을 많이 적용하여 한국 문학의 특수성을 세계 문학의 일환으로 이해 하려 했다는 점,111) 한국문학의 범위로 구비문학과 설화 등을 포함하고, 그 주변적인 것으로 음악과 연극 등도 인정하고 있다는 점이다.112) 첫 번째로 이야기한 새로운 각도는 곧 유물사관에 입각한 것이라 하겠다. 두 번째의 이야기한 조선의 특수성을 세계의 보편적인 흐름에서 조망하는 시도는 관념적으로만 민족성을 강조하고 있는 국수주의적인 경향을 배격하고자 한 조류에 따른 것이다. 이는 당시 조선문학가동맹에서 내세운 기본 강령과도 일치하는 현상이다.113) 실제 이러한 현상은 당시 사회주의 경향에 있었던 인물들, 예컨대 전석담 백남운 임화 김태준 등에서 공통적으로 볼 수 있는 한 것이었다. 마지막으로 이명선이 한국문학의 범위를 다루면서 하층민의 문학 갈래라 할 수 있는 구비문학을 비롯한 음악과 연극을 중심으로 언급하고 있고, 한문학은

---

110) 先輩 諸氏의 著書를 많이 引用하고 그분들의 貴重한 硏究가 없었던들 이나마도 꿈일 수 없을 것은 뻔한 일인데도 不拘하고, 그분들의 學說을 함부로 疑心하고 批判하였다는 點이다. 이것은 그분들을 尊敬하는 마음이 不足하여서가 아니라, 朝鮮文學을 한 번 새로운 角度에서 보아 보려고 한 나로서는 어찌할 수 없었던 것이다.

111) 朝鮮文學의 發生, 發展過程을 說明하는데 있어서 一見 아무 關係도 없어보이는 歐羅巴의 文學理論을 많이 適用하였다. …(중략)… 이것은 朝鮮文學을 억제로 歐羅巴文學에 隸屬시키자는 것이 아니고, 所謂 朝鮮文學의 特殊性이라는 것이 이러한 歐羅巴文學의 照明 알에 한번 비취어저야만 分明해지리라고 생각하였기 때문이다. 朝鮮史를 옳게 解得하려면 그것을 世界史의 一環으로서 그 照明 알에 비취어저야만 하는 것과 마찬가지다.

112) 朝鮮文學史에서 應當 言及하여야 할 것을 完全히 抛棄해버린 것이 한두 가지가 아니라는 것이다. 文學과 大端히 關係가 깊은 音樂, 演劇은 勿論, 文學 안에서도 民謠, 童謠, 寓話 등에 全然 言及치 않았다. 이것은 斷片的인 노-트를 中心으로 하여 꿈인 탓도 있겠고, 硏究의 不足의 탓도 있겠나. 決코 그것들을 無視해도 좋다는 것이 아니다.

113) 조선문학가동맹의 기본 강령은 크게 5가지로 요약된다. ① 일본제국주의 잔재 청상. ② 봉건주의 잔재 청산. ③ 국수주의의 배격. ④ 민족문학의 건설. ⑤ 조선문학의 국제문학과의 提捷이 그것이다. 이에 대해서는 「朝鮮文學家同盟運動事業 槪況報告」(『문학』 창간호, 1946)를 참조할 것.

언급하지 않는다. 이러한 주장은 이미 『조선 고전문학 관견』에서도 한 바 있다.

이명선의 『조선문학사』 출간은 다른 어떤 문학사의 출간보다 충격적이었던 것으로 보인다. 당시 이명선과 함께 조선문학가동맹에서 활동했던 趙南嶺은114) 『국제신문』에 이명선의 『조선문학사』에 대한 서평을 쓰는데, 그의 서평은 『조선문학사』가 '비록 한 쪽에서만이라 할지라도' 당시에 얼마만큼 환영을 받았던가를 짐작할 수 있다. 다소 번다한 듯하지만 당시 『조선문학사』의 위상을 가장 잘 설명하였고, 또한 지금까지도 그의 말은 여전히 유효하다고 생각되기 때문에 전문을 수록하기로 한다.115)

신문학 이전의 朝鮮문학사를 시험한 책이 과거에 5·6종이 나와 있으나 그 중에 金台俊氏의 朝鮮小說史를 除하고는 대개는 문학이 무엇인가 문학사가 무엇인가를 모르지 않나 싶은 책들이었다. 대저 우리가 보고 싶은 것은 작품생산의 역사성, 작품들의 사적인 인과관계와 상호관계, 작가의 눈을 통한 그 사회, 그 세계, 한 말로 말하면 사회와의 有機性이다. 이것을 해명해주는 조선문학사가 없었기 때문에 조선문학사를 통한 조선문학의 전통을 파악할 수가 없었고 그리하여 조선에는 문학이 없다느니 문학 전통이 없다느니 하여 조선

---

114) 조남령은 시조시인으로 활동하다가 월북을 한 인물로 알려져 있다. 하지만 그는 소설가로 등단한 인물이다. 그는 1938년 『동아일보』에서 주최한 '제1회 신인문학 콩쿨'에서 白鐵의 추천을 받아 <익어가는 가을>이라는 단편소설로 등단하였다. 이 소설은 『동아일보』 1939년 3월 19일부터 4월 3일까지 연재되었다. 이 '콩쿨'에서는 앞서 『이춘풍전』을 현대적으로 각색한 김영석도 조남령과 함께 등단하였다. 김영석은 <비둘기의 誘惑>이라는 작품을 가지고 兪鎭午의 추천을 받는다. 이 '콩쿨'에서는 10명의 작가가 등단하는데, 鄭飛石, 李在春, 金利錫, 韓泰泉, 李地用, 金鶴鳴, 郭夏信, 元大淵 등이다.
115) 이 글은 송희복에 의해 발견 소개되었다. 여기에 수록된 글 역시 송희복이 『한국문학사론연구』(문예출판사, 1995)에 소개한 것을 재인용한다.

의 문학자부터 조선문학을 自侮하는 형편이었다.

　李明善氏는 이와 같은 문제를 조금이라도 충족시키려 노력하였다. 朝鮮文學全史를 확고한 사관으로 재검토하기는 이 책이 처음이다. 그러한 의미로 나는 이 책을 문학도뿐만이 아니라 조선을 알아야 할 사람에게 모두 권하고 싶다.

　그러나 이 책은 긴급한 문제를 제기하였다. 그것은 개개의 작품의 연구, 작가의 연구가 옳게 감상되고 검토되고 옳게 파악되는 그러한 연구가 急務라는 것이다. 과연 씨는 옳은 사관으로 많은 노력을 하였으나 誤證나 獨斷 투성이인 趙潤濟氏의 『朝鮮詩歌史綱』 『朝鮮詩歌의 硏究』類를 텍스트로 하였기 때문에 필경은 옳은 해답을 얻지 못하였다. 중국 문학자로서의 씨에게 조선문학에 깊은 조예를 기대할 수 없는 만큼 우리들로서는 왜 씨에게 먼저 조선문학의 史的 재검토를 시키도록 무능하였던가를 부끄러이 여기어야 하며 그 귀중한 노력이 충분한 성과를 거두지 못하겠끔 소재들의 연구조차 다하지 못하였음을 또한 자기비판하여야 할 것이다.

　우리에게도 문학이 있었고 민족문학의 전통이 있다. 다만 우리가 초보적인 작품의 위상의 해명, 작가의 연구조차 옳게 하지 못하고 있으므로 오류와 독단과 관료적인 견해가 횡행하고 그것이 마침내는 옳은 문학사와 문학 전통을 확립시키지 못하고 있다 뿐이다.

　이러한 때에 당하여 이씨의 조선문학사는 우리에게 많은 방법과 암시를 주고 있다. 그것이 이 책이 처음으로 확고한 사관에 입각한 책이기 때문이다. 우리는 이 자양을 백% 섭취할 수가 있을 것이며 그리하야 금년에는 기필코 조선문학의 정당한 빛과 값을 캐내고 옳은 문학사를 확립시키는 데에 유용하게 그 정력을 소비할 수가 있을 것이다.

　조남령의 서평에서도 볼 수 있듯이, 『조선문학사』는 당시로서는 충격적인 저술이었던 것으로 보인다. 그 일차적인 이유는 이 문학사가 일관된 사관으로 씌어졌기 때문이다. 실제로 해방 이후 국문학사는 다수 씌어진다.『조선문학사』가 씌어질 무렵만 해도 권상로(1947), 구자균(1947), 우리어문학회(1948), 김사엽(1948), 조윤제(1949) 등에 의한 문학사도 한데 출간되었다. 하지만 이 중 일관된 사관을 가지고 씌어진 문학사는 이명선의 문학사를 제외하면 '신민족주의'에 기반을 둔 조윤제의『국문학사』정도로 한정된다. 그런데『국문학사』는 1930년대 철저한 실증주의가 갖는 한계를 스스로 제기하고 그에 따라 우파적인 입장에서 민족주의로 선회한 문학사였기 때문에 그가 제기한 민족사관이 명확하지 않을 뿐 아니라,116) 민족사관이 문학사 서술에서 큰 힘을 발휘하지도 못한다.117) 그러한 점을 고려할 때 일관된 사관에 의해 씌어진『조선문학사』는 당시 국학계에 신선한 충격으로 받아들여질 수밖에 없었다. 실제 우리어문학회에서는 1949년에 그들이 편한『국문학사』재판을 출간하는데, 재판 서문에서 고정옥도 다음과 같이 말한다.

> 우리들의 國文學史는 첫째 그 量이 엷어 世上에 자랑할만한 著作은 아니였으나 何如間 體裁만은 國文學史의 常識에 어그러지지 않은 것이어서, 널리 敎科用書로 쓰인 듯하나, 勿論 이것으로 滿足할 性質의 것은 決코 아니다. 史觀과 方法論이 確立하고, 材料上으로도 豊富한 國文學史가 應當 뒤를 이어야 할 것이다. 이러한 意味에서 그 뒤에 李明善氏의『朝鮮文學史』가 나타난 것은 반가운 일이다. 氏의 文學史는 國文學徒가 渴望하던 史觀과 方法論의 方面에 如何間 첫 발길을 들여 놓았기 때문이다.118)

---

116) 송희복, 앞의 책, 1995. 88~97쪽.
117) 조동일,「한국문학사 서술의 경과와 문제점」,『동방학지』74, 연세대 국학연구원, 1992.
118) 고정옥,「再版 序」,『國文學史』, 우리어문학회 편, 신흥문화사, 1949.『국문학사』재판은 원래 초판을 낸 '수로사'에서 출간되었다. 그렇지만 수로사가 이름을 바꾸었는지 혹은 판권을 넘겼는지 확인할 수 없지만, 이후에는 '수로사' 대신 '신흥

고정옥 역시 이명선의 『조선문학사』가 지닌 당시의 가장 고민스러운 사관과 방법론의 문제를 해결한 저술로 환영을 하고 있다. 중국문학자인 이명선이 '중국문학사'가 아닌 『조선문학사』를 쓴 것은 단지 그가 지닌 한국문학에 대한 의미와 가치를 드러내겠다는 목적에서 나온 것은 아니라고 하겠다. 이명선에게서 『조선문학사』는 세계사의 보편적인 흐름 아래 세계 문학이 진행되어 왔던 것처럼 한국 문학 역시 그 흐름에서 벗어나지 않았음을 보여주려는 의도가 더 강했던 것으로 보인다. 즉 한국 문학은 세계 문학의 보편성 아래 존재함을 밝히고, 그 보편성 아래 우리 문학이 지닌 고유한 특성을 읽어내고자 했던 것이다. 그렇게 함으로써 한국 문학만이 갖고 있는 특수성, 즉 민족문학을 계발하고 양양할 수 있을 것으로 믿었던 것이다. 그것은 곧 문학은 문학으로 존재하는 것이 되어서는 안되고, 문학은 언제나 우리 사회가 지닌 문제를 해결하고 앞장서는 선구자가 되어야 함을 주창한 것이기도 하다.

『조선문학사』는 철저한 유물사관에 입각하여 쓰여진 것이지만, 그 내용에서는 미흡한 부분이 적지 않다. 특히 매수의 제한 때문에 쓰지 못한 '조선문학의 근대화'가 누락된 것은 치명적이다.[119] 그렇지만 『조선문학사』는 지금 우리들에게도 문학을 통해 무엇을 할 수 있는가에 대한 많은 시사를 준다. 시대가 암울할 때, 문학은 그 시대에서 무엇이 될 수 있으며, 문학 연구자는 무엇을 해야 하는가? 그리고 문학과 문학 연구자는 어떻게 미래를 만들어갈 것인가? 이명선은 그 해답을 『조선문학사』를 통해 이야기하고 있었던 것이다.

문화사'에서 『국문학사』가 출간되었다. 따라서 『국문학사』 재판은 수로사관과 신흥문화사관이 공존한다.
119) 이승연 여사의 말에 의하면 이명선이 육필로 쓴 『조선문학사』가 남아있었다고 한다. 그런데 최근 이 원고가 분실되었다고 한다. 혹 최근에 분실된 원고에는 매수 제한이 없이 쓰여진 완전한 『조선문학사』가 아니었을까 하는 생각도 해본다.

『조선문학사』를 출간한 이후에도 이명선은 문학사와 관련하여 많은 생각을 했던 것으로 보인다. 실제 그는 「조선문학사 방법론」이라는 글을 통해 조선문학을 어떻게 바라보아야 할 것인가를 고민하기도 한다. 그는 "여기서는 朝鮮文學에 對한 在來의 몇 가지의 誤解를 列擧하여, 이러한 誤解가 어찌하여 招來되었나, 왜 그들은 그처럼 誤解하였나를 解明하므로써 그들의 立場을 밝히려 한다. 이것은 同時에 또 제절로 筆者 自身의 立場도 밝히게 될 것이며, 그리하여 朝鮮文學을 正當하게 認識하는 積極的인 提唱은 되지 못할망정, 거기에 이르는 한 개의 基礎工事는 될 수 있으리라고 믿는다."고 하여 당시 조선문학을 바라보던 주요한 네 가지 학설에 대해 비판한다.

첫째로 '朝鮮文學에는 發展이 없다는 說'이다. 이 설은 당시 가장 지배적이었던 설로 보이는데, 그러한 주장에 대해 "堯舜時代가 人類의 가장 理想的인 時代였었다고 생각하는 頑固한 사람이 아니라면 누구나 다 歷史의 發展을 是認할 것이나, 科學的인 옳은 史觀에 立脚하지 않으면 歷史發展이 必然性이 忘却되어, 結局은 發展이 없다는 說로 還元되어 버릴 念慮가 없지 않다."고 일축한다. 조윤제에 대한 비판이다.

둘째로 '朝鮮文學에는 事大主義思想이 濃厚하다는 說'이다. 이 설은 모리스 꾸랑의 견해이기도 하다. 이에 대한 이명선의 주장은 명확하다. 상층이 그러할 뿐이고, 하층의 문학은 그러하지 않다는 점이다. 金萬重이 언술처럼 "士大夫가 鸚鵡가 人言을 흉내내드시 漢文 詩賦를 짓는 데 困沒할 때, '咿啞而相和'하며 閭巷間의 樵童 汲婦가 眞正한 朝鮮文學을 守護·계승하였던 것이다."

셋째로 '朝鮮文學에는 儒敎的 色彩가 濃厚하다는 說'이다. 이명선은 여기에 대해서도 중국학자 橘樸의 주장, 즉 "儒敎는 上古期의 封建時代로부터 中世期의 貴族時代에 걸치어 表面上 民族 道德의 地位를 保有하여, 多數의 歷史家들은 그 外見에만 눈이 팔리어 儒敎의 思想

的 及 道德的 勢力을 過大視하는 傾向이 있는 듯한데, 實際로는 그것은 單只 支配階級의 道德이 되었을 뿐이었지, 決코 全民族的인 規範力을 가졌었다고는 말할 수 없는 것이다"고 하여 조선 지배층을 제외하면 조선에는 도교, 불교, 샤머니즘 등이 모두 혼합되어 있음을 지적한다.

마지막으로 '朝鮮文學의 特質을 論할 때에 따르는 誤解'다. 이 부분은 이명선이 가장 비판적으로 보았던 듯하다. "歷史的인 發展段階와 社會構造의 諸階層의 對立關係를 無視하고 그저 漠然하게 超時代的 超階層的인 民族性을 抽出하여 云云하게 될 때에는 獨斷과 偏向은 不可避하다"고 하면서 조선문학의 특질은 초시대적·초계층적으로 불변하는 것이 아니라, 각 시기에 따라 달리 보아야 함을 주장한 것이다. 그리고 조선문학의 특질을 불변의 것으로 이해한 몇몇 논의를 신랄하게 비판한다. 이명선은 우선 고교형이 조선문학을 '道文一致思想과 逃避思想'으로 재단한 것을 비판한다. 고교형의 주장에 대한 반론을 하기 위해 이명선은 정조의 文體反正을 예로 제시한다. 문체반정은 정조가 道文一致思想에 의거하여 일반 문인을 그 쪽으로 전향케 하였고, 그 결과 "一般文人들의 文體는 漸次로 是正되어 모다 整然하게 道文一致思想의 軌道에 오르게 되었다는 것이" 고교형의 주장이다. 이 주장은 지금에 와서야 여러 측면에서 잘못이 되었다는 주장이 나오고 있기도 한데, 이명선은 이미 이 시기에 다음과 같은 비판을 한다. "이 때가 바로 中國으로부터 朱子學을 批判하고 나선 考證學(實學), 西學(天主敎를 통하여 들어온 歐羅巴의 學問)의 輸入이 漸次로 活潑해저서 朝鮮文化의 近代化를 促進시키는 一大原動力이 되어 있던 때니만큼, 正祖의 文體反正의 事業은 文學뿐만이 아니라 文化 全般에 걸친 反時代的인 反動政策임에 틀림없었다. 그러메도 不拘하고 高橋亨氏는 이 事業의 歷史的 意義에는 全然 言及치 않고, 도리혀 正祖에 對

하여 偉大한 賢君이었다고 讚揚하고 있으며, 이것으로 朝鮮文學의 特色을 云云하는 것이다." 조선문학을 식민지 교육의 일환으로 이해한 데에 대한 비판이 아닌가? 조선은 이미 꿈틀거리는 그 무엇이 있었는데, 그 움직임을 정태적인 것으로 환원해버린 고교형의 주장에 대한 비판은 반드시 필요했다.

이 시기에 들어 여러 학자들은 조선문학의 특질로 내세우는 '힘·꿈·슬픔·맛', '은근과 끈기' 등을 주장한다. 하지만 이명선은 이러한 주장들도 고교형의 주장과 같은 선에서 나온 것으로 이해한다. 그러면서 이명선은 "다른 나라 文學과 마찬가지로 朝鮮文學도 그 特色을 말할 수 있으나, 決코 이러한 '詩的'인 方法, '神秘'러운 方法으로서는 不可能할 것이라고 생각된다"고 주장한다. 조선문학의 특질은 멋스럽고 운치있는 한 마디로 표현할 수 있는 것이 아니다. 이명선이 이처럼 조선문학의 특질을 운치 있는 한 마디로 표현하는 것에 대해 심한 거부감을 느끼는 이유는 앞서 살펴본 「민족문학과 민족주의문학」이라는 글에서 찾을 수 있을 듯하다. 곧 박종화가 '不滅의 民族魂'을 찾자고 부르짖었는데, 이명선은 그 말에서 자꾸 "아즉도 記憶에 새로운 '大和魂'이 聯想"된다고 한 적이 있다.120) 조선문학의 특질로 내세운 숱한 '시적'인 단어가 이명선에게는 일본인이 만들어 놓은 '大和魂'의 다른 표현으로 들렸을 법도 하다. 해방은 되었지만, 방법론은 여전히 일제 식민시대를 살아가는 것이 그를 더욱 아프게 했던 것이다.

「조선문학사 방법론」이라는 논제를 내세운 논문에서 이명선이 내세운 조선문학사 방법론은 없다. 다만 당시 조선문학을 바라보던 다양한 시각들에 대한 비판만 있을 뿐이다. 그런데도 그 가운데서 이명선의 조선문학사 방법론이 보인다. 조선문학사는 곧 삶의 문학이고, 한 시기를 이끌어 나가야 하는 중심에 서 있어야 하다는 것이 그가 생각한

---

120) 이명선, 「민족문학과 민족주의문학」, 『신조선』 4, 1947년 2월.

조선문학사 방법론이었다. 문학 속에 담겨진 것은 '인간'이다. 때문에 그 속에 담겨진 것을 과학적으로 해명하기보다, 우선 문학에 담겨진 인간의 고뇌와 갈등을 하나하나 풀어내야 하는 것이다. 이명선은 그것을 보고자 했는지 모른다. 인간이 갖는 고뇌와 갈등을 통해 조선을 이해하고, 조선을 사랑하는 방식을 배우고자 했었는지도 모를 일이다. 조선문학은 곧 조선의 기둥이고, 조선문학 연구를 통해 삶의 방향성을 찾아야 하는 것이다.

8. 1950년, 그리고 현재

이 외에도 이명선은 『홍경래전』[121], 『소설 빵떡』, 『鄭夢周의 最後의 日』과[122] 같은 소설과 희곡을 짓기도 한다. 그가 가지고 있었던 순수한 문학 청년에 대한 열정이 혁명가가 되어 있어도 여전히 남아 있었는지 모를 일이다. 물론 세 작품 모두 순수한 내용은 아니다. 봉건 잔재와 싸우는 홍총각의 이야기가 중심이 된 『홍경래전』, 양반과 상놈의 구분이 사라진 후 양반 출신 빵떡이가 살아가는 모습을 그린 『빵떡』, 역사적인 사건을 토대로 죽음과 삶 사이에서 죽음을 의연히 생각하는 인간 정몽주를 그린 『정몽주의 최후의 일』 등은 사상성이 지나치게 강조가 되어 있다. 문학성은 거의 없다고 볼 수 있다. 그렇지만 이명선이 창작 활동에도 관심을 가진 것은 그가 경성제대 예과를 입학하면서 가졌던 문학 청년으로서의 열정이 그 뜨거운 가슴 속에 여전히 식지않고 있었기 때문에 가능했던 일일지도 모르겠다. 순수한 문학 청년에서 혁

---

121) 이명선, 『홍경래전』, 조선금융조합연합회, 1947.
122) 『빵떡』은 소설이고, 『정몽주의 최후의 일』은 희곡이다. 둘 다 미발표 원고다. 『빵떡』은 쓰다가 중단된 것이다. 『정몽주의 최후의 일』은 뒷부분 몇 장이 분실되었지만 대체로 온전하다. 다만 초벌 원고를 淸書하다가 중단에 그만 두었기 때문에 청서가 되지 않은 뒷부분은 다소 난삽한 감도 없지 않다. 두 작품 모두 언제 쓴 것인지는 확인이 되지 않는다.

명가로의 삶. 이명선은 자신의 삶은 그렇게 변모'시켜' 왔고, 그리고 그 것을 최선으로 생각했을 지도 모를 일이다.

이명선은 서울대학교에서 1949년 9월 30일까지 재직하고 학교를 그만 둔다.123) 자의적이 아니라, 安浩相의 눈에 걸려 金一出·李本寧 등과 함께 좌익교수로 낙인을 찍혔기 때문이다.124) 낙인을 찍히게 된 구체적인 사건이 무엇이기에 학교까지 그만 두었지는 알 수 없다. 학교를 그만 두고 이명선은 서울대학교 관사에서 나와, 지금 삼익아파트가 들어서 있는 안암동으로 이사를 한다. 그리고 그에 대한 더 이상의 행적은 알 수 없다. 다만 얼마 전에 김성칠의 일기가 공개되었는데,125) 그 책에는 이명선에 대한 기록이 있어서 이를 토대로 그의 삶의 한 단면을 정리하는 수밖에 없다.

6·25가 발발하자, 이명선은 다시 서울대학교로 복귀한다. 1950년 6월 30일 김성칠이 서울대학교에 갔을 때 그 곳에서 李秉岐·李丙燾·崔允植·金九經·成百善·金一出·柳應浩 등과 함께 이명선을 만났다고 한다. 그리고 7월 6일에는 서울대 자치위원회가 결성되는데, 유응호가 위원장, 김일출이 부위원장, 성백선이 상임위원으로 되어 있다고 말한다. 그렇지만 김성칠은 이들 모두가 이명선의 지시를 받고 있는 듯하다고 말한다. 실제로 7월 10일 일기를 보면 교육성에서 학교의 책임자가 결정되어 발표가 나왔는데, 대학총책임자에 이명선, 대학원에 김일출, 문리과대학에 유응호, 중앙도서관장에 성백선이 지명된다.

---

123) 이명선이 서울대 재직기간은 1946년 10월 22일부터 1949년 9월 30일까지다. 이는 서울대 교무과에서 확인한 것인데, 서울대 50년사에는 이명선이 1950년 6월에 학교를 그만 둔 것으로 되어 있다. 하지만 이는 김성칠의 일기를 보더라도 분명히 잘못된 것이다. 『서울대학교 50년사』, 서울대, 1996.

124) 김성칠, 1950년 6월30일, 1950년 7월 17일 일기 참조. 『역사 앞에서』, 창작과비평사, 1993. 김성칠은 1949년 말에 김일출이 학교를 그만두었고, 이명선은 이보다 일찍 학교를 그만두었다고 한다.

125) 김성칠, 『역사 앞에서』, 창작과비평사, 1993.

그 날 이명선은 "우리 자신이 먼저 총을 들고 일어서고 학생과 및 사회가 이에 따르도록 인도해야" 한다는 취임사를 남길 만큼 그는 혁명에 직접 나설 것을 강조한다. 이러한 점은 소위 교수 '심사' 과정에서 "아직 선생님들 중에는 한 분도 의용군의 대열에 나선 분이 있음을 듣지 못하였다. 괴뢰 시절에도 우리 학교는 명실상부한 최고학부로 자부하였고 남도 그러려니 하였는데, 해방 후 한 달 동안의 우리들의 발자취는 우리 자신이 돌아다보아도 참으로 한심스럽고 부끄럽다"면서 "오늘 이 자리에서 전원 의용군을 지원하여 우리의 결의를 사회에 표명"하라고 강조한다. 당시 이명선은 이미 좌익의 선봉에 서 있던 혁명가로 존재하고 있었다. 이 외에도 김성칠의 일기를 보면 11차례에 걸쳐 이명선에 대해 언급하고 있는데, 혁명가로서의 이명선을 엿보기에는 충분할 듯하다.

서울이 수복되면서 이명선은 급하게 월북을 감행했던 듯하다. 이미 이명선은 남한에 살아있을 수 없는 정치적인 인물이었기 때문이다. 그는 혈혈단신으로 월북을 한다. 그의 장모가 의정부까지 이명선을 데려다주고 돌아왔다는 점에서 이명선의 월북을 시도했음은 분명해 보인다. 그렇지만 이명선은 북으로 가지 못한 것으로 보인다. 거기에는 두 가지 이야기가 전해지는데, 하나는 평소 지병으로 앓던 위장병이 그의 걸음을 방해했다는 것이고, 다른 하나는 월북 도중 폭격에 의해 사망했다는 것이다. 이유야 어떠하든지 이명선은 북으로 가던 중 운명을 달리한 것으로 보인다. 이 때 이명선의 나이 37세였다.

이후 이명선의 동생인 이경선이 일본에 교환교수로 가서 이명선의 행적을 찾았다고 한다. 하지만 돌아와서는 가족들에게 아무 말도 하지 않았다고 한다. 1964년 이후 『한국일보』에 김수경, 이명선 등이 김일성대 교수로 있다는 보도가 나온 적이 있다. 하지만 이는 가족들의 확인한 결과 잘못된 정보였다. 이명선은 그렇게 열정적으로 살다가 아무

도 알지 못하는 그 어느 곳에서 죽음을 맞이했던 것이다.126)

　이명선의 죽음도 알지 못한 채, 그의 부인과 장모는 안암동에 있는 집에 방공호를 만들고 그 곳에 이명선의 책만 보관하였다고 한다. 돌아올 남편, 돌아올 사위의 목숨과도 같았던 책이었기 때문이다. 지금 이명선의 원고나 책이 적지많이 그대로 남아 있을 수 있는 것은 그 분들의 몫이라 하겠다. 전쟁 후에 이명선에 대해 조사가 있었고, 그 과정에서 일부의 글은 사라졌다. 그리고 1963년 이명선의 부인 김금자 여사도 세상을 떠난다. 그 때 이명선의 책 중 상당수가 통문관으로 빠져 나갔다고 한다. 당시 한양대 국문과에 재직했던 이경선 교수도 그 때 처음으로 책을 보았다고 할만큼 이명선의 장모와 부인은 돌아올 남편과 사위를 기다리면서 그 책을 단 한 번도 세상에 공개하지 않았던 것이다. 그리고 이명선의 유고와 책은 동안 여러 과정을 겪으면서 분실도 되고 파손도 되었다. 최근 이명선의 책 중에서 고서는 국립중앙박물관으로 제공되었고, 흩어진 미발표 원고들은 필자가 정리하여 『이명선전집』을 출간하였다.

　1928년부터 2년간 경성제국대학에서 영어를 강의했던 영국인 소설가 드레이크는 다음과 같은 말을 했다.

　　어떤 민족이 강압적으로 통치 받고 있다면 그것은 그들 내부에 그럴만한 이유를 가지고 있기 때문이다. 적극적이든 소극적이든 민족은 스스로에게 책임을 져야만 한다. 조선이 악의 무고한 희생자들이라고 심약하게 동정해서는 안된다.127)

---

126) 최근 필자는 이명선의 묘가 북한에 별도로 관리되고 있다는 말을 들은 적이 있다. 하지만 그 진위성에 대해서는 아직은 확언할 수 없다.
127) 박지향, 『일그러진 근대』, 푸른역사, 2004. 213쪽. 재인용.

이 글은 지극히 상식적인 말인데도 새삼스럽다. 우리 역사의 오점, 자각적인 근대를 만들지 못한 것을 굳이 다른 데로 돌리고 싶어하는 우리의 콤플렉스를 들킨 것처럼 얼굴이 화끈 달아오른다. 이명선은 역사의 오점을 결코 남에게 돌리지 않았다. 대신 그 역사를 기억하고 앞으로 그러한 역사를 되풀이하지 않기를 주장하였다. 우리가 살고 있는 이 땅은 고난의 길을 하나하나 걸어온 피와 땀의 결정체가 아닌가?

이명선의 삶과 학문은 상당히 폭이 넓다. 하고 싶은 공부는 너무나도 많지만, 그에게 주어진 시간은 너무도 짧았다. 그가 늘 불길하게 여기던 태몽을 풀이해준 스님의 말처럼 80세까지 장수할 것이라는 것과 달리 그의 삶은 37세로 마감을 했다. 그렇지만 그는 아무리 암담한 곳도 누군가 처음 간다면 길이 생기는 것처럼, 그가 꿈꾸었던 세상도 그가 처음 갖는다면 언젠가는 그 세상을 오리라고 믿고 있었다. 길은 본래부터 있지 않은 것이지만 다니는 사람이 많으면 자연스레 길이 생기는 것이다. 희망도 그러하다.

이명선 논저 목록

저서

『맨발』(중국현대단편소설선집), 선문사, 1946.
『조선고전문학독본』, 선문사, 1947.
『홍경래전』, 조선금융조합연합회, 1947.
『조선문학사』, 조선문학사, 1948.
『교정·번역 임진록』, 국제문화관, 1948.
『수험용·자습용 국문해석법연구』, 선문사, 1949.

논문 및 논설

「영화촌경」, 미발표원고, 1936년 11월 25일.
「태몽」, 미발표원고, 1937년 3월 30-31일.
「나폴레온 小論」, 『금성』 1호, 1937. 3.
「조선고대소설연구」 1937년 10월 이후.
「춘향전 해석」 1-2, 미발표 원고, 1937년 이후로 추정됨.
「讓寧大君의 宗孫」, 『每日申報』, 1937년 11월 7일.
「金笠의 詩의 유-모아」, 『每日申報』 1938년 3월 6일.
「學生欄에의 歡呼- 雙手 들어 歡迎」, 『每日申報』, 1937년 3월 6일.
「歌詞蒐集(其一)- 靈山歌」, 『每日申報』, 1938년 3월 13일.
「現代 學生의 面貌」, 『每日申報』, 1938년 3월 27일.

「봄, 俗된 봄」, 『每日申報』, 1938년 4월 3일.
「乘降機」, 『每日申報』, 1938년 4월 10일.
「理想도 情熱도 詩조차 업는 風景」, 『每日申報』, 1938년 5월 15일.
「用語解說 디렛탄트」, 『每日申報』, 1938년 5월 22일.
「學生과 敎養」, 『每日申報』, 1938년 6월 12일.
「故鄕의 <湖西歌>」, 『每日申報』, 1938년 6월 26일.
「春香傳과 異本問題」(전 5편), 『東亞日報』, 1938년 7월 16일, 同年 7월 22일~23일, 同年 8월 4일~8월 5일.
「忠州 彈琴臺」, 『每日申報』, 1938년 7월 17일.
「鄕土의 童謠」, 『每日申報』, 1938년 7월 30일.
「高橋亨先生의 프로필- 先生의 停年引退를 압두고」, 『每日申報』, 1938년 10월 16일.
「村山知義氏에게- 春香傳 映畫化를 압두고」, 『每日申報』, 1938년 11월 6일.
「'고맙습니다'와 學生의 生活」, 『朝鮮日報』, 1938년 11월 7일.
「書齋探訪記 李秉岐 先生」, 『每日申報』, 1938년 11월 13일.
「魯迅에 對하야」, 『朝鮮日報』, 1938년 12월 5일.
「現代 支那의 新進作家」, 『每日申報』, 1938년 12월 11일.
「무엇보다도 自尊心을」, 『每日申報』, 1939년 1월 5일.
「支那의 新進作家 蕭軍의 作風」, 『每日申報』, 1939년 2월 19일.
「映畫『無情』의 印象」, 『每日申報』, 1939년 3월 19일.
『이야기』 1~4, 미발표원고, 1936-1939, 1948-1950.
『조선동요자료집』, 미발표원고, 1937-1938년으로 추정됨.
「魯迅 硏究」, 경성제국대학 학사학위논문, 1940년.
「魯迅의 未成作品」, 『비판』 11권 1호, 1940년 1월.
「사슈몽유록」, 『人文評論』 6, 인문사, 1940년 6월.

「春香傳集(其一) 古寫本 春香傳(券之全)」, 『文章』 2권 10호, 1940년 12월.
「中國의 女性解放」, 『生活文化』 창간호, 1946년 1월.
「古代小說의 大衆性」, 『中央新聞』, 1946년 3월 17일.
「靑丘永言 序言」, 『청구영언』(주왕산 편, 정음사), 1946년 7월 3일 서문.
「中國 新文學革命의 敎訓」, 『문학』 창간호, 서울신문사, 1946년 7월.
「鄭鑑錄의 科學的 批判」, 『大衆科學』 2, 1946년 8월.
「壬辰亂과 傳說」, 『協同』 창간호, 금융협동조합, 1946년 8월.
「壬辰亂과 傳說 (下)」, 『協同』, 금융협동조합, 1946년 10월.
「民族文學과 民族主義文學」, 『신조선』 4호, 1947년 2월.
「李春風傳의 現代化」, 미발표원고, 1947년 3월 26일.
「中國의 抗戰文學」, 『文學評論』, 1947년 6월.
「魯迅의 文學觀」, 『문학』 8호, 서울신문사, 1948년 7월.
「壬辰亂과 事大主義」, 『新天地』 통권 41호(3권 10호), 서울신문사, 1948월. 11·12월.
「魯迅 夫人 景宋女史의 프로필」, 『新女苑』 창간호, 신여원사, 1949년 3월.
『魯迅 雜感文 選集』, 미발표 원고, 1949년 5월 서문.
「朝鮮 軟文學의 最高峰 변강쇠전」, 『新天地』 통권 37호(4권 6호), 서울신문사, 1949년 7월.

『朝鮮 古典文學 管見』, 미발표원고, 1947년 이후.
「朝鮮文學史의 方法論」, 미발표원고, 1949년?

기타

시 <知識>, 『금성』 1호, 1937. 3.
시 <鐘路 네 거리>, 『금성』 1호, 1937. 3.
소설 『빵떡』, 미발표작, 창작연대 미상.
희곡 『정몽주 최후의 일』, 미발표작, 창작연대 미상.

편자 후기

　이 책은 이명선 선생의 따님인 이승연(李承燕) 여사의 도움 없이는 이루어질 수 없었다. 여사님께 깊은 감사의 말씀을 올린다. 여사가 어렸을 때 선생은 지금의 대학로 학림다방 건물에서 지냈다고 한다. 그때 선생은 아기였던 자신을 안고 학림다방 건물을 오르내렸다고 한다. 지금도 그 말이 내게는 가슴 아프게 와 닿는다.

　내가 이명선 선생을 만난 것은 대학원 석사과정 2학기 때다. 장효현 선생의 지도 아래 '한국문학사연구' 과목을 수강하였는데, 그 강좌 목표는 안확의 『조선문학사』에서부터 당시까지 출간된 문학사를 비판적으로 검토하는 데에 있었다. 그 때 나는 이명선 선생의 『조선문학사』를 맡아 발표하였다. 그것이 선생과의 첫만남이었다.
　당시 나는 선생의 흔적을 찾아보고자 나름대로 노력하였다. 각종 잡지와 신문을 뒤져보기도 했고, 여러 도서관을 방문하기도 하였다. 그렇지만 내가 얻을 수 있는 것은 극히 적었다. 당시만 해도 지금처럼 전산 매체가 널리 보급되지 않았던 때라, 체계적으로 정리된 목록은 찾을 수 없었다. 무턱대고 도서관에 가서 열람할 수 있는 신문과 잡지들을 하나하나 꺼내 보면서 당시 사람들의 '희한한' 삶의 형태를 엿보면서 선생과 관련된 내용을 찾아보는 것이 전부였다. 그런 상황에서 선생에 관한 많은 자료를 찾는 것은 사실상 불가능했다. 그렇지만 그도정에서 선생과 관련된 어떤 작은 기사 하나, 짧은 글 하나를 만났을 때의 느낌은 뭐라 형언하기 어려울 만큼 날 설레게 했다.

선생의 글을 읽으면서 선생이 꿈꾸었던 세상을 상상해 보았다. 우리나라에서 처음으로 사관(史觀)다운 사관을 갖추고 쓴 『조선문학사』의 저자가 꿈꾸었던 세상은 무엇인가? 동일한 작품이라 할지라도 『고전문학독본』과 『조선문학사』에서 해석을 달리한 이유는 무엇인가? 당시 학자나 대중은 문학 연구를 통해 무엇을 기대했던 것일까? 하는 다양한 물음을 홀로 던져 보았다. 그렇지만 그 물음에 대한 어떠한 답도 구하지 못하였다. 그저 마음과 머리에 자욱한 안개만 남기고 대학원 2학기는 지나가고 말았다. 그 후 나는 수업 때처럼 열정적으로 선생을 찾아나서지 못했다. 그저 기회가 닿으면 선생의 저작물을 모아 책으로 묶어내야겠다는 막연한 생각만 하며 그렁저렁 시간만 보냈다.

이후 우리어문학회에서 국어문학자를 새롭게 조명한다는 기획이 제기되었는데, 그 때 나는 다시 선생을 만나야만 했다. 이번에는 선생에 대해 꼼꼼하게 접근해보리라 마음을 먹고, 다시 도서관을 찾아다녔다. 그 과정에서 몇 가지 자료를 추가할 수 있었다. 하지만 선생에 대한 실체는 여전히 드러나지 않았다. 金聖七 선생의 6·25일기를 통해 선생의 행적을 부분적으로 엿볼 수도 있었지만, 선생의 삶과 학문세계는 여전히 그려지지 않았다. 증언을 해줄 사람도, 더 이상의 자료를 찾는 것도 불가능해 보였다. 결국 나는 다시 선생의 『조선문학사』에 한정한 글로 발표를 할 수밖에 없었다.

다시 시간이 지나, 민족문학사연구소에서 동안 중단된 국문학자 열전을 다시 기획한다는 소식을 들었다. 때마침 인터넷 시장에서는 선생이 『인문평론』에 활자화했던 <사슈몽유록> 원문도 출품되었다. 그 과정에서 선생의 따님이 남한에 있다는 이야기도 들었다. 선생이 소장하고 있던 자료와 원고도 일부분 남아있다는 소식도 함께…. 순간 무엇에 뒤통수를 얻어맞은 듯이 멍해졌다. 가장 '왼쪽에 서 있었던' 인물의 자손이, '붉은 사람들'에 대해서는 더더욱 시퍼런 칼날을 세웠던 시대에도 아무 일 없이 지냈다는 것이 신기했다. 선생의 원고가 남아있을 수 있다는 자체가 신기했다. 임형택 선생의 중개로 김영복 선생을 만났고, 그를 통해 따님의 소재처까지 확인하였다. 이제는 이명선 선생에 대한 열전을 쓸 수 있지 않을까 하는 기대감도 들었다.

여러 과정을 거쳐 2005년 봄, 나는 마침내 이명선 선생의 따님인 이승연(李承燕) 여사를 만났다. 그리고 여사의 도움으로 나는 선생의 손때가 묻어있는 책과 원고들을 볼 수 있었다. 많은 책들은 이미 국립중앙박물관으로 들어갔지만, 선생이 공부했던 노트와 여기저기 흩어진 원고는 다수 남아 있었다. 자신이 써둔 몇 개의 글을 스크랩해둔 노트. 수업과 관련하여 쓴 것으로 보이는 노트. 대학노트에 쓴 원고. 출간을 염두에 둔 원고. 정리가 되지 않은 난삽한 원고. 순서를 잃고 흩어진 원고. 그 모든 것들은 내게 산처럼 보였다. 과연 선생의 원고를 내가 정리할 수 있을까 하는 두려움이 앞섰다.

흩어진 원고를 하나하나 읽어나갔다. 경성제대 예과 시절에 공부했던 흔적들, 당시에 나온 잡지나 신문에 쓰인 논문을 요약한 글들, 고전소설을 직접 옮겨 적은 원고들, 중국 자료를 번역한 원고들······. 하나하나 읽으면서 나는 그 시대를 살았던 학자의 양심에, 혼란한 시대에 문학을 통해 대중에게 무엇을 말하여야 하는가에 대한 무한한 고민을 가졌던 학자의 아픔을 느꼈다.

전에 입력했던 원고들을 다시 읽었다. 새로 읽은 선생의 원고도 입력해 나갔다. 그리고 다시 도서관으로 나섰다. 전에 비해 상당히 쉽게 선생의 글을 찾을 수 있었다. 전산매체의 위대함을 다시금 느끼면서, 선생의 글을 하나하나 정리하기 시작했다. 물론 그 과정에서 귀중본이라는 이유로 열람조차 거부하던 도서관, 비협조적인 대학 관계자들이 나를 많이 힘들게 했다. 그렇지만 여사의 말씀처럼 저승에 계실 선생이 내 발목을 잡고 놓아주지 않았는지, 결국은 여기까지 왔다.

막상 여기까지 와보니 지금까지 느끼지 못했던 두려움이 생긴다. 애초에 가졌던 소박한 생각, '초창기 한국문학을 연구했던 선배 학자에 대한 최소한의 예의'에서 출발한 내 생각은 너무도 잘못된 것이었다. 그들에게 한국 문학 연구는 '민족'의 삶과 미래를 꿈꾸게 하는 하나의 매개였기 때문이다. 그리고 그 아름다운 미래를 꿈꾸었던 그들이 할 수 있었던 처절한 몸부림이었다. 그것은 식민지 시대에 최고의 엘리트였던 金台俊 선생이 자신에게 주어진 모든 부귀영화를 버리고, 직접 총을 잡아야했던 절박함과도 같은 것이었다. '최소한의 예의'가 아니라, 문학 연구가 어떠해야 하는가에 대한 커다란 숙제였다. 오늘날 문학 연구의 추세가 '인문'학이 아닌, 인문'과학'을 요구하는 이 때에 문학 연구자들은 통해 무엇을 말해야 하는가에 대한 커다란 물음을 던지게 한다.

물론 이 책에서는 선생의 사상을 적나라하게 드러낸 원고는 그리 많지 않다. 그것은 한국전쟁 이후 좌파로 살기 어려웠던 우리나라의 현실과 긴밀한 관련이 있으리라 본다. 실제로 한국전쟁 후에 선생의 자택에 대한 조사가 있었고, 그 과정에서 상당수의 원고를 잃었다는 진술도 있다. 설령 남아있었다 하더라도 당시 현실을 볼 때, 그러한 자료를 집안에 숨겨두었다고 생각하기 어렵다. 또한 1963년에 선생의 부인도 사망하는데, 그 후 상당수의 책과 원고가 인사동의 한 책방으로 흘러 들어갔다. 그 여러 과정에서 선생이 남겼음직한 사상성과 관련된 글은 다수가 유실되어버린 것이 아닌가 한다. 선생의 사상성을 드러낸 작품이 적은 것은 이러한 한계에서 비롯된 것으로 이해할 수 있다. 물론 이러한 한계를 충분히 인정하면서도 전집에 실린 선생의 작은 말 한 마디 한 마디에 선생이 지녔을 법한 사상과 고민을 읽어낼 수는 있다. 아무리 지우고자 해도 지워지지 않는 이념과 사상이 글 한 줄 한 줄에 묻어있기 때문이리라.

　이 책 1권은 자료를 중심으로 정리하였다. 1권에 수록된 자료는 선생이 경성제대 예과시절에 수집한 것도 있고, 선생이 수집한 고전 자료를 정리한 것도 있고, 다른 사람의 고전 자료를 전사한 것도 있다. 특히 동요와 설화를 수집한 자료는 1930년대 동요와 설화가 어떻게 존재했는가를 이해하는 데에 상당히 중요한 정보를 제공할 것으로 보인다. 2권은 신문이나 잡지에 발표한 자료들을 중심으로 편집하였다. 2권 중에 『매일신보』에서 옮겨 적은 자료 중 일부는 판독이 불가능해서 미상으로 처리한 대목이 다수 있다. 이는 『매일신보』 원문을 봐야 확인할 수 있는데, 아무리 수소문을 해도 원문을 보지 못하였다. 이후 원문을 보게 되면 이 부분은 고쳐서 넣기로 한다. 이 점은 매우 유감스럽다. 또한 2권 후미에는 부록으로 소위 李古本 <춘향전>과 高晶玉・金台俊 선생의 글로 추정되는 원고를 실었다. 이고본 <춘향전>은 선생이 소장했던 자료이기에 굳이 부록으로 처리하였다. 3권은 한국문학과 관련한 글을 중심으로 편찬하였다. 그 중에는 단행본으로 이미 출간된 책도 있는데, 원문 표기 그대로 다시 옮겨적었다. 특히 『국문해석법연구』는 현재 남겨진 책 대부분이 선문사출판부 편집부에서 편찬한 것으로 되어있다. 하지만 이 책은 원래 이명선 선생이 편찬한 책이다. 한국전쟁을 전후하여 선문사출판부에서 굳이 선생의 이름을 지우고 그 자리에 출판사의 이름을 집어넣은 것으로 보인다. 호서대학에 소장되어 있는 판권지를 보면 명확하게 이명선 선생이 저자로 되어 있음을 알 수 있다. 4권에는 이명선 선생이 창작한 작품을 중심으로 편집하였다. 여기에는 중국소설의 번역, 시와 소설, 그리고 희곡 대본까지 다양한 작품들을 수록하였다. 그 작품성이 어떠한가에 대해서는 여기에서 왈가왈부할 것이 아니다. 다만 선생이 어떠한 측면에 관심을 두었는가를 이해하는 데에는 일정한 도움이 되리라 본다. 또한 『임진록』은 『이명선 전집』 2권에 수록해도 무방하지만, 이미 대중을 위한 단행본으로 출간했기 때문에 굳이 『전집』 4권에 수록하였다.

다양한 글들의 집합체라 책을 꾸미는 데도 많은 어려움이 있었다. 그 어려움을 싫다 않고 흔쾌히 맡아서 이렇게 멋진 책을 만들어 준 보고사 김흥국 사장과 황효은 님께 다시금 감사의 말씀을 드린다.

참 오랫동안 선생의 글을 읽었다. 이제는 나도 당신에게서 어느 정도 홀가분해진 기분이다. 그렇지만 마음 한켠에서는 여전히 무엇인가 모를 아픔이 남아 있다. 한국문학을 공부하는 학자로서, 나는 선생에게 많은 빚을 졌다고 생각한다. 당신들이 그렇게 아프게 내민 그 목소리를 나는 단지 나 혼자의 만족에 그치는 공부가 되어버린 것이 아닌가 하는 반성도 한다. 문학은 현실과 동떨어진 채 존재할 수는 없는 것이라고 역설을 하면서도 실제 나는 그 안에 갇혀 있었던 것은 아닌지?

선생이 그토록 아프게 가슴에 담아두었던 목소리, 그 목소리를 나 또한 다시 이야기하고자 한다.

'희망, 그것은 길과 같다. 길은 본래 존재하지 않았는데, 사람들이 다니면서 그 길도 생겨났다. 희망도 그러하다.'

2007년 1월
김준형

李明善 全集 ❹

2007년 1월 24일 초판 발행

편　자　김준형
펴낸이　김흥국
펴낸곳　도서출판 **보고사**

등록　1990년 12월(제6-0429)
수소　서울시 성북구 보문동 7가 11번지
전화　922-5120~1(편집부), 922-2246(영업부)
팩스　922-6990
홈페이지　www.bogosabooks.co.kr
메일　kanapub3@chol.com

ISBN 978-89-8433-505-9 (94810)
　　　978-89-8433-501-1 (전4권)

정가 26,000원

▶잘못된 책은 교환하여 드립니다.